体験型読み聞かせブック

国語好きな子に育つ たのしいお話365

声に出してみよう、書いてみよう、遊んでみよう

日本国語教育学会 著

子供の科学 特別編集

誠文堂新光社

はじめに　本書《ほんしょ》をお子《こ》さんと一緒《いっしょ》に読《よ》まれるご家族《かぞく》の方《かた》へ

国語力《こくごりょく》は全《すべ》ての学力《がくりょく》の礎《いしずえ》になるもの
その力《ちから》は家族《かぞく》との会話《かいわ》で養《やしな》われます

私《わたし》たちは、何《なに》かを考《かんが》えたり判断《はんだん》したり、またそれを表現《ひょうげん》したりするとき、言葉《ことば》を用《もち》いています。知的《ちてき》な面《めん》だけではなく、悲喜《ひき》こもごもの思《おも》いも、言葉《ことば》を通《とお》して感《かん》じたり表現《ひょうげん》したりしています。

では、そういう言葉《ことば》はどのようにして身《み》につくのでしょうか。幼稚園《ようちえん》や保育園《ほいくえん》にも「言葉《ことば》」の指導《しどう》について書《か》かれた項目《こうもく》があります。その中《なか》に「言葉《ことば》は、身近《みぢか》な人《ひと》に親《した》しみをもって接《せっ》し、自分《じぶん》の感情《かんじょう》や意志《いし》などを伝《つた》え、それに相手《あいて》が応答《おうとう》し、その言葉《ことば》を聞《き》くことを通《とお》して次第《しだい》に獲得《かくとく》されていくものである」と書《か》かれています。このようにして身《み》につく言葉《ことば》を、外国語《がいこくご》と区別《くべつ》して「母語《ぼご》」と呼《よ》んでいます。世界《せかい》の人々《ひとびと》はそれぞれ母語《ぼご》を持《も》っていますが、日本《にほん》においては、その母語《ぼご》の教育《きょういく》を母国語《ぼこくご》教育《きょういく》、国語《こくご》の教育《きょういく》としているわけです。

ここで注目《ちゅうもく》しておきたいのは「習得《しゅうとく》」ではなく、「獲得《かくとく》」という言《い》い方《かた》がされていることです。習《なら》って身《み》につけるというよりは、「身近《みぢか》な人《ひと》との言葉《ことば》のやりとりを通《とお》して（自然《しぜん》に）身《み》につけていく」のが、「母語《ぼご》」の身《み》につけ方《かた》なのだというわけです。

しかしこうした能力《のうりょく》も、12歳《さい》を過《す》ぎると衰《おとろ》えてしまうと言《い》われています。つまり小学生《しょうがくせい》のうちは「身《み》近《ちか》な家族《かぞく》との言葉《ことば》のやりとり」こそが言葉《ことば》の力《ちから》をつける最善《さいぜん》の方法《ほうほう》なのです。

本書《ほんしょ》は、そんな家族《かぞく》の会話《かいわ》が盛《も》り上《あ》がるような話《はなし》を366話《わ》集《あつ》めました。どうぞ、毎日一《まいにちひと》つずつ読《よ》んで、親子《おやこ》で話《はなし》をしてみてください。お話《はなし》の最後《さいご》には、「やってみよう」「調《しら》べてみよう」「書《か》いてみよう」などの体験《たいけん》アイディアがついています。読《よ》むだけでなく、そのあと家族《かぞく》で楽《たの》しく語《かた》りあいながら遊《あそ》んでみてください。そうすればきっとたくさんの言葉《ことば》が身《み》につき、ひいては人《ひと》としての成長《せいちょう》が育《はぐく》まれていくことと思《おも》います。

国語《こくご》を好《す》きになることで得《え》られる利点《りてん》は計《はか》り知《し》れません。思考力《しこうりょく》、判断力《はんだんりょく》、表現力《ひょうげんりょく》を育《そだ》てることに重点《じゅうてん》が置《お》かれている現代《げんだい》の教育《きょういく》では、「言語活動《げんごかつどう》の充実《じゅうじつ》」が大変重視《たいへんじゅうし》されています。すべての教科《きょうか》において、言語《げんご》による思考力《しこうりょく》、判断力《はんだんりょく》、表現力《ひょうげんりょく》の向上《こうじょう》を図《はか》ろうとしています。その礎《いしずえ》となっているのが国語《こくご》であることは言《い》うまでもありません。算数《さんすう》などほかの教科《きょうか》の力《ちから》をつけたいと願《ねが》うご家庭《かてい》にも、その一助《いちじょ》となる一冊《いっさつ》になれたら、こんなうれしいことはありません。

日本国語教育学会理事・研究部長
鳴島 甫

もくじ…… 1月 睦月

アイコンの紹介

- 日本語をめぐる言葉のお話
- 漢字にまつわるお話
- 季節やたのしい行事のお話
- 言葉で遊ぼう
- 決まり文句・名文句にまつわるお話
- 歌や古典・芸能にまつわるお話

もくじ…… 2月 如月

ちょっと むずかしい言葉 / 表現力が アップするお話 / ものの名前に まつわるお話 / 本にまつわる お話 / 言葉にまつわる 偉人のお話 / 話し方に まつわるお話 / 書いたりつくったり したくなるお話

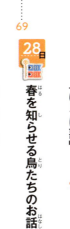

もくじ…… 3月　弥生

もくじ……4月

卯月

もくじ…… 5月

皐月

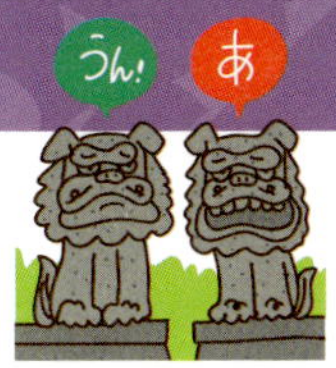

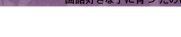

もくじ……

6月

水無月

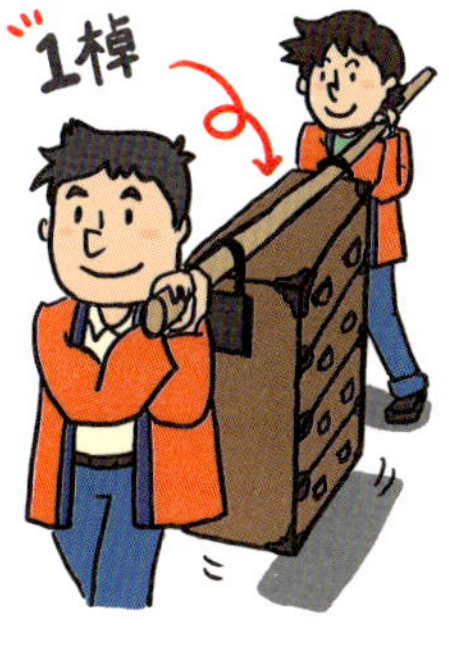

もくじ……7月　文月

もくじ…… 8月

葉月

もくじ…… **9月** 長月

もくじ…… **10月** 神無月

もくじ……11月 霜月

もくじ……12月

師走

本書はこうなっています

ジャンル別アイコン

内容にあわせて 13 のジャンル別アイコンをつけています。好きなジャンルだけを選んで読むこともできます。

日本語をめぐる言葉のお話
日本語の特色や文法的な言葉のきまりについて

漢字にまつわるお話
漢字の奥深さ、おもしろさを伝えるお話

季節やたのしい行事のお話
季節にまつわる言葉や習慣と、くらしの年中行事について

言葉で遊ぼう
言葉の知識を使ったゲームやクイズ、パズルなど

決まり文句・名文句にまつわるお話
ことわざ、故事成語、慣用句など、会話や文章の中でよく使われる決まり文句、名文句について

歌や古典・芸能にまつわるお話
唱歌、短歌、俳句などのほか、落語や歌舞伎など伝統芸能について

書いたりつくったりしたくなるお話
作文や日記の書き方、またその道具に関するものについて

話し方にまつわるお話
敬語や方言、知らない人やたくさんの人と話すときのマナーやルールについて

言葉にまつわる偉人のお話
言葉や書籍、日本語にかかわりがある偉人を紹介

本にまつわるお話
書籍や図書館にまつわるお話

ものの名前にまつわるお話
身近なものの名前について、その由来など

表現力がアップするお話
気持ちや様子を上手に伝える言葉について

ちょっとむずかしい言葉
ふだんの会話では使わないけれど、知っておきたい言葉について

執筆者のお名前

小学校や大学で活躍されている第一線の先生方が執筆されています。直接子供たちに接している、現役先生ならではの視点でわかりやすく解説されています。

日付

毎日 1 話ずつ読んでもらえるよう、1月1日～ 12月31日まで、1 話ごとに日付をつけて日めくり式で紹介しています。

読んだ日

お子さん、または読み聞かせをしたご家族の方が、読んだ日を記入できる欄です。兄弟でのご利用や、くり返し読む場合を想定して 3 回分のスペースを設けました。

10月 24日

東《ひがし》と西《にし》が組《く》み合《あ》わさると「静《しず》かに」の意味《いみ》になる?

日本国語教育学会理事
藤田慶三《ふじたけいぞう》先生が書きました

読《よ》んだ日《ひ》　月《がつ》　日《にち》｜月《がつ》　日《にち》｜月《がつ》　日《にち》

方角《ほうがく》を表《あらわ》すだけじゃない

東《ひがし》と西《にし》は、どちらも方角《ほうがく》を表《あらわ》します。でも「東西《とうざい》」と続《つづ》けて使《つか》うと、まったくちがった意味《いみ》をもつようになります。昔《むかし》の人《ひと》は、からだを自由《じゆう》にあちこちと動《うご》かすことを「東西《とうざい》」と言《い》っていました。そして、それがとても忙《いそが》しいことを表《あらわ》すようになりました。

また、方向《ほうこう》がわからずどうしたらよいか困《こま》ってしまうことから、途方《とほう》に暮《く》れるという意味《いみ》で「東西《とうざい》を失《うしな》う」「東西暮《とうざいく》れる」という言《い》い方《かた》もあります。

他《ほか》にも、「東西知《とうざいし》らず」「東西《とうざい》を弁《べん》ぜず」ということわざがあります。東《ひがし》と西《にし》の区別《くべつ》さえできないということから、物事《ものごと》のわきまえがない、ものごとを判断《はんだん》する能力《のうりょく》がないという意味《いみ》で使《つか》われたのです。

ざわめきを静《しず》めて注目《ちゅうもく》させる

「東西東西《とざいとうざい》」と重《かさ》ねて言《い》うと歌《か》舞伎《ぶき》などが始《はじ》まる前《まえ》に見物人《けんぶつにん》を静《しず》めたり、口上《こうじょう》を述《の》べるに先《さき》だって注意《ちゅうい》を引《ひ》いたりするときに用《もち》いる前口上《まえこうじょう》になります。

「東西東西屋《とざいとうざいや》」というと、街頭《がいとう》や店頭《てんとう》で広告《こうこく》のために口上《こうじょう》を述《の》べて歩《ある》く人《ひと》を指《さ》します。街《まち》で見《み》かけるチンドン屋《や》は、「東西東西屋《とざいとうざいや》」を営業用《えいぎょうよう》にしたもので、人目《ひとめ》につく服装《ふくそう》をして楽器《がっき》を鳴《な》らしながら街《まち》を練《ね》り歩《ある》き、開店《かいてん》や大売出《おおうりだ》しなどを宣伝《せんでん》することを仕事《しごと》にしています。

聞《き》いてみよう

相撲中継《すもうちゅうけい》に耳《みみ》を澄《す》ませて

「とざいとうざい」は大相撲《おおずもう》の結《むす》びの一番《いちばん》で聞《き》くことができます。テレビで相撲《すもう》を見《み》るときに、呼《よ》び出《だ》しの声《こえ》に耳《みみ》を澄《す》ませてみましょう。相撲《すもう》でも「東《ひがし》から西《にし》まで静《しず》まりたまえ」という意味《いみ》で言《い》い始《はじ》めたものとされています。

ひとくちメモ　関西地方《かんさいちほう》では南北《なんぼく》が「筋《すじ》」、東西《とうざい》を「通《とおり》」と呼《よ》びます。道頓堀《どうとんぼり》の芝居小屋《しばいごや》がすべて東西《とうざい》の通《とお》りに面《めん》していたことから「道頓堀《どうとんぼり》のすべてを見渡《みわた》して」の意味《いみ》で東西東西《とざいとうざい》が生《う》まれたといわれています。

340

ひとくちメモ

テーマに関連するこぼれ話や生活に役立つおまけ情報を紹介します。

「家族で楽しめる体験」に導くコラム

本書は体験アイディアのコラムがちりばめられています。「やってみよう」「調べてみよう」「聞いてみよう」など、家族で楽しめる体験アイディアを掲載しています。

1月

睦月

―むつき―

January

季節やたのしい行事のお話

新年《しんねん》のお話《はなし》
「元日《がんじつ》」と「元旦《がんたん》」

1月《がつ》 1日《にち》

熊本県《くまもとけん》熊本市立《くまもとしりつ》日吉東小学校校長《ひよしひがししょうがっこうこうちょう》
佐藤俊幸《さとうとしゆき》先生《せんせい》が書《か》きました

読《よ》んだ日《ひ》　月《がつ》　日《にち》｜月《がつ》　日《にち》｜月《がつ》　日《にち》

元日《がんじつ》と元旦《がんたん》はなにがちがう？

新年《しんねん》のあいさつとして、日頃《ひごろ》お世話《せわ》になっている人《ひと》や友達《ともだち》などに年賀状《ねんがじょう》を送《おく》ります。その文末《ぶんまつ》を見《み》ると、「〇〇〇〇年元日《ねんがんじつ》」「〇〇〇〇年元旦《ねんがんたん》」といった言葉《ことば》が使《つか》われています。さて、この「元日《がんじつ》」と「元旦《がんたん》」はどうちがうのでしょうか。

「元日《がんじつ》」は、一年《いちねん》の最初《さいしょ》の日《ひ》、1月1日《がつついたち》のことです。一方《いっぽう》、元旦《がんたん》は元日《がんじつ》の朝《あさ》のことです。元旦《がんたん》の「旦《たん》」という漢字《かんじ》は、地平線《ちへいせん》から日《ひ》が昇《のぼ》る様子《ようす》を表《あらわ》しています。だから、元旦《がんたん》といえば元日《がんじつ》の朝《あさ》を指《さ》すのです。

「元日《がんじつ》」も「元旦《がんたん》」も1月1日《がつついたち》に届《とど》くように出《だ》した年賀状《ねんがじょう》のみに使《つか》うのが一般的《いっぱんてき》です。もし、1月《がつ》2日《か》より後《あと》に年賀状《ねんがじょう》が届《とど》くようなら「〇〇〇〇年新春《ねんしんしゅん》」とか「〇〇〇〇年初春《ねんしょしゅん》」などと書《か》くほうがよいでしょう。

新年《しんねん》はなぜめでたいの？

新年《しんねん》になると「明《あ》けまして、おめでとうございます」とあいさつします。

12月《がつ》31日《にち》から1月1日《がつついたち》にかわっただけなのに、どうしてそんなにめでたいのでしょうか。

元日《がんじつ》は、そもそも一年《いちねん》の始《はじ》まりとして、神様《かみさま》に前《まえ》の年《とし》の豊作《ほうさく》と無《ぶ》事《じ》な生活《せいかつ》を感謝《かんしゃ》し、あわせて今年《ことし》の豊作《ほうさく》と平和《へいわ》をお祈《いの》りする日《ひ》でした。「おめでとうございます」とあいさつするのはその名残《なごり》です。

日本《にほん》は、昔《むかし》から米《こめ》を育《そだ》て、主食《しゅしょく》としてきました。米《こめ》が収穫《しゅうかく》できるのは一年《いちねん》のうちの秋《あき》です。収穫《しゅうかく》が終《お》わるといよいよ次《つぎ》の年《とし》の準備《じゅんび》が始《はじ》まります。つまり、正月《しょうがつ》は、収穫《しゅうかく》を祝《いわ》う日《ひ》であり、米作《こめづく》りの出発《しゅっぱつ》の日《ひ》でもあったのです。

やってみよう

一年《いちねん》の計《けい》は元旦《がんたん》にあり

このことわざは、ものごとを行《おこな》うには、最初《さいしょ》が大切《たいせつ》であり、最《さい》初《しょ》にしっかりと計画《けいかく》を立《た》てるべきだという意味《いみ》です。元旦《がんたん》は一《いち》年《ねん》のスタートです。みなさんもしっかりと計画《けいかく》を立《た》ててみましょう。

ひとくちメモ　米《こめ》を主食《しゅしょく》としてきた日本《にほん》では、お正月《しょうがつ》におもちを食《た》べます。でも、地方《ちほう》によってはおもちの代《か》わりに芋《いも》を食《た》べる風習《ふうしゅう》も見《み》られます。

何《なに》をあける？ どうやってあける？

東京都杉並区立高井戸小学校校長《とうきょうとすぎなみくりつたかいどしょうがっこうこうちょう》
鶴巻景子《つるまきけいこ》先生《せんせい》が書《か》きました

読《よ》んだ日《ひ》　月《がつ》　日《にち》　月《がつ》　日《にち》　月《がつ》　日《にち》

窓《まど》を「開《あ》ける」だけじゃない！

「あける」と聞《き》くと、窓《まど》を「開《あ》ける」「ドアを開《あ》ける」ということを思《おも》いうかべる人《ひと》がいるでしょう。「あける」は、しまっていたものをひらくといった意味《いみ》があります。「店《みせ》を開《あ》ける」「箱《はこ》を開《あ》ける」「バッグを開《あ》ける」「ふたを開《あ》ける」などというときにも使《つか》います。

でも、同《おな》じ「あける」という音《おと》でもほかの使《つか》い方《かた》もあります。たとえば「穴《あな》を空《あ》ける」「席《せき》を空《あ》ける」「コップの水《みず》を空《あ》ける」「休《やす》みの予定《よてい》を空《あ》ける」ときにも「あける」と言《い》います。ものに穴《あな》やすき間《ま》をつくるときや、場所《ばしょ》・時間《じかん》・ものをなくして空《から》にするという意味《いみ》のときは、「空《あ》ける」という漢字《かんじ》が使《つか》われます。「水《みず》を空《あ》ける」のように、競争《きょうそう》している相手《あいて》を大《おお》きく引《ひ》きはなすといった意味《いみ》にも使《つか》われます。

同《おな》じ「あける」でも、動《うご》きや意味《いみ》によって使《つか》う漢字《かんじ》がちがうのです。

「明《あ》けましておめでとう！」

新《あたら》しい年《とし》の始《はじ》まりに「明《あ》けましておめでとうございます」というあいさつを言《い》います。これは、「年《とし》が明《あ》ける」、つまり新《あたら》しい年《とし》がスタートするときに使《つか》われる「あける」です。ほかにも、「夜《よる》が明《あ》ける」「梅雨《つゆ》が明《あ》ける」など、時《とき》があけるときには、「明《あ》ける」という漢字《かんじ》で表《あらわ》します。

考《かんが》えてみよう

どの「あける」かな？

①机《つくえ》と机《つくえ》の間《あいだ》を（　　）る。
②学芸会《がくげいかい》の劇《げき》の幕《まく》を（　　）る。
③目《め》を（　　）て、しっかりと見《み》る。
④長《なが》い冬《ふゆ》が（　　）て、春《はる》が来《き》た。
⑤誕生日《たんじょうび》のプレゼントを（　　）た。

ひとくちメモ　「考《かんが》えてみよう」の答《こた》え　①空《あ》け　②開《あ》け　③開《あ》け　④明《あ》け　⑤開《あ》け

新年《しんねん》によく使《つか》われる漢字《かんじ》「始」「初」

日本国語教育学会理事《にほんこくごきょういくがっかいりじ》
藤田慶三《ふじたけいぞう》先生《せんせい》が書《か》きました

読《よ》んだ日《ひ》　月《がつ》　日《にち》　月《がつ》　日《にち》　月《がつ》　日《にち》

「スタート」を意味《いみ》する「始」

新《あたら》しい年《とし》が始《はじ》まりました。新年《しんねん》には、「年始《ねんし》、仕事始《しごとはじ》め」など「始」という漢字《かんじ》をよくつかいます。また、「初詣《はつもう》で」、「初荷《はつに》」、「出初《でぞ》め式《しき》」など「初」という漢字《かんじ》もよく使《つか》いますね。どんな時《とき》にどちらの漢字《かんじ》を使《つか》うのでしょう。

「始」は女《おんな》と台《だい》を組《く》み合《あ》わせた漢《かん》字《じ》です。台《だい》のムは農具《のうぐ》のすきを表《あらわ》し、土《つち》を耕《たがや》す時《とき》に使《つか》う道具《どうぐ》です。口《くち》でものを言《い》い、すきを使《つか》って仕《し》事《ごと》をスタートするという意味《いみ》で使《つか》われます。女偏《おんなへん》、これはお母《かあ》さんです。お母《かあ》さんがおなかに赤《あか》ちゃんをやどし「始《はじ》」めたことを表《あらわ》します。このことから、広《ひろ》く物事《ものごと》の始《はじ》めの意味《いみ》に使《つか》われるのです。

「最初《さいしょ》」を意味《いみ》する「初」

「初」は刀《かたな》と衣《ころも》を合《あ》わせた漢字《かんじ》です。衣料《いりょう》に最初《さいしょ》にはさみを入《い》れて切《き》ることが、人《ひと》がなにかをつくる時《とき》の一番目《いちばんめ》の手順《てじゅん》であることから、初《はじ》めという意味《いみ》になりました。

「始」も「初」も「はじめ」「はじめて」の意味《いみ》に使《つか》われますが、文《ぶん》の中《なか》での使《つか》い方《かた》は異《こと》なります。普通《ふつう》、「開始《かいし》」の意味《いみ》で使《つか》う時《とき》は「始」を、順序《じゅんじょ》の意味《いみ》で使《つか》う時《とき》は「初」を用《もち》います。たとえば、「これから新年会《しんねんかい》を始《はじ》めます」「元旦《がんたん》に初《はじ》めて昇《のぼ》る太陽《たいよう》は初日《はつひ》の出《で》です」などです。

やってみよう

どっちの漢字《かんじ》かな？

- 10日《か》から野球《やきゅう》の練習《れんしゅう》を（　《はじ》）めます。
- ぼくにとっては、（　《はじ》）めての対外試合《たいがいじあい》です。
- （　《はじ》）めはとてもこわい人《ひと》だった。
- （　《はじ》）めよければ終《おわ》りよし。

ひとくちメモ　「年始《ねんし》」は、「年《とし》のはじめ、年《とし》のはじめの祝《いわ》い」を、「初春《しょしゅん》」は、「春《はる》のはじめ、新年《しんねん》、新春《しんしゅん》、正月《しょうがつ》」を指《さ》します。とても近《ちか》い意味《いみ》をもつ言葉《ことば》ですね。

決まり文句・名文句にまつわるお話

おにになぼう

しゃべったり、食《た》べたり 口《くち》は忙《いそが》しい！

日本国語教育学会理事《にほんこくごきょういくがっかいりじ》
新垣公子《あらかきともこ》先生《せんせい》が書《か》きました

読《よ》んだ日《ひ》　月《がつ》　日《にち》　月《がつ》　日《にち》　月《がつ》　日《にち》

「ものを言《い》う」ところ

日本語《にほんご》で「口《くち》」というと、ものを言《い》うことや、その言《い》い方《かた》について表《あらわ》していることがよくあります。

「へらず口《ぐち》をたたく」といえば、負《ま》け惜《お》しみや人《ひと》に憎《にく》まれるような言葉《ことば》を言《い》うことです。「憎《にく》まれ口《ぐち》」という言葉《ことば》もありますね。「口《くち》が過《す》ぎる」というと、失礼《しつれい》なことを言《い》う意味《いみ》になります。あまりによくしゃべる人《ひと》に対《たい》して「口《くち》から先《さき》に生《う》まれた」なんて言《い》ったりします。そういう人《ひと》はだいたい「口《くち》が軽《かる》い」ものです。

「口酸《くちす》っぱくなる」というと、何《なん》度《ど》も同《おな》じ言葉《ことば》を繰《く》り返《かえ》すたとえです。お家《うち》の人《ひと》から口酸《くちす》っぱく言《い》われていることはありませんか？

「ものを食《た》べる」ところ

もちろんものを食《た》べるところとしての「口《くち》」もよく使《つか》われます。「口《くち》に合《あ》う」というと、食《た》べ物《もの》の好《この》みが合《あ》うという意味《いみ》ですし、「口《くち》が肥《こ》える」は食《た》べ物《もの》の好《この》みがぜいたくになることです。

「口《くち》」が登場《とうじょう》することわざで覚《おぼ》えておきたいのは「良薬《りょうやく》は口《くち》に苦《にが》し」でしょう。ありがたい忠告《ちゅうこく》ほど、聞《き》いた時《とき》はつらくいやな思《おも》いをするが自分自身《じぶんじしん》のためになる、という意味《いみ》です。「良《よ》い薬《くすり》は苦《にが》くて飲《の》みにくいけれど、優《すぐ》れた効《き》き目《め》がある」という中国《ちゅうごく》の孔子《こうし》という人《ひと》の言葉《ことば》がもとになっています。

考《かんが》えてみよう

「口《くち》」クイズ

さらに口《くち》を使《つか》った言葉《ことば》を紹介《しょうかい》します。ちょっとむずかしいけれど、どんな意味《いみ》かわかるかな？

① 口《くち》を割《わ》る
② 口《くち》に糊《のり》する
③ 口《くち》を利《き》く

ひとくちメモ 「考《かんが》えてみよう」の答《こた》え　①かくしていたことを白状《はくじょう》する。②貧《まず》しく暮《く》らす、やっと生計《せいけい》をたてること。③誰《だれ》かを紹介《しょうかい》したり仲介《ちゅうかい》したりすること。

話し方にまつわるお話

ビックリ!?「おはよう」は敬語《けいご》だった！

1月 5日

東京都練馬区立大泉学園桜小学校《とうきょうとねりまくりつおおいずみがくえんさくらしょうがっこう》
井原英昭《いはらひであき》先生《せんせい》が書《か》きました

読《よ》んだ日《ひ》　月《がつ》　日《にち》　月《がつ》　日《にち》　月《がつ》　日《にち》

「お」は尊敬《そんけい》の気持《きも》ちを表《あらわ》す

学校《がっこう》で、先生《せんせい》に「おはよう」とあいさつすると、「敬語《けいご》を使《つか》いなさい」と注意《ちゅうい》されます。そこで、「おはようございます」と言《い》い直《なお》した経験《けいけん》はありませんか？

「おはよう」は、友達《ともだち》や家族《かぞく》など、身近《みぢか》な人《ひと》にするあいさつです。しかし、この「おはよう」は、じつは立派《りっぱ》な敬語《けいご》なのです。

もともと「おはよう」は、「お早《はよ》う」と書《か》きます。「早《はよ》う」に、尊敬《そんけい》の気持《きも》ちを表《あらわ》す「お」をつけているので、敬語《けいご》といえるのです。敬語《けいご》ではない表現《ひょうげん》にすると、「はやいね」という言《い》い方《かた》になります。

「おはよう」は、ふだんよく使《つか》う言葉《ことば》なので、しだいに尊敬《そんけい》の意味合《いみあ》いが薄《うす》れ、軽《かる》くくだけた表現《ひょうげん》に感《かん》じられるようになったのでしょう。

あいさつをよく見《み》てみると……

「おはよう」以外《いがい》のあいさつはどうでしょうか？「いただきます」「ごちそうさま」「いってきます」「ただいま」「おかえり」「おやすみ」なども、ふだん何気《なにげ》なく使《つか》っている言葉《ことば》です。

しかし、よく見《み》ると、これらのあいさつの言葉《ことば》も、すべて敬語《けいご》なのです。「いただく」は謙譲語《けんじょうご》です。「ます」は丁寧語《ていねいご》で、「お」は尊敬《そんけい》を表《あらわ》しています。「ただいま」は、一見敬語《いっけんけいご》のようには見《み》えませんが、「ただいま帰《かえ》りました」の省略形《しょうりゃくけい》なので、やはり敬語《けいご》なんですよ。

探《さが》してみよう

よく使《つか》う意外《いがい》な敬語《けいご》

よく使《つか》う言葉《ことば》の中《なか》で、敬語《けいご》を探《さが》してみましょう。たとえば「おめでとう」は、「めでたい」に尊敬表現《そんけいひょうげん》の「お」をつけたものです。「〜ちょうだい」は「頂戴《ちょうだい》する」という敬語《けいご》からできました。私《わたし》たちはふだんから、敬語《けいご》をたくさん使《つか》っているんですね。

ひとくちメモ　電話《でんわ》の「もしもし」という呼《よ》びかけの言葉《ことば》は、「申《もう》します、申《もう》します」という敬語《けいご》を省略《しょうりゃく》してできたといわれています（274ページ参照《さんしょう》）。こんなふうに、言葉《ことば》が省略《しょうりゃく》されてできた敬語《けいご》もたくさんあります。

秀吉《ひでよし》がここでも活躍《かつやく》？ 武将《ぶしょう》から生《う》まれた故事成語《こじせいご》

1月 6日

日本国語教育学会理事《にほんこくごきょういくがっかいりじ》・研究部長《けんきゅうぶちょう》
鳴島《なるしま》 甫《はじめ》先生《せんせい》が書《か》きました

読《よ》んだ日《ひ》　月《がつ》　日《にち》｜月《がつ》　日《にち》｜月《がつ》　日《にち》

今《いま》に伝《つた》わる戦国時代《せんごくじだい》の出来事《できごと》

故事成語《こじせいご》というと、中国《ちゅうごく》の昔《むかし》のお話《はなし》から生《う》まれたものが多《おお》いですが、日本生《にほんう》まれの故事成語《こじせいご》もあります。特《とく》に、今《いま》に伝《つた》わるドラマティックな出来事《できごと》が多《おお》い戦国時代《せんごくじだい》は、故事成語《こじせいご》の宝庫《ほうこ》です。

たとえば、「敵《てき》に塩《しお》を送《おく》る」は戦国武将《せんごくぶしょう》、上杉謙信《うえすぎけんしん》と武田信玄《たけだしんげん》から生《う》まれた言葉《ことば》。川中島《かわなかじま》の合戦《かっせん》で有名《ゆうめい》なふたりですね。信玄《しんげん》の領土《りょうど》は山国《やまぐに》で、食事《しょくじ》に必要《ひつよう》な塩《しお》が取《と》れません。塩不足《しおぶそく》に悩《なや》む信玄《しんげん》に、謙信《けんしん》は塩《しお》を送《おく》ったそうです。この話《はなし》から「苦境《くきょう》にある敵《てき》を助《たす》ける」という意味《いみ》の言葉《ことば》が生《う》まれました。

大活躍《だいかつやく》の秀吉《ひでよし》

戦国時代《せんごくじだい》を制《せい》し、天下《てんか》を取《と》ったのは豊臣秀吉《とよとみひでよし》。その活躍《かつやく》はだれもが知《し》るところですね。戦国時代《せんごくじだい》に生《う》まれた故事成語《こじせいご》も、秀吉《ひでよし》の存在《そんざい》抜《ぬ》きには語《かた》れません。いくつか紹介《しょうかい》しましょう。

「小田原評定《おだわらひょうじょう》」

豊臣秀吉《とよとみひでよし》に攻《せ》められた小田原城《おだわらじょう》では、どうしたらよいか、なかなか話《はな》し合《あ》いの決着《けっちゃく》がつきませんでした。このことから「長引《ながび》いてなかなか決定《けってい》しない相談《そうだん》」という意味《いみ》として生《う》まれました。

「三日天下《みっかてんか》」

明智光秀《あけちみつひで》が織田信長《おだのぶなが》を討《う》ち、天下《てんか》を取《と》ったものの、すぐに秀吉《ひでよし》に破《やぶ》れたことから「極《きわ》めて短《みじか》い期間《きかん》しか権力《けんりょく》を保持《ほじ》できない」という意味《いみ》になりました。

「天王山《てんのうざん》」

秀吉《ひでよし》と光秀《みつひで》が山崎《やまざき》で戦《たたか》った時《とき》、天王山《てんのうざん》の占領《せんりょう》が勝敗《しょうはい》を分《わ》けたことから「勝敗《しょうはい》の分《わ》かれ目《め》」という意味《いみ》になったのです。

調《しら》べてみよう

鎌倉時代《かまくらじだい》にもある

時代《じだい》は少《すこ》しさかのぼりますが、鎌倉時代《かまくらじだい》、鎌倉幕府《かまくらばくふ》に一大事《いちだいじ》が起《お》こると諸国《しょこく》の武士《ぶし》は即座《そくざ》に鎌倉《かまくら》に召集《しょうしゅう》されたことから、「大事《おおごと》が起《お》きたとき」という意味《いみ》の言葉《ことば》「いざ鎌倉《かまくら》」が生《う》まれました。また源《みなもとの》義経《よしつね》とその家来《けらい》の武蔵坊弁慶《むさしぼうべんけい》にまつわる故事成語《こじせいご》もあります。調《しら》べてみましょう。

ひとくちメモ　戦国時代《せんごくじだい》に活躍《かつやく》した武将《ぶしょう》といえば、明智光秀《あけちみつひで》にまつわる故事成語《こじせいご》もあります。上《うえ》で紹介《しょうかい》したもの以外《いがい》でも「敵《てき》は本能寺《ほんのうじ》にあり」（「本当《ほんとう》の目的《もくてき》は別《べつ》のところにある」という意味《いみ》）が有名《ゆうめい》です。

決まり文句・名文句にまつわるお話

おにかなぼう

「ねこのひたい」って、どのくらいの広《ひろ》さ？

1月7日

東京学芸大学教育学部《とうきょうがくげいだいがくきょういくがくぶ》
中村和弘《なかむらかずひろ》先生《せんせい》が書《か》きました

読《よ》んだ日《ひ》　月《がつ》　日《にち》　月《がつ》　日《にち》　月《がつ》　日《にち》

会話《かいわ》に出《で》てくるねこのことわざ

　ことわざが大好《だいす》きな姉《あね》のAさんと、弟《おとうと》のB君《くん》が話《はなし》をしています。

B君《くん》　ああ、忙《いそが》しい。この部屋《へや》の本《ほん》、今日中《きょうじゅう》に片付《かたづ》けなくちゃ。

Aさん　ねえ、その本貸《ほんか》して。あなたには、ねこに小判《こばん》でしょ？

B君《くん》　ダメ！　それより手伝《てつだ》ってよ。ねこの手《て》も借《か》りたいよ！

Aさん　あ～あ、こんな部屋中《へやじゅう》にとりちらかして。ねこのひたいほどのスペースもないじゃない。

B君《くん》　だったら手伝《てつだ》ってよ！

Aさん　じゃあ、その本《ほん》を貸《か》してくれたら、お姉《ねえ》さまが手伝《てつだ》ってあげてもよろしくってよ。

B君《くん》　なにそれ。急《きゅう》にねこなで声《ごえ》なんか出《だ》しちゃって。お母《かあ》さんに、もっとおこづかいちょうだいって頼《たの》んで、自分《じぶん》で買《か》えば？

Aさん　ムリムリ。そんなの、ねこの首《くび》に鈴《すず》をつけるようなものよ（ねこ足《あし》で近《ちか》づき、本《ほん》を取《と》る）。

B君《くん》　あっ、どろぼうねこ！

ことわざ辞典《じてん》で調《しら》べてみよう

　ふたりの会話《かいわ》の中《なか》には、「ねこ」にまつわる、ことわざや慣用句《かんようく》がたくさん出《で》てきましたね。どれも、ふだんの生活《せいかつ》の中《なか》で、よく使《つか》われるものばかりです。

　意味《いみ》がよくわからなかったものは、ことわざ辞典《じてん》などで調《しら》べてみましょう。

読《よ》んでみよう

ネコが登場《とうじょう》する文学作品《ぶんがくさくひん》

夏目漱石《なつめそうせき》の『吾輩《わがはい》は猫《ねこ》である』や、内田百閒《うちだひゃっけん》の『ノラや』は、知《し》っていますか？　また、詩人《しじん》の萩原朔太郎《はぎわらさくたろう》は『青猫《あおねこ》』という詩集《ししゅう》を書《か》いています。海外《かいがい》の作品《さくひん》では、エドガー・アラン・ポーの『黒猫《くろねこ》』が有名《ゆうめい》です。

ひとくちメモ　「ねこのひたい」は、とてもせまい場所《ばしょ》のたとえです。ねこにまつわることわざ・慣用句《かんようく》は、「ねこもしゃくしも」「借《か》りてきたねこ」「ねこかぶり」「ねこにマタタビ」など、たくさんあります。

漢字《かんじ》はじめてものがたり（1）
刻《きざ》んだ絵《え》が漢字《かんじ》のおおもと

1月《がつ》8日《にち》

元福岡県春日市立春日東小学校校長《もとふくおかけんかすがしりつかすがひがししょうがっこうこうちょう》
東《ひがし》 和男《かずお》先生《せんせい》が書《か》きました

読《よ》んだ日《ひ》　月《がつ》　日《にち》｜月《がつ》　日《にち》｜月《がつ》　日《にち》

カメの甲《こう》らや動物《どうぶつ》の骨《ほね》に刻《きざ》んで

漢字《かんじ》は中国《ちゅうごく》で生《う》まれました。今《いま》から約《やく》3300年《ねん》も前《まえ》のことです。中国《ちゅうごく》では「殷《いん》」という国《くに》が栄《さか》えていました。この国《くに》では亀《かめ》の甲《こう》らや動物《どうぶつ》の骨《ほね》に絵文字《えもじ》を刻《きざ》んでいたことがわかっています。これがおそらく、漢字《かんじ》のおおもとだといわれています。

この国《くに》では、戦《たたか》いや政治《せいじ》など、大事《だいじ》なことを占《うらな》いで決《き》めていたようです。カメの甲《こう》らや動物《どうぶつ》の骨《ほね》をあぶって、その割《わ》れ目《め》などを占《うらな》いに利用《りよう》していたと考《かんが》えられています。そして、その結果《けっか》を小刀《こがたな》で刻《きざ》みつけるように彫《ほ》って記録《ろく》していたのでしょう。その刻《きざ》まれた文字《もじ》が、今《いま》につながる漢字《かんじ》のもとになったのです。

この文字《もじ》のことを、「甲骨文字《こうこつもじ》」と呼《よ》びます。するどい刀《かたな》で刻《きざ》むので、どれも直線《ちょくせん》の組《く》み合《あ》わせで出来《でき》ていました。

少《すこ》しずつ今《いま》の漢字《かんじ》に近《ちか》づく

時代《じだい》が進《すす》んで今《いま》から3000年《ねん》前《まえ》くらいになると、今度《こんど》は甲《こう》らや骨《ほね》ではなく、金属《きんぞく》の器《うつわ》に文字《もじ》を刻《きざ》むようになりました。このころは、直線《ちょくせん》だけでなく、ちょっとカーブするなど、やわらかい文字《もじ》も生《う》まれます。甲《こう》らや骨《ほね》より、刻《きざ》みやすかったのかもしれませんね。この文字《もじ》のことを「金文《きんぶん》」といいます。漢字《かんじ》には長《なが》い長《なが》い歴史《れきし》があります。みなさんがいま使《つか》っている漢字《かんじ》のかたちになるのは、このころからさらに1000年《ねん》ほど後《あと》のことです。

考《かんが》えてみよう

甲骨文字《こうこつもじ》クイズ

次《つぎ》の「甲骨文字《こうこつもじ》」は今《いま》使《つか》われている漢字《かんじ》のもとになっているといわれています。何《なん》という漢字《かんじ》でしょうか？

ひとくちメモ　「考《かんが》えてみよう」の答《こた》え　1）「牛《うし》」　2）「魚《さかな》」　3）「虫《むし》」。甲骨文字《こうこつもじ》はインターネットに、一覧表《いちらんひょう》や変換《へんかん》サイトがアップされています。自分《じぶん》の名前《なまえ》の甲骨文字《こうこつもじ》を探《さが》してみてもおもしろいですよ。

言葉で遊ぼう

うまく言《い》えるかな？ 早口言葉《はやくちことば》10

日本国語教育学会理事《にほんこくごきょういくがっかいりじ》・小学校部会長《しょうがっこうぶかいちょう》
今村久二《いまむらひさじ》先生《せんせい》が書《か》きました

1月《がつ》 9日《にち》

読《よ》んだ日《ひ》　月《がつ》　日《にち》　月《がつ》　日《にち》　月《がつ》　日《にち》

有名《ゆうめい》な早口言葉《はやくちことば》を読《よ》んでみよう

1 生麦生米生卵《なまむぎなまごめなまたまご》

2 隣《となり》の客《きゃく》はよく柿《かき》食《く》う客《きゃく》だ

3 東京特許許可局局長《とうきょうとっきょきょかきょくきょくちょう》の許可《きょか》

4 黄《き》パジャマ茶《ちゃ》パジャマ赤《あか》パジャマ

5 かえるぴょこぴょこ
みぴょこぴょこ
あわせてぴょこぴょこ
むぴょこぴょこ

6 分《わ》かったら「分《わ》かった。」と、
分《わ》からなかったら「分《わ》からなかった。」
と言《い》わなかったら、分《わ》かったか分《わ》から
なかったか 分《わ》からないじゃないか。

舌《した》もじり

口《くち》の形《かたち》や舌《した》の動《うご》きがむずかしい言葉《ことば》を集《あつ》めた言葉遊《ことばあそ》びを「早口言葉《はやくちことば》」といいます。古《ふる》くからある遊《あそ》びで、昔《むかし》は「舌《した》もじり」ともいいました。

舌《した》がなめらかに動《うご》かないことを、「かつ舌《ぜつ》が悪《わる》い」といいます。はっきり、聞《き》き取《と》りやすい話《はな》し方《かた》ができるようになるには練習《れんしゅう》が必要《ひつよう》です。

ひとくちメモ 俳優《はいゆう》やアナウンサーの学校《がっこう》でかつ舌《ぜつ》をよくするけいこで使《つか》われるのに、「ういろう売《う》り」や「あめんぼの歌《うた》」があります。インターネットで調《しら》べると見《み》つかります。練習《れんしゅう》してみましょう。

司会者《しかいしゃ》、アナウンサー、俳優《はいゆう》、声優《せいゆう》、ナレーターなど、よいかつ舌《ぜつ》がもとめられる仕事《しごと》はたくさんあります。もしあなたが司会者《しかいしゃ》になったら、「次《つぎ》は、きゃりーぱみゅぱみゅの登場《とうじょう》です」と上手《じょうず》に言《い》えるでしょうか？

⑦
この竹垣《たけがき》に竹《たけ》立《た》てかけたのは
竹《たけ》立《た》てかけたかったから
竹《たけ》立《た》てかけたのです。

⑧
お綾《あや》や親《おや》にお謝《あやま》り
お綾《あや》やお湯屋《ゆや》に行《い》くと八百屋《やおや》にお言《い》い

⑨
瓜《うり》売《う》りが瓜《うり》売《う》りに来《き》て
瓜《うり》売《う》りのこし　売《う》り売《う》り帰《かえ》る
瓜《うり》売《う》りの声《こえ》

⑩
歌《うた》うたいが歌《うた》うたいに来《き》て
歌《うた》うたえと言《い》うが
歌《うた》うたいが歌《うた》うたうだけうたい切《き》れば
歌《うた》うたうけれども
歌《うた》うたいだけ
歌《うた》うたい切《き》れないから
歌《うた》うたわぬ

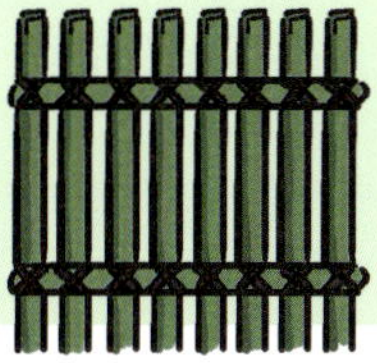

ためしてみよう

かつ舌《ぜつ》をよくするコツ

アニメなどの声優《せいゆう》のように早口言葉《はやくちことば》を上手《じょうず》に言《い》えるようになるには、練習《れんしゅう》のコツがあります。

①舌《した》と唇《くちびる》がよく動《うご》くようにする。
「らな」や「らぬ」を30回《かい》ほどくり返《かえ》す練習《れんしゅう》をすると、唇《くちびる》や舌《した》の動《うご》きがよくなります。

②口《くち》のはじを上下《じょうげ》に動《うご》かす体操《たいそう》をする。
口《くち》のまわりの筋肉《きんにく》をきたえ、口《くち》が大《おお》きく開《ひら》くようにします。

③ア行《ぎょう》を正《ただ》しく発音《はつおん》する
「あいうえお」をはっきりさせるように話《はな》します。

話し方にまつわるお話

ほめられたときは素直《すなお》に感謝《かんしゃ》しよう

1月 10日

東京都葛飾区立清和小学校校長《とうきょうとかつしかくりつせいわしょうがっこうこうちょう》
朴木一史《ほおのきかずし》先生《せんせい》が書《か》きました

読《よ》んだ日《ひ》　月《がつ》　日《にち》　月《がつ》　日《にち》　月《がつ》　日《にち》

ほめられたら、どう返《かえ》す？

ちえさんは、字《じ》を書《か》くのがとても上手《じょうず》です。

ノートの文字《もじ》はいつも美《うつく》しく整《ととの》えられていて、学習《がくしゅう》したことがよくまとめられています。

ノートの整理《せいり》が上手《じょうず》なので、担任《たんにん》の先生《せんせい》は、ちえさんのノートをコピーして教室《きょうしつ》の後《うし》ろに掲示《けいじ》して、学級《がっきゅう》の友達《ともだち》の手本《てほん》にしています。

また、ちえさんは書道教室《しょどうきょうしつ》にも熱心《ねっしん》に通《かよ》い、毛筆書写《もうひつしょしゃ》も得意《とくい》です。コンクールや展覧会《てんらんかい》では常《つね》に入賞《にゅうしょう》する実力《じつりょく》をもっています。先生《せんせい》も友達《ともだち》も、ちえさんのノートの文字《もじ》やまとめ方《かた》をよくほめています。

しかし、ちえさんは、なぜかほめられることが苦手《にがて》です。どうしてでしょう？

ちえさんは、ほめられた時《とき》、どう言葉《ことば》を返《かえ》せばよいかがいつもわからず、ほめられても、もじもじしてしまったり、下《した》を向《む》いてしまったりするのです。

ありがとうに加《くわ》えて一言《ひとこと》

まずは、ほめてもらった相手《あいて》に感謝《かんしゃ》したいですね。「ありがとう」「ありがとうございます」と素直《すなお》に言《い》えるといいでしょう。また、ほめてもらった相手《あいて》のおかげで、できるようになったり、うまくいくようになった時《とき》には、「先生《せんせい》が教《おし》えて下《くだ》さったおかげです」「〇〇君《くん》が励《はげ》ましてくれたからだよ」などと付《つ》け加《くわ》えるといいでしょう。

さらに、場合《ばあい》によっては、「また頑張《がんば》ります」「もっとよくなるよう努力《どりょく》するよ」と言《い》うのもいいですね。

考《かんが》えてみよう

謙遜《けんそん》してもいいの？

ほめられた時《とき》、「いえ、そんなことありません」「全然《ぜんぜん》たいしたことないですよ」と言《い》ってしまうことがありますね。謙遜《けんそん》して言葉《ことば》を返《かえ》しているつもりでも、相手《あいて》を否定《ひてい》するようなことになってしまう場合《ばあい》もあります。

ひとくちメモ 英語《えいご》では、ほめられた時《とき》は、まずは素直《すなお》に前向《まえむ》きにとらえて返事《へんじ》をします。「THANK YOU」（ありがとう）「THANK YOU FOR PRAISING ME」（ほめてくれてありがとう）で十分《じゅうぶん》です。

「○○抜《ぬ》き」に入《はい》る野菜《やさい》の名前《なまえ》は？

1月《がつ》11日《にち》

東京家政大学大学院人間生活学専攻《とうきょうかせいだいがくだいがくいんにんげんせいかつがくせんこう》
大越和孝《おおこしかずたか》先生《せんせい》が書《か》きました

読《よ》んだ日《ひ》　月《がつ》　日《にち》｜　月《がつ》　日《にち》｜　月《がつ》　日《にち》

じゃがいも、さつまいも、それとも…？

運動会《うんどうかい》のリレーで、後《うし》ろを走《はし》っていた選手《せんしゅ》が、前《まえ》の何人《なんにん》かをいっきに追《お》い抜《ぬ》くことを何《なに》というでしょう？　じゃがいも抜《ぬ》き、さつまいも抜《ぬ》き、それとも、ごぼう抜《ぬ》き？　ヒントは、茎《くき》を引《ひ》っぱると、全部《ぜんぶ》がきれいに引《ひ》き抜《ぬ》ける野菜《やさい》です。

じゃがいもは、茎《くき》を引《ひ》っぱると、土《つち》の中《なか》にイモが残《のこ》ってしまいます。

さつまいもの茎《くき》は横《よこ》にのびていますが、やはり引《ひ》っぱるとイモが残《のこ》ります。そう、正解《せいかい》は「ごぼう抜《ぬ》き」ですね。

また、自分《じぶん》のチームを強《つよ》くするために、他《ほか》のチームの強《つよ》い選手《せんしゅ》を強引《ごういん》に引《ひ》き抜《ぬ》くことも、ごぼう抜《ぬ》きといいます。

植物名《しょくぶつめい》の入《はい》ったことわざ

植物《しょくぶつ》の名前《なまえ》は、ことわざの中《なか》にもたくさん使《つか》われています。たとえば、「青《あお》は藍《あい》よりいでて藍《あい》より青《あお》し」ということわざがあります。

昔《むかし》は糸《いと》や布《ぬの》を染《そ》める時《とき》、植物《しょくぶつ》からとった染料《せんりょう》を使《つか》っていました。その代表的《だいひょうてき》なものが藍《あい》です。

藍《あい》は古《ふる》い時代《じだい》に、中国《ちゅうごく》からわたってきた植物《しょくぶつ》です。その葉《は》っぱから青《あお》い色《いろ》の染料《せんりょう》をつくって、布《ぬの》を染《そ》めます。すると、染《そ》めた色《いろ》が、もとの藍《あい》よりも濃《こ》い青《あお》になるのです。

このことから、弟子《でし》が先生《せんせい》を越《こ》えることのたとえとして使《つか》われるようになりました。

調《しら》べてみよう

おいしそうな色《いろ》の名前《なまえ》

色《いろ》の名前《なまえ》には、植物名《しょくぶつめい》のついたものがたくさんあります。どんな色《いろ》かわかりますか？
あずき色《いろ》／オレンジ色《いろ》／くり色《いろ》／さくら色《いろ》／もも色《いろ》／ふじ色《いろ》／ぼたん色《いろ》／やまぶき色《いろ》

ひとくちメモ　「松葉《まつば》づえ」「ごま塩頭《しおあたま》」「大根足《だいこんあし》」のように、植物名《しょくぶつめい》の入《はい》った言葉《ことば》はたくさんあります。ほかにはどんな言《こと》葉《ば》があるか、調《しら》べてみるのもおもしろいですね。

日本語をめぐる言葉のお話 あ

ひらがなは女《おんな》の人《ひと》が使《つか》う文字《もじ》だった！

1月12日

日本国語教育学会理事《にほんこくごきょういくがっかいりじ》
岸本修二《きしもとしゅうじ》先生《せんせい》が書《か》きました

読《よ》んだ日《ひ》　月《がつ》　日《にち》｜月《がつ》　日《にち》｜月《がつ》　日《にち》

奈良乃美也己

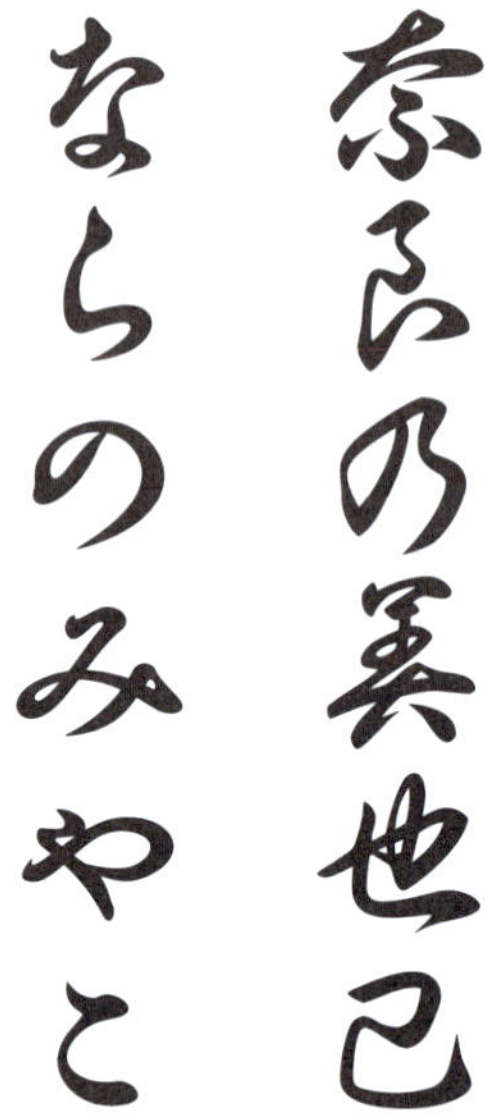

「奈良乃美也己」をくずすと
「奈良乃美也己」（草書体）となり
「ならのみやこ」という
ひらがなのもとになります。

カタカナ・ひらがなのルーツは万葉仮名《まんようがな》

昔《むかし》、日本人《にほんじん》は中国《ちゅうごく》の漢字《かんじ》だけを使《つか》って読み書きをしていました。そこで、漢字《かんじ》を価値《かち》の高《たか》い本物《ほんもの》の文字《もじ》として「真名《まな》」と呼《よ》び、日本《にほん》でつくられた文字《もじ》を、それよりも価値《かち》の低《ひく》い「仮名《かな》」としました。

はじめは、仮名《かな》を「かりな」と読《よ》んでいましたが、やがて「かんな」となり、今《いま》のように「かな」と読《よ》まれるようになりました。

奈良時代《ならじだい》より前《まえ》の、万葉《まんよう》のころにつくられた仮名《かな》は、日本語《にほんご》の発《はつ》音《おん》と同《おな》じ音《おと》の漢字《かんじ》を使《つか》って表《あらわ》しました（125ページ参照《さんしょう》）。この万葉仮名《まんようがな》から、カタカナとひらがなが生《う》まれたのです。

和歌《わか》や古典《こてん》はひらがなで書《か》かれた

奈良時代《ならじだい》の人々《ひとびと》は、万葉仮名《まんようがな》と漢字《かんじ》の両方《りょうほう》を使《つか》っていました。しかし、平安時代《へいあんじだい》になると、万葉仮《まんようが》名《な》は画数《かくすう》が多《おお》いので、もっと早《はや》くかんたんに書《か》きたいと考《かんが》えるようになったのです。そこで貴族《きぞく》や僧《そう》侶《りょ》たちは、漢字《かんじ》の一部分《いちぶぶん》だけを使《つか》ってカタカナをつくりました（64ページ参照《さんしょう》）。

一方《いっぽう》、貴族《きぞく》の女性《じょせい》たちは、万葉《まんよう》仮名《がな》の字《じ》の形《かたち》をくずして、よりかんたんな文字《もじ》をつくりました。こうして生《う》まれたのがひらがなです。

やがて貴族《きぞく》の女性《じょせい》たちは、「女《おんな》手《で》」と呼《よ》ばれるひらがなで手紙《てがみ》や和歌《わか》を書《か》くようになりました。平《へい》安時代《あんじだい》の中《なか》ごろにつくられた『古《こ》今和歌集《きんわかしゅう》』は、すべてひらがなで書《か》かれています。じつは、和歌《わか》をつくる時《とき》は、男《おとこ》の人《ひと》もひらがなを使《つか》っていたのです。

確《たし》かめてみよう

「あ」は「安」からできた

速《はや》くかんたんに書《か》くためにくずした字体《じたい》を「草書《そうしょ》」といいます。右《みぎ》の文字《もじ》を見《み》てみましょう。「安」を速《はや》く書《か》いたものです。ひらがなの「あ」は、漢字《かんじ》の「安」の字形《じけい》をくずしてつくられたことがわかりますね。

ひとくちメモ ひらがなは、はじめは「かな」「女手《おんなで》」といっていました。ひらがなというようになったのは室町時代《むろまちじだい》だそうです。「平」には普通《ふつう》・平凡《へいぼん》の意味《いみ》があります。ひらがなという言葉《ことば》は、戦国時代《せんごくじだい》の辞書《じしょ》にも載《の》っています。

決まり文句・名文句にまつわるお話
おににかなぼう

聞《き》こえるところも忙《いそが》しい 耳《みみ》にまつわる言葉《ことば》

1月13日

日本国語教育学会理事《にほんこくごきょういくがっかいりじ》
新垣公子《あらかきともこ》先生《せんせい》が書《か》きました

読《よ》んだ日《ひ》　月《がつ》　日《にち》　月《がつ》　日《にち》　月《がつ》　日《にち》

「ものを聞《き》くところ」

日本語《にほんご》で「耳《みみ》」というと、なにかを聞《き》くこと、聞《き》こえることを指《さ》すことがよくあります。じっくり聞《き》くというだけでもいろんな種類《しゅるい》がありますよ。「耳《みみ》をかたむける」というと、人《ひと》の意見《いけん》を注意《ちゅうい》して聞《き》くことです。「耳《みみ》を貸《か》す」というと、相談《そうだん》にのることをいいます。「耳《みみ》が痛《いた》い」というと、人《ひと》の言《い》うことが自分《じぶん》の弱点《じゃくてん》をついていて、聞《き》いていてつらくなることです。

少《すこ》しだけ聞《き》く場合《ばあい》もやはり耳《みみ》が活躍《かつやく》します。「耳《みみ》にはさむ」というと、ちらっと聞《き》くことですし、「耳《みみ》が早《はや》い」というと、うわさなどをいち早《はや》く聞《き》きつけている、早《はや》くに知《し》っているという意味《いみ》になります。また、人《ひと》から聞《き》いた知識《ちしき》をすぐに人《ひと》に話《はな》してしまうことを「耳《みみ》から口《くち》」なんて言《い》ったりします。「あの人《ひと》、耳《みみ》から口《くち》なのよね〜」のように使《つか》います。あれ？　耳《みみ》が痛《いた》いですか？

もののはしの意味《いみ》も

パンのはしのところを「パンの耳《みみ》」といいますね。このように、耳《みみ》には紙《かみ》や布《ぬの》など薄《うす》いもののはしのところを指《さ》すことがあります。昔《むかし》のお金《かね》である小判《こばん》のはし（縁《ふち》）も耳《みみ》といったことから、「耳《みみ》をそろえる」という言葉《ことば》が生《う》まれました。不足《ふそく》なくお金《かね》を用意《ようい》することです。

考《かんが》えてみよう

「耳《みみ》」クイズ

さらに耳《みみ》を使《つか》った言葉《ことば》を紹介《しょうかい》します。ちょっとむずかしいけれど、どんな意味《いみ》かわかるかな？

① **耳学問《みみがくもん》**
② **耳寄《みみよ》りな話《はなし》**

【答《こた》え】①「人《ひと》から聞《き》いた知識《ちしき》」のこと。聞《き》きかじりの受《う》け売《う》りというニュアンスがある言葉《ことば》。②聞《き》く価値《かち》のある話《はなし》。

ひとくちメモ　耳寄《みみよ》りな話《はなし》！　人《ひと》が眠《ねむ》っている時《とき》、目《め》もまぶたをとじて眠《ねむ》ります。でも、鼻《はな》や耳《みみ》はその構造上《こうぞうじょう》、常《つね》に開《あ》けっ放《ぱな》しで、脳《のう》が危険《きけん》を感知《かんち》するための重要《じゅうよう》な情報《じょうほう》を常《つね》に得《え》るようになっています。耳《みみ》は眠《ねむ》らないのです。

日本語《にほんご》をめぐる言葉《ことば》のお話《はなし》 あ

「めし」と「つけ」ってなんだ

1月《がつ》 14日《にち》

日本国語教育学会理事《にほんこくごきょういくがっかいりじ》・小学校部会長《しょうがっこうぶかいちょう》
今村久二《いまむらひさじ》先生《せんせい》が書《か》きました

読《よ》んだ日《ひ》 月《がつ》 日《にち》 | 月《がつ》 日《にち》 | 月《がつ》 日《にち》

いただきまーす!!
ごはんとおみおつけとお魚だー

〈ご〉、〈お〉、〈み〉、そして〈お＋み〉

「お母《かあ》さん、今日《きょう》の夕食《ゆうしょく》は?」

「めしとつけ、あとは魚《さかな》よ」

そんな会話《かいわ》が交《か》わされる家《いえ》は、ふつう、ありませんね。食《た》べるということは元気《げんき》のもとをいただくということ。ありがたいものなので、もっとていねいに話《はな》します。

「ごはんとおみおつけ、あとはお魚《さかな》よ」

「ごはん」は、「はん」とよむ「飯《めし》」の漢字《かんじ》に〈ご〉をかぶせた言葉《ことば》、「おみおつけ」は、ごはんにつけるので「つけ」と呼《よ》ばれたみそ汁《しる》に〈お〉や〈み〉をかぶせた言葉《ことば》です。「魚《さかな》」にも〈お〉をかぶせていますね。

この〈ご〉や〈お〉〈み〉とはいったい何《なん》なのでしょう。

感謝《かんしゃ》を込《こ》めて頭《あたま》につける

〈ご〉〈お〉〈み〉は、どれも漢字《かんじ》で書《か》くと「御」の字《じ》になります。接頭語《せっとうご》と呼《よ》ばれる、言葉《ことば》の頭《あたま》につける単語《たんご》です。例外《れいがい》もありますが、使《つか》い方《かた》には次《つぎ》のようなきまりがあります。

〈ご〉…「ご提案《ていあん》」「ご説明《せつめい》」など漢字《かんじ》の言葉《ことば》につけます。

〈お〉…「おばあさん」など、もともとの日本語《にほんご》につけます。

〈み〉…「み仏《ほとけ》」のように、尊《とうと》いものにつけて表《あらわ》します。


さらに、〈お＋み〉のように2つもくっつくと、尊《とうと》くありがたいものを表《あらわ》します。「おみこし」「おみくじ」などのような言葉《ことば》がそうです。

「つけ」に〈お〉がついて「おつけ」、さらに、〈おみ〉がつくなんて、「おみおつけ」は、昔《むかし》から日《に》本人《ほんじん》にとって、尊《とうと》く、ありがたい食《た》べ物《もの》なのですね。

考《かんが》えてみよう

接頭語《せっとうご》じゃない!

問題《もんだい》です。首《くび》から上《うえ》の体《からだ》の名前《なまえ》で、ていねいな〈お〉ではなく、〈お〉で始《はじ》まるものが4つあります。何《なん》でしょう。もちろん、「お耳《みみ》」「お鼻《はな》」などはだめですよ。

ひとくちメモ 「考《かんが》えてみよう」の答《こた》えは、奥歯《おくば》、親知《おやし》らず、おとがい、後《おく》れ毛《げ》の4つ。わからなかったら、お家《うち》の人《ひと》といっしょに辞典《じてん》で意味《いみ》を調《しら》べてみましょう。

あなたはどっち？「不言実行《ふげんじっこう》」と「有言実行《ゆうげんじっこう》」

1月《がつ》15日《にち》

日本国語教育学会理事《にほんこくごきょういくがっかいりじ》
泉《いずみ》 宜宏《たかひろ》先生《せんせい》が書《か》きました

読《よ》んだ日《ひ》　月《がつ》　日《にち》　月《がつ》　日《にち》　月《がつ》　日《にち》

だまってやり遂《と》げる

「不言《ふげん》」とは、口《くち》に出《だ》さないことで、「実行《じっこう》」は、実際《じっさい》に行《おこな》うことを意味《いみ》します。「不言実行《ふげんじっこう》」は、「あれこれ言《い》わずに、やるべきことをただ黙《だま》って行《おこな》うこと」です。昔《むかし》から、人《ひと》の生《い》きる道《みち》として「不言実《ふげんじっ》行《こう》」はほめるべき立派《りっぱ》な行《おこな》いとされてきました。書《か》き初《ぞ》めなどのお手本《てほん》や座右《ざゆう》の銘《めい》などにも、よく取《と》り上《あ》げられます。

たとえば、「イチローくんは、何《なん》にも言《い》わなかったけれど、テストの前《まえ》に苦手《にがて》だった算数《さんすう》の勉強《べんきょう》をちゃんとして100点《てん》を取《と》るなんて不言実行《ふげんじっこう》だよね」などのように使《つか》います。

言《い》ったことをやり遂《と》げる

反対《はんたい》の言葉《ことば》もあります。「有言《ゆうげん》実行《じっこう》」です。「有言実行《ゆうげんじっこう》」は、「不《ふ》言実行《げんじっこう》」から転《てん》じた造語《ぞうご》（新《あたら》しくつくられた言葉《ことば》）です。古《ふる》くからあった言葉《ことば》ではありません。近《ちか》ごろは、「有言実行《ゆうげんじっこう》」のほうが立派《りっぱ》な態度《たいど》だと考《かんが》える人《ひと》も多《おお》く見《み》られます。「最初《さいしょ》にやるべきことを口《くち》に出《だ》して、物《もの》ごとを最後《さいご》までやり遂《と》げること」を意味《いみ》しています。

どちらがいいかは、そうかんたんには決《き》められません。

「自分《じぶん》の言《い》ったことに責任《せきにん》を持《も》たず、実行《じっこう》も伴《ともな》わない」ことを意味《いみ》する「有言不実行《ゆうげんふじっこう》」も造語《ぞうご》です。これはさすがによくないとわかりますね。

やってみよう

座右《ざゆう》の銘《めい》を持《も》とう

自分《じぶん》のなかで心《こころ》にとめておきたい名言《めいげん》や格言《かくげん》のことを「座右《ざゆう》の銘《めい》」といいます。戒《いまし》めにしたり、励《はげ》ましになったりする言葉《ことば》のことで、大人《おとな》の多《おお》くは自分《じぶん》の座右《ざゆう》の銘《めい》を持《も》っているものです。「不言実《ふげんじっ》行《こう》」でも「有言実行《ゆうげんじっこう》」でも、それ以外《いがい》でももちろんよいのです。さまざまな熟語《じゅくご》や故事成語《こじせいご》に出会《であ》い、これ！と思《おも》う言葉《ことば》を見《み》つけてください。

ひとくちメモ　「無言実行《むごんじっこう》」という言葉《ことば》をときどき耳《みみ》にすることがあります。「不言《ふげん》」も「無言《むごん》」も同《おな》じような意味《いみ》を持《も》っているので使《つか》われるのでしょう。でも、それはまちがった使《つか》い方《かた》です。

日本語をめぐる言葉のお話

あ

集《あつ》めてみよう いろいろな「とる」

1月 16日

東京都杉並区立高井戸小学校校長《とうきょうとすぎなみくりつたかいどしょうがっこうこうちょう》
鶴巻景子《つるまきけいこ》先生《せんせい》が書《か》きました

読《よ》んだ日《ひ》　月《がつ》　日《にち》｜月《がつ》　日《にち》｜月《がつ》　日《にち》

いくつ思《おも》いつくかな？

生活《せいかつ》の中《なか》で、「とる」はたくさん使《つか》われています。まずは辞書《じしょ》を使《つか》わず集《あつ》めてみましょう。あなたはいくつ思《おも》いつきますか？

たとえば「セミをとる」なら「つかまえる」という意味《いみ》です。「脈《みゃく》をとる」は「計《はか》る」こと。「写真《しゃしん》を撮《と》る」は「写《うつ》す」ことですね。

「食事《しょくじ》をとる」は「食《た》べる」の意《い》味《み》ですし、「年《とし》をとる」は「年齢《ねんれい》を重《かさ》ねる」ことです。まだまだあります。「メモをとる」は「書《か》く」、「新聞《しんぶん》をとる」は「続《つづ》けて買《か》う」、「つかれをとる」は「つかれをなくす」、「希望《きぼう》をとる」は「調《しら》べる」……。どうでしょう？　これ以外《いがい》のものを思《おも》いついた人《ひと》もいるでしょうね。同《おな》じ「とる」なのに、その意味《いみ》にはこれだけたくさんの種類《しゅるい》があるのです。

日本語《にほんご》らしい言葉《ことば》

同《おな》じ言葉《ことば》なのにいろいろな意味《いみ》をもった言葉《ことば》があります。それが日本語《にほんご》の特徴《とくちょう》の一《ひと》つです。こうしたことばを多義語《たぎご》といいます。ほかにも、「かける」（109ページ参照《さんしょう》）や「はかる」（141ページ参照《さんしょう》）などたくさんの言葉《ことば》があります。辞書《じしょ》を使《つか》って調《しら》べてみると、おもしろいですよ。

探《さが》してみよう

「とる」＋□

「とる」は、別《べつ》の動《うご》きの言葉《ことば》とくっつくと、よりくわしく、わかりやすくなります。

「とる」＋「かえす」→取《と》り返《かえ》す
「とる」＋「けす」→取《と》り消《け》す
「とる」＋「よせる」→取《と》り寄《よ》せる

「とる」が動《うご》きの言葉《ことば》とくっつくときには、「取《と》り」と変《か》わりますね。ほかにもないか探《さが》してみましょう。

ひとくちメモ　「とる」が後《あと》につく場合《ばあい》もあります。「よむ」＋「とる」→読《よ》み取《と》る　「うける」＋「とる」→受《う》け取《と》る
このように、2つの動《うご》きの言葉《ことば》が合《あ》わさってくわしくなった言葉《ことば》を複合動詞《ふくごうどうし》といいます。

五十《ごじゅう》ないのに五十音図《ごじゅうおんず》？

日本女子大学児童学科《にほんじょしだいがくじどうがっか》
笹平真之介《ささひらしんのすけ》先生《せんせい》が書《か》きました

読《よ》んだ日《ひ》　月《がつ》　日《にち》　｜　月《がつ》　日《にち》　｜　月《がつ》　日《にち》

ん	わ	ら	や	ま	は	な	た	さ	か	あ
		り		み	ひ	に	ち	し	き	い
		る	ゆ	む	ふ	ぬ	つ	す	く	う
		れ		め	へ	ね	て	せ	け	え
	を	ろ	よ	も	ほ	の	と	そ	こ	お

四十六《よんじゅうろく》しかありません

みなさんは五十音図《ごじゅうおんず》という名前《なまえ》を不思議《ふしぎ》に思《おも》ったことはありませんか。

図《ず》を見《み》ると、「ん」以外《いがい》でたしかに50のマスがあります。これは母音《ぼいん》という口《くち》の中《なか》の空間《くうかん》で区別《くべつ》する5つの音《おん》と、子音《しいん》という母音《ぼいん》を変化《へんか》させる9つの方法《ほうほう》を表《ひょう》にしたものです。同《おな》じ段《だん》を横《よこ》に見《み》ていくと同《おな》じ母音《ぼいん》の音《おん》（たとえば「あかさたな」）が、同《おな》じ行《ぎょう》を縦《たて》に見《み》ていくと同《おな》じ子音《しいん》の音《おん》(たとえば「かきくけこ」）が並《なら》んでいます。

マスにはそれぞれのかなが入《い》れられていますが、現在《げんざい》の五十音図《ごじゅうおんず》は、や行《ぎょう》のい・え段《だん》と、わ行《ぎょう》のい・う・え段《だん》が空《くう》らんです。つまり実際《じっさい》は四十六音図《よんじゅうろくおんず》なのです。

消《き》えた5つの謎《なぞ》

では、どうして空《くう》らんになっているのでしょうか。もし入《はい》るとしたらどんな音《おん》になると思《おも》いますか？

たとえば、わ行《ぎょう》い段《だん》。わ行《ぎょう》の子音《しいん》は上下《じょうげ》の唇《くちびる》を近《ちか》づけた形《かたち》ですが、その形《かたち》から「い」の母音《ぼいん》を出《だ》してみましょう。こんなふうにして、同《おな》じように他《ほか》の空欄《くうらん》も発音《はつおん》してみましょう。

すると、どの音《おん》も微妙《びみょう》にちがうけれど、それぞれ母音《ぼいん》の「い」「う」「え」によく似《に》ていたと思《おも》います。あまりに似《に》ていると区別《くべつ》しにくいので使《つか》われなくなり、今《いま》はあ行《ぎょう》のかながあてられているのです。

ひとくちメモ　みなさんがよく見《み》る五十音図《ごじゅうおんず》といえば、45の清音《せいおん》（子音《しいん》でのどが震《ふる》えない音《おん》）だけではなく、撥音《はつおん》（「ん」で表《あらわ》される音《おん》）や濁音《だくおん》・半濁音《はんだくおん》・拗音《ようおん》・促音《そくおん》・長音《ちょうおん》なども含《ふく》めた図《ず》が用《もち》いられます。

決まり文句・名文句にまつわるお話
おにに かなぼう

犬《いぬ》も歩《ある》けば……なんかいいことあるかも!?

1月18日

東京学芸大学教育学部《とうきょうがくげいだいがくきょういくがくぶ》
中村和弘《なかむらかずひろ》先生《せんせい》が書《か》きました

読《よ》んだ日《ひ》　月《がつ》　日《にち》　月《がつ》　日《にち》　月《がつ》　日《にち》

動物《どうぶつ》にまつわることわざ

昔《むかし》の人《ひと》は、身近《みぢか》な動物《どうぶつ》のしぐさや特徴《とくちょう》をとらえて、いろいろなことわざをつくりました。

たとえば、「馬《うま》の耳《みみ》に念仏《ねんぶつ》」「さるも木《き》から落《お》ちる」「ぶたに真珠《しんじゅ》」「能《のう》あるたかはつめを隠《かく》す」「ねこにかつおぶし」「とらぬたぬきの皮算用《かわざんよう》」など、おもしろいものがたくさんありますね。

犬《いぬ》も、昔《むかし》から私《わたし》たち人間《にんげん》とかかわりの深《ふか》い動物《どうぶつ》です。だから、犬《いぬ》という言葉《ことば》のつくことわざも、たくさんあります。

いちばん有名《ゆうめい》なのは、「犬《いぬ》も歩《ある》けば棒《ぼう》にあたる」でしょう。みなさんは、このことわざの意味《いみ》がわかりますか?

同《おな》じことわざで2つの意味《いみ》?

じつは、このことわざには、2つの意味《いみ》があるのです。

一《ひと》つは、しなくてもいいことをすると、ひどい目《め》にあうというたとえです。昔《むかし》は犬《いぬ》が外《そと》を出歩《である》くと、棒《ぼう》で叩《たた》かれたり追《お》い払《はら》われたりすることもあったのでしょう。

もう一《ひと》つは、いろいろなことをやっていると、思《おも》いがけずいいことにめぐり合《あ》う、というよい意味《いみ》で使《つか》われます。

つまり、まったく同《おな》じことわざなのに、正反対《せいはんたい》の意味《いみ》で使《つか》われているのです。ことわざは、時代《じだい》に合《あ》わせて意味《いみ》が変《か》わることもあるのですね。

調《しら》べてみよう

ちがうことわざ、意味《いみ》はそっくり?

ちがうことわざなのに、意味《いみ》はほとんど同《おな》じものもあります。たとえば、「ぶたに真珠《しんじゅ》」と「ねこに小判《こばん》」は、どちらも「価値《かち》を知《し》らない人《ひと》にすばらしいものを与《あた》えても役《やく》に立《た》たない」という意味《いみ》です。

ひとくちメモ 犬《いぬ》にまつわることわざ・慣用句《かんようく》は、「犬猿《けんえん》の仲《なか》」「負《ま》け犬《いぬ》の遠吠《とおぼ》え」「犬《いぬ》が西向《にしむ》きゃ尾《お》は東《ひがし》」「犬《いぬ》に論語《ろんご》」「犬《けん》馬《ば》のやしない」「飼《か》い犬《いぬ》に手《て》をかまれる」など、ほかにもたくさんあります。

とてもびっくりした時《とき》に使《つか》おう「どぎもをぬく」

お茶《ちゃ》の水女子大学附属小学校《みずじょしだいがくふぞくしょうがっこう》
廣瀬修也《ひろせしゅうや》先生《せんせい》が書《か》きました

読《よ》んだ日《ひ》　月《がつ》　日《にち》　月《がつ》　日《にち》　月《がつ》　日《にち》

心《こころ》や気力《きりょく》をぬく?

「あの子《こ》の足《あし》の速《はや》さは、見《み》ている人達《ひとたち》のどぎもをぬいた」「あの歌《か》手《しゅ》は派手《はで》な衣装《いしょう》で、みんなのどぎもをぬかせた」なんて聞《き》いたことがありませんか?

「肝《きも》」という字《じ》は、体《からだ》の中《なか》にある内臓《ないぞう》のことを指《さ》しています。昔《むかし》の人々《ひとびと》は、それらに心《こころ》があると考《かんが》えていたので、「肝《きも》」には「心《こころ》」や「気力《きりょく》」という意味《いみ》もあります。

「肝《きも》をぬく」というと、「心《こころ》や気力《きりょく》がぬけてしまうほどびっくりさせる」という意味《いみ》になるのです。

どぎもをぬくの「ど」は「度《ど》」です。「肝《きも》」を強調《きょうちょう》するためについています。「度《ど》」がつくことで、「ひどく、とても」驚《おどろ》かせるという意味《いみ》になります。

肝《きも》を使《つか》う表現《ひょうげん》いろいろ

似《に》たような言葉《ことば》もあります。たとえば「生《い》き肝《ぎも》をぬく」という言《こと》葉《ば》。だれも予想《よそう》できなかったことをやって、ひどくびっくりさせるという意味《いみ》です。「荒肝《あらぎも》をぬく」という言葉《ことば》もあります。こちらは、「相手《あいて》をひどくびっくりさせて恐《おそ》れさせる」という意味《いみ》になります。どの言葉《ことば》も同《おな》じような意味《いみ》をもっていますが、現在《げんざい》では「度肝《どぎも》をぬく」が使《つか》われることが多《おお》いようです。

見《み》つけてみよう

体《からだ》の名前《なまえ》を使《つか》った言葉《ことば》

「度肝《どぎも》をぬく」は、体《からだ》の名前《なまえ》を使《つか》った慣用句《かんようく》です。この他《ほか》にも、体《からだ》の名前《なまえ》を使《つか》ったことわざや慣用句《かんようく》がたくさんあります。辞典《じてん》などを使《つか》って探《さが》してみると、意外《いがい》な言葉《ことば》を見《み》つけることができるかもしれません。

ひとくちメモ　「度肝《どぎも》をぬく」の「肝《きも》」という漢字《かんじ》は「胆《きも》」と書《か》くこともあります。「胆《きも》」は「胆《きも》が座《すわ》っている」のように使《つか》います。むずかしい言葉《ことば》も、漢字《かんじ》の使《つか》われ方《かた》に注目《ちゅうもく》してみるとさらに新《あたら》しい発見《はっけん》があっておもしろいですね。

図書館《としょかん》に行《い》こう

1月20日

高知県高知市立初月小学校校長《こうちけんこうちしりつみかづきしょうがっこうこうちょう》
吉村美恵子《よしむらみえこ》先生《せんせい》が書《か》きました

読《よ》んだ日《ひ》　月《がつ》　日《にち》｜月《がつ》　日《にち》｜月《がつ》　日《にち》

たくさんの本《ほん》があるところ

みなさんの学校《がっこう》には図書室《としょしつ》が、地域《ちいき》には地域《ちいき》の図書館《としょかん》がありますね。

図書館《としょかん》には、たくさんの本《ほん》があります。その中《なか》には、お気《き》に入《い》りの本《ほん》があることでしょう。また、お気《き》に入《い》りの作者《さくしゃ》もいることでしょう。本《ほん》を読《よ》むと主人公《しゅじんこう》と対話《たいわ》をしたり、自分《じぶん》が主人公《しゅじんこう》になったりすることで、そのお話《はなし》の世界《せかい》を楽《たの》しむことができますから、図書館《としょかん》は様々《さまざま》な世界《せかい》を楽《たの》しめる場所《ばしょ》といえます。

また、図書館《としょかん》にあるのはお話《はなし》の本《ほん》だけではありません。歴史《れきし》や科《か》学《がく》の本《ほん》をはじめ、様々《さまざま》なジャンルの本《ほん》があります。本《ほん》を通《とお》して調《しら》べたいことが明《あき》らかになって新《あたら》しい知識《ちしき》を得《え》たり、将来《しょうらい》の夢《ゆめ》を見《み》つけたりできるかもしれません。

図書館《としょかん》の本《ほん》には住所《じゅうしょ》がある

図書館《としょかん》には何千冊《なんぜんさつ》、何万冊《なんまんさつ》という数《かず》の本《ほん》があります。目《め》の前《まえ》の棚《たな》の本《ほん》をそのまま手《て》に取《と》ってもいいのですが、実《じつ》は本《ほん》にはそれぞれ住《じゅう》所《しょ》があるのを知《し》っていますか？

本《ほん》の背表紙《せびょうし》の下《した》の方《ほう》を見《み》てください。ラベルが貼《は》られていますね。そのラベルは三段《さんだん》に分《わ》かれていると思《おも》います。一番上《いちばんうえ》には分類記号《ぶんるいきごう》が、真《ま》ん中《なか》には著者記号《ちょしゃきごう》（作者《さくしゃ》の名前《なまえ》の一文字目《いちもじめ》）が書《か》かれています。三段目《さんだんめ》はなにも書《か》かれていないことがあります。

パソコンやカードなどで本《ほん》を探《さが》すと、この住所《じゅうしょ》がでてきます。たくさんの本《ほん》がある図書館《としょかん》ですが、この住所《じゅうしょ》を頼《たよ》っていけば、希望《きぼう》の本《ほん》が置《お》いてある場所《ばしょ》に行《い》ける、というわけです。

やってみよう

司書《ししょ》さんに相談《そうだん》してみよう

もし本選《ほんえら》びに迷《まよ》ったら司書《ししょ》さんに相談《そうだん》してみましょう。地域《ちいき》の図書館《としょかん》には司書《ししょ》さんが、学校《がっこう》には司書教諭《ししょきょうゆ》、学校司書《がっこうししょ》さんがいます。司書《ししょ》さんは、本《ほん》の分類《ぶんるい》や整理《せいり》、毎月《まいつき》の掲示《けいじ》や展示《てんじ》をしてくれるだけでなく、本《ほん》の紹介《しょうかい》や、調《しら》べものの手伝《てつだ》いなどもしてくれますよ。

ひとくちメモ　日本《にほん》では、多《おお》くの図書館《としょかん》で「日本十進分類法《にほんじっしんぶんるいほう》」の分類記号《ぶんるいきごう》を使《つか》っています。2から始《はじ》まるなら歴史《れきし》、4なら自然《しぜん》、と内容《ないよう》によって分《わ》けています。歴史《れきし》の本《ほん》が好《す》きなら、どこの図書館《としょかん》でも「2」の棚《たな》に行《い》ってみましょう。

言葉で遊ぼう
あいう

ありえない言葉《ことば》のたし算《ざん》で遊《あそ》ぼう

1月21日

日本《にほん》国語《こくご》教育《きょういく》学会《がっかい》理事《りじ》・小学校《しょうがっこう》部会長《ぶかいちょう》
今村久二《いまむらひさじ》先生《せんせい》が書《か》きました

読《よ》んだ日《ひ》　月《がつ》　日《にち》　月《がつ》　日《にち》　月《がつ》　日《にち》

明《あか》るいやみ夜《よ》に……

言葉《ことば》をつなぐと文《ぶん》になります。ちゃんとした文《ぶん》なのに、「あれ、変《へん》だな」という組《く》み合《あ》わせをわざとつくって楽《たの》しむ遊《あそ》びがあります。「明《あか》るいやみ夜《よ》」がその例《れい》です。「やみ夜《よ》」は真《ま》っ暗《くら》な夜《よる》のこと。それが「明《あか》るい」って、どういうことでしょう。わからないことを楽《たの》しむ「ありえない言葉《ことば》のたし算《ざん》」です。

次《つぎ》の文《ぶん》を読《よ》んでみましょう。

「月《つき》の明《あか》るいまっくらな夜《よる》、まがりくねった直線道路《ちょくせんどうろ》をぼろぼろの新車《しんしゃ》が全速力《ぜんそくりょく》で止《と》まっていた」

内容《ないよう》を考《かんが》えないで読《よ》むと、ふつうの文《ぶん》みたいですね。でも、ありえない言葉《ことば》のたし算《ざん》でできています。

つくって聞《き》かせてあげよう

このたし算《ざん》をするには、反対《はんたい》の意味《いみ》の言葉《ことば》どうしを考《かんが》えてつなぎます。「右《みぎ》⟷左《ひだり》」「黒《くろ》い⟷白《しろ》い」などがそうです。

次《つぎ》のように文《ぶん》にしてみます。

・次《つぎ》の角《かど》を右《みぎ》に左折《させつ》してください。

・真《ま》っ黒《くろ》な髪《かみ》の、白髪《しらが》のおじいさん。

ありえない言葉《ことば》のたし算《ざん》をつないで、物語《ものがたり》をつくって楽《たの》しむこともできます。おうちの人《ひと》にゆっくり読《よ》み聞《き》かせてあげましょう。

探《さが》してみよう

不思議《ふしぎ》さを表《あらわ》すテクニック

「ありえない言葉《ことば》のたし算《ざん》」をむずかしい言葉《ことば》で「対義結合《たいぎけつごう》」といいます。「対義《たいぎ》」とは「反対《はんたい》の意味《いみ》」、「結合《けつごう》」とは「結《むす》びつけること」です。実《じつ》は、詩《し》やファンタジーの物語《ものがたり》、ゲームの世界《せかい》などでは、不思議《ふしぎ》さを表《あらわ》すための表現《ひょうげん》としてよく使《つか》われています。身《み》の回《まわ》りにそんな表現《ひょうげん》が使《つか》われたものはないか探《さが》してみましょう。

例）冷たい炎を取って来い。

ひとくちメモ
同《おな》じ意味《いみ》や似《に》た意味《いみ》をかさねる遊《あそ》びもあります。「馬《うま》から落馬《らくば》した」「明《あ》かりがついたり、ともったり」なども、おもしろくて楽《たの》しめますね。

自分《じぶん》の目《め》で観察《かんさつ》して動物物語《どうぶつものがたり》を書《か》いた椋鳩十《むくはとじゅう》

1月22日

日本国語教育学会理事《にほんこくごきょういくがっかいりじ》
中島栄二《なかしまえいじ》先生《せんせい》が書《か》きました

読《よ》んだ日《ひ》　月《がつ》　日《にち》　月《がつ》　日《にち》　月《がつ》　日《にち》

信州《しんしゅう》の大自然《だいしぜん》の中《なか》で

みなさんは、動物《どうぶつ》は好《す》きですか？『片耳《かたみみ》の大《おお》シカ』『大造《たいぞう》じいさんとガン』など、たくさんの動《どう》物《ぶつ》のお話《はなし》を書《か》いた椋鳩十《むくはとじゅう》も、小《ちい》さいころから生《い》き物《もの》が大好《だいす》きでした。

椋鳩十《むくはとじゅう》は、長野県《ながのけん》の伊那谷《いなだに》というところで生《う》まれました。伊那谷《いなだに》は、中央《ちゅうおう》アルプスと南《みなみ》アルプスに囲《かこ》まれた自然《しぜん》いっぱいの山里《やまざと》です。子供《こども》のころは、川《かわ》で魚《さかな》をとったり、山《やま》でクリやキノコをとったりして遊《あそ》びました。そして、小学校六年《しょうがっこうろくねん》生《せい》の時《とき》、スイスのアルプスを舞台《ぶたい》にした「ハイジ」の物語《ものがたり》を読《よ》んで、文学《ぶんがく》に興味《きょうみ》をもつようになったのです。

狩人《かりゅうど》から話《はなし》を聞《き》いて物語《ものがたり》を生《う》み出《だ》す

椋鳩十《むくはとじゅう》の作品《さくひん》には、シカや鳥《とり》のほかにも、クマ、キツネ、イノシシ、サルなど、さまざまな動物《どうぶつ》が登場《とうじょう》します。それらの物語《ものがたり》は、頭《あたま》の中《なか》で想像《そうぞう》して書《か》いたものではありません。山歩《やまある》きをして出合《であ》った動物《どうぶつ》をじっくり観察《かんさつ》したり、山《やま》で猟《りょう》をする狩人《かりゅうど》からおもしろい話《はなし》を聞《き》いたりして、つくり出《だ》されたものなのです。

そこには、きびしい自然《しぜん》の中《なか》で一生懸命《いっしょうけんめい》に生《い》きて、わが子《こ》をかわいがる動物《どうぶつ》たちの姿《すがた》が生《い》き生《い》きと描《えが》かれています。

でも、物語《ものがたり》の主役《しゅやく》は野生《やせい》の動物《どうぶつ》だけではありません。椋鳩十《むくはとじゅう》は、自分《じぶん》の家《いえ》でいろいろな生《い》き物《もの》を飼《か》って観察《かんさつ》をしました。犬《いぬ》やネコはもちろん、クモ、トカゲ、ネズミ、アリ、そのうえムカデまで飼《か》って、奥《おく》さんをびっくりさせたそうです。

読《よ》んでみよう

国語《こくご》の教科書《きょうかしょ》にも載《の》っている！

『大造《たいぞう》じいさんとガン』は、老狩人《ろうかりゅうど》と利口《りこう》なガンのリーダー「残雪《ざんせつ》」との知恵比《ちえくら》べのお話《はなし》です。昭和《しょうわ》16年《ねん》に発表《はっぴょう》され、小学《しょうがく》5年生《ねんせい》の教科書《きょうかしょ》にも載《の》っています。ほかにも『大空《おおぞら》に生《い》きる』『母《はは》ぐま子《こ》ぐま』など、興味《きょうみ》のある作品《さくひん》を読《よ》んでみましょう。

ひとくちメモ

椋鳩十《むくはとじゅう》は大学《だいがく》を卒業《そつぎょう》後《ご》、鹿児島《かごしま》で学校《がっこう》の先生《せんせい》などになりました。そこで知《し》り会《あ》った狩人《かりゅうど》から動物《どうぶつ》の生態《せいたい》や狩《か》りの話《はなし》などを聞《き》き、33歳《さい》の時《とき》に最初《さいしょ》の動物文学作品《どうぶつぶんがくさくひん》『山《やま》の太郎《たろう》グマ』を発表《はっぴょう》しました。

ひらがなの順序《じゅんじょ》は「あいうえお」だけじゃない!?

日本国語教育学会理事《にほんこくごきょういくがっかいりじ》
岸本修二《きしもとしゅうじ》先生《せんせい》が書《か》きました

読《よ》んだ日《ひ》　月《がつ》　日《にち》｜月《がつ》　日《にち》｜月《がつ》　日《にち》

五十音図《ごじゅうおんず》はいつごろできた？

みなさんはひらがなやカタカナを習《なら》った時《とき》、「あいうえお・かきくけこ…」という順《じゅん》に覚《おぼ》えましたよね。でも、昔《むかし》の子供《こども》たちはちがいます。「いろはにほへと・ちりぬるを…」という順《じゅん》で覚《おぼ》えました。

では、今《いま》のような五十音図《ごじゅうおんず》は、いつごろできたのでしょうか？

平安時代《へいあんじだい》のある書物《しょもつ》には、「キコカケク・シソサセス・チトタテツ…」と書《か》いてあります。また、別《べつ》の書物《しょもつ》には「アカサタナハマヤラワ・イキシチニヒミヰリ…」と書《か》いてありました。その時代《じだい》は、まだ段《だん》や行《ぎょう》の順序《じゅんじょ》がバラバラだったのです。

今《いま》のような五十音図《ごじゅうおんず》ができたのは、江戸時代《えどじだい》になってからだといわれています。

「が」「ざ」（濁音《だくおん》）のルーツは2つの点《てん》

平安時代《へいあんじだい》に書《か》かれた書物《しょもつ》には、「が」「ざ」のように濁《にご》る言葉《ことば》（濁《だく》音《おん》）がありません。昔《むかし》の人《ひと》は、濁《にご》らない言葉《ことば》（清音《せいおん》）だけを使《つか》って話《はな》していたのでしょうか？

そのころの辞書《じしょ》を見《み》ると、「遊《あそ》ふ」という言葉《ことば》に「ア」「ソ」「フ」と書《か》かれています。文字《もじ》の左《ひだり》に記《しる》された1点《てん》は清音《せいおん》、2点《てん》は濁音《だくおん》を表《あらわ》します。そのルールにしたがって読《よ》むと、「遊《あそ》ぶ」となりますね。

のちに、この2つの点《てん》を文字《もじ》の右上《みぎうえ》に書《か》くようになり、濁音《だくおん》を表《あらわ》す「が」や「ざ」ができたのです。

考《かん》えてみよう

「てふてふ」ってなんだ？

古《ふる》い日本語《にほんご》には、「きゃ・きゅ・きょ…」（よう音《おん》）や、小《ちい》さい「っ」（そく音《おん》）、「ん」（はつ音《おん》）はありませんでした。そこで「ちょうちょう」を「てふてふ」と書《か》いていたのです。それなら、「けふ」「きやう」は、今《いま》のひらがなでどう書《か》くのかな？

ひとくちメモ　江戸時代《えどじだい》の寺子屋《てらこや》では「いろは歌《うた》」（79ページ参照《さんしょう》）でひらがなを習《なら》いました。古《ふる》いひらがなの「ゐ（ヰ）」「ゑ（ヱ）」がありましたが、「ゐ」は「い」、「ゑ」は「え」と発音《はつおん》するようになり、今《いま》はほとんど使《つか》われません。

話し方にまつわるお話

「はいさい」「おばんです」あいさつの方言《ほうげん》

1月 24日

東京都大田区立矢口西小学校《とうきょうとおおたくりつやぐちにししょうがっこう》
福田勇輔《ふくだゆうすけ》先生《せんせい》が書《か》きました

読《よ》んだ日《ひ》　月《がつ》　日《にち》　月《がつ》　日《にち》　月《がつ》　日《にち》

住《す》むところがちがえば……

みなさんの住《す》んでいる地域《ちいき》では、どんな朝《あさ》のあいさつをしていますか。「おはようがんす」「おはようさん」「はええなあ」「おはよう」。他《ほか》にもいろいろな答《こた》えがかえってきそうですね。地域《ちいき》ごとの言葉《ことば》や、発音《はつおん》のちがいを「方言《ほうげん》」といいます。

毎日使《まいにちつか》うあいさつにも、それぞれの地域《ちいき》の特色《とくしょく》があります。

石川県《いしかわけん》で使《つか》われる「まいどさん」は、「こんにちは」や「こんばんは」を表《あらわ》します。また、沖縄《おきなわ》では「はいさい」を、朝《あさ》、昼《ひる》、夜《よる》、いつでも使《つか》うそうです。こうした使《つか》い方《かた》の特徴《とくちょう》も、地域《ちいき》によって様々《さまざま》なのがおもしろいですね。

「晩《ばん》」だから？

北海道《ほっかいどう》や東北地方《とうほくちほう》などのいくつかの地域《ちいき》では、「こんばんは」のことを、「おばんです」と言《い》います。これは、「晩《ばん》」に「お」をつけて、ていねいにしたものです。

出雲地方《いずもちほう》では、「こんばんは」のことを「ばんじまして」と言《い》います。これも、やはり「晩《ばん》」からきている方言《ほうげん》です。

標準語《ひょうじゅんご》で使《つか》われる「こんばんは」も、もともとは「今晩《こんばん》は○○ですね」とあいさつしていたものが、前半部分《ぜんはんぶぶん》だけが残《のこ》り、「こんばんは」となりました。言《い》い方《かた》は地域《ちいき》によってちがいますが、夜《よる》のあいさつには、やはり「晩《ばん》」という言葉《ことば》が、キーワードのようですね。

調《しら》べてみよう

お店《みせ》で出合《であ》う「方言《ほうげん》」

スーパーやコンビニで買《か》い物《もの》をしていると、いろいろな方言《ほうげん》に出合《であ》います。「ばかうけ」「いいちこ」「うまかっちゃん」など、方言《ほうげん》を使《つか》った商品名《しょうひんめい》を見《み》かけます。スーパーの売《う》り場《ば》で旅行気分《りょこうきぶん》を楽《たの》しんでみるのもいいかもしれませんね。

ひとくちメモ 標準語《ひょうじゅんご》では「おはよう」は「はよう」を高《たか》く読《よ》みますが、関西《かんさい》や四国《しこく》などでは、「よ」を高《たか》く読《よ》みます。

ものの名前にまつわるお話

「イライラ」のもとは恐怖《きょうふ》の植物《しょくぶつ》だった!?

1月25日

東京学芸大学教育学部《とうきょうがくげいだいがくきょういくがくぶ》
中村和弘《なかむらかずひろ》先生《せんせい》が書《か》きました

読《よ》んだ日《ひ》　月《がつ》　日《にち》　月《がつ》　日《にち》　月《がつ》　日《にち》

トゲがチクチクして超《ちょう》イライラ……

思《おも》い通《どお》りにならなかったり、不《ふ》快《かい》な思《おも》いをしたときは、気分《きぶん》がイライラしますよね。

この「イライラ」という言葉《ことば》のもとになったのは、イラクサという植物《しょくぶつ》だといわれています。

古《ふる》い日本語《にほんご》では、植物《しょくぶつ》のトゲのことをイラといいました。これを重《かさ》ねた言葉《ことば》がイライラです。

イラクサは、漢字《かんじ》で「刺草《いらくさ》」と書《か》きます。その名《な》のとおり、イラクサの茎《くき》や葉《は》っぱには、細《こま》かいトゲがびっしり生《は》えています。

うっかりさわると、このトゲがチクチク刺《さ》さって、がまんできないくらいイヤな思《おも》いをすることから、イライラという言葉《ことば》が生《う》まれたそうです。

さわっただけで赤《あか》くはれあがる

また、イラクサは別名《べつめい》「蕁麻《じんま》」ともいいます。イラクサのトゲの中《なか》には、アレルギーを引《ひ》き起《お》こす毒液《どくえき》が入《はい》っていて、ちょっとでもふれると皮膚《ひふ》が赤《あか》くはれあがり、痛《いた》くてたまらなくなります。

そこから、皮膚《ひふ》が赤《あか》くはれあがるアレルギーの症状《しょうじょう》を「じんましん（蕁麻疹《じんましん》）」と呼《よ》ぶようになったともいわれています。

調《しら》べてみよう

「うろうろ」はどこからきた?

仏教《ぶっきょう》の言葉《ことば》で、欲望《よくぼう》が強《つよ》すぎて生《い》き方《かた》に迷《まよ》うことを「有漏《うろ》」といいます。そこから、どうしていいかわからず、落《お》ち着《つ》きなく動《うご》きまわる状態《じょうたい》を「うろうろ」というようになったそうです。

ひとくちメモ　鎌倉時代《かまくらじだい》につくられた辞書《じしょ》『名語記《みょうごき》』には、「海老《えび》はいらいらして角《つの》ありて」という表記《ひょうき》があります。もともとはトゲが出《で》ている状態《じょうたい》を「いらいら」と表現《ひょうげん》していたという説《せつ》もあります。

歌や古典・芸能にまつわるお話

呼《よ》ぶのも大変《たいへん》！ 長《なが》い長《なが》い名前《なまえ》のお話《はなし》

1月26日

お茶《ちゃ》の水女子《みずじょし》大学附属《だいがくふぞく》小学校《しょうがっこう》
廣瀬修也《ひろせしゅうや》先生《せんせい》が書《か》きました

読《よ》んだ日《ひ》　月《がつ》　日《にち》　月《がつ》　日《にち》　月《がつ》　日《にち》

寿限無《じゅげむ》、寿限無《じゅげむ》……

ある家《いえ》に男《おとこ》の子《こ》が生《う》まれ、その子《こ》の名前《なまえ》をお寺《てら》の和尚《おしょう》さんに考《かんが》えてもらいました。すると、おめでたい言葉《ことば》をたくさん教《おし》えてもらったそうです。ありがたく思《おも》ったご両親《りょうしん》は、その全部《ぜんぶ》を名前《なまえ》につけることにしました。すると、「寿限《じゅげ》無《む》　寿限無《じゅげむ》　五劫《ごこう》の擦《す》り切《き》れ　海《かい》砂利水魚《じゃりすいぎょ》の水行末雲来末風来末《すいぎょうまつうんらいまつふうらいまつ》　食《く》う寝《ね》る処《ところ》に住《す》む処《ところ》　やぶらこうじのぶらこうじ　パイポパイポパイポのシューリンガン　シューリンガンのグーリンダイ　グーリンダイのポンポコピーのポンポコナーの長久命《ちょうきゅうめい》の長助《ちょうすけ》」という長《なが》い名《な》前《まえ》となったといいます。

ある日《ひ》、この子《こ》がけんかをして相手《あいて》のおでこにこぶができました。その様子《ようす》を聞《き》くために、名前《なまえ》を何《なん》回《かい》も呼《よ》んでいるうちに、こぶがひっこんでしまったという落《お》ちがつきます。

縁起《えんぎ》のいい言葉《ことば》を集《あつ》めた

「寿限無《じゅげむ》」は「限《かぎ》りなく長生《ながい》きする」、「五劫《ごこう》の擦《す》り切《き》れ」は「永久《えいきゅう》に近《ちか》い時間《じかん》」、「海砂利水魚《かいじゃりすいぎょ》」は「数《かぞ》え切《き》れない程《ほど》たくさん」という意味《いみ》です。「水行末雲来末風来末《すいぎょうまつうんらいまつふうらいまつ》」は「果《は》てしがない」、「食《く》う寝《ね》る処《ところ》に住《す》む処《ところ》」は「衣食住《いしょくじゅう》に困《こま》らないように」、「やぶらこうじのぶらこうじ」は「丈夫《じょうぶ》な木《き》の名前《なまえ》」というように、すべての言葉《ことば》におめでたい意味《いみ》があるのです。この名前《なまえ》が性《しょう》にあったのか、男《おとこ》の子《こ》は病気《びょうき》をすることもなく、元気《げんき》に育《そだ》ったそうです。

声《こえ》に出《だ》してみよう

全部《ぜんぶ》言《い》えるかな

ここで紹介《しょうかい》したお話《はなし》「寿限無《じゅげむ》」は落語《らくご》の一《ひと》つです。落語家《らくごか》さんたちも、最初《さいしょ》のうちは「寿限無《じゅげむ》」を覚《おぼ》えて、話《はな》し方《かた》や仕草《しぐさ》などを修業《しゅぎょう》したといわれています。実《じつ》は、早口言葉《はやくちことば》としても有名《ゆうめい》です。一度《いちど》もつっかえずに最後《さいご》まで言《い》うことができるでしょうか。

ひとくちメモ　寿限無《じゅげむ》には、続《つづ》きがあります。大人《おとな》になった寿限無《じゅげむ》が、政治家《せいじか》になるために選挙演説会《せんきょえんぜつかい》に出《で》ました。しかし、自分《じぶん》の名前《なまえ》を何回《なんかい》も言《い》ううちに、時間《じかん》が過《す》ぎて選挙《せんきょ》が終《お》わってしまい、落選《らくせん》したという話《はなし》です。

たくさんある!! 目《め》を使《つか》ったおもしろ表現《ひょうげん》

1月27日

東京学芸大学教育学部《とうきょうがくげいだいがくきょういくがくぶ》
中村和弘《なかむらかずひろ》先生《せんせい》が書《か》きました

読《よ》んだ日《ひ》　月《がつ》　日《にち》｜　月《がつ》　日《にち》｜　月《がつ》　日《にち》

目《め》が回《まわ》る、目《め》を丸《まる》くする！

いろいろなものを見《み》ることができる目《め》は、言葉《ことば》の世界《せかい》でも活躍《かつやく》しています。

たとえば、今日一日《きょういちにち》、休《やす》んでいる時間《じかん》がないほど忙《いそが》しかったとしましょう。その忙《いそが》しさを伝《つた》えるときに決《き》まって使《つか》う表現《ひょうげん》があります。それは「目《め》が回《まわ》る」です。「目《め》が回《まわ》るほど忙《いそが》しい」というと、これだけで非常《ひじょう》に忙《いそが》しいことをあらわすことができます。

さらに、こんなふうにも使《つか》えます。「びっくりして、目《め》を丸《まる》くしてしまった!!」。何《なに》か珍《めずら》しいものや、すごいものを見《み》たときに、そのようすをこう表現《ひょうげん》すると、驚《おどろ》きの大《おお》きさが相手《あいて》に伝《つた》わりやすくなるのです。

目《め》はものを判断《はんだん》するところ

このほかにも、もっとたくさん目《め》を使《つか》った表現《ひょうげん》はあります。褒《ほ》め言葉《ことば》としては、「目《め》が高《たか》い」という表現《ひょうげん》はよく使《つか》われます。

これは、よいものを見分《みわ》けることができる力《ちから》があることをあらわします。「お目《め》が高《たか》いですね！」と、お店《みせ》で言《い》われたら、それはよいものを選《えら》ぶ力《ちから》があると思《おも》われたということ。「目《め》が利《き》きますね」というのもこれと同《おな》じ意味《いみ》です。さらに、よいものを見慣《みな》れて善《よ》し悪《あ》しを見分《みわ》けられる場合《ばあい》には、「目《め》が肥《こ》えていますね」と表現《ひょうげん》します。

好《す》きなものに夢中《むちゅう》になることを「目《め》がない」、心《こころ》をうばわれて、正《ただ》しい判断《はんだん》ができないことを「目《め》がくらむ」、厳《きび》しく監視《かんし》することを「目《め》が光《ひか》る」など、数《かぞ》えきれないほど「目《め》」はよく使《つか》われています。みなさんは目《め》のつく表現《ひょうげん》をどれくらい知《し》っていますか？

調《しら》べてみよう

これはどういう意味《いみ》かな？

目《め》のつく表現《ひょうげん》がたくさんあることはよくわかりましたね。では、次《つぎ》の表現《ひょうげん》はどんなことを意味《いみ》するでしょうか？　考《かんが》えてみましょう。「目《め》くじらを立《た》てる」、「目《め》の黒《くろ》いうち」、「目《め》を配《くば》る」、「目《め》を奪《うば》われる」。聞《き》いたことがあるものも多《おお》いと思《おも》います。どれも日常生活《にちじょうせいかつ》の中《なか》でよく使《つか》われるものです。

ひとくちメモ　「目《め》は口《くち》ほどにものを言《い》う」（326ページ参照《さんしょう》）という慣用句《かんようく》があります。これは、言葉《ことば》にしなくても目《め》の表情《ひょうじょう》で相手《あいて》に伝《つた》えることができる、目《め》には本心《ほんしん》があらわれることを意味《いみ》するものです。

書いたりつくったりしたくなるお話

文章《ぶんしょう》がうまくなる！日記《にっき》のススメ

1月28日

東京経営短期大学《とうきょうけいえいたんきだいがく》こども教育学科《きょういくがっか》
井出一雄《いでかずお》先生《せんせい》が書《か》きました

読《よ》んだ日《ひ》　月　日　月　日　月　日

初《はじ》めて日記《にっき》を書《か》くときには？

日記《にっき》を書《か》く習慣《しゅうかん》をつけると、文《ぶん》章《しょう》を書《か》くのが得意《とくい》になります。自《じ》分《ぶん》が書《か》いた日記《にっき》を時間《じかん》が経《た》ってから読《よ》み返《かえ》すのも楽《たの》しいものです。

日記《にっき》にどんなことを書《か》くかわからないとき、まず、その日《ひ》の出来《でき》事《ごと》を絵《え》に描《か》くように思《おも》い浮《う》かべるとよいでしょう。そして、その絵《え》の説明《せつめい》をする、というつもりで書《か》くのです。

また、その日《ひ》の出来事《できごと》をおうちの人《ひと》に話《はな》してみるのもよいでしょう。そのときに話《はな》したことをメモします。そのメモをもとに日記《にっき》を書《か》くようにすると、書《か》く内容《ないよう》がすっきりまとまってきます。

長《なが》く続《つづ》けるコツ

日記《にっき》に挑戦《ちょうせん》したけれど、三日坊《みっかぼう》主《ず》で終《お》わってしまった人《ひと》もいるかもしれません。長《なが》く続《つづ》けるにもコツがあります。それはいつも書《か》くことを決《き》めておくことです。会話《かいわ》や音《おと》・声《こえ》など、その日《ひ》に経験《けいけん》して聞《き》こえたことをありのままに記録《きろく》したいのか？　その出来事《できごと》や経験《けいけん》したことを通《とお》して感《かん》じたことを書《か》きたいのか？　その日《ひ》を振《ふ》り返《かえ》ってよかったこと、反省《はんせい》すること、次《つぎ》への目標《もくひょう》を残《のこ》したいのか？　一《いち》番《ばん》書《か》きたいことを中心《ちゅうしん》に書《か》いてみてください。

「一行日記《いちぎょうにっき》」という手《て》もあります。その日《ひ》の出来事《できごと》や感《かん》じたことを一《いち》行《ぎょう》で書《か》くのです。「一行日記《いちぎょうにっき》」を続《つづ》けて書《か》くようにすると、書《か》くことがたくさん思《おも》い浮《う》かぶようになりますよ。

やってみよう

日記《にっき》を始《はじ》めよう

「今日《きょう》一番《いちばん》楽《たの》しかったこと」
「今日《きょう》一番《いちばん》夢中《むちゅう》になったこと」
「友達《ともだち》や先生《せんせい》の言葉《ことば》でいいなぁと思《おも》ったこと」などから一《ひと》つ選《えら》んで、日記《にっき》を書《か》いてみましょう。

ひとくちメモ　５Ｗ１Ｈとは、いつ（When）どこで（Where）だれが（Who）何《なに》を（What）なぜ（Why）どのように（How）の英語《えいご》の頭文字《かしらもじ》からきています。内容《ないよう》を正確《せいかく》に伝《つた》えるときの要素《ようそ》で、書《か》くときの視点《してん》になっています。

実《じつ》は20のきまりがある!? 「は」と「が」のちがい

1月29日

葛飾区立清和小学校校長《かつしかくりつせいわしょうがっこうこうちょう》
朴木一史《ほおのきかずし》先生《せんせい》が書《か》きました

読《よ》んだ日《ひ》　月《がつ》　日《にち》　月《がつ》　日《にち》　月《がつ》　日《にち》

くっつき言葉《ことば》

「は」と「が」は、くっつきの「は」、くっつきの「が」と1・2年生《ねんせい》の時《とき》に習《なら》いましたね。ほかの言葉《ことば》にくっついて、意味《いみ》をそえていく働《はたら》きをするので「助詞《じょし》」といいます。

わたしは、田中《たなか》です。

わたしが、田中《たなか》です。

どちらも、同《おな》じ意味《いみ》のことを言《い》っているように思《おも》えますが、ちがいはあるのでしょうか。

「わたしは、田中《たなか》です」の場合《ばあい》、「わたしは、山田《やまだ》でも木下《きのした》でも中村《なかむら》でもなく、田中《たなか》なんです」という感《かん》じでとらえるとよいでしょう。「田中《たなか》です」という部分《ぶぶん》が確《たし》かになった言《い》い方《かた》です。

「わたしが、田中《たなか》です」の場合《ばあい》はどうでしょう。

「あのひとでも、このひとでもなくわたしが、田中《たなか》なんです。」という感《かん》じがしませんか？

「わたしが」という部分《ぶぶん》が確《たし》かになったといえますね。

実《じつ》は複雑《ふくざつ》

毎日《まいにち》なにげなく使《つか》い分《わ》けているかもしれませんが、「は」と「が」のちがいはとてもむずかしく、細《こま》かく調《しら》べると20ものきまりがあるともいわれています。「は」と「が」のちがいだけでも一冊《いっさつ》の本《ほん》が書《か》かれているほどです。

みなさんの暮《く》らしの中《なか》では「は」と「が」がどのように使《つか》い分《わ》けられていますか？　お家《うち》の人《ひと》と調《しら》べてみるのもおもしろいですね。

考《かんが》えてみよう

そのほかの「くっつき言葉《ことば》」

「は」「が」以外《いがい》にもくっつき言葉《ことば》（助詞《じょし》）はありますね。くっつき言葉《ことば》を入《い》れかえると文《ぶん》の意味《いみ》が変《か》わります。どんな風《ふう》に変《か》わったかお家《うち》の人《ひと》と話《はな》し合《あ》ってみましょう。

例《れい》）
ぼく「と」遊《あそ》ぶ／ぼく「も」遊《あそ》ぶ
ぼく「から」遊《あそ》ぶ／ぼく「より」遊《あそ》ぶ

ひとくちメモ　中国語《ちゅうごくご》や英語《えいご》は、日本語《にほんご》のような「助詞《じょし》」がありません。「は」と「が」のように「助詞《じょし》」による意味《いみ》のちがいは、これらの国《くに》の言葉《ことば》を話《はな》す人《ひと》たちには理解《りかい》しにくいといわれています。

漢字にまつわるお話

漢字《かんじ》はじめてものがたり（2）
絵《え》にかけないけど伝《つた》えたい！

1月30日

東京都《とうきょうと》練馬区立《ねりまくりつ》大泉学園《おおいずみがくえん》桜小学校《さくらしょうがっこう》
井原英昭《いはらひであき》先生《せんせい》が書《か》きました

読《よ》んだ日《ひ》　月《がつ》　日《にち》｜月《がつ》　日《にち》｜月《がつ》　日《にち》

絵《え》に表《あらわ》しにくいときは

「山《やま》」「川《かわ》」という字《じ》を見《み》ると、漢字《かんじ》というのはそのものの形《かたち》を表《あらわ》したかんたんな絵《え》から生《う》まれたと想像《そうぞう》できます。しかし、なかには絵《え》で表《あらわ》しにくいものがあります。

たとえば、「上《うえ》」「下《した》」を絵《え》にかいてみましょう。ちょっとむずかしいですよね？

そこで昔《むかし》の人《ひと》は考《かんが》えました。まず基準《きじゅん》になる線《せん》を書《か》いて、それよりも上《うえ》に印《しるし》をつけたときは「上《うえ》」を、下《した》に印《しるし》をつけたときは「下《した》」を表《あらわ》す、としたのです。このような漢字《かんじ》のことを「指事文字《しじもじ》」といいます。ものの形《かたち》からではなく、印《しるし》などを使《つか》うことで、絵《え》にできない物事《ものごと》を表《あらわ》すことができるのです。

ある漢字《かんじ》から生《う》まれた「本《ほん》」と「末《すえ》」

「本《ほん》」と「末《すえ》」も指事文字《しじもじ》です。よく見《み》ると「木《き》」という字《じ》がどちらにも入《はい》っていることがわかります。「木《き》」の下《した》の方《ほう》に印《しるし》をつけることで、根本《こんぽん》を表《あらわ》す「本《ほん》」という漢字《かんじ》ができました。反対《はんたい》に、「木《き》」の上《うえ》の方《ほう》に印《しるし》をつけることで物《もの》の先端《せんたん》ということを表《あらわ》す「末《すえ》」という漢字《かんじ》ができました。

すでにあった漢字《かんじ》を利用《りよう》して、新《あたら》しい漢字《かんじ》をつくるなんて、昔《むかし》の人《ひと》の工夫《くふう》にはおどろかされますね。

考《かんが》えてみよう

もとの字《じ》は同《おな》じ？

「天《てん》」と「夫《ふ》」は、同《おな》じ漢字《かんじ》から生《う》まれた指事文字《しじもじ》です。もとになった漢字《かんじ》は何《なん》でしょう。

正解《せいかい》は「大《だい》」です。「大《だい》」は大《おお》きな人《ひと》を表《あらわ》す字《じ》です。人《ひと》の頭上《ずじょう》に印《しるし》をつけることで空《そら》を表《あらわ》す「天《てん》」となり、上部《じょうぶ》に古代中国《こだいちゅうごく》の正装《せいそう》に使《つか》うかんざしを表《あらわ》す印《しるし》をつけることで、成人男性《せいじんだんせい》を表《あらわ》す「夫《ふ》」という文字《もじ》ができました。

ひとくちメモ 漢字《かんじ》の「一《いち》、二《に》、三《さん》」は指事文字《しじもじ》です。しかし「四《し》」は定《さだ》かではありません。線《せん》4本《ほん》ではなく、ちがった形《かたち》になったことは、外国《がいこく》の人《ひと》だけではなく、私《わたし》たちにとっても謎《なぞ》なのです。

実《じつ》は雪《ゆき》には種類《しゅるい》がある！

東京学芸大学教育学部《とうきょうがくげいだいがくきょういくがくぶ》
中村和弘《なかむらかずひろ》先生《せんせい》が書《か》きました

読《よ》んだ日《ひ》　月《がつ》　日《にち》　月《がつ》　日《にち》　月《がつ》　日《にち》

どんな雪《ゆき》を見《み》たことがある？

空《そら》から舞《ま》い降《お》りる白《しろ》い雪《ゆき》。雪《ゆき》が多《おお》く降《ふ》る場所《ばしょ》では、周囲《しゅうい》が白《しろ》く覆《おお》われるようすを目《め》にすることができます。この一面《いちめん》の雪景色《ゆきげしき》は、その美《うつく》しさから「雪化粧《ゆきげしょう》」ともいわれます。

さて、ひとくちに「雪《ゆき》」といっても、雪《ゆき》の降《ふ》り方《かた》や状態《じょうたい》によって、日本語《にほんご》にはいろいろな表現《ひょうげん》があります。では、雪《ゆき》を表《あらわ》す言葉《ことば》には、どのようなものがあるのでしょうか。

まずは、淡雪《あわゆき》。これは春先《はるさき》に降《ふ》るうっすらと積《つ》もった消《き》えやすい雪《ゆき》をいいます。ほかには、粉雪《こなゆき》（細《こま》かくてさらさらした雪《ゆき》）や綿雪《わたゆき》（綿《わた》をちぎったような大《おお》きな雪《ゆき》）もあります。また、初《はじ》めて降《ふ》る雪《ゆき》のことは初雪《はつゆき》、新《あたら》しく降《ふ》り積《つ》もったばかりの雪《ゆき》を新雪《しんせつ》といいます。雪《ゆき》にも本当《ほんとう》にいろいろないい方《かた》がありますね。

雪《ゆき》が崩《くず》れると書《か》いてなんと読《よ》む？

雪《ゆき》は訓読《くんよ》みでは「ゆき」、音読《おんよ》みでは、「せつ」と読《よ》みます。ですので、雪《ゆき》がつく言葉《ことば》は、先《さき》に挙《あ》げたように、○○ゆき、○○せつというものがほとんどです。

しかし、そのように読《よ》まないものもあります。たとえば、難読漢字《なんどくかんじ》として、よく紹介《しょうかい》されるもので、「雪崩」がそうです。テレビのニュースなどでは、雪解《ゆきど》けの季節《きせつ》などになると耳《みみ》にする言葉《ことば》ですが、これはなんと読《よ》むのでしょう？ これで「なだれ」と読《よ》みます。雪崩《なだれ》とは、山《やま》に積《つ》もった雪《ゆき》がゆるんで、斜面《しゃめん》を崩《くず》れ落《お》ちることをいいます。

もう一《ひと》つ、読《よ》みにくいものに「吹雪」があります。これは、強《つよ》い風《かぜ》と一緒《いっしょ》に降《ふ》る雪《ゆき》、または、地面《じめん》に積《つ》もった雪《ゆき》が風《かぜ》で舞《ま》い上《あ》がることで視界《しかい》が悪《わる》くなる状態《じょうたい》をいい、「ふぶき」と読《よ》みます。むずかしかったかな？

やってみよう

雪《ゆき》がつく言葉《ことば》を見《み》つけよう！

雪《ゆき》を使《つか》った言葉《ことば》を見《み》つけて、家族《かぞく》や友達《ともだち》と順番《じゅんばん》に言《い》い合《あ》うゲームをやってみましょう！　雪《ゆき》がつく言葉《ことば》はたくさんあります。たとえば、雪女《ゆきおんな》や雪《ゆき》だるま、雪合戦《ゆきがっせん》、雪国《ゆきぐに》などです。１つずつ言《い》い合《あ》い、先《さき》に答《こた》えに詰《つ》まってしまった人《ひと》が負《ま》け。雪《ゆき》のつく言葉《ことば》をいくつ言《い》えるか、いざ勝負《しょうぶ》です！

ひとくちメモ　ものごとが正反対《せいはんたい》であることや、ちがいがはなはだしいことのたとえとして、「雪《ゆき》と墨《すみ》」という表現《ひょうげん》があります。白《しろ》い雪《ゆき》と黒《くろ》い墨《すみ》、確《たし》かに正反対《せいはんたい》ですね。

感じてみよう

子供の科学 写真館 vol. 1

国語《こくご》が好《す》きになる
ユニークな写真《しゃしん》やイラストを紹介《しょうかい》します。

満月が描かれた『子供の科学』創刊号（1924年10月）。

横書《よこが》きなのに 右《みぎ》から左《ひだり》に読《よ》んでいく？

「子供《こども》の科学《かがく》」と読《よ》めるかな？

写真《しゃしん》は今《いま》も発行《はっこう》している月刊誌《げっかんし》『子供《こども》の科学《かがく》』の創刊号《そうかんごう》。1924年《ねん》10月《がつ》に第《だい》1号《ごう》が発売《はつばい》されました。表紙《ひょうし》を見《み》てください。「学《がく》」という字《じ》が「學《がく》」になっています。これは旧字《きゅうじ》体《たい》といって1949年《ねん》まで使《つか》われていた「学《がく》」の古《ふる》い漢字《かんじ》です。

もう1つ気《き》になるところがありませんか？　そう雑誌《ざっし》のタイトルです。横書《よこが》きなのに右《みぎ》から左《ひだり》に読《よ》むようになっています。

日本語《にほんご》はもともとたて書きの文化《ぶんか》なので、横書《よこが》きの場合《ばあい》もそのルールで書《か》かれていた時代《じだい》があったのです。しかし、わかりにくいということで、1945年以降《ねんいこう》、徐々《じょじょ》に横書《よこが》きは左《ひだり》から右《みぎ》に書《か》くようになり、今《いま》に至《いた》ります。

当時の記事も見出しが
右から左に流れている。

2月

如月

ー きさらぎ ー

February

漢字にまつわるお話

「明日《あす》」はどうして「あす」と読《よ》むの？

2月 1日

日本国語教育学会理事《にほんこくごきょういくがっかいりじ》
岸本修二《きしもとしゅうじ》先生《せんせい》が書《か》きました

読《よ》んだ日《ひ》　月《がつ》　日《にち》　月《がつ》　日《にち》　月《がつ》　日《にち》

「明」は「あ」じゃない

「明日」の音読《おんよ》みは「みょうにち」、訓読《くんよ》みは「あす」です。でも、「明」は「明《あか》るい」と読《よ》めても「あ」とは読《よ》めませんよね。「日」は「にち」と読《よ》めても「す」とは読《よ》めません。変《へん》ですね。日本《にほん》に入《はい》ってきた漢字《かんじ》は一字一音《いちじいちおん》で一《ひと》つの意味《いみ》があるのが一般的《いっぱんてき》でした。しかし、漢字二《かんじに》字以上《じいじょう》の熟語《じゅくご》で一《ひと》つの意味《いみ》を表《あらわ》す言葉《ことば》も例外《れいがい》としてあります。

中国《ちゅうごく》では「明日《みょうにち》」を日本語《にほんご》の「あす」という意味《いみ》で使《つか》っていました。ですから「明日《みょうにち》」という熟語《じゅくご》が日《に》本《ほん》に入《はい》ってきた時《とき》、日本《にほん》では「あす」と訓読《くんよ》みすることにしたのです。同《おな》じように「明後日《あさって》」、「昨日《きのう》」、「今朝《けさ》」、「今年《ことし》」と読《よ》むことにしたのです。

こうした特別《とくべつ》な読《よ》み方《かた》を「熟字《じゅくじ》訓《くん》」といいます。

音《おと》を借《か》りた当《あ》て字《じ》のことも

当《あ》て字《じ》からできた熟字訓《じゅくじくん》もあります。「意気地《いくじ》なし（いきじ→いくじ）」「春《はる》の息吹《いぶき》（いきぶき→いぶき）」「笑顔《えがお》（えむかお→えがお）」「神楽《かぐら》（かみらく→かぐら）」「河《か》岸《し》（かわぎし→かし）」は当《あ》て字《じ》の読《よ》み方《かた》が変化《へんか》してできたものです。「河原《かわら》」「仮名《かな》」「景色《けしき》」「名残《なごり》」「真面目《まじめ》」「木綿《もめん》」「行方《ゆくえ》」などもあります。

集《あつ》めてみよう

数字《すうじ》のつく熟字訓《じゅくじくん》

数字《すうじ》がついた熟字訓《じゅくじくん》もたくさんあります。いくつ思《おも》いつきますか？　日付《ひづけ》や月《つき》の昔《むかし》の呼《よ》び方《かた》、年齢《ねんれい》などなど。辞書《じしょ》を使《つか》って集《あつ》めてみましょう。

ひとくちメモ　「母《はは》」は一字《いちじ》で「ボ・はは」と読《よ》みますが、「お母《かあ》さん」のときは特別《とくべつ》に「かあ」と読《よ》みます。「お父《とう》さん」「お兄《にい》さん」「お姉さん」も熟字訓《じゅくじくん》です。

四字熟語《よじじゅくご》だけれどイギリス生《う》まれ

日本国語教育学会理事《にほんこくごきょういくがっかいりじ》
泉《いずみ》 宜宏《たかひろ》先生《せんせい》が書《か》きました

読《よ》んだ日《ひ》 月《がつ》 日《にち》 月《がつ》 日《にち》 月《がつ》 日《にち》

一《ひと》つの石《いし》で二羽《にわ》しとめる

一石二鳥《いっせきにちょう》の意味《いみ》は、「一《ひと》つのことをして、二《ふた》つの利益《りえき》を得《え》ること」です。これは鳥《とり》が集《あつ》まっているところで、石《いし》を投《な》げたら二羽《にわ》落《お》ちた」というイギリスのことわざからきています。もともとは、「Kill two birds with one stone.」（一《ひと》つの石《いし》で二羽《にわ》の鳥《とり》を殺《ころ》す）という文《ぶん》です。

日常会話《にちじょうかいわ》でもよく使《つか》われます。ですから、この四《よっ》つの漢字《かんじ》だけを見《み》ていると、昔《むかし》の日本《にほん》で生《う》まれた、または、漢字《かんじ》の生《う》みの親《おや》である、中国《ちゅうごく》から伝《つた》わった言葉《ことば》のように感《かん》じますが、ちがうこともあるのです。

国《くに》を問《と》わず、大昔《おおむかし》の人々《ひとびと》は狩猟《しゅりょう》などの目的《もくてき》で、きっと必死《ひっし》になって林《はやし》や森《もり》を駆《か》け回《まわ》って石《いし》を投《な》げていたのかもしれません。

中国生《ちゅうごくう》まれの同《おな》じ意味《いみ》の言葉《ことば》

「一石二鳥《いっせきにちょう》」と同《おな》じ意味《いみ》を持《も》つ仲間《なかま》の言葉《ことば》としては、「一挙両得《いっきょりょうとく》」などがあります。

一挙両得《いっきょりょうとく》の意味《いみ》は、「一《ひと》つの行《おこな》いで、二《ふた》つの利益《りえき》を得《え》られること」です。「一挙《いっきょ》」は、一《ひと》つの行《こう》動《どう》や動作《どうさ》を意味《いみ》します。中国《ちゅうごく》の後漢《ごかん》という古《ふる》い時代《じだい》の歴史書《れきししょ》『東観漢記《ひがしかんかんき》』から出《で》た言葉《ことば》です。

たとえば、「大人《おとな》になったらプロ野球選手《やきゅうせんしゅ》になりたいな。好《す》きなことができて、それにお金《かね》もたくさんもらえるなんて、一挙両得《いっきょりょうとく》だしね」などのように使《つか》います。

調《しら》べてみよう

反対《はんたい》の意味《いみ》を表《あらわ》す言葉《ことば》も

四字熟語《よじじゅくご》ではありませんが、「一石二鳥《いっせきにちょう》」と反対《はんたい》の意味《いみ》のことわざがあります。「虻蜂取《あぶはちと》らず」です。「虻《あぶ》と蜂《はち》を捕《つか》まえようとしたけれど、けっきょく何《なに》も得《え》られなかった」という意味《いみ》です。ほかに、どのような反対《はんたい》の意味《いみ》を持《も》つ言葉《ことば》があるかを調《しら》べてみましょう。

ひとくちメモ 言葉《ことば》の意味《いみ》を広《ひろ》げて、三《みっ》つ以上《いじょう》の利益《りえき》が得《え》られる場合《ばあい》には、「一石三鳥《いっせきさんちょう》」、「一石四鳥《いっせきよんちょう》」などの造語《ぞうご》を使《つか》うこともあります。実際《じっさい》の生活《せいかつ》では、よほどの幸運《こううん》に恵《めぐ》まれない限《かぎ》り、こんなにうまくいくことはないでしょう。

2月《がつ》3日

福《ふく》は内《うち》 鬼《おに》は外《そと》 節分《せつぶん》と豆《まめ》のお話《はなし》

日本国語教育学会理事《にほんこくごきょういくがっかいりじ》
藤田慶三《ふじたけいぞう》先生《せんせい》が書《か》きました

読《よ》んだ日《ひ》 月《がつ》 日《にち》 | 月《がつ》 日《にち》 | 月《がつ》 日《にち》

実《じつ》は大《おお》みそかに行《おこな》われていた

お寺《てら》や神社《じんじゃ》などを中心《ちゅうしん》にした節分《せつぶん》の勇《いさ》ましい豆《まめ》まきの様子《ようす》は2月《がつ》初《はじ》めの風物詩《ふうぶつし》です。節分《せつぶん》とは、季《き》節《せつ》の変《か》わり目《め》のこと。立春《りっしゅん》、立夏《りっか》、立秋《りっしゅう》、立冬《りっとう》の前《まえ》の日《ひ》がそうですが、特《とく》に、戸内《こない》の活動《かつどう》から戸外《こがい》の活動《かつどう》に向《む》かう立春《りっしゅん》の前《まえ》の日《ひ》の節分《せつぶん》が重《おも》んじられています。

鬼《おに》を追《お》い払《はら》う儀式《ぎしき》は追儺《ついな》（＝鬼《おに》やらい）といいます。これが節分《せつぶん》の日《ひ》に行《おこな》われるようになったのは、室町時代《むろまちじだい》より後《あと》のことです。鎌倉《かまくら》時代《じだい》の終《お》わり頃《ごろ》は、追儺《ついな》は大《おお》みそかに行《おこな》われていました。

豆《まめ》を使《つか》ったおまじない

追儺《ついな》には、仮装《かそう》した鬼《おに》を追《お》う芸《げい》能《のう》タイプのものと、枡《ます》に入《い》れた炒《い》り豆《まめ》をまくタイプのものがありました。一般《いっぱん》の家庭《かてい》では、戸主《こしゅ》が年《とし》男《おとこ》になり「福《ふく》は内《うち》、鬼《おに》は外《そと》」と唱《とな》えながら一升枡《いっしょうます》に入《い》れた炒《い》り豆《まめ》を屋内《おくない》にまきます。それを自分《じぶん》の年《とし》の数《かず》だけ拾《ひろ》って食《た》べる習慣《しゅうかん》や、12粒《つぶ》を囲炉裏《いろり》の灰《はい》に並《なら》べて、焼《や》け具《ぐ》合《あい》で一年《いちねん》の各月《かくつき》の天候《てんこう》を占《うらな》う豆占《まめうらな》いなども行《おこな》われていました。

大豆《だいず》のおまじない的《てき》な力《ちから》については、さまざまな言《い》い伝《つた》えや伝統《でんとう》がありますが、節分《せつぶん》の豆《まめ》まきのほかにも、七夕《たなばた》の朝《あさ》に病《やまい》よけの術《じゅつ》として、大豆《だいず》や小豆《あずき》を食《しょく》したという記録《きろく》があります。

調《しら》べてみよう

今《いま》とはちがう、昔《むかし》の伝統行事《でんとうぎょうじ》

昔《むかし》の人《ひと》が大切《たいせつ》にしていた行事《ぎょうじ》を調《しら》べてみましょう。おじいさんやおばあさんに聞《き》いてみたり、図書館《としょかん》で本《ほん》を探《さが》して読《よ》むのもいいですね。調《しら》べるときは「どんな地方《ちほう》で」「どんなことをするか」「どんな願《ねが》いがこめられているか」に注目《ちゅうもく》してみましょう。

ひとくちメモ 「恵方巻《えほうま》き」と呼《よ》ばれる太巻《ふとま》きを食《た》べることも、節分《せつぶん》で行《おこな》われる慣習《かんしゅう》の一《ひと》つです。もともとは大阪《おおさか》を中心《ちゅうしん》とした西日本《にしにほん》だけの慣習《かんしゅう》でしたが、2000年以降《ねんいこう》になって全国各地《ぜんこくかくち》で知《し》られるようになりました。

言葉《ことば》を観察《かんさつ》してみよう〈名詞《めいし》編《へん》〉

2月《がつ》4日《にち》

東京《とうきょう》都《と》杉並《すぎなみ》区《く》立《りつ》高井戸《たかいど》小学校《しょうがっこう》校長《こうちょう》
鶴巻景子《つるまきけいこ》先生《せんせい》が書《か》きました

読《よ》んだ日《ひ》　月《がつ》　日《にち》｜月《がつ》　日《にち》｜月《がつ》　日《にち》

ものにはみんな名前《なまえ》がある

「一郎《いちろう》さん」「花子《はなこ》さん」というように、一人一人《ひとりひとり》名前《なまえ》があります。同《おな》じように、ものにも一《ひと》つ一《ひと》つ名《な》前《まえ》があります。ものの名前《なまえ》を表《あらわ》した言葉《ことば》を「名詞《めいし》」といいます。□の中《なか》に、いろいろな名詞《めいし》を集《あつ》めてみました。

みかん　メロン　バナナ　く
だもの　すいか　だいこん
きゅうり　キャベツ　なす
じゃがいも　やさい　飛行機《ひこうき》
自動車《じどうしゃ》　電車《でんしゃ》　自転車《じてんしゃ》　ゾウ
キリン　カバ　ライオン　き
んぎょ　あじ　マグロ　たい
カブトムシ　カマキリ　クワ
ガタムシ　あり　学校《がっこう》　教室《きょうしつ》
けしごむ　えんぴつ　黒板《こくばん》
ふでばこ　時計《とけい》　友達《ともだち》　先生《せんせい》
弟《おとうと》　妹《いもうと》　兄《あに》　姉《あね》　きのう　き
ょう　あした

名詞《めいし》を分類《ぶんるい》してみよう！

では、さまざまな名詞《めいし》を探《さが》して、分類《ぶんるい》してみましょう。いろいろな発見《はっけん》がありますよ。

くだもの→みかん　メロン
　　　　　バナナ　すいか
やさい→　キャベツ　きゅうり
　　　　　なす　じゃがいも

「みかん」や「メロン」など一《ひと》つ一《ひと》つの名前《なまえ》を表《あらわ》す名詞《めいし》と、「くだもの」や「やさい」など、まとめた意味《いみ》を表《あらわ》す名詞《めいし》があります。「飛行機《ひこうき》」「自動車《じどうしゃ》」「自転車《じてんしゃ》」「電《でん》車《しゃ》」をまとめた名前《なまえ》は何《なん》でしょう。そうです。「乗《の》り物《もの》」です。「ほ乳《にゅう》類《るい》」は、どれですか。「ゾウ」「キリン」「カバ」「ライオン」です。「生《い》き物《もの》」とすると、魚《さかな》や昆虫《こんちゅう》もなかまの名詞《めいし》になります。

お家《うち》にあるもので名詞《めいし》を探《さが》して分類《ぶんるい》してみましょう。

考《かんが》えてみよう

これも名詞《めいし》？

これ　それ　あれ　どれ　わたし
ぼく　きみ　だれ　どこ　あそこ
そっち　こっち

実《じつ》はこれらは代名詞《だいめいし》とよばれ、名詞《めいし》のなかまとする考《かんが》え方《かた》があります。代名《だいめい》詞《し》は、人《ひと》をさすもの、ものや場所《ばしょ》、方《ほう》角《がく》を表《あらわ》すものに分《わ》けられます。

ひとくちメモ　名詞《めいし》には、ひらがな（漢字《かんじ》）で書《か》くものとカタカナで書《か》くものがあります。外来語《がいらいご》はカタカナで書《か》くことが多《おお》いです。また、植物《しょくぶつ》や昆虫《こんちゅう》、動物《どうぶつ》などの名前《なまえ》は、学術名《がくじゅつめい》として書《か》かれるときにはカタカナで書《か》きます。

ちょっとむずかしい言葉 辞典

むかしむかし「ひけらかす」はいい意《い》味《み》だった

2月 5日

お茶《ちゃ》の水女子《みずじょし》大学《だいがく》附《ふ》属小学校《ぞくしょうがっこう》
廣瀬修也《ひろせしゅうや》先生《せんせい》が書《か》きました

読《よ》んだ日《ひ》　月《がつ》　日《にち》｜月《がつ》　日《にち》｜月《がつ》　日《にち》

「光《ひか》らせる」から生《う》まれた

「ひけらかす」という言葉《ことば》があります。見《み》せびらかす、自慢《じまん》して見《み》せつける、得意《とくい》になって見《み》せる、ということをひけらかすという意味《いみ》です。「知識《ちしき》をもっていることをひけらかす」「自分《じぶん》の才能《さいのう》をひけらかす」などのように使《つか》います。現在《げんざい》では、あまり良《よ》い意味《いみ》ではなく、自慢《じまん》してちょっと嫌《いや》だなという場面《ばめん》で使《つか》われることが多《おお》いようです。この「ひけらかす」、もともとは「光《ひか》らす」という言葉《ことば》だったといわれています。光《ひかり》かがやくものは、自然《しぜん》と目立《めだ》ち、それを見《み》せびらかすことから、「ひけらかす」という言葉《ことば》になりました。古《ふる》い物語《ものがたり》の中《なか》でも、「ひけらかす」という言葉《ことば》が使《つか》われています。語源《ごげん》は「光《ひか》らす」となっていますが、現在《げんざい》では漢字《かんじ》で書《か》くことはしません。

昔《むかし》の「ひけらかす」は?

では昔《むかし》は自慢《じまん》して見《み》せつけることをなんといっていたのでしょう? 昔《むかし》は「てらふ」と書《か》いた「てらう」がそれに当《あ》たります。8世紀《せいき》頃《ごろ》に使《つか》われていたとされ、漢字《かんじ》では「衒」と表現《ひょうげん》します。この漢字《かんじ》の意味《いみ》は、「ひけらかす」と同《おな》じように、「誇《ほこ》らしげに見《み》せびらかす」だったそうです。

探《さが》してみよう

似《に》たような意味《いみ》の言葉《ことば》

「ひけらかす」と似《に》たような意味《いみ》をもつ言葉《ことば》がいくつかあります。「見《み》せびらかす」「見《み》せつける」といった言葉《ことば》です。このように、少《すこ》しむずかしいかな? と思《おも》う言葉《ことば》も、よく知《し》っている言葉《ことば》に言《い》いかえることができるので、覚《おぼ》えやすいですね。

ひとくちメモ 「ひけらかす」には、方言《ほうげん》があります。「ふけらかす」です。これは、岐阜県《ぎふけん》の飛騨《ひだ》の方言《ほうげん》です。意味《いみ》は同《おな》じですが、その土地《とち》ならではの言《い》い方《かた》があるのです。調《しら》べていくと言葉《ことば》の知識《ちしき》が広《ひろ》がりますね。

電話《でんわ》で話《はな》すときの敬語《けいご》とマナー

日本国語教育学会理事《にほんこくごきょういくがっかいりじ》
中島栄二《なかしまえいじ》先生《せんせい》が書《か》きました

読《よ》んだ日《ひ》　月《がつ》　日《にち》｜月《がつ》　日《にち》｜月《がつ》　日《にち》

携帯電話《けいたいでんわ》の時代《じだい》だけれど

お家《うち》に家族《かぞく》みんなが使《つか》う固定電《こてい》《でん》話《わ》はありますか？　固定電話《こていでんわ》のように、家族《かぞく》の誰《だれ》にかかってきたかわからない、また相手《あいて》が誰《だれ》かもわからない電話《でんわ》を使《つか》う場合《ばあい》には、携《けい》帯電話《たいでんわ》とはちがうマナーがあります。

かかってきた電話《でんわ》を受《う》けるときや電話《でんわ》に出《で》た相手《あいて》の名前《なまえ》を確認《かくにん》するときは「丁寧《ていねい》に」が基本《きほん》です。

たとえば、かかってきた電話《でんわ》に対《たい》して「もしもし、誰《だれ》ですか？」とたずねるのは失礼《しつれい》です。「誰《だれ》」という言葉《ことば》を丁《てい》寧《ねい》な言《い》い方《かた》に直《なお》しましょう。「はい、どちらさまですか」と言《い》えるといいですね。

電話《でんわ》の相手《あいて》の名前《なまえ》を繰《く》り返《かえ》すとき「え？佐藤《さとう》さん？」は失礼《しつれい》です。相手《あいて》の名前《なまえ》を呼《よ》ぶときは、「〜さん」ではなく「〜様《さま》」と言《い》いましょう。さらに「佐藤様《さとうさま》でまちがいございませんか？」と応《こた》え、確認《かくにん》するようにしましょう。

お家《うち》の人《ひと》がいないとき

家族《かぞく》がいないことを伝《つた》える言《い》い方《かた》や、伝言《でんごん》があるかどうか聞《き》くときの言《い》い方《かた》にも気《き》をつけましょう。「今《いま》、お母《かあ》さんはいません」ではなく、「いる」の謙譲語《けんじょうご》「おる」を使《つか》って「おりません」にして「今《いま》、母《はは》はおりません」と応《こた》えるようにしましょう。電話《でんわ》をお家《うち》の人《ひと》に代《か》わるときには、「少々《しょうしょう》お待《ま》ち下《くだ》さい」と言《い》って、保留音《ほりゅうおん》にして待《ま》っていただくようにします。

やってみよう

恥《は》ずかしがらず、怖《こわ》がらず

たまには家《いえ》の固定電話《こていでんわ》が鳴《な》ったらとってみましょう。電話《でんわ》の相手《あいて》がどんな用事《ようじ》で連絡《れんらく》してきたか知《し》りたいときは、「どのようなご用件《ようけん》でしょうか」と言《い》えば大丈夫《だいじょうぶ》です。また、相手《あいて》の連絡先《れんらくさき》を知《し》りたいときは、「差《さ》し支《つか》えないようでしたらご連絡《れんらく》先《さき》をお知《し》らせ下《くだ》さい」とたずねてみましょう。実際《じっさい》の電話《でんわ》で恥《は》ずかしがらずに言《い》ってみてください。

ひとくちメモ　電話《でんわ》がきたときに、食事中《しょくじちゅう》だったり忙《いそが》しくて対応《たいおう》できなかったりすることがあります。その場合《ばあい》には、理由《りゆう》とともに「こちらから後《あと》でお電話《でんわ》いたします」と伝《つた》えましょう。丁寧《ていねい》に伝《つた》えれば失礼《しつれい》ではありません。

表現力がアップするお話

うまくできたときに使《つか》いたい！「うれしい」以外《いがい》の言葉《ことば》たち

2月 7日

日本国語教育学会理事《にほんこくごきょういくがっかいりじ》
吉永幸司《よしながこうし》先生《せんせい》が書《か》きました

読《よ》んだ日　月《がつ》　日《にち》　月《がつ》　日《にち》　月《がつ》　日《にち》

大《おお》きな喜《よろこ》びを言葉《ことば》にしよう

何《なに》かに成功《せいこう》した、うまくできた、というときは、とても気分《きぶん》がよく、うれしい気持《きも》ちになりますね。心《こころ》からよかったと思《おも》えることでしょう。

特《とく》に勉強《べんきょう》やスポーツで努力《どりょく》して、合格《ごうかく》や優勝《ゆうしょう》を勝《か》ち取《と》ったときには「天《てん》にものぼる心地《ここち》」になるにちがいありません。やり遂《と》げた！という思《おも》いが強《つよ》ければ「達成感《たっせいかん》で胸《むね》がいっぱいになる」と言《い》ってもいいでしょう。「頑張《がんば》った甲斐《かい》がある」とホッとするかもしれません。ただし、あまり喜《よろこ》びすぎて、得意《とくい》になっていると周《まわ》りから「有頂天《うちょうてん》になっている」といわれ、ちょっとみっともないです。さらに調子《ちょうし》にのっていい気《き》になっていると「天狗《てんぐ》になっている」と嫌《きら》われてしまいます。気《き》をつけましょうね。

うれしさが最大級《さいだいきゅう》になったら

喜《よろこ》ばしいことがあって、そのうれしい気持《きも》ちがおさえられなくなると、うれし涙《なみだ》が出《で》ることもあるものです。そんなときの気持《きも》ちは「胸《むね》が詰《つ》まる」「胸《むね》が熱《あつ》くなる」「胸《むね》がジーンとする」などの表現《ひょうげん》がぴったり。そんな場面《ばめん》に出会《であ》うと、本当《ほんとう》に胸《むね》のあたりがあったかくなるような、ふるえるような感《かん》じがするものです。

少《すこ》し大人《おとな》っぽい表現《ひょうげん》になると「感極《かんきわ》まる」とも言《い》います。「感無《かんむ》量《りょう》」という言葉《ことば》と同《おな》じ意味《いみ》です。お祝《いわ》いの言葉《ことば》や品《しな》をいただいたときのお礼《れい》の手紙《てがみ》などに使《つか》いたい言葉《ことば》ですね。

調《しら》べてみよう

「胸《むね》」を使《つか》って気持《きも》ちを表《あらわ》す

うまくいきそう、とか、おもしろいことが起《お》こりそう、など期待《きたい》が高《たか》まるとき、「胸《むね》がワクワクする」「胸《むね》が高鳴《たかな》る」といいますね。胸《むね》はからだのなかでハート（心臓《しんぞう》）がある場所《ばしょ》なので、気持《きも》ちを表《あらわ》すときによく登場《とうじょう》します。不安《ふあん》な気持《きも》ちを表《あらわ》すときも「胸騒《むなさわ》ぎがする」「胸《むね》がうずく」などと表現《ひょうげん》します。他《ほか》にも「胸《むね》」を使《つか》った言葉《ことば》を探《さが》してみましょう。

ひとくちメモ 喜《よろこ》んでいることをだれにも知《し》られたくないときは「ひそかに」喜《よろこ》べばいいのです。でも家族《かぞく》や仲《なか》のいい友達《ともだち》にはぜひ打《う》ち明《あ》けてみて。一緒《いっしょ》に喜《よろこ》びを分《わ》かち合《あ》ってくれるはずですよ。

漢字にまつわるお話

漢字《かんじ》はじめてものがたり（3）
意味《いみ》と意味《いみ》を合体《がったい》させたい！

2月8日

東京都練馬区立大泉学園桜小学校《とうきょうとねりまくりつおおいずみがくえんさくらしょうがっこう》
井原英昭《いはらひであき》先生《せんせい》が書《か》きました

読《よ》んだ日《ひ》　月《がつ》　日《にち》　月《がつ》　日《にち》　月《がつ》　日《にち》

上手《じょうず》に合体《がったい》させて字《じ》をつくる

「木《き》」という漢字《かんじ》は枝《えだ》をひろげた木《き》から生《う》まれました。それでは、「木《き》」を２つ並《なら》べてみましょう。すると「林《はやし》」という漢字《かんじ》になります。３つに増《ふ》やすと「森《もり》」という漢字《かんじ》になります。「木《き》」の多《おお》さでその場所《ばしょ》の様子《ようす》を見事《みごと》に表《あらわ》していますね。

　このようなすでにある漢字《かんじ》を組《く》み合《あ》わせてつくった字《じ》を「会意文《かいいも》字《じ》」といいます。

　みなさんの知《し》っている漢字《かんじ》のなかにもたくさんありますよ。たとえば、「火《ひ》」という漢字《かんじ》を２つ重《かさ》ねると「炎《ほのお》」になります。より激《はげ》しく燃《も》える様子《ようす》がよく表《あらわ》れていますね。

　それでは「林《はやし》」と「火《ひ》」を合体《がったい》させてみましょう。すると「焚《ふん》」という、林《はやし》が煙《けむり》を上《あ》げて燃《も》える様子《ようす》を表《あらわ》す漢字《かんじ》になります。たきびの「たき」はこの漢字《かんじ》です。

昔《むかし》の人《ひと》のくらしが見《み》える

　人《ひと》が木《き》に寄《よ》りかかっている様子《ようす》から生《う》まれたのは「休《きゅう》」という漢字《かんじ》です。いねを表《あらわ》す「禾《か》」と「火《ひ》」で「秋《あき》」という漢字《かんじ》ができました。「火《ひ》」で害虫《がいちゅう》を取《と》り、穀物《こくもつ》（禾）を収穫《しゅうかく》する季節《きせつ》を表《あらわ》しています。

　このように２つ以上《いじょう》の文字《もじ》を合《あ》わせてできた漢字《かんじ》からは、昔《むかし》の人《ひと》びとのくらしを垣間見《かいまみ》ることもできます。

探《さが》してみよう
新聞《しんぶん》や本《ほん》を開《ひら》いて

ここで紹介《しょうかい》した以外《いがい》にも、会意文字《かいいもじ》はたくさんあります。新聞《しんぶん》や本《ほん》から探《さが》してみましょう。

ひとくちメモ　日本《にほん》でつくられた会意文字《かいいもじ》もあります。山《やま》の上《のぼ》り下《お》りを表《あらわ》した「峠《とうげ》」や、人《ひと》が仕事《しごと》のために動《うご》くことから「働《どう》」という漢字《かんじ》がつくられました（87ページ参照《さんしょう》）。

夏目漱石《なつめそうせき》『吾輩《わがはい》は猫《ねこ》である』は自分《じぶん》がモデル!?

2月 9日

日本国語教育学会理事《にほんこくごきょういくがっかいりじ》
中島栄二《なかしまえいじ》先生《せんせい》が書《か》きました

読《よ》んだ日《ひ》　月《がつ》　日《にち》｜月《がつ》　日《にち》｜月《がつ》　日《にち》

正岡子規《まさおかしき》との出会《であ》いから文学《ぶんがく》の道《みち》へ

夏目漱石《なつめそうせき》は、江戸《えど》から明治《めいじ》へと変《か》わる1867年《ねん》に、今《いま》の東京《とうきょう》・新宿《しんじゅく》で生《う》まれました。本名《ほんみょう》は、夏《なつ》目金之助《めきんのすけ》といいます。子供《こども》の頃《ころ》から読書《どくしょ》が好《す》きで、中学《ちゅうがく》・高校《こうこう》ではとくに漢文《かんぶん》と英語《えいご》を熱心《ねっしん》に勉強《べんきょう》しました。

そのころ漱石《そうせき》は、のちに親友《しんゆう》となる俳人《はいじん》・正岡子規《まさおかしき》（303ページ参照《さんしょう》）と知《し》り合《あ》います。この出《で》会《あ》いが、文学《ぶんがく》への扉《とびら》を大《おお》きく開《ひら》いたのです。漱石《そうせき》は、子規《しき》にならってたくさんの俳句《はいく》や漢詩《かんし》をつくり、そのおもしろさの虜《とりこ》になりました。二人《ふたり》は文《ぶん》学《がく》についてもお互《たが》いに意見《いけん》を戦《たたか》わせ、理解《りかい》を深《ふか》めていきます。

やがて漱石《そうせき》は、「人生《じんせい》の目的《もくてき》は何《なに》か」と深《ふか》く考《かんが》えるようになりました。そこで行《い》きついたのが「自己本《じこほん》位《い》」という言葉《ことば》です。どんな悩《なや》みも、自分自身《じぶんじしん》で考《かんが》え、解決《かいけつ》するほかに道《みち》はないと強《つよ》く決意《けつい》したのです。

雑誌《ざっし》「ホトトギス」にはじめての小説《しょうせつ》を発表《はっぴょう》

その後《ご》、東京大学英文科《とうきょうだいがくえいぶんか》を卒業《そつぎょう》した漱石《そうせき》は、松山《まつやま》や熊本《くまもと》の学校《がっこう》で英語《えいご》の先生《せんせい》になりました。そして、イギリス留学《りゅうがく》から帰国《きこく》したあと、「ホトトギス」という雑誌《ざっし》に、小《しょう》説《せつ》『吾輩《わがはい》は猫《ねこ》である』を発表《はっぴょう》します。

ネコの目《め》から見《み》た人間界《にんげんかい》のさまざまな出来事《できごと》をおもしろく描《えが》いた話《はなし》は、みなさんも知《し》っているでしょう。じつは、ネコの飼《か》い主《ぬし》で、へんくつな英語教師《えいごきょうし》「苦沙弥先《くしゃみせん》生《せい》」は、漱石自身《そうせきじしん》がモデルといわれています。

漱石《そうせき》は、その後《ご》も『坊《ぼ》っちゃん』、『草枕《くさまくら》』、『三四郎《さんしろう》』などの作《さく》品《ひん》を次々《つぎつぎ》に発表《はっぴょう》し、新《あたら》しい時代《じだい》をリードする作家《さっか》となっていきました。

読《よ》んでみよう

声《こえ》に出《だ》して読《よ》んでみよう!

夏目漱石《なつめそうせき》の『草枕《くさまくら》』は、次《つぎ》のような書《か》き出《だ》しで始《はじ》まります。「山路《やまみち》を登《のぼ》りながら、こう考《かんが》えた。智《ち》に働《はたら》けば角《かど》が立《た》つ。情《じょう》に棹《さお》させば流《なが》される。意地《いじ》を通《とお》せば窮屈《きゅうくつ》だ。とかくに人《ひと》の世《よ》は住《す》みにくい」。声《こえ》に出《だ》して読《よ》むと、よりその情景《じょうけい》が浮《う》かんできますよ。

ひとくちメモ　「漱石《そうせき》」というペンネームは、中国《ちゅうごく》の故事《こじ》に由来《ゆらい》します。昔《むかし》、ある人《ひと》が「枕石漱流《ちんせきそうりゅう》」を「漱石枕流《そうせきちんりゅう》」と言《い》い間違《まちが》ったのに訂正《ていせい》しなかったことから、「漱石枕流《そうせきちんりゅう》」は負《ま》けず嫌《ぎら》い、ガンコ者《もの》という意味《いみ》で使《つか》われるそうです。

決まり文句・名文句にまつわるお話

おにかなぼう

わずかな時間《じかん》のたとえ「一朝一夕《いっちょういっせき》」

2月《がつ》 10日《にち》

日本国語《にほんこくご》教育《きょういく》学会《がっかい》理事《りじ》
泉《いずみ》 宜宏《たかひろ》先生《せんせい》が書《か》きました

読《よ》んだ日《ひ》　月《がつ》　日《にち》　月《がつ》　日《にち》　月《がつ》　日《にち》

「一朝《いっちょう》」って？ 「一夕《いっせき》」って？

「一朝《いっちょう》」は「ひと朝《あさ》」、「一夕《いっせき》」は「ひと晩《ばん》」を意味《いみ》します。つまり、「一朝一夕《いっちょういっせき》」は、とても短《みじか》い時間《じかん》や期間《きかん》のことをいいます。

「一朝一夕《いっちょういっせき》」は、中国《ちゅうごく》の古《ふる》い書物《しょもつ》『易経《えききょう》』にある一文《いちぶん》からきています。「臣《しん》その君《きみ》を殺《ころ》し、子《こ》その父《ちち》を殺《ころ》するは、一朝一夕《いっちょういっせき》の故《ゆえ》にあらず」

この文《ぶん》の意味《いみ》は次《つぎ》のようになります。

「家来《けらい》が君主《くんしゅ》（国王《こくおう》）を殺《ころ》すとか、子供《こども》が父親《ちちおや》を殺《ころ》すようなことは、急《きゅう》に短《みじか》い間《あいだ》で起《お》きることではない。長《なが》い年月《ねんげつ》がかかって、間《ま》ちがいが正《ただ》されなかった結果《けっか》そうなったのだ」

ものを成《な》し遂《と》げることの大変《たいへん》さ

現代《げんだい》では、一《ひと》つのことを成《な》し遂《と》げることの大変《たいへん》さを表《あらわ》すようなときに使《つか》います。「プロのサッカー選手《せんしゅ》はドリブルがうまいけれど、一朝一夕《いっちょういっせき》にできるようになったわけではない」というように、文《ぶん》の終《お》わりに「～ない」と、否定《ひてい》の言葉《ことば》がつきます。

英語《えいご》でも、同《おな》じような意味《いみ》をもつことわざがあります。「Rome was not built in a day.」（ローマは一日《いちにち》にして成《な》らず）。ローマ帝国《ていこく》確立《かくりつ》は、およそ700年《ねん》という気《き》の遠《とお》くなるような年月《ねんげつ》がかかっています。700年《ねん》の間《あいだ》には、苦難《くなん》の時代《じだい》もありました。偉大《いだい》なローマ帝国《ていこく》も、そう簡単《かんたん》にできたわけではないということですね。

覚《おぼ》えておこう

同《おな》じ意味《いみ》のことわざ

「一朝一夕《いっちょういっせき》」と同《おな》じ意味《いみ》をもつ四字熟語《よじじゅくご》もあります。「一旦一夕《いったんいっせき》」です。「一旦《いったん》」は「一朝《いっちょう》」とまったく同《おな》じ意味《いみ》です。「一旦一夕《いったんいっせき》」の「旦《たん》」の「日《ひ》」は太陽《たいよう》を、横棒《よこぼう》の「一《いち》」は地平線《ちへいせん》を表《あらわ》しています。そうです。「旦《たん》」は、地平線《ちへいせん》から太陽《たいよう》が昇《のぼ》る様子《ようす》を表《あらわ》した言葉《ことば》です。ですから、「旦《たん》」は朝《あさ》を意味《いみ》しているわけです。ちなみに、元旦《がんたん》は、元日《がんじつ》（1月1日《がつついたち》）の朝《あさ》のことです。

ひとくちメモ 「一夕《いっせき》」を「いちゆう」と読《よ》むのは、間違《まちが》いです。「夕《ゆう》」は、「月《つき》が半分《はんぶん》ほど見《み》える」形《かたち》からできています。「日暮《ひぐ》れ」という意味《いみ》です。太陽《たいよう》と月《つき》の引力《いんりょく》で変化《へんか》する「汐《しお》」は夕方《ゆうがた》、「潮《しお》」は朝方《あさがた》の「しお」を意味《いみ》します。

「全然《ぜんぜん》おもしろい」はよく使《つか》うけれど……

2月11日

四国大学生活科学部児童学科《しこくだいがくせいかつかがくぶじどうがっか》
山本哲生《やまもとてつお》先生《せんせい》が書《か》きました

読《よ》んだ日《ひ》　月《がつ》　日《にち》｜　月《がつ》　日《にち》｜　月《がつ》　日《にち》

これって正《ただ》しい?

お兄《にい》ちゃんたちも友達《ともだち》もよく次《つぎ》のように言《い》うのですが、お母《かあ》さんは「それ、まちがってるよ」と言《い》います。どう思《おも》いますか?

A　あの番組《ばんぐみ》、全然《ぜんぜん》おもしろい。

B　今日《きょう》の風《かぜ》はまるで嵐《あらし》だ。

あなたも、こんな言《い》い方《かた》をしていませんか? ふだん友達《ともだち》どうしで話《はなし》をするとき、今《いま》の若《わか》い人《ひと》や子《こ》供《ども》が、当《あ》たり前《まえ》のようによく使《つか》っている様子《ようす》を見《み》かけます。

しかし、これは正《ただ》しい言葉《ことば》づかいではありません。どうして? と思《おも》うかもしれませんね。ここで、正《ただ》しい使《つか》い方《かた》を知《し》っておきましょう。

使《つか》い方《かた》にきまりのある言葉《ことば》

お母《かあ》さんの言《い》うとおり、「全然《ぜんぜん》」や「まるで」を使《つか》うときは、次《つぎ》の言《い》い方《かた》が正《ただ》しいのです。

A　あの番組《ばんぐみ》、全然《ぜんぜん》おもしろくない。

B　今日《きょう》の風《かぜ》はまるで嵐《あらし》のようだ。

「全然《ぜんぜん》〜ない」、「まるで〜ようだ」は、いつもペアで使《つか》うものなのです。ほかにも、「たぶん・きっと〜だろう」「もし〜たら・なら」「なぜ〜か・のだろう」「まさか〜ないだろう」のように、ペアで使《つか》った方《ほう》がいい言葉《ことば》があります。「全然《ぜんぜん》」を使《つか》うなら、「全然《ぜんぜん》〜ない」のようにして、ペアの言葉《ことば》と一緒《いっしょ》に使《つか》うようにしましょうね。

考《かんが》えてみよう

この言《い》い方《かた》、どこがへん?

① 明日《あした》はたぶん晴《は》れだ。

② もし雨《あめ》がふると、試合《しあい》は中止《ちゅうし》だ。

③ けいちゃんは、きっとやくそくをまもってくれる。

④ お父《とう》さんは、なぜ帰《かえ》るのがおそかった。

ひとくちメモ　「考えてみよう」の答え　①明日《あした》はたぶん晴《は》れだろう。②もし雨《あめ》がふると、試合《しあい》は中止《ちゅうし》だろう。③けいちゃんは、きっとやくそくをまもってくれるだろう。④お父《とう》さんは、なぜ帰《かえ》るのがおそかったのだろう。

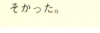

話し方にまつわるお話

きっと毎日《まいにち》使《つか》ってる 尊敬語《そんけいご》と丁寧語《ていねいご》

2月12日

東京都練馬区立大泉学園桜小学校《とうきょうとねりまくりつおおいずみがくえんさくらしょうがっこう》
井原英昭《いはらひであき》先生《せんせい》が書《か》きました

読《よ》んだ日《ひ》　月《がつ》　日《にち》｜　月《がつ》　日《にち》｜　月《がつ》　日《にち》

目上《めうえ》の人《ひと》に使《つか》う尊敬語《そんけいご》

尊敬語《そんけいご》は、目上《めうえ》の人《ひと》のものや動作《どうさ》を表現《ひょうげん》するときに使《つか》う敬語《けいご》です。たとえば、「読《よ》む」を尊敬語《そんけいご》にすると、「お読《よ》みになる」となります。言葉《ことば》の前《まえ》に「お」や「ご」をつけたり、動作《どうさ》を表《あらわ》す言葉《ことば》に「なる」「なさる」をつけたりして、目上《めうえ》の人《ひと》の動作《どうさ》であることを表《あらわ》します。動作《どうさ》の尊敬表現《そんけいひょうげん》では、「言《い》う」を「おっしゃる」、「食《た》べる」を「めしあがる」などと、特別《とくべつ》な言葉《ことば》に換《か》えて言《い》うこともあります。

また、人《ひと》の名前《なまえ》のあとに「さん」や「様《さま》」などの敬称《けいしょう》をつけたり、「先生《せんせい》」をつけたりするのも尊敬《そんけい》語《ご》の表現《ひょうげん》です。

相手《あいて》に敬意《けいい》を表《あらわ》す丁寧語《ていねいご》

日常会話《にちじょうかいわ》で使《つか》う敬語《けいご》の中《なか》で、いちばん多《おお》いのが丁寧語《ていねいご》です。じつは、ここまでの文章《ぶんしょう》のほとんどに使《つか》われているんですよ。どれが丁寧語《ていねいご》か、わかりますか？　それは「です」「ます」という言葉《ことば》です。これに「ございます」を加《くわ》えたものが、おもな丁寧語《ていねいご》です。幼稚園《ようちえん》、保育園《ほいくえん》の時《とき》から「先生《せんせい》、おはようございます。みなさん、おはようございます」と朝《あさ》のあいさつをしてきましたね。どれも話《はな》し相手《あいて》や聞《き》き手《て》に敬意《けいい》を表《あらわ》す言葉《ことば》です。

敬意《けいい》を表《あらわ》す言葉《ことば》には、尊敬語《そんけいご》や謙譲語《けんじょうご》（195ページ参照《さんしょう》）もありますが、使《つか》い方《かた》がむずかしいので、最近《さいきん》ではかわりに、丁寧語《ていねいご》が使《つか》われる時代《じだい》にもなってきました。

使《つか》ってみよう

この言葉《ことば》をご存《ぞん》じですか？

尊敬表現《そんけいひょうげん》では、動作《どうさ》を特別《とくべつ》な言葉《ことば》にいいかえることがあります。

「見《み》る」→「ごらんになる」

「知《し》る」→「ご存《ぞん》じ」

「いる」→「いらっしゃる」

ちょっとむずかしいですが、目上《めうえ》の人《ひと》と話《はな》す時《とき》に使《つか》ってみましょう。

ひとくちメモ　学校《がっこう》の先生《せんせい》が自分《じぶん》のことを呼《よ》ぶ時《とき》、「先生《せんせい》はね…」などと言《い》うことがあります。「先生《せんせい》」は、目上《めうえ》の人《ひと》に使《つか》う尊敬語《そんけいご》なので、敬語表現《けいごひょうげん》としてはまちがいといえます。「私《わたし》は」「僕《ぼく》が」で良《よ》いのです。

漢字《かんじ》を省略《しょうりゃく》して素早《すばや》く書《か》く！ カタカナはこうして生《う》まれた

2月 13日

日本国語教育学会理事《にほんこくごきょういくがっかいりじ》
岸本修二《きしもとしゅうじ》先生《せんせい》が書《か》きました

読《よ》んだ日《ひ》　月《がつ》　日《にち》｜月《がつ》　日《にち》｜月《がつ》　日《にち》

カタカナの元《もと》になった漢字表《かんじひょう》

和	良	也	万	八	奈	多	散	加	阿
ワ	ラ	ヤ	マ	ハ	ナ	タ	サ	カ	ア
	利		三	比	二	千	之	幾	伊
	リ		ミ	ヒ	ニ	チ	シ	キ	イ
乎	流	由	牟	不	奴	川	須	久	宇
ヲ	ル	ユ	ム	フ	ヌ	ツ	ス	ク	ウ
	礼		女	部	祢	天	世	介	江
	レ		メ	ヘ	ネ	テ	セ	ケ	エ
尓	呂	与	毛	保	乃	止	曽	己	於
ン	ロ	ヨ	モ	ホ	ノ	ト	ソ	コ	オ

ひとくちメモ

カタカナにも漢字《かんじ》のような書《か》き順《じゅん》があります。「上《うえ》から下《した》へ」「左《ひだり》から右《みぎ》へ」という大原則《だいげんそく》は漢字《かんじ》の筆順《ひつじゅん》と同《おな》じ。ただし「ヨ」は１画《かく》が横《よこ》たてですが、「ヲ」は１画《かく》が横《よこ》だけでその後《あと》に横《よこ》・左払《ひだりばら》いと書《か》きます。

「登山《とざん》」を「山《やま》ニ登《のぼ》ル」と読《よ》むために

「登山《とざん》」をトザンと読《よ》むのは中国式《ちゅうごくしき》ですが、これを「山《やま》ニ登《のぼ》ル」と日本語式《にほんごしき》に訓読《くんよ》みすると意味《いみ》がよくわかりますね。このように漢字《かんじ》だけで書《か》かれた文《ぶん》を、漢語《かんご》の発音《はつおん》で読《よ》むだけでなく、日本語式《にほんごしき》の読《よ》み方《かた》(訓読《くんどく》)をするためには、漢《かん》字《じ》の近《ちか》くのせまいところに、素早《すばや》く、そして小《ちい》さな補助記《ほじょき》号《ごう》を書《か》かなければなりません。

登ル レ山ニ

昔《むかし》からいろんな記号《きごう》がありましたが、平安時代《へいあんじだい》のお坊《ぼう》さんたちが、画数《かくすう》の少《すく》ない万葉《まんよう》仮名《がな》(125ページ参照《さんしょう》)の一部分《いちぶぶん》を使《つか》った略字《りゃくじ》を使《つか》いはじめ、それが広《ひろ》まっていきます。漢字《かんじ》の一部《いちぶ》(片《かた》)を使《つか》うので「片仮名《かたかな》」といわれるようになりました。

書《か》きはじめを使《つか》って

たとえば、「ア」は「阿《あ》」の1・2画《かく》から、「イ」は「伊《い》」の1・2画《かく》から。「カ」は「加《か》」の1・2画《かく》からとられています。くわしくは右《みぎ》の表《ひょう》を見《み》てください。

こうして見《み》ていくと、漢字《かんじ》の一部分《いちぶぶん》といっても、始《はじ》めの1・2(・3)画《かく》からカタカナにしたものが多《おお》いですね。ただ「エ」のように「江《え》」の終《お》わりの方《ほう》を使《つか》ったものや、「キ(幾《き》)」のように文字全体《もじぜんたい》からつくった字《じ》もあります。あなたの名前《なまえ》など、元《もと》の漢字《かんじ》で表《あらわ》したらどうなるでしょうか?

●漢字からカタカナへ

多川→タ川→タツ

やってみよう

暗号《あんごう》づくり

カタカナの元《もと》になった漢字《かんじ》を使《つか》って短《みじか》い文章《ぶんしょう》を書《か》いてみよう。省略《しょうりゃく》したくなったお坊《ぼう》さんの気持《きも》ちがわかるかも?

歌や古典・芸能にまつわるお話

百人一首《ひゃくにんいっしゅ》は恋《こい》の歌《うた》がいっぱい！

2月14日

秀明大学学校教師学部《しゅうめいだいがくがっこうきょうしがくぶ》
福永睦子《ふくながむつこ》先生《せんせい》が書《か》きました

読《よ》んだ日《ひ》　月《がつ》　日《にち》　月《がつ》　日《にち》　月《がつ》　日《にち》

今《いま》も昔《むかし》も、恋《こい》の悩《なや》みは同《おな》じ？

『百人一首《ひゃくにんいっしゅ》』には、恋《こい》の歌《うた》が多《おお》いといわれています。次《つぎ》の有名《ゆうめい》な2首《しゅ》を、よみ比《くら》べてみましょう。

忍《しの》ぶれど　色《いろ》に出《で》にけり
わが恋《こい》は　ものや思《おも》ふと
人《ひと》の問《と》ふまで
平兼盛《たいらのかねもり》

「ぼくは自分《じぶん》の恋《こい》をかくしていたが、顔《かお》や態度《たいど》に出《で》てしまうのかな。『君《きみ》は恋《こい》をしているんじゃないか』と人《ひと》に言《い》われてしまった」。

恋《こい》すてふ　わが名《な》はまだき
立《た》ちにけり　人知《ひとし》れずこそ
思《おも》ひそめしか
壬生忠見《みぶのただみ》

「ぼくが恋《こい》に悩《なや》んでいるといううわさが立《た》ち、もう世間《せけん》に広《ひろ》まってしまった。ぼくはあの人《ひと》を人知《ひとし》れず愛《あい》し始《はじ》めたばかりというのに」。

千年《せんねん》の時《とき》を越《こ》えて愛《あい》される歌《うた》

平兼盛《たいらのかねもり》も壬生忠見《みぶのただみ》も、平安時代《へいあんじだい》の有名《ゆうめい》な歌人《かじん》です。ふたりの歌《うた》が百人一首《ひゃくにんいっしゅ》に収《おさ》められたかげには、こんなエピソードがあります。

ある時《とき》、村上天皇《むらかみてんのう》が歌合《うたあ》わせの会《かい》を催《もよお》しました。一流《いちりゅう》の歌人《かじん》たちが集《あつ》まり、歌《うた》を披露《ひろう》して勝《か》ち負《ま》けを競《きそ》うのです。

ところが、ここで大事件《だいじけん》が起《お》きました。兼盛《かねもり》の歌《うた》も、忠見《ただみ》の歌《うた》も、どちらも素晴《すば》らしい出来《でき》で、なかなか勝敗《しょうはい》がつきません。結局《けっきょく》、兼盛《かねもり》の歌《うた》が選《えら》ばれ、忠見《ただみ》は大《おお》きなショックを受《う》けて、そのまま死《し》んでしまったと伝《つた》えられています。

それを知《し》った藤原定家《ふじわらのていか》は、両方《りょうほう》の歌《うた》を百人一首《ひゃくにんいっしゅ》に選《えら》んだのです。ふたりのよんだ恋《こい》の歌《うた》は、千年《せんねん》の時《とき》を越《こ》えて今《いま》も人々《ひとびと》に愛《あい》されています。

聞《き》いてみよう

恋《こい》の歌《うた》で大盛《おおも》り上《あ》がり!?

当時《とうじ》、天皇《てんのう》が主催《しゅさい》する歌合《うたあ》わせの会《かい》は、大規模《だいきぼ》で華《はな》やかなものでした。身分《みぶん》の高《たか》い貴族《きぞく》や役人《やくにん》たちが集《あつ》まり、歌人《かじん》は左右《さゆう》に分《わ》かれて歌《うた》を披露《ひろう》しました。締《し》めくくりは「恋《こい》の部《ぶ》」で、座《ざ》は大《おお》いに盛《も》り上《あ》がったことでしょうね！

ひとくちメモ　上《うえ》の２つの短歌《たんか》に出《で》てくる「けり」。「色《いろ》に出《で》にけり」は「顔《かお》に出《で》ちゃったなあ」、「立《た》ちにけり」は「うわさに立《た》ってしまったなあ」という詠嘆《えいたん》の意味《いみ》です。作者《さくしゃ》のため息《いき》が伝《つた》わってくるようですね。

カレンダーは新暦《しんれき》と旧暦《きゅうれき》がある

2月15日

熊本県熊本市立日吉東小学校校長《くまもとけんくまもとしりつひよしひがししょうがっこうこうちょう》
佐藤俊幸《さとうとしゆき》先生《せんせい》が書《か》きました

読《よ》んだ日《ひ》　月《がつ》　日《にち》　月《がつ》　日《にち》　月《がつ》　日《にち》

新暦《しんれき》と旧暦《きゅうれき》

毎日何気《まいにちなにげ》なく目《め》にしているカレンダー。これは暦《こよみ》とも呼《よ》びます。実《じっ》は日本《にほん》では、今使《いまつか》っている暦《こよみ》と昔使《むかしつか》っていた暦《こよみ》はちがうのです。今使《いまつか》っている暦《こよみ》を「新暦《しんれき》」、昔使《むかしつか》っていた暦《こよみ》を「旧暦《きゅうれき》」と呼《よ》んで区《く》別《べつ》しています。

新暦《しんれき》は、太陽《たいよう》の動《うご》きをもとにした太陽暦《たいようれき》のことです。1年《ねん》は365日《にち》ですが、これは地球《ちきゅう》が太《たい》陽《よう》の周《まわ》りを一周《いっしゅう》する時間《じかん》。一方《いっぽう》、旧暦《きゅうれき》は月《つき》と太陽《たいよう》の動《うご》き両方《りょうほう》を取《と》り入《い》れた太陰太陽暦《たいいんたいようれき》のことです。この暦《こよみ》は月《つき》の満《み》ち欠《か》けに合《あ》わせて日《ひ》付《づけ》がつけられました。でも、この方法《ほうほう》だと一月《ひとつき》の長《なが》さが、およそ29・5日《にち》。1年《ねん》にすると約《やく》11日分《にちぶん》ズレが生《う》まれます。そこで、約《やく》3年《ねん》に一度《いちど》うるう月《づき》を入《い》れて調整《ちょうせい》していました。「うるう年《どし》」ではなく「うるう月《づき》」があったのですね。

旧暦《きゅうれき》の名残《なごり》

旧正月《きゅうしょうがつ》という言葉《ことば》を聞《き》いたことがありますか？　これは旧暦《きゅうれき》の1月1日《がつついたち》のことです。現在《げんざい》の新暦《しんれき》では1月後半《がっこうはん》～2月後半《がっこうはん》のどこかにあたります。アジアには今《いま》も旧暦《きゅうれき》を採用《さいよう》している国《くに》があります。

日本《にほん》は新暦《しんれき》を使《つか》っていますが、日付《ひづけ》の呼《よ》び方《かた》にその名残《なごり》があります。月《つき》の最初《さいしょ》の日《ひ》のことを「いちにち」ではなく「ついたち」と言《い》いますね。これは、月《つき》が立《た》つ（高《たか》くかかる）日《ひ》という意味《いみ》です。「月立《つきだ》ち」がなまって「ついたち」になったといわれています。昔《むかし》の人《ひと》が、太陽《たいよう》だけではなく、月《つき》を見《み》て暦《こよみ》を考《かんが》えていたことがよくわかります。

調《しら》べてみよう

中国《ちゅうごく》の旧正月《きゅうしょうがつ》

旧暦《きゅうれき》の正月《しょうがつ》は、中国《ちゅうごく》では春節《しゅんせつ》と呼《よ》ばれます。日本《にほん》と同《おな》じように、ごちそうをつくって家族《かぞく》でお祝《いわ》いをしたり、子供《こども》にお年《とし》玉《だま》を渡《わた》したりします。また、この時期《じき》は故郷《こきょう》へ帰省《きせい》したり旅行《りょこう》に出《で》かけたりする人《ひと》が多《おお》く、交通機関《こうつうきかん》も観光地《かんこうち》もたいへん混雑《こんざつ》します。

ひとくちメモ

地平線《ちへいせん》から太陽《たいよう》が昇《のぼ》るのを日《ひ》の出《で》といいます。では、太陽《たいよう》がどこまで見《み》えたら日《ひ》の出《で》というのでしょうか。実《じつ》は、太陽《たいよう》が地平線《ちへいせん》に顔《かお》を出《だ》す瞬間《しゅんかん》のことを日《ひ》の出《で》というのです。

決まり文句・名文句にまつわるお話
おにかなぼう

「骨《ほね》が折《お》れた!」と聞《き》いても驚《おどろ》かないで!!

2月《がつ》16日《にち》

東京学芸大学教育学部《とうきょうがくげいだいがくきょういくがくぶ》
中村和弘《なかむらかずひろ》先生《せんせい》が書《か》きました

読《よ》んだ日《ひ》　月《がつ》　日《にち》｜月《がつ》　日《にち》｜月《がつ》　日《にち》

本当《ほんとう》に骨折《こっせつ》をしたわけではない!

ある人《ひと》が、真剣《しんけん》な表情《ひょうじょう》をして「本当《ほんとう》に骨《ほね》が折《お》れた!」と言《い》ったら、いったい、どこの骨《ほね》が折《お》れたのかと心配《しんぱい》になってしまいますよね。たしかに、「骨《ほね》が折《お》れる」という言葉《ことば》をそのまま素直《すなお》にとらえたら、心配《しんぱい》になるのは当然《とうぜん》のことです。

しかし、この表現《ひょうげん》にはもっとほかの意味《いみ》があります。実《じつ》は、「骨《ほね》が折《お》れる」は、「苦労《くろう》する」や「困難《こんなん》である」といった意味《いみ》を持《も》つ言葉《ことば》なのです。たとえば、お父《とう》さんが「この仕事《しごと》は本当《ほんとう》に骨《ほね》が折《お》れる」と言《い》った場合《ばあい》、「仕事《しごと》にとても苦労《くろう》している」ということで、どこかの骨《ほね》が折《お》れたわけではないのです。

この表現《ひょうげん》を使《つか》ったことわざに、「骨《ほね》折《お》り損《ぞん》のくたびれ儲《もう》け」があります。これは苦労《くろう》ばかりで成果《せいか》がないことを表《あらわ》しています。

大事《だいじ》な部分《ぶぶん》という意味《いみ》にも

骨《ほね》を使《つか》った表現《ひょうげん》はほかにもあります。「骨《ほね》が折《お》れる」と似《に》たものでは、「骨身《ほねみ》を削《けず》る」。これは、体《からだ》がやせるほど、一生懸命努力《いっしょうけんめいどりょく》して、苦労《くろう》することを表《あらわ》します。逆《ぎゃく》の意味《いみ》になるものでは、働《はたら》いた後《あと》に体《からだ》を休《やす》ませることを「骨休《ほねやす》め」といいます。

では、「骨抜《ほねぬ》き」という表《ひょう》現《げん》を聞《き》いたことはありますか？　骨《ほね》は、「ものごとの芯《しん》になるもの」という意味《いみ》があるので、「骨抜《ほねぬ》き」というと、中《ちゅう》心《しん》にある（基本《きほん》となる）大切《たいせつ》なものがなくなってしまった状態《じょうたい》をいいます。

そのため、意見《いけん》や考《かんが》えの肝心《かんじん》な部分《ぶぶん》を取《と》り去《さ》ってしまうことや、信念《しんねん》がなくなってしまったときには、この表現《ひょうげん》が使《つか》われます。

みなさんは骨《ほね》が折《お》れたり、骨抜《ほねぬ》きになったりしていませんか？

考《かんが》えてみよう

“骨《ほね》を埋《うず》める”って？

ある人《ひと》が会社《かいしゃ》の面接試験《めんせつしけん》にやってきました。そして、面接官《めんせつかん》に向《む》かって、「骨《ほね》を埋《うず》める覚悟《かくご》です!!」と言《い》いました。さて、この人《ひと》が入社《にゅうしゃ》できた場合《ばあい》、すぐに会社《かいしゃ》を辞めてしまうと思《おも》いますか？　それとも骨身《ほねみ》を削《けず》って、一生懸命働《いっしょうけんめいはたら》くと思《おも》いますか？　この答《こた》えは、ひとくちメモにあります。

ひとくちメモ　「骨《ほね》を埋《うず》める」とは「そこで一生《いっしょう》を終《お》える」や「あることに一生《いっしょう》を捧《ささ》げる」ことをいいます。ですので、この人《ひと》は一生懸命仕事《いっしょうけんめいしごと》をして会社《かいしゃ》のためにがんばるでしょう！

話し方にまつわるお話

みんなで話《はな》し合《あ》うときの言葉《ことば》づかいと上手《じょうず》な話《はな》し方《かた》

2月《がつ》17日《にち》

日本《にほん》国語《こくご》教育《きょういく》学会《がっかい》理事《りじ》
中島栄二《なかしまえいじ》先生《せんせい》が書《か》きました

読《よ》んだ日《ひ》　月《がつ》　日《にち》｜　月《がつ》　日《にち》｜　月《がつ》　日《にち》

意見《いけん》を言《い》う時《とき》と相手《あいて》の意見《いけん》を受《う》けて話《はな》す時《とき》

学校《がっこう》ではいろいろな学習《がくしゅう》で話《はな》し合《あ》う機会《きかい》があります。たとえば国語《こく ご》の授業《じゅぎょう》で「登場人物《とうじょうじんぶつ》○○さんの性格《せいかく》を考《かんが》え話《はな》し合《あ》ってみましょう」という課題《かだい》が出《で》たとします。どのような話《はな》し方《かた》をすればよいのでしょうか。

自分《じぶん》が新《あたら》しい意見《いけん》を言《い》うときは「僕《ぼく》は、○○さんは、とても勇敢《ゆうかん》な人《ひと》だと思《おも》います。どうしてかというと嵐《あらし》の中《なか》で友達《ともだち》を救《すく》おうとしたからです」と理由《りゆう》もしっかり言《い》えるといいですね。この時《とき》、丁寧《ていねい》に話《はな》すことは、自分《じぶん》の意見《いけん》を相手《あいて》にちゃんと伝《つた》えることにつながります。

また、別《べつ》の友達《ともだち》Aさんが言《い》った意見《いけん》に対《たい》して自分《じぶん》の考《かんが》えを伝《つた》えるときは、「Aさんの意見《いけん》に賛成《さんせい》です」あるいは、「Aさんとちがって」などと自分《じぶん》の意見《いけん》を明確《めいかく》にさせてから話《はな》し始《はじ》めると聞《き》き手《て》にわかりやすく伝《つた》わり、効果的《こうかてき》です。

反対《はんたい》されても冷静《れいせい》に

話《はな》し合《あ》いが白熱《はくねつ》したり自分《じぶん》の考《かんが》えが反対《はんたい》されたりすると、つい感情的《じょうてき》になるもの。思《おも》わず言葉《ことば》づかいまで悪《わる》くなってはいけません。そのようなとき「自分《じぶん》の意見《いけん》とどうちがうのか、ポイントを教《おし》えて下《くだ》さい」とたずね返《かえ》したり、自分《じぶん》は、「○○の理由《りゆう》から〜と考《かんが》えました」などと話《はなし》を足《た》したりして、相手《あいて》に自分《じぶん》の意見《いけん》をわかってもらえるようにしましょう。

どうしても反論《はんろん》できずに納得《なっとく》しないときは、「少《すこ》し考《かんが》えさせて下《くだ》さい」とか、「他《ほか》の人《ひと》の意見《いけん》も聞《き》かせて下《くだ》さい」などと他《ほか》の人《ひと》にも話《はな》し合《あ》いを広《ひろ》げていくといいですよ。

やってみよう

記録《きろく》しておこう

授業中《じゅぎょうちゅう》に友達《ともだち》と話《はな》し合《あ》ってよかったと思《おも》ったことをノートにメモしておきましょう。そうすると、次《つぎ》の話《はな》し合《あ》いの時《とき》に生《い》かすことができます。

ひとくちメモ

話《はな》し合《あ》いの時《とき》は、自分以外《じぶんいがい》の意見《いけん》を尊重《そんちょう》する心構《こころがま》えをもってください。言葉《ことば》を選《えら》ぶこと、相手《あいて》と異《こと》なる意見《いけん》ほど丁寧《ていねい》に説明《せつめい》すること、はっきり明瞭《めいりょう》な声《こえ》で話《はな》すことも心《こころ》がけたいものです。

昔《むかし》の新聞《しんぶん》 かわら版《ばん》

高知県高知市立初月小学校校長《こうちけんこうちしりつみかづきしょうがっこうこうちょう》
吉村美恵子《よしむらみえこ》先生《せんせい》が書《か》きました

読《よ》んだ日《ひ》 月《がつ》 日《にち》 月《がつ》 日《にち》 月《がつ》 日《にち》

江戸時代《えどじだい》の新聞《しんぶん》

世《よ》の中《なか》の出来事《できごと》は、テレビやラジオ、新聞《しんぶん》、雑誌《ざっし》、インターネットなどで知《し》ることができます。このようなものがなかった時代《じだい》、昔《むかし》の人《ひと》はどのようにして広《ひろ》い世《よ》の中《なか》の出来事《できごと》を知《し》ったのでしょうか。

今《いま》も昔《むかし》も、人《ひと》から人《ひと》に伝《つた》わるということは大《おお》いにありましたが、現在《げんざい》の新聞《しんぶん》のようなものもちゃんとあったのです。それが、かわら版《ばん》です。

現在《げんざい》の新聞《しんぶん》とかわら版《ばん》を比《くら》べてみると、ちがうところがいろいろあります。まず枚数《まいすう》。新聞《しんぶん》は、朝《ちょう》刊《かん》なら10枚《まい》を超《こ》えることがありますが、かわら版《ばん》は1枚《まい》のことが多《おお》かったようです。

見《み》た目《め》もちがいます。現在《げんざい》の新《しん》聞《ぶん》は、文章《ぶんしょう》を中心《ちゅうしん》に写真《しゃしん》や絵《え》・図《ず》などを配置《はいち》してわかりやすくしていますが、かわら版《ばん》は、絵《え》を大《おお》きく描《えが》き、空《あ》いたスペースに文章《ぶんしょう》が書《か》かれています。上《うえ》の絵《え》のような感《かん》じです。

また、販売方法《はんばいほうほう》もちがっていました。現在《げんざい》の新聞《しんぶん》は、主《おも》にお家《うち》に配達《はいたつ》されるか、駅《えき》やコンビニなどのお店《みせ》でも販売《はんばい》されています。しかし、かわら版《ばん》は町中《まちなか》で売《う》り子《こ》が読《よ》みながら売《う》り歩《ある》いていました。

妖怪《ようかい》の話《はなし》も登場《とうじょう》

かわら版《ばん》は、新聞《しんぶん》のような役割《やくわり》を果《は》たしていましたので、世《よ》の中《なか》で起《お》きたことを伝《つた》えていました。しかし、現在《げんざい》のように事実《じじつ》に沿《そ》って書《か》かれたものばかりではありませんでした。天変地異《てんぺんちい》といわれるような自然災害《しぜんさいがい》や異常気象《いじょうきしょう》などが取《と》り上《あ》げられる一方《いっぽう》、うわさ話《ばなし》や妖怪《ようかい》の話《はなし》など、読者《どくしゃ》が喜《よろこ》びそうなつくり話《ばなし》もたくさんあったといわれています。

つくってみよう

マイかわら版《ばん》をつくろう

学校《がっこう》であったことや読《よ》んで楽《たの》しかった本《ほん》の紹介《しょうかい》など、みんなに知《し》らせたいことをかわら版《ばん》に書《か》いてみませんか？　新聞《しんぶん》とちがって1枚《まい》でいいこと、絵《え》を大《おお》きく描《えが》いて文《ぶん》章《しょう》をそえるだけなことを考《かんが》えると、すぐまねできそうですね。

ひとくちメモ かわら版《ばん》は木版《もくはん》で1枚《まい》1枚《まい》刷《す》ってつくったといわれています。木《き》だけでなく粘土板《ねんどばん》に文字《もじ》や絵《え》を彫《ほ》って版《はん》（ハンコのようなもの）をつくって刷《す》ったともいわれています。

集《あつ》めてみよう いろいろな「さす」

日本国語教育学会理事《にほんこくごきょういくがっかいりじ》
岸本修二《きしもとしゅうじ》先生《せんせい》が書《か》きました

読《よ》んだ日《ひ》　月《がつ》　日《にち》　月《がつ》　日《にち》　月《がつ》　日《にち》

どれも「さす」

『万葉集《まんようしゅう》』には、いろいろな「さす」が使《つか》われています。「朝日《あさひ》さす春日《かすが》の…」（3042番《ばん》）は、「朝日《あさひ》が照《て》る（差《さ》し込《こ》む・映《うつ》る）」という意味《いみ》です。また、「葦辺《あしべ》をさして田鶴《たづ》鳴《な》きわたる」（919番《ばん》）は「葦《あし》の生《は》えている辺《あた》りを目《め》指《ざ》して鶴《つる》が鳴《な》きながら渡《わた》っていく」という意味《いみ》です。

このように昔《むかし》から「さす」という言葉《ことば》はいろいろな意味《いみ》で使《つか》われてきました。「さす」という言《い》い方《かた》を集《あつ》めていくと、驚《おどろ》くほどたくさんでてきます。一緒《いっしょ》に考《かんが》えてみましょう。

身近《みぢか》な世界《せかい》からスポーツ用語《ようご》まで

「方角《ほうがく》を指《さ》し示《しめ》す」の意味《いみ》で「先生《せんせい》がぼくをさした（指名《しめい》した）」「磁石《じしゃく》が北《きた》をさした」はおなじみですね。「何《なに》かを加《くわ》え入《い》れる」という意味《いみ》で「機械《きかい》に油《あぶら》をさす（加《くわ》える）」「口紅《くちべに》をさす（塗《ぬ》りつける）」「茶《ちゃ》をさす」「目薬《めぐすり》をさす」などといいます。

また、「潮《しお》がさす（寄《よ》せる）」「白旗《しろはた》をさして（上《うえ》にかざして）」「将棋《しょうぎ》をさす（コマを動《うご》かす）」「盃《さかずき》をさす（すすめる）」「蜂《はち》がさす（毒針《どくばり》をつき刺《さ》す）」「花瓶《かびん》に花《はな》をさす（挿《さ》し入《い》れる）」などもあります。

他《ほか》に「酒杯《しゅはい》をさしつさされつ（勧《すす》めたり勧《すす》められたり）」とか「傘《かさ》をさす（かざす）」「犯人《はんにん》をさす（密告《みっこく》する）」「とどめをさす（殺《ころ》す）」などもあります。野球《やきゅう》の言葉《ことば》では「一塁《いちるい》にさす（アウトにする）」という言《い》い方《かた》もあります。

聞《き》いてみよう

相撲《すもう》の「さす」

相撲《すもう》のアナウンサーや解説者《かいせつしゃ》の話《はなし》をよく聞《き》いていると「右《みぎ》をさして」「左《ひだり》をさして」という言葉《ことば》がたくさん出《で》てきます。これは、相手《あいて》の脇腹《わきばら》と腕《うで》の間《あいだ》に自分《じぶん》の手《て》を差《さ》し込《こ》んでまわしを取《と》ることを「さす」と言《い》っているんですよ。

ひとくちメモ
慣用句《かんようく》の中《なか》にも「さす」があります。「気《き》がさす」は「気《き》がとがめる」ことです。「魔《ま》がさす」は「悪魔《あくま》が心《こころ》の中《なか》に入《はい》る」ことで、でき心《ごころ》を起《お》こし、ふだんはしない誤《あやま》った行動《こうどう》をすることです。

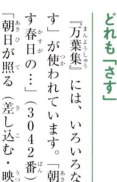

漢字《かんじ》にまつわるお話

漢字《かんじ》はじめてものがたり（4）意味《いみ》と音《おと》を組《く》み合《あ》わせる

2月20日

東京都練馬区立大泉学園桜小学校《とうきょうとねりまくりつおおいずみがくえんさくらしょうがっこう》
井原英昭《いはらひであき》先生《せんせい》が書《か》きました

読《よ》んだ日《ひ》　月《がつ》　日《にち》｜月《がつ》　日《にち》｜月《がつ》　日《にち》

なんと読《よ》むか見《み》てわかる

漢字《かんじ》は約《やく》5万字《まんじ》あるといわれています。そのうちのなんと90％が、音《おと》と意味《いみ》を組《く》み合《あ》わせてつくられているといわれています。

たとえば「銅《どう》」という漢字《かんじ》があります。音読《おんよ》みは「同《どう》」から「ドウ」と読《よ》むことがわかります。また、金偏《かねへん》から金属《きんぞく》という意味《いみ》も伝《つた》わります。

「汗《あせ》」という漢字《かんじ》を見《み》てみましょう。「干《ひ》」から「カン」という音《おん》読《よ》みと日照《ひで》りを表《あらわ》す意味《いみ》がわかり、「さんずい」から、水《みず》のようなものという意味《いみ》がわかるのです。

このように、音《おと》と意味《いみ》を表《あらわ》す漢《かん》字《じ》を組《く》み合《あ》わせてできた漢字《かんじ》を「形声文字《けいせいもじ》」といいます。

組《く》み合《あ》わせはたくさんある

「形声文字《けいせいもじ》」の組《く》み合《あ》わせの形《かたち》はたくさんあります。左右《さゆう》の組《く》み合《あ》わせなら、「銅《どう》」や「汗《あせ》」のように左側《ひだりがわ》に意味《いみ》、右側《みぎがわ》に音《おと》を表《あらわ》す組《く》み合《あ》わせがあります。「頭《あたま》」は、それとは逆《ぎゃく》に左側《ひだりがわ》に音《おと》、右側《みぎがわ》に意《い》味《み》を表《あらわ》す組《く》み合《あ》わせになっています。

上下《じょうげ》の組《く》み合《あ》わせもあります。上《うえ》に意味《いみ》、下《した》に音《おと》を表《あらわ》す「花《はな》」や、それと逆《ぎゃく》に下《した》に意味《いみ》、上《うえ》に音《おと》を表《あらわ》す「忠《ちゅう》」などがそれにあたります。また、外《そと》と内《うち》の組《く》み合《あ》わせもあります。「囲《い》」は外《そと》に意味《いみ》、内《うち》に音《おと》があります。「聞《もん》」は逆《ぎゃく》で、内《うち》に意《い》味《み》、外《そと》に音《おと》が表《あらわ》されています。後《こう》世《せい》の人間《にんげん》から見《み》るととてもよくできたしくみだと思《おも》いませんか？

読《よ》んでみよう

難《むずか》しい漢字《かんじ》も読《よ》めそう!?

「銑鉄」という漢字《かんじ》を読《よ》んでみてください。こんな言葉《ことばし》知らないよ～と思《おも》っても、「先《せん》」がついているから「せん」と読《よ》むのかなぁと想像《そうぞう》できますね。そして、２つの漢字《かんじ》に金偏《かねへん》があることから、金属《きんぞく》に関係《かんけい》することがわかります。大人《おとな》だって知《し》らない漢字《かんじ》に出合《であ》ったら、こんな風《ふう》に考《かんが》えているのですよ。

ひとくちメモ　「読《よ》んでみよう」の答《こた》えは「せんてつ」。鉄鉱石《てっこうせき》を溶《と》かし、不純物《ふじゅんぶつ》を除《のぞ》いてつくられる最初《さいしょ》の鉄《てつ》のことです。

「二束三文《にそくさんもん》」というけれど「三文《さんもん》」は高《たか》い？ 安《やす》い？

東京都大田区立矢口西小学校《とうきょうとおおたくりつやぐちにししょうがっこう》
福田勇輔《ふくだゆうすけ》先生《せんせい》が書《か》きました

読《よ》んだ日《ひ》 月《がつ》 日《にち》 月《がつ》 日《にち》 月《がつ》 日《にち》

二足《にそく》で三文《さんもん》

江戸《えど》時代《じだい》には、「寛永通宝《かんえいつうほう》」と呼《よ》ばれる硬貨《こうか》がありました。一枚《いちまい》で「一文《いちもん》」と数《かぞ》えます。当時《とうじ》の一《いち》番小《ばんちい》さい単位《たんい》のお金《かね》です。

落語《らくご》で有名《ゆうめい》な「時《とき》そば」という噺《はなし》では、そば一杯《いっぱい》が十六文《じゅうろくもん》で登場《とうじょう》します。仮《かり》に今《いま》のお金《かね》で一杯五百《いっぱいごひゃく》円《えん》とすると、一文《いちもん》は約《やく》30円程度《えんていど》の価値《かち》といったところでしょうか。

「二束三文《にそくさんもん》」とは、数《かず》が多《おお》くても、とても安《やす》い値段《ねだん》しかつかないことを表《あらわ》します。昔《むかし》、「金剛草履《こんごうぞうり》」という丈夫《じょうぶ》な草履《ぞうり》が「二足《にそく》で三文《さんもん》」で売《う》られていたことに由来《ゆらい》するという説《せつ》があり、「二束《ふたたば》」を「二足《にそく》」と書《か》いていたこともあるそうです。「そんなものを売《う》っても、二束三文《にそくさん》にしかならないよ」などのように使《つか》います。

三文《さんもん》の徳《とく》がある

「三文《さんもん》」を使《つか》った言葉《ことば》は他《ほか》にもあります。「三文役者《さんもんやくしゃ》」や「三文芝居《さんもんしばい》」という言葉《ことば》は、その程度《ていど》の価値《かち》しかないという意味《いみ》で使《つか》われます。どちらかというと悪《わる》い意味《いみ》ですね。しかし、「早起《はやお》きは三文《さんもん》の徳《とく》」という言葉《ことば》はどうでしょうか。早起《はやお》きをすることで、わずかながらも徳《とく》(得《とく》)があるという意味《いみ》で使《つか》われています。転《てん》じて、毎日《まいにち》、少《すこ》しずつの積《つ》み重《かさ》ねが大切《たいせつ》ということを表《あらわ》す際《さい》に使《つか》われることもあります。

「三文《さんもん》」とはわずかな金額《きんがく》かもしれませんが、高《たか》いか安《やす》いか、その価値《かち》を決《き》めるのは自分《じぶん》なのかもしれませんね。

調《しら》べてみよう

数字《すうじ》を使《つか》った四字熟語《よじじゅくご》

「一期一会《いちごいちえ》」「一石二鳥《いっせきにちょう》」「四六時中《しろくじちゅう》」など、数字《すうじ》を使《つか》った四字熟語《よじじゅくご》はたくさんあります。中《なか》には「千客万来《せんきゃくばんらい》」など大《おお》きな数字《すうじ》を使《つか》ったものもあります。調《しら》べてみるとおもしろそうですね。

ひとくちメモ 「論語《ろんご》」という古《ふる》い書物《しょもつ》に「過《あやま》ちを文《かざ》る」という言葉《ことば》があり、「文る」は「かざる」と読《よ》みます。「文《ぶん》」には様々《さまざま》な読《よ》み方《かた》がありますね。

2月
22日

文章《ぶんしょう》の終《お》わりに注目《ちゅうもく》！

四国大学生活科学部児童学科《しこくだいがくせいかつかがくぶじどうがっか》
山本哲生《やまもとてつお》先生《せんせい》が書《か》きました

読《よ》んだ日《ひ》　月《がつ》　日《にち》｜月《がつ》　日《にち》｜月《がつ》　日《にち》

A 朝早くから本を読みたい。
Book

B 朝早くから
本を読むつもりだ。
Book

C 朝早くから
本を読まなくてはいけない。
よみなさい！
Book

終《お》わり方《かた》で何《なに》かが変《か》わる

次《つぎ》の3つの文《ぶん》を比《くら》べて、どんな気持《きも》ちか考《かんが》えてみましょう。

A　朝早《あさはや》くから本《ほん》を読《よ》みたい。
B　朝早《あさはや》くから本《ほん》を読《よ》むつもりだ。
C　朝早《あさはや》くから本《ほん》を読《よ》まなくてはいけない。

Aは朝《あさ》から本《ほん》を読《よ》みたい気持《きも》ち、Bだと今《いま》は読《よ》もうと思《おも》っている気《き》持《も》ち、Cは何《なに》か読《よ》まなければならないわけがあることがわかります。ポイントは文《ぶん》の終《お》わり方《かた》にあり！ここを工夫《くふう》するだけで、伝《つた》わり方《かた》が変《か》わってくるなんて、おもしろいですね。

「です・ます」「である」

文《ぶん》の終《お》わり方《かた》を文末表現《ぶんまつひょうげん》といいます。「です・ます」のような終《お》わり方《かた》と、「だ・である」のような終《お》わり方《かた》があります。

「わたしが行《い》った」より「わたしが行《い》きました」のほうがていねいな感《かん》じがします。日記《にっき》や作文《さくぶん》を書《か》く時《とき》は、どちらかにそろえるようにしましょう。「です・ます」と「だ・である」を混《ま》ぜてはいけません。

もう一《ひと》つ大事《だいじ》なことは、特《とく》に意《い》図《と》がなければ、同《おな》じ文末表現《ぶんまつひょうげん》をくり返《かえ》さないことです。「…しました。…しました。…しました」と同《おな》じ文末《ぶんまつ》が続《つづ》くと、調子《ちょうし》やリズムも悪《わる》くなります。読《よ》んでいる方《ほう》も飽《あ》きてきます。

文《ぶん》の最後《さいご》の表現《ひょうげん》を工夫《くふう》できるのは、日本語《にほんご》のおもしろいところです。文《ぶん》を書《か》いたり読《よ》んだりする時《とき》は、文末《ぶんまつ》に注目《ちゅうもく》してみましょう。

やってみよう

ていねいな言《い》い方《かた》に

線《せん》を引《ひ》いた文末《ぶんまつ》を、「です・ます」のていねいな終《お》わり方《かた》に直《なお》しましょう。

① 自分《じぶん》で6時《じ》に起《お》きる。
② もうすぐ来《く》るだろう。
③ 明日《あした》は雨《あめ》がふるようだ。
④ 今夜《こんや》のごはんはいらない。

【答《こた》え】①起《お》きます、②来《く》るでしょう、③ふるようです、④いりません

ひとくちメモ　「体言止《たいげんど》め」という文末表現《ぶんまつひょうげん》もあります。「夜空《よぞら》をいろどる真《ま》っ赤《か》な花火《はなび》」は、「花火《はなび》だ」や「花火《はなび》が上《あ》がった」の文末《ぶんまつ》をはぶいて、短《みじか》く言《い》い切《き》る終《お》わり方《かた》です。たまに使《つか》うと効果的《こうかてき》です。

はずんだり、はねたりすると叱《しか》られる？

静岡県富士宮市立稲子小学校校長《しずおかけんふじのみやしりついなこしょうがっこうこうちょう》
芦川幹弘《あしかわみきひろ》先生《せんせい》が書《か》きました

読《よ》んだ日《ひ》　月《がつ》　日《にち》｜　月《がつ》　日《にち》｜　月《がつ》　日《にち》

よくないイメージ

「軽《かる》くてはずんでいる」と聞《き》くと空《そら》に飛《と》んでいきそうなイメージがありますが、「軽《かる》はずみ」という言葉《ことば》は、「よく考《かんが》えず調子《ちょうし》にのってしてしまうこと」「軽率《けいそつ》」なことをいいます。よくないイメージの言葉《ことば》なのです。余計《よけい》なことを言《い》ったり、仕事《しごと》に失敗《しっぱい》したりして「軽《かる》はずみなことを言《い》うな」「軽《かる》はずみなことをするな」と上司《じょうし》に部《ぶ》下《か》が怒《おこ》られている、そんな場面《ばめん》を想像《そうぞう》するとぴったりです。

「跳《は》ねっ返《かえ》り」より「おてんば」に

軽《かる》はずみの「軽《かる》くはずむ」というニュアンスから「跳《は》ねっ返《かえ》り」という言葉《ことば》ができたともいわれています。この言葉《ことば》も元気《げんき》にはずむボールのような明《あか》るい言葉《ことば》に聞《き》こえますが、ほめ言葉《ことば》ではありません。「跳《は》ねっ返《かえ》り」は「あの小娘《こむすめ》は、頭《あたま》はいいけど跳《は》ねっ返《かえ》りだから」などと使《つか》い、わがままだったり軽《かる》はずみな行動《こうどう》をしたりする女《おんな》の人《ひと》のことをいいます。

一方《いっぽう》で「おてんば」は元気《げんき》な女《おんな》の子《こ》としてほめ言葉《ことば》になることもある言葉《ことば》です。死語《しご》になりかけていますが、まだお年寄《としよ》りが使《つか》うことがあるので聞《き》く機会《きかい》があるかもしれません。「活発《かっぱつ》な子《こ》・男《おとこ》まさりな子《こ》」という意味《いみ》です。

比《くら》べてみよう

「軽《けい》」と「重《じゅう》」

「軽《かる》はずみ」に対《たい》して「重《おも》はずみ」という言葉《ことば》はありません。しかし、「軽率《けいそつ》」の反対《はんたい》は「慎重《しんちょう》」、「貴重《きちょう》」の反対《はんたい》には「軽賤《きょうせん》」というように「軽《かる》い」と「重《おも》い」という字《じ》が対照的《たいしょうてき》によく使《つか》われています。「軽《けい》」「重《じゅう》」を使《つか》った言葉《ことば》を探《さが》して比《くら》べてみましょう。

ひとくちメモ　軽《かる》はずみな行動《こうどう》を意味《いみ》する四字熟語《よじじゅくご》に、「軽挙妄動《けいきょもうどう》」「短慮軽率《たんりょけいそつ》」「軽佻浮薄《けいちょうふはく》」などがあります。どれも細《こま》かいニュアンスのちがいがあるようです。調《しら》べてみてください。

決まり文句・名文句にまつわるお話　おにかなぼうに

ゴミは投《な》げてよし!?　手袋《てぶくろ》をはく?　～北海道《ほっかいどう》の方言《ほうげん》～

2月24日

北海道旭川市立日章小学校校長《ほっかいどうあさひかわしりつにっしょうしょうがっこうこうちょう》
鎌田優子《かまだゆうこ》先生《せんせい》が書《か》きました

読《よ》んだ日《ひ》　月《がつ》　日《にち》｜月《がつ》　日《にち》｜月《がつ》　日《にち》

「ゴミを投《な》げましたか?」

小学校《しょうがっこう》ではおなじみの掃除《そうじ》の時《じ》間《かん》にあったお話《はなし》です。ほうきではく、黒板《こくばん》の文字《もじ》を消《け》す、水《みず》くみに行《い》くなど、みんな一生懸命活動《いっしょうけんめいかつどう》していた時《とき》、先生《せんせい》が明《あか》るい声《こえ》で言《い》いました。

「ゴミを投《な》げましたか?」

すると、教室中《きょうしつじゅう》が「し～ん」と静《しず》まりかえりました。

『何《なん》で返事《へんじ》がないの? 聞《き》こえなかったのかな?』と思《おも》った先生《せんせい》は、大《おお》きな声《こえ》で、もう一度《いちど》「ゴミはもう投《な》げたんですか!?」と聞《き》きました。すると、男《おとこ》の子《こ》が一言《ひとこと》。

「先生《せんせい》、ゴミを投《な》げてもいいんですか?」と聞《き》いてきました。

『えっ、何《なに》を言《い》ってるの!? 掃除《そうじ》の最後《さいご》にゴミ箱《ばこ》を空《から》にして終了《しゅうりょう》するのは当《あ》たり前《まえ》。何《なに》をためらっている!?』と、先生《せんせい》は心《こころ》の中《なか》で思《おも》ったそうです。ふしぎな話《はなし》ですね。

実《じつ》は、北海道《ほっかいどう》では「捨《す》てる」ことを「投《な》げる」と言《い》います。先生《せんせい》は北海道《ほっかいどう》から来《き》た人《ひと》で、ちがう地《ち》域《いき》にいるのに方言《ほうげん》が出《で》てしまったんですね。

「手袋《てぶくろ》をはきましたか?」

今度《こんど》はスケート場《じょう》でのお話《はなし》です。「上着《うわぎ》の前《まえ》を止《と》めていますか?」「はぁ～い」、「帽子《ぼうし》をかぶっていますか?」「はぁ～い!」と、みんなで身支度《みじたく》を確認《かくにん》していた時《とき》、先生《せんせい》が聞《き》きました。

「手袋《てぶくろ》をはきましたか?」

すると、みんなゲラゲラとおもしろそうに笑《わら》うではありませんか。

実《じつ》は北海道《ほっかいどう》では、手袋《てぶくろ》も靴下《くつした》も「はく」と言《い》うんです。「体《からだ》の下《した》のほうで身《み》につけるのが『はく』なんでしょ?」と聞《き》かれると、先生《せんせい》は言《い》いました。

「でもね、手《て》だって『気《き》をつけ』の姿勢《しせい》にすると半分《はんぶん》より下《した》だよ」。

ふれてみよう

作品《さくひん》の中《なか》の方言《ほうげん》

北海道《ほっかいどう》を舞台《ぶたい》にした映画《えいが》はいろいろあります。せりふの中《なか》の方言《ほうげん》にも耳《みみ》を傾《かたむ》けてみましょう。吹奏楽《すいそうがく》をがんばる札幌《さっぽろ》の高校生《こうこうせい》が主人公《しゅじんこう》の『青空《あおぞら》エール』は原作《げんさく》のマンガもあります。

ひとくちメモ　体《からだ》がすごく疲《つか》れたときに「こわい」を使《つか》うのも北海道独特《ほっかいどうどくとく》の方言《ほうげん》。そのほか、「～だべさ」「行《い》くべ」「ばくろう(取《と》り替《か》える)」等《とう》も北海道《ほっかいどう》らしい表現《ひょうげん》といわれています。

「起承転結《きしょうてんけつ》」でお話《はなし》を考《かんが》えよう

東京経営短期大学《とうきょうけいえいたんきだいがく》こども教育学科《きょういくがっか》
井出一雄《いでかずお》先生《せんせい》が書《か》きました

読《よ》んだ日《ひ》　月《がつ》　日《にち》｜月《がつ》　日《にち》｜月《がつ》　日《にち》

「起承転結《きしょうてんけつ》」とはどんな意味《いみ》？

漢詩《かんし》は中国《ちゅうごく》で生《う》まれた詩《し》です。その形式《けいしき》の一《ひと》つに四行《よんぎょう》の詩《し》があります。一行目《いちぎょうめ》は「起《き》」、二行目《にぎょうめ》が「承《しょう》」、三行目《さんぎょうめ》が「転《てん》」、四行目《よんぎょうめ》に「結《けつ》」という順番《じゅんばん》です。つまり、「起《き》」で読《よ》み手《て》の興味《きょうみ》を起《お》こさせ、「承《しょう》」で話《はなし》を具体的《ぐたいてき》に進《すす》め、「転《てん》」では話《はなし》の視点《してん》を変《か》えることにより内容《ないよう》に関心《かんしん》をもたせ、「結《けつ》」で話《はなし》をまとめます。このような順番《じゅんばん》のことを「起承転結《きしょうてんけつ》」といいます。

起承転結《きしょうてんけつ》は、お話《はなし》や作文《さくぶん》など、詩以外《しいがい》の文章《ぶんしょう》を書《か》くときにも使《つか》うことができます。おなじみのむかし話《ばなし》、「浦島太郎《うらしまたろう》」を起承転結《きしょうてんけつ》で考《かんが》えてみましょう。

起《き》↓浜《はま》でいじめられている亀《かめ》に出会《であ》う。
承《しょう》↓助《たす》けた亀《かめ》がお礼《れい》に龍宮《りゅうぐう》城《じょう》に連《つ》れて行《い》く。
転《てん》↓美《うつく》しい乙姫《おとひめ》から、ごちそうでもてなされる。
結《けつ》↓おみやげの玉手箱《たまてばこ》をあけるとおじいさんになってしまう。

いきなり書《か》き始《はじ》めないこと

作文《さくぶん》でも「起承転結《きしょうてんけつ》」に気《き》をつけて書《か》くとうまくいきます。そのときに、いきなり用紙《ようし》に書《か》かないこと。文章《ぶんしょう》を書《か》く前《まえ》に、どのような内容《ないよう》をどんな順番《じゅんばん》で書《か》くのか、「起承転結《きしょうてんけつ》」を考《かんが》えておくことが大切《たいせつ》です。

文章《ぶんしょう》の順番《じゅんばん》のきまりには、ほかにも「はじめ、中《なか》、終《お》わり」「問《と》いかけ、具体例《ぐたいれい》、まとめ」などもあります。どのきまりで書《か》くにしても、書《か》く前《まえ》にどのような順番《じゅんばん》で書《か》くか考《かんが》えておきましょう。

やってみよう

書《か》く順番《じゅんばん》を考《かんが》えよう

例題《れいだい》を「今《いま》までで一番感《いちばんかん》動《どう》したこと」にして、作《さく》文《ぶん》を書《か》く順番《じゅんばん》を考《かんが》えてみましょう。

ひとくちメモ　日本《にほん》で発行《はっこう》されている主《おも》な新聞《しんぶん》には四《よっ》つのコマで構成《こうせい》された漫画《まんが》がのっています。そのならびは「起承転《きしょうてん》結《けつ》」となっているものが一般的《いっぱんてき》です。四《よっ》つ目《め》のコマは「落《お》ち」といい、話《はなし》の結末《けつまつ》になっています。

ごまかしきれてない？「頭《あたま》かくして尻《しり》かくさず」

2月26日

日本国語教育学会理事《にほんこくごきょういくがっかいりじ》
新垣公子《あらがきともこ》先生《せんせい》が書《か》きました

読《よ》んだ日《ひ》　月《がつ》　日《にち》　月《がつ》　日《にち》　月《がつ》　日《にち》

鳥《とり》の動《うご》きから生《う》まれた

日本《にほん》の国鳥《こくちょう》を知《し》っていますか？　キジです。キジのオスは全長約《ぜんちょうやく》80cm～100cm、メスは約《やく》60cm、尾《お》の長《なが》い鳥《とり》です。特《とく》にオスは、美《うつく》しい横《よこ》じま模様《もよう》が目立《めだ》つ尾《お》をもっていて、鳥《とり》の中《なか》でも全長《ぜんちょう》の長《なが》い方《ほう》です。そのキジが草《くさ》むらにかくれようとして頭《あたま》を突《つ》っ込《こ》みかくれたつもりになっているけれども、長《なが》い尾《お》が出《で》ていてかくれたことになっていない様子《ようす》から「頭隠《あたまかく》して尻《しり》かくさず」という言葉《ことば》が生《う》まれました。

かるたで広《ひろ》く知《し》られるように

この言葉《ことば》は、悪《わる》いことや欠点《けってん》をかくそうとするとき、一部分《いちぶぶん》をかくして全部《ぜんぶ》をかくしたつもりになっているときに使《つか》います。悪《わる》いことをしてごまかしたり、まぬけな様子《ようす》を笑《わら》ったりするときです。同《おな》じ意味《いみ》の言葉《ことば》に「キジの草《くさ》がくれ」や「頭《あたま》かくして尾《お》をあらわす」「頭《あたま》かくして尻《しり》を出《だ》す」などがあります。

「頭《あたま》かくして尻《しり》かくさず」の言葉《ことば》は、「江戸《えど》いろはかるた」の「あ」の言葉《ことば》になっています。遊《あそ》びのなかで広《ひろ》く親《した》しまれたこともあり、古《ふる》くから多《おお》くの人《ひと》に広《ひろ》まっていったそうです。

調《しら》べてみよう

「いろはかるた」の「あ」

江戸時代《えどじだい》の中頃《なかごろ》に京都地方《きょうとちほう》で生《う》まれたかるたを「いろはかるた」といいます。ことわざとその内容《ないよう》を絵解《えと》きした絵札《えふだ》96枚《まい》でできています。「あ」の絵札《えふだ》には「頭《あたま》かくして尻《しり》かくさず」が描《えが》かれています。

ひとくちメモ　童謡《どうよう》「かわいいかくれんぼ」(サトウハチロー作詞《さくし》)では、ひよこがかくれんぼをします。どんなにじょうずにかくれても、足《あし》が見《み》えていたら「頭《あたま》かくして尻《しり》かくさず」ですね。

ひらがなを全部使《ぜんぶつか》う！「いろは歌《うた》」

2月 27日

秀明大学学校教師学部《しゅうめいだいがくがっこうきょうしがくぶ》
福永睦子《ふくながむつこ》先生《せんせい》が書《か》きました

読《よ》んだ日《ひ》　月《がつ》　日《にち》　月《がつ》　日《にち》　月《がつ》　日《にち》

ひらがなを全部使《ぜんぶつか》う歌《うた》

ひらがなを覚《おぼ》える時《とき》「あいうえお　かきくけこ　さしすせそ…」と五十音《ごじゅうおん》を唱《とな》えて覚《おぼ》えましたね。五十音図《ごじゅうおんず》は、あ行《ぎょう》から順《じゅん》に並《なら》んでいます。しかし、この「五十音図《ごじゅうおんず》」のひらがなは、第二次大戦後《だいにじたいせんご》になってからうまれたものです。昔《むかし》の子供《こども》たちは、文字《もじ》を覚《おぼ》えるために、「いろは歌《うた》」を暗唱《あんしょう》していました。「いろは歌《うた》」は、かな四十七文字《よんじゅうななもじ》を一回《いっかい》ずつ全部使《ぜんぶつか》った歌《うた》です。この「いろは歌《うた》」の素晴《すば》らしいところは、すべてのひらがな文字《もじ》を使《つか》っているだけではなく、意味《いみ》も素晴《すば》らしく、さらに、リズムもよいので、覚《おぼ》えるのにぴったりなのです。

声《こえ》にだして読《よ》んでみよう

いろはにほへと　ちりぬるを
わかよたれそ　つねならむ
うゐのおくやま　けふこえて
あさきゆめみし　ゑひもせす

これだと意味《いみ》がよくわかりませんね。漢字《かんじ》にしてみましょう。

色《いろ》は匂《にほ》へど　散《ち》りぬるを
我《わ》が世《よ》誰《たれ》ぞ　常《つね》ならむ
有為《うゐ》の奥山《おくやま》　今日《きょう》(けふ)越《こ》えて
浅《あさ》き夢《ゆめ》見《み》し　酔《ゑ》ひもせず

現代《げんだい》の言葉《ことば》に訳《やく》すと次《つぎ》のような意味《いみ》になります。

「色美《いろうつく》しく咲《さ》いていても、花《はな》は散《ち》ってしまいます。私《わたし》たちの人生《じんせい》もいつまでも同《おな》じようにはいきません。そういう人生《じんせい》の山道《やまみち》を今日《きょう》も越《こ》えて、はかない浅《あさ》い夢《ゆめ》を見《み》ていては、いけないなあ」。

味《あじ》わってみよう

七五調《しちごちょう》のリズム

いろは歌《うた》を声《こえ》にだしてみると、日本独特《にほんどくとく》のリズムがわかりますね。俳句《はいく》や短歌《たんか》と同《おな》じような心《ここ》地《ち》よいリズムが感《かん》じられます。七五調《しちごちょう》のリズムです。だからこそ、小《ちい》さい子供《こども》たちが暗唱《あんしょう》するのにふさわしいのでしょう。

ひとくちメモ　わ行《ぎょう》の「ゐ」と「ゑ」は、今《いま》は使《つか》われていません。また、昔《むかし》は「けふ」で「きょう」と読《よ》み、「ならむ」で「ならん」と読《よ》みました。

春《はる》を知《し》らせる鳥《とり》たちのお話《はなし》

2月28日

熊本県熊本市立日吉東小学校校長《くまもとけんくまもとしりつひよしひがししょうがっこうこうちょう》
佐藤俊幸《さとうとしゆき》先生《せんせい》が書《か》きました

読《よ》んだ日《ひ》　月《がつ》　日《にち》｜月《がつ》　日《にち》｜月《がつ》　日《にち》

渡《わた》り鳥《どり》と季語《きご》

季節《きせつ》によって住《す》む場所《ばしょ》をかえる鳥《とり》のことを渡《わた》り鳥《どり》といいます。この渡《わた》り鳥《どり》には、大《おお》きく分《わ》けて夏鳥《なつどり》と冬鳥《ふゆどり》の2つがあります。ツバメやカッコウなど、春夏《はるなつ》に日本《にほん》に来《き》て子《こ》どもを育《そだ》てるのが夏鳥《なつどり》。逆《ぎゃく》に、ガンやカモなど日本《にほん》で冬《ふゆ》を過《す》ごし、春《はる》に帰《かえ》っていくのが冬鳥《ふゆどり》です。

渡《わた》り鳥《どり》は、毎年同《まいとしおな》じ季節《きせつ》に来《き》て、同《おな》じ頃《ころ》に帰《かえ》ります。そのため、昔《むかし》の人《ひと》たちはこれを暦《こよみ》に取《と》り入《い》れ、農作業《のうさぎょう》などの目安《めやす》にしました。たとえばガンやカモが北《きた》へ帰《かえ》る頃《ころ》が、ちょうど種《たね》まきのいい時期《じき》だ、と考《かんが》えたのです。

渡《わた》り鳥《どり》は昔《むかし》の人《ひと》の暮《く》らしに身近《みぢか》な存在《そんざい》だったので、俳句《はいく》で使《つか》う季語《きご》にもなっています。「鳥雲《とりくも》に入《い》る」は、春《はる》に北《きた》へ帰《かえ》る渡《わた》り鳥《どり》たちが、遠《とお》い雲《くも》の中《なか》に入《はい》っていくように見《み》える様子《ようす》をあらわしたもので、春《はる》の季語《きご》です。

鳴《な》き声《ごえ》で春《はる》を知《し》らせる鳥《とり》

ヒバリは春《はる》になると鳴《な》き始《はじ》めます。そのため春《はる》を知《し》らせる鳥《とり》として昔《むかし》から親《した》しまれてきました。普通《ふつう》、野鳥《やちょう》は木《き》の枝《えだ》にとまって鳴《な》きます。しかし、ヒバリは飛《と》びながら鳴《な》きます。しかも、真《ま》っ直《す》ぐに飛《と》び上《あ》がりながら鳴《な》くのです。このように空中《くうちゅう》で鳴《な》く様子《ようす》を、昔《むかし》の人《ひと》は「揚雲雀《あげひばり》」という季語《きご》であらわしています。

調《しら》べてみよう

ツバメが低《ひく》く飛《と》べば…?

ツバメは空中《くうちゅう》の虫《むし》をつかまえて食《た》べます。気温《きおん》や湿度《しつど》が高《たか》くなり雨《あめ》が近《ちか》くなってくると、地面《じめん》に近《ちか》いところにエサとなる虫《むし》が多《おお》く出《で》てきます。ツバメがこれらを食《た》べるために、低《ひく》いところを飛《と》び回《まわ》ることからできた言葉《ことば》があります。辞書《じしょ》などで調《しら》べてみましょう。

ひとくちメモ

ガンやカモなどの渡《わた》り鳥《どり》が春《はる》になって北《きた》に帰《かえ》っていくころの曇《くも》り空《ぞら》のこと「鳥曇《とりぐもり》」といいます。また、群《む》れで飛《と》んでいく鳥《とり》たちの羽音《はおと》がちょうど風《かぜ》のように感《かん》じられることから、これを「鳥風《ちょうふう》」といいます。

門《もん》の中《なか》に王《おう》がいる!? 1日多《にちおお》いうるう年《どし》

2月29日

熊本県熊本市立日吉東小学校校長《くまもとけんくまもとしりつひよしひがししょうがっこうこうちょう》
佐藤俊幸《さとうとしゆき》先生《せんせい》が書《か》きました

読《よ》んだ日《ひ》　月《がつ》　日《にち》｜月《がつ》　日《にち》｜月《がつ》　日《にち》

4年《ねん》に1度《ど》の2月《がつ》29日《にち》

夏《なつ》のオリンピックのある年《とし》は、カレンダーがいつもとちがうことに気《き》づいていましたか？　2月《がつ》が29日《にち》まであるのです。このような年《とし》をうるう年《どし》といいます。2月《がつ》が1日多《にちおお》いのです。

地球《ちきゅう》は太陽《たいよう》の周《まわ》りをまわるのに365日《にち》かかります。それと同時《どうじ》に、地球自身《ちきゅうじしん》も回転《かいてん》していて、1周《しゅう》すると1日《にち》、1年《ねん》で365回転《かいてん》しているのです。

しかし、太陽《たいよう》の周《まわ》りをまわる動《うご》きと地球自身《ちきゅうじしん》の回転《かいてん》には、なにも関係《かんけい》がありません。ですから、地《ち》球《きゅう》が365回転《かいてん》したときに、1年《ねん》前《まえ》とぴったり同《おな》じ位置《いち》に戻《もど》ってくるわけではないのです。ほんの少《すこ》し足《た》りません。この足《た》りない分《ぶん》が、4年間《ねんかん》でほぼ1日分《にちぶん》になります。これを直《なお》すのがうるう年《どし》の2月《がつ》29日《にち》というわけです。

実《じつ》は昔《むかし》は「うるう月《づき》」もありました（67ページ参照《さんしょう》）。今《いま》のように太陽《たいよう》ではなく、月《つき》の動《うご》きで1年《ねん》を考《かんが》えていた時代《じだい》、1年《ねん》でなんと11日分《にちぶん》の余分《よぶん》ができてしまったのです。そこで、うるう月《づき》を入《い》れて調整《ちょうせい》していました。

中国《ちゅうごく》の王様《おうさま》はうるう月《づき》は出《で》てこない

うるう年《どし》やうるう月《づき》の「うるう」は漢字《かんじ》で「閏《うるう》」と書《か》きます。「余《よ》分《ぶん》」「あまり」の意味《いみ》です。門《もん》の中《なか》に王《おう》がいますね。これはなぜでしょうか。

昔《むかし》の中国《ちゅうごく》では、新《あたら》しい月《つき》の始《はじ》まりを王《おう》が外《そと》に出《で》て告《つ》げていました。しかし、「閏月《うるうづき》」は余分《よぶん》な月《つき》として、王《おう》は門《もん》の内側《うちがわ》にこもっていたそうです。そこから「閏《うるう》」という字《じ》が生《う》まれたといわれています。

考《かんが》えてみよう

うるう年《どし》がなかったら？

4年《ねん》に一度《いちど》の2月《がつ》29日《にち》がなかったらどうなるか、想像《そうぞう》してみましょう。自然《しぜん》とのズレがどんどん大《おお》きくなってくる世界《せかい》はどんな感《かん》じでしょうか？

ひとくちメモ
日本《にほん》で「閏」を「うるう」と読《よ》むようになったのは、書《か》きまちがいがきっかけ。「閏《うるう》」は「潤《うるお》う」という漢《かん》字《じ》によく似《に》ています。そこから「閏」の訓読《くんよ》みが「うるう」になったそうです。

感じてみよう

子供の科学

写真館 vol.2

国語《こくご》が好《す》きになる
ユニークな写真《しゃしん》やイラストを紹介《しょうかい》します。

「錯覚《さっかく》を起《お》こす」とは？ 身《み》をもって体験《たいけん》してみよう

「路地裏のネコ」

『子供の科学★サイエンスブックス だまされる目 錯視のマジック』（竹内龍人/監修）より

まさか!? の勘《かん》ちがい

「自分《じぶん》で買《か》ったかのような錯覚《さっかく》に陥《おちい》った」「パリにいるかのような錯覚《さっかく》を覚《おぼ》えた」のような表現《ひょうげん》を聞《き》いたことがありますか？

錯覚《さっかく》とは、実際《じっさい》とはちがうように見《み》えたり感《かん》じたりすることです。「自分《じぶん》で買《か》ったかのような錯覚《さっかく》に陥《おちい》った」は、実際《じっさい》は自分《じぶん》で買《か》っていないということですし、「パリにいるかのような錯覚《さっかく》を覚《おぼ》えた」は、実際《じっさい》はパリにはいないということ。このように、思《おも》いちがいや勘《かん》ちがいをしているときや、しそうなときに「錯覚《さっかく》」という言葉《ことば》を使《つか》います。

そもそも錯覚《さっかく》とは心理学用語《しんりがくようご》。脳《のう》が、事実《じじつ》とちがう感覚《かんかく》をもつことです。

ではここで「目《め》の錯覚《さっかく》」を体験《たいけん》してもらいましょう。上《うえ》の写真《しゃしん》を見《み》てください。写真《しゃしん》に写《うつ》る2匹《ひき》のネコ、実《じつ》はまったく同《おな》じ大《おお》きさなんですよ。まるで「上《うえ》のネコのほうが大《おお》きいかのような錯覚《さっかく》」を起《お》こす一枚《いちまい》ですよね。

3月

弥生

ー や よ い ー

March

百人一首《ひゃくにんいっしゅ》 春《はる》の短歌《たんか》をよもう

3月 1日

秀明大学学校教師学部《しゅうめいだいがくがっこうきょうしがくぶ》
福永睦子《ふくながむつこ》先生《せんせい》が書《か》きました

読《よ》んだ日《ひ》　月《がつ》　日《にち》｜月《がつ》　日《にち》｜月《がつ》　日《にち》

桜《さくら》の歌《うた》をよんだ小野小町《おののこまち》

百人一首《ひゃくにんいっしゅ》に、春《はる》をうたった短歌《たんか》は、いくつあると思《おも》いますか？　春《はる》の短歌《たんか》は6首《しゅ》で、そのうち桜《さくら》をよんだものは4首《しゅ》あります。

花《はな》の色《いろ》は　うつりにけりな
いたづらに　わが身世《みよ》にふる
ながめせしまに

この有名《ゆうめい》な短歌《たんか》をつくった人《ひと》を知《し》っていますか？　美女《びじょ》としても知《し》られる小野小町《おののこまち》です。この短歌《たんか》は、どんなふうによまれたのか、考《かんが》えてみましょう。

「花《はな》の色《いろ》」というのは、桜《さくら》の花《はな》の色《いろ》のことです。「うつりにけりな」は、花《はな》の色《いろ》が変《か》わってしまった、となげいている様子《ようす》が想像《そうぞう》できます。「いたづらに」というのは、いたずらしたのではありませんよ。「むなしい」いう意味《いみ》で、ため息《いき》をついている様子《ようす》を思《おも》い浮《う》かべるとよいでしょう。

言葉遊《ことばあそ》びのおもしろさ

下《しも》の句《く》の「わが身世《みよ》にふる　ながめせしまに」は、文章《ぶんしょう》の順番《じゅんばん》が逆《ぎゃく》になっています。

ものおもいにふけっている間《あいだ》に、若《わか》い時代《じだい》は過《す》ぎ去《さ》ってしまったという意味《いみ》です。桜《さくら》の花《はな》が色《いろ》あせていく様子《ようす》に、自分《じぶん》の姿《すがた》を重《かさ》ねているのですね。

この短歌《たんか》は、1つの言葉《ことば》の中《なか》に2つの意味《いみ》があります。

「世《よ》にふる」は、雨《あめ》が「ふる」と時代《じだい》が「経《ふ》る」をかけています。「ながめせしまに」は、「長雨《ながあめ》」と「眺《なが》め」をかけているのです。おもしろいですね！

やってみよう

音読《おんどく》してみよう！

「ひさかたの　光《ひかり》のどけき　春《はる》の日《ひ》に　しづ心《こころ》なく　花《はな》のちるらむ」。「ひさかたの～」は、光《ひかり》・日《ひ》・月《つき》・天《てん》などの前《まえ》につく「枕詞《まくらことば》」で、とくに意味《いみ》はありません。美《うつく》しい景色《けしき》を思《おも》い浮《う》かべながら、声《こえ》に出《だ》してよんでみましょう。

ひとくちメモ　桜《さくら》というと、ソメイヨシノを思《おも》い浮《う》かべる人《ひと》が多《おお》いですが、ソメイヨシノは江戸時代《えどじだい》につくられた品種《ひんしゅ》といわれています。平安時代《へいあんじだい》にはまだなかったので、小野小町《おののこまち》の眺《なが》めていた桜《さくら》は、どうやら八重桜《やえざくら》のようです。

「じ」「ぢ」、「ず」「づ」は 同《おな》じ？ ちがう？

3月《がつ》 2日《にち》

東京学芸大学附属竹早小学校《とうきょうがくげいだいがくふぞくたけはやしょうがっこう》
荻野《おぎの》 聡《さとし》先生《せんせい》が書《か》きました

読《よ》んだ日《ひ》　月《がつ》　日《にち》｜　月《がつ》　日《にち》｜　月《がつ》　日《にち》

昔《むかし》はちがう音《おと》だった

「地面《じめん》」は「ぢめん」なのか、「じめん」なのか、どちらか迷《まよ》ったことはありませんか？　「じ」「ぢ」「ず」「づ」は、「四《よ》つ仮名《がな》」といわれます。昔《むかし》は発音《はつおん》が少《すこ》しずつちがったのですが、現代《げんだい》では発音《はつおん》の区別《くべつ》がありませんね。だから書《か》き分《わ》けがむずかしくなってしまったのです。他《ほか》にも「この通《とお》り」は「とおり」なのか「とうり」なのか、「お姉《ねえ》さん」は「おねえさん」なのか「おねいさん」なのか、うっかりまちがえてしまいそうです。

仮名《かな》の使《つか》い分《わ》けについては、現在《げんざい》のところ、昭和《しょうわ》61年《ねん》に内閣《ないかく》が示《しめ》した「現代仮《げんだいか》名遣《なづか》い」を一《ひと》つの目安《めやす》として使用《しよう》しています。また、「お」と「う」の使《つか》い分《わ》けで「遠《とお》くの大《おお》きな氷《こおり》の上《うえ》を多《おお》くのオオカミ十《じゅう》ずつ通《とお》る」という覚《おぼ》え方《かた》もあります。ここでは、書《か》き表《あらわ》すのに「う」ではなく「お」を用《もち》いるのが一般《いっぱん》的《てき》です。

歴史的仮名遣《れきしてきかなづか》いと現代仮名遣《げんだいかなづか》い

昔《むかし》に書《か》かれた本《ほん》や文章《ぶんしょう》を見《み》ると、今現在《いまげんざい》目《め》にする仮名遣《かなづか》いと少《すこ》しちがっていることがあります。これを歴史的仮名遣《れきしてきかなづか》いといいます。「しましょう」が「しませう」だったり、「きょう」が「けふ」だったり、「おもう」が「おもふ」だったりします。現代《げんだい》の仮名遣《かなづか》いとはちがいますね。百人一首《ひゃくにんいっしゅ》は、この歴史《れきし》的仮名遣《てきかなづか》いで書《か》かれています。他《ほか》にも歴史的仮名遣《れきしてきかなづか》いをさがしてみてください。

やってみよう

使《つか》い分《わ》けクイズ

次《つぎ》のなかで正《ただ》しいのはどっち？

① A せかいじゅう　B せかいぢゅう
② A そこぢから　B そこじから
③ A 少《すこ》しずつ　B 少《すこ》しづつ
④ A 近《ちか》ずく　B 近《ちか》づく

ひとくちメモ
「やってみよう」の答《こた》え。正《ただ》しいのは次《つぎ》の通《とお》りです。
①A　②A　③A　④B

季節やたのしい行事のお話

女《おんな》の子《こ》の成長《せいちょう》を願《ねが》う ひな祭《まつ》りってなに？

3月 3日

東京都新宿区立花園小学校校長《とうきょうとしんじゅくくりつはなぞのしょうがっこうこうちょう》
大久保旬子《おおくぼじゅんこ》先生《せんせい》が書《か》きました

読《よ》んだ日《ひ》　月《がつ》　日《にち》　月《がつ》　日《にち》　月《がつ》　日《にち》

ルーツは平安時代《へいあんじだい》

「ひな祭《まつ》り」は、「桃《もも》の節句《せっく》」とも呼《よ》ばれ、ひな人形《にんぎょう》を飾《かざ》り、女《おんな》の子《こ》の成長《せいちょう》や幸《しあわ》せを願《ねが》う行事《ぎょうじ》です。

日本《にほん》には、平安時代《へいあんじだい》のころから「五節句《ごせっく》」という行事《ぎょうじ》があり、季《き》節《せつ》の変《か》わり目《め》に身《み》の汚《よご》れをはらい、健康長寿《けんこうちょうじゅ》や厄除《やくよ》けを願《ねが》う風習《ふうしゅう》がありました。桃《もも》の節句《せっく》とは、五節句《ごせっく》の一《ひと》つです。

では、なぜ「ひな祭《まつ》り」というのでしょう。

日本《にほん》では古《ふる》くから紙《かみ》でつくった人形《にんぎょう》を川《かわ》に流《なが》す「流《なが》しびな」が行《おこな》われており、人形《にんぎょう》に自分《じぶん》のけがれを移《うつ》して身代《みが》わりとし、水《みず》に流《なが》して厄《やく》をはらっていました。

また、平安時代《へいあんじだい》、貴族《きぞく》の子供《こども》のままごと遊《あそ》びを「雛遊《ひいなあそ》び」と言《い》っていました。「雛《ひな》（ひいな）」は小《ちい》さくてかわいらしいものという意《い》味《み》で、ひな祭《まつ》りの「ひな」を意味《いみ》しています。

この二《ふた》つが結《むす》びついて、人《ひと》の厄《やく》を身代《みが》わりにする一対《いっつい》の紙人形《かみにんぎょう》ができ、これがひな人形《にんぎょう》の原型《げんけい》といわれています。

ひな祭《まつ》りに欠《か》かせない食《た》べ物《もの》

ひな祭《まつ》りには、桃《もも》の花《はな》や白酒《しろざけ》、ひしもちをお供《そな》えします。

白酒《しろざけ》やひしもちをお供《そな》えするほかにも、ひなあられを食《た》べたり、はまぐりのお吸《す》い物《もの》やちらしずしを食《た》べたりします。はまぐりは、二枚《にまい》の貝《かい》がらそれぞれがほかのはまぐりとは決《けっ》して合《あ》わないことから、よい縁《えん》に恵《めぐ》まれ、一生仲良《いっしょうなかよ》く過《す》ごせますようにという願《ねが》いが込《こ》められているといわれています。

歌《うた》ってみよう

童謡《どうよう》「うれしいひなまつり」

「うれしいひなまつり」という歌《うた》を知《し》っていますか？　この歌《うた》は、1936年《ねん》に作詞《さくし》・サトウハチロー、作曲《さっきょく》・河村光陽《かわむらこうよう》がつくり、発表《はっぴょう》した童謡《どうよう》ですが、メキシコの人《ひと》たちもよく知《し》っている曲《きょく》だといわれています。しかし、メキシコでの題名《だいめい》は、「ひなまつり」ではなく、「悲《かな》しきみなしご」というそうです。ものがなしいメロディだからでしょうか？　おうちの人と一緒《いっしょ》に歌《うた》ってみましょう。

ひとくちメモ
ひな人形《にんぎょう》に供《そな》えるひしもちは三色《さんしょく》になっており、それぞれに意味《いみ》があります。赤《あか》は桃《もも》の花《はな》、白《しろ》は雪《ゆき》、緑《みどり》は草《くさ》。雪《ゆき》の下《した》から新《あたら》しい緑《みどり》が芽吹《めぶ》き、桃《もも》の花《はな》が咲《さ》くといった様子《ようす》を表《あらわ》しているといわれています。

日本《にほん》でつくられた漢字《かんじ》

3月 4日

日本国語教育学会理事《にほんこくごきょういくがっかいりじ》
岸本修二《きしもとしゅうじ》先生《せんせい》が書《か》きました

読《よ》んだ日《ひ》　月《がつ》　日《にち》｜　月《がつ》　日《にち》｜　月《がつ》　日《にち》

「働《どう》」は日本製《にほんせい》の漢字《かんじ》

ふだん目《め》にする漢字《かんじ》はほとんどが中国《ちゅうごく》から入《はい》ってきた文字《もじ》です。しかし、日本《にほん》でつくられた漢字《かんじ》もあります。そのような漢字《かんじ》を国字《こくじ》といいます。

動物《どうぶつ》や人間《にんげん》が動《うご》く様子《ようす》は「動《どう》」という中国製《ちゅうごくせい》の漢字《かんじ》で表《あらわ》します。しかし日本人《にほんじん》は、人《ひと》が仕事《しごと》で手足《てあし》を動《うご》かす様子《ようす》を「動《どう》」に「にんべん」をつけて「働《はたら》く」という日本《にほん》製《せい》の漢字《かんじ》を生《う》み出《だ》しました。漢字《かんじ》のつくりの部分《ぶぶん》から「ドウ」と音《おん》読《よ》みし、「労働《ろうどう》」「稼働《かどう》」などの熟《じゅく》語《ご》もつくりました。

今《いま》では「働《どう》」は中国《ちゅうごく》でも使《つか》われています。漢字《かんじ》が輸出《ゆしゅつ》されたのですね。

どうして国字《こくじ》をつくったの？

漢字《かんじ》は今《いま》から千数百年前《せんすうひゃくねんまえ》、中国《ちゅうごく》から日本《にほん》に伝《つた》わりました。しかし、日本《にほん》と中国《ちゅうごく》とは何《なに》から何《なに》まで同《おな》じではありません。中国《ちゅうごく》にはないけれど、日本《にほん》にある事物《じぶつ》の名前《なまえ》などを表《あらわ》す文字《もじ》が必要《ひつよう》になりました。そこで国字《こくじ》がつくられたのです。

国字《こくじ》は奈良時代《ならじだい》からつくられていたといわれています。たとえば、山道《やまみち》を登《のぼ》り切《き》って下《くだ》り始《はじ》めるところは「峠《とうげ》」、道《みち》が交《まじ》わるところを「辻《つじ》」としました。海《うみ》に吹《ふ》く風《かぜ》が止《と》まる様子《ようす》を「凪《なぎ》」としました。どれも、日本人《にほんじん》が考《かんが》えた漢字《かんじ》なのです。

調《しら》べてみよう

「畑《はたけ》」「畠《はたけ》」はどうやってできたの？

中国《ちゅうごく》では田《た》んぼも畑《はたけ》も「田《た》」で、四角《しかく》に区《く》切《ぎ》った耕作地《こうさくち》のことです。ところが日本《にほん》では「田《た》」は稲《いね》（米《こめ》）を育《そだ》てる大切《たいせつ》な土地《とち》で、野菜《やさい》や小麦《こむぎ》、そばを育《そだ》てる土地《とち》とは区別《くべつ》していました。そこで、乾《かわ》いて白《しろ》い土《つち》の耕作《こうさく》地《ち》を「畠《はたけ》」（白《しろ》＋田《た》）、草木《くさき》を焼《や》いた後《あと》の耕《こう》作地《さくち》を「畑《はたけ》」（火《ひ》＋田《た》）としました。

ひとくちメモ　日本《にほん》には、中国《ちゅうごく》の漢字《かんじ》の意味《いみ》とは異《こと》なる意味《いみ》をもつ漢字《かんじ》があり、それを国訓《こっくん》といいます。「鮎《あゆ》」は、中国《ちゅうごく》ではナマズのことです。中国《ちゅうごく》では「アユ」を「香魚」と書《か》きます。

決まり文句・名文句にまつわるお話
おにかなぼう

勝者《しょうしゃ》はどっち？ 動物《どうぶつ》のことわざバトル

3月5日

東京学芸大学教育学部《とうきょうがくげいだいがくきょういくがくぶ》
中村和弘《なかむらかずひろ》先生《せんせい》が書《か》きました

読《よ》んだ日《ひ》　月《がつ》　日《にち》　月《がつ》　日《にち》　月《がつ》　日《にち》

犬《いぬ》VSサル 強《つよ》いのはどっち？

ことわざや慣用句《かんようく》には、2匹《ひき》の動物《どうぶつ》が出《で》てくるものがたくさんあります。

たとえば「犬猿《けんえん》の仲《なか》」は、とても仲《なか》が悪《わる》いことのたとえです。みなさんも、一度《いちど》は聞《き》いたことがあるでしょう。昔《むかし》から、犬《いぬ》とサルは仲《なか》が悪《わる》いとされたことからできた言葉《ことば》です。もしも、おたがいにけんかをしたら、強《つよ》いのはどっちなんでしょうね。

「狐《きつね》と狸《たぬき》の化《ば》かし合《あ》い」という言葉《ことば》もあります。悪賢《わるがしこ》い者同士《ものどうし》が、おたがいにだまし合《あ》うという意味《いみ》です。キツネ対《たい》タヌキ、この勝負《しょうぶ》はきっと引《ひ》き分《わ》けでしょう。

「蛇《へび》ににらまれた蛙《かえる》」は、こわい人《ひと》や苦手《にがて》な人《ひと》を前《まえ》にして、何《なに》もできなくなってしまうことをいいます。ヘビ対《たい》カエルは、戦《たたか》わずしてヘビの勝《か》ちですね。

ネコVSネズミ 弱《よわ》い者《もの》の大逆襲《だいぎゃくしゅう》

一方《いっぽう》、弱《よわ》い者《もの》が強《つよ》い者《もの》をやっつけることもあります。「窮鼠猫《きゅうそねこ》を噛《か》む」ということわざを聞《き》いたことはありませんか？

本当《ほんとう》は弱《よわ》いはずのネズミも、追《お》い詰《つ》められて逃《に》げ場《ば》を失《うしな》うと、必死《ひっし》でネコにかみつくことがあります。そこから、絶体絶命《ぜったいぜつめい》のピンチになると、弱《よわ》い者《もの》でも強《つよ》い者《もの》に立《た》ち向《む》かうことがあるというたとえです。この場合《ばあい》は、小《ちい》さなネズミの大逆転勝利《だいぎゃくてんしょうり》かもしれませんね。

調《しら》べてみよう

牛《うし》と馬《うま》、虎《とら》とキツネもある？

2匹《ひき》の動物《どうぶつ》が登場《とうじょう》することわざは他《ほか》にもあります。「牛《うし》を馬《うま》に乗《の》り換《か》える」「虎《とら》の威《い》を借《か》る狐《きつね》」「鶏口牛後《けいこうぎゅうご》」「鹿《しか》を指《さ》して馬《うま》となす」「鳴《な》く猫《ねこ》は鼠《ねずみ》を捕《と》らぬ」など、意味《いみ》や語源《ごげん》を調《しら》べてみましょう。

ひとくちメモ　とても気《き》が合《あ》う、相性《あいしょう》がよいことを「馬《うま》が合《あ》う」といいます。乗馬《じょうば》で、馬《うま》と乗《の》り手《て》の息《いき》がぴったり合《あ》っていることからできた言葉《ことば》です。でも、「あいつとは馬《うま》が合《あ》う」といった時《とき》の動物《どうぶつ》は、2人《り》の人間《にんげん》ですね。

「たどたどしい」と「おぼつかない」

学校教育支援《がっこうきょういくしえん》センター練馬《ねりま》
眞瀬敦子《ませあつこ》先生《せんせい》が書《か》きました

読《よ》んだ日《ひ》　月《がつ》　日《にち》｜　月《がつ》　日《にち》｜　月《がつ》　日《にち》

「たどる」から生《う》まれた

「たどたどしい言葉《ことば》」とか「たどたどしい足取《あしど》り」といったように、「未熟《みじゅく》でもたもたしている、あぶなげな様子《ようす》」を「たどたどしい」といいます。これを漢字《かんじ》で書《か》くと「辿々《たどたど》しい」となります。

「辿《たど》る」とは、「わからない道《みち》を迷《まよ》いながら、たずねながら進《すす》んで行《い》く」という意味《いみ》です。よくわからないところを進《すす》んでいくときの足取《あしど》りは、どうしても危《あぶ》なっかしいものになります。そこから「たどたどしい」という言葉《ことば》が生《う》まれたのですね。

「おぼおぼしい」

似《に》たような言葉《ことば》は他《ほか》にもあります。「おぼおぼしい」という言葉《ことば》です。「ぼうっとして、はっきりしない様《さま》」を「朧《おぼろ》」といいます。「朧月夜《おぼろづきよ》」という言葉《ことば》を聞《き》いたことがありますか？　もやや霧《きり》などでかすんでみえる月《つき》のことです。

ここから、「頼《たよ》りなく不安《ふあん》な様《さま》、しっかりしていない様子《ようす》」を表《あらわ》す、「おぼおぼし」という言葉《ことば》が生《う》まれました。

平安時代《へいあんじだい》の小説《しょうせつ》『源氏物語《げんじものがたり》』に「耳《みみ》もおぼおぼしかりければ…」という言《い》い方《かた》が出《で》てきます。

聞《き》いたことのない言葉《ことば》だな、と思《おも》いませんでしたか？　そう、「おぼおぼしい」は、今《いま》ではもう使《つか》われなくなってしまいました。でも「おぼつかない」という言葉《ことば》になって残《のこ》っています。意味《いみ》は「うまくいきそうにない、疑《うたが》わしい、あやふやである」などです。

ちなみに「おぼつく」という言葉《ことば》（動詞《どうし》）はありませんので、要《よう》注意《ちゅうい》です。

調《しら》べてみよう

似《に》ている言葉《ことば》と反対《はんたい》の言葉《ことば》

新《あたら》しい言葉《ことば》に出合《であ》ったら、同《おな》じような意《い》味《み》の言葉《ことば》と反対《はんたい》の意味《いみ》の言葉《ことば》を一緒《いっしょ》に覚《おぼ》えましょう。そうすると、知《し》っている言《こと》葉《ば》が一気《いっき》に増《ふ》えていきますよ。「たどたどしい」「おぼつかない」の反対《はんたい》の意味《いみ》の言葉《ことば》はなんでしょう。辞書《じしょ》で調《しら》べて考《かんが》えてみましょう。

ひとくちメモ　「調《しら》べてみよう」の答《こた》え　（例《れい》）流《りゅう》ちょう、なめらか、しっかりしているなど。

話し方にまつわるお話

3月 7日

「たった」って「た」が1つ多《おお》い？ ～東北地方《とうほくちほう》の方言《ほうげん》～

日本女子大学児童学科《にほんじょしだいがくじどうがっか》
笹平真之介《ささひらしんのすけ》先生《せんせい》が書《か》きました

読《よ》んだ日《ひ》　月《がつ》　日《にち》　月《がつ》　日《にち》　月《がつ》　日《にち》

時間《じかん》の表《あらわ》し方《かた》

「た」といっても田《た》んぼではありません。ここでは東北地方《とうほくちほう》の方言《ほうげん》から時間《じかん》の表《あらわ》し方《かた》を見《み》てみましょう。

「昨日家《きのういえ》に居《い》た？」

「うん、居《い》たよ」

このように、みなさんは過去《かこ》のことを言《い》うとき「～た」で終《お》わらせると思《おも》います。

でも同《おな》じことを東北《とうほく》のある地域《ちいき》ではこう言《い》います。

「昨日家《きのういえ》さ居《い》だったた？」

「うん、居《い》だったよ」

過去《かこ》のことを言《い》うとき、東北《とうほく》の多《おお》くの地域《ちいき》で「～たった」のような形《かたち》を使《つか》います。たとえば「立《た》つ」の過去《かこ》が共通語《きょうつうご》で「立《た》った」なら、東北《とうほく》の方言《ほうげん》では「立《た》ったった」なのです。

過去《かこ》なら「～た」で済《す》むのに余計《よけい》だなあ…と思《おも》ったあなた。本当《ほんとう》にそうですか？ いいえ、この方言《ほうげん》にもちゃんとした理由《りゆう》があるのです。

現在《げんざい》のタと過去《かこ》のタッタ

考《かんが》えてみてください。探《さが》し物《もの》を見《み》つけたとき、とっさに何《なん》と言《い》うでしょうか。ほらね、「あった！」でしょう。このように現在《げんざい》を表《あらわ》す「～た」が共通語《きょうつうご》にも存在《そんざい》します。東北《とうほく》の方言《ほうげん》では特《とく》に「お父《ど》さん、今家《いまいえ》さ居《い》だ？」のように「～た」を現在《げんざい》のしるしに使《つか》うのです。

ですから過去《かこ》のしるしが別《べっ》に必要《ひつよう》なのも不思議《ふしぎ》ではありません。それで使《つか》われたのが「～てあった」、それが変化《へんか》した「～たった」という表現《ひょうげん》なのです。わかったった？

やってみよう

たったの地域差《ちいきさ》

同《おな》じ「たった」でも、し「終《お》わった」の意味《いみ》では多《おお》くの地域《ちいき》で使《つか》いますが、「～ていた」のように「続《つづ》いていた」の意味《いみ》で使《つか》う地域《ちいき》もあります。また「たった」を使《つか》わない地域《ちいき》もあります。ぜひ現地《げんち》の人《ひと》に話《はな》しかけて体感《たいかん》してみましょう。

ひとくちメモ　このように過去《かこ》を語《かた》る形式《けいしき》がしっかりしているのは、民話《みんわ》や昔話《むかしばなし》のためかもしれません。住《す》んでいる地域《ちいき》などで民話《みんわ》を聞《き》く会《かい》が開《ひら》かれていたら、ぜひ参加《さんか》してみてください。

気《き》づいてた？ 数字《すうじ》にも種類《しゅるい》がある！

3月8日

東京学芸大学附属竹早小学校《とうきょうがくげいだいがくふぞくたけはやしょうがっこう》
荻野《おぎの》 聡《さとし》先生《せんせい》が書《か》きました

読《よ》んだ日《ひ》　月《がつ》　日《にち》｜月《がつ》　日《にち》｜月《がつ》　日《にち》

数《かず》の表《あらわ》し方《かた》はいろいろ

ものを測《はか》ったり数《かぞ》えたり、時刻《じこく》を伝《つた》えたりするためには数字《すうじ》が必要《ひつよう》です。だからわたしたちは、生活《せいかつ》のさまざまなところで数字《すうじ》を目《め》にします。よくみると、数字《すうじ》にはいろいろな種類《しゅるい》があることに気《き》づきませんか。

もっともよく目《め》にするのは「0～9」を組《く》み合《あ》わせた数字《すうじ》でしょう。これらの数字《すうじ》は「アラビア数字《すうじ》」といいます。主《おも》に計算《けいさん》などに用《もち》いることから日本《にほん》では「算用数字《さんようすうじ》」ということもあります。

針《はり》のある時計《とけい》などでは、「ⅠⅡⅢⅣⅤⅥⅦⅧⅨⅩⅪⅫ」の数字《すうじ》が使《つか》われていることがあります。これは「ローマ数字《すうじ》」です。昔《むかし》、外国《がいこく》で考《かんが》え出《だ》されたもので、「5より1つ大《おお》きい」という意味《いみ》の文字《もじ》が6を表《あらわ》しているなど、アラビア数字《すうじ》とはちがうしくみでつくられています。

漢字《かんじ》で数字《すうじ》を表《あらわ》す時《とき》

数《かず》を漢字《かんじ》で書《か》き表《あらわ》す場合《ばあい》もあります。漢字《かんじ》で書《か》き表《あらわ》す数字《すうじ》を「漢《かん》数字《すうじ》」といいます。たとえば「小学三年生《しょうがくさんねんせい》」などといったように、漢字《かんじ》といっしょに使《つか》ったり、ひとまとまりの言葉《ことば》として書《か》き表《あらわ》したりする場合《ばあい》に使《つか》います。

このように数字《すうじ》には、いろいろな種類《しゅるい》があります。だから、目的《もくてき》や場合《ばあい》に応《おう》じて、ふさわしい数字《すうじ》の種類《しゅるい》を選《えら》んで使《つか》う必要《ひつよう》があるのです。

調《しら》べてみよう

古代《こだい》の数字《すうじ》いろいろ

昔《むかし》の人《ひと》はいろいろな数字《すうじ》を発明《はつめい》しました。古代《こだい》ローマ人《じん》はローマ数字《すうじ》を考《かんが》えましたが、古代《こだい》エジプト人《じん》も古代《こだい》バビロニア人《じん》も数字《すうじ》をつくっています。でもゼロがあるのはアラビア数字《すうじ》だけです。インドで生《う》まれたアラビア数字《すうじ》は「0」という数《かず》を最初《さいしょ》から意識《いしき》してつくられているのが特徴《とくちょう》です。ほかの数字《すうじ》も図鑑《ずかん》などで調《しら》べてみましょう。

ひとくちメモ　漢数字《かんすうじ》の八《はち》は「末広《すえひろ》がり」で縁起《えんぎ》がいいとされているように、数字《すうじ》は占《うらな》いに使《つか》われることもよくあります。また縁起《えんぎ》がいい数字《すうじ》、悪《わる》い数字《すうじ》は国《くに》や文化《ぶんか》によってちがってきます。

いちばん画数《かくすう》の多《おお》い漢字《かんじ》はナンダ!?

東京学芸大学附属小金井小学校《とうきょうがくげいだいがくふぞくこがねいしょうがっこう》
鈴木秀樹《すずきひでき》先生《せんせい》が書《か》きました

読《よ》んだ日《ひ》　月《がつ》　日《にち》　月《がつ》　日《にち》　月《がつ》　日《にち》

常用漢字《じょうようかんじ》のチャンピオン決定《けってい》!

常用漢字《じょうようかんじ》（※）の中《なか》で、いちばん画数《かくすう》の多《おお》い字《じ》は何《なん》でしょう？ヒントは、草木《くさき》が生《お》い茂《しげ》る様子《ようす》、気持《きも》ちがふさぐ、という意味《いみ》の漢《かん》字《じ》です。答《こた》えは「鬱《うつ》」で、29画《かく》もあります（図《ず》1）。

こんなに画数《かくすう》が多《おお》いと、「書《か》くのがめんどうくさい！」と思《おも》うかもしれませんね。でも、漢字《かんじ》をよく見《み》てください。知《し》っている字《じ》がいくつもありますよ。上《うえ》には「木《き》」が2つ、その間《あいだ》にあるのは空《あ》き缶《かん》の「缶《かん》」です。カタカナの「ヒ」や、「彡（さんづくり）」もあります。これなら、すぐに書《か》けそうな気《き》がしませんか？

「鬱《うつ》」の2倍以上《ばいいじょう》も画数《かくすう》が多《おお》い!

ぶあつい漢字辞典《かんじじてん》を引《ひ》くと、もっと画数《かくすう》の多《おお》い字《じ》が見《み》つかります。たとえば、馬《うま》が3つ合《あ》わさった「驫（ヒュウ・ヒョウ）」は30画《かく》です。この字《じ》は、たくさんの馬《うま》が走《はし》る様子《ようす》を表《あらわ》しています。

鹿《しか》が3つ合《あ》わさった「麤（ソ・ス）」は33画《かく》です。シカがざっと集《あつ》まっている様子《ようす》から、「まばら、あらい」という意味《いみ》になります。

また、龍《りゅう》が横《よこ》に2つ並《なら》んだ「龖（トウ）」は32画《かく》、3つ合《あ》わさった「龘（トウ・ドウ）」は48画《かく》です。

さらに、4つの龍《りゅう》が田《た》の字《じ》のように並《なら》んだ「𪚥（テツ）」は、なんと64画《かく》！ 29画《かく》の「鬱《うつ》」より、2倍以上《ばいいじょう》も画数《かくすう》が多《おお》いのです。

もしも、自分《じぶん》の名前《なまえ》にこんな字《じ》が入《はい》っていたら、テストの答案用《とうあんよう》

鬱

図《ず》1

調《しら》べてみよう

いちばん画数《かくすう》の少《すく》ない漢字《かんじ》は?

答《こた》えは、1画《かく》の「一《いち》」と「乙《おつ》」です。2画《かく》の漢字《かんじ》は数《かず》がぐっと増《ふ》えて、「九《きゅう》」「七《なな》」「十《じゅう》」「人《ひと》」「二《に》」「入《にゅう》」「八《はち》」「力《ちから》」「刀《かたな》」「丁《てい》」「又《また》」「了《りょう》」と12個《こ》もあります。鉛筆《えんぴつ》を1、2回動《かいうご》かすだけで書《か》けるなんて、なんだか得《とく》した気分《きぶん》ですね！

ひとくちメモ　「鬱《うつ》」より画数《かくすう》が多《おお》くて、よく見《み》る漢字《かんじ》に「鸞《らん》」（30画《かく》）があります。鎌倉時代《かまくらじだい》の僧侶《そうりょ》「親鸞《しんらん》」の名前《なまえ》にも使《つか》われています。たしかに画数《かくすう》は多《おお》いですが、「糸《いと》」「言《げん》」「鳥《とり》」の組《く》み合《あ》わせなのでスラスラ書《か》けるのでは？

紙《し》に名前《なまえ》を書《か》くだけでも大変《たいへん》ですね！

84画《かく》もある まぼろしの漢字《かんじ》!?

漢字辞典《かんじじてん》にはのっていませんが、もっと画数《かくすう》の多《おお》い字《じ》も知《し》られています。

図《ず》2のように、雲《くも》が3つ、龍《りゅう》が3つ合《あ》わさった形《かたち》をしていて、「たいと」と読《よ》みます。この一文字《ひともじ》で、なんと84画《かく》もあるのです。

この文字《もじ》は、日本《にほん》でつくられた和製漢字《わせいかんじ》で、人《ひと》の名前《なまえ》に使《つか》われていたとされています。しかし、本当《ほんとう》にこんな漢字《かんじ》があったのか、いつごろ使《つか》われていたのかなど、はっきりしたことはわかっていません。まさに、〝まぼろしの漢字《かんじ》〟ですね。

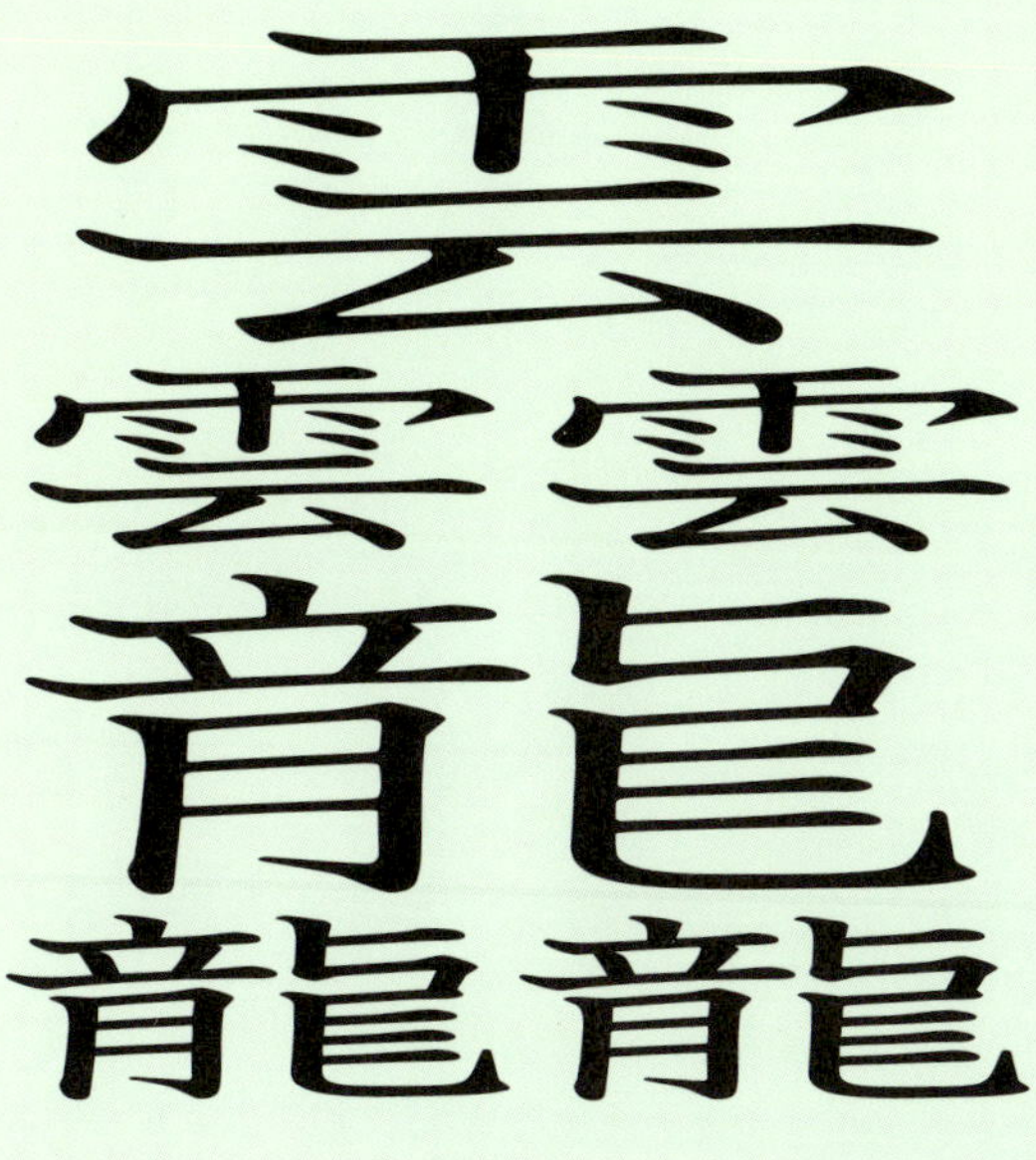

図《ず》2

※日常生活《にちじょうせいかつ》で使《つか》うことのできる漢字《かんじ》の目安《めやす》として選定《せんてい》された2136字《じ》（2017年現在《ねんげんざい》）。

3月

ちょっとむずかしい言葉 辞典

山《やま》は笑《わら》うし、おしゃれもする

3月 10日

日本国語教育学会理事《にほんこくごきょういくがっかいりじ》
功刀道子《くぬぎみちこ》先生《せんせい》が書《か》きました

読《よ》んだ日《ひ》　月　日　｜　月　日　｜　月　日

山《やま》の姿《すがた》を表《あらわ》すさまざまな表現《ひょうげん》

春《はる》になると、山《やま》の木《き》や草《くさ》がいっせいに芽《め》ぶき、山全体《やまぜんたい》が黄緑色《きみどりいろ》や若草色《わかくさいろ》でおおわれます。ピンク色《いろ》の山《やま》ざくらや白《しろ》いこぶしの花《はな》も咲《さ》き、山《やま》が明《あか》るくにぎやかになります。小鳥《ことり》もさえずります。この様子《ようす》を「山笑《やまわら》う」といいます。明治《めいじ》の俳人《はいじん》・正岡子規《まさおかしき》は、「故郷《ふるさと》やどちらを見《み》ても山笑《やまわら》ふ（う）」という句《く》をつくっています。

「山笑《やまわら》う」という言葉《ことば》は、古代《こだい》の中国人《ちゅうごくじん》が、春《はる》、夏《なつ》、秋《あき》、冬《ふゆ》の四季《しき》の山《やま》の姿《すがた》をおもしろく表現《ひょうげん》したことに始《はじ》まります。三月半《さんがつなか》ばの桃《もも》の花《はな》が咲《さ》き始《はじ》める頃《ころ》を「桃始笑（もはじめてさく）」と表現《ひょうげん》する言葉《ことば》もあります。

おしゃれをするのは秋《あき》

春《はる》の山《やま》を「山笑《やまわら》う」というように、他《ほか》の季節《きせつ》の山《やま》にもおもしろい表現《ひょうげん》があります。

夏《なつ》の山《やま》は「山《やま》したたる」。山《やま》のすべてが生命力《せいめいりょく》にあふれている様子《ようす》を表《あらわ》した言葉《ことば》です。夏《なつ》の山《やま》の様子《ようす》を思《おも》い浮《う》かべてみましょう。生《い》き生《い》きとした緑《みどり》におおわれています。川《かわ》の流《なが》れもいきおいがあります。虫《むし》や動物《どうぶつ》の動《うご》きも活発《かっぱつ》です。

秋《あき》の山《やま》は「山《やま》よそおう」といいます。「よそおう」というのはきれいに服《ふく》を着《き》てかざることです。秋《あき》は葉《は》が赤《あか》や黄色《きいろ》に色《いろ》づき、山全《やまぜん》体《たい》が紅葉《こうよう》しているよう。秋《あき》の山《やま》は木々《きぎ》の葉《は》がおしゃれをしたような姿《すがた》になるので、その様子《ようす》を「山《やま》よそおう」と呼《よ》んでいるのです。

調《しら》べてみよう

冬《ふゆ》の山《やま》はなんという？

春《はる》、夏《なつ》、秋《あき》のように冬《ふゆ》の山《やま》にも独特《どくとく》な言《い》い方《かた》があります。想像《そうぞう》してみましょう。木々《きぎ》は葉《は》を落《お》とし、あたりは静《しず》まりかえっています。木《き》の芽《め》もじっと春《はる》を待《ま》っています。クマやヘビなど山《やま》の動物《どうぶつ》たちは冬眠中《とうみんちゅう》です。「山《やま》○○○」の○○○にはどんな言葉《ことば》が入《はい》ると思《おも》いますか？

ひとくちメモ　山《やま》が紅葉《こうよう》した姿《すがた》を「山《やま》よそおう」という言《い》い方《かた》の他《ほか》に「山《やま》の錦《にしき》」という言《い》い方《かた》もあります。赤《あか》や黄色《きいろ》の葉《は》で山《やま》がはなやかな着物《きもの》を着《き》ているように見《み》えますね。

生《い》きる喜《よろこ》びを伝《つた》え続《つづ》けた やなせたかし

3月《がつ》11日《にち》

明星大学教育学部《めいせいだいがくきょういくがくぶ》
邑上裕子《むらかみゆうこ》先生《せんせい》が書《か》きました

読《よ》んだ日《ひ》　月《がつ》　日《にち》｜月《がつ》　日《にち》｜月《がつ》　日《にち》

なんのために生《う》まれてなにをして生《い》きるのか

テレビアニメのアンパンマンの主題歌《しゅだいか》「アンパンマンのマーチ」の中《なか》に「なんのために生《う》まれ、人生《じんせい》なにをするのか」という意味《いみ》の言葉《ことば》があります。アンパンマンの生《う》みの親《おや》、やなせたかしさんが、このようなテーマソングをつくったのは、「今《いま》を生《い》きることを大切《たいせつ》にしてほしい」という願《ねが》いからきているといわれています。

避難所《ひなんじょ》で大合唱《だいがっしょう》

2011年《ねん》3月《がつ》11日《にち》に大《おお》きな地震《じしん》がありました。みなさんは、まだ小《ちい》さくて覚《おぼ》えていないかもしれませんが「東《ひがし》日本大震災《にほんだいしんさい》」です。地震《じしん》の後《あと》、避難所《ひなんじょ》で暮《く》らすお母《かあ》さんから、「子供《こども》に元気《げんき》をつけるために大《だい》好《す》きなアンパンマンの歌《うた》を聞《き》かせてほしい」との願《ねが》いが、やなせさんの元《もと》にとどきました。生《い》きる喜《よろこ》びを高《たか》らかに歌《うた》うところで、みんな大合唱《だいがっしょう》です。やなせさんは漫画家《まんがか》でもできることがあると、勇気《ゆうき》づけられたといいます。

味《あじ》わってみよう

アニメ主題歌《しゅだいか》の歌詞《かし》

幼稚園《ようちえん》や小学校低学年《しょうがっこうていがくねん》で見《み》ていたアニメの主題歌《しゅだいか》を今《いま》も覚《おぼ》えていますか？　成長《せいちょう》してから再《ふたた》び歌詞《かし》をよく読《よ》んでみると、新《あら》たな発見《はっけん》があるものです。幼《おさな》すぎて気《き》づかなかった歌詞《かし》の魅力《みりょく》を味《あじ》わってみましょう。

ひとくちメモ　やなせさんが眠《ねむ》っている高知県香美市《こうちけんかみし》の「やなせたかし朴ノ木公園《ほうのきこうえん》」に直筆《じきひつ》の詩碑《しひ》があります。

舌《した》が大事《だいじ》!? 「あいうえお」のしくみ

3月 12日

日本女子大学児童学科《にほんじょしだいがくじどうがっか》
笹平真之介《ささひらしんのすけ》先生《せんせい》が書《か》きました

読《よ》んだ日《ひ》　月《がつ》　日《にち》｜　月《がつ》　日《にち》｜　月《がつ》　日《にち》

「あいうえお」は母音《ぼいん》

いろいろな言葉《ことば》を声《こえ》で表《あらわ》すためには、それぞれちがう、たくさんの音《おと》が必要《ひつよう》ですね。気《き》づいていないかもしれませんが、私《わたし》たちはのどから唇《くちびる》を出《で》るまでの間《あいだ》に、声《こえ》にさまざまな工夫《くふう》をほどこして、たくさんの音《おと》をつくっています。

たとえば、みなさんが「あ／い／う／え／お」の文字《もじ》を読《よ》むときに出《だ》している5つの音《おと》を母音《ぼいん》といいます。ではこの5つはそれぞれにどのような工夫《くふう》をして出《だ》しているか、わかりますか。

学校《がっこう》では開《ひら》く口《くち》の形《かたち》のちがい、と習《なら》っているかもしれません。でも実《じつ》はそれだけではないのです。ためしに「う」の口《くち》の形《かたち》のままで、「あいうえお」の音《おと》を出《だ》してみましょう。どこかが動《うご》いていませんか？

そう、舌《した》ですね。母音《ぼいん》のちがいは、舌《した》の位置《いち》がつくる、口《くち》の中《なか》の空洞《くうどう》の形《かたち》のちがいでもあるのです。

英語《えいご》の母音《ぼいん》は20以上《いじょう》

世界中《せかいじゅう》の言語《げんご》を観察《かんさつ》してみると、母音《ぼいん》は5つとはかぎりません。たとえば沖縄《おきなわ》の方言《ほうげん》やアラビア語《ご》では、母音《ぼいん》は「あいう」の3つとされています。多《おお》くの人《ひと》が学校《がっこう》で習《なら》う英語《えいご》は、途中《とちゅう》で2つの母音《ぼいん》が変化《へんか》するものも含《ふく》めると、20以上《いじょう》はあるとされています。

このように、言語《げんご》によって母音《ぼいん》の数《かず》もちがっているのです。

声《こえ》に出《だ》してみよう

舌《した》の位置《いち》を気《き》にして

舌《した》の位置《いち》を気《き》にしながら、母音《ぼいん》の発声練習《はっせいれんしゅう》をしてみましょう。「あ」では一番下《いちばんした》、「い」は一番前《いちばんまえ》、「う」は一番奥《いちばんおく》、「え」は「あ」と「い」の中間《ちゅうかん》、「お」は「う」と「あ」の中《ちゅう》間《かん》に、舌《した》の先《さき》がくるようになりませんか？

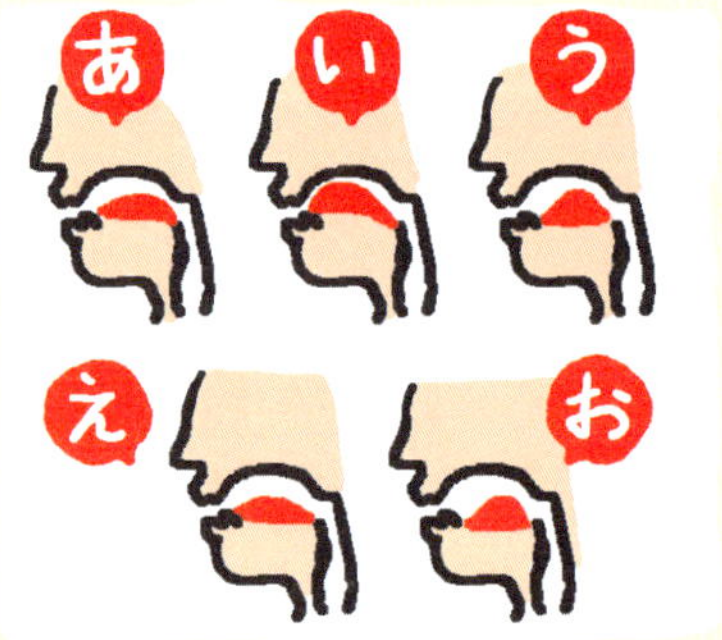

ひとくちメモ

「あ」は、日本語《にほんご》でも一番《いちばん》はじめに置《お》かれているように、最《もっと》も基本的《きほんてき》な母音《ぼいん》だとされています。世界中《せかいじゅう》の言《げん》語《ご》に「あ」は見《み》られ、また子供《こども》が最初《さいしょ》に覚《おぼ》えるのも「あ」です。

ものの名前にまつわるお話

タンポポの名前《なまえ》は、音《おと》に関係《かんけい》あり？

3月13日

東京学芸大学教育学部《とうきょうがくげいだいがくきょういくがくぶ》
中村和弘《なかむらかずひろ》先生《せんせい》が書《か》きました

読《よ》んだ日《ひ》　月《がつ》　日《にち》　月《がつ》　日《にち》　月《がつ》　日《にち》

名前《なまえ》の由来《ゆらい》はいろいろある

タンポポは、黄色《きいろ》い花《はな》が咲《さ》き終《お》わると、まん丸《まる》い綿毛《わたげ》に変《か》わります。ふーっと息《いき》を吹《ふ》きかけて、タネを飛《と》ばして遊《あそ》んだりしますね。

タンポポという名前《なまえ》の由来《ゆらい》には、いろいろな説《せつ》があります。その中《なか》でも、有力《ゆうりょく》なものをいくつか紹介《しょうかい》しましょう。

ひとつは、茎《くき》の両端《りょうたん》をさいて水《みず》につけると、そり返《かえ》って鼓《つづみ》のような形《かたち》になります。そこで、鼓《つづみ》を打《う》つ「タン・ポンポン」という音《おと》から、タンポポになったというものです。だから、タンポポは別名《べつめい》「鼓草《つづみぐさ》」とも呼《よ》ばれます。

もうひとつは、タンポポの丸《まる》い綿毛《わたげ》の形《かたち》が、昔《むかし》の大名行列《だいみょうぎょうれつ》でお供《とも》の人《ひと》が持《も》つ「たんぽ槍《やり》」に似《に》ているからというものです。

どちらも、古《ふる》くから日本《にほん》の文化《ぶんか》と深《ふか》いかかわりのある花《はな》だったということがわかりますね。

英語《えいご》では「ライオンの歯《は》」

タンポポは、英語《えいご》でダンデライオンといいます。これはフランス語《ご》で「ライオンの歯《は》」を意味《いみ》するダン・ド・リオンからきています。でも、丸《まる》くて黄色《きいろ》いお花《はな》は、ちっとも歯《は》に似《に》ていませんね。

じつは、ライオンの歯《は》に似《に》ているのは、ギザギザした葉《は》っぱのほう。もともとヨーロッパでは、タンポポの葉《は》は、おいしい野菜《やさい》として食《た》べられていたのです。

調《しら》べてみよう

薬草《やくそう》としても有名《ゆうめい》

タンポポは、漢字《かんじ》で「蒲公英」と書《か》きます。これは花《はな》が咲《さ》く前《まえ》のタンポポを乾燥《かんそう》させて、漢方薬《かんぽうやく》にしたものを蒲公英《たんぽぽ》と呼《よ》ぶことが由来《ゆらい》。古《ふる》くから薬草《やくそう》として利用《りよう》されていたのですね。

ひとくちメモ　キク科《か》のタンポポには、日本在来《にほんざいらい》のニホンタンポポと、明治期《めいじき》に外国《がいこく》から入《はい》ってきたセイヨウタンポポがあります。ニホンタンポポは春《はる》に咲《さ》きますが、セイヨウタンポポは一年中《いちねんじゅう》、花《はな》を咲《さ》かせます。

「親気《おやげ》ねえ」ってどういう意味《いみ》？〜北関東《きたかんとう》らしい方言《ほうげん》〜

3月 14日

東京学芸大学附属竹早小学校《とうきょうがくげいだいがくふぞくたけはやしょうがっこう》
荻野《おぎの》 聡《さとし》先生《せんせい》が書《か》きました

読《よ》んだ日《ひ》　月《がつ》　日《にち》　月《がつ》　日《にち》　月《がつ》　日《にち》

辞書《じしょ》とは逆《ぎゃく》の意味《いみ》？

「親気《おやげ》ない」という言葉《ことば》を知《し》っていますか。「親《おや》」の「気持《きも》ち」がないと書《か》くので、「親《おや》らしくない」「優《やさ》しくない」のような意味《いみ》を想像《そうぞう》したのではないでしょうか？　辞書《じしょ》で「親気《おやげ》ない」を調《しら》べると、「むごい、無慈悲《むじひ》である」という意味《いみ》が出《で》てきます。想像通《そうぞうどお》りでしたか？

　しかし、北関東《きたかんとう》にある群馬県《ぐんまけん》では「親気《おやげ》ない」という言葉《ことば》は、ほとんど逆《ぎゃく》の意味《いみ》で使《つか》われています。「かわいそう」「助《たす》けてあげたい」「優《やさ》しくしてあげたい」という意《い》味《み》になるのです。どちらかというと、小《ちい》さな子供《こども》に対《たい》して大人《おとな》が使《つか》うことが多《おお》く、人々《ひとびと》が助《たす》け合《あ》って生活《せいかつ》していこうとする気持《きも》ちや、心《こころ》の温《あたた》かさが表《あらわ》れているといえるでしょう。

「まあず」は「とても」？

　群馬《ぐんま》では、様子《ようす》がはなはだしいこと、印象《いんしょう》を強《つよ》めたい時《とき》などに「まあず」という言葉《ことば》が使《つか》われます。たとえば、何《なに》か美味《おい》しい物《もの》を食《た》べて、「まあずうめぇのお」（とっても美味《おい》しいね）のように使《つか》います。

　「まあず」は、もともとは「まず」だったと考《かんが》えられています。何《なに》をおいても第一《だいいち》に、ということから、「すごく大切《たいせつ》なことなんだ」という意味合《いみあ》いをつけ足《た》す言葉《ことば》になっていったのかもしれません。

ふれてみよう

作品《さくひん》の中《なか》の方言《ほうげん》

『面白《おもしろ》かんべぇ上州弁《じょうしゅうべん》』（遠藤隆也《えんどうりゅうや》著《ちょ》・ブレーン・オフィス）という本《ほん》は、群馬《ぐんま》の方言《ほうげん》をおもしろく紹介《しょうかい》したエッセイ。また『お前《まえ》はまだグンマを知《し》らない』（井田《いだ》ヒロト作《さく》・新潮社《しんちょうしゃ》）は群馬《ぐんま》を舞台《ぶたい》にしたマンガで、若《わか》い人《ひと》の群馬弁《ぐんまべん》がたくさんでてきます。映画化《えいがか》もされていますよ。

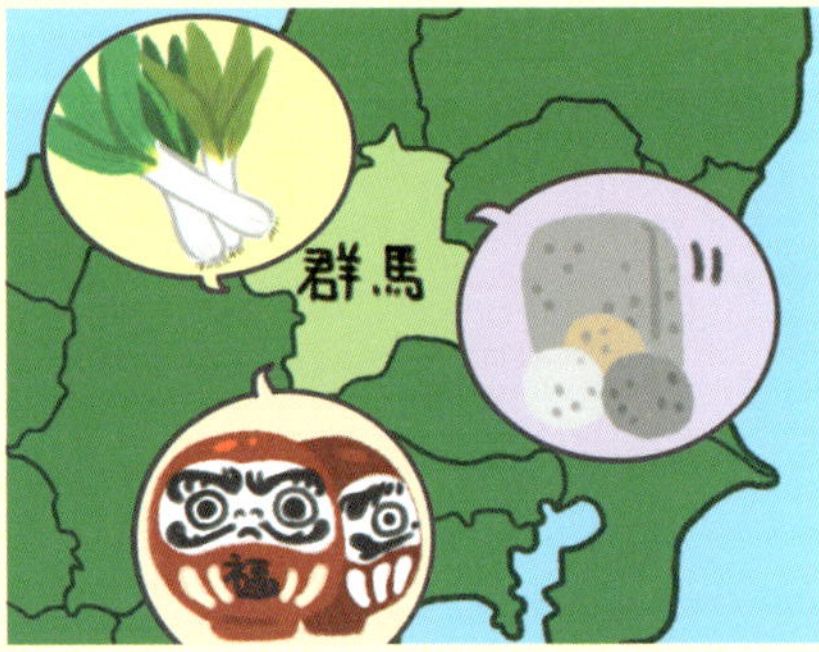

ひとくちメモ　地方《ちほう》によっては、話《はな》す言葉《ことば》の調子《ちょうし》（イントネーションやアクセント）が独特《どくとく》な場合《ばあい》があります。群馬県《ぐんまけん》では「イチゴ」を「イ・チゴ」と「イ」を強《つよ》く発音《はつおん》します。みなさんの住《す》んでいる地域《ちいき》と比《くら》べてみましょう。

長《なが》〜いけど大人気《だいにんき》 『源氏物語《げんじものがたり》』を書《か》いた紫式部《むらさきしきぶ》

東京学芸大学教育学部《とうきょうがくげいだいがくきょういくがくぶ》
中村和弘《なかむらかずひろ》先生《せんせい》が書《か》きました

読《よ》んだ日《ひ》　月《がつ》　日《にち》　月《がつ》　日《にち》　月《がつ》　日《にち》

和歌《わか》が得意《とくい》な貴族《きぞく》のむすめ

世界《せかい》でいちばん古《ふる》くて、長《なが》い物語《ものがたり》は何《なん》だと思《おも》いますか？　今《いま》から千年以上《せんねんいじょう》も前《まえ》に、紫式部《むらさきしきぶ》によって書《か》かれた『源氏物語《げんじものがたり》』（167ページ参照《さんしょう》）もそのひとつでしょう。

紫式部《むらさきしきぶ》は、平安時代《へいあんじだい》のなかごろ、身分《みぶん》の高《たか》い貴族《きぞく》のむすめとして生《う》まれました。小《ち》さいころから頭《あたま》がよくて、漢文《かんぶん》を読《よ》んだり、和歌《わか》をつくるのがとても上手《じょうず》でした。しかし、そのころの女性《じょせい》の身分《みぶん》は低《ひく》く、仕事《しごと》をもって社会《しゃかい》で活躍《かつやく》することはむずかしかったのです。

貴族《きぞく》の文化《ぶんか》や生活《せいかつ》のようすを描《えが》く

やがて、紫式部《むらさきしきぶ》に大《おお》きなチャンスが訪《おとず》れます。少《すこ》しずつ書《か》き始《はじ》めていた『源氏物語《げんじものがたり》』が知《し》られるようになり、天皇《てんのう》のきさきの先生《せんせい》として宮廷《きゅうてい》にまねかれたのです。そこで、紫式部《むらさきしきぶ》は、宮廷《きゅうてい》でのできごとや貴族《きぞく》の暮《く》らしぶりをつぶさに観察《かんさつ》し、物語《ものがたり》を書《か》き進《すす》めていきました。

こうしてできあがった『源氏物語《げんじものがたり》』は、全部《ぜんぶ》で五十四帖《ごじゅうよんじょう》（巻《まき》）、100万文字《まんもじ》を超《こ》える長《なが》さです。それらはすべて、漢字《かんじ》をくずした「かな文字《もじ》（ひらがな）」で書《か》かれています（30ページ参照《さんしょう》）。

その後《ご》、紫式部《むらさきしきぶ》がどんな人生《じんせい》を送《おく》ったのか、はっきりしたことはわかっていません。しかし、彼女《かのじょ》の書《か》いた長《なが》〜い物語《ものがたり》は、千年《せんねん》のときを越《こ》えて、今《いま》も世界中《せかいじゅう》の人々《ひとびと》に読《よ》みつがれています。

知《し》っておこう

紫式部《むらさきしきぶ》はペンネーム？

紫式部《むらさきしきぶ》という名前《なまえ》は本名《ほんみょう》ではなく、宮中《きゅうちゅう》での呼《よ》び名《な》です。『源氏物語《げんじものがたり》』の登場人物《とうじょうじんぶつ》のひとり、「紫の上《むらさきのうえ》」にちなんで、紫式部《むらさきしきぶ》と呼《よ》ばれるようになったともいわれています。

ひとくちメモ

『源氏物語《げんじものがたり》』は、主人公《しゅじんこう》の光源氏《ひかるげんじ》を中心《ちゅうしん》に500人《にん》もの人物《じんぶつ》が登場《とうじょう》し、貴族《きぞく》の恋愛《れんあい》のようすなどが描《えが》かれています。今《いま》では世界《せかい》20カ国以上《こくいじょう》で翻訳《ほんやく》され、日本《にほん》を代表《だいひょう》する文学作品《ぶんがくさくひん》として親《した》しまれています。

歌や古典・芸能にまつわるお話

俳句《はいく》とは発見《はっけん》だ！

3月
16日

佐賀県《さがけん》佐賀市立《さがしりつ》本庄小学校校長《ほんじょうしょうがっこうこうちょう》
権藤順子《ごんどうじゅんこ》先生《せんせい》が書《か》きました

読《よ》んだ日《ひ》　月《がつ》　日《にち》｜月《がつ》　日《にち》｜月《がつ》　日《にち》

俳句《はいく》の3つのヒント

は　っとする発見《はっけん》、
い　つの季語《きご》は一《ひと》つ、
く　切《ぎ》りの五七五《ごしちご》で十七音《じゅうななおん》

それが俳句《はいく》と覚《おぼ》えてください。世界《せかい》で一番短《いちばんみじか》い文芸《ぶんげい》といわれています。十七音《じゅうななおん》の中《なか》にさまざまな感動《かんどう》や発見《はっけん》がこめられます。

日本《にほん》に昔《むかし》からあった和歌《わか》（短歌《たんか》）は、五七五七七《ごしちごしちしち》の三十一音《さんじゅういちおん》からできています。はじめは一人《ひとり》で歌《うた》をつくっていましたが、そのうち五七五《ごしちご》に続《つづ》けて別《べつ》の人《ひと》が下《しも》の七七《しちしち》をつくる「連歌《れんが》」というものが生《う》まれます。次第《しだい》に上《かみ》の句《く》の五七五《ごしちご》（発句《ほっく》）だけをつくるようになり、これが俳句《はいく》となりました。

作者《さくしゃ》の思《おも》いとは別《べつ》に、読《よ》み手《て》がさまざまに解釈《かいしゃく》できるのも俳句《はいく》のおもしろさです。次《つぎ》の句《く》をよんでみてください。

古池《ふるいけ》や蛙飛《かわずと》び込《こ》む水《みず》の音《おと》

これをよんだ松尾芭蕉《まつおばしょう》は、江戸《えど》時代《じだい》の俳人《はいじん》です。よむ人《ひと》によって思《おも》い浮《う》かべる池《いけ》や蛙《かえる》や水《みず》の音《おと》はさまざま、句《く》から連想《れんそう》することもちがうかもしれませんね。

季語選《きごえら》び

季語《きご》は、主《おも》に時候《じこう》、天文《てんもん》、地理《ちり》、植物《しょくぶつ》、動物《どうぶつ》、生活《せいかつ》、行事《ぎょうじ》に分《わ》かれています。たとえば春《はる》の場合《ばあい》は、時候《じこう》には、春立《はるた》つ、春《はる》めく。天候《てんこう》には、風光《かぜひか》る、菜種梅雨《なたねづゆ》など。地理《ち》には、山笑《やまわら》ふ、水温《みずぬる》む、などがあります。生活《せいかつ》には入学《にゅうがく》や遠足《えんそく》、桜《さくら》もちなどの食《た》べ物《もの》もあります。

句《く》の中《なか》の季語《きご》は1つ。2つ使《つか》うのは重季《じゅうき》（季重《きがさ》なり）といい、あまりよくありません。でも、「目《め》には青葉《あおば》　山《やま》ほととぎす　初鰹《はつがつお》」（山口素堂《やまぐちそどう》）のように、「青葉《あおば》」「ほととぎす」「初鰹《はつがつお》」の3つの季語《きご》が重《かさ》なる句《く》もあります。どの季語《きご》を使《つか》えば自分《じぶん》の感動《かんどう》や発見《はっけん》が表《あらわ》れるかを考《かんが》えることが大切《たいせつ》です。

つくってみよう

季語《きご》を入《い》れて

俳句《はいく》をつくってみましょう。季語《きご》を入れて、標語《ひょうご》をつくるように、五七五《ごしちご》とリズムよく口《くち》ずさむことができるようにします。

ひとくちメモ
決《き》められている字数《じすう》を破《やぶ》る破調《はちょう》の句《く》もあります。たとえば「咳《せき》をしても一人《ひとり》」（尾崎放哉《おざきほうさい》）。また、季語《きご》がないものは無季《むき》といい種田山頭火《たねださんとうか》の次《つぎ》の句《く》が有名《ゆうめい》です。「分《わ》け入《い》っても分《わ》け入《い》っても青《あお》い山《やま》」。

表現力がアップするお話

集《あつ》めてみよう いろいろな「あがる」

3月《がつ》 17日《にち》

日本《にほん》女子《じょし》大学《だいがく》児童《じどう》学科《がっか》
笹平《ささひら》真之介《しんのすけ》先生《せんせい》が書《か》きました

読《よ》んだ日《ひ》　月《がつ》　日《にち》　月《がつ》　日《にち》　月《がつ》　日《にち》

いろいろな「あがる」

みなさんは「あがる」という言葉《ことば》をどんなときに使《つか》いますか。思《おも》いつくだけ紙《かみ》に書《か》いてみましょう。

言葉《ことば》にはひとつで幅広《はばひろ》い意味《いみ》を担《にな》うものがあります。国語辞典《こくごじてん》は意味《いみ》を分類《ぶんるい》していますが、どのように分《わ》けているのでしょうか。「あがる」の例文《れいぶん》を使《つか》って、いっしょに考《かんが》えてみましょう。

A　二階《にかい》へあがる。
B　凧《たこ》があがる。
C　中学《ちゅうがく》にあがる。
D　風呂《ふろ》からあがる。
E　天《てん》ぷらがあがる。
F　緊張《きんちょう》であがる。
G　血圧《けつあつ》があがる。

意味《いみ》を考《かんが》えてみよう

まずAを見《み》てみると、「高《たか》いところへ移《うつ》る」という意味《いみ》がありそうです。するとBもAと同《おな》じ意味《いみ》かもしれません。しかしCの中学《ちゅうがく》（校《こう》）は小学校《しょうがっこう》が終《お》わって入《はい》る学校《こう》ですが、場所《ばしょ》が高《たか》いわけではありません。DやEは「何《なに》かが終《お》わる」ことですから、Cはその仲間《なかま》でしょう。

またFのときはGと関係《かんけい》がありそうですが、Gは数《かず》であらわせるのに、Fはできません。

このように、国語辞典《こくごじてん》は「あがる」の意味《いみ》を分類《ぶんるい》しています。反対《はんたい》に、言葉《ことば》のもつおおもとの意味《いみ》を考《かんが》えることもできます。辞書《じしょ》に頼《たよ》る前《まえ》に意味《いみ》を考《かんが》えてみるのもオススメです。

考《かんが》えてみよう

漢字《かんじ》から離《はな》れてみよう

漢字《かんじ》の書《か》き分《わ》けも分類《ぶんるい》する手《て》がかりのひとつですが、すべてではありません。上《うえ》で紹介《しょうかい》した「あがる」は「上《うえ》・挙《きょ》・揚《よう》・騰《とう》」で書《か》くことができますが、同《おな》じ「揚《よう》」で書《か》くBとEのちがいは説明《せつめい》できません。言葉《ことば》を知《し》るには漢字《かんじ》に頼《たよ》らないことも必要《ひつよう》なのですね。

ひとくちメモ　物《もの》の移動《いどう》から、気持《きも》ちの変化《へんか》までも表《あらわ》す「あがる」のように、言葉《ことば》はおおもとの意味《いみ》を保《たも》ちつつ、もとの使《つか》われ方《かた》の範囲《はんい》から、別《べつ》の範囲《はんい》でも使《つか》われるように、意味《いみ》を広《ひろ》げていきます。

五千円札《ごせんえんさつ》に描《えが》かれた 樋口一葉《ひぐちいちよう》

3月18日

東京都《とうきょうと》江東区立《こうとうくりつ》枝川《えだがわ》小学校《しょうがっこう》
迎《むかえ》 有果《ゆか》先生《せんせい》が書《か》きました

読《よ》んだ日《ひ》　月《がつ》　日《にち》　月《がつ》　日《にち》　月《がつ》　日《にち》

女性小説家《じょせいしょうせつか》の誕生《たんじょう》！

樋口一葉《ひぐちいちよう》は、1872年《ねん》（明治《めいじ》5年《ねん》）、東京《とうきょう》に生《う》まれました。本名《ほんみょう》は「奈津《なつ》」といいます。読書《どくしょ》が好《す》きな、賢《かしこ》い女《おんな》の子《こ》でした。

17歳《さい》の時《とき》に父親《ちちおや》と兄《あに》が亡《な》くなり、生活《せいかつ》が苦《くる》しくなります。そこで、駄菓子《だがし》などを売《う》る商売《しょうばい》を始《はじ》めましたが、うまくいきません。

この頃《ころ》から、お店《みせ》の仕事《しごと》をしながら小説《しょうせつ》を書《か》き始《はじ》めました。その時代《じだい》、小説家《しょうせつか》の多《おお》くは男性《だんせい》でした。それでも一葉《いちよう》は、小説家《しょうせつか》になろうと決意《けつい》します。

一葉《いちよう》は肺結核《はいけっかく》のため、24歳《さい》の若《わか》さで亡《な》くなりました。亡《な》くなる前《まえ》の、奇跡《きせき》の14カ月《げつ》といわれる短《みじか》い間《あいだ》に多《おお》くの名作《めいさく》を残《のこ》したのです。

どんな作品《さくひん》を書《か》いたの？

一葉《いちよう》の代表作《だいひょうさく》に『たけくらべ』があります。少女《しょうじょ》と少年《しょうねん》の初恋《はつこい》と、その成長《せいちょう》のお話《はなし》です。雨《あめ》の日《ひ》に下駄《げた》の鼻緒《はなお》が切《き》れてしまった信如《しんにょ》に、主人公《しゅじんこう》の美登利《みどり》が端切《はぎ》れを投《な》げる場面《ばめん》が有名《ゆうめい》です。

ほかにも、『大《おお》つごもり』、『にごりえ』、『十三夜《じゅうさんや》』などの作品《さくひん》があります。明治時代《めいじじだい》の生活《せいかつ》の様子《ようす》や、女性《じょせい》より男性《だんせい》が上《うえ》という考《かんが》え方《かた》、恋《こい》の話《はなし》などが描《えが》かれています。『たけくらべ』は、小学生《しょうがくせい》にも読《よ》みやすいように書《か》き直《なお》された本《ほん》もあるので、読《よ》んでみましょう。

行《い》ってみよう

樋口一葉記念館《ひぐちいちようきねんかん》（東京都台東区《とうきょうとたいとうく》）

日本《にほん》で初《はじ》めて建《た》てられた女性小説《じょせいしょうせつ》家《か》の文学館《ぶんがくかん》で、シリアルナンバー２番《ばん》の五千円札《ごせんえんさつ》が展示《てんじ》されています。一葉《いちよう》は、女性《じょせい》として初《はじ》めて日《に》本《ほん》のお札《さつ》の肖像画《しょうぞうが》に採用《さいよう》された人《じん》物《ぶつ》です。直筆《じきひつ》の作品《さくひん》や一葉《いちよう》が過《す》ごした家《いえ》の模型《もけい》などもあります。

ひとくちメモ

一葉《いちよう》という名前《なまえ》はペンネームです。これは、「達磨大師《だるまだいし》が貧《まず》しいために船《ふね》に乗《の》れず、葦《あし》の一葉《いちよう》に乗《の》って海《うみ》を渡《わた》った」という中国《ちゅうごく》の昔《むかし》の話《はなし》がもとになっています。

「、」の入《い》れ方《かた》で着物《きもの》が靴《くつ》になっちゃう!?

明星大学教育学部《めいせいだいがくきょういくがくぶ》
邑上裕子《むらかみゆうこ》先生《せんせい》が書《か》きました

読《よ》んだ日《ひ》　月《がつ》　日《にち》　月《がつ》　日《にち》　月《がつ》　日《にち》

漢字《かんじ》、それともひらがな？

　日頃《ひごろ》みなさんの話《はな》している言葉《ことば》を紙《かみ》に書《か》くと、たくさんの文字《もじ》や「、」「。」などの符号《ふごう》を使《つか》います。文字《もじ》には、漢字《かんじ》、ひらがな、カタカナ、ローマ字《じ》などがあります。漢字《かんじ》と仮名《かな》が交《ま》じっている文《ぶん》を、「漢字仮名交《かんじかなま》じり文《ぶん》」といいます。

　でも、漢字《かんじ》の多《おお》い書《か》き表《あらわ》し方《かた》だと、むずかしい印象《いんしょう》を与《あた》えるので、大人《おとな》でもひらがなに変《か》えて書《か》くことが少《すく》なくありません。たとえば、「我々《われわれ》」を「われわれ」、「極《きわ》めて」を「きわめて」と書《か》くと、よりわかりやすいですよね。

まったく意味《いみ》がちがう！

　くぎりを表《あらわ》す「、（読点《とうてん》）」は、入《い》れる場所《ばしょ》によって、まったくちがう意味《いみ》になることがあります。「ここではきものをぬいでください」という文章《ぶんしょう》に「、」を入《い》れてみましょう。「ここでは」のあとに「、」を入《い》れると、着物《きもの》をぬぐことになります。「ここで」のあとに「、」を入《い》れると、履物《はきもの》をぬぐことになりますね。

　では、ここで問題《もんだい》です。ある人《ひと》が「手紙《てがみ》はやめにします」というメモを渡《わた》しました。すると、メモを受《う》け取《と》った相手《あいて》は怒《おこ》ってしまいました。なぜでしょう？

　答《こた》えは、書《か》いた人《ひと》は「手紙《てがみ》、早《はや》めに」と書《か》いたつもりだったのに、受《う》け取《と》った人《ひと》は「手紙《てがみ》は、止《や》めに」と読《よ》んでしまったからです。

調《しら》べてみよう

「々」は何《なん》て読《よ》むの？

「々」は、前《まえ》の文字《もじ》をくり返《かえ》す時《とき》に使《つか》います。これは「くり返《かえ》し符号《ふごう》」といいます。「、」「。」の句読点《くとうてん》と同《おな》じように符号《ふごう》の仲間《なかま》で、漢字《かんじ》ではありません。だから決《き》まった読《よ》み方《かた》はなく、「正々堂々《せいせいどうどう》」のように、前《まえ》の文字《もじ》をくり返《かえ》して読《よ》むのです。

ひとくちメモ　「くりかへし符号《ふごう》の使《つか》い方《かた》（をどり字法《じほう》）」は、1946年《ねん》に表記《ひょうき》を統一《とういつ》する案《あん》として、当時《とうじ》の文部省《もんぶしょう》から示《しめ》されました。この表記法《ひょうきほう》は、今《いま》も使《つか》われています（文化庁資料《ぶんかちょうしりょう》より）。

ちょっとむずかしい言葉 辞典

「巣立《すだ》ち」は未来《みらい》のある言葉《ことば》

日本国語教育学会理事《にほんこくごきょういくがっかいりじ》
功刀道子《くぬぎみちこ》先生《せんせい》が書《か》きました

読《よ》んだ日《ひ》　月《がつ》　日《にち》　月《がつ》　日《にち》　月《がつ》　日《にち》

ひなが巣《す》を離《はな》れるとき

卒園《そつえん》や卒業《そつぎょう》のころになると「巣《す》立《だ》ち」という言葉《ことば》を聞《き》きます。「巣立《すだ》ち」とは、主《おも》に鳥《とり》のひなが巣《す》をはなれて飛《と》び立《た》っていくことをいいます。飛《と》び立《た》つまでは、母《はは》鳥《どり》が毎日《まいにち》えさを運《はこ》んで食《た》べさせます。巣《す》の中《なか》のひなは、最初《さいしょ》は飛《と》び方《かた》がわからず巣《す》の周《まわ》りをうろうろしています。母鳥《ははどり》は心配《しんぱい》そうに巣《す》の周《まわ》りで見守《みまも》っています。やがて羽《はね》を動《うご》かして飛《と》び立《た》てるようになると、自分《じぶん》でえさをさがして食《た》べられるようになります。

このことから、いままで過《す》ごした学校《がっこう》から卒業《そつぎょう》していくことや、お父《とう》さんやお母《かあ》さんに甘《あま》えて過《す》ごしていた家《いえ》から進学《しんがく》や就職《しゅうしょく》のために親《おや》もとをはなれて生活《せいかつ》することを「巣立《すだ》ち」といいます。「巣《す》立《だ》ち」の言葉《ことば》は、小学校《しょうがっこう》から中学校《ちゅうがっこう》へ、中学校《ちゅうがっこう》から高校《こうこう》へと進学《しんがく》するたびに使《つか》います。

心《こころ》も体《からだ》も大《おお》きくなっていくとき

「巣立《すだ》ち」という言葉《ことば》は、「卒業《そつぎょう》」「門出《かどで》」「自立《じりつ》」「旅立《たびだ》ち」「出発《しゅっぱつ》」「スタート」「成長《せいちょう》」という言葉《ことば》と同《おな》じような意味《いみ》があります。夢《ゆめ》や希《き》望《ぼう》をもって新《あたら》しい世界《せかい》に進《すす》む、明《あか》るいイメージのある言葉《ことば》です。

「困難《こんなん》なことがあるかもしれないけれど、がんばるぞ」という気持《きも》ちのある言葉《ことば》です。心《こころ》も体《からだ》も大《おお》きくなっていくときです。

使《つか》ってみよう

「巣《す》」と「つばさ」

巣《す》という漢字《かんじ》は、木《き》の上《うえ》につくられた、鳥《とり》の「す」の絵《え》から生《う》まれました。また「新《あたら》しい世界《せかい》に大《おお》きく羽《は》ばたこう」「大空《おおぞら》につばさを広《ひろ》げて飛《と》び立《た》とう」などと鳥《とり》のつばさにたとえた言《い》い方《かた》もあります。

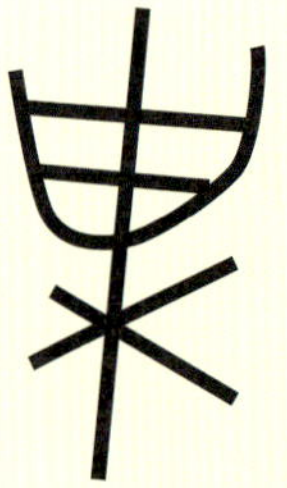

↓
巣《す》

ひとくちメモ　巣立《すだ》ちと同《おな》じように、新《あたら》しい場所《ばしょ》にこれから向《む》かうという意味《いみ》で、「船出《ふなで》」も使《つか》われます。反対《はんたい》に巣《す》に入《はい》ったままでいることを「巣《す》ごもる」や「巣《す》ごもり」といいます。

漢字《かんじ》を読《よ》むとき役《やく》に立《た》つ ふりがな と 送《おく》りがな

3月 21日

静岡県富士宮市立稲子小学校校長《しずおかけんふじのみやしりついなこしょうがっこうこうちょう》
芦川幹弘《あしかわみきひろ》先生《せんせい》が書《か》きました

読《よ》んだ日《ひ》　月《がつ》　日《にち》　月《がつ》　日《にち》　月《がつ》　日《にち》

なんと読《よ》むかがわかる

「『風車』をなんと読《よ》みますか」と聞《き》かれたら、「かざぐるま」か「ふうしゃ」のどちらかの答《こた》えが返《かえ》ってくるでしょう。この場合《ばあい》は、漢《かん》字《じ》の横《よこ》に小《ちい》さくふりがなを書《か》くことで読《よ》み方《かた》がはっきりします。「川原《かわら》」「黄昏《たそがれ》」「時雨《しぐれ》」などの特《とく》別《べつ》な読《よ》み方《かた》をする漢字《かんじ》にも、ふりがなが効果的《こうかてき》です。出版《しゅっぱん》、印刷《いんさつ》の世界《せかい》では、ふりがなのことを「ルビ」ともいいます。

送《おく》りがなにも注目《ちゅうもく》

その漢字《かんじ》をなんと読《よ》むかを教《おし》えてくれるのは「ふりがな」だけではありません。「送《おく》りがな」も役《やく》に立《た》ちます。

「投」は音読《おんよ》みで「トウ」ですが、訓読《くんよ》みは「投《な》げる」というように送《おく》りがなが必要《ひつよう》になります。送《おく》りがながあるだけで、「な」と読《よ》むのだなとわかりますね。

ふりがなと送《おく》りがなは「下《さ》がる」「下《くだ》る」のように迷《まよ》いやすい漢字《かんじ》で、読《よ》み方《かた》をはっきりさせるためにとても効果的《こうかてき》なのです。

覚《おぼ》えておこう

カタカナで？　ひらがなで？

さまざまな書類《しょるい》で名前《なまえ》や住所《じゅうしょ》にふりがなを書《か》くよう求《もと》められることがあります。そんなとき、記入欄《きにゅうらん》に「ふりがな」と書《か》いてあったらひらがなで、「フリガナ」と書《か》いてあったら「カタカナ」で書《か》くのがふつうです。たとえば山田太郎《やまだたろう》のフリガナは「ヤマダタロウ」、ふりがなは「やまだたろう」となります。

ふりがな	とうきょうとちゅうおうくぎんざ	ふくおかびる
現住所	東京都中央区銀座10丁目9番8号	福岡ビル

ひとくちメモ　ふりがなを「ルビ」というのはイギリスの印刷業界《いんさつぎょうかい》が活字《かつじ》を宝石名《ほうせきめい》で呼《よ》んでいたことの名残《なごり》。明治《めいじ》に日本《にほん》に入《はい》ってきた際《さい》、ふりがなで使《つか》われる文字《もじ》の活字《かつじ》が「ルビー」だったことからきているといわれています。

「お彼岸《ひがん》」てなあに？

3月
22日

東京都《とうきょうと》新宿区立《しんじゅくくりつ》花園《はなぞの》小学校《しょうがっこう》校長《こうちょう》
大久保旬子《おおくぼじゅんこ》先生《せんせい》が書《か》きました

読んだ日　月《がつ》　日《にち》　月《がつ》　日《にち》　月《がつ》　日《にち》

春《はる》と秋《あき》の2回《かい》ある

お彼岸《ひがん》は、春分《しゅんぶん》と秋分《しゅうぶん》を中心《ちゅうしん》とした前後《ぜんご》3日を含《ふく》む7日間《かかん》をいいます。ですから、「春《はる》の彼岸《ひがん》」と「秋《あき》の彼岸《ひがん》」があります。

「彼岸《ひがん》」という言葉《ことば》は仏教《ぶっきょう》の言葉《ことば》で、生《い》きている人《ひと》のいる世界《せかい》を「此岸《しがん》」（こちら側《がわ》の岸《きし》）、死《し》んだ人《ひと》のいる世界《せかい》を「彼岸《ひがん》」（あちら側《がわ》の岸《きし》）といいます。

彼岸《ひがん》には、それぞれの家庭《かてい》でお坊《ぼう》さんを呼《よ》んでお経《きょう》を唱《とな》えてもらったり、ご先祖《せんぞ》のお墓参《はかまい》りに行《い》ったりします。

なぜ春分《しゅんぶん》、秋分《しゅうぶん》の頃《ころ》なの？

彼岸《ひがん》の真《ま》ん中《なか》の日《ひ》を「中日《ちゅうにち》」といい、春《はる》の彼岸《ひがん》の中日《ちゅうにち》は「春分《しゅんぶん》の日《ひ》」、秋《あき》の彼岸《ひがん》の中日《ちゅうにち》は「秋分《しゅうぶん》の日《ひ》」と定《さだ》められています。

では、なぜ、中日《ちゅうにち》をその日《ひ》にしたのでしょう。

春分《しゅんぶん》と秋分《しゅうぶん》は太陽《たいよう》が真東《まひがし》から昇《のぼ》って真西《まにし》に沈《しず》み、昼《ひる》と夜《よる》の長《なが》さがほぼ同《おな》じになる日《ひ》です。

仏教《ぶっきょう》の世界《せかい》では、死者《ししゃ》の世界《せかい》である彼岸《ひがん》は西《にし》に、生《い》きている人間《にんげん》の世界《せかい》である此岸《しがん》は東《ひがし》にあるとされています。そこで、太陽《たいよう》が真東《まひがし》から昇《のぼ》って真西《まにし》に沈《しず》む春分《しゅんぶん》と秋分《しゅうぶん》の日《ひ》が彼岸《ひがん》と此岸《しがん》が最《もっと》も通《つう》じやすくなると考《かんが》えられ、先祖供養《せんぞくよう》をする日《ひ》とされたということです。

つくってみよう

「ぼたもち」と「おはぎ」

彼岸《ひがん》によく食《た》べられるお菓子《かし》に「ぼたもち」と「おはぎ」があります。いったい、どうちがうの？と疑問《ぎもん》をもつ人《ひと》もいるでしょう。実《じつ》は、どちらも同《おな》じ。もち米《ごめ》とうるち米《まい》を同《おな》じ量《りょう》だけまぜて炊《た》き、すり鉢《ばち》などで半分《はんぶん》くらいつき、丸《まる》めてあんこやきな粉《こ》をまぶしてつくります。ぼたもちは、春咲《はるさ》く牡丹《ぼたん》の花《はな》にちなんで、秋《あき》は萩《はぎ》の花《はな》にちなんで名前《なまえ》がつけられたのです。

ひとくちメモ　彼岸花《ひがんばな》は日本《にほん》や中国《ちゅうごく》に生息《せいそく》する球根《きゅうこん》の植物《しょくぶつ》です。秋《あき》の彼岸《ひがん》のころだけ花《はな》を咲《さ》かせることに由来《ゆらい》して、その名《な》がつけられました。別名《べつめい》は「曼珠沙華《まんじゅしゃげ》」など1000以上《いじょう》あるとされています。

決まり文句・名文句にまつわるお話 おにかなぼう

「道草《みちくさ》を食《く》う」のもとになった動物《どうぶつ》はなんだ？

3月23日

東京学芸大学教育学部《とうきょうがくげいだいがくきょういくがくぶ》
中村和弘《なかむらかずひろ》先生《せんせい》が書《か》きました

読《よ》んだ日《ひ》　月《がつ》　日《にち》　月《がつ》　日《にち》　月《がつ》　日《にち》

道草《みちくさ》を食《く》わずに帰《かえ》りましょう

「道草《みちくさ》を食《く》う」「そそっかしい」「らちがあかない」。これら3つの言《こと》葉《ば》には、どれもある動物《どうぶつ》が関係《かんけい》しています。なんの動物《どうぶつ》かわかりますか？

「道草《みちくさ》を食《く》う」は、馬《うま》が道《みち》ばたの草《くさ》を食《た》べながら、ぶらぶら歩《ある》くようすから、目的地《もくてきち》へ行《い》くまでに他《ほか》のことをしたり、寄《よ》り道《みち》をすることをいいます。

「そそっかしい」は、落《お》ち着《つ》きがない、不《ふ》注意《ちゅうい》なさまをいいます。

昔《むかし》、馬《うま》を追《お》うかけ声《ごえ》を「そ」といい、2つ重《かさ》ねて「そそ」となりました。それが人《ひと》をせきたてるという意味《いみ》の「そそく」から「そそかしい」になり、間《あいだ》に「っ」が入《はい》ったとされています。たしかに、人《ひと》にせかされると、あわてて失敗《しっぱい》しちゃいそうですよね。

そんなやり方《かた》じゃあらちがあかないよ

では、「らちがあかない」はどんな意味《いみ》でしょう？　らち（埒《らち》）とは、馬場《ばば》のまわりにある柵《さく》のことです。これが開《あ》かないと競馬《けいば》が始《はじ》まらないことから、物《もの》ごとの決《き》まりがつかない、進《すす》み具合《ぐあい》がよくない、という意味《いみ》になりました。

さあ、もうわかりましたね。はじめの3つの言葉《ことば》にまつわる動物《どうぶつ》は「馬《うま》」です。今《いま》のように鉄道《てつどう》も自動車《じどうしゃ》もなかったころ、馬《うま》は人《ひと》や荷物《にもつ》を運《はこ》ぶ、とても身近《みぢか》な動物《どうぶつ》でした。だから、こんなふうに馬《うま》にまつわる言葉《ことば》やことわざが、たくさん生《う》まれたのでしょう。

調《しら》べてみよう

馬《うま》のつく言葉《ことば》

「馬《うま》の耳《みみ》に念仏《ねんぶつ》」「やせ馬《うま》の先走《さきばし》り」「馬子《まご》にも衣装《いしょう》」「馬耳東風《ばじとうふう》」など、馬《うま》にまつわることわざや慣用句《かんようく》は、数《かぞ》えきれないほどたくさんあります。どんな意味《いみ》か調《しら》べてみましょう。

ひとくちメモ

無責任《むせきにん》におもしろがって見物《けんぶつ》に集《あつ》まる人《ひと》を「野次馬《やじうま》」といいますが、もとは「親父馬《おやじうま》」といっていました。年老《としお》いた馬《うま》＝なんの役《やく》にも立《た》たない、という意味《いみ》が少《すこ》しずつ変化《へんか》して、今《いま》のような使《つか》い方《かた》になったそうです。

ちょっとむずかしい言葉

辞典

「ぶざま」なのはイヤだ〜

3月

24日

静岡県富士宮市立稲子小学校校長《しずおかけんふじのみやしりついなこしょうがっこうこうちょう》
芦川幹弘《あしかわみきひろ》先生《せんせい》が書《か》きました

読《よ》んだ日《ひ》　月《がつ》　日《にち》｜　月《がつ》　日《にち》｜　月《がつ》　日《にち》

見《み》られたくない様子《ようす》

「ぶざま」という言葉《ことば》は、やり方《かた》が見苦《みぐる》しい、みっともない、という意味《いみ》です。いい意味《いみ》の言葉《ことば》ではありません。「不様《ぶざま》」とも「無様《ぶざま》」とも書《か》きます。どちらでも同《おな》じ意《い》味《み》で使《つか》われていますが、最近《さいきん》では「無様《ぶざま》」の方《ほう》がよく使《つか》われています。

「不《ふ》」「無《む》」という字《じ》は、「不器《ぶき》用《よう》」「不格好《ぶかっこう》」「不調法《ぶちょうほう》」「無器用《ぶきよう》」「無作法《ぶさほう》」のように、そのあとの言葉《ことば》を打《う》ち消《け》したり、否定《ひてい》したりします。いい意味《いみ》で使《つか》われない言《こと》葉《ば》が多《おお》いですね。

「ざまあみろ」とも関係《かんけい》あり

「ざまあない」「ざまあみろ」というような、相手《あいて》をののしる言葉《ことば》がありますね。これは「様《さま》は無《な》い」「様《さま》を見《み》ろ」と書《か》きます。「様《さま》」は「ありさま、ようす」のことです。「様《さま》は無《な》い」から「無《ぶ》様《ざま》・不《ぶ》様《ざま》」ということになるのです。

ぶざまと同《おな》じ意《い》味《み》の「みっともない」にも「なし」がついていますね。この言《こと》葉《ば》は「見《み》たくもなし」から「見《み》たうもなし」となり、「見《み》ともない」→「見《み》ともない」と変《へん》化《か》してできた言葉《ことば》といわれています。「〜ない」という言葉《ことば》は、こうして今《いま》に残《のこ》っているのです。

見《み》てみよう

時代劇《じだいげき》で言葉《ことば》を増《ふ》やそう

「不様《ぶざま》」は、今《いま》はあまり使《つか》われなくなりましたが、時代劇《じだいげき》ではよく聞《き》く言葉《ことば》です。たとえば悪代官《あくだいかん》が、訴《うった》えに来《き》て地面《じめん》に頭《あたま》をすりつけてお願《ねが》いしている農民《のうみん》に「不様《ぶざま》よのう〜」と笑《え》みを浮《う》かべながら見下《みくだ》している。そんな場《ば》面《めん》を見《み》たことがあるかもしれません。時代劇《じだいげき》を見《み》ると、言葉《ことば》の知識《ちしき》が増《ふ》えていきますよ。

ひとくちメモ　奈良時代《ならじだい》（約《やく》1300年前《ねんまえ》）までは、言葉《ことば》の頭《あたま》に、「が・ざ・だ・ば・ぶ」のような濁音《だくおん》がくることはありませんでした。少数《しょうすう》ですが今《いま》は濁音《だくおん》が使《つか》われることがあります。

「かけるのがはやいね」と言《い》われたら……？

3月《がつ》25日《にち》

日本国語教育学会理事《にほんこくごきょういくがっかいりじ》
五十井美知子《いかいみちこ》先生《せんせい》が書《か》きました

読《よ》んだ日《ひ》　月《がつ》　日《にち》｜月《がつ》　日《にち》｜月《がつ》　日《にち》

「かける」はいっぱいある

だれかに突然《とつぜん》「かけるのがはやいね」と言《い》われたとします。さて、どんな場面《ばめん》で、どんな意味《いみ》で言《い》ったのでしょう？

かけっこで、誰《だれ》よりも早《はや》く走《はし》っている場面《ばめん》？　買《か》ったばかりのお茶碗《ちゃわん》が欠《か》けてしまった場面《ばめん》？　洋品店《ようひんてん》で、たくさんの洋服《ようふく》を一気《いっき》にハンガーに掛《か》けている場面《ばめん》でしょうか？　算数《さんすう》のかけ算《ざん》をあっという間《ま》に解《と》いている場面《ばめん》かもしれませんね。

「かける」には、意味《いみ》のちがう「かける」がたくさんあります。こういう言葉《ことば》を「同音異義語《どうおんいぎご》」といいます。ひらがなだと、どんな意味《いみ》かわからなくても、「駆《か》ける」「欠《か》ける」「掛《か》ける」のように、漢字《かんじ》で書《か》くと、意味《いみ》のちがいをはっきりさせることができますね。

空飛《そらと》ぶ「かける」

小学校《しょうがっこう》で習《なら》う漢字《かんじ》ではありませんが「翔《か》ける」という言葉《ことば》もあります。「翔」はショウとも読《よ》みます。名前《なまえ》によく使《つか》われる人気《にんき》の漢字《かんじ》なので、見《み》たことがある人《ひと》も多《おお》いでしょう。

「翔《か》ける」は、広《ひろ》い空《そら》を自由《じゆう》に飛《と》んで行《い》くという意味《いみ》です。でも飛《ひ》行機《こうき》や鳥《とり》には使《つか》いません。「空《そら》を翔《か》ける天馬《てんま》」など、想像上《そうぞうじょう》の動物《どうぶつ》などに使《つか》います。少《すこ》し特別《とくべつ》な「かける」なのです。

考《かんが》えてみよう

何《なに》をかけるのかな？

○○にどんな言葉《ことば》が入《はい》るでしょう。

① 本《ほん》が汚《よご》れないように、○○○をかける。

② 急用《きゅうよう》を伝《つた》えるために、○○○をかける。

③ ていねいな新聞《しんぶん》づくりに、○○○をかける。

ひとくちメモ　「考《かんが》えてみよう」の答《こた》え　①カバー　②電話《でんわ》　③時間《じかん》

歌や古典・芸能にまつわるお話

卒業式《そつぎょうしき》ソング「蛍《ほたる》の光《ひかり》」は外国《がいこく》の歌《うた》

3月 26日

日本国語教育学会理事《にほんこくごきょういくがっかいりじ》
泉《いずみ》 宜宏《たかひろ》先生《せんせい》が書《か》きました

読《よ》んだ日《ひ》　月《がつ》　日《にち》｜月《がつ》　日《にち》｜月《がつ》　日《にち》

もともとは卒業式用《そつぎょうしきよう》じゃない

卒業式《そつぎょうしき》などでよく歌《うた》われる「蛍《ほたる》の光《ひかり》」は、なんとなく日本《にほん》の歌《うた》のようなイメージがありますね。

でも、もともとはスコットランド民謡《みんよう》です。「オールド・ラング・サイン（Auld Lang Syne）」というタイトルで、「なつかしい思《おも》い出《で》」という意味《いみ》です。

歌《うた》の内容《ないよう》は、親《した》しかった友達《ともだち》と別《わか》れる際《さい》に、再会《さいかい》を誓《ちか》い合《あ》いお酒《さけ》を飲《の》むというものです。アメリカ、イギリスなど英語圏《えいごけん》の国々《くにぐに》では、大晦日《おおみそか》のカウントダウンで年明《としあ》けの瞬間《しゅんかん》によく歌《うた》われます。

一方《いっぽう》「蛍《ほたる》の光《ひかり》」は、1881（明治《めいじ》14）年《ねん》に、学校教育《がっこうきょういく》で歌《うた》われる小学唱歌《しょうがくしょうか》として作《つく》られました。スコットランド民謡《みんよう》のメロディに、稲垣千頴《いながきちかい》の歌詞《かし》が採用《さいよう》されました。

「蛍《ほたる》の光《ひかり》　窓《まど》の雪《ゆき》」の由来《ゆらい》は？

歌詞《かし》にある「蛍《ほたる》の光《ひかり》　窓《まど》の雪《ゆき》／書読《ふみよ》む月日《つきひ》重《かさ》ねつつ」の意味《いみ》は、「蛍《ほたる》の光《ひかり》や雪《ゆき》に反射《はんしゃ》する月《つき》の光《ひかり》で書物《しょもつ》を読《よ》む月日《つきひ》が流《なが》れて」という意味《いみ》です。これは一生懸命《いっしょうけんめい》に学問《がくもん》に励《はげ》むことを称《たた》えた中国《ちゅうごく》の故事《こじ》が由来《ゆらい》です。歌《うた》は4番《ばん》まであるのですが、時代《じだい》にそぐわない歌詞《かし》もあるので、通常《つうじょう》2番《ばん》までが歌《うた》われます。

聴《き》いてみよう

実《じつ》は「別《わか》れのワルツ」

スーパーなどの閉店時間《へいてんじかん》に「蛍《ほたる》の光《ひかり》」が流《なが》れるのを聞《き》いたことはありませんか？　卒業式《そつぎょうしき》でもないのに変《へん》ですよね？　実《じつ》はよく似《に》ていますがちがう曲《きょく》なのです。3拍子《びょうし》の「別《わか》れのワルツ」といって、1940年《ねん》のアメリカ映画《えいが》「哀愁《あいしゅう》」で流《なが》れたメロディを作曲家《さっきょくか》の古関裕而《こせきゆうじ》が採譜《さいふ》（歌《うた》などを楽譜《がくふ》に書《か》くこと）したものです。「蛍《ほたる》の光《ひかり》」は4拍子《びょうし》です。機会《きかい》があったら、よく聞《き》いてみましょう。

ひとくちメモ　「オールド・ラング・サイン」の初《はじ》めの歌詞《かし》は、「昔《むかし》なじみは忘《わす》れられ／心《こころ》に戻《もど》っては来《こ》ないのか」で、旧友《きゅうゆう》との再会《さいかい》を喜《よろこ》び合《あ》う内容《ないよう》です。「蛍《ほたる》の光《ひかり》」と、「別《わか》れ」という点《てん》では似《に》ていますね。

弱肉強食《じゃくにくきょうしょく》は弱《よわ》い動物《どうぶつ》の肉《にく》？

3月27日

日本国語教育学会理事《にほんこくごきょういくがっかいりじ》
泉《いずみ》 宜宏《たかひろ》先生《せんせい》が書《か》きました

読《よ》んだ日《ひ》　月《がつ》　日《にち》　月《がつ》　日《にち》　月《がつ》　日《にち》

生存競争《せいぞんきょうそう》はきびしい

生《い》き物《もの》の世界《せかい》は、弱《よわ》いものは生《い》きていけず、強《つよ》いものに食《た》べられて犠牲《ぎせい》になってしまいます。生存《せいぞん》競争《きょうそう》（生《い》き物同士《ものどうし》の競争《きょうそう》）のきびしさを表《あらわ》した言葉《ことば》が「弱肉強食《じゃくにくきょうしょく》」です。「強食弱肉《きょうしょくじゃくにく》」という場合《ばあい》もあります。「弱《よわ》い者《もの》の犠牲《ぎせい》で強《つよ》い者《もの》が栄《さか》える」という意味《いみ》です。

中国《ちゅうごく》の韓愈《かんゆ》という人《ひと》がお坊《ぼう》さんの文暢《ぶんちょう》が旅立《たびだ》つときに贈《おく》った言葉《ことば》「弱《じゃく》の肉《にく》は、強《きょう》の肉《にく》なり」で、生存競争《せいぞんきょうそう》のきびしさを伝《つた》えました。韓愈《かんゆ》の比喩《ひゆ》が、世《よ》の中《なか》をうまく表《あらわ》しているところから、広《ひろ》まったといわれています。

たまに「弱者強食《じゃくしゃきょうしょく》」や「弱《じゃく》肉共食《にくきょうしょく》」と書《か》く人《ひと》がいますが、それはまちがいです。

「弱肉強食《じゃくにくきょうしょく》」と同《おな》じ仲間《なかま》の言葉《ことば》に「優勝劣敗《ゆうしょうれっぱい》（弱《よわ》いものが敗《やぶ》れること）」や「自然淘汰《しぜんとうた》（劣《おと》っているものは無《な》くなること）」などがあります。

「なんでも強《つよ》い人《ひと》の意見《いけん》が通《とお》って、弱《よわ》い人《ひと》の意見《いけん》が無視《むし》されるなんて弱肉強食《じゃくにくきょうしょく》だね」といったように、弱者《じゃくしゃ》が強者《きょうしゃ》の犠牲《ぎせい》になってしまう場合《ばあい》に使《つか》います。

英語《えいご》にもある

おもしろいことに、英語《えいご》にも、似《に》たような言《い》い回《まわ》しがあります。The great fish eat the small.（大《おお》きな魚《さかな》は小《ちい》さな魚《さかな》を食《た》べる）や「law of the jungle（ジャングルの掟《おきて》）」などです。「掟《おきて》」は、決《き》まりという意味《いみ》です。

やってみよう

使《つか》ってみよう

下《した》の文《ぶん》を参考《さんこう》にして短《みじか》い文《ぶん》をつくってみよう。

例）ライオンが、キツネを食《た》べるなんて弱肉《じゃくにく》強食《きょうしょく》だね。

ひとくちメモ

自然界《しぜんかい》の掟《おきて》は「弱肉強食《じゃくにくきょうしょく》」ですが、私《わたし》たち人間《にんげん》は、それぞれの場所《ばしょ》で幸《しあわ》せに暮《く》らしていく「共存共栄《きょうぞんきょうえい》（争《あらそ》うことなく共《とも》に栄《さか》えること）」という考《かんが》え方《かた》のほうが、生《い》きる道《みち》としてふさわしいのではないでしょうか。

歌や古典・芸能にまつわるお話

春《はる》らしい俳句《はいく》を味《あじ》わおう① 〜花《はな》といえば桜《さくら》〜

3月 28日

佐賀県《さがけん》佐賀市立《さがしりつ》本庄小学校校長《ほんじょうしょうがっこうこうちょう》
権藤順子《ごんどうじゅんこ》先生《せんせい》が書《か》きました

読《よ》んだ日《ひ》　月《がつ》　日《にち》　月《がつ》　日《にち》　月《がつ》　日《にち》

日本《にほん》の国花《こっか》

春《はる》は、梅《うめ》、桃《もも》をはじめ馬酔木《あせび》、杏《あんず》、海棠《かいどう》、辛夷《こぶし》、木蓮《もくれん》、沈丁花《じんちょうげ》など数々《かずかず》の花《はな》が咲《さ》きそろいます。みなさんはどの花《はな》を思《おも》い浮《う》かべるでしょうか。チューリップやタンポポと答《こた》える人《ひと》も多《おお》いでしょう。しかし、昔《むかし》の日本《にほん》では花《はな》といえば桜《さくら》を意味《いみ》していました。

桜《さくら》は昔《むかし》から「花王《かおう》」といわれ、日本《にほん》の国花《こっか》として大事《だいじ》にされてきました。待《ま》ちかねた春《はる》をいろどる桜《さくら》。平安朝以降《へいあんちょういこう》「花《はな》」といえば「桜花《おうか》」をさしています。

白《しろ》、淡紅色《たんこうしょく》、濃紅色《のうこうしょく》の花《はな》を開《ひら》き、八重咲《やえざ》きやしだれ咲《ざ》きの品種《ひんしゅ》もあります。三百種類以上《さんびゃくしゅるいいじょう》あるといわれていますが、ヤマザクラ、ソメイヨシノ、ヒカンザクラなどがよく見《み》られます。

「みどり児《こ》を差《さ》し上《あ》げてゐる桜《さくら》かな」　本宮哲郎《もとみやてつろう》

「天空《てんくう》は音《おと》なかりけり山桜《やまざくら》」　藤本美和子《ふじもとみわこ》

寒《さむ》さに耐《た》えてこそ美《うつく》しい

桜《さくら》の花芽《はなめ》は、前《まえ》の年《とし》の夏《なつ》につくられます。その後《ご》「休眠《きゅうみん》」という状態《じょうたい》になり、一定期間《いっていきかん》、低温《ていおん》におかれることで眠《ねむ》りから覚《さ》めます。これを「休眠打破《きゅうみんだは》」といいます。開花《かいか》のしくみは気温《きおん》と大《おお》きく関係《かんけい》しています。四季《しき》のある日本《にほん》で寒《さむ》い時期《じき》を耐《た》えたからこそ美《うつく》しく咲《さ》く桜《さくら》。厳《きび》しさに耐《た》える桜《さくら》から学《まな》んだことでも一句《いっく》できそうですね。

味《あじ》わってみよう

花《はな》の季語《きご》

花《はな》と関連《かんれん》した季語《きご》はたくさんあります。「初花《はつはな》」「花明《はなあ》かり」「花守《はなもり》」「花《はな》の雨《あめ》」「花冷《はなび》え」「余花《よか》」「花筏《はないかだ》」などです。さがしてみると楽《たの》しいですよ。

「一里《ひとさと》はみな花守《はなもり》の子孫《しそん》かや」松尾芭蕉《まつおばしょう》

「花衣《はなごろも》脱《ぬ》いでいそいそ夕支度《ゆうじたく》」清原枴童《きよはらかいどう》

ひとくちメモ　桜《さくら》の塩漬《しおづ》けは桜湯《さくらゆ》、葉《は》の塩漬《しおづ》けは桜《さくら》もちにして香《かお》りも楽《たの》しみます。また、果実《かじつ》（さくらんぼ）が食《た》べられる桜《さくら》もあります。樹皮《じゅひ》は咳止《せきど》め薬《ぐすり》になります。ほかにお盆《ぼん》や小箪笥《こだんす》などの工芸品《こうげいひん》にも姿《すがた》を変《か》えます。

漢字にまつわるお話

みんな大好《だいす》き!
魚偏《うおへん》に「有《ゆう》」

お茶《ちゃ》の水《みず》女子《じょし》大学《だいがく》附属《ふぞく》小学校《しょうがっこう》
廣瀬《ひろせ》修也《しゅうや》先生《せんせい》が書《か》きました

3月 29日

読《よ》んだ日《ひ》　月《がつ》　日《にち》｜月《がつ》　日《にち》｜月《がつ》　日《にち》

中国《ちゅうごく》での意味《いみ》とちがう?

魚《さかな》の名前《なまえ》を表《あらわ》す漢字《かんじ》はたくさんあります。中国《ちゅうごく》から伝《つた》わったものもあれば、日本《にほん》で考《かんが》えられた国字《こくじ》もあります。「まぐろ」は漢字《かんじ》で表《あらわ》すと「鮪《まぐろ》」。これは中国《ちゅうごく》から伝《つた》わった漢字《かんじ》ですが、実《じつ》は、日本《にほん》と中国《ちゅうごく》では意味《いみ》が異《こと》なります。中国《ちゅうごく》では、「鮪《まぐろ》」という漢字《かんじ》は「チョウザメ」という意味《いみ》だそうです。

日本《にほん》は海《うみ》に囲《かこ》まれた国《くに》なので、魚《さかな》の種類《しゅるい》がとても多《おお》いのです。日《に》本人《ほんじん》が昔《むかし》から食《た》べてきた魚《さかな》の中《なか》には、中国《ちゅうごく》では食《た》べられていないものも多《おお》くあり、その魚《さかな》を表《あらわ》す漢字《かんじ》を考《かんが》える必要《ひつよう》がありました。魚偏《うおへん》の漢字《かんじ》のいくつかは日本《にほん》でつくられたのです（405ページ参照《さんしょう》）。

魚偏《うおへん》に「有《ゆう》」がついたわけ

日本《にほん》において、魚偏《うおへん》に「有《ゆう》」を「まぐろ」と読《よ》ませる理由《りゆう》には、いくつかの説《せつ》があります。

「有《ゆう》」という漢字《かんじ》には、「存在《そんざい》する」という意味《いみ》があります。鮪《まぐろ》は、魚《さかな》の中《なか》でも存在感《そんざいかん》があり、人々《ひとびと》に大《おお》きな影響《えいきょう》を与《あた》えてきた魚《さかな》であるから「有《ゆう》」がついたという説《せつ》です。また、「月《つき》」という漢字《かんじ》は「にくづき」とも読《よ》み、肉《にく》という意味《いみ》もあることから、多《おお》くの肉《にく》を持《も》っている魚《さかな》という意味《いみ》で、「有《ゆう》」をつけたという説《せつ》があります。その他《た》にもいくつかの説《せつ》が存在《そんざい》します。

探《さが》してみよう

魚偏《うおへん》の右側《みぎがわ》には何《なに》がある?

魚偏《うおへん》がつく漢字《かんじ》をたくさん見《み》たことがあるかもしれません。その中《なか》で、小学校《しょうがっこう》でも学習《がくしゅう》する漢字《かんじ》が、魚偏《うおへん》の右側《みぎがわ》についていることもあります。意外《いがい》な漢字《かんじ》が魚偏《うおへん》と組《く》み合《あ》わさっているかもしれませんよ。辞書《じしょ》や図鑑《ずかん》で探《さが》してみましょう。

ひとくちメモ

「まぐろ」は「鮪」と書《か》きますが、実《じつ》はもう一《ひと》つ「まぐろ」と読《よ》む漢字《かんじ》があるのです。「鮪《まぐろ》」は日本《にほん》でつくられた漢字《かんじ》で、昔《むかし》の小説《しょうせつ》では、「鮪《まぐろ》」と書《か》かれたものもあります。

上手《じょうず》に自己紹介《じこしょうかい》してみよう

明星大学教育学部《めいせいだいがくきょういくがくぶ》
邑上裕子《むらかみゆうこ》先生《せんせい》が書《か》きました

読《よ》んだ日《ひ》　月《がつ》　日《にち》　月《がつ》　日《にち》　月《がつ》　日《にち》

改《あらた》まった場《ば》で使《つか》う言葉《ことば》を知《し》ろう

自己紹介《じこしょうかい》する時《とき》は、普段《ふだん》のおしゃべりとはちがいます。相手《あいて》は、「初《はじ》めて出会《であ》う人《ひと》たち」と考《かんが》えましょう。話《はな》す内容《ないよう》は「自分《じぶん》のことをよく知《し》ってもらう」ために何《なに》がいいかと考《かんが》えるとよいでしょう。

普段《ふだん》とちがう場《ば》のことを「改《あらた》まった場《ば》」と言《い》い、大人《おとな》の社会《しゃかい》に少《すこ》し近《ちか》づきます。ですから、改《あらた》まった場《ば》では、ていねいな言葉《ことば》を使《つか》うことが礼儀《れいぎ》です。礼儀《れいぎ》とは、相手《あいて》を大切《たいせつ》にする作法《さほう》、気配《きくば》りのことです。日本語《にほんご》は、相手《あいて》を大切《たいせつ》にしているか言葉《ことば》からわかるのです。

たとえば友達《ともだち》とのおしゃべりでは、「わたし、なわとびすきなの」といいます。でも自己紹介《じこしょうかい》では「わたしは、なわとびがすきです」と、語《ご》尾《び》が変《か》わります。

短《みじか》い言葉《ことば》で知《し》ってもらう工夫《くふう》

新学期《しんがっき》など、自己紹介《じこしょうかい》する日《ひ》が近《ちか》づいたら一度《いちど》練習《れんしゅう》してみましょう。相手《あいて》が目《め》の前《まえ》にいるつもりで、声《こえ》に出《だ》して練習《れんしゅう》するといいですよ。

たとえばこんなふうです。

①私《わたし》の名前《なまえ》は○○です。
②誕生日《たんじょうび》は7月《がつ》6日《か》で、七夕《たなばた》の前《まえ》の日《ひ》です。
③今夢中《いまむちゅう》になっていることを、お話《はな》しします。
（ここは「好《す》きなこと」「最近興味《さいきんきょうみ》が出《で》てきたこと」を紹介《しょうかい》します）。
④クラスのみなさんと、たくさん話《はなし》ができるようになりたいです。
⑤これで自己紹介《じこしょうかい》を終《お》わります。

やってみよう

アピールするには

はじめて会《あ》う人《ひと》たちに印象《いんしょう》づけるには、自分《じぶん》の得意《とくい》なことをその場《ば》でやってみるのも一《ひと》つの方法《ほうほう》です。

ひとくちメモ　いろんなことを話《はな》そうとして早口《はやくち》になると、聞《き》き取《と》りにくいものです。相手《あいて》にわかりやすいと思《おも》ってもらうスピードは、1分間《ぷんかん》に300字程度《じていど》といわれています。ゆっくり話《はな》すように心《こころ》がけてみましょう。

ころころ？ ごろごろ？ 擬音語《ぎおんご》・擬態語《ぎたいご》を使《つか》いこなせ

筑波大学附属小学校《つくばだいがくふぞくしょうがっこう》
青木伸生《あおきのぶお》先生《せんせい》が書《か》きました

読《よ》んだ日《ひ》 月《がつ》 日《にち》 月《がつ》 日《にち》 月《がつ》 日《にち》

国《くに》によって鳴《な》き声《ごえ》の表現《ひょうげん》はちがう

「コケコッコー」といえば、「ニワトリの鳴《な》き声《ごえ》」だとすぐわかりますよね。では、英語《えいご》を話《はな》す人《ひと》にも、「コケコッコー」で「ニワトリだ」と思《おも》ってもらえるでしょうか。アメリカやイギリスにいるニワトリも、鳴《な》き声《ごえ》は日本《にほん》のニワトリとそう変《か》わらないはずです。しかし、「ニワトリの鳴《な》きまねをして」というと、「コッカドゥードルドゥー」とまねしてくれます。

また、ドイツ語《ご》では「キケリキ」、フランス語《ご》では「ココリコ」という鳴《な》き方《かた》で表《あらわ》されます。

同《おな》じように、猫《ねこ》の鳴《な》き声《ごえ》は、日《に》本《ほん》では「ニャーニャー」ですが、英語《えいご》では「ミュー」。犬《いぬ》の鳴《な》き声《ごえ》は、日本語《にほんご》では「ワンワン」ですが、英語《えいご》では「バウワウ」のように表《あらわ》します。

感《かん》じた音《おと》を表《あらわ》そう

このように、音《おと》や声《こえ》を表《あらわ》す言葉《ことば》を「擬音語《ぎおんご》」といいます。擬音語《ぎおんご》は、自分《じぶん》の耳《みみ》で聞《き》いた音《おと》を言葉《ことば》で表《あらわ》すものですから、本当《ほんとう》は人《ひと》によっていろいろな表現《ひょうげん》をすることがあっても不思議《ふしぎ》ではありません。

同《おな》じように、様子《ようす》を表《あらわ》す言葉《ことば》を「擬態語《ぎたいご》」といいます。石《いし》が転《ころ》がる様子《ようす》は、「ころころ」や「ごろごろ」などと表《あらわ》すことができます。様子《ようす》を表《あらわ》す言葉《ことば》も、人《ひと》それぞれに感《かん》じたものを言葉《ことば》で表現《ひょうげん》することができるので、それを感《かん》じとった人《ひと》によってたくさんの言葉《ことば》が生《う》み出《だ》されることになります。

日本語《にほんご》は、他《ほか》の言語《げんご》より擬音語《ぎおんご》、擬態語《ぎたいご》が豊富《ほうふ》といわれています。擬音語《ぎおんご》や擬態語《ぎたいご》を使《つか》い分《わ》けると、ものの様子《ようす》をよりきめ細《こま》かく表現《ひょうげん》することができますよ。

やってみよう

オリジナルを考《かんが》えてもいい

動物《どうぶつ》の鳴《な》き声《ごえ》などは、自分《じぶん》で聞《き》こえた音《おと》を頼《たよ》りにつくってもいいのです。たとえば同《おな》じ日《に》本人《ほんじん》でも、詩人《しじん》の萩原朔太郎《はぎわらさくたろう》は、ニワトリの鳴《な》き声《ごえ》を「とをてくう、とをるもう、とをるもう」（「鶏《にわとり》」）と表現《ひょうげん》しました。草野心平《くさのしんぺい》は、蛙《かえる》の鳴《な》き声《ごえ》を「ぐりりにに」（「第百階級《だいひゃくかいきゅう》」）と書《か》いています。どれも個性的《こせいてき》な表現《ひょうげん》ですね。

ひとくちメモ 「ころころ」と「ごろごろ」では、転《ころ》がってくる石《いし》の大《おお》きさにちがいがあるように感《かん》じます。「ポツポツ」と「ザーザー」では、雨《あめ》の降《ふ》り方《かた》にちがいがあるように感《かん》じます。

感じてみよう

子供の科学

写真館 vol.3

国語《こくご》が好《す》きになる
ユニークな写真《しゃしん》やイラストを紹介《しょうかい》します。

将棋《しょうぎ》から生《う》まれた言葉《ことば》いろいろ

「王手《おうて》」は玉将《おうしょう》を追《お》い詰《つ》めたことから
「成金《なりきん》」は急《きゅう》に強《つよ》い駒《こま》に変身《へんしん》することから

「日本《にほん》チーム、ワールドカップ出場《しゅつじょう》に王手《おうて》」などの言葉《ことば》が新聞《しんぶん》に踊《おど》るのを見《み》たことがあるかもしれません。「王手《おうて》」とは、あとひとつ勝《か》てば、優勝《ゆうしょう》など決定的《けっていてき》な勝《か》ちが決《き》まるときに使《つか》います。攻《せ》めている方《ほう》からすれば追《お》い詰《つ》めた状態《じょうたい》、相手《あいて》からすれば追《お》い詰《つ》められた状態《じょうたい》を指《さ》す言葉《ことば》ですが、これは将棋《しょうぎ》から生《う》まれました。将棋《しょうぎ》では「王将《おうしょう》」を取《と》られたら負《ま》け。そんな「王将《おうしょう》」を取《と》れるかもしれない攻《せ》め手《て》のことを「王手《おうて》」といいます。そこから転《てん》じて、スポーツなど勝負《しょうぶ》の世界《せかい》で使《つか》われるようになりました。

将棋《しょうぎ》から生《う》まれ、日常的《にちじょうてき》に使《つか》われるようになった言葉《ことば》はたくさんあります。たとえば人混《ひとご》みで次々《つぎつぎ》に人《ひと》が倒《たお》れる「将棋倒《しょうぎだお》し」もそうです。上《うえ》の写真《しゃしん》のような状態《じょうたい》を想像《そうぞう》して下《くだ》さい。

「成金《なりきん》」もそうです。将棋《しょうぎ》のルールでは一番弱《いちばんよわ》い駒《こま》である「歩《ふ》」は、相手《あいて》の陣地《じんち》に入《はい》るとひっくり返《かえ》って「金《きん》」と同《おな》じ動《うご》きが出来《でき》る駒《こま》に変身《へんしん》します(写真右下《しゃしんみぎした》)。一番弱《いちばんよわ》い駒《こま》だったのが、急《きゅう》に強《つよ》くなるのですね。そこから急《きゅう》にお金持《かねも》ちになることを「成金《なりきん》」というようになりました。そのほか、あえて犠牲《ぎせい》になる「捨《す》て駒《ごま》」、いばった態度《たいど》を示《しめ》す「高飛車《たかびしゃ》」、なども将棋《しょうぎ》から生《う》まれた言葉《ことば》です。

「と」は「金」に代わった「歩」。

4月

卯月

－うづき－

April

決まり文句・名文句にまつわるお話

おにかなぼう

「真《ま》っ赤《か》なうそ」って、どうしてうそが赤《あか》いの？

4月 1日

東京学芸大学教育学部《とうきょうがくげいだいがくきょういくがくぶ》
中村和弘《なかむらかずひろ》先生《せんせい》が書《か》きました

読《よ》んだ日《ひ》　月《がつ》　日《にち》　月《がつ》　日《にち》　月《がつ》　日《にち》

「赤」と「明」は同《おな》じ意味《いみ》？

　まったくのうそを「真《ま》っ赤《か》なうそ」といいますね。「うそ」を強《つよ》めるために、「赤《あか》」という色《いろ》が使《つか》われています。

　同《おな》じように、赤《あか》のつく言葉《ことば》には、「赤《あか》の他人《たにん》」「赤《あか》っ恥《ぱじ》」「赤裸々《せきらら》」などがあります。

　でも、どうして赤《あか》なのでしょう？　「白《しろ》の他人《たにん》」とか「真《ま》っ黒《くろ》なうそ」という言《い》い方《かた》はしませんよね。

　一説《いっせつ》によると、赤《あか》はもともと、「明《あ》か」と同《おな》じ言葉《ことば》だったとされています。そこから、「明《あき》らかな」「まったくなにもない」といった意味《いみ》をもつようになり、あとで赤《あか》という字《じ》が当《あ》てられたというものです。

　つまり、「赤《あか》の他人《たにん》」は明《あき》らかな他人《たにん》、「赤裸々《せきらら》」は丸裸《まるはだか》＝あからさまという意味《いみ》になります。

赤《あか》ちゃんはなぜ「赤《あか》」ちゃん？

　では「赤《あか》ちゃん」はどうでしょう？　生《う》まれたときは裸《はだか》ん坊《ぼう》だから、そう呼《よ》ばれているのでしょうか？　赤《あか》ちゃんは、赤《あか》ん坊《ぼう》、赤子《あかご》という言《い》い方《かた》もしますね。

　どうやらこちらは、生《う》まれたばかりの子《こ》どもは、皮膚《ひふ》の色《いろ》が赤《あか》く見《み》えることから、「赤《あか》ちゃん」と呼《よ》ばれるようになったと考《かんが》えられています。

　同《おな》じ赤《あか》という字《じ》が使《つか》われていても、言葉《ことば》の由来《ゆらい》はいろいろあるのですね。

知《し》っておこう

今月《こんげつ》も赤字《あかじ》で大《だい》ピンチ！

入《はい》ってくるお金《かね》より、使《つか》ったお金《かね》のほうが多《おお》いと「赤字《あかじ》」ですね。この言葉《ことば》は、簿記《ぼき》などで不足《ふそく》した額《がく》を赤《あか》い文字《もじ》で書《か》き入《い》れたことからきています。反対《はんたい》に、使《つか》ったお金《かね》より、入《はい》ってくるお金《かね》のほうが多《おお》いと「黒字《くろじ》」になります。

ひとくちメモ　赤《あか》のつく有名《ゆうめい》なことわざに「朱《しゅ》に交《まじ》われば赤《あか》くなる」があります。人《ひと》はかかわる相手《あいて》やまわりの環境《かんきょう》によって、良《よ》くも悪《わる》くもなるというたとえです。つまり、よい友人《ゆうじん》を選《えら》ぶことが大切《たいせつ》だという教訓《きょうくん》なのです。

世界《せかい》の文字《もじ》は絵《え》からはじまった

4月 2日

東京都練馬区立大泉学園桜小学校《とうきょうとねりまくりつおおいずみがくえんさくらしょうがっこう》
井原英昭《いはらひであき》先生《せんせい》が書《か》きました

読《よ》んだ日《ひ》　月《がつ》　日《にち》｜月《がつ》　日《にち》｜月《がつ》　日《にち》

文字《もじ》の歴史《れきし》をたどってみると

世界《せかい》には、三千《さんぜん》〜七千《ななせん》の言語《げんご》があるといわれています。一方《いっぽう》、使《つか》われている文字《もじ》の数《かず》は、なんと数《すう》百程度《ひゃくていど》にすぎません。

それらの文字《もじ》をたどっていくと、「ギリシャ文字《もじ》」「アラム文字《もじ》」「ブラーフミー文字《もじ》」「漢字《かんじ》」の4種《しゅ》類《るい》に分類《ぶんるい》することができます（古《こ》代《だい》セム語《ご》と漢字《かんじ》の2つに分類《ぶんるい》する考《かんが》えもあります）。

この4種類《しゅるい》をたどっていくとイラストのような古代《こだい》エジプト文字《もじ》、ヒエログリフ（313ページ参照《さんしょう》）のような象形文字《しょうけいもじ》につながります。さらに、象形文字《しょうけいもじ》をたどると絵文字《えもじ》や壁画《へきが》につながります。つまり、文字《もじ》の起源《きげん》は絵《え》ということがわかります。

日本語《にほんご》の文字《もじ》は独特《どくとく》

日本語《にほんご》は漢字《かんじ》という表意文字《ひょういもじ》（意味《いみ》を表《あらわ》す文字《もじ》）を借用《しゃくよう》する一《いっ》方《ぽう》で、漢字《かんじ》の一部《いちぶ》を使《つか》って表音文《ひょうおんも》字《じ》（発音《はつおん》を表《あらわ》す文字《もじ》）であるひらがなやカタカナをつくりました。また、外来語《がいらいご》や擬声語《ぎせいご》にカタカナ、計算《けいさん》にはアラビア数字《すうじ》、発音表記《はつおんひょうき》にローマ字《じ》を使《つか》うなどたくさんの文字《もじ》を巧《たく》みに使《つか》い分《わ》けています。多様《たよう》な文字《もじ》を組《く》み合《あ》わせて使用《しよう》する日本語《にほんご》は、世界《せかい》でもまれな言語《げんご》といえるでしょう。

1つの文字《もじ》を主《おも》に使《つか》う英語《えいご》と比《くら》べてみると、日本語《にほんご》を学習《がくしゅう》することの大変《たいへん》さがわかりますよ。

調《しら》べてみよう

学校《がっこう》の先生《せんせい》がつくった文字《もじ》がある

近年《きんねん》できた文字《もじ》があります。インドのサンタル人《じん》が使《つか》うサンタル語《ご》は独自《どくじ》の文字《もじ》がありませんでした。そこで、一人《ひとり》の高校教師《こうこうきょうし》が考案《こうあん》した文字《もじ》がオル・チキ文《も》字《じ》です。現在《げんざい》ではかなりのサンタル人《じん》に受《う》け入《い》れられています。

ひとくちメモ　1972年《ねん》に打《う》ち上《あ》げられたNASAの木星探査機《もくせいたんさき》パイオニア10号《ごう》には、異星人《いせいじん》に向《む》けたメッセージが入《はい》っています。絵文字《えもじ》とパルス信号《しんごう》を使《つか》った手紙《てがみ》で地球《ちきゅう》の位置《いち》と人間《にんげん》の存在《そんざい》を表現《ひょうげん》しているそうです。

ちょっとむずかしい言葉

辞典

「のべつまくなし」？それとも「のべつくまなし」？

4月 3日

学校教育支援《がっこうきょういくしえん》センター練馬《ねりま》
眞瀬敦子《ませあつこ》先生《せんせい》が書《か》きました

読《よ》んだ日《ひ》　月《がつ》　日《にち》　月《がつ》　日《にち》　月《がつ》　日《にち》

芝居《しばい》から生《う》まれた言葉《ことば》

「休《やす》みや切《き》れ間《ま》がなく続《つづ》くさま」を表《あらわ》す「のべつ幕《まく》なし」。「まく」を、「隈《くま》なく探《さが》す」の「くま」と混同《こんどう》して「のべつ隈《くま》なし」と言《い》ってしまう人《ひと》が大人《おとな》でもいるようです。この言葉《ことば》は「絶《た》え間《ま》なく続《つづ》く」という意味《いみ》の「のべつ」に、芝居《しばい》の「幕《まく》」がついて、「芝居《しばい》の幕《まく》を引《ひ》かずにずっと演《えん》じ続《つづ》ける」ということから、「ずっと続《つづ》く」という意味《いみ》になったといわれています。

「しょっちゅう」も芸事《げいごと》生《う》まれ

同《おな》じように「絶《た》えず・いつでも・常《つね》に」という意味《いみ》をもつ、「しょっちゅう」。この言葉《ことば》も芸事《げいごと》に関《かん》する言葉《ことば》から生《う》まれました。

「しょっちゅう」の元《もと》の言葉《ことば》は「初中後《しょちゅうご》」。これは芸事《げいごと》の修業《しゅぎょう》で、初心者《しょしんしゃ》から達人《たつじん》の域《いき》に達《たっ》するまでを三段階《さんだんかい》に分《わ》けて示《しめ》した言葉《ことば》です。それが江戸時代《えどじだい》に「始《はじ》めから終《お》わりまでずっと」という意味《いみ》に使《つか》われるようになり、さらに後《うし》ろを省略《しょうりゃく》して「初中《しょちゅう》」。それが、言《い》いやすいように「しょっちゅう」と変《か》わっていったそうです。

調《しら》べてみよう

「いつも」を数字《すうじ》で表《あらわ》すと

「しょっちゅう」などと同《おな》じように「いつも」を表《あらわ》す言葉《ことば》に「四六時中《しろくじちゅう》」があります。これは元々《もともと》「二六時中《にろくじちゅう》」といわれていました。「二六時中《にろくじちゅう》」は、1日《にち》の時間《じかん》を「子《ね》、丑《うし》、虎《とら》…」という干支《えと》の十二刻《じゅうにこく》で表《あらわ》していた江戸時代《えどじだい》の言葉《ことば》で、2×6＝12となることから「一日中《いちにちじゅう》」を意味《いみ》していたのです。それが明治時代《めいじじだい》になって、1日《にち》を24時間《じかん》としたことに合《あ》わせて、4×6＝24「四六時中《しろくじちゅう》」となったのです。

ひとくちメモ 江戸時代《えどじだい》は歌舞伎見物《かぶきけんぶつ》が江戸《えど》の庶民《しょみん》にも大《おお》いにはやり、そこからたくさんの言葉《ことば》が生《う》まれました（くわしくは219、243ページ参照《さんしょう》）。

言葉《ことば》の玉手箱《たまてばこ》！ 辞典《じてん》を使《つか》いこなそう

お茶《ちゃ》の水女子《みずじょし》大学《だいがく》附属《ふぞく》小学校《しょうがっこう》
廣瀬修也《ひろせしゅうや》先生《せんせい》が書《か》きました

読《よ》んだ日《ひ》　月《がつ》　日《にち》｜　月《がつ》　日《にち》｜　月《がつ》　日《にち》

言葉《ことば》の意味《いみ》や使《つか》い方《かた》がわかる

国語辞典《こくごじてん》を読《よ》んだことはありますか。多《おお》くの国語辞典《こくごじてん》は、50音順《おんじゅん》に言葉《ことば》が並《なら》んでおり、言葉《ことば》の意味《いみ》や漢字《かんじ》でどう書《か》くのかを知《し》りたい時《とき》などに使《つか》います。普段《ふだん》の生活《せいかつ》で聞《き》いた言葉《ことば》の意味《いみ》が気《き》になった時《とき》、文章《ぶんしょう》を書《か》いていて漢字《かんじ》を使《つか》いたいと思《おも》った時《とき》に、国語辞典《こくごじてん》が役《やく》に立《た》ちます。

国語辞典《こくごじてん》を読《よ》むと、意味《いみ》や漢字《かんじ》の他《ほか》にもたくさんの情報《じょうほう》を知《し》ることができます。たとえば、「夢《ゆめ》」という言葉《ことば》を調《しら》べると、「寝《ね》ている時《とき》に見《み》るもの」という意味《いみ》の他《ほか》に「将来《しょうらい》の希望《きぼう》」「空想《くうそう》」という意味《いみ》も載《の》っています。一《ひと》つの言葉《ことば》がいくつかの意味《いみ》をもっていることがわかりますね。また、「夢《ゆめ》はスポーツ選手《せんしゅ》になることだ」のように、どうやってその言葉《ことば》を使《つか》うのかを知《し》ることもできるのです。

ふせんをはって楽《たの》しもう

自分《じぶん》がいくつ言葉《ことば》を調《しら》べたのかすぐにわかる方法《ほうほう》があります。調《しら》べたページにふせんをはっていくのです。ふせんには、調《しら》べた言葉《ことば》や日付《ひづけ》を書《か》いておくと、自分《じぶん》の学《まな》びの記録《きろく》として残《のこ》っていきます。時々《ときどき》、ふせんを付《つ》けたページを読《よ》み直《なお》して、言葉《ことば》の意味《いみ》や漢字《かんじ》を確《かく》認《にん》するのもいいですね。

意味《いみ》や漢字《かんじ》を調《しら》べる時《とき》だけでなく、読書《どくしょ》の時間《じかん》に辞典《じてん》を読《よ》んでみるのも楽《たの》しいです。ぐうぜん開《ひら》いたページにも、新《あたら》しい言葉《ことば》がたくさん隠《かく》れていますよ。

やってみよう

言葉当《ことばあ》てゲーム

辞典《じてん》を使《つか》って「言葉当《ことばあ》てゲーム」をしてみましょう。だれかが、言葉《ことば》の意味《いみ》を言《い》って、他《ほか》の人《ひと》が辞典《じてん》からその言葉《ことば》を探《さが》し出《だ》すというゲームです。家族《かぞく》や学校《がっこう》のクラスみんなでやると盛《も》り上《あ》がりますよ。

ひとくちメモ　日本《にほん》における一番古《いちばんふる》い辞典《じてん》は、平安時代《へいあんじだい》に空海《くうかい》がつくった「篆隷万象名義《てんれいばんしょうめいぎ》」といわれています。全部《ぜんぶ》で30巻《かん》あります。部首《ぶしゅ》によって分《わ》けられている漢字《かんじ》の辞典《じてん》です。約《やく》1万《まん》6千字《せんじ》が載《の》っています。

歌や古典・芸能にまつわるお話

春《はる》らしい俳句《はいく》を味《あじ》わおう②
～たとえの楽《たの》しさ～

4月 5日

佐賀県佐賀市立本庄小学校校長《さがけんさがしりつほんじょうしょうがっこうこうちょう》
権藤順子《ごんどうじゅんこ》先生《せんせい》が書《か》きました

読《よ》んだ日《ひ》　月《がつ》　日《にち》　月《がつ》　日《にち》　月《がつ》　日《にち》

土《つち》が目《め》を覚《さ》ます？

たとえを知《し》っていますか？　あるものを別《べつ》のものに置《お》き換《か》えることです。なかでも擬人法《ぎじんほう》といって、実際《じっさい》は話《はな》したり、動《うご》いたりしないものにも、人《ひと》のように命《いのち》を感《かん》じさせるたとえの手法《しゅほう》があり、俳句《はいく》でもよく使《つか》われます。

「花種《はなたね》蒔《ま》く土《つち》の眠《ねむ》りを覚《さ》ましつつ」
古賀《こが》まり子《こ》

「囀《さえず》りをこぼさじと抱《だ》く大樹《たいじゅ》かな」
星野立子《ほしのたつこ》

「せせらぎや駆《か》けだしさうに土筆《つくし》生《は》ふ」
秋元不死男《あきもとふじお》

これらの句《く》は「土《つち》が眠《ねむ》る／目《め》を覚《さ》ます」「囀《さえず》りを抱《だ》く」「土筆《つくし》が駆《か》け出《だ》す」などのたとえを使《つか》うことで、土《つち》や樹《き》・土筆《つくし》に命《いのち》が与《あた》えられ、生《い》き生《い》きとした動《うご》きや表情《ひょうじょう》が伝《つた》わってきます。

俳句《はいく》の世界《せかい》に入《はい》ったみたい

土《つち》の眠《ねむ》りを覚《さ》ますため、花《はな》のタネを蒔《ま》きたくなる自分《じぶん》。ひとつひとつの囀《さえず》りをいっしょに抱《だ》いている自分《じぶん》。清《きよ》らかに流《なが》れる川《かわ》にそって少《すこ》し斜《なな》めに生《は》えている土筆《つくし》に声《せい》援《えん》を送《おく》っている自分《じぶん》。俳句《はいく》の中《なか》に思《おも》わず読《よ》み手《て》である自分《じぶん》も入《はい》ってしまうのも、たとえの効果《こうか》です。

待《ま》ち望《のぞ》んだ春《はる》の情景《じょうけい》が、より生《い》き生《い》きとあざやかに感《かん》じられますね。

味《あじ》わってみよう

遊《あそ》びの季語《きご》

春《はる》は遊《あそ》びの季語《きご》が多《おお》い季節《きせつ》です。
「ぶらんこ」「風車《ふうしゃ》」「風船《ふうせん》」「しゃぼんだま」など、すべて春《はる》の季語《きご》です。

「日《ひ》へ呼《よ》ばれ鞦韆《ぶらんこ》高《たか》くあがりけり」
中村草田男《なかむらくさたお》

どれも日《ひ》や風《かぜ》が関係《かんけい》しています。光《ひかり》の春《はる》といわれるように春《はる》の柔《やわ》らかな光《ひかり》と遊《あそ》んでいるのかもしれませんね。

ひとくちメモ
「故郷《ふるさと》やどちらを見《み》ても山笑《やまわら》ふ」（正岡子規《まさおかしき》）。山《やま》や草木《くさき》の姿《すがた》から「春山《はるやま》は笑《わら》ふ」といわれています（94ページ参照《さんしょう》）。「どちらを見《み》ても」から、故郷《ふるさと》に包《つつ》まれている温《あたた》かさ、春《はる》が訪《おとず》れた嬉《うれ》しさが感《かん》じられますね。

表現力がアップするお話

「1本《ぽん》」？「1個《こ》」？ 野菜《やさい》の数《かぞ》え方《かた》いろいろ

4月 6日

筑波大学附属小学校《つくばだいがくふぞくしょうがっこう》
白坂洋一《しらさかよういち》先生《せんせい》が書《か》きました

読《よ》んだ日《ひ》　月《がつ》　日《にち》　月《がつ》　日《にち》　月《がつ》　日《にち》

同《おな》じイモなのになぜちがう

「1本《ぽん》90円《えん》！　お買《か》い得《どく》！」
「激安《げきやす》！　1個《こ》45円《えん》！」

スーパーなどで野菜《やさい》を買《か》うとき、こんな値札《ねふだ》を目《め》にします。よーく観察《かんさつ》してみてください。同《おな》じ野菜《やさい》の種類《しゅるい》なのに、こちらは1本《ぽん》、こちらは1個《こ》と、どうして数《かぞ》え方《かた》がちがうのだろう、と思《おも》ったことはありませんか？　お店《みせ》の人《ひと》が書《か》きまちがえたのでしょうか？

いいえ、そうではありません。野菜《やさい》や果物《くだもの》は、形《かたち》や大《おお》きさによってさまざまな数《かぞ》え方《かた》があります。同《おな》じ野菜《やさい》でも、形《かたち》や大《おお》きさによって数《かぞ》え方《かた》は異《こと》なるのです。

サツマイモとジャガイモは同《おな》じイモでも形《かたち》が全《まった》くちがいます。サツマイモは細長《ほそなが》い形《かたち》をしているので、1本《ぽん》、2本《ほん》と「本《ほん》」で数《かぞ》えます。

一方《いっぽう》、ジャガイモは丸《まる》い形《かたち》をしているので、1個《こ》、2個《こ》と「個《こ》」で数《かぞ》えます。

形《かたち》や大《おお》きさによって決《き》まりがある

丸《まる》い形《かたち》をしているからといって全《すべ》て「個《こ》」で数《かぞ》えるわけではありません。スイカやメロンのように、丸《まる》い形《かたち》でも大《おお》きいものは「玉《たま》」で数《かぞ》えます。レタスや白菜《はくさい》も「玉《たま》」です。

野菜《やさい》の数《かぞ》え方《かた》は、どんな形《かたち》や大《おお》きさかによって「本《ほん》」で数《かぞ》えるのか、「個《こ》」や「玉《たま》」で数《かぞ》えるのかが決《き》まっているようです。

192ページには「数《かぞ》え方《かた》」クイズがあります。挑戦《ちょうせん》してみましょう。

探《さが》してみよう

ほかにもある！ 野菜《やさい》の数《かぞ》え方《かた》

ここで取《と》り上《あ》げた数《かぞ》え方《かた》は「個《こ》」や「本《ほん》」や「玉《たま》」ですが、数《かぞ》え方《かた》はこれ以外《いがい》にもたくさんあります。野菜売《やさいう》り場《ば》で、ほかにどんな数《かぞ》え方《かた》があるか探《さが》してみましょう。

ひとくちメモ　ホウレンソウやチンゲンサイのように根《ね》の部分《ぶぶん》でつながっている野菜《やさい》は「1株《かぶ》、2株《かぶ》」と数《かぞ》えます。いくつかの株《かぶ》をまとめて束《たば》で売《う》っているものは「1把《わ》、2把《わ》」と数《かぞ》えます。

「ありがとう」は心《こころ》をつなぐ魔法《まほう》の言葉《ことば》

4月7日

日本国語教育学会理事《にほんこくごきょういくがっかいりじ》・小学校部会長《しょうがっこうぶかいちょう》
今村久二《いまむらひさじ》先生《せんせい》が書《か》きました

読《よ》んだ日《ひ》　月《がつ》　日《にち》　月《がつ》　日《にち》　月《がつ》　日《にち》

ありがとう！

照《て》れくさい？

こんな相談《そうだん》がありました。

「塾《じゅく》の帰《かえ》りが遅《おそ》くなったので、お母《かあ》さんに迎《むか》えの車《くるま》を出《だ》してもらっています。お母《かあ》さんも仕事《しごと》でつかれているのに、悪《わる》いなぁと思《おも》っていますが、『ありがとう』が言《い》えません。改《あらた》まると、照《て》れくさいというか……」。

実《じつ》はお母《かあ》さんもつぶやいています。

「うちの子《こ》ったら、何《なに》かしてあげても、買《か》ってあげても、ただあたりまえと思《おも》ってるみたい。はりあいがないわ」。

相談者《そうだんしゃ》のように「照《て》れくさいから」とか「口《くち》に出《だ》さなくても伝《つた》わってる」と、身近《みぢか》な人《ひと》に「ありがとう」を言《い》わない人《ひと》はけっこういます。でも、お母《かあ》さんのように、やはり「ありがとう」を言《い》ってくれてもいいのにと思《おも》う人《ひと》も多《おお》いのです。

「ありがとう」は、言《い》えば言《い》うほど、人《ひと》は気持《きも》ちよくなり、心《こころ》のつながりが深《ふか》まります。

感謝《かんしゃ》を上手《じょうず》に伝《つた》えるには

上手《じょうず》に「ありがとう」を伝《つた》えるには次《つぎ》のことに気《き》をつけましょう。

①笑顔《えがお》で「ありがとう」
②その場《ば》で「ありがとう」
③落《お》ち着《つ》いたら、もう一度《いちど》「ありがとう」
④目《め》を見《み》て「ありがとう」
⑤一言添《ひとことそ》えて「手伝《てつだ》ってくれてありがとう」「お迎《むか》え、ありがとう」が大事《だいじ》。
⑥名前《なまえ》を呼《よ》んで「ありがとう」「お母《かあ》さん」「○○さん」と呼《よ》びかけましょう。
⑦心《こころ》をこめて「ありがとう」

やってみよう

「ありがとう」のタイミング

思《おも》い切《き》って「ありがとう」を言《い》うのに、ぴったりの時《とき》があります。それは、何《なに》かの記念日《きねんび》など。両親《りょうしん》なら「母《はは》の日《ひ》」や「父《ちち》の日《ひ》」。兄弟《きょうだい》や友達《ともだち》なら、たんじょう日など。また、お世話《せわ》になった人《ひと》なら卒業《そつぎょう》式《しき》や入学式《にゅうがくしき》などもいいですね。

ありがとうございました。
先生のおかげで
国語が大すきに
なりました。

ひとくちメモ　ある人《ひと》は、山《やま》で大声《おおごえ》を出《だ》して山《やま》びこを聞《き》きながら照《て》れくささ、恥《は》ずかしさを乗《の》りこえたそうです。上《うえ》で紹介《しょうかい》した相談者《そうだんしゃ》さんは、ぬいぐるみなどを相手《あいて》に練習《れんしゅう》してもよさそうですね。

ひらがな・カタカナの生《う》みの親《おや》「万葉仮名《まんようがな》」

日本国語教育学会理事《にほんこくごきょういくがっかいりじ》
五十井美知子《いかいみちこ》先生《せんせい》が書《か》きました

読《よ》んだ日《ひ》　月《がつ》　日《にち》　月《がつ》　日《にち》　月《がつ》　日《にち》

万葉仮名《まんようがな》ってかな？　漢字《かんじ》？

私《わたし》たちが使《つか》っている、ひらがなやカタカナは、日本《にほん》だけの文字《もじ》です。

ひらがなもカタカナもなかった頃《ころ》の人々《ひとびと》は、中国《ちゅうごく》から伝《つた》わってきた漢字《かんじ》で日本語《にほんご》をちゃんと表《あらわ》すことができないかと考《かんが》えていました。漢字《かんじ》の読《よ》み方《かた》には、意味《いみ》に合《あ》わせた音読《おんよ》み、訓読《くんよ》みがありますね。昔《むかし》の日本人《にほんじん》は、それ以外《いがい》に、漢字《かんじ》の意味《いみ》を無視《むし》して読《よ》み方《かた》だけを借《か》りることを考《かんが》えつきました。これが万葉仮名《まんようがな》です。たとえば、花《はな》、雲《くも》、色《いろ》を、波奈《はな》、久毛《くも》、伊呂《いろ》と書《か》き表《あらわ》します。

万葉仮名《まんようがな》といわれるのは、読《よ》み方《かた》だけを中国《ちゅうごく》から借《か》りた漢字《かんじ》のことだったのですね。

ひらがな・カタカナが生《う》まれた

同《おな》じ読《よ》み方《かた》の万葉仮名《まんようがな》はたくさんありましたが、しだいに決《き》まった万葉仮名《まんようがな》が使《つか》われるようになりました。それが、ひらがなやカタカナの元《もと》の漢字《かんじ》になっていったのです。「波、奈」は「は、な」、「久、毛」は「く、も」、「伊、呂」は「い、ろ」の元《もと》になった万葉仮名《まんようがな》です。

読《よ》んでみよう

「万葉集《まんようしゅう》」は漢字《かんじ》だけ

万葉集《まんようしゅう》は日本最古《にほんさいこ》の歌集《かしゅう》。万葉仮名《まんようがな》の時代《じだい》のものなのですべて漢字《かんじ》で書《か》かれています。一首《いっしゅ》、紹介《しょうかい》しましょう。

春過而　夏来良之　白妙能
衣乾有　天之香来山

百人一首《ひゃくにんいっしゅ》にも似《に》た歌《うた》があります。
(はるすぎて　なつきたるらし　しろたえの　ころもほしたり　あまのかぐやま)

ひとくちメモ　万葉集《まんようしゅう》に使《つか》われている万葉仮名《まんようがな》に、「二二」「十六」があり、それぞれ「し」「しし」と読《よ》んでいます。もうすでに「九九《くく》」があったのです。それを使《つか》って楽《たの》しんでいる人々《ひとびと》がいたのですね。

言葉で遊ぼう あいう

これなら勝《か》てる？ しりとり遊《あそ》び必勝法《ひっしょうほう》

4月 9日

日本国語教育学会理事《にほんこくごきょういくがっかいりじ》・小学校部会長《しょうがっこうぶかいちょう》
今村久二《いまむらひさじ》先生《せんせい》が書《か》きました

読《よ》んだ日《ひ》　月《がつ》　日《にち》　月《がつ》　日《にち》　月《がつ》　日《にち》

しりとりのルール

しりとりは、大人《おとな》も子供《こども》もいっしょに遊《あそ》べる、古《ふる》くからある言葉《ことば》遊《あそ》びです。もちろん、言葉《ことば》をたくさん知《し》っている人《ひと》ほど有利《ゆうり》です。

地域《ちいき》やグループなどによってさまざまなルールがつくられていますが、たいてい「ものの名前《なまえ》を表《あらわ》す言葉《ことば》でつなぐ」「『ん』で終《お》わる言葉《ことば》を言《い》ってしまったら、負《ま》け」というルールがあります。

しっぽの音《おと》が作戦《さくせん》のカギ

国語辞典《こくごじてん》は、言葉《ことば》の頭《あたま》の音《おと》で言葉《ことば》がならべてあります。何《なん》の音《おと》ではじまる言葉《ことば》が多《おお》いか調《しら》べたことはありますか。数《かぞ》えると、あ行《ぎょう》、か行《ぎょう》、さ行《ぎょう》、た行《ぎょう》の音《おと》ではじまる言葉《ことば》が、ほかの行《ぎょう》より、ずっとたくさんあることがわかります。

ですから、相手《あいて》の言《い》った言葉《ことば》のしっぽが、「あ～と」なら言葉《ことば》を見《み》つけやすいことになります。もちろん、自分《じぶん》が言《い》った言葉《ことば》も同《おな》じなら、相手《あいて》も答《こた》えやすくなります。

しっぽの音《おと》で困《こま》らせろ！「る」攻《ぜ》めの極意《ごくい》

さて、ここからが必勝法《ひっしょうほう》です。自分《じぶん》が言葉《ことば》を言《い》うときに、逆《ぎゃく》に、頭《あたま》につく音《おと》の少《すく》ない言葉《ことば》を返《かえ》すと相手《あいて》はふさわしい言葉《ことば》を探《さが》すのに

ひとくちメモ　英語《えいご》のしりとりは「ワード・チェーン（言葉《ことば》のくさり）」とよばれています。［ボーイ（boy：男《おとこ》の子《こ》）］の続《つづ》きは「イ」ではなく、最後《さいご》の[y]ではじまる、たとえば、［young（ヤング：若《わか》い）］などとなります。

やってみよう

お家《うち》の人《ひと》に聞《き》いて「しりとり歌《うた》」にチャレンジ！

音《おと》のしりとりだけではなく、言葉《ことば》や文《ぶん》のしりとりもありますね。「いろはにこんぺいとう、こんぺいとうはあまい、あまいはさとう、さとうは白《しろ》い、白《しろ》いはうさぎ……」という遊《あそ》びです。やったことありますね。みなさんはどこまで言《い》えるでしょう（地域《ちいき》によって歌詞《かし》はさまざまですが、東京周辺《とうきょうしゅうへん》だと歌《か》詞《し》の最後《さいご》は「光《ひか》るはおやじのハゲ頭《あたま》」です）。

昔《むかし》からある遊《あそ》びですから、お父《とう》さんやお母《かあ》さん、おじいさんやおばあさんにも思《おも》い出《だ》してもらって、今《いま》のものとどこか変《か》わったところがあるか、くらべてみると楽《たの》しいですよ。

困《こま》る、ということになります。では、何《なん》の音《おと》ではじまる言葉《ことば》が少《すく》ないのでしょうか。
そこで調《しら》べてみました。

この音《おと》で始《はじ》まる言葉《ことば》は少《すく》ないランキング ベスト5

1位《い》「る」
2位《い》「ぬ」
3位《い》「れ」
4位《い》「ら」
5位《い》「ね」

※『国語《こくご》好《ず》きな子《こ》に育《そだ》つ　たのしいお話《はなし》365』編集部《へんしゅうぶ》調《しら》べ

つまり、たとえば、「りんご」ときたら「ゴール」、「かめ」ときたら「メール」、「カッパ」ときたら「パイナップル」というように「る」攻《ぜ》めにするのです！

このランキングの1位《い》〜5位《い》の音《おと》で終《お》わる言葉《ことば》を集《あつ》めておくといいですね。

昔《むかし》の文章《ぶんしょう》に句読点《くとうてん》はなかった!?

4月10日

日本国語教育学会理事《にほんこくごきょういくがっかいりじ》
岸本修二《きしもとしゅうじ》先生《せんせい》が書《か》きました

読《よ》んだ日《ひ》　月《がつ》　日《にち》｜　月《がつ》　日《にち》｜　月《がつ》　日《にち》

読《よ》みにくい?

平安時代《へいあんじだい》の『枕草子《まくらのそうし》』の冒頭《ぼうとう》は「はるはあけほのやうやうしろくなりゆくやまきはすこしあかりてむらさきたちたるくもの…」とすべてひらがなで書《か》かれています。

これでは読《よ》み取《と》りにくいので、国語《こくご》の教科書《きょうかしょ》では「春《はる》は曙《あけぼの》。ようよう白《しろ》くなりゆく山際《やまぎわ》、少《すこ》し明《あ》かりて、紫《むらさき》立《だ》ちたる雲《くも》の…」と漢字《かんじ》かな交《ま》じりで句読点《くとうてん》もついています。

そうです、平安時代《へいあんじだい》には句読点《くとうてん》はなかったのです。江戸時代《えどじだい》に「テン(、)」が語句《ごく》や文《ぶん》の区切《くぎ》りに使《つか》われるようになりましたが、人《ひと》それぞれバラバラでした。

明治時代《めいじじだい》になって「、」「。」が使《つか》われますが、やはりバラバラ。統一《とういつ》されたのは昭和《しょうわ》21年《ねん》と25年《ねん》に、国《くに》が「くぎり符号《ふごう》の使《つか》い方《かた》」を発表《はっぴょう》してからです。大《おお》きな新聞社《しんぶんしゃ》も昭和《しょうわ》25年以降《ねんいこう》から句読点《くとうてん》をつけて全《すべ》ての記事《きじ》を書《か》くようになりました。

句読点《くとうてん》はどうつける?

句点《くてん》(。)は文《ぶん》の終《お》わりにつけます。これはかんたんですね。でも読点《とうてん》(、)のルールはそうかんたんではありません。代表的《だいひょうてき》なルールを例文《れいぶん》と一緒《いっしょ》に紹介《しょうかい》しましょう。

「私《わたし》は、元気《げんき》です」
↓主語《しゅご》を表《あらわ》す「は」のあとにつける。

「赤《あか》、白《しろ》、青《あお》の三色《さんしょく》の国旗《こっき》」
↓言葉《ことば》や意味《いみ》の切《き》れ目《め》につける。

「雨《あめ》が降《ふ》った。しかし、ゲームは行《おこな》われた」
↓文《ぶん》と文《ぶん》をつなぐ言葉《ことば》のあとにつける。

「ああ、きれいですね」
↓よびかけや感動《かんどう》、返事《へんじ》を表《あらわ》す言葉《ことば》のあとにつける。

「母《はは》は、『食《た》べましょう』と言《い》った」
↓会話《かいわ》の前《まえ》につける

考《かんが》えてみよう

どっちかな?

「ここではきものをぬいではいりなさい」「ここで、はきものを…」と読《よ》みましたか、「ここでは、着物《きもの》を…」と読《よ》みましたか? 区切《くぎ》り方《かた》で意味《いみ》がちがってしまいます。こうした誤解《ごかい》をなくすために読点《とうてん》が必要《ひつよう》ですね(103ページ参照《さんしょう》)。

ひとくちメモ

読点《とうてん》「、」のつけ方《かた》はここで紹介《しょうかい》したルールが基本《きほん》ですが、あえて変《か》わったところに打《う》っている本《ほん》もあります。読《よ》みやすさのために使《つか》うだけでなく、文章表現《ぶんしょうひょうげん》の一《ひと》つとして意味《いみ》を持《も》っているともいえるでしょう。

公明正大《こうめいせいだい》と不正不公《ふせいふこう》

4月《がつ》 11日《にち》

東京都大田区立矢口西小学校《とうきょうとおおたくりつやぐちにししょうがっこう》
福田勇輔《ふくだゆうすけ》先生《せんせい》が書《か》きました

読《よ》んだ日《ひ》　月《がつ》　日《にち》｜月《がつ》　日《にち》｜月《がつ》　日《にち》

桜《さくら》の木《き》を切《き》ったのはだれ?

アメリカ合衆国初代大統領《がっしゅうこくしょだいだいとうりょう》ジョージ・ワシントンにまつわる逸話《いつわ》にこのようなものがあります。

ワシントンが子供《こども》の頃《ころ》のことです。鍛冶屋《かじや》さんから借《か》りた斧《おの》でどうしても木《き》を切《き》ってみたくなり、お父《とう》さんが大切《たいせつ》にしていた桜《さくら》の木《き》を切《き》ってしまいました。お父《とう》さんから「桜《さくら》の木《き》を切《き》ったのは、おまえか」と聞《き》かれたワシントンは、「うそをつくのは悪《わる》いことだ」と正直《しょうじき》にそれを話《はな》します。叱《しか》られるのかと思《おも》いきや、お父《とう》さんからは、「お前《まえ》は、正直《しょうじき》な子《こ》だ」とほめられました。

このワシントンのように、隠《かく》し立《だ》てをせず、正々堂々《せいせいどうどう》としていることを、「公《こう》明正大《めいせいだい》」といいます。似《に》た言葉《ことば》では、「公正無私《こうせいむし》」という言葉《ことば》もあります。逆《ぎゃく》の意味《いみ》の言葉《ことば》には「不《ふ》正不公《せいふこう》」という言葉《ことば》もあります。

失敗《しっぱい》は誰《だれ》にでもありますが、その後《ご》の行動次第《こうどうしだい》で、ワシントンのように「公明正大《こうめいせいだい》」な人《ひと》になるのか、そうではない「不正不公《ふせいふこう》」な人《ひと》になるのかでは、大《おお》きくちがいますね。

「公明《こうめい》」で「正大《せいだい》」

公明正大《こうめいせいだい》の「正大《せいだい》」は、言動《げんどう》や、立《た》ち居振《いふ》る舞《ま》い、態度《たいど》などが正《ただ》しく、堂々《どうどう》としている様子《ようす》を表《あらわ》しています。

「公明《こうめい》」は、公平《こうへい》で私心《ししん》のないことで、不平《ふへい》や隠《かく》し立《だ》てのない様子《ようす》を表《あらわ》します。似《に》た言葉《ことば》として例《れい》にあげた「公正無私《こうせいむし》」も、自分《じぶん》の私《し》利私欲《りしよく》に惑《まど》わされないというところが共通《きょうつう》していますね。

公明正大《こうめいせいだい》な人《ひと》になるためには、周《まわ》りの意見《いけん》に左右《さゆう》されないだけでなく、何《なに》よりも自分《じぶん》の心《こころ》に負《ま》けないということが大切《たいせつ》なことなのかもしれません。

調《しら》べてみよう

人格《じんかく》を表《あらわ》す四字熟語《よじじゅくご》

「公明正大《こうめいせいだい》」のように、その人《ひと》の人格《じんかく》や性格《せいかく》を表《あらわ》す四字熟語《よじじゅくご》は他《ほか》にもあります。「外柔内剛《がいじゅうないごう》」「質実《しつじつ》剛健《ごうけん》」など、たくさんあるので、調《しら》べてみましょう。

ひとくちメモ　ワシントンの逸話《いつわ》は創作《そうさく》だという説《せつ》もあります。正直《しょうじき》に生《い》きることの大切《たいせつ》さを伝《つた》えようとしたのかもしれませんね。

表現力がアップするお話

その「おいしい!」を言葉《ことば》で表現《ひょうげん》してみよう

4月12日

学校教育支援《がっこうきょういくしえん》センター練馬《ねりま》
眞瀬敦子《ませあつこ》先生《せんせい》が書《か》きました

読《よ》んだ日《ひ》　月《がつ》　日《にち》｜月《がつ》　日《にち》｜月《がつ》　日《にち》

味《あじ》と香《かお》りを伝《つた》えたい

おいしいものを食《た》べたとき、私《わたし》たちは幸《しあわ》せな気持《きも》ちになりますね。反対《はんたい》に食《た》べたものが「まずい」と、本当《ほんとう》にがっかり……。

私《わたし》たち日本人《にほんじん》は特《とく》にこの「味覚《みかく》」が発達《はったつ》していて、それを表現《ひょうげん》する言葉《ことば》は445もあるそうです(食品総合研究所《しょくひんそうごうけんきゅうしょ》の調《しら》べ。フランス227、中国《ちゅうごく》144、イギリス77)。

「甘《あま》い」「甘《あま》ったるい」「甘酸《あまず》っぱい」「しょっぱい」「塩辛《しおから》い」「苦《にが》い」「ほろ苦《にが》い」「渋《しぶ》い」「えぐい」「えがらっぽい」「酸《す》っぱい」「酸《す》い」「辛《から》い」といった基本《きほん》の味《あじ》を表《あらわ》す言葉《ことば》のほかに、その濃《こ》さを表《あらわ》す言《こと》葉《ば》も豊富《ほうふ》です。「くどい」「こってり」「濃厚《のうこう》」「コクがある」「まったり」「まろやか」「すっきり」「あっさり」「淡泊《たんぱく》」……もっと思《おも》いつくかもしれませんね。

鼻《はな》から入《はい》ってくる「香《かお》り豊《ゆた》かな」とか「香《こう》ばしい」「さわやかな」といった、味《あじ》に大《おお》きな影響《えいきょう》を与《あた》える香《かお》りの表現《ひょうげん》も豊《ゆた》かです。

その音《おと》は何《なに》を食《た》べたくなる?

味《あじ》ではありませんが、私《わたし》たちは「食感《しょっかん》」も大切《たいせつ》にします。さて、みなさんは、次《つぎ》の言葉《ことば》でどんな食《た》べ物《もの》を想像《そうぞう》しますか? おうちの人《ひと》と言《い》いかわしてみましょう。

「ほろほろ」「さくさく」「しんなり」「カリカリ」「コリコリ」「パリパリ」「サクサク」「しこしこ」「ねばねば」「ねっとり」「もちもち」「ぷりぷり」「プルプル」「つるつる」「ふわふわ」「しゃりしゃり」「しゃきしゃき」

どうですか、なんだかお腹《なか》が空《す》いてきましたね!

やってみよう

おうちでも食《しょく》レポしてみよう

おいしいの表現《ひょうげん》がたくさんあることに気《き》づきましたね。おうちでも、朝食《ちょうしょく》や夕食《ゆうしょく》を食《た》べている時《とき》に、そのおいしさをおうちの人《ひと》にちゃんと伝《つた》えてみてください。ただ「おいしい」だけじゃダメですよ。

ひとくちメモ 昔《むかし》は舌《した》には「味覚地図《みかくちず》」があり、決《き》まった味《あじ》を感《かん》じる味蕾《みらい》のある場所《ばしょ》が分《わ》かれていると考《かんが》えられていましたが、今《いま》では一《ひと》つの味蕾《みらい》には複数《ふくすう》の味細胞《みさいぼう》があり、どこでもいろんな味《あじ》を感《かん》じることがわかっています。

漢字にまつわるお話

「早《はや》い」と「速《はや》い」どっちがはやい？

4月13日

日本国語教育学会理事《にほんこくごきょういくがっかいりじ》
山田利彦《やまだとしひこ》先生《せんせい》が書《か》きました

読《よ》んだ日《ひ》　月《がつ》　日《にち》｜月《がつ》　日《にち》｜月《がつ》　日《にち》

早《はや》い電車《でんしゃ》にのろう

「あすの朝一番早《あさいちばんはや》い電車《でんしゃ》にのろう」と言《い》われたらどうしますか？　朝《あさ》うす暗《くら》いうちに起《お》きて、まだあまり人《ひと》が出《で》てきていない駅《えき》で始発《しはつ》電車《でんしゃ》に乗《の》りますよね。「早《はや》く来《き》た人《ひと》から順《じゅん》に」と言《い》われると、あなたはあなたより早《はや》く来《き》た人《ひと》の後《うし》ろにならびます。「学校《がっこう》を早引《はやび》きする」「早寝《はやね》」「早起《はやお》き」のような使《つか》い方《かた》をします。

つまり「早《はや》い」は、いろいろなことを始《はじ》めたり終《お》えたりする時《とき》の時間《じかん》より前《まえ》の時間《じかん》という意味《いみ》を表《あらわ》しています。

時間《じかん》だけでなく「早春《そうしゅん》」のように季節《きせつ》などでもいいます。

もっと速《はや》い電車《でんしゃ》に乗《の》りたい

「速《はや》い電車《でんしゃ》」といわれたら、新幹《しんかん》線《せん》に乗《の》ればいいでしょう。新幹線《しんかんせん》ならふつうの電車《でんしゃ》を追《お》い抜《ぬ》いてしまいます。

また、プロ野球《やきゅう》のピッチャーの投《な》げるボールがはやいときも「速《はや》い」という漢字《かんじ》を使《つか》います。友《とも》だちであなたより足《あし》の速《はや》い人《ひと》がいます。しかし、あなたも自転車《じてんしゃ》に乗《の》ればその人《ひと》より速《はや》いことになります。そんなふうに目的地《もくてきち》まで短《みじか》い時間《じかん》で行《い》けるという意味《いみ》です。スピードというとわかりやすいですね。「早《そう》」も「速《そく》」もどちらも「はやい」のです。ただ「早《そう》」は「時《じ》間《かん》」がはやく、「速《そく》」は「スピード」がはやいということなのです。

やってみよう

どっちの漢字《かんじ》かな？

①川《かわ》の流《なが》れがとても（　）いね。
②今日《きょう》は５分《ふん》（　）く家《いえ》を出《で》ました。
③（　）く宿題《しゅくだい》をすませなさい。
④新幹線《しんかんせん》だったので大阪《おおさか》に（　）くついた。
⑤学校《がっこう》におくれそうになったので足《あし》を（　）めた。

ひとくちメモ　「やってみよう」の答《こた》え　①速《はや》　②早《はや》　③早《はや》　④早《はや》　⑤速《はや》　「早《そう》」は時間《じかん》だけでなく「先《さき》をいそいでせかせかする。せっかち」という意味《いみ》で「気《き》が早《はや》い」という使《つか》い方《かた》もあります。

表現力がアップするお話

「頭《あたま》にくる」と「腹《はら》が立《た》つ」

4月《がつ》 14日

東京都《とうきょうと》葛飾区《かつしかく》立《りつ》清和《せいわ》小学校《しょうがっこう》校長《こうちょう》
朴木一史《ほおのきかずし》先生《せんせい》が書《か》きました

読《よ》んだ日《ひ》　月《がつ》　日《にち》　月《がつ》　日《にち》　月《がつ》　日《にち》

「頭《あたま》」？「腹《はら》」？

たかし君《くん》とはじめ君《くん》がケンカしています。どうやら一番《いちばん》言《い》ってほしくない悪口《わるぐち》をはじめ君《くん》が言《い》ったので、たかし君《くん》は「頭《あたま》にきて」手《て》を出《だ》してしまったそうです。

一方《いっぽう》、はじめ君《くん》は、たかし君《くん》が手《て》を出《だ》してくると思《おも》わなかったので、叩《たた》かれたり、ぶたれたりしたことで、まだ「腹《はら》が立《た》って」ぶつぶつ文句《もんく》を言《い》っています。

こんな風《ふう》に、「頭《あたま》にくる」と「腹《はら》が立《た》つ」は同《おな》じような場面《ばめん》で使《つか》われますが、意味《いみ》は少《すこ》しちがいます。

怒《いか》りにかわる時間《じかん》のちがい

「頭《あたま》にくる」は、怒《いか》りを覚《おぼ》えるまでの時間《じかん》が「腹《はら》が立《た》つ」に比《くら》べて短《みじか》いのです。怒《おこ》る気《き》持《も》ちに我《われ》を忘《わす》れる感《かん》じがします。

一方《いっぽう》、「腹《はら》がたつ」は、「立《た》ったり座《すわ》ったり」の「立《た》つ」ではなく、「お湯《ゆ》が煮《に》たつ」のぐつぐつと段階《だんかい》を踏《ふ》んでわきたってくる感《かん》じがふくまれています。「だんだん腹《はら》が立《た》ってきた」と言《い》いますが、「だんだん頭《あたま》にきてきた」とは言《い》いませんね。

「頭《あたま》にくる」のように、怒《おこ》って我《われ》を忘《わす》れるようなときには、ほかにも「カッとなる」「カッカする」「激高《げっこう》する」「頭《あたま》に血《ち》が上《のぼ》る」などの言葉《ことば》があります。

どちらにしても、これらの言葉《ことば》はあまり使《つか》いたくないものですね。

探《さが》してみよう

「腹《はら》が立《た》つ」に近《ちか》い意味《いみ》の言葉《ことば》

ふつふつとゆっくりわき上《あ》がってくる怒《いか》り、という意味《いみ》で使《つか》われる言葉《ことば》を探《さが》してみましょう。「怒《いか》りがこみ上《あ》げてくる」などは近《ちか》いかもしれません。ほかにもあるか探《さが》してみましょう。

ひとくちメモ　「かんにん袋《ぶくろ》の緒《お》が切《き》れる」は我慢《がまん》して我慢《がまん》してとうとう怒《いか》りが爆発《ばくはつ》する意味《いみ》ですが、最近《さいきん》よく使《つか》われる「キレる」は、がまんやこらえがきかず、自分《じぶん》でも収拾《しゅうしゅう》がつかず急《きゅう》に怒《いか》りを見《み》せる時《とき》に使《つか》います。

歌や古典・芸能にまつわるお話

歌詞《かし》が3回《かい》も変《か》わった!?「春《はる》の小川《おがわ》」

4月《がつ》15日《にち》

日本国語教育学会理事《にほんこくごきょういくがっかいりじ》
功刀道子《くぬぎみちこ》先生《せんせい》が書《か》きました

読《よ》んだ日《ひ》　月《がつ》　日《にち》　月《がつ》　日《にち》　月《がつ》　日《にち》

元《もと》は「さらさら流《なが》る」だった?

唱歌《しょうか》「春《はる》の小川《おがわ》」は東京《とうきょう》の渋谷《しぶや》川《がわ》をモデルにつくられたといわれています。100年以上前《ねんいじょうまえ》から教科書《きょうかしょ》にのっている歌《うた》ですが、今《いま》にいたるまで3回《かい》も歌詞《かし》が変《か》わっています。1番《ばん》だけをくらべてみましょう。

●最初《さいしょ》の歌《うた》（大正元年《たいしょうがんねん》に発表《はっぴょう》）
春《はる》の小川《おがわ》は　さらさら流《なが》る
岸《きし》のすみれや　れんげの花《はな》に
においめでたく　色《いろ》うつくしく
咲《さ》けよ咲《さ》けよと　ささやくごとく

●昭和《しょうわ》17年《ねん》につくり替《か》えたもの
春《はる》の小川《おがわ》は　さらさら行《い》くよ
岸《きし》のすみれや　れんげの花《はな》に
すがたやさしく　色《いろ》うつくしく
咲《さ》いているねと　ささやきながら

●現在《げんざい》の教科書《きょうかしょ》の歌《うた》
春《はる》の小川《おがわ》は　さらさら行《い》くよ
岸《きし》のすみれや　れんげの花《はな》に
すがたやさしく　色《いろ》うつくしく
咲《さ》けよ咲《さ》けよと　ささやきながら

書《か》き言葉《ことば》と話《はな》し言葉《ことば》

明治時代《めいじじだい》、日本語《にほんご》には書《か》き言葉《ことば》と話《はな》し言葉《ことば》がありました（404ページ参照《さんしょう》）。「川《かわ》が流《なが》る」は書《か》き言葉《ことば》（文語体《ぶんごたい》）で「流《なが》れる」という意味《いみ》です。

その後《ご》、昭和《しょうわ》17年《ねん》に、国民学校《こくみんがっこう》3年生《ねんせい》の音楽《おんがく》の教科書《きょうかしょ》にのせる時《とき》、書《か》き言葉《ことば》の歌詞《かし》を、ふだん話《はな》しているような言葉《ことば》（口語体《こうごたい》）に書《か》きかえられました。ちょうどこの頃《ころ》、小学校低学年《しょうがっこうていがくねん》には口語体《こうごたい》で文章《ぶんしょう》を書《か》くという指導《しどう》が始《はじ》まっていたからです。

しかし戦後《せんご》、歌詞《かし》の最後《さいご》「咲《さ》いているね」が「咲《さ》けよ咲《さ》けよと」と元《もと》の歌詞《かし》に戻《もど》りました。2番《ばん》では「遊《あそ》べ遊《あそ》べと」となっていますから、そこに合《あ》わせたほうが美《うつく》しい歌《うた》になると考《かんが》えられたのかもしれませんね。

歌《うた》ってみよう

実《じつ》は3番《ばん》まであった

「春《はる》の小川《おがわ》」は昭和《しょうわ》17年《ねん》に歌詞《かし》を変《か》えた時《とき》に、3番《ばん》をなくしてしまったそうです。こんな歌詞《かし》でした。歌《うた》ってみましょう。

春《はる》の小川《おがわ》は　さらさら流《なが》る
歌《うた》のじょうずよ　いとしき子《こ》ども
声《こえ》をそろえて　小川《おがわ》の歌《うた》を
うたえうたえと　ささやくごとく

ひとくちメモ　「春《はる》の小川《おがわ》」は、作詞者《さくししゃ》の高野辰之《たかのたつゆき》が娘《むすめ》さんと小川《おがわ》の近《ちか》くをよく散歩《さんぽ》していたことから生《う》まれたといわれています。東京《とうきょう》・渋谷区代々木《しぶやくよよぎ》にある歌碑《かひ》には、元《もと》の歌詞《かし》の1番《ばん》が刻《きざ》まれています。

世界中《せかいじゅう》には言語《げんご》がいくつあるの？

東京都練馬区立大泉学園桜小学校《とうきょうとねりまくりつおおいずみがくえんさくらしょうがっこう》
井原英昭《いはらひであき》先生《せんせい》が書《か》きました

読《よ》んだ日《ひ》　月《がつ》　日《にち》　月《がつ》　日《にち》　月《がつ》　日《にち》

言語《げんご》を数《かぞ》えるのはむずかしい

世界《せかい》にはいったいいくつの言語《げんご》があるのでしょうか。一般的《いっぱんてき》には、三千《さんぜん》から七千《ななせん》といわれています。この数字《すうじ》を見《み》て、「ずいぶんと幅《はば》があるなあ」と思《おも》いませんか。実《じつ》は、言語《げんご》をどう数《かぞ》えるかというのはなかなかむずかしいのです。

日本語《にほんご》の方言《ほうげん》を考《かんが》えてみましょう。国内旅行《こくないりょこう》で、地元《じもと》の人同士《ひとどうし》の会話《かいわ》がわからないときがあります。会話《かいわ》の意味《いみ》がわからないほどちがう言葉《ことば》なのに、方言《ほうげん》は日本語《にほんご》の一《ひと》つとして考《かんが》えられています。

一方《いっぽう》、デンマーク語《ご》、スウェーデン語《ご》、ノルウェー語《ご》は、一般的《いっぱんてき》に独立《どくりつ》した3つの言語《げんご》として考《かんが》えられています。ところが、この3つの言語《げんご》は日本語《にほんご》の方言《ほうげん》のような関係《かんけい》で、それぞれの話者同士《わしゃどうし》は、ほとんど問題《もんだい》なく互《たが》いに通《つう》じ合《あ》うことができるくらいなのだそうです。言語《げんご》の数《かず》は、分《わ》け方《かた》によって多《おお》くも少《すく》なくもなる、というわけです。

話《はな》す人《ひと》が少《すく》ない危機言語《ききげんご》もある

言語《げんご》の中《なか》には、その言語《げんご》を話《はな》す人《ひと》が何億人《なんおくにん》もいるような言語《げんご》から、1人《り》、2人《り》しかいない言語《げんご》もあります。日本語《にほんご》を話《はな》す人《ひと》は約《やく》1億《おく》2000万《まん》で世界第《せかいだい》9位《い》。同《おな》じ日本《にほん》で使《つか》われているアイヌ語《ご》は、非常《ひじょう》に少《すく》なくなっています。このように話《はな》す人《ひと》がいなくなってしまう恐《おそ》れのある言語《げんご》を「危機言語《ききげんご》」といいます。今世紀末《こんせいきまつ》までには、なんと、全世界《ぜんせかい》の90%もの言語《げんご》が完全《かんぜん》に絶滅《ぜつめつ》してしまうといわれています。

順	母語人口
1	中国語（885）
2	英語（400）
3	スペイン語（332）
4	ヒンディー語（236）
5	アラビア語（200）
6	ポルトガル語（175）
7	ロシア語（170）
8	ベンガル語（168）
9	日本語（125）
10	ドイツ語（100）

単位：100万人
出典：文部科学省ホームページ［世界の母語人口］より

探《さが》してみよう

アイヌ語《ご》の地名探《ちめいさが》し

アイヌ語《ご》を耳《みみ》にする機会《きかい》は少《すく》ないかもしれません。しかし、北《ほっ》海道《かいどう》や東北地方《とうほくちほう》の地名《ちめい》には、アイヌ語起源《ごきげん》のものが多《おお》くあります。たとえば登別《のぼりべつ》はヌプル・ペッ（濁《にご》った川《かわ》）という言葉《ことば》が起《き》源《げん》になっています。

ひとくちメモ　パプアニューギニアでは、一《ひと》つの島《しま》でなんと約《やく》820もの言語《げんご》が使《つか》われています。太平洋《たいへいよう》の島々《しまじま》では、小《ちい》さな共同体《きょうどうたい》ごとに言語《げんご》が異《こと》なり、今《いま》なお記録《きろく》されていない言語《げんご》があるといわれています。

実行《じっこう》するのがむずかしい！「猫《ねこ》の首《くび》に鈴《すず》をつける」

日本国語教育学会理事《にほんこくごきょういくがっかいりじ》
新垣公子《あらかきともこ》先生《せんせい》が書《か》きました

読《よ》んだ日《ひ》　月《がつ》　日《にち》　月《がつ》　日《にち》　月《がつ》　日《にち》

イソップ物語《ものがたり》から生《う》まれた

みなさんは、イソップ物語《ものがたり》を知《し》っていますか？　古代《こだい》ギリシャの作家《さっか》でイソップという人《ひと》がつくったといわれているお話《はなし》です。寓話《ぐうわ》といってキツネやタヌキなど人間《にんげん》に身近《みぢか》な動物《どうぶつ》の性格《せいかく》や行動《こうどう》をたとえにして、生《い》き方《かた》や知恵《ちえ》を教《おし》える物語《ものがたり》になっています。その中《なか》に次《つぎ》のような話《はなし》があります。

天敵《てんてき》であるネコにいつもおびやかされているネズミたちが、おだやかに暮《く》らす方法《ほうほう》がないものかと話《はな》し合《あ》ったところ、ネコの首《くび》に鈴《すず》をつければいつでも居場所《いばしょ》がわかる、という案《あん》が出《で》ました。それはいい考《かんが》えだとみんなが賛成《さんせい》しましたが、だれがネコの首《くび》に鈴《すず》をつけに行《い》くかということになると、みんなだまってしまいました。

いいアイディアだけれど

この話《はなし》から生《う》まれたことわざが「猫《ねこ》の首《くび》に鈴《すず》をつける」です。良《よ》い考《かんが》えだけれど、実行《じっこう》するのがむずかしい作戦《さくせん》や方法《ほうほう》を、猫《ねこ》の首《くび》にたとえているのです。

似《に》た意味《いみ》のことわざに「言《い》うはやすく行《おこな》うはかたし」があります。「言《い》うのは簡単《かんたん》だけれど実際《じっさい》に行《こう》動《どう》するのはむずかしい」という意《い》味《み》です。

使《つか》ってみよう

逆《ぎゃく》の意味《いみ》のことわざもある

教訓《きょうくん》を伝《つた》えることわざはいろいろありますが、中《なか》には「善《ぜん》は急《いそ》げ」「急《せ》いては事《こと》を仕損《しそん》じる」のように、逆《ぎゃく》の意味《いみ》を伝《つた》えるものもあります。これは矛盾《むじゅん》しているのではありません。大事《だいじ》なことを決断《けつだん》するときは、大胆《だいたん》に即決《そっけつ》したほうがいいときと、慎重《しんちょう》になるときがある、ということなのです。ことわざを使《つか》うときはその場《ば》に合《あ》わせてうまく使《つか》いたいものですね。

ひとくちメモ
「地震雷火事親父《じしんかみなりかじおやじ》」ということわざは、江戸時代《えどじだい》、世《よ》の中《なか》で特《とく》にこわいといわれていたものを語呂《ごろ》よく並《なら》べたものです。その当時《とうじ》の様子《ようす》がわかるのもことわざのおもしろさですね。

話し方にまつわるお話

東京《とうきょう》にも方言《ほうげん》があった！ 下町言葉《したまちことば》を知《し》ってる？

4月 18日

日本国語教育学会理事《にほんこくごきょういくがっかいりじ》
成家亘宏《なりやのぶひろ》先生《せんせい》が書《か》きました

読《よ》んだ日《ひ》　月《がつ》　日《にち》｜　月《がつ》　日《にち》｜　月《がつ》　日《にち》

そろそろあさりの季節《きせつ》だね
しおしがりに行きたくなるね〜

「ひ」が「し」になっちゃう？

「潮干狩《しおひが》り」を【しおしがり】、「七味唐辛子《しちみとうがらし》」を【ひしみとうがらし】と読《よ》んでしまう地域《ちいき》があるといったらどう思《おも》いますか？ 変《か》わった方言《ほうげん》だなぁと感《かん》じるかもしれませんね。これ、実《じつ》は東京《とうきょう》、下町《したまち》の方言《ほうげん》（下町言葉《したまちことば》）なのです。

東京《とうきょう》は全国《ぜんこく》から人《ひと》が集《あつ》まってきています。そこでどの地方《ちほう》から来《き》た人《ひと》とでもお話《はな》しできるように、東京《とうきょう》の言葉《ことば》をベースにしたものを「共通語《きょうつうご》」としています。となると、東京《とうきょう》には方言《ほうげん》がないと思《おも》ってしまいますよね？

実《じつ》は共通語《きょうつうご》は、東京《とうきょう》の山《やま》の手地《てち》区《く》で話《はな》されている言葉《ことば》をモデルにしたものです。山《やま》の手地区《てちく》というのは東京《とうきょう》の一部《いちぶ》の地域《ちいき》ですから、それ以外《いがい》の地域《ちいき》で話《はな》されている言葉《ことば》は「東京《とうきょう》の方言《ほうげん》」ということになります。

東京《とうきょう》らしいとよくいわれているのは「下町言葉《したまちことば》」です。下町《したまち》とは浅草《あさくさ》や深川《ふかがわ》など、おもに東京《とうきょう》の東側《ひがしがわ》の地域《ちいき》のことを指《さ》します。

東京下町《とうきょうしたまち》の人《ひと》が「ひ」と「し」を発音《はつおん》するときにうまく区別《くべつ》できない理由《りゆう》ははっきりしていません。ただ、五十音図《ごじゅうおんず》の「い段《だん》」の音《おと》が続《つづ》くと発音《はつおん》がおかしくなることはたしかです。

「わたし」いろいろ

下町言葉《したまちことば》では、江戸時代《えどじだい》から「わたし」の言《い》い方《かた》が職業《しょくぎょう》によって使《つか》い分《わ》けられています。たとえば男性《だんせい》は「僕《ぼく》」「おれ」「おいら」「こちとら」、女性《じょせい》は「あたい」「あたし」などを使《つか》っていました。中《なか》でも「わちき」や「わっち」は、江戸時代《えどじだい》に芸能《げいのう》を仕事《しごと》とする人《ひと》たちが使《つか》っていました。「私《わたし》」のことをなんと言《い》っているかで、どのような職業《しょくぎょう》かわかるというわけです。

声《こえ》に出《だ》してみよう

下町《したまち》っ子《こ》になりきろう

江戸《えど》っ子《こ》の気質《きしつ》は気《き》が短《みじか》く、けんかっ早《ぱや》いのが特色《とくしょく》といわれています。使《つか》う言葉《ことば》にも言葉《ことば》の頭《あたま》を強調《きょうちょう》する「お」をつけます。たとえば、「おったまげる」「おっぱじめる」「おっぴらく」「おっちんだ」（死《し》んだ）などです。声《こえ》に出《だ》してみましょう。威勢《いせい》よく言《い》えるかな？

お、たまげたぁ〜

ひとくちメモ　家族《かぞく》や友達《ともだち》と話《はな》すとき、その地方特有《ちほうとくゆう》の表現《ひょうげん》を含《ふく》んだ言葉《ことば》づかいをしています。これを「方言《ほうげん》」といい、「方言《ほうげん》はクニの宝《たから》」ともいわれます。その地域《ちいき》を代表《だいひょう》する言語文化《げんごぶんか》として大切《たいせつ》にしていきたいものです。

えんぴつで字《じ》を上手《じょうず》に書《か》きたい！

4月 19日

東京《とうきょう》都《と》江東《こうとう》区《く》立《りつ》枝川《えだがわ》小《しょう》学校《がっこう》
迎《むかえ》 有果《ゆか》先生《せんせい》が書《か》きました

読《よ》んだ日《ひ》　月《がつ》　日《にち》　月《がつ》　日《にち》　月《がつ》　日《にち》

うまくなりたいなら練習《れんしゅう》しよう

音楽《おんがく》やスポーツをがんばっている人《ひと》はいますか。よい結果《けっか》を出《だ》したり、試合《しあい》に勝《か》ったりするために練習《れんしゅう》をしますよね。字《じ》を書《か》くときも同《おな》じです。ピアノやサッカーがうまい人《ひと》がよく練習《れんしゅう》しているのと同《おな》じように、字《じ》が上手《じょうず》に書《か》ける人《ひと》はそれだけ数多《かずおお》く書《か》いている、つまり練習《れんしゅう》しているのです。

何事《なにごと》もまずは姿勢《しせい》を正《ただ》すところから練習《れんしゅう》が始《はじ》まりますよね。体《からだ》が曲《ま》がるとよい字《じ》は書《か》けません。親指《おやゆび》と人差《ひとさ》し指《ゆび》のところは、ぎゅっと握《にぎ》らないようにしましょう。よい持《も》ち方《かた》をすると姿勢《しせい》もよくなり、疲《つか》れにくくなります。えんぴつで書《か》くときには、手首《てくび》のあたりをしっかり机《つくえ》につけると、手首《てくび》がふらふらせず、きれいに字《じ》が書《か》けます。

正しい持ち方

こんな持ち方ではダメ

相手《あいて》のことを思《おも》って書《か》こう

記録《きろく》に残《のこ》したり、気持《きも》ちを伝《つた》えたりするためには、自分《じぶん》の手《て》で書《か》いてみることが大切《たいせつ》です。

字《じ》を書《か》くときには、その場《ば》にふさわしい書《か》き方《かた》があります。たとえば、お年寄《としよ》りに小《ちい》さな字《じ》で書《か》いた手紙《てがみ》を送《おく》ったらどうでしょうか。きっと読《よ》むのが大変《たいへん》ですよね。

この他《ほか》にも、ポスターを書《か》いたり、新聞《しんぶん》を書《か》いたり、文字《もじ》を書《か》く場面《ばめん》は多《おお》くあります。相手《あいて》のことを考《かんが》えて、読《よ》みやすい字《じ》で書《か》くことを心《こころ》がけましょう。

やってみよう

かんたん！ 美《うつく》しい字《じ》に見《み》えるコツ

両腕《りょううで》をぐるぐると回《まわ》してみてください。外向《そとむ》きに回《まわ》すほうが動《うご》かしやすいと感《かん》じませんか。右手《みぎて》だと右斜《みぎなな》め上《うえ》に上《あ》がるでしょう。右利《みぎき》きの場合《ばあい》、字《じ》は右上《みぎあ》がりに書《か》きやすいようになっていて、少《すこ》し右上《みぎあ》がりに書《か》くだけで字《じ》が美《うつく》しく見《み》えます。

ひとくちメモ 1565年頃《ねんごろ》、イギリスの博物学者《はくぶつがくしゃ》コンラート・ゲスナーは、黒鉛《こくえん》を丸《まる》い筒《つつ》の先《さき》に詰《つ》めて筆記具《ひっきぐ》として使《つか》っていました。これが鉛筆《えんぴつ》の始《はじ》まりだといわれています。1795年《ねん》、現在《げんざい》の鉛筆《えんぴつ》のつくり方《かた》が完成《かんせい》しました。

「たくらみ」と「もくろみ」

4月《がつ》20日《にち》

静岡県《しずおかけん》富士宮市《ふじのみやし》立《りつ》稲子《いなこ》小学校《しょうがっこう》校長《こうちょう》
芦川幹弘《あしかわみきひろ》先生《せんせい》が書《か》きました

読《よ》んだ日《ひ》　月《がつ》　日《にち》｜月《がつ》　日《にち》｜月《がつ》　日《にち》

計画《けいかく》は良《よ》いことと悪《わる》いこと？

悪代官《あくだいかん》が出《で》てきてお金《かね》もうけの話《はなし》をする。悪者《わるもの》の家臣《かしん》（家来《けらい》）と顔《かお》を見合《みあ》わせて「はっはっは」と笑《わら》い出《だ》す。そんな一場面《いちばめん》を想像《そうぞう》してください。このような悪《わる》い計画《けいかく》を「たくらみ」といいます。そして、実際《じっさい》に計画《けいかく》するときは、「たくらむ」という言《い》い方《かた》をします。漢字《かんじ》では「企《たくら》み」です。

「もくろみ」は、たくらみに比《くら》べて今《いま》はあまり使《つか》われていませんが、似《に》た意味《いみ》の言葉《ことば》です。実際《じっさい》に計画《けいかく》するときは「もくろむ」といいます。スポーツの監督《かんとく》がインタビューで「この三連戦《さんれんせん》は、全部勝《ぜんぶか》つともくろんでいたが」とか、どこかの社長《しゃちょう》が「海外進出《かいがいしんしゅつ》をもくろんでいる」というように、良《よ》い計画《けいかく》にも使《つか》うことができます。漢字《かんじ》では「目論見《もくろみ》」です。

囲碁《いご》から生《う》まれた言葉《ことば》

囲碁《いご》で取《と》った目《め》の数《かず》を数《かぞ》えることを「目算《もくさん》」といい、そのことにより勝《か》っているかどうかを考《かんが》えます。

このことを「目論《もくろ》む」ともいいます。このことから、目論見《もくろみ》の「目《もく》」は碁盤《ごばん》の目《め》を、「見《み》」は勝敗《しょうはい》を目《め》で見《み》て確《たし》かめることを指《さ》すようです。

語源《ごげん》ははっきりしていませんが、目論見《もくろみ》は、碁盤《ごばん》の目《め》を論理的《ろんりてき》に見《み》て勝敗《しょうはい》を読《よ》む、という囲碁《いご》の世界《せかい》から生《う》まれ、その後広《ごひろ》い意味《いみ》で用《もち》いられるようになったと考《かんが》えられています。

見《み》てみよう

テレビで囲碁《いご》の対局《たいきょく》を観戦《かんせん》

囲碁《いご》から出《で》た言葉《ことば》はたくさんあります。無《む》駄《だ》な目《め》から来《き》た「ダメ（駄目《だめ》）」、昔《むかし》は強《つよ》い人《ひと》が黒《くろ》の石《いし》を持《も》っていたので黒《くろ》い石《いし》を持《も》つ人《ひと》が玄人《くろうと》、白《しろ》い石《いし》を持《も》つ人《ひと》が素人《しろうと》となりました。「結局《けっきょく》」も囲碁《いご》から来《き》た言葉《ことば》です。たくさんの言葉《ことば》を生《う》み出《だ》す、囲碁《いご》の対局《たいきょく》を見《み》てみたくなりますね。

ひとくちメモ　目論見《もくろみ》は現在《げんざい》も使用《しよう》される書類《しょるい》の名前《なまえ》にもなっています。株式《かぶしき》などの有価証券《ゆうかしょうけん》（財産《ざいさん》としての権利《けんり》を証明《しょうめい》している証明書《しょうめいしょ》）を募集《ぼしゅう》するとき、事業内容《じぎょうないよう》を報告《ほうこく》するために使《つか》う書類《しょるい》を「目論見書《もくろみしょ》」といいます。

日本語をめぐる言葉のお話 あ

言葉《ことば》を観察《かんさつ》してみよう〈動詞編《どうしへん》〉

4月《がつ》21日

東京都《とうきょうと》杉並区立《すぎなみくりつ》高井戸《たかいど》小学校校長《しょうがっこうこうちょう》
鶴巻景子《つるまきけいこ》先生《せんせい》が書《か》きました

読《よ》んだ日《ひ》　月《がつ》　日《にち》｜月《がつ》　日《にち》｜月《がつ》　日《にち》

動《うご》きを表《あらわ》す言葉《ことば》

動《うご》きを表《あらわ》す言葉《ことば》は、たくさんあります。朝起《あさお》きてから寝《ね》るまで、一日《いちにち》の生活《せいかつ》を思《おも》い出《だ》して集《あつ》めてみましょう。

起《お》きる、着替《きが》える、食《た》べる、飲《の》む、行《い》く、歩《ある》く、走《はし》る、飛《と》ぶ、投《な》げる、書《か》く、話《はな》す、聞《き》く、笑《わら》う、おこる、教《おし》える、座《すわ》る、立《た》つ、見《み》る、つくる、覚《おぼ》える、歌《うた》う、かたづける、手伝《てつだ》う、働《はたら》く、帰《かえ》る、ねむる。

ほかにも、たくさん、たくさんありますね。これらの言葉《ことば》に共通《きょうつう》していることがあります。なんでしょうか。

「〜う」「〜く」「〜す」「〜ぶ」「〜む」「〜る」

どれも、五十音図《ごじゅうおんず》の「うの段《だん》」の文字《もじ》で終《お》わっているのです。これらの言葉《ことば》を「動詞《どうし》」といいます。

「動詞《どうし》」は変身《へんしん》する！

動詞《どうし》は、後《あと》に続《つづ》く言葉《ことば》によって、文《ぶん》の中《なか》で変身《へんしん》をします。

行《い》かない　答《こた》えない
行《い》きます　答《こた》えます
行《い》く　答《こた》える
行《い》くとき　答《こた》えるとき
行《い》けば　答《こた》えれば
行《い》け　答《こた》えろ

他《ほか》にも、こんな変《か》わり方《かた》をします。

子供《こども》たちが笑《わら》う［自動詞《じどうし》］
子供《こども》たちを笑《わら》わせる［他動詞《たどうし》］

「〜が」「〜は」に続《つづ》くときと、「〜を」「〜に」に続《つづ》くときにも動詞《どうし》は変身《へんしん》します。本《ほん》を読《よ》んだり、お話《はな》しするときに、観察《かんさつ》してみましょう。

考《かんが》えてみよう

主語《しゅご》？　述語《じゅつご》？

文《ぶん》の中《なか》で、「何《なに》が」または「だれが」を主語《しゅご》、「どうする」または「どんなだ」を述語《じゅつご》といいます。では動詞《どうし》は、主語《しゅご》になるか、述語《じゅつご》になるか考《かんが》えてみましょう。
例《れい》）弟《おとうと》が、学校《がっこう》に行《い》く。
このように動詞《どうし》は述語《じゅつご》として使《つか》われることが多《おお》いです。

ひとくちメモ　動詞《どうし》は、動《うご》きだけでなく、作用《さよう》・状態《じょうたい》・存在《そんざい》を表《あらわ》す言葉《ことば》です。「そこにある」「ここにいる」の「ある」「いる」も動詞《どうし》です。

漢字にまつわるお話

手《て》がつく漢字《かんじ》のひみつ

4月22日

岩手県一戸市立鳥海小学校校長《いわてけんいちのへしりつちょうかいしょうがっこうこうちょう》
南《みなみ》 隆人《たかと》先生《せんせい》が書《か》きました

読《よ》んだ日《ひ》　月《がつ》　日《にち》｜　月《がつ》　日《にち》｜　月《がつ》　日《にち》

手《て》の動《うご》きから生《う》まれた漢字《かんじ》

みなさんは、「手《て》」のつく漢字《かんじ》をいくつ知《し》っていますか？　もちろん「扌」（てへん）も含《ふく》みます。手元《てもと》の辞典《じてん》で調《しら》べてみると、なんと371字《じ》もありました。どうして、そんなに「手《て》」のつく漢字《かんじ》が多《おお》いのでしょう？

昔《むかし》の人《ひと》は、手《て》の動《うご》きからいろんな漢字《かんじ》を考《かんが》え出《だ》しました。人差《ひとさ》し指《ゆび》を立《た》てた形《かたち》が「指《さ》す」、手招《てまね》きをする形《かたち》が「招《まね》く」、両手《りょうて》を合《あ》わせた形《かたち》が「拝《おが》む」、手《て》の甲《こう》を見《み》ながら手《て》のひらを前《まえ》に突《つ》き出《だ》すと「押《お》す」、両手《りょうて》を突《つ》き出《だ》して指《ゆび》をバラバラに動《うご》かした形《かたち》が「探《さが》す」です。

他《ほか》にどんな漢字《かんじ》があるのか、なぜこの形《かたち》になったのか、想像《そうぞう》してみましょう。

手《て》と手《て》をつなぐと何《なに》になれる？

では、左《ひだり》のイラストを見《み》てください。これは小学校《しょうがっこう》2年生《ねんせい》で習《なら》う漢字《かんじ》のもとになった文字《もじ》です。ここにも手《て》が使《つか》われています。2つの手《て》が組《く》み合《あ》わされている絵《え》で、人間《にんげん》が手《て》をつないでいる様子《ようす》を表《あらわ》しています。ここから何《なん》という漢《かん》字《じ》がつくられたのでしょうか。

答《こた》えは「友《とも》」です。2つの手《て》で互《たが》いに助《たす》け合《あ》う関係《かんけい》であることを示《しめ》し、そこから「とも」「なかま」という意味《いみ》を表《あらわ》すようになりました。

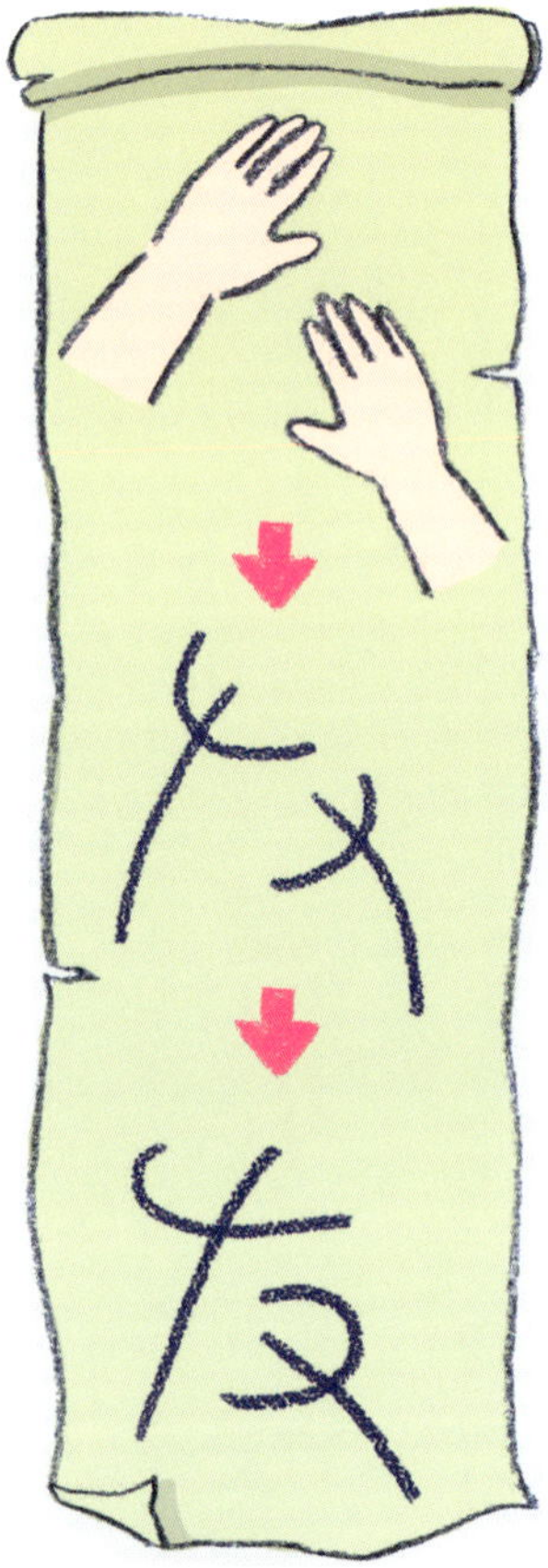

書《か》いてみよう

漢字《かんじ》の成《な》り立《た》ちと書《か》き順《じゅん》

「右《みぎ》」と「左《ひだり》」の漢字《かんじ》の書《か》き順《じゅん》がちがうことを不思議《ふしぎ》に思《おも》ったことはありませんか？　「右《みぎ》」は右払《みぎばら》いを、「左《ひだり》」は横《よこ》画《かく》を先《さき》に書《か》きますね。これは、漢字《かんじ》の成《な》り立《た》ちに理由《りゆう》があります。実《じつ》は、「右《みぎ》」という漢字《かんじ》は右手《みぎて》から、「左《ひだり》」という漢字《かんじ》は左手《ひだりて》からつくられたのですが、その際《さい》に手《て》を先《さき》に書《か》いてその後《あと》で腕《うで》を書《か》いたのです。つまり、「右《みぎ》」は右払《みぎばら》いの部分《ぶぶん》が、「左《ひだり》」は横画《よこかく》の部分《ぶぶん》が手《て》を表《あらわ》しています。

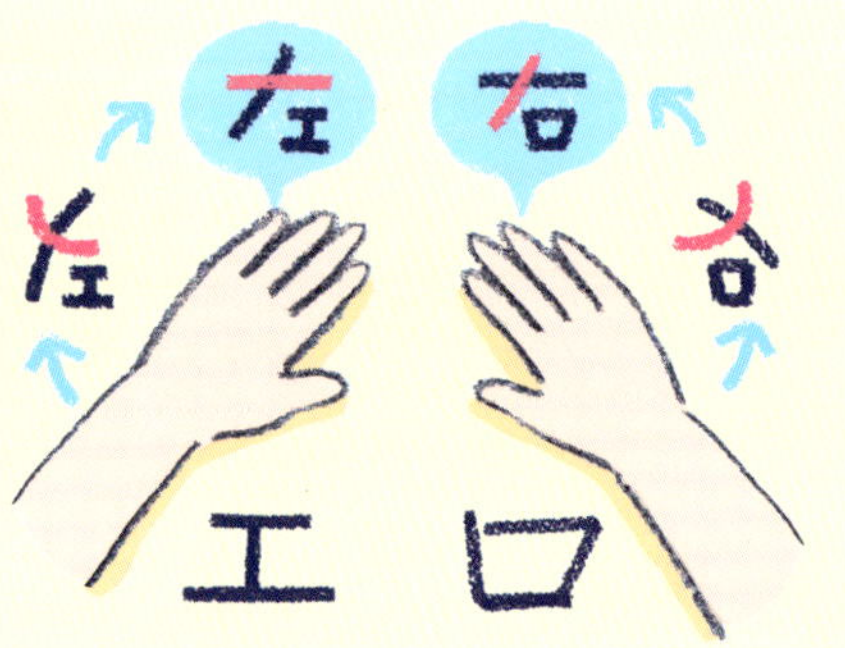

ひとくちメモ　「学《がく》」という漢字《かんじ》も手《て》が使《つか》われています。机《つくえ》に向《む》かって座《すわ》っている子供《こども》を左右《さゆう》から手《て》で押《お》さえつけている様《よう》子です。昔《むかし》は、学問《がくもん》を修《おさ》めるということは、それほど厳《きび》しいものだったのです。

ややこしやー　ややこしやー　～いろんな「はかる」～

筑波大学附属小学校《つくばだいがくふぞくしょうがっこう》
白坂洋一《しらさかよういち》先生《せんせい》が書《か》きました

読《よ》んだ日《ひ》　月《がつ》　日《にち》｜月《がつ》　日《にち》｜月《がつ》　日《にち》

使《つか》い分《わ》けできる？「はかる」編《へん》

　同《おな》じ音《おん》の言葉《ことば》が数多《かずおお》くある日本《にほん》語《ご》。今日《きょう》取《と》り上《あ》げるのは「はかる」です。それぞれの「はかる」をくわしく見《み》ていくことにしましょう。

「量《はか》る」は、重《おも》さやかさ、量《りょう》などを調《しら》べる際《さい》に使《つか》います。他《ほか》にも「分量《ぶんりょう》を量《はか》る」「相手《あいて》の気持《きも》ちを量《はか》る」といった使《つか》い方《かた》があります。

「計《はか》る」は、数《かず》や時間《じかん》を数《かぞ》える際《さい》に使《つか》われます。他《ほか》にも「タイミングを計《はか》る」「将来《しょうらい》を計《はか》る」といった使《つか》い方《かた》があります。「体温計《たいおんけい》」という言葉《ことば》にあるので、「計《はか》る」を用《もち》いたくなりますが、温度《おんど》や熱《ねつ》などには「測《はか》る」を用《もち》いるのです。

「図《はか》る」は、意図《いと》や工夫《くふう》を意味《いみ》する際《さい》によく用《もち》いられます。「合理《ごうり》化《か》を図《はか》る」「便宜《べんぎ》を図《はか》る」といった使《つか》い方《かた》をします。

　小学校《しょうがっこう》で習《なら》う漢字《かんじ》ではありませんが、「はかる」にはさらに「諮《はか》る」「謀《はか》る」があります。どんなときに用《もち》いるのか調《しら》べてみましょう。

ラップのように

　これだけさまざまな「はかる」があると、ややこしいなぁと思《おも》いますよね。しかし、このおかげでできることがあります。それは「韻《いん》を踏《ふ》む」という詩《し》のテクニックです。ラップという音楽《おんがく》の歌詞《かし》でよく使《つか》われる手法《しゅほう》なので、聞《き》いたことがあるかもしれません。

「長《なが》さを測《はか》る、重《おも》さを量《はか》る、そのあと友達《ともだち》と脱走《だっそう》を図《はか》る」のように、同《おな》じ読《よ》み方《かた》の漢字《かんじ》を使《つか》った詩《し》をつくって楽《たの》しんでみましょう。

考《かんが》えてみよう

どの「はかる」？

次《つぎ》の□にはそれぞれどの「はかる」が入《はい》るでしょう？　記号《きごう》で答《こた》えましょう。

①体重《たいじゅう》を□
②時間《じかん》を□
③体温《たいおん》を□
④解決《かいけつ》を□
⑤面積《めんせき》を□

ア	計る
イ	図る
ウ	測る
エ	量る

ひとくちメモ　「考《かんが》えてみよう」の答《こた》え　①エ　②ア　③ウ　④イ　⑤ウ　「測《はか》る」は長《なが》さや高《たか》さ、広《ひろ》さや深《ふか》さ、速《はや》さを調《しら》べる際《さい》に使《つか》います。「はかる」のなかで最《もっと》もよく使《つか》われるといえるかもしれません。

表現力がアップするお話

にぎやかな「井戸端会議《いどばたかいぎ》」を復活《ふっかつ》させよう！

4月24日

学校教育支援《がっこうきょういくしえん》センター練馬《ねりま》
眞瀬敦子《ませあつこ》先生《せんせい》が書《か》きました

読《よ》んだ日《ひ》　月《がつ》　日《にち》｜　月《がつ》　日《にち》｜　月《がつ》　日《にち》

度《ど》を越《こ》すと…

大勢《おおぜい》の人《ひと》が集《あつ》まってにぎやかな、お祭《まつ》りやイベント会場《かいじょう》。活気《かっき》とエネルギーに満《み》ちた空気《くうき》は、その場《ば》にいるだけで心《こころ》をわくわくさせますね。

そんな様子《ようす》を表《あらわ》すのに、「活気《かっき》づく」とか「活気《かっき》に満《み》ちた」「活況《きょう》を呈《てい》する」「熱気《ねっき》を帯《お》びる」「沸《わ》き立《た》つ」「沸《わ》き返《かえ》る」「盛《も》り上《あ》がる」「大盛況《だいせいきょう》」といった言葉《ことば》があります。擬音語《ぎおんご》や擬態語《ぎたいご》なら、「わいわい」「がやがや」でしょうか。

でもこれがちょっと度《ど》を越《こ》してくると、わいわいとにぎやかなざわめきも、「騒《さわ》がしい」「騒々《そうぞう》しい」「喧噪《けんそう》」に聞《き》こえてきて、楽《たの》しい騒《さわ》ぎもただ「やかましい」だけの「耳障《みみざわ》り」な音《おと》になってしまいます。

みなさんも、自分《じぶん》の気持《きも》ちがそこに向《む》かわないときは、「お祭《まつ》り騒《さわ》ぎ」がうるさく聞《き》こえるでしょう。この「うるさい」を漢字《かんじ》で「五月蠅《うるさ》い」と書《か》きます。五月《ごがつ》のハエは、ぶんぶんまとわりついて、いかにも「うるさい！」という感《かん》じがしますよね。

たまにはにぎやかに

昔《むかし》は、うるさい、かまびすしい、にぎやかなおしゃべりは女性《じょせい》の特権《とっけん》（？）でした。「井戸端会議《いどばたかいぎ》」といって、長屋《ながや》のおかみさんが井戸端《いどばた》で洗《あら》い物《もの》などをしながらピーチクパーチクいろいろな情報交換《じょうほうこうかん》をしたものです。

でも、これは大切《たいせつ》な人《ひと》と人《ひと》とのコミュニケーション。スマホばかり使《つか》わないで、私《わたし》たちも人《ひと》と直接《ちょくせつ》お話《はな》しして、心《こころ》を通《かよ》わせたいものです。

調《しら》べてみよう

「喧々囂々《けんけんごうごう》」と「侃々諤々《かんかんがくがく》」

四文字《よんもじ》ともむずかしい漢字《かんじ》ですが、どれも何《なん》だか騒《さわ》がしそうな感《かん》じがする字《じ》ですね。「喧々囂々《けんけんごうごう》」はたくさんの人《ひと》がやかましくしゃべる様子《ようす》をいい、「侃々諤々《かんかんがくがく》」は議論《ぎろん》が盛《も》り上《あ》がっている様子《ようす》をいいます。音《おと》が似《に》ているので、「ケンケンガクガク」と言《い》う人《ひと》がいますが、これは２つの言葉《ことば》を混同《こんどう》してしまったもので、まちがいです。

ひとくちメモ

江戸時代《えどじだい》の物乞《ものご》いの一種《いっしゅ》に「わいわい」というのがありました。天狗《てんぐ》の面《めん》を付《つ》け「天王様《てんのうさま》は囃《はや》すがお好《す》き、子供《こども》や囃《はや》せ、わいわいと囃《はや》せ」と言《い》ってはお札《ふだ》をまき、小銭《こぜに》をもらうことから、その名《な》がついたようです。

「円《えん》」の誕生《たんじょう》はナゾだらけ

4月25日

東京学芸大学教育学部《とうきょうがくげいだいがくきょういくがくぶ》
中村和弘《なかむらかずひろ》先生《せんせい》が書《か》きました

読《よ》んだ日《ひ》　月《がつ》　日《にち》　月《がつ》　日《にち》　月《がつ》　日《にち》

「円《えん》」はどうやって生《う》まれたの?

日本《にほん》のお金《かね》の単位《たんい》は「円《えん》」です。お店《みせ》でお金《かね》を払《はら》うときは、100円《えん》、200円《えん》と数《かぞ》えますね。でも、お金《かね》の単位《たんい》は、国《くに》によってちがいます。アメリカはドルとセント、ヨーロッパは主《おも》にユーロ、おとなりの中国《ちゅうごく》では、元《げん》という単位《たんい》を使《つか》っています。

ではなぜ、日本《にほん》のお金《かね》は「円《えん》」になったのでしょうか? それには、いくつかの説《せつ》があります。

「円《えん》」が単位《たんい》になったわけ

今《いま》のように、「円《えん》」というお金《かね》の単位《たんい》ができたのは、明治時代《めいじじだい》になってからです。それまでは、両《りょう》・分《ぶ》・朱《しゅ》・文《もん》という単位《たんい》が使《つか》われていました。

そこで、新《あたら》しいお金《かね》をつくるとき、形《かたち》をすべて円形《えんけい》にしたから、というのが1つめの説《せつ》です。また、香港《ほんこん》の銀貨《ぎんか》の「壱円《いちえん》」をモデルにしたからとか、「円銀《えんぎん》」という中《ちゅう》国《ごく》のお金《かね》が伝《つた》わったから、という説《せつ》もあります。

ほかにも、「円《えん》」の誕生《たんじょう》にはいろいろな説《せつ》がありますが、どれも確《たし》かなものではありません。

じつは、私《わたし》たちが毎日目《まいにちめ》にしている「円《えん》」には、大《おお》きな謎《なぞ》が残《のこ》されているのです。

調《しら》べてみよう

単位《たんい》は円《えん》だけじゃない!?

日本《にほん》では、明治《めいじ》のはじめに「円《えん》・銭《せん》・厘《りん》」という新《あたら》しい通貨単位《つうかたんい》ができました。今《いま》でも為替《かわせ》や株価《かぶか》などには、補助単位《ほじょたんい》の「銭《せん》」が使《つか》われています。新聞《しんぶん》の経済面《けいざいめん》や株式《かぶしき》ニュースなどでチェックしてみましょう。

ひとくちメモ 中国《ちゅうごく》の通貨単位《つうかたんい》は「元《げん》」ですが、紙幣《しへい》には「圓《えん》」(円《えん》と同《おな》じ意味《いみ》の旧字《きゅうじ》)という文字《もじ》が記《しる》されています。また中国《ちゅうごく》では、元《げん》も円《えん》も同《おな》じく「ユアン」と発音《はつおん》します。日本《にほん》の円《えん》とも、何《なに》か関係《かんけい》があるのかな?

水戸《みと》の黄門様《こうもんさま》は読書《どくしょ》が大好《だいす》き！

東京学芸大学教育学部《とうきょうがくげいだいがくきょういくがくぶ》
中村和弘《なかむらかずひろ》先生《せんせい》が書《か》きました

読《よ》んだ日《ひ》　月《がつ》　日《にち》｜月《がつ》　日《にち》｜月《がつ》　日《にち》

武芸《ぶげい》も学問《がくもん》もどっちも得意《とくい》！

水戸黄門《みとこうもん》こと徳川光圀《とくがわみつくに》は、江戸《えど》幕府《ばくふ》をひらいた徳川家康《とくがわいえやす》の孫《まご》にあたります。常陸国《ひたちのくに》水戸藩《みとはん》（今《いま》の茨城県《いばらきけん》）の2代目《だいめ》の藩主《はんしゅ》でした。

時代劇《じだいげき》で悪人《あくにん》をこらしめるシーンはおなじみですが、もちろんそれはつくられたお話《はなし》です。本当《ほんとう》はどんな殿様《とのさま》だったのでしょうか？

子供《こども》のころの光圀《みつくに》は、武芸《ぶげい》が得意《とくい》で、馬術《ばじゅつ》と水泳《すいえい》にかけては右《みぎ》に出《で》る者《もの》はいませんでした。

ところが、十七歳《じゅうななさい》のころ、中国《ちゅうごく》の歴史書《れきししょ》を読《よ》んで心《こころ》を動《うご》かされ、学問《がくもん》を志《こころざ》すようになります。歴史《れきし》はもちろん、古典《こてん》や漢文《かんぶん》、医学《いがく》、数学《すうがく》、天文《てんもん》、地理《ちり》など、あらゆる分野《ぶんや》の書物《しょもつ》を読《よ》みました。知《し》りたいことは、何《なん》でも自分《じぶん》で調《しら》べようとしたのです。

わが国《くに》の歴史書《れきししょ》『大日本史《だいにほんし》』をつくる

やがて光圀《みつくに》は、身《み》につけた学問《がくもん》を広《ひろ》く世《よ》の中《なか》に役立《やくだ》てようと、ある大仕事《おおしごと》を思《おも》いつきました。全国《ぜんこく》の寺社《じしゃ》に伝《つた》わるたくさんの古文書《こもんじょ》をかき集《あつ》め、日本《にほん》の歴史書《れきし》をつくろうというのです。

「過去《かこ》のできごとを明《あき》らかにすることは、国《くに》の未来《みらい》を知《し》ることにほかならない」。そう考《かんが》えた光圀《みつくに》は、一生《いっしょう》をかけて歴史書《れきししょ》の編《へん》さんに力《ちから》を注《そそ》ぎました。

代々引《だいだいひ》きつがれてできた『大日本史《だいにほんし》』は全部《ぜんぶ》で397巻《かん》。明治《めいじ》なかばの1906年《ねん》、なんと約《やく》250年《ねん》もかかってようやく完成《かんせい》したのです。

知《し》っておこう

黄門様《こうもんさま》はラーメン大好《だいす》き!?

日本《にほん》で最初《さいしょ》にラーメンを食《た》べたのは、徳川光圀《とくがわみつくに》といわれています。日本《にほん》に亡命《ぼうめい》した中国《ちゅうごく》の儒学者《じゅがくしゃ》・朱舜水《しゅしゅんすい》から中華《ちゅうか》めんを献上《けんじょう》され、あとでスープやめんのつくり方《かた》を習《なら》って、オリジナルのラーメンをつくったそうですよ！

ひとくちメモ　時代劇《じだいげき》に出《で》てくる、お供《とも》の助《すけ》さん格《かく》さんにはモデルがいた!?　助《すけ》さんは佐々十竹《さっさじっちく》、格《かく》さんは安積澹泊《あさかたんぱく》という人《ひと》で、ともに水戸藩《みとはん》の学者《がくしゃ》です。『大日本史《だいにほんし》』の編《へん》さんのために、1万《まん》kmも旅《たび》して史料《しりょう》を集《あつ》めたそうです。

50と100は大《たい》してちがいがないって本当《ほんとう》？

4月《がつ》 27日《にち》

お茶《ちゃ》の水女子《みずじょし》大学《だいがく》附属小学校《ふぞくしょうがっこう》
廣瀬修也《ひろせしゅうや》先生《せんせい》が書《か》きました

読《よ》んだ日《ひ》　月《がつ》　日《にち》｜月《がつ》　日《にち》｜月《がつ》　日《にち》

孟子《もうし》が話《はな》したことに由来《ゆらい》

「五十歩百歩《ごじっぽひゃっぽ》」という故事成語《こじせいご》があります。この言葉《ことば》は、昔《むかし》の中国《ちゅうごく》にいた孟子《もうし》という人《ひと》が話《はな》したことに由来《ゆらい》があるといわれています。

昔《むかし》の中国《ちゅうごく》に魏《ぎ》という国《くに》がありました。その国《くに》の王《おう》は、よりよい政治《せいじ》をして自分《じぶん》の国《くに》の人口《じんこう》を増《ふ》やし、国《くに》を強《つよ》くしようとしていました。しかし、なかなか他《ほか》から魏《ぎ》へ移《うつ》ってくる人《ひと》はいません。王《おう》は、孟子《もうし》に「私《わたし》は、よその国《くに》よりよい政治《せいじ》をしていると思《おも》うのだが、なぜ我《わ》が国《くに》の人口《じんこう》は増《ふ》えないのか」と相談《そうだん》をします。すると、孟子《もうし》は「王様《おうさま》は戦《たたか》いがお好《す》きなようですから、戦《いくさ》の話《はなし》でご説明《せつめい》しましょう」。

さて、孟子《もうし》は王様《おうさま》にどのような話《はなし》をしたのでしょうか。

五十歩《ごじっぽ》も百歩《ひゃっぽ》も同《おな》じ!?

孟子《もうし》は次《つぎ》のように話《はな》しました。

「ある国《くに》で戦争《せんそう》が起《お》きた時《とき》、二人《ふたり》の兵士《へいし》が恐《こわ》くなって逃《に》げました。一人《ひとり》は五十歩《ごじっぽ》、もう一人《ひとり》は百歩《ひゃっぽ》逃《に》げました。五十歩《ごじっぽ》逃《に》げた兵士《へいし》が百歩《ひゃっぽ》逃《に》げた兵士《へいし》に、お前《まえ》は弱虫《よわむし》だ！と言《い》いました。これをどう思《おも》われますか？」。

王様《おうさま》は、「五十歩《ごじっぽ》だろうが百歩《ひゃっぽ》だろうが、逃《に》げたことにちがいはない」と言《い》いました。そこで孟子《もうし》はこう返《かえ》しました。

「それと同《おな》じです、王様《おうさま》の政治《せいじ》は他《ほか》の国《くに》と大《たい》したちがいはないのでございます」。

このお話《はなし》から、「五十歩百歩《ごじっぽひゃっぽ》」とは「少《すこ》しのちがいはあるが、大《たい》したちがいはない」という意味《いみ》になったのです。

探《さが》してみよう

似《に》た意味《いみ》をもつ言葉《ことば》

「五十歩百歩《ごじっぽひゃっぽ》」と似《に》た意味《いみ》の言葉《ことば》があります。「どんぐりの背比《せいくら》べ」「大同小異《だいどうしょうい》」などです。ほかにも「大《たい》したちがいはない」という意味《いみ》の言葉《ことば》があるので探《さが》してみましょう。いくつ見《み》つけることができるでしょうか。

ひとくちメモ 孟子《もうし》の考《かんが》えは、中国《ちゅうごく》だけでなく、日本《にほん》にも影響《えいきょう》を与《あた》えています。現代《げんだい》の日本《にほん》で働《はたら》いている大人《おとな》でも、孟子《もうし》の考《かんが》えを参考《さんこう》に仕事《しごと》をしている人達《ひとたち》がたくさんいます。

「ビビる」は平安時代《へいあんじだい》から!?
古《ふる》くて若《わか》い？ 若者言葉《わかものことば》

4月28日

東京都練馬区立大泉学園桜小学校《とうきょうとねりまくりつおおいずみがくえんさくらしょうがっこう》
井原英昭《いはらひであき》先生《せんせい》が書《か》きました

読《よ》んだ日《ひ》　月《がつ》　日《にち》｜月《がつ》　日《にち》｜月《がつ》　日《にち》

実《じつ》は新《あたら》しい言葉《ことば》じゃない

お化《ば》け屋敷《やしき》で突然《とつぜん》お化《ば》けが登場《とうじょう》。「わっ！」と驚《おどろ》いた弟《おとうと》に、「お前《まえ》、ビビってたなあ」と一言《ひとこと》。それを聞《き》いていたお家《うち》の人《ひと》が「そんな若《わか》者言葉《ものことば》を使《つか》わないで」と眉《まゆ》をひそめる、なんてことはよくありますね。

若者《わかもの》がよく使《つか》っている印象《いんしょう》のある、この「ビビる」という言葉《ことば》、実《じつ》はとっても古《ふる》い言葉《ことば》なのです。平安時代《へいあんじだい》（いまから約《やく》1000年《ねん》前《まえ》！）にできた言葉《ことば》といわれています。かつては鎧《よろい》が当《あ》たる音《おと》を「びびる音《おと》」といっていました。戦《いくさ》の時《とき》に鳥《とり》の羽《は》ばたく音《おと》を敵《てき》が攻《せ》めてきた「びびる音《おと》」と勘違《かんちが》いしてあわてて逃《に》げだした、というエピソードから、怖《こわ》がるという意味《いみ》で使《つか》われるようになったといわれています。

江戸時代《えどじだい》の若者《わかもの》も「ぐれて」いた!?

他《ほか》にも「ぐれる」という言葉《ことば》があります。正《ただ》しい道《みち》からそれたり、不良《ふりょう》になったりする意味《いみ》で使《つか》われています。この言葉《ことば》は、江戸時代《えどじだい》にできた言葉《ことば》だといわれています。ハマグリの貝合《かいあ》わせで全《まった》く合《あ》わないことから、食《く》いちがったり、合《あ》わせられなかったりすることを「ぐりはま」というようになりました。ここから、あえて周《まわ》りと合《あ》わせないことを「ぐれる」というようになりました。

昔《むかし》も今《いま》も、若者《わかもの》の気持《きも》ちというのは似《に》ているのかもしれませんね。

調《しら》べてみよう

辞書《じしょ》に載《の》った流行語《りゅうこうご》

毎年《まいとし》のように流行語《りゅうこうご》が生《う》まれます。そのほとんどがいつの間《ま》にか使《つか》われなくなっていますが、辞書《じしょ》に載《の》るほど定着《ていちゃく》した言葉《ことば》もあります。たとえば大正時代《たいしょうじだい》に使《つか》われ始《はじ》めた「サボる」は現在《げんざい》でも使《つか》われています。「ミスる」「トラブる」といった外来語《がいらいご》を借用《しゃくよう》した新語《しんご》も、もしかしたら辞書《じしょ》に載《の》るような一般的《いっぱんてき》な言葉《ことば》になるかもしれません。

ひとくちメモ　「マジ」「ダベる」「ヤバい」などは、江戸時代《えどじだい》や明治時代《めいじじだい》から使《つか》われている言葉《ことば》です。しかし、これらの言葉《ことば》は「俗語《ぞくご》」ともいわれており、改《あらた》まった場所《ばしょ》では使《つか》わない方《ほう》がいい言葉《ことば》です。

日本語をめぐる言葉のお話

緑《みどり》なのに「青信号《あおしんごう》」っていうのはなぜ？

4月 29日

東京《とうきょう》家政《かせい》大学《だいがく》大学院《だいがくいん》人間《にんげん》生活学《せいかつがく》専攻《せんこう》
大越和孝《おおごしかずたか》先生《せんせい》が書《か》きました

読《よ》んだ日《ひ》　月《がつ》　日《にち》｜月《がつ》　日《にち》｜月《がつ》　日《にち》

青《あお》は古代《こだい》から日本《にほん》にあった色《いろ》

信号機《しんごうき》の3つの色《いろ》は、赤《あか》、黄《き》、青《あお》といいます。でも、よく見《み》ると、青信号《あおしんごう》は青《あお》ではなく、緑色《みどりいろ》をしていますよね。本当《ほんとう》は緑色《みどりいろ》なのに、なぜ青《あお》というのでしょうか？

昔《むかし》から日本語《にほんご》にあった色《いろ》は、赤《あか》、青《あお》、黒《くろ》、白《しろ》の4色《しょく》だと考《かんが》えられています。ふつう色《いろ》の名前《なまえ》は、黄色《きいろ》、緑色《みどりいろ》のように、後《うし》ろに「色《いろ》」をつけていいますが、この4色《しょく》には「色《いろ》」をつけないことが多《おお》いといわれています。

また、赤《あか》、青《あお》、黒《くろ》、白《しろ》の4色《しょく》は、「赤《あか》い」「青《あお》い」「黒《くろ》い」「白《しろ》い」というように、後《うし》ろに「〜い」をつけていうことができます。でも、ほかの色《いろ》は、「緑《みどり》い」「黄《き》い」などということはできません。

特《とく》に青《あお》は、日本《にほん》に古《ふる》くからある言葉《ことば》で、昔《むかし》から人々《ひとびと》に親《した》しまれていたのです。

緑《みどり》なのに青《あお》というものは？

同《おな》じように、本当《ほんとう》は緑色《みどりいろ》なのに「青《あお》」という言葉《ことば》はたくさんあります。たとえば、木《き》の葉《は》っぱは緑《みどり》色《いろ》なのに、「青葉《あおば》」といいます。緑色《みどりいろ》の梅《うめ》の実《み》は「青梅《あおうめ》」、緑色《みどりいろ》のカエルは「青《あお》ガエル」です。緑色《みどりいろ》をしたチョウやガの幼虫《ようちゅう》は「青《あお》虫《むし》」といいますね。

このように、昔《むかし》から青《あお》という言《こと》葉《ば》の中《なか》には、緑色《みどりいろ》という意味《いみ》も含《ふく》まれていたのです。

見《み》てみよう

お相撲《すもう》の「青房《あおぶさ》」は何色《なにいろ》？

大相撲《おおずもう》の土俵《どひょう》の上《うえ》にある屋根《やね》の四《よ》隅《すみ》の房《ふさ》は、「赤房《あかぶさ》」「青房《あおぶさ》」「黒房《くろぶさ》」「白房《しろぶさ》」と呼《よ》ばれています。テレビで大相撲《おおずもう》の中継《ちゅうけい》を見《み》て、「青房《あおぶさ》」の色《いろ》をチェックしてみましょう。このページで説明《せつめい》したことが確認《かくにん》できますよ。

ひとくちメモ

「目《め》には青葉山《あおばやま》ほととぎす初《はつ》がつお（山口素堂《やまぐちそどう》）」。これは、初夏《しょか》の風物《ふうぶつ》の素晴《すば》らしさをよんだ俳句《はいく》です。この句《く》の中《なか》にも、青葉《あおば》という言葉《ことば》が出《で》てきますが、本当《ほんとう》の葉《は》っぱの色《いろ》は緑色《みどりいろ》ですよね。

日本語をめぐる！言葉のお話

あ

頭文字《かしらもじ》を使《つか》って カッコよく名前《なまえ》を短《みじか》く

4月30日

東京学芸大学《とうきょうがくげいだいがく》附属《ふぞく》竹早小学校《たけはやしょうがっこう》
荻野《おぎの》 聡《さとし》先生《せんせい》が書《か》きました

読《よ》んだ日《ひ》　月《がつ》　日《にち》　月《がつ》　日《にち》　月《がつ》　日《にち》

最初《さいしょ》の一文字《ひともじ》を使《つか》う

ローマ字《じ》で人《ひと》の名前《なまえ》を表《あらわ》すときに、その人《ひと》の姓《せい》と名《な》の頭文字《かしらもじ》をとって短《みじか》く表《あらわ》すことがあります。たとえば「野口《のぐち》 英世《ひでよ》」であれば、「Hideyo Noguchi」になるので、「H.N」と書《か》くこともできます。正式な名前を書くのではなく、名《な》前《まえ》を省略《しょうりゃく》する書《か》き方《かた》で、これをイニシャルで表《あらわ》すといいます。人《ひと》の名前《なまえ》だけではありません。オリンピックなどで国名《こくめい》を表《あらわ》す時《とき》にも、日本《にっぽん》(JAPAN)を「JPN」と表《あらわ》すことがあります。会社《かいしゃ》の名前《なまえ》や商品《しょうひん》の名前《なまえ》もイニシャルで表《あらわ》すことがあります。「JR」(Japan Railways)や「CD」(Compact Disc)などがその例《れい》です。「パソコン」(パーソナルコンピューター)やコンビニ(コンビニエンスストア)スマホ(スマートフォン)なども、人々《ひとびと》に親《した》しまれるうちに、省略《しょうりゃく》して呼《よ》ばれるようになったものです。

これらもイニシャルの仲間《なかま》といってよいかもしれません。

ロゴマークやニックネームにも

イニシャルを使《つか》って、ロゴマークなどのデザインにすることもあります。自動車《じどうしゃ》をつくっている会《かい》社《しゃ》では、その車《くるま》が自分《じぶん》の会社《かいしゃ》の製《せい》品《ひん》だとひと目《め》でわかるように、自《じ》分《ぶん》の会社《かいしゃ》の名前《なまえ》のイニシャルをロゴマークにデザインして使《つか》っていることが多《おお》くあります。

書《か》いてみよう

キミのイニシャルは？

自分《じぶん》の名前《なまえ》をイニシャルで表現《ひょうげん》してみよう。まず名字《みょうじ》と名前《なまえ》をそれぞれローマ字《じ》で書《か》き、その頭文字《かしらもじ》を「名前《なまえ》」「名字《みょうじ》」の順《じゅん》に取《と》り出《だ》してください。書《か》くときは大文字《おおもじ》で。そして「名前《なまえ》」と「名字《みょうじ》」の間《あいだ》にピリオド(.)を書《か》きます。

例《れい》）山田太郎《やまだたろう》 → Taro Yamada →T.Y

※ピリオドを省略《しょうりゃく》してもOK

ひとくちメモ

有名《ゆうめい》になったり、多《おお》くの人《ひと》が口《くち》に出《だ》して話《はな》すようになると省略《しょうりゃく》して呼《よ》ばれることが多《おお》くなります。イニシャルで呼《よ》ばれているものは、それだけみんなから親《した》しまれているものだということもできますね。

5月

皐月

ー さ つ き ー

May

楽《たの》しい！ 漢字《かんじ》でビンゴゲーム！

東京学芸大学教育学部《とうきょうがくげいだいがくきょういくがくぶ》
中村和弘《なかむらかずひろ》先生《せんせい》が書《か》きました

読《よ》んだ日《ひ》　月《がつ》　日《にち》｜月《がつ》　日《にち》｜月《がつ》　日《にち》

図2

金	桃	赤
紫	白	緑
黄	青	灰

参加者《さんかしゃ》は、色《いろ》を表《あらわ》す漢字《かんじ》を考《かんが》えて、９つのマス目《め》に書《か》いていきます。桃色《ももいろ》、灰色《はいいろ》のように、後《うし》ろに「色《いろ》」とつく言葉《ことば》でもいいですよ。

図1

３×３（９つ）のビンゴ表《ひょう》

漢字《かんじ》が一列《いちれつ》に並《なら》んだら「ビンゴ！」

ビンゴとは、正方形《せいほうけい》のマス目《め》に数字《すうじ》が書《か》かれたカードを使《つか》ってするゲームです。ここでは、数字《すうじ》の代《か》わりに、漢字《かんじ》を使《つか》って遊《あそ》ぶビンゴゲームを紹介《しょうかい》しましょう。

ルールはかんたんです。まず、ゲームを進行《しんこう》する「ビンゴマスター」を一人《ひとり》決《き》めます。ビンゴマスターは、テーマを出題《しゅつだい》したり、あとで9つの漢字《かんじ》を選《えら》んだりします。

用意《ようい》するものは、紙《かみ》とえんぴつ、漢字辞典《かんじじてん》など。参加《さんか》する人《ひと》は、図《ず》1のように、紙《かみ》に9つ（3×3）のマス目《め》を書《か》いて、ビンゴ表《ひょう》をつくっておきます。参加《さんか》する人数《にんずう》が多《おお》いほど、ゲームは盛《も》り上《あ》がりますよ。

めざせ！ パーフェクトビンゴ

では、いよいよゲームを始《はじ》めましょう！

▼ステップ1

まず、ビンゴマスターがテーマ

ひとくちメモ　ビンゴは、アメリカで考案《こうあん》されたゲームです。英語《えいご》で「当《あ》たり」を意味《いみ》する「ビンゴ（bingo）」という言葉《ことば》が、そのままゲームの名前《なまえ》になっています。

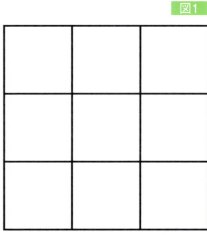

を発表《はっぴょう》します。ここでは例《れい》として、「色《いろ》の名前《なまえ》」とします。

参加者《さんかしゃ》は、いろいろな色《いろ》を表《あらわ》す漢字《かんじ》を考《かんが》えて、ビンゴ表《ひょう》に書《か》いていきます（図《ず》2）。9つ思《おも》いつかないときは、漢字辞典《かんじじてん》などで調《しら》べてもいいですよ。

▼ステップ2

全員《ぜんいん》が書《か》き終《お》わったら、ビンゴマスターは色《いろ》の漢字《かんじ》を1つずつ書《か》いて、順番《じゅんばん》に見《み》せていきます。参《さん》加者《かしゃ》は、自分《じぶん》のビンゴ表《ひょう》を見《み》て、同《おな》じ漢字《かんじ》があれば文字《もじ》に◯をつけます。たとえば、最初《さいしょ》は「赤《あか》」なら、赤《あか》の文字《もじ》に◯をつけます。

▼ステップ3

引《ひ》き続《つづ》いて、ビンゴマスターは、選《えら》んだ漢字《かんじ》を1つずつ発表《はっぴょう》していきます。縦《たて》・横《よこ》・ななめのどこか1列《れつ》がそろった人《ひと》は、大《おお》きな声《こえ》で「ビンゴ！」と言《い》いましょう（図《ず》3）。最初《さいしょ》に列《れつ》がそろった人《ひと》が勝《か》ちです。2ビンゴ、3ビンゴと、複数《ふくすう》の列《れつ》がそろうこともありますよ。

やってみよう

こんなテーマも楽《たの》しい！

この漢字《かんじ》ビンゴゲームは、いろいろなテーマで遊《あそ》ぶことができます。選《えら》ぶ漢《かん》字《じ》のバリエーションが多《おお》いほど、ビンゴにするのがむずかしくなりますよ。

- 動物《どうぶつ》の名前《なまえ》（犬《いぬ》、牛《うし》、馬《うま》、羊《ひつじ》、亀《かめ》、鳥《とり》など）
- 植物《しょくぶつ》の名前《なまえ》（桜《さくら》、梅《うめ》、竹《たけ》、松《まつ》、桃《もも》、杉《すぎ》など）
- 天気《てんき》に関係《かんけい》のある漢字《かんじ》（晴《はれ》、雨《あめ》、雷《かみなり》、雲《くも》、風《かぜ》、空《そら》など）
- 同《おな》じ部首《ぶしゅ》の漢字《かんじ》（てへん、きへん、さんずいなど）
- ものの数《かぞ》え方《かた》（本《ほん》、枚《まい》、丁《ちょう》、組《くみ》、巻《かん》、号《ごう》など）

図3

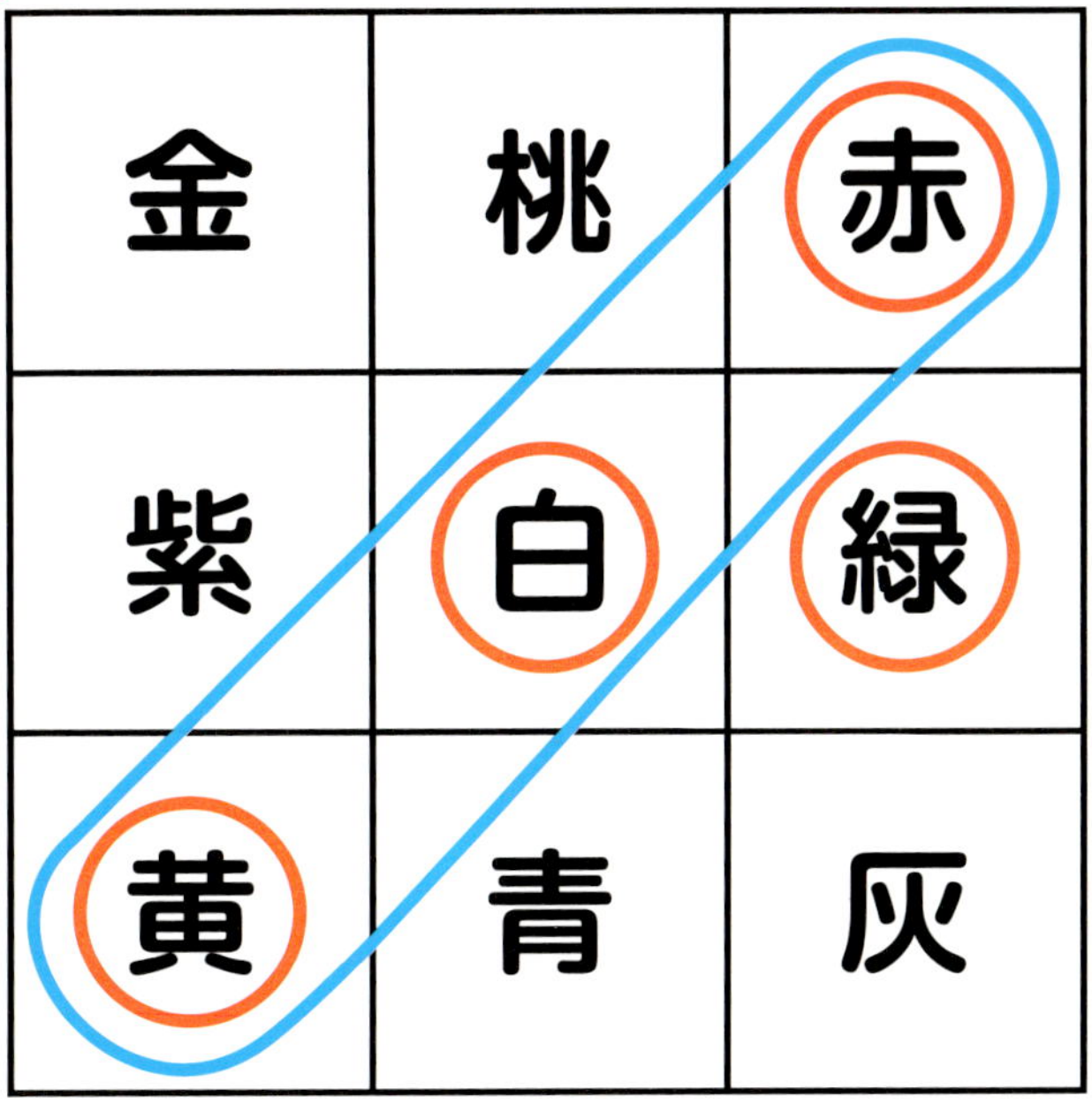

たとえば、ビンゴマスターが、「赤《あか》」「白《しろ》」「緑《みどり》」「茶《ちゃ》」「黄《き》」……の順番《じゅんばん》に漢字《かんじ》を選《えら》んだら、斜《なな》めの一列《いちれつ》がそろって「ビンゴ！」。参《さん》加者《かしゃ》は、選《えら》ばれやすい漢字《かんじ》を予想《よそう》してビンゴ表《ひょう》に書《か》くのがコツです。ビンゴマスターは、かんたんな漢字《かんじ》だけではなく、少《すこ》しむずかしい漢字《かんじ》も選《えら》んでみましょう。

季節やたのしい行事のお話

風《かぜ》は かおりを運《はこ》んでくる

5月《がつ》 2日《にち》

東京学芸大学附属竹早小学校《とうきょうがくげいだいがくふぞくたけはやしょうがっこう》
高須《たかす》みどり先生《せんせい》が書《か》きました

読《よ》んだ日《ひ》　月《がつ》　日《にち》｜月《がつ》　日《にち》｜月《がつ》　日《にち》

初夏《しょか》を表《あらわ》す季語《きご》

「風《かぜ》かおる（風薫《かぜかお》る）」は、俳句《はいく》などでよく使《つか》われる、季節《きせつ》を表《あらわ》す言葉《ことば》です。「薫風《くんぷう》」「薫《かお》る風《かぜ》」ともいい、5月頃《がつごろ》を表《あらわ》します。5月《がつ》は草木《くさき》に青葉《あおば》が茂《しげ》り、さわやかな風《かぜ》が吹《ふ》き抜《ぬ》ける季節《きせつ》ですね。手紙《てがみ》のあいさつ文《ぶん》でも、「風薫《かぜかお》る5月《がつ》」と決《き》まり文句《もんく》で使《つか》われます。

もともと、昔《むかし》の日本《にほん》では「風薫《かぜかお》る」という言葉《ことば》は、花《はな》の香《かお》りを運《はこ》んでくる春《はる》の風《かぜ》の意味《いみ》でした。昔《むかし》の和歌《わか》の中《なか》でも、春《はる》の風《かぜ》の意味《いみ》で使《つか》われています。しかし、中国《ちゅうごく》の昔《むかし》の詩《し》（漢詩《かんし》）の中《なか》では、「薫風《くんぷう》」という言葉《ことば》は「夏《なつ》の南風《みなみかぜ》」という意味《いみ》で使《つか》われていたことから、俳《はい》句《く》の世界《せかい》では初夏《しょか》を表《あらわ》す季語《きご》として定着《ていちゃく》したのです。

漢字《かんじ》で意味《いみ》を使《つか》い分《わ》ける

「かおる」を表《あらわ》す漢字《かんじ》には、「香《かお》る」もあります。「香《かお》る」は、「花《はな》の香《かお》り」や「香水《こうすい》の香《かお》り」、「お茶《ちゃ》の香《かお》り」など、具体的《ぐたいてき》なものの香《かお》りを表《あらわ》すときに使《つか》います。一方《いっぽう》「薫《かお》る」は「風《かぜ》の薫《かお》り」「文化《ぶんか》の薫《かお》り」、「初夏《しょか》の薫《かお》り」など、目《め》に見《み》えないものの持《も》つ、まるで香《かお》りがするかのように趣《おもむき》があることを表現《ひょうげん》するときに使《つか》います。おなじ「かおる」でも、かおるものによって、漢字《かんじ》が使《つか》い分《わ》けられているのですね。

探《さが》してみよう

見《み》えない風《かぜ》を感《かん》じよう

公園《こうえん》や並木道《なみきみち》で、初夏《しょか》の日差《ひざ》しを浴《あ》びて輝《かがや》く青葉《あおば》。よく見《み》てみると、風《かぜ》に揺《ゆ》れているのがわかります。自分《じぶん》の肌《はだ》でも、心地《ここち》よい風《かぜ》を感《かん》じるでしょう。5月《がつ》の風《かぜ》は目《め》に見《み》えなくても、肌《はだ》や耳《みみ》で感《かん》じ取《と》ることができます。

ひとくちメモ 俳句《はいく》の季語《きご》では、夏《なつ》の木々《きぎ》を大《おお》きく揺《ゆ》らす南風《みなみかぜ》を「青嵐《あおあらし》」といいます。梅雨《つゆ》の雨雲《あまぐも》が広《ひろ》がっているときに吹《ふ》く湿《しめ》った風《かぜ》は「黒南風《くろはえ》」、梅雨《つゆ》が明《あ》けてから吹《ふ》く南風《みなみかぜ》は「白南風《しろはえ》」です。

歌や古典・芸能にまつわるお話

一番茶《いちばんちゃ》を収穫《しゅうかく》する 八十八夜《はちじゅうはちや》

5月 3日

東京都《とうきょうと》新宿区《しんじゅくく》立花園小学校《りつはなぞのしょうがっこう》校長《こうちょう》
大久保旬子《おおくぼじゅんこ》先生《せんせい》が書きました

読《よ》んだ日《ひ》　月《がつ》　日《にち》｜　月《がつ》　日《にち》｜　月《がつ》　日《にち》

夏も近づく
八十八夜～
野にも
山にも
若葉が
茂る～

八十八夜《はちじゅうはちや》は5月《がつ》2日《か》ごろ

立春《りっしゅん》から数《かぞ》えて八十八日目《はっじゅうはちにちめ》の日《ひ》。今《いま》のこよみでは、ちょうど5月《がつ》2日《か》か3日《か》に当《あ》たる頃《ころ》を八十八夜《はちじゅうはちや》と呼《よ》んでいます。このころになると、暖《あたた》かくなり、気候《きこう》も安定《あんてい》してくるので、稲作農家《いなさくのうか》では稲《いね》の種《たね》まきをしたり、茶《ちゃ》の栽培《さいばい》をしているところでは、茶《ちゃ》つみをしたりします。

産地《さんち》にもよりますが、お茶《ちゃ》は年《ねん》4回《かい》ほど新芽《しんめ》が収穫《しゅうかく》できます。その一番茶《いちばんちゃ》が八十八夜《はちじゅうはちや》の頃《ころ》の茶《ちゃ》つみでできるのです。

茶《ちゃ》つみの労働歌《ろうどうか》

茶《ちゃ》つみでは、若《わか》い新芽《しんめ》を短《みじか》い時間《じかん》で一気《いっき》につみとらなければなりません。主《おも》に女性《じょせい》が担当《たんとう》していた仕事《しごと》でした。手《て》は休《やす》めずに茶《ちゃ》つみの作業《さぎょう》をしながら、歌《うた》を口《くち》ずさんでいたといわれています。それが今《いま》も歌《うた》われる文部省唱歌《もんぶしょうしょうか》「茶《ちゃ》つみ」です。冒頭《ぼうとう》で、

夏《なつ》も近《ちか》づく八十八夜《はちじゅうはちや》

とうたっていますね。

八十八夜《はちじゅうはちや》のお茶《ちゃ》を飲《の》むと1年間《ねんかん》病気《びょうき》をしないという言《い》い伝《つた》えもあります。その年《とし》に最初《さいしょ》にとった芽《め》や葉《は》からつくるので、栄養分《えいようぶん》がしっかりと詰《つ》まっており、おいしいお茶《ちゃ》となるのでしょう。

やってみよう

手遊《てあそ》び歌《うた》

茶《ちゃ》つみの歌《うた》は、手遊《てあそ》び歌《うた》としても広《ひろ》く伝《つた》わっています。その動《うご》きは新芽《しんめ》をつむ動《うご》きに似《に》せてあります。知《し》らない人《ひと》はお母《かあ》さんやおばあさんなどに教《おし》えてもらって、お友達《ともだち》とやってみましょう。

せっせっせーの
よいよいよい

ひとくちメモ 日本《にほん》で一番《いちばん》お茶《ちゃ》のとれるところランキングを紹介《しょうかい》しましょう。１位《い》　静岡県《しずおかけん》、２位《い》　鹿児島県《かごしまけん》、３位《い》　三重《みえ》県《けん》。静岡県《しずおかけん》が全国《ぜんこく》の約《やく》40％、鹿児島県《かごしまけん》が約《やく》30％と２つの県《けん》で、約《やく》70％も占《し》めています。

なぜ「みどりの日《ひ》」なの？

5月 4日

日本国語教育学会理事《にほんこくごきょういくがっかいりじ》
中島栄二《なかしまえいじ》先生《せんせい》が書《か》きました

読《よ》んだ日《ひ》　月《がつ》　日《にち》｜月《がつ》　日《にち》｜月《がつ》　日《にち》

みどりの日《ひ》の由来《ゆらい》

5月《がつ》4日《か》は、みどりの日《ひ》です。2007年《ねん》から国民《こくみん》の祝日《しゅくじつ》になりました。もともと昭和天皇《しょうわてんのう》の誕生日《たんじょうび》が、ゴールデンウィークの一角《いっかく》にあったことの名残《なごり》で生《う》まれた祝日《しゅくじつ》です（2017年現在《ねんげんざい》の天皇誕生日《てんのうたんじょうび》は12月《がつ》23日《にち》）。5月《がつ》4日《か》を新《あたら》しく祝日《しゅくじつ》にするときに、「みどりの日《ひ》」と名付《なづ》けられました。なぜ「みどり」なのでしょう？

みどりの元《もと》になる樹木《じゅもく》や草花《くさばな》を大切《たいせつ》にし、守《まも》り育《そだ》てていくことは、私《わたし》たちの生活《せいかつ》に潤《うるお》いを与《あた》えます。生活《せいかつ》を豊《ゆた》かにしていく源《みなもと》でもあるといえます。5月《がつ》はまさに草花《くさばな》や樹木《じゅもく》が青々《あおあお》と成長《せいちょう》し、生物《せいぶつ》が躍動《やくどう》していく季節《きせつ》。この始《はじ》まりにある祝日《しゅくじつ》として「みどりの日《ひ》」がふさわしい、というわけです。祝日《しゅくじつ》の名前《なまえ》になることで、その大切《たいせつ》さ、ありがたさに気《き》づくこともできます。

「みどり」は「生《い》き生《い》き」の意味《いみ》

「青々《あおあお》とした山《やま》」「青信号《あおしんごう》」など「みどり」なのに「青《あお》」で言《い》い表《あらわ》すことがあります。日本《にほん》では、木《こ》の葉《は》や草《くさ》の色《いろ》は、もともと「青《あお》」で表《あらわ》しました。

では「みどり」とは何《なん》でしょう。

生《う》まれたばかりの赤《あか》ちゃんを「みどりご」といいます。つややかな黒《くろ》い髪《かみ》を「みどりの黒髪《くろかみ》」といいます。赤《あか》や黒《くろ》まで「みどり」なのです。

つまり、「みどり」は、みずみずしく生《い》き生《い》きとした様子《ようす》を表《あらわ》す言葉《ことば》なのです。

春《はる》から初夏《しょか》にかけてのゴールデンウィークは「みどりの日《ひ》」にふさわしい祝日《しゅくじつ》といえますね。

調《しら》べてみよう

みどりのチカラ

「みどりの日《ひ》」には、全国《ぜんこく》で緑《みどり》を守《まも》るいろいろな行事《ぎょうじ》が行《おこな》われます。みんなで木《き》の苗《なえ》を植《う》える植樹祭《しょくじゅさい》などが行《おこな》われます。木《き》を植《う》えると地球《ちきゅう》を守《まも》るいろいろなことに役立《やくだ》つのです。どんなことに役立《やくだ》つのか調《しら》べてみましょう。

ひとくちメモ

「みどりの日《ひ》」のもとになった昭和天皇《しょうわてんのう》は、植物《しょくぶつ》を愛《あい》する学者《がくしゃ》でもありました。「雑草《ざっそう》という名前《なまえ》の草《くさ》はない」とおっしゃったお言葉《ことば》は有名《ゆうめい》です。

男《おとこ》の子《こ》の成長《せいちょう》と出世《しゅっせ》を願《ねが》う 端午《たんご》の節句《せっく》

5月5日

東京都杉並区立高井戸小学校校長《とうきょうとすぎなみくりつたかいどしょうがっこうこうちょう》
鶴巻景子《つるまきけいこ》先生《せんせい》が書《か》きました

読《よ》んだ日《ひ》　月《がつ》　日《にち》｜月《がつ》　日《にち》｜月《がつ》　日《にち》

端午《たんご》の節句《せっく》の始《はじ》まりは？

昔中国《むかしちゅうごく》では、5月《がつ》は病気《びょうき》にかかりやすく、悪《わる》いことが起《お》きやすい月《つき》とされていました。そこで、薬《やく》草《そう》をとってきて、病気《びょうき》やわざわいをさけようとしたことが、日本《にほん》にも伝《つた》わってきます。これが端午《たんご》の節句《せっく》のはじまりです。

「端《たん》」ははじめの、という意味《いみ》。「端午《たんご》」は5月初《がつはじ》めての午《うま》の日《ひ》のことです。「午《ご》」と「五《ご》」の音《おと》が同《おな》じなので、五《ご》が重《かさ》なる五月五日《ごがついつか》を端午《たんご》の節句《せっく》とするようになりました。

なぜ男《おとこ》の子《こ》の日《ひ》なの？

中国《ちゅうごく》で薬草《やくそう》を準備《じゅんび》したように、日本《にほん》でもこの日《ひ》はよもぎもちを食《た》べたり、菖蒲《しょうぶ》をお風呂《ふろ》に入《い》れたりするようになりました。菖蒲《しょうぶ》の強《つよ》いかおりが厄《やく》を払《はら》うと信《しん》じられていたそうです。

この菖蒲《しょうぶ》の「しょうぶ」が「尚《しょう》武《ぶ》（武《ぶ》をたっとぶ）」と音《おと》が同《おな》じことから、武家《ぶけ》の男《おとこ》の子《こ》の成長《せいちょう》を願《ねが》う行事《ぎょうじ》となっていったようです。

江戸時代《えどじだい》には、武士《ぶし》の家《いえ》でよろいやかぶと、こいのぼりを飾《かざ》るようになりました。こいは、滝《たき》をのぼって竜《りゅう》になるという中国《ちゅうごく》の言《い》い伝《つた》えから広《ひろ》まりました。強《つよ》くたくましく育《そだ》つようにと願《ねが》って飾《かざ》られたといわれています。

味《あじ》わってみよう

柏《かしわ》もちを食《た》べよう

端午《たんご》の節句《せっく》に食《た》べるお菓子《かし》のひとつに「柏《かしわ》もち」があります。みそやあずきのあんを包《つつ》んだだんごを、柏《かしわ》の葉《は》でくるんで蒸《む》したものです。
柏《かしわ》は新《あたら》しい葉《は》が出《で》るまで古《ふる》い葉《は》が落《お》ちないことから、子孫繁栄《しそんはんえい》の願《ねが》いが込《こ》められています。

ひとくちメモ 菖蒲《しょうぶ》はお風呂《ふろ》に入《い》れるだけでなく、家《いえ》の軒先《のきさき》に吊《つ》るしたり、枕《まくら》の下《した》に置《お》いたりと、昔《むかし》はさまざまな使《つか》われ方《かた》をしたようです。どれも、からだに悪《わる》い気《き》がつかないようにという願《ねが》いから生《う》まれたならわしです。

日本語をめぐる言葉のお話 あ

非常口《ひじょうぐち》マークは日本《にほん》生《う》まれ!?

5月 6日

東京学芸大学附属竹早小学校《とうきょうがくげいだいがくふぞくたけはやしょうがっこう》
荻野《おぎの》 聡《さとし》先生《せんせい》が書《か》きました

読《よ》んだ日《ひ》 月《がつ》 日《にち》 月《がつ》 日《にち》 月《がつ》 日《にち》

文字《もじ》なの？ 絵《え》なの？

かんたんな絵《え》で表《あらわ》した文字《もじ》のことを絵文字《えもじ》といいます。にっこりスマイルの顔《かお》の絵文字《えもじ》で笑顔《えがお》を表《あらわ》したり、泣《な》いている顔《かお》の絵文字《えもじ》で悲《かな》しい気持《きも》ちを表《あらわ》したりするのを見《み》たことがあるでしょう。

パソコンや携帯電話《けいたいでんわ》の操作《そうさ》に使《つか》うアイコンも絵文字《えもじ》の仲間《なかま》です。パッと見《み》ただけで意味《いみ》が伝《つた》わる絵《え》文字《もじ》は、言葉《ことば》がわからなくても、相手《あいて》にすぐに意味《いみ》が伝《つた》えられるという良《よ》さがあります。

外国《がいこく》の人《ひと》のためにつくられた

火事《かじ》や地震《じしん》が起《お》きた時《とき》に、どこから避難《ひなん》すればよいか教《おし》えてくれているマーク、それが「非常口《ひじょうぐち》マーク」です。緑色《みどりいろ》の人《ひと》かげが白《しろ》いとびらに向《む》かって走《はし》っていることで、その場所《ばしょ》が非常時《ひじょうじ》に避難《ひなん》するための出口《でぐち》であることを示《しめ》しています。

今《いま》や世界中《せかいじゅう》で使用《しよう》されているこのマークですが、日本人《にほんじん》がデザインしたものだと知《し》っていましたか？ 1964年《ねん》の東京《とうきょう》オリンピック開催《かいさい》に向《む》けて日本《にほん》を国際化《こくさいか》していこうとする流《なが》れから、誰《だれ》でも一目見《ひとめみ》てわかりやすいシンプルなデザインがたくさん考《かんが》え出《だ》されました。この時《とき》、非常口《ひじょうぐち》マークやトイレのマークなど、今《いま》でもよく目《め》にする絵文字《えもじ》がつくられました。

確《たし》かめてみよう

新《あたら》しい温泉《おんせん》マーク

2017年《ねん》に、温泉《おんせん》を表《あらわ》すマークが新《あたら》しくデザインされました。家《いえ》の周《まわ》りや旅先《たびさき》で探《さが》してみましょう。絵文字《えもじ》も時代《じだい》によって変化《へんか》するのです。

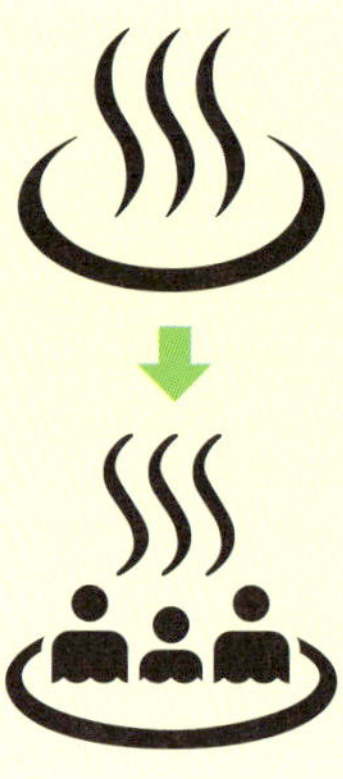

ひとくちメモ 非常口《ひじょうぐち》マークや温泉《おんせん》マークのように、文字《もじ》を使《つか》わずに情報《じょうほう》を伝《つた》える絵文字《えもじ》のことをピクトグラムといいます。禁煙《きんえん》マーク、優先席《ゆうせんせき》マーク、案内所《あんないじょ》マークなど、街《まち》にはさまざまなピクトグラムがあふれています。

漢字《かんじ》を包《つつ》んで意味《いみ》を補《おぎな》う「構《かま》え」のお話《はなし》

5月7日

お茶《ちゃ》の水女子《みずじょし》大学《だいがく》附《ふ》属小学校《ぞくしょうがっこう》
廣瀬修也《ひろせしゅうや》先生《せんせい》が書《か》きました

読《よ》んだ日《ひ》　月《がつ》　日《にち》　月《がつ》　日《にち》　月《がつ》　日《にち》

部首《ぶしゅ》の一《ひと》つ

全《すべ》ての漢字《かんじ》は、部首《ぶしゅ》によって分《わ》けることができます。部首《ぶしゅ》の中《なか》で、漢字《かんじ》を包《つつ》むようにある外側《そとがわ》の部分《ぶぶん》のことを「構《かま》え」といいます。

円《えん》・冊《さく》などは、冂（けいがまえ）。
医《い》・区《く》などは、匚（はこがまえ）。
園《えん》・回《かい》などは、囗（くにがまえ）。
包《ほう》などは、勹（つつみがまえ）。
式《しき》などは、弋（しきがまえ）。
我《われ》・成《せい》などは、戈（ほこがまえ）。
街《まち》・術《じゅつ》などは、行（ぎょうがまえ）。
気《き》などは、气（きがまえ）。
間《あいだ》・開《かい》などは、門（もんがまえ）。

おもしろいことに、同《おな》じ部首《ぶしゅ》をもつ漢字《かんじ》には、共通《きょうつう》する意味《いみ》があるといわれています。

それぞれの構《かま》えに意味《いみ》がある

「冂」（けいがまえ）は、遠《とお》く離《はな》れた行《い》き止《ど》まりを意味《いみ》しています。「匚」（はこがまえ）は、四角《しかく》い箱《はこ》や、四角《しかく》く囲《かこ》った場所《ばしょ》を意味《いみ》します。「囗」（くにがまえ）は、「囲《かこ》む、めぐる」などの意味《いみ》に関係《かんけい》しています。「勹」（つつみがまえ）は、人《ひと》がものをかかえこんでいる様子《ようす》です。「弋」（しきがまえ）は、先《さき》が又《また》に分《わ》かれた杭《くい》の形《かたち》を表《あらわ》しています。「門」（もんがまえ）は、出《で》入《い》り口《ぐち》や外囲《そとがこ》いなどに関係《かんけい》しています。知《し》っている漢字《かんじ》を想像《そうぞう》してみましょう。

部首《ぶしゅ》の意味《いみ》を知《し》ると、漢字《かんじ》の意味《いみ》や成《な》り立《た》ちを、今《いま》までよりも深《ふか》く理解《りかい》できますよ。

探《さが》してみよう

漢和辞典《かんわじてん》を使《つか》って

漢和辞典《かんわじてん》の多《おお》くは部首《ぶしゅ》によって漢《かん》字《じ》を分類《ぶんるい》しています。「構《かま》え」のつく漢字《かんじ》もたくさん載《の》っています。ぜひ探《さが》してみましょう。すでに知《し》っている漢字《かんじ》と「構《かま》え」が組《く》み合《あ》わさってできた新《あたら》しい漢字《かんじ》を発見《はっけん》するかもしれませんよ。

ひとくちメモ

構《かま》えがあるように見《み》えても、ちがう種類《しゅるい》の部首《ぶしゅ》で分類《ぶんるい》されている漢字《かんじ》もあります。たとえば「問《もん》」の部首《ぶしゅ》は「口《くち》」、「聞《ぶん》」の部首《ぶしゅ》は「耳《みみ》」とされています。表《あらわ》している意味《いみ》によってどの部首《ぶしゅ》なのか考《かんが》えるのも楽《たの》しいです。

決まり文句・名文句にまつわるお話
おにに かなぼう

5月 8日

「絶対絶命《ぜったいぜつめい》」は正解《せいかい》？

日本国語教育学会理事《にほんこくごきょういくがっかいりじ》
泉《いずみ》 宜宏《たかひろ》先生《せんせい》が書《か》きました

読《よ》んだ日《ひ》　月《がつ》　日《にち》｜月《がつ》　日《にち》｜月《がつ》　日《にち》

「絶体《ぜったい》」を使《つか》うときとは？

絶体絶命《ぜったいぜつめい》は、「困難《こんなん》や危機《きき》からどうしても逃《に》げられなくて追《お》いつめられた状態《じょうたい》」を意味《いみ》します。「絶体《ぜったい》」は体《からだ》が絶《た》えてなくなること、「絶命《ぜつめい》」は死《し》ぬことです。ふだんの生活《せいかつ》では、「絶体《ぜったい》」よりも「絶対《ぜったい》」を使《つか》うことの方《ほう》が多《おお》いので、誤解《ごかい》して「絶対絶命《ぜったいぜつめい》」と表記《ひょうき》してしまうことが見《み》られます。でも、それはまちがいです。

「絶体《ぜったい》」も「絶命《ぜつめい》」も、中国《ちゅうごく》の占《うらな》いの言葉《ことば》で「凶《きょう》」（よくないことが起《お》きる意味《いみ》）を表《あらわ》します。ふつう、「絶体絶命《ぜったいぜつめい》」以外《いがい》で使《つか》うことはありません。

「絶体絶命《ぜったいぜつめい》」と同《おな》じ意味《いみ》を持《も》つ仲《なか》間《ま》の言葉《ことば》はあるのでしょうか。それは「危機一髪《ききいっぱつ》」、「風前之灯《ふうぜんのともしび》」です。これらの言葉《ことば》も、困難《こんなん》などから逃《に》げられない危機的《ききてき》な状態《じょうたい》を意味《いみ》します。

「絶対《ぜったい》」を使《つか》うときとは？

「絶対《ぜったい》」は、他《ほか》のものと比《くら》べものにならないぐらい飛《と》びぬけていることや、ほかに対立《たいりつ》するものがないことなどを意味《いみ》します。「絶対《ぜったい》的《てき》な権力《けんりょく》を手《て》にした」などのように使《つか》います。

また、「絶対《ぜったい》」のあとに否定《ひてい》する言葉《ことば》を使《つか》う場合《ばあい》もあります。「明日《あす》のサッカーの試合《しあい》は、絶対《ぜったい》に負《ま》けられない」などと使《つか》います。

考《かんが》えてみよう

「対《たい》」かな？　「体《たい》」かな？

①絶《ぜつ》（　）王政《おうせい》は民主主義《みんしゅしゅぎ》ではない。
②絶《ぜつ》（　）絶命《ぜつめい》の大《だい》ピンチがやってきた。
③絶《ぜつ》（　）音感《おんかん》がすぐれている。
④絶《ぜつ》（　）視《し》はしない方《ほう》がいいね。

ひとくちメモ　「考《かんが》えてみよう」の答《こた》え　①対《たい》　②体《たい》　③対《たい》　④対《たい》

書いたりつくったりしたくなるお話

書写《しょしゃ》で使《つか》う毛筆《もうひつ》の道具《どうぐ》を知《し》ろう

5月 9日

東京都《とうきょうと》江東区《こうとうく》立《りつ》枝川小学校《えだがわしょうがっこう》
迎《むかえ》 有果《ゆか》先生《せんせい》が書《か》きました

読《よ》んだ日《ひ》　月《がつ》　日《にち》　月《がつ》　日《にち》　月《がつ》　日《にち》

硯《すずり》を知《し》ろう

書道《しょどう》は、中国《ちゅうごく》から伝《つた》わった文化《ぶんか》です。「文房四宝《ぶんぼうしほう》」という、文《ぶん》を書《か》くためには、4つの道具《どうぐ》が必要《ひつよう》だという言葉《ことば》があります。それが、筆《ふで》、紙《かみ》、硯《すずり》、墨《すみ》です。硯《すずり》は現在《げんざい》では書道《しょどう》の時《とき》だけ使《つか》われる道具《どうぐ》ですね。

硯《すずり》がいつから使《つか》われていたかはよくわかっていません。古《ふる》いものでは、西周《せいしゅう》（紀元前《きげんぜん》1122～前《ぜん》770年《ねん》）の墓《はか》から見《み》つかっています。

最近《さいきん》は軽《かる》いセラミックでつくられた硯《すずり》も多《おお》く見《み》られるようになりましたが、本来《ほんらい》、硯《すずり》は墨《すみ》を擦《す》るものなので、表面《ひょうめん》にでこぼこがあることが重要《じゅうよう》です。硯《すずり》には石《いし》を削《けず》ったものが多《おお》いですが、水晶《すいしょう》や竹《たけ》、鉄《てつ》などでつくられた物《もの》もあります。長方形《ちょうほうけい》の硯《すずり》が多《おお》いのですが、円形《えんけい》の物《もの》や、亀《かめ》、魚《さかな》、桃《もも》などの動物《どうぶつ》や植物《しょくぶつ》の形《かたち》もあります。おもしろいですね。お気《き》に入《い》りの道具《どうぐ》が見《み》つかると、長《なが》く使《つか》いたくなります。

紙《かみ》を押《お》さえる文鎮《ぶんちん》

紙《かみ》を押《お》さえるために欠《か》かせない文鎮《ぶんちん》は、元々《もともと》古代中国《こだいちゅうごく》の神聖《しんせい》な場《ば》所《しょ》に置《お》いて使用《しよう》されていました。

文鎮《ぶんちん》には、1本《ぽん》の長《なが》い物《もの》と、短《みじか》い2本組《ほんぐみ》の物《もの》があります。大《おお》きな紙《かみ》に書《か》く時《とき》には2本《ほん》で両端《りょうたん》を押《お》さえた方《ほう》が安定《あんてい》しますが、学校《がっこう》で使《つか》うような半紙《はんし》に書《か》くときにはどちらでも大丈夫《だいじょうぶ》なので、好《す》きな方《ほう》を選《えら》びましょう。

調《しら》べてみよう

筆《ふで》の毛《け》は何《なに》からできているの?

学校《がっこう》の書写《しょしゃ》で使《つか》う筆《ふで》は、馬《うま》や羊《ひつじ》の毛《け》でできています。毛《け》の種類《しゅるい》がちがうと、書《か》いた線《せん》も変化《へんか》します。羊《ひつじ》の毛《け》の筆《ふで》を使《つか》うと滑《なめ》らかな線《せん》で書《か》けますし、馬《うま》の毛《け》の筆《ふで》で書《か》くと強《つよ》い線《せん》になります。書道家《しょどうか》は、どんな作品《さくひん》を書《か》くかで筆《ふで》をかえるのだそうですよ。

ひとくちメモ
「書道《しょどう》」「書《しょ》」は芸術《げいじゅつ》で、高校《こうこう》の授業《じゅぎょう》で行《おこな》うのは書道《しょどう》です。芸術《げいじゅつ》ですから、美《うつく》しさと個性《こせい》が大切《たいせつ》になります。「習字《しゅうじ》」は、手本《てほん》のとおりに書《か》くことで、小《しょう》・中学校《ちゅうがっこう》の授業《じゅぎょう》で行《おこな》う「書写《しょしゃ》」と同《おな》じです。

決まり文句・名文句にまつわるお話

おにになかぼう

ことわざで大人気《だいにんき》 日本《にほん》の鳥《とり》いろいろ

5月 10日

静岡県富士宮市立稲子小学校校長《しずおかけんふじのみやしりついなこしょうがっこうこうちょう》
芦川幹弘《あしかわみきひろ》先生《せんせい》が書《か》きました

読《よ》んだ日《ひ》　月《がつ》　日《にち》　月《がつ》　日《にち》　月《がつ》　日《にち》

登場回数《とうじょうかいすう》ナンバー1

日本《にほん》には昔《むかし》からたくさんの鳥《とり》がすんでいます。そのせいか、ことわざには鷹《たか》、雀《すずめ》、鶏《にわとり》、鶴《つる》、鳶《とび》、鳩《はと》などたくさんの鳥《とり》が登場《とうじょう》します。ことわざ界《かい》に登場《とうじょう》する動物《どうぶつ》の中《なか》では、鳥《とり》の仲間《なかま》が最《もっと》も多《おお》いといわれるほどです。

たとえば、才能《さいのう》や実力《じつりょく》のある者《もの》は、軽々《かるがる》しくそれを見《み》せつけるようなことはしないという「能《のう》ある鷹《たか》は爪《つめ》を隠《かく》す」。取《と》り合《あ》わせの良《よ》い一対《いっつい》のものの例《たと》えの「竹《たけ》に雀《すずめ》」。大勢《おおぜい》で議論《ぎろん》しているときに、従《したが》わせるように発《はっ》せられる「鶴《つる》の一声《ひとこえ》」。不意《ふい》に横《よこ》から大切《たいせつ》な物《もの》を奪《うば》われる「とんびに油揚《あぶらあ》げをさらわれる」。突然《とつぜん》の出来事《できごと》に目《め》を丸《まる》くする「鳩《はと》が豆鉄砲《まめでっぽう》を食《く》ったよう」など、枚挙《まいきょ》にいとまがありません。

言《い》われたことある？

私たちにとって身近《みぢか》なカラスもおなじみです。入浴時間《にゅうよくじかん》が短《みじか》いことを指《さ》す「烏《からす》の行水《ぎょうずい》」のほか、今《いま》泣《な》いていた子供《こども》などが、機嫌《きげん》を直《なお》して笑《わら》っていることを表《あらわ》す「今鳴《いまな》いた烏《からす》がもう笑《わら》う」などは、みなさんも言《い》われたことがあるのではないでしょうか？

覚《おぼ》えておこう

後《あと》？　跡《あと》？

「立《た》つ鳥跡《とりあと》を濁《にご》さず」ということわざがあります。立《た》ち去《さ》るものはあとを見苦《みぐる》しくないようにすべきという意味《いみ》です。水鳥《みずどり》は飛《と》び立《た》つときに水《みず》を濁《にご》さないということからで、「飛《と》ぶ鳥跡《とりあと》を濁《にご》さず」ともいいます。「あと」は後《あと》ではないですよ！

ひとくちメモ　サッカーの日本代表《にほんだいひょう》のマークになっている烏《からす》は足《あし》が３本《ぼん》。八咫烏《やたがらす》といって古事記《こじき》や日本書紀《にほんしょき》に出《で》てくる想像上《そうぞうじょう》の鳥《とり》です。勝利《しょうり》へ導《みちび》く、日本《にほん》のボールをゴールへ導《みちび》く意味《いみ》があるそうです。

「表《あらわ》す」「現《あらわ》す」どちらを使《つか》う？

東京都杉並区立高井戸小学校校長《とうきょうとすぎなみくりつたかいどしょうがっこうこうちょう》
鶴巻景子《つるまきけいこ》先生《せんせい》が書《か》きました

読《よ》んだ日《ひ》　月《がつ》　日《にち》｜月《がつ》　日《にち》｜月《がつ》　日《にち》

いろいろな「あらわす」

同《おな》じ「あらわす」でも、意味《いみ》によって使《つか》う漢字《かんじ》がちがってきます。たとえば太陽《たいよう》が雲《くも》の間《あいだ》から顔《かお》をあらわすは「現《あらわ》す」。隠《かく》れているものを見《み》えるようにするときは「現《あらわ》す」を使《つか》うのです。

うれしい気持《きも》ちを顔《かお》にあらわすは「表《あらわ》す」。感情《かんじょう》や考《かんが》え、結果《けっか》や症状《しょうじょう》をあらわすときは「表《あらわ》す」です。また赤信号《あかしんごう》は、とまれをあらわすも「表《あらわ》す」。ある物事《ものごと》の意味《いみ》を言葉《ことば》や絵図《えず》などで示《しめ》すときも、「表《あらわ》す」を使《つか》います。

隠《かく》れていたものが見《み》えるとき

隠《かく》れていたものが見《み》えるという意味《いみ》の「現《あらわ》す」は慣用句《かんようく》でもよく使《つか》われます。

たとえば「頭角《とうかく》を現《あらわ》す」。「あのサッカー選手《せんしゅ》は、最近《さいきん》、試合《しあい》で活躍《かつやく》し、頭角《とうかく》を現《あらわ》してきた。きっと代表選手《だいひょうせんしゅ》に選《えら》ばれるだろう」のように使《つか》います。人《ひと》が優《すぐ》れていることをはっきりと示《しめ》す慣用句《かんようく》です。

おもしろいことに、逆《ぎゃく》の意味《いみ》の慣用句《かんようく》もあります。「馬脚《ばきゃく》を現《あらわ》す」になると、有能《ゆうのう》そうに見《み》せていたものが、実力《じつりょく》はそれほどでもないことがわかってしまう、という意味《み》になります。たとえば「料理《りょうり》のうでがすばらしいと言《い》っていたが、たちまち馬脚《ばきゃく》を現《あらわ》した」などのように使《つか》います（「露《あらわ》す」と書《か》くこともあります）。

同《おな》じ「現《あらわ》す」でも、何《なに》が隠《かく》れていたかが問題《もんだい》なのですね。

考《かんが》えてみよう

どっちかな？

次《つぎ》の文《ぶん》は「現《あらわ》す」「表《あらわ》す」どちらでしょう？

① 結果《けっか》をグラフに「あらわす」。
② 自分《じぶん》の考《かんが》えを言葉《ことば》で「あらわす」。
③ 先生《せんせい》がすがたを「あらわす」。
④ 喜《よろこ》びを態度《たいど》に「あらわす」。
⑤ 薬《くすり》がききめを「あらわす」。

答《こた》え）①②④は「表《あらわ》す」③⑤は「現《あらわ》す」を使《つか》います。

ひとくちメモ
書物《しょもつ》を書《か》いて世《よ》に出《だ》すというときは漢字《かんじ》の「著《あらわ》す」。（例《れい》）季節《きせつ》の俳句《はいく》を集《あつ》めて本《ほん》に著《あらわ》す。また、広《ひろ》く世界《せかい》に知《し》らせる、知《し》れわたるという意味《いみ》では「顕《あらわ》す」を使《つか》います。（例《れい》）デザイナーとして世界《せかい》に名《な》を顕《あらわ》す。

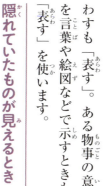

成《な》り立《た》ちいろいろ 世界《せかい》のあいさつ

5月 12日

明星大学教育学部《めいせいだいがくきょういくがくぶ》
邑上裕子《むらかみゆうこ》先生《せんせい》が書《か》きました

読《よ》んだ日《ひ》　月《がつ》　日《にち》｜　月《がつ》　日《にち》｜　月《がつ》　日《にち》

生活《せいかつ》や天気《てんき》から生《う》まれたあいさつ

日本《にほん》のあいさつは、一日《いちにち》の生活《せいかつ》や天候《てんこう》に関係《かんけい》するものが多《おお》いようです。「おはよう」「おやすみなさい」は多《おお》くの人《ひと》が使《つか》いますね。「おはよう」は「お早《はや》く」の詰《つ》まった言《い》い方《かた》で、「お早《はや》いですね」という意味《いみ》です。

「おやすみなさい」は、「休《やす》む」の丁寧《ていねい》な命令形《めいれいけい》から、「わたしはもう寝《ね》ます。あなたもおやすみなさいませ」が、自分《じぶん》が寝《ね》るときのあいさつ言葉《ことば》になりました。

その他《た》、「寒《さむ》いですね」「いいお天気《てんき》ですね」など、ひとこと天候《てんこう》についての言葉《ことば》を添《そ》えるのは、季《き》節《せつ》を大切《たいせつ》にする日本《にほん》ならではのあいさつといえるでしょう。

平和《へいわ》を願《ねが》う世界《せかい》のあいさつ

戦争《せんそう》の多《おお》い国《くに》では、まず毎日《まいにち》を無事《ぶじ》に生《い》きることが求《もと》められています。そこで「いい日《ひ》を願《ねが》う」言《こと》葉《ば》があいさつになるのでしょう。

エジプト、モロッコ、イラクなどでは、アラビア語《ご》を使《つか》って「あなた方《がた》の上《うえ》に平和《へいわ》あれ」という意《い》味《み》で、「アッ・サラーム　アライクム」と言《い》うそうです。日本語《にほんご》の「お幸《しあわ》せに」に近《ちか》いでしょうか。

また、中国《ちゅうごく》、韓国《かんこく》、ロシアなどでは、一日《いちにち》を通《とお》して「こんにちは」の言葉《ことば》が「元気《げんき》？」という意味《いみ》で使《つか》われています。日本《にほん》でも「元《げん》気《き》？」「お元気《げんき》で！」を使《つか》いますね。

調《しら》べてみよう

体《からだ》であいさつ

抱《だ》きしめたり、ほほを交互《こうご》につけたり、世界《せかい》では体《からだ》を使《つか》ってあいさつする国《くに》がたくさんあります。鼻《はな》をこすり合《あ》ったり、相手《あいて》の手《て》を自分《じぶん》のおでこに付《つ》けたりする民族《みんぞく》もありますよ。

ひとくちメモ　日本語《にほんご》の「がんばれ」の本来《ほんらい》の意味《いみ》は「くじけずやりぬこう」です。別《わか》れのあいさつに「がんばってください」と使《つか》うこともありますが、目上《めうえ》の人《ひと》に言《い》ってしまうと失礼《しつれい》な意味《いみ》なので注意《ちゅうい》しましょう。

日本語《にほんご》には4つの表記《ひょうき》がある

筑波大学附属小学校《つくばだいがくふぞくしょうがっこう》
青木伸生《あおきのぶお》先生《せんせい》が書《か》きました

読《よ》んだ日《ひ》　月《がつ》　日《にち》｜月《がつ》　日《にち》｜月《がつ》　日《にち》

英語《えいご》は1種類《しゅるい》アルファベット26文字《もじ》だけど

日本語《にほんご》を表《あらわ》す文字《もじ》は4つもあります。英語《えいご》はアルファベット1種類《しゅるい》です。それに対《たい》して日本語《にほんご》には、漢字《かんじ》、ひらがな、カタカナ、ローマ字《じ》という4つの表《あらわ》し方《かた》があります。しかも、アルファベットはAからZまでの26文字《もじ》を組《く》み合《あ》わせて言葉《ことば》をつくりますが、日本語《にほんご》は、ひらがな、カタカナだけでそれぞれ46文字《もじ》あります。それだけで92個《こ》の文字《もじ》を使《つか》い分《わ》けていることになります。

さらに、これに漢字《かんじ》が加《くわ》わります。漢字《かんじ》は全部《ぜんぶ》でいくつあると思《おも》いますか。小学校《しょうがっこう》で学習《がくしゅう》するだけで、1026文字《もじ》（平成《へいせい》30年度《ねんど》から）です。日本《にほん》の大《おお》きな漢字辞典《かんじじてん》の一《ひと》つである『大漢和辞典《だいかんわじてん》』には、約《やく》50000文字《もじ》もの漢字《かんじ》が載《の》っているのです。ものすごい数《かず》ですね。実際《じっさい》の日常生活《にちじょうせいかつ》に必要《ひつよう》な漢字《かんじ》はおよそ3000文字程度《もじていど》といわれていますが、それでもたいへんな数《かず》の文字《もじ》を使《つか》い分《わ》けながら、私《わたし》たちは生活《せいかつ》していることがわかります。これにローマ字《じ》26文字《もじ》まで加《くわ》えて使《つか》っているわけです。

もともと文字《もじ》がなかった

日本語《にほんご》は文字《もじ》のない言葉《ことば》でした。そこに中国《ちゅうごく》から漢字《かんじ》が伝《つた》わってきました。漢字《かんじ》が伝《つた》わってきたのは、1世紀《せいき》ごろという説《せつ》もあれば、もっと古《ふる》い紀元前《きげんぜん》だという説《せつ》もあります。それ以来《いらい》、日本人《にほんじん》は漢字《かんじ》だけを使《つか》って自分《じぶん》たちの言葉《ことば》を文字《もじ》にしてきました。

しかし、漢字《かんじ》は画数《かくすう》が多《おお》く、書《か》くのに時間《じかん》がかかります。そこで漢字《かんじ》の形《かたち》をくずして、ひらがなを考《かんが》えだしました。さらに、漢字《かんじ》の一部分《いちぶぶん》を使《つか》ってカタカナをつくりました。こうして日本語《にほんご》を表《あらわ》す文字《じ》は増《ふ》えていったのです（くわしくは30ページと64ページ参照《さんしょう》）。

ひとくちメモ　ひらがなやカタカナは、奈良時代《ならじだい》から平安時代《へいあんじだい》に生《う》まれたといわれています。ローマ字《じ》が日本《にほん》に入《はい》ってきたのは、16世紀室町時代《せいきむろまちじだい》のころといわれています。キリスト教《きょう》の宣教師《せんきょうし》が伝《つた》えました。

「人一倍《ひといちばい》」ってどれくらいふえているの?

5月 14日

日本国語教育学会理事《にほんこくごきょういくがっかいりじ》
功刀道子《くぬぎみちこ》先生《せんせい》が書《か》きました

読《よ》んだ日《ひ》　月《がつ》　日《にち》　月《がつ》　日《にち》　月《がつ》　日《にち》

一倍《いちばい》は、実《じつ》は二倍《にばい》だった

「人一倍《ひといちばい》勉強《べんきょう》したから合格《ごうかく》できた」という言《い》い方《かた》を聞《き》いたことがあるでしょう。しかし、算数《さんすう》で習《なら》った九九《くく》に当《あ》てはめると、一倍《いちばい》ではなにもふえません。「人一倍《ひといちばい》」だと人《ひと》と同《おな》じになってしまいます。なぜこのような言《い》い回《まわ》しをするのでしょう。

そもそも「一倍《いちばい》」とは、ある量《りょう》を2つ合《あ》わせた量《りょう》のことでした。平安時代《へいあんじだい》に書《か》かれた「今昔物語《こんじゃくものがたり》」には、「一年《いちねん》経《た》って借《か》りたお金《かね》が一倍《いちばい》になった」という文《ぶん》が出《で》てきます。これは借《か》りたお金《かね》に利子《りし》がついて二倍《にばい》になった、という意味《いみ》です。つまり「一倍《いちばい》」とは「二倍《にばい》」のことだったのです。

ややこしいので禁止《きんし》された

日本《にほん》が近代化《きんだいか》してくると、「一倍《いちばい》」が「二倍《にばい》」のこと、というルールでは混乱《こんらん》を招《まね》くことも少《すく》なくありませんでした。そこで、明治《めいじ》時代《じだい》になって「一倍《いちばい》は二倍《にばい》と書《か》くように」と、政府《せいふ》からおふれが出《で》たのです。

「人一倍《ひといちばい》」という言《い》い方《かた》は、ほかと比《くら》べて物事《ものごと》の程度《ていど》が大《おお》きいことのたとえとして生《う》まれました。「一倍《いちばい》は二倍《にばい》」というルールはなくなりましたが、このたとえだけは今《いま》も残《のこ》っています。「人一倍《ひといちばい》」は一倍《いちばい》となっていても、「人《ひと》よりもたくさん」という意味《いみ》で使《つか》ってよいのです。

調《しら》べてみよう

倍返《ばいがえ》し、半返《はんがえ》し

人《ひと》からいただいたものを二倍《にばい》にして返《かえ》すことを「倍返《ばいがえ》し」といいます。「倍返《ばいがえ》し」はよいことにも悪《わる》いことにも使《つか》います。半分返《はんぶんかえ》すことは「半返《はん がえ》し」といいます。「半返《はんがえ》し」はどのようなときに使《つか》われるか調《しら》べてみましょう。

ひとくちメモ　明治《めいじ》8年《ねん》のおふれがきは次《つぎ》のようなものでした。「これまでの規則《きそく》に一倍《いちばい》とあるのは二倍《にばい》と改《あらた》める。一円《いちえん》の二倍《にばい》は二円《にえん》として計算《けいさん》すること」。

目次《もくじ》と「はじめに」「おわりに」を読《よ》もう

高知県《こうちけん》高知市立《こうちしりつ》初月《みかづき》小学校《しょうがっこう》校長《こうちょう》
吉村美恵子《よしむらみえこ》先生《せんせい》が書《か》きました

読《よ》んだ日《ひ》　月《がつ》　日《にち》｜　月《がつ》　日《にち》｜　月《がつ》　日《にち》

読《よ》む前《まえ》も後《あと》も使《つか》える「目次《もくじ》」

本《ほん》の表紙《ひょうし》を開《ひら》くと、最初《さいしょ》のほうに「目次《もくじ》」があります。目次《もくじ》を見《み》ると、その本《ほん》に書《か》かれている内容《ないよう》のいろいろなことがわかります。

物語《ものがたり》の本《ほん》であれば、その物語《ものがたり》がどのような順番《じゅんばん》で書《か》かれているのかがわかります。まるで映画《えいが》の予《よ》告編《こくへん》のように、どんなお話《はなし》なのか想像《そうぞう》してワクワクするはずです。

でも目次《もくじ》の役目《やくめ》はそれだけではありません。読《よ》み終《お》わった後《あと》、もう一度《いちど》あのページを読《よ》みたい、と思《おも》ったときに役立《やくだ》ちます。目次《もくじ》のタイトルの下《した》にページ数《すう》が書《か》かれているので、読《よ》みたいページを探《さが》すのにとても便利《べんり》なのです。

図鑑《ずかん》や事典《じてん》などでも、目次《もくじ》を見《み》ると、知《し》りたいことや調《しら》べたいことが書《か》かれているかどうかを確《たし》かめることができます。もし、自分《じぶん》の知《し》りたいことや調《しら》べたいことが書《か》かれていなければ、次《つぎ》の本《ほん》を探《さが》さなければなりません。その時《とき》も、本《ほん》を全部《ぜんぶ》読《よ》まなくても目次《もくじ》を見《み》ることで確認《かくにん》することができます。

作者《さくしゃ》からのメッセージ

目次《もくじ》の前《まえ》に「はじめに」というページがあるのを知《し》っていますか？　また、本《ほん》の最後《さいご》の方《ほう》に「おわりに」や「あとがき」というページがある本《ほん》もあります。これらのページには、本《ほん》を書《か》いたり翻訳《ほんやく》した人《ひと》の思《おも》いが書《か》かれています。読者《どくしゃ》へのメッセージだといってよいでしょう。「どうしてこの本《ほん》を書《か》いたのか」「どうやって書《か》いたのか」「この本《ほん》を読《よ》んだ後《あと》、何《なに》を感《かん》じたり行動《こうどう》したりしてほしいのか」などが書《か》かれています。

もし本《ほん》の中身《なかみ》がつまらなくて途中《とちゅう》でやめたくなったら「はじめに」と「おわりに」だけ読《よ》んでみてください。また読《よ》みたくなるかもしれませんよ。

見《み》てみよう

図鑑《ずかん》の索引《さくいん》を見《み》てみよう

図鑑《ずかん》や辞典《じてん》などは、終《お》わりの方《ほう》に「索引《さくいん》」があります。索引《さくいん》は、本《ほん》の中《なか》に出《で》てくる言葉《ことば》を探《さが》すためのものです。索引《さくいん》は、本《ほん》に書《か》かれているもののなかから重要《じゅうよう》な項目《こうもく》や単語《たんご》が五十音順《ごじゅうおんじゅん》に並《なら》べられ、ページ数《すう》も書《か》かれています。「目次《もくじ》」を使《つか》って本《ほん》を選《えら》び、「索引《さくいん》」を使《つか》って調《しら》べる、という使《つか》い方《かた》がオススメです。

ひとくちメモ　実《じつ》は、目次《もくじ》は本《ほん》だけにあるのではありません。新聞《しんぶん》にもあるのです。お家《うち》や学校《がっこう》で新聞《しんぶん》を見《み》てみましょう。さあ、どこにあるでしょうか。

表現力がアップするお話

失敗《しっぱい》したときに使《つか》いたい「悲《かな》しくて恥《は》ずかしい」言葉《ことば》

5月16日

日本《にほん》国語《こくご》教育《きょういく》学会《がっかい》理事《りじ》
吉永幸司《よしながこうし》先生《せんせい》が書《か》きました

読《よ》んだ日《ひ》　月《がつ》　日《にち》｜月《がつ》　日《にち》｜月《がつ》　日《にち》

複雑《ふくざつ》な気持《きも》ちを言葉《ことば》にしよう

失敗《しっぱい》しそう、失敗《しっぱい》したかも、なんて考《かんが》えている時《とき》は心配《しんぱい》でたまりませんね。「心《こころ》がソワソワ」して「気《き》が気《き》じゃない」はずです。

失敗《しっぱい》したことがはっきりわかったら「しまった!」「どうしよう…」という言葉《ことば》が口《くち》から出《で》てくるかもしれません。残念《ざんねん》な気持《きも》ち、悔《くや》しい気持《きも》ちなどがまざりあって、なんとも複雑《ふくざつ》で嫌《いや》な気分《きぶん》です。なかなか一言《ひとこと》では言《い》い表《あらわ》せませんが「不甲斐《ふがい》ない」という表現《ひょうげん》がぴったりかもしれません。

まわりに人《ひと》がいると恥《は》ずかしい気持《きも》ちも加《くわ》わって「きまりが悪《わる》い」「バツが悪《わる》い」「面目《めんぼく》が立《た》たない」という気持《きも》ちになるかもしれません。「肩身《かたみ》が狭《せま》い」「いたたまれない」というのも、そんな状況《じょうきょう》にふさわしい言《こと》葉《ば》です。聞《き》いているだけでも、なんだか居心地《いごこち》が悪《わる》いですね。すぐにその場《ば》を離《はな》れたくなります。

前向《まえむ》きになれる言葉《ことば》もある

しかし、失敗《しっぱい》は誰《だれ》にもあります。いつまでも悩《なや》んでいても仕方《しかた》ありません。少《すこ》し落《お》ち着《つ》いて、失敗《しっぱい》の原因《げんいん》を考《かんが》えると、準備《じゅんび》が整《ととの》っていなかった、集中力《しゅうちゅうりょく》が足《た》りなかったというように、よくなかったところが見《み》つかってきます。それを反《はん》省《せい》し、次《つぎ》につなげればいいのです。

「わざわい転《てん》じて福《ふく》となす」とは昔《むかし》からよくいわれていることわざです。失敗《しっぱい》をうまく利用《りよう》すればその後《ご》成功《せいこう》する、いいことがあるよ、と教《おし》えてくれています。

集《あつ》めてみよう

失敗《しっぱい》した気持《きも》ちにまつわるオノマトペ

失敗《しっぱい》に気《き》がつくと「イライラ」します。予定通《よていどお》りにできないので「じりじり」してきます。追《お》い詰《つ》められると緊張《きんちょう》をして「ピリピリ」。失敗《しっぱい》して恥《は》ずかしいと思《おも》うと「モジモジ」とした態度《たいど》になります。他《ほか》にもあるかな?

ひとくちメモ 「失敗《しっぱい》は成功《せいこう》の母《はは》」は世界中《せかいじゅう》でいわれている言葉《ことば》です。失敗《しっぱい》したほうが、かえって成功《せいこう》に近《ちか》づくことができるという意味《いみ》です。失敗《しっぱい》こそが成功《せいこう》を生《う》み出《だ》すのだとしたら、恥《は》ずかしくても避《さ》けていられないですね。

美男子《びなんし》の代名詞《だいめいし》 光源氏《ひかるげんじ》

5月 17日

静岡県《しずおかけん》富士宮市《ふじのみやし》立稲子《りついなこ》小学校《しょうがっこう》校長《こうちょう》
芦川幹弘《あしかわみきひろ》先生《せんせい》が書《か》きました

読《よ》んだ日《ひ》　月《がつ》　日《にち》｜月《がつ》　日《にち》｜月《がつ》　日《にち》

胸《むね》がキュンキュン

恋愛《れんあい》ドラマや映画《えいが》はよくヒットしていますね。マンガや小説《しょうせつ》で恋《こい》の物語《ものがたり》を読《よ》んだこともあるでしょう。「胸《むね》キュン」という言葉《ことば》がありますが、大人《おとな》も子供《こども》も「胸《むね》をキュンキュン」させられるのが恋愛《れんあい》物語《ものがたり》です。

実《じつ》は千年《せんねん》以上《いじょう》前《まえ》にも、今《いま》のような大恋愛小説《だいれんあいしょうせつ》がありました。『源《げん》氏物語《じものがたり》』です（99ページ参照《さんしょう》）。『源氏物語』は平安時代の物語ではありませんが—

多《おお》くの女性《じょせい》と交流《こうりゅう》しながらも、傷《きず》つき悩《なや》む男性主人公《だんせいしゅじんこう》を描《えが》いています。紫式部《むらさきしきぶ》の著《あらわ》したこの物語《ものがたり》は、世界最古《せかいさいこ》の長編小説《ちょうへんしょうせつ》の一《ひと》つともいわれ、現在《げんざい》も人気《にんき》があります。

波瀾万丈《はらんばんじょう》な人生《じんせい》

源氏物語《げんじものがたり》の主人公《しゅじんこう》は光源氏《ひかるげんじ》です。光源氏《ひかるげんじ》は桐壺帝《きりつぼてい》の第二皇子《だいにおうじ》。その美《うつく》しく玉《たま》のように光《ひか》り輝《かがや》く姿《すがた》から光源氏《ひかるげんじ》と呼《よ》ばれるようになりました。帝《みかど》の妻《つま》になった藤壺《ふじつぼ》に恋《こい》をしたり、藤壺《ふじつぼ》にそっくりの子供《こども》、紫《むらさき》の上《うえ》を引《ひ》き取《と》って育《そだ》てて結婚《けっこん》したりしました。後年《こうねん》、帝《みかど》になった冷《れい》泉帝《ぜいてい》が自分《じぶん》の子《こ》である秘密《ひみつ》がばれてしまうことを恐《おそ》れたり、光源氏《ひかるげんじ》を忘《わす》れられず、光源氏《ひかるげんじ》に近《ちか》づく女《じょ》性《せい》を取《と》り殺《ころ》す生《い》き霊《りょう》が現《あらわ》れたりします。波瀾万丈《はらんばんじょう》ですね。

この物語《ものがたり》の人気《にんき》から、光源氏《ひかるげんじ》は美男子《びなんし》の代名詞《だいめいし》になりました。平《へい》家《け》の総大将《そうだいしょう》の平維盛《たいらのこれもり》は、美貌《びぼう》の貴《き》公子《こうし》で当時《とうじ》「光源氏《ひかるげんじ》の再来《さいらい》」といわれたそうです。

読《よ》んでみよう

日本《にほん》が誇《ほこ》るエンターテインメント

『源氏物語《げんじものがたり》』は平安時代《へいあんじだい》から現在《げんざい》まで、世界中《せかいじゅう》の人《ひと》をワクワク、胸《むね》キュンさせてきた物語《ものがたり》です。ぜひ読《よ》んでみてください。子供向《こどもむ》けにやさしく書《か》かれた本《ほん》や、読《よ》みやすいマンガがおすすめです。

ひとくちメモ　紫式部《むらさきしきぶ》という名《な》を持《も》つ植物《しょくぶつ》があります。10～11月頃《がつごろ》に紫《むらさき》の小《ちい》さい実《み》がたくさん集《あつ》まる美《うつく》しい植物《しょくぶつ》です。紫色《むらさきいろ》の優美《ゆうび》な実《み》を紫式部《むらさきしきぶ》になぞらえてこの名《な》が付《な》けられたといわれています。

ものの名前にまつわるお話

長《なが》さを測《はか》ったり、どびんを落《お》としたりする虫《むし》

5月18日

日本国語教育学会理事《にほんこくごきょういくがっかいりじ》・小学校部会長《しょうがっこうぶかいちょう》
今村久二《いまむらひさじ》先生《せんせい》が書《か》きました

読《よ》んだ日《ひ》　月《がつ》　日《にち》｜　月《がつ》　日《にち》｜　月《がつ》　日《にち》

動《うご》きや形《かたち》が名前《なまえ》の由来《ゆらい》

やわらかくて長《なが》い布《ぬの》は、せまい部屋《へや》では広《ひろ》げては測《はか》れません。そこで、短《みじか》いものさしで測《はか》っては、たくし寄《よ》せ、また次《つぎ》を測《はか》るという動作《どうさ》をくり返《かえ》して長《なが》さを測《はか》るというやり方《かた》があります。ものさしの長《なが》さが1尺《しゃく》（約《やく》33cm）なことから、昔《むかし》の人《ひと》はこのたくし寄《よ》せて測《はか》ることを「尺《しゃく》を取《と》る」といいました。

この尺《しゃく》を取《と》る動《うご》きにそっくりに枝《えだ》の上《うえ》を歩《ある》く虫《むし》がいます。そこで、この虫《むし》には「尺《しゃく》を取《と》る虫《むし》＝シャクトリムシ」という名前《なまえ》がつけられました。

シャクトリムシは、じっと止《と》まっているときは、枯《か》れた木《き》の枝《えだ》にそっくりな色《いろ》と形《かたち》のまま、敵《てき》から身《み》を守《まも》ります。ある地方《ちほう》で、仕事《しごと》休《やす》みにお茶《ちゃ》を入《い》れたどびんをつるそうと枝《えだ》に引《ひ》っかけようとしたら、その枝《えだ》が実《じつ》はシャクトリムシで、どびんが落《お》ちてしまったそうです。この地方《ちほう》では、シャクトリムシを「ドビンオトシ」と呼《よ》びました。

虫《むし》の名前《なまえ》から、名づけた人々《ひとびと》の仕事《しごと》や暮《く》らしがわかるなんて、おもしろいですね。

日本《にほん》だけじゃない

テントウムシは、草《くさ》の葉《は》のてっぺんまで登《のぼ》って、そこから大空《おおぞら》に向《む》かって飛《と》び立《た》つそうです。おてんとう様《よう》に向《む》かって飛《と》ぶので、この名前《なまえ》がつきました。テントウムシは、天《てん》に向《む》かって飛《と》ぶ様子《ようす》から神《かみ》さまのお使《つか》いと考《かんが》えられました。

ドイツでは「マリアの虫《むし》」と呼《よ》ぶそうです。マリアはイエスキリストのお母《かあ》さん。神《かみ》さまを敬《うやま》い、愛《あい》している国《くに》の人《ひと》の思《おも》いが感《かん》じ取《と》れます。国《くに》はちがっても、人《ひと》の思《おも》いにはどこか共通《きょうつう》するものがあるのかもしれません。

調《しら》べてみよう

サイの角《つの》をもつ虫《むし》？

ドイツでは、カブトムシには「サイの（角《つの》をもっている）ような虫《むし》」、クワガタムシには「シカの（角《つの》の）ような虫《むし》」という名前《なまえ》がついているそうです。ほ乳類《にゅうるい》にたとえているのですね。日本《にほん》の「かぶと」「くわがた」は、もとはどんなものか調《しら》べてみましょう。

ひとくちメモ　あなたの名前《なまえ》をつけたのはだれですか？　お父《とう》さんやお母《かあ》さんの思《おも》いや願《ねが》いがつまっているのではないでしょうか。家族《かぞく》の名前《なまえ》を夕食《ゆうしょく》の話題《わだい》にすると楽《たの》しいですよ。

決まり文句・名文句にまつわるお話

おにかなぼう

最後《さいご》の大事《だいじ》な仕上《しあ》げ
画竜点睛《がりょうてんせい》

5月19日

東京都江東区立枝川小学校《とうきょうとこうとうくりつえだがわしょうがっこう》
迎《むかえ》 有果《ゆか》先生《せんせい》が書《か》きました

読《よ》んだ日《ひ》　月《がつ》　日《にち》　月《がつ》　日《にち》　月《がつ》　日《にち》

竜《りゅう》が現《あらわ》れた？

竜《りゅう》の姿《すがた》を思《おも》い浮《う》かべてみてください。十二支《じゅうにし》の一《ひと》つでもありますが、本物《ほんもの》を見《み》たことがある人《ひと》はいないと思《おも》います。世界中《せかいじゅう》のさまざまなお話《はなし》に、竜《りゅう》のような架空《かくう》の生《い》き物《もの》がたくさん登場《とうじょう》します。竜《りゅう》のほかにも、河童《かっぱ》やペガサス、そして昔《むかし》の中国《ちゅうごく》には麒麟《きりん》という生《い》き物《もの》もいます。動物園《どうぶつえん》にいるキリンとは別物《べつもの》です。

さて、そんな竜《りゅう》が出《で》てくる中国《ちゅうごく》のお話《はなし》を紹介《しょうかい》しましょう。

武帝《ぶてい》が命令《めいれい》して、呉中《ごじゅう》に住《す》む張《ちょう》僧繇《そうよう》に、仏教《ぶっきょう》の寺院《じいん》を飾《かざ》るための絵《え》を描《えが》かせていました。張僧繇《ちょうそうよう》が金陵《きんりょう》の安楽寺《あんらくじ》に描《えが》いた四《よん》頭《とう》の白《しろ》い竜《りゅう》には、瞳《ひとみ》が描《えが》かれていません。「瞳《ひとみ》を描《えが》いたら、竜《りゅう》は飛《と》び去《さ》ってしまうから」と言《い》うのです。

それを聞《き》いた人々《ひとびと》はでたらめだと思《おも》い、竜《りゅう》に瞳《ひとみ》を描《えが》き加《くわ》えるように頼《たの》んで描《えが》いてもらいました。すると、たちまち雷《かみなり》がおこって壁《かべ》をやぶり、二頭《にとう》の竜《りゅう》は飛《と》び上《あ》がって、天《てん》にのぼってしまったといいます。瞳《ひとみ》を描《えが》き加《くわ》えていない竜《りゅう》は、安楽《あんらく》寺《じ》に残《のこ》りました。

「画竜点睛《がりょうてんせい》」は、最後《さいご》に加《くわ》える大切《たいせつ》な仕上《しあ》げや、物事《ものごと》の最《もっと》も大事《だいじ》なことのたとえの意味《いみ》があります。

睛《せい》は「ひとみ」のことです。ひとみを描《えが》いたことで、絵《え》にまるで生《い》きているかのような活気《かっき》が生《う》まれたんですね。

この話《はなし》から「画竜点睛《がりょうてんせい》を欠《か》く」ということわざができました。最後《さいご》の仕上《しあ》げが十分《じゅうぶん》ではなく、大事《だいじ》なところが足《た》りないという意味《いみ》で使《つか》われています。

行ってみよう

不思議《ふしぎ》な龍《りゅう》の絵《え》がある？

1999年《ねん》に世界遺産《せかいいさん》になった日光東照宮《にっこうとうしょうぐう》の本地堂天井《ほんちどうてんじょう》に、「鳴《な》き龍《りゅう》」という有名《ゆうめい》な絵《え》があります。縦《たて》6m横《よこ》15mもあり、龍《りゅう》の頭《あたま》の下《した》で、拍子木《ひょうしぎ》を打《う》つと、「キィーン」と鳴《な》り響《ひび》きます。まるで龍《りゅう》が鳴《な》いているようです。頭《あたま》の下以外《したいがい》では聞《き》こえません。

ひとくちメモ

画竜点睛《がりょうてんせい》を「がりゅうてんせい」と読《よ》む人《ひと》が多《おお》くいますが、これはまちがいです。また「睛《せい》」は瞳《ひとみ》のことを表《あらわ》していて、「晴」ではありません。なお、「龍《りゅう》」は「竜《りゅう》」の旧字体《きゅうじたい》です。

ローマ字《じ》の歴史《れきし》

日本女子大学児童学科《にほんじょしだいがくじどうがっか》
笹平真之介《ささひらしんのすけ》先生《せんせい》が書《か》きました

読《よ》んだ日《ひ》　月《がつ》　日《にち》　月《がつ》　日《にち》　月《がつ》　日《にち》

外国人《がいこくじん》に日本語《にほんご》を伝《つた》えるために

ローマ字《じ》の歴史《れきし》とは、外国語《がいこくご》を話《はな》す人《ひと》と日本語《にほんご》を話《はな》す人《ひと》それぞれが、日本語《にほんご》をどう書《か》き表《あらわ》そうかと悩《なや》んできた歴史《れきし》です。

ローマ字《じ》は16世紀後半《せいきこうはん》（戦国時代《せんごくじだい》）、ヨーロッパからキリスト教《きょう》を伝《つた》えに来《き》た人《ひと》たちが、自分《じぶん》たちの使《つか》うラテン文字《もじ》で日本語《にほんご》を書《か》こうとしたことに始《はじ》まります。それ以来《いらい》、ポルトガル語《ご》やオランダ語《ご》に合《あ》わせたローマ字《じ》が使《つか》われました。

19世紀後半《せいきこうはん》（江戸末期《えどまっき》）、鎖国《さこく》がおわり、海外《かいがい》との行《い》き来《き》が盛《さか》んになると、外国語《がいこくご》を話《はな》す人《ひと》が日本《にほん》語《ご》の発音《はつおん》を知《し》る機会《きかい》が増《ふ》えていきます。そこで、アメリカの医師《いし》J.C.ヘボンは、「ち」を「ｃｈｉ」のように、仮名遣《かなづか》いひとつひとつに、英語《えいご》にあわせた書《か》き方《かた》を決《き》め、1867年《ねん》にヘボン式《しき》ローマ字《じ》を発表《はっぴょう》しました（のち1886年《ねん》に確立《かくりつ》）。

このころまでは、外国語《がいこくご》を話《はな》す人《ひと》のためのものだったのです。

日本語《にほんご》のためのローマ字《じ》

しかしラテン文字《もじ》を使《つか》うとはいえ、ローマ字《じ》が表《あらわ》すのは日本語《にほんご》ですから、特定《とくてい》の言語《げんご》にかたよる必《ひつ》要《よう》はない、という考《かんが》えも生《う》まれました。

そこで日本語《にほんご》にあわせたきまりとして、1885年《ねん》に物理学者《ぶつりがくしゃ》の田中舘愛橘《たなかだてあいきつ》が、日本式《にほんしき》ローマ字《じ》を考《かんが》えます。今《いま》も国《くに》や、国際規格《こくさいきかく》が定《さだ》めるきまりは、日本式《にほんしき》をもとにしたローマ字表記法《じひょうきほう》です。一方《いっぽう》ヘボン式《しき》は、とくに英語《えいご》を話《はな》す人《ひと》にとってわかりやすいため、パスポートなど海外向《かいがいむ》けに使《つか》われています。

覚《おぼ》えておこう

ローマ字《じ》の綴《つづ》りがちがうわけ

ポルトガル語《ご》に合《あ》わせたローマ字《じ》では〈日本《にほん》〉を「NIFON」と綴《つづ》っていました。異《こと》なる言語《げんご》を話《はな》す人《ひと》には、それぞれの聞《き》こえ方《かた》と綴《つづ》り方《かた》があるのです。

ひとくちメモ 16・17世紀《せいき》の宣教師《せんきょうし》たちがローマ字《じ》で出版《しゅっぱん》した書物《しょもつ》が残《のこ》っています。キリシタン版《ばん》と呼《よ》ばれ、当時《とうじ》の日本《にほん》語《ご》を知《し》る貴重《きちょう》な手《て》がかりになっています。

「多少《たしょう》の失敗《しっぱい》」は少《すこ》し？　多《おお》い？

筑波大学附属小学校《つくばだいがくふぞくしょうがっこう》
青木伸生《あおきのぶお》先生《せんせい》が書《か》きました

読《よ》んだ日《ひ》　月《がつ》　日《にち》｜月《がつ》　日《にち》｜月《がつ》　日《にち》

この熟語《じゅくご》は何型《なにがた》？

「登山《とざん》」「行楽客《こうらくきゃく》」「一喜一憂《いっきいちゆう》」など、2つ以上《いじょう》の漢字《かんじ》が結《むす》びついてできた言葉《ことば》を「熟語《じゅくご》」といいます。「二字熟語《にじじゅくご》」「三字熟語《さんじじゅくご》」「四字熟語《よじじゅくご》」のように呼《よ》ばれ、中《なか》でも一番《いちばん》多《おお》いのが二字熟語《にじじゅくご》です。はじめてみた熟語《じゅくご》でも、「熟語《じゅくご》のつくり」、つまり型《かた》に注目《ちゅうもく》すると、意味《いみ》をとらえやすくなります。

たとえば「似《に》た意味《いみ》の漢字《かんじ》を並《なら》べた」型《かた》。「行進《こうしん》」（行《い》く＋進《すす》む）「道路《どうろ》」（道《みち》＋路《みち》）「温暖《おんだん》」（温《あたた》かい＋暖《あたた》かい）などがそうです。

逆《ぎゃく》に「反対《はんたい》の意味《いみ》の漢字《かんじ》を並《なら》べた」型《かた》もあります。「大小《だいしょう》」「長短《ちょうたん》」「勝敗《しょうはい》」などです。

また、上《うえ》の漢字《かんじ》が下《した》の漢字《かんじ》にかかる熟語《じゅくご》というのもあります。「校門《こうもん》」（学校《がっこう》の門《もん》）、「円形《えんけい》」（円《まる》い形《かたち》）、「歩道《ほどう》」（歩《ある》く道《みち》）など。

下《した》の字《じ》が上《うえ》の字《じ》を説明《せつめい》する熟語《じゅくご》もあります（「入学《にゅうがく》」「作文《さくぶん》」など）。

そのほか、上《うえ》の漢字《かんじ》が下《した》の漢字《かんじ》の意味《いみ》を打《う》ち消《け》す型《かた》（「不安《ふあん》」「非常《ひじょう》」「未納《みのう》」）や、漢字《かんじ》の下《した》に「化《か》」「的《てき》」「性《せい》」などがつく型《かた》もよくあります。

反対《はんたい》の意味《いみ》を並《なら》べた熟語《じゅくご》

例外《れいがい》もあります。たとえば「多少《たしょう》」という熟語《じゅくご》は、つくりとしては、「反対《はんたい》の意味《いみ》の漢字《かんじ》を並《なら》べた」ものです。しかし、「多少《たしょう》の失敗《しっぱい》」の意味《いみ》で使《つか》われます。「少《すこ》しの失敗《しっぱい》」「多《おお》く」の意味《いみ》はなくなってしまったのですね。

このように、反対《はんたい》の意味《いみ》の漢字《かんじ》が結《むす》びついてできた熟語《じゅくご》なのに、一方《いっぽう》の漢字《かんじ》の意味《いみ》が消《き》えてしまっているものもあるのです。

やってみよう

熟語《じゅくご》の仲間分《なかまわ》け

新聞《しんぶん》や本《ほん》ではじめての熟語《じゅくご》に出会《であ》ったら、ここで紹介《しょうかい》した何型《なにがた》なのか想像《そうぞう》してみましょう。その後《ご》辞書《じしょ》で答《こた》え合《あ》わせをしてみます。型《かた》を想像《そうぞう》すると、意味《いみ》も想像《そうぞう》できるようになるかも？

ひとくちメモ　「日日《ひび》」「続続《ぞくぞく》」と漢字《かんじ》を重《かさ》ねて熟語《じゅくご》にするものもあります。重《かさ》ねることで意味《いみ》を強《つよ》めているパターンです。書《か》くときには「日々」「続々」などのように「々」を使《つか》うこともよくあります。

ものの名前にまつわるお話

5月22日

仏滅《ぶつめつ》は仏教《ぶっきょう》の言葉《ことば》じゃないよ

東京学芸大学教育学部《とうきょうがくげいだいがくきょういくがくぶ》
中村和弘《なかむらかずひろ》先生《せんせい》が書《か》きました

読《よ》んだ日《ひ》　月《がつ》　日《にち》　月《がつ》　日《にち》　月《がつ》　日《にち》

大安《たいあん》に結婚式《けっこんしき》が多《おお》いワケ

カレンダーを見《み》てみましょう。それぞれの日《ひ》にちのそばに、「大《たい》安《あん》」や「仏滅《ぶつめつ》」のように、漢字《かんじ》2文字《もじ》が書《か》いてありますね（書《か》かれていないものもあります）。

よく見《み》ると、「先勝《せんしょう》」「友引《ともびき》」「先負《せんぶ》」「仏滅《ぶつめつ》」「大安《たいあん》」「赤口《しゃっこう》」と、全部《ぜんぶ》で6種類《しゅるい》あります。これらをまとめて「六曜《ろくよう》」といいます。毎《まい》日《にち》、この6つが順番《じゅんばん》にめぐってきて、その日《ひ》の運勢《うんせい》や吉凶《きっきょう》が定《さだ》められています。

大安《たいあん》は「大《おお》いに安《やす》し」ということで、六曜《ろくよう》の中《なか》でもっともよい日《ひ》とされます。だから、結婚式《けっこんしき》やお店《みせ》の開店《かいてん》のように、おめでたいことや新《あたら》しいことは、わざわざ大安《たいあん》を選《えら》んですることが多《おお》いのです。

仏滅《ぶつめつ》と仏教《ぶっきょう》はなにも関係《かんけい》ない

反対《はんたい》に、仏滅《ぶつめつ》は「仏《ほとけ》も滅《めつ》するような大凶《だいきょう》の日《ひ》」という意味《いみ》です。何《なに》をするにも悪《わる》い日《ひ》ということで、ふつうはお祝《いわ》いごとは避《さ》けたほうがよいとされます。

仏滅《ぶつめつ》という言葉《ことば》には、「仏《ほとけ》」という字《じ》が入《はい》っていますが、じつは仏教《ぶっきょう》ともお寺《てら》とも、まったく関係《かんけい》ありません。

もともと六曜《ろくよう》は、古《ふる》くに中国《ちゅうごく》から伝《つた》わった思想《しそう》で、その由来《ゆらい》などはっきりしたことはわかっていないのです。迷信《めいしん》というより、私《わたし》たちの暮《く》らしに溶《と》け込《こ》んだ古《ふる》くからの習慣《しゅうかん》と考《かんが》えればよいでしょう。

調《しら》べてみよう

吉凶《きっきょう》は時間帯《じかんたい》で変《か》わる

先勝《せんしょう》は「先《さき》んずれば勝《か》つ」で、午前中《ごぜんちゅう》は吉《きち》、午後《ごご》の14時《じ》～18時《じ》は凶《きょう》です。先負《せんぶ》は先勝《せんしょう》の反対《はんたい》で、午前中《ごぜんちゅう》は凶《きょう》で午後《ごご》は吉《きち》。友引《ともびき》は大安《たいあん》に次《つ》ぐ吉日《きちじつ》とされ、昼《ひる》は凶《きょう》ですが、それ以外《いがい》は吉《きち》。赤口《しゃっこう》は、赤《あか》が火《ひ》を連想《れんそう》させることから「注意《ちゅうい》が必要《ひつよう》な日《ひ》」。11時《じ》～13時《じ》の2時間《じかん》のみ吉《きち》で、それ以外《いがい》は凶《きょう》とされます。

ひとくちメモ　一説《いっせつ》によると、六曜《ろくよう》は鎌倉時代《かまくらじだい》から室町時代《むろまちじだい》にかけて、中国《ちゅうごく》から伝《つた》わったとされます。江戸時代《えどじだい》には庶民《しょみん》にも広《ひろ》まりましたが、明治《めいじ》になると迷信《めいしん》だとして、新政府《しんせいふ》によって一時禁止《いちじきんし》されました。

漢字にまつわるお話

ウメもイチゴもお母《かあ》さんと関係《かんけい》あり!?

5月23日

東京学芸大学教育学部《とうきょうがくげいだいがくきょういくがくぶ》
中村和弘《なかむらかずひろ》先生《せんせい》が書《か》きました

読《よ》んだ日《ひ》　月《がつ》　日《にち》　月《がつ》　日《にち》　月《がつ》　日《にち》

春《はる》を知《し》らせる香《かお》る花《はな》

樹木《じゅもく》を表《あらわ》す漢字《かんじ》には木偏《きへん》がつきますね。春《はる》に香《かお》り高《たか》い花《はな》を咲《さ》かせる梅《うめ》もそうです。中国原産《ちゅうごくげんさん》ですが、日本最古《にほんさいこ》の和歌集《わかしゅう》『万葉集《まんようしゅう》』には梅《うめ》の歌《うた》がたくさんありますから、奈良時代《ならじだい》にはすでに人気《にんき》のあった花《はな》であったことがわかります。当《とう》時《じ》は花《はな》といえば桜《さくら》ではなく梅《うめ》を指《さ》していたといわれるほどです。

「梅《うめ》」という字《じ》は、もともと「梅《うめ》」と書《か》いていました。よーく見《み》てください。「母《はは》」という字《じ》が入《はい》っていますね。

梅《うめ》という漢字《かんじ》の成《な》り立《た》ちにはさまざまな説《せつ》がありますが、お腹《なか》に赤《あか》ちゃんができた女性《じょせい》がすっぱい梅《うめ》の実《み》を好《この》んで食《た》べたからとも、たくさんの実《み》をつけるから、ともいわれています。ちなみに「毎《まい》」という漢字《かんじ》はもともと、たくさんの子供《こども》を生《う》んだ母親《ははおや》のことを指《さ》していたようです。

苺《いちご》と書《か》く食《た》べ物《もの》は?

植物《しょくぶつ》の漢字《かんじ》でもう一《ひと》つ「母《はは》」がつくものがあります。「苺」です。小学校《しょうがっこう》では習《なら》いませんが、これは「いちご」と読《よ》みます。

苺《いちご》に「母《はは》」という字《じ》がついた理《り》由《ゆう》にもさまざまな説《せつ》があります。母親《ははおや》の乳房《ちぶさ》に形《かたち》が似《に》ているからとも、茎《くき》を横《よこ》にのばし、次々《つぎつぎ》と実《み》をつけるから、ともいわれています。

漢字《かんじ》をながめていると、その植《しょく》物《ぶつ》の性格《せいかく》や利用方法《りようほうほう》が想像《そうぞう》できておもしろいですね。

やってみよう

「毎《まい》」がつく漢字《かんじ》から推理《すいり》してみよう

毎《まい》は象形文字《しょうけいもじ》で、髪《かみ》にかざりをつけた女性《じょせい》を表《あらわ》したことが始《はじ》まりのようです。そのうち、「子供《こども》をたくさん産《う》み育《そだ》てた母《はは》」とか、髪《かみ》がたくさんあることから「暗《くら》い」の意味《いみ》、また「常《つね》に」という意味《いみ》が生《う》まれたなどといわれています。しかし、その由来《ゆらい》はよくわかっていません。由来《ゆらい》はわかっていないものの「梅《うめ》」「海《うみ》」「敏《びん》」など「毎《まい》」がつく漢字《かんじ》はたくさんあります。どんな関係《かんけい》があるのか、自由《じゆう》に推理《すいり》してみましょう。

ひとくちメモ　イチゴは人気《にんき》のフルーツですが、分類上《ぶんるいじょう》は「果実《かじつ》」ではなく「野菜《やさい》」。「果実《かじつ》」は木《き》になる実《み》のことを指《さ》すからです。イチゴは漢字《かんじ》が示《しめ》すように木《き》ではなく草《くさ》の仲間《なかま》で、一年《いちねん》で生《う》まれ変《か》わります。

話し方にまつわるお話

言葉《ことば》の最後《さいご》に注目《ちゅうもく》してみて！ 方言《ほうげん》の語尾《ごび》

5月24日

筑波大学附属小学校《つくばだいがくふぞくしょうがっこう》
白坂洋一《しらさかよういち》先生《せんせい》が書《か》きました

読《よ》んだ日《ひ》　月《がつ》　日《にち》｜月《がつ》　日《にち》｜月《がつ》　日《にち》

「とっとっと」って何《なん》だ？

語尾《ごび》に目《め》を向《む》けて、方言《ほうげん》を見《み》ていくと、これってどんな意味《いみ》？というものも少《すく》なくありません。次《つぎ》に挙《あ》げる方言《ほうげん》はどんな意味《いみ》だと思《おも》いますか？

①「とっとっと？」
②「～きゃ（んだきゃ）」

①は、九州《きゅうしゅう》の広《ひろ》い地域《ちいき》で使《つか》われている方言《ほうげん》です。「席《せき》はとっとっと？」のように、「席《せき》はとってある？」という意味《いみ》で使《つか》われます。「とっとっと？」「とっとーと。（取《と》ってあるよ）」のように、この言葉《ことば》だけでコミュニケーションが成《な》り立《た》ちます。

②は何《なに》かびっくりした様子《ようす》を表《あらわ》しているのかなと思《おも》った人《ひと》もいたかもしれません。これは「そうだよね！」という意味《いみ》で使《つか》われる青森《あおもり》の方言《ほうげん》です。「～しよう」を「～べ」、「～してる」を「～ちゃ」など語尾《ごび》に特徴《とくちょう》がある方言《ほうげん》の一《ひと》つです。

土地《とち》の言葉《ことば》で「ありがとう」

では、日常会話《にちじょうかいわ》でもよく使《つか》う「ありがとう」を方言《ほうげん》にするとどうなるかについて、語尾《ごび》に目《め》を向《む》けて見《み》てみましょう。

「ありがとうごす」
「ありがとうがんす」
「ありがとうござんす」
「ありがとうおます」
「ありがとうあります」

言葉《ことば》にちがいはあっても、「ありがとう」の気持《きも》ちを伝《つた》える側《がわ》の思《おも》いは同《おな》じ。旅《たび》に出《で》たら、その土地《とち》の「ありがとう」を覚《おぼ》えて、お店《みせ》の人《ひと》などに使《つか》ってみましょう。きっと喜《よろこ》ばれますよ。

やってみよう
方言《ほうげん》かるた

今《いま》、方言《ほうげん》が見直《みなお》されています。方言《ほうげん》を使《つか》っての劇発表《げきはっぴょう》、方言辞典《ほうげんじてん》など各地域《かくちいき》で方言《ほうげん》を大切《たいせつ》にしようとする取《と》り組《く》みが盛《さか》んです。特《とく》に「方言《ほうげん》かるた」は話題《わだい》を呼《よ》んでいます。住《す》んでいる地域《ちいき》の方言《ほうげん》かるたがあったらやってみましょう。自分《じぶん》でつくってみるのもおもしろいですよ。

ひとくちメモ 語尾《ごび》には、「～じゃん」「～け」「～だら」「～やで」「～たい」などの言《い》い方《かた》があります。本書《ほんしょ》でも日本《にほん》のさまざまな地域《ちいき》の方言《ほうげん》を紹介《しょうかい》しています。

決まり文句・名文句にまつわるお話

5月25日

思《おも》い切《き》りがいいときに「一刀両断《いっとうりょうだん》」

日本国語教育学会理事《にほんこくごきょういくがっかいりじ》
泉《いずみ》 宜宏《たかひろ》先生《せんせい》が書《か》きました

読《よ》んだ日　月　日｜月　日｜月　日

「一刀《いっとう》」は一本《いっぽん》の刀《かたな》?

「一刀《いっとう》」は刀《かたな》の数《かず》ではなく、刀《かたな》を振《ふ》り下《お》ろしたり、斬《き》りはらったりすることです。一太刀《ひとたち》で、物《もの》を真《ま》っ二《ぷた》つに斬《き》る意味《いみ》から転《てん》じて一刀《いっとう》両断《りょうだん》とは「物事《ものごと》をきっぱりと決断《けつだん》したり、処理《しょり》したりすること」を意味《いみ》します。

「学級委員《がっきゅういいん》のタクヤくんは、さすがだね。クラスでもめている問題《もんだい》を一刀両断《いっとうりょうだん》に解決《かいけつ》しちゃったよ」のように使《つか》います。判断《はんだん》や処理《しょり》の仕方《しかた》の思《おも》い切《き》りがいいときに使《つか》う言葉《ことば》なのです。

出典《しゅってん》（引用文《いんようぶん》の出所《でどころ》）は、中国《ちゅうごく》の古《ふる》い書物《しょもつ》『朱子語類《しゅしごるい》』です。実《じつ》は現在《げんざい》の中国《ちゅうごく》では、「古《ふる》い関係《かんけい》を、思《おも》い切《き》って断《た》つ」という意味《いみ》で使《つか》われています。

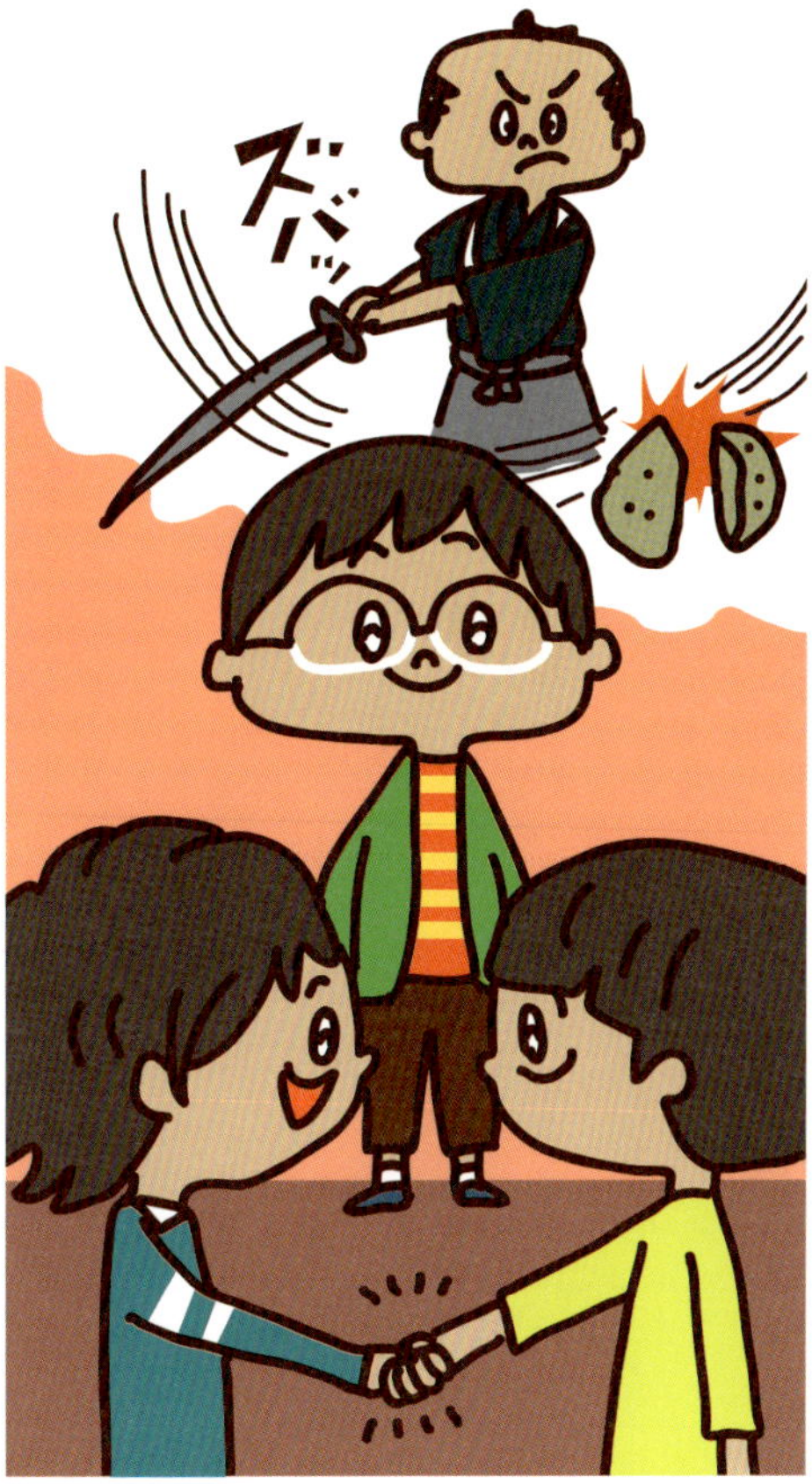

「一剣両段《いっけんりょうだん》」「快刀乱麻《かいとうらんま》」

同《おな》じ仲間《なかま》の言葉《ことば》に、「一剣両段《いっけんりょうだん》」や、複雑《ふくざつ》な問題《もんだい》や事件《じけん》を見事《みごと》に解《かい》決《けつ》する意味《いみ》の「快刀乱麻《かいとうらんま》」があります。正《ただ》しくは、「快刀乱麻《かいとうらんま》を断《た》つ」と使《つか》います。議論《ぎろん》を終《お》わらせるときに使《つか》う「問答無用《もんどうむよう》」も同《おな》じ意味合《いみあ》いです。

英語《えいご》にも同《おな》じ仲間《なかま》の言葉《ことば》があります。「To cut the Gordian knot.」です。「ゴルディアスの結《むす》び目《め》を断《た》つ」という意味《いみ》です。転《てん》じて「誰《だれ》も考《かんが》えないような方法《ほうほう》で、難《なん》問《もん》を解決《かいけつ》した」ときに使《つか》われます。

覚《おぼ》えておこう

問答無用《もんどうむよう》の意味《いみ》

よく使《つか》われますが、意外《いがい》と本当《ほんとう》の意味《いみ》が伝《つた》わっていないかもしれません。この「無用《むよう》」には、「してはいけない」、「用《よう》がない」、「必要《ひつよう》がない」など、いろいろな意味《いみ》がありますが「問答無用《もんどうむよう》」の「無《む》用《よう》」は「意味《いみ》がない」です。「話《はな》し合《あ》っても意味《いみ》がない」という意味《いみ》になります。

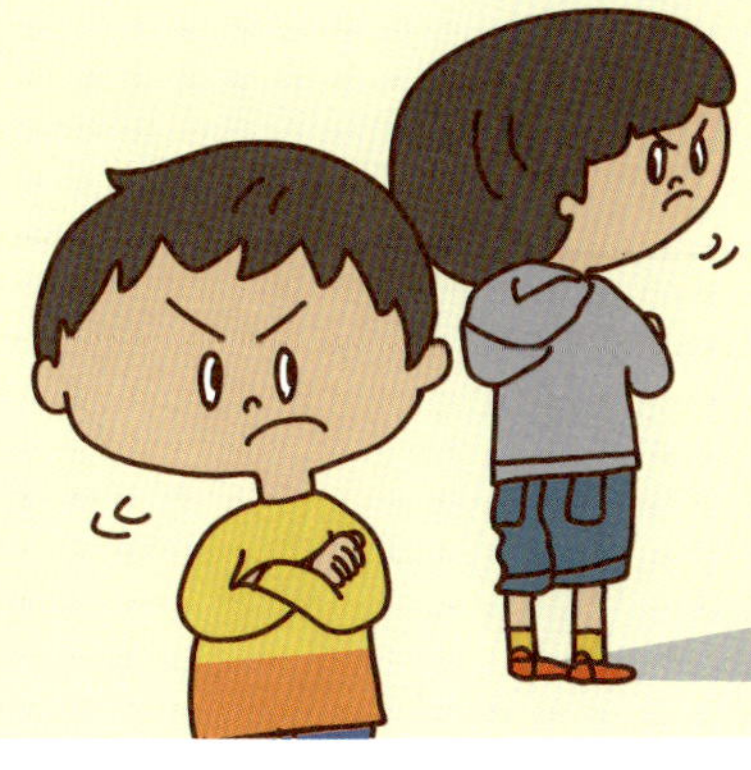

ひとくちメモ 「快刀乱麻《かいとうらんま》」の「快刀《かいとう》」は、斬《き》れ味《あじ》の鋭《するど》い刀《かたな》、「乱麻《らんま》」はもつれた麻糸《あさいと》のこと。よく斬《き》れる刀《かたな》でもつれた麻糸《あさいと》を断《た》ち切《き》るということから「複雑《ふくざつ》な問題《もんだい》や事件《じけん》を見事《みごと》に解決《かいけつ》する」意味《いみ》で使《つか》われます。

本《ほん》にまつわるお話《はなし》

声《こえ》に出《だ》して上手《じょうず》に読《よ》む 朗読《ろうどく》のコツ

5月 26日

北海道旭川市立日章小学校校長《ほっかいどうあさひかわしりつにっしょうしょうがっこうこうちょう》
鎌田優子《かまだゆうこ》先生《せんせい》が書《か》きました

読《よ》んだ日《ひ》　月《がつ》　日《にち》　月《がつ》　日《にち》　月《がつ》　日《にち》

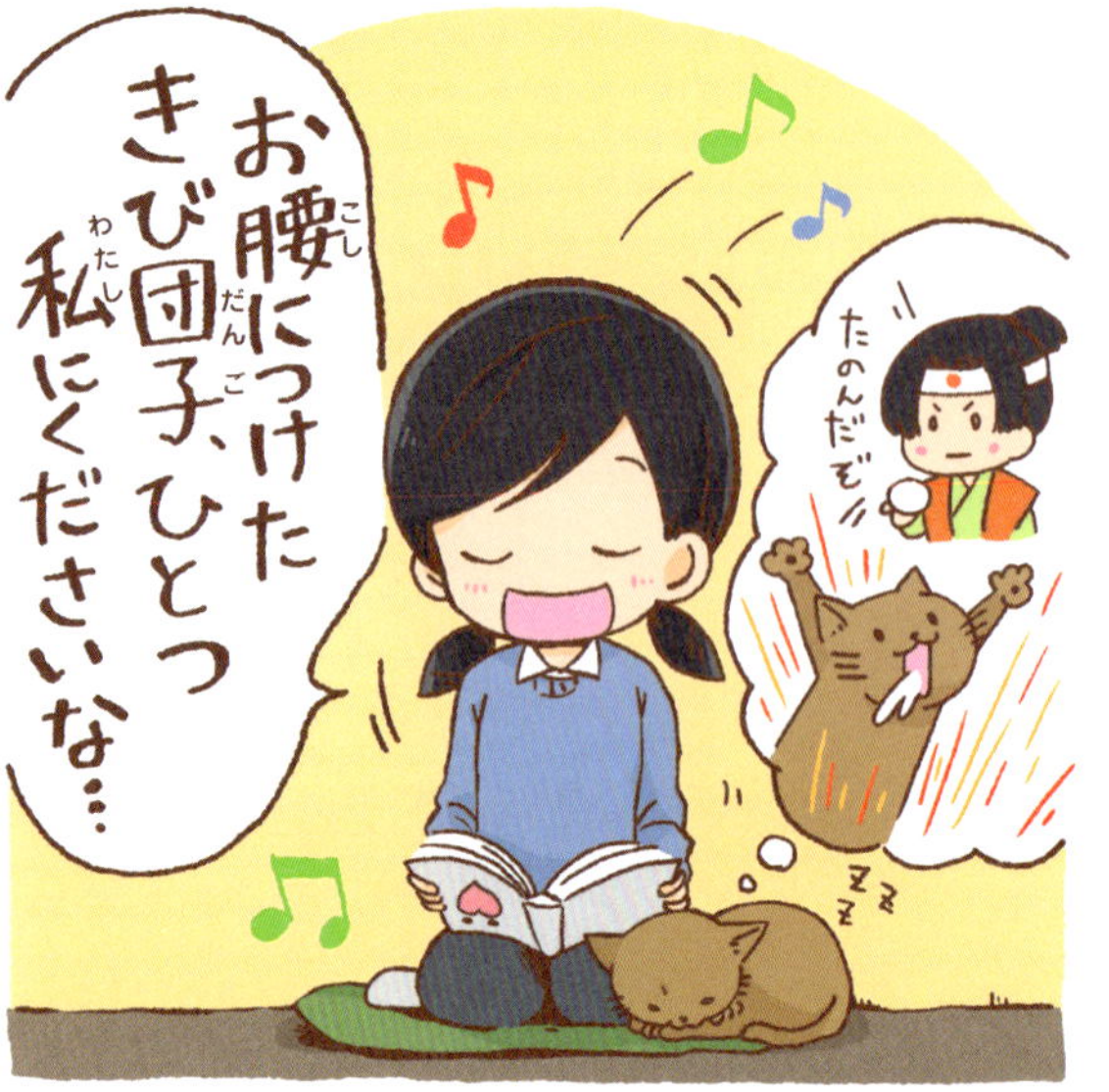

すらすら読《よ》めるってスゴイ

本《ほん》や教科書《きょうかしょ》を読《よ》むのに慣《な》れていないときは、声《こえ》に出《だ》して指《ゆび》でなぞりながら読《よ》んでいたはずです。同《おな》じ行《ぎょう》を2回《かい》読《よ》んでしまって「あれ？　意味《いみ》が通《つう》じない！」なんてことがあったかもしれません。そのうちいつの間《ま》にか声《こえ》に出《だ》さなくてもすらすら読《よ》めるようになります。これを黙読《もくどく》といいます。

実《じつ》は黙読《もくどく》できる、ということは、気《き》づかないうちにたくさんの文字《もじ》に触《ふ》れて、くり返《かえ》し読《よ》み、文字《もじ》に慣《な》れてきた証拠《しょうこ》なのです。声《こえ》に出《だ》していた頃《ころ》は、一文字《ひともじ》ずつ拾《ひろ》い読《よ》みするように読《よ》んでいたでしょう。黙読《もくどく》では単語《たんご》や文《ぶん》をまとまりでとらえているので、すらすら読《よ》めるようになるのです

目《め》は口《くち》より先《さき》を読《よ》む

朗読《ろうどく》は、自分《じぶん》だけでなく、人《ひと》に聞《き》いてもらうために声《こえ》に出《だ》して読《よ》むことです。朗読《ろうどく》が上手《じょうず》な人《ひと》には不思議《ふしぎ》なテクニックがあります。今声《いまこえ》に出《だ》している文字《もじ》や単語《たんご》の次《つぎ》を見《み》ながら読《よ》む、というものです。口《くち》から出《で》る音《おと》と、目《め》で見《み》ている単語《たんご》が少《すこ》しずれているんですね。息《いき》をたっぷり吸《す》っている間《あいだ》に、目《め》はどんどん先《さき》へ進《すす》んでいます。朗読《ろうどく》をするときは、ぜひこの方法《ほうほう》を試《ため》してみてください。気持《きも》ちにゆとりができ、早口《はやくち》で読《よ》まないよう自分《じぶん》をコントロールできるようになります。

また点《てん》や丸《まる》で区切《くぎ》ることも必要《ひつよう》ですが、感情《かんじょう》を込《こ》めるときはあえて点《てん》や丸《まる》にこだわらないで読《よ》んでみると、その感情《かんじょう》がうまく伝《つた》わる時《とき》があります。

やってみよう

自分《じぶん》の朗読《ろうどく》を聞《き》いてみよう

自分《じぶん》の朗読《ろうどく》を録音《ろくおん》して、完全《かんぜん》な「聞《き》き手《て》」になって聞《き》いてみましょう。「これが私《わたし》の声《こえ》？」と驚《おどろ》くかもしれません。発音《はつおん》や声《こえ》の大《おお》きさが、思《おも》っていたより聞《き》き取《と》りにくいな、なんてことに気《き》づくことも多《おお》いものです。

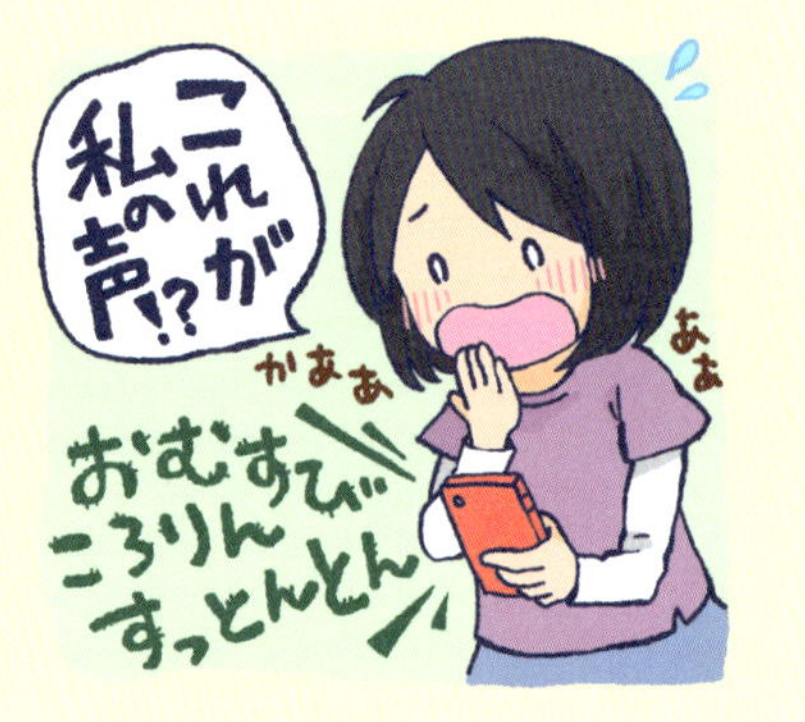

ひとくちメモ　黙読《もくどく》ができるようになっても、たまには声《こえ》に出《だ》して読《よ》んでみましょう。言葉づかいや言《い》い方《かた》に慣《な》れていくので、ふだんの会話《かいわ》でも自然《しぜん》とその言《い》い回《まわ》しが使《つか》えるようになります。上品《じょうひん》な大人《おとな》っぽい口調《くちょう》も身《み》につきます。

8つのパーツをカッコよく！筆《ふで》で上手《じょうず》に字《じ》を書《か》こう

東京都江東区立枝川小学校《とうきょうとこうとうくりつえだがわしょうがっこう》
迎《むかえ》 有果《ゆか》先生《せんせい》が書《か》きました

読《よ》んだ日《ひ》　月《がつ》　日《にち》｜月《がつ》　日《にち》｜月《がつ》　日《にち》

リズミカルに書《か》いていこう

筆《ふで》で字《じ》を書《か》く時《とき》には、リズムが大切《たいせつ》です。「トン・スー・トン」のリズムで筆《ふで》を動《うご》かします。そしていつも穂先《ほさき》をななめ上《うえ》に向《む》けることが大切《たいせつ》です。

「はね」の時《とき》は、筆《ふで》を止《と》めてから筆《ふで》をずらしてはねるときれいに書《か》けます。「左《ひだり》はらい」の時《とき》は、「トン・スー」と筆《ふで》を動《うご》かします。

筆《ふで》のおもしろいところは、力《ちから》の入《い》れ方《かた》で、線《せん》の太《ふと》さが変《か》わることです。たてと横《よこ》の線《せん》の太《ふと》さは、たてを太《ふと》く、横《よこ》を細《ほそ》くすると美《うつく》しい字《じ》になります。力《ちから》をコントロールして、同《おな》じ太《ふと》さにしないようにしましょう。そのためにも、筆《ふで》の軸《じく》を立《た》てることが大切《たいせつ》です。軸《じく》を寝《ね》かせてしまうと、太《ふと》さを変《か》えることがむずかしくなります。

パーツに気《き》をつけよう

漢字《かんじ》は8つのパーツを組《く》み合《あ》わせて書《か》くことができます。種類《しゅるい》は次《つぎ》の8つです。横画《よこかく》、たて画《かく》、折《お》れ、左《ひだり》はらい、右《みぎ》はらい、点《てん》、そり、曲《ま》がりです。

この8種類《しゅるい》の書《か》き方《かた》をマスターすると、どんな字《じ》でも美《うつく》しく書《か》くことができますよ。

やってみよう

空中《くうちゅう》の動《うご》きも大事《だいじ》

次《つぎ》の線《せん》が書《か》きやすいように、「はね」や「はらい」があります。次《つぎ》の線《せん》につなげるための動《うご》きをストロークといいます。紙《かみ》の上《うえ》で線《せん》を引《ひ》く時《とき》の動《うご》きを、紙《かみ》からはなれて次《つぎ》の線《せん》までいく筆記具《ひっきぐ》の空中《くうちゅう》の動《うご》きが、流《なが》れるようになると字《じ》は整《ととの》います。

ひとくちメモ　平安時代《へいあんじだい》の僧侶《そうりょ》・空海《くうかい》は、弘法大師《こうぼうだいし》とも呼《よ》ばれ、書道《しょどう》の名人《めいじん》でした。「弘法《こうぼう》も筆《ふで》の誤《あやま》り」、「弘法筆《こうぼうふで》を選《えら》ばず」ということわざもあります。どんな意味《いみ》でしょう。似《に》た意味《いみ》のことわざにはどんなものがあるでしょう。

二宮尊徳《にのみやそんとく》　好《す》きな言葉《ことば》は「勤勉《きんべん》」と「倹約《けんやく》」

東京学芸大学教育学部《とうきょうがくげいだいがくきょういくがくぶ》
中村和弘《なかむらかずひろ》先生《せんせい》が書《か》きました

読《よ》んだ日《ひ》　月《がつ》　日《にち》｜月《がつ》　日《にち》｜月《がつ》　日《にち》

努力《どりょく》を重《かさ》ねて大地主《おおじぬし》になる

まきを背負《せお》って本《ほん》を読《よ》む、二宮《にのみや》尊徳《そんとく》の像《ぞう》を見《み》たことがありますか？　一生懸命勉強《いっしょうけんめいべんきょう》して出世《しゅっせ》したお話《はなし》は有名《ゆうめい》ですが、どんな仕事《しごと》をしたのかは、あまり知《し》られていないかもしれません。

尊徳《そんとく》は江戸《えど》時代《じだい》の終《お》わりごろ、相模国《さがみのくに》（今《いま》の神奈川県《かながわけん》）の農家《のうか》に生《う》まれました。本名《ほんみょう》を金次郎《きんじろう》といいます。幼《おさな》いころに両親《りょうしん》を亡《な》くし、とても貧《まず》しい暮《く》らしでした。

毎朝《まいあさ》、山《やま》で取《と》ったまきを町《まち》に売《う》りにいき、山道《やまみち》でひと休《やす》みするたびに本《ほん》を取《と》り出《だ》して読《よ》みました。

荒《あ》れた土地《とち》があれば一人《ひとり》でたがやし、捨《す》てられた苗《なえ》を植《う》えて世話《せわ》をしました。すると、秋《あき》にはたくさんのお米《こめ》がとれ、そのお金《かね》をもとに少《すこ》しずつ田畑《たはた》を買《か》って、ついには大地主《おおじぬし》になったのです。

領地《りょうち》を立《た》て直《なお》す経営《けいえい》コンサルタント

やがて、金次郎《きんじろう》の評判《ひょうばん》は殿様《とのさま》の耳《みみ》にも入《はい》りました。むだを見直《みなお》し倹約《けんやく》につとめることで、家老《かろう》の家《いえ》の借金《しゃっきん》をすべて返《かえ》してしまったと聞《き》いたのです。

そこで殿様《とのさま》は、荒《あ》れた領地《りょうち》の立《た》て直《なお》しを金次郎《きんじろう》に命《めい》じました。金《きん》次郎《じろう》は、領土《りょうど》を回《まわ》って土地《とち》のようすを調《しら》べ、村人《むらびと》の話《はなし》に耳《みみ》をかたむけました。そして、みごとに農村《のうそん》の復興《ふっこう》をなしとげたのです。

のちに、金次郎《きんじろう》は幕府《ばくふ》の役人《やくにん》にとりたてられ、名前《なまえ》を尊徳《そんとく》と改《あらた》めました。しかし、出世《しゅっせ》しても決《けっ》してぜいたくはせず、貧《まず》しい人々《ひとびと》を助《たす》けるために働《はたら》き続《つづ》けたのです。

知《し》っておこう

尊徳《そんとく》さんは格言《かくげん》が大好《だいす》き！

二宮尊徳《にのみやそんとく》は、多《おお》くの格言《かくげん》や名《めい》言《げん》を残《のこ》したことでも知《し》られています。「積小為大《せきしょういだい》」は、小《ち》さ《い》なことを積《つ》み重《かさ》ねて、はじめて大《おお》きなことを成《な》し遂《と》げることができるという意味《いみ》です。

ひとくちメモ　二宮金次郎《にのみやきんじろう》は、まきを天《てん》びん棒《ぼう》にくくりつけて肩《かた》にかついだとか、本《ほん》は歩《ある》きながらではなく道《みち》ばたに座《すわ》って読《よ》んだとか、いろいろな説《せつ》があるようです。歩《ある》きながら本《ほん》を読《よ》むのは危《あぶ》ないのでやめましょうね。

体《からだ》の中《なか》に虫《むし》がいる!?

筑波大学附属小学校《つくばだいがくふぞくしょうがっこう》
白坂洋一《しらさかよういち》先生《せんせい》が書《か》きました

読《よ》んだ日《ひ》　月《がつ》　日《にち》｜月《がつ》　日《にち》｜月《がつ》　日《にち》

昔《むかし》の人《ひと》は虫《むし》が好《す》き?

みなさんの中《なか》には「虫《むし》」が大好《だいす》きという人《ひと》もいれば、見《み》るのも嫌《いや》、苦手《にがて》という人《ひと》もいることでしょう。

昔《むかし》から人々《ひとびと》にとって、「虫《むし》」は身近《みぢか》な存在《そんざい》でした。ことわざや慣用句《かんようく》の中《なか》には「虫《むし》」にまつわるものも少《すく》なくありません。

「虻蜂取《あぶはちと》らず」や「泣《な》きっ面《つら》に蜂《はち》」はよく知《し》られていますね。「鳴《な》くせみよりも鳴《な》かぬ蛍《ほたる》が身《み》を焦《こ》がす」というのもあります。これは、「口《くち》に出《だ》してあれこれ言《い》う者《もの》より、口《くち》に出《だ》して言《い》わない者《もの》のほうが、心《こころ》の中《なか》では深《ふか》く思《おも》っていること」を表《あらわ》したことわざです。せみと蛍《ほたる》のちがいがよく生《い》かされていますね。

腹《はら》の虫《むし》? 胃《い》の虫《むし》?

おもしろいことに、「体《からだ》の中《なか》にいる虫《むし》」という意味《いみ》で用《もち》いられていることわざも実《じつ》にたくさんあるのです。たとえば、「腹《はら》の虫《むし》がおさまらない」は、「怒《いか》りが収《おさ》まらない、納得《なっとく》いかないこと」です。「虫酸《むしず》が走《はし》る」は「不快《ふかい》でたまらない・吐《は》き気《け》がするほどの嫌気《いやけ》がさすこと」ですが、「虫酸《むしず》」とは胃《い》の中《なか》にいると考《かんが》えられていた虫《むし》が出《だ》す、つばのような液《えき》のことだといわれています。昔《むかし》の人《ひと》は体《からだ》のいろんなところに虫《むし》を感《かん》じていたのでしょうか。

考《かんが》えてみよう

○○虫《むし》はだれだ?

相手《あいて》を「○○虫《むし》」と呼《よ》ぶことはありませんか？　たとえば、「弱虫《よわむし》」「泣《な》き虫《むし》」など、皮肉《ひにく》っぽくたとえた言《こと》葉《ば》も多《おお》くありますね。虫《むし》を使《つか》ったいろんな言《い》い方《かた》を考《かんが》えてみましょう。

ひとくちメモ

昔《むかし》、中国《ちゅうごく》では、体《からだ》の中《なか》に3種類《しゅるい》の虫《むし》がいて、その虫《むし》たちが体《からだ》から抜《ぬ》け出《だ》して帝《みかど》にその人《ひと》の罪《つみ》を報告《ほうこく》し、寿命《じゅみょう》を縮《ちぢ》めてしまうと信《しん》じられていたようです。

外国語《がいこくご》になった日本語《にほんご》

5月《がつ》30日《にち》

東京都練馬区立大泉学園桜小学校《とうきょうとねりまくりつおおいずみがくえんさくらしょうがっこう》
井原英昭《いはらひであき》先生《せんせい》が書《か》きました

読《よ》んだ日《ひ》　月《がつ》　日《にち》｜月《がつ》　日《にち》｜月《がつ》　日《にち》

外国語《がいこくご》になった日本語《にほんご》の共通点《きょうつうてん》

日常会話《にちじょうかいわ》を振《ふ》り返《かえ》ると外来語《がいらいご》やカタカナ語《ご》をよく使《つか》っていることに気《き》づきます。それでは逆《ぎゃく》に、世界《せかい》で広《ひろ》く使《つか》われる日本語《にほんご》はあるのでしょうか。

オックスフォード英語辞典《えいごじてん》には「sushi（すし）」「sumo（相撲《すもう》）」など日本《にほん》の文化《ぶんか》に関係《かんけい》する言葉《ことば》がたくさん載《の》っています。英語《えいご》になった日本語《にほんご》は300語《ご》以上《いじょう》あるといわれています。このことは、日《に》本《ほん》の文化《ぶんか》が世界《せかい》の人々《ひとびと》にとって魅《み》力的《りょくてき》で、影響《えいきょう》を与《あた》えていることを表《あらわ》しています。どのような日本語《にほんご》が使《つか》われているかを知《し》ることで、世界《せかい》の人々《ひとびと》が日本《にほん》のどんなところに魅力《みりょく》を感《かん》じているのかを知《し》る手《て》がかりになります。

新《あたら》しく世界《せかい》に広《ひろ》がった日本語《にほんご》

近年広《きんねんひろ》まった日本語《にほんご》もあります。「kawaii（かわいい）」「mottainai（もったいない）」などです。どちらも日常生活《にちじょうせいかつ》でよく使《つか》う言葉《ことば》です。それらは、外国《がいこく》の人《ひと》にとって新《あたら》しい価値《かち》や感覚《かんかく》として受《う》け入《い》れられたのです。「kawaii」は、日本独《にほんどく》特《とく》のファッションや幅広《はばひろ》いものに対《たい》しての愛《いと》おしさを表《あらわ》します。「mottainai」は資源《しげん》を大切《たいせつ》にしようとする意識《いしき》を表《あらわ》しています。考《かんが》え方《かた》も世界《せかい》に広《ひろ》がっているのです。

探《さが》してみよう

中国《ちゅうごく》で使《つか》われる日本生《にほんう》まれの熟語《じゅくご》

漢字《かんじ》は中国《ちゅうごく》からもたらされたものです。しかし、日本《にほん》でできた言葉《ことば》が中国《ちゅうごく》で使《つか》われることもあります。たとえば、「人気《にんき》」や「玄関《げんかん》」「特売会《とくばいかい》」「年中無休《ねんじゅうむきゅう》」などがあります。英《えい》語同様《ごどうよう》に、これまでになかった考《かんが》えや物事《ものごと》が広《ひろ》まった例《れい》です。これからどんな言葉《ことば》が世界《せかい》に広《ひろ》がっていくのかみていきましょう。

ひとくちメモ　「合羽《かっぱ》」は宣教師《せんきょうし》のコートを表《あらわ》すポルトガル語《ご》、「イクラ」は魚卵《ぎょらん》を表《あらわ》すロシア語《ご》など、日本語《にほんご》のなかには外来語《がいらいご》だと気《き》づかない言葉《ことば》もたくさんあります。

本当《ほんとう》はいつ降《ふ》る？ 5月《がつ》に降《ふ》らない「五月雨《さみだれ》」

東京学芸大学附属竹早小学校《とうきょうがくげいだいがくふぞくたけはやしょうがっこう》
高須《たかす》みどり先生《せんせい》が書《か》きました

読《よ》んだ日《ひ》　月《がつ》　日《にち》｜月《がつ》　日《にち》｜月《がつ》　日《にち》

実《じっ》は梅雨《つゆ》の雨《あめ》のこと

五月《ごがつ》の雨《あめ》と書《か》いて、「五月雨《さみだれ》」という言葉《ことば》があります。ところが「五月雨《さみだれ》」は5月《がつ》には降《ふ》りません。いったいいつ降《ふ》るのでしょう。答《こた》えは6月《がつ》です。

6月《がつ》の梅雨《つゆ》に降《ふ》る雨《あめ》のことを「五月雨《さみだれ》」と呼《よ》びます。旧暦《きゅうれき》の5月《がつ》は現在《げんざい》の暦《こよみ》の6月《がつ》にあたり、ちょうど梅雨《つゆ》の時期《じき》でした。ですから梅雨《つゆ》に降《ふ》る雨《あめ》のことを「五月雨《さみだれ》」と言《い》いました。暦《こよみ》が新《あたら》しく変《か》わっても、「五月雨《さみだれ》」という言葉《ことば》は変《か》わらずに残《のこ》っているのです。

同《おな》じ「五月《ごがつ》」という漢字《かんじ》が入《はい》る、「五月晴《さつきば》れ」という言葉《ことば》があります。この言葉《ことば》も、やはり旧暦《きゅうれき》の5月《がつ》、梅雨《つゆ》の合間《あいま》に気持《きも》ちよく晴《は》れた日《ひ》のことを指《さ》しています。

梅雨《つゆ》の語源《ごげん》

「梅雨《つゆ》」という言葉《ことば》は、もともと中国《ちゅうごく》の言葉《ことば》で、「メイユー」と発音《はつおん》するそうです。江戸時代《えどじだい》に日本《にほん》へ伝《つた》わってきました。

「梅雨《メイユー》」を「つゆ」と呼《よ》ぶようになった理由《りゆう》は、はっきりとはわかっておらず、いくつかの説《せつ》があります。たとえば、雨《あめ》が降《ふ》り、草木《くさき》に露《つゆ》がたくさんついているから、「つゆ」になったという説《せつ》。ほかには、湿気《しっけ》のせいでものにカビが生《は》えてだめになってしまうことから、崩《くず》れたり破《やぶ》れたりする意味《いみ》の「潰《つい》ゆ」が変化《へんか》して「つゆ」になったという説《せつ》などがあります。

注目《ちゅうもく》しよう

地方《ちほう》によってちがう梅雨入《つゆい》り

日本列島《にほんれっとう》は南北《なんぼく》に長《なが》いのが特徴《とくちょう》です。長雨《ながあめ》を降《ふ》らせる梅雨前線《ばいうぜんせん》は南《みなみ》から北《きた》に向《む》かって、だんだんと移動《いどう》していきます。だから地方《ちほう》によって梅雨入《つゆい》りの時期《じき》がちがうのです。沖縄《おきなわ》や四国《しこく》、東北《とうほく》など、梅雨入《つゆい》り宣言《せんげん》が出《だ》される日《ひ》にどれくらいちがいがあるか、その時期《じき》が来《き》たら注目《ちゅうもく》してみましょう。

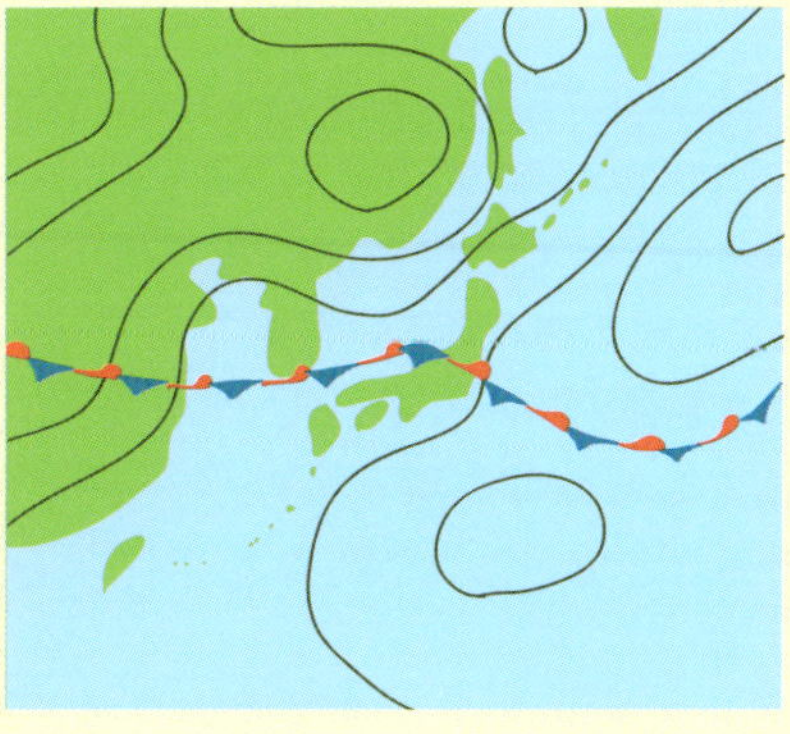

ひとくちメモ　江戸時代中期《えどじだいちゅうき》、学者《がくしゃ》の貝原益軒《かいばらえきけん》と貝原好古《かいばらよしふる》が『日本歳時記《にほんさいじき》』という本《ほん》をつくりました。その中《なか》で、「この月《つき》の長雨《ながあめ》を梅雨《つゆ》と名付《なづ》けよう」と書《か》いたことから、「五月雨《さみだれ》」を「梅雨《つゆ》」と呼《よ》ぶようになったともいわれています。

感じてみよう
子供の科学
写真館 vol. 4

国語《こくご》が好《す》きになる
ユニークな写真《しゃしん》やイラストを紹介《しょうかい》します。

はねる？　はねない？
どちらもまちがいではない！

書体《しょたい》によって
字《じ》の形《かたち》が少《すこ》しちがうこともある

「改《かい》」という漢字《かんじ》は、左側《ひだりがわ》の「己《おのれ》」の部分《ぶぶん》の最後《さいご》ははねるでしょうか？　はねないでしょうか？　学校《がっこう》によっては「はねたら×」といわれているかもしれませんが、現在《げんざい》ではどちらでもまちがいではないとされています。

新聞《しんぶん》の文字《もじ》や、パソコンで打《う》ち出《だ》す文字《もじ》、もちろんこの本《ほん》の文字《もじ》も、「己《おのれ》」の最後《さいご》ははねています。小学校《しょうがっこう》の教科書《きょうかしょ》でははねていません。しかし、すべて同《おな》じ漢字《かんじ》を表《あらわ》しています。

なぜ形《かたち》がちがってくるのでしょう？　これは書体《しょたい》のちがいです。書体《しょたい》とは字《じ》の形《かたち》の種類《しゅるい》のことです。小学校《しょうがっこう》の教科書《きょうかしょ》で使《つか》われている書体《しょたい》は「教科《きょうか》書体《しょたい》」というもので、子供《こども》が書《か》く時《とき》にお手本《てほん》になるような形《かたち》に整《ととの》えられています。

この本《ほん》の各《かく》お話《はなし》の本文《ほんぶん》に使《つか》われている書体《しょたい》は「明朝体《みんちょうたい》」というものです。印刷《いんさつ》されたときに読《よ》みやすいように工夫《くふう》された形《かたち》をしています。この本以外《ほんいがい》でも、多《おお》くの書籍《しょせき》や新聞《しんぶん》で使《つか》われています。

身《み》の回《まわ》りにはさまざまな書体《しょたい》があふれています。学校《がっこう》で習《なら》った漢字《かんじ》の字形《じけい》をしっかりと覚《おぼ》えたら、書体《しょたい》のちがいで少《すこ》し変《か》わることにも慣《な》れていきたいものです。

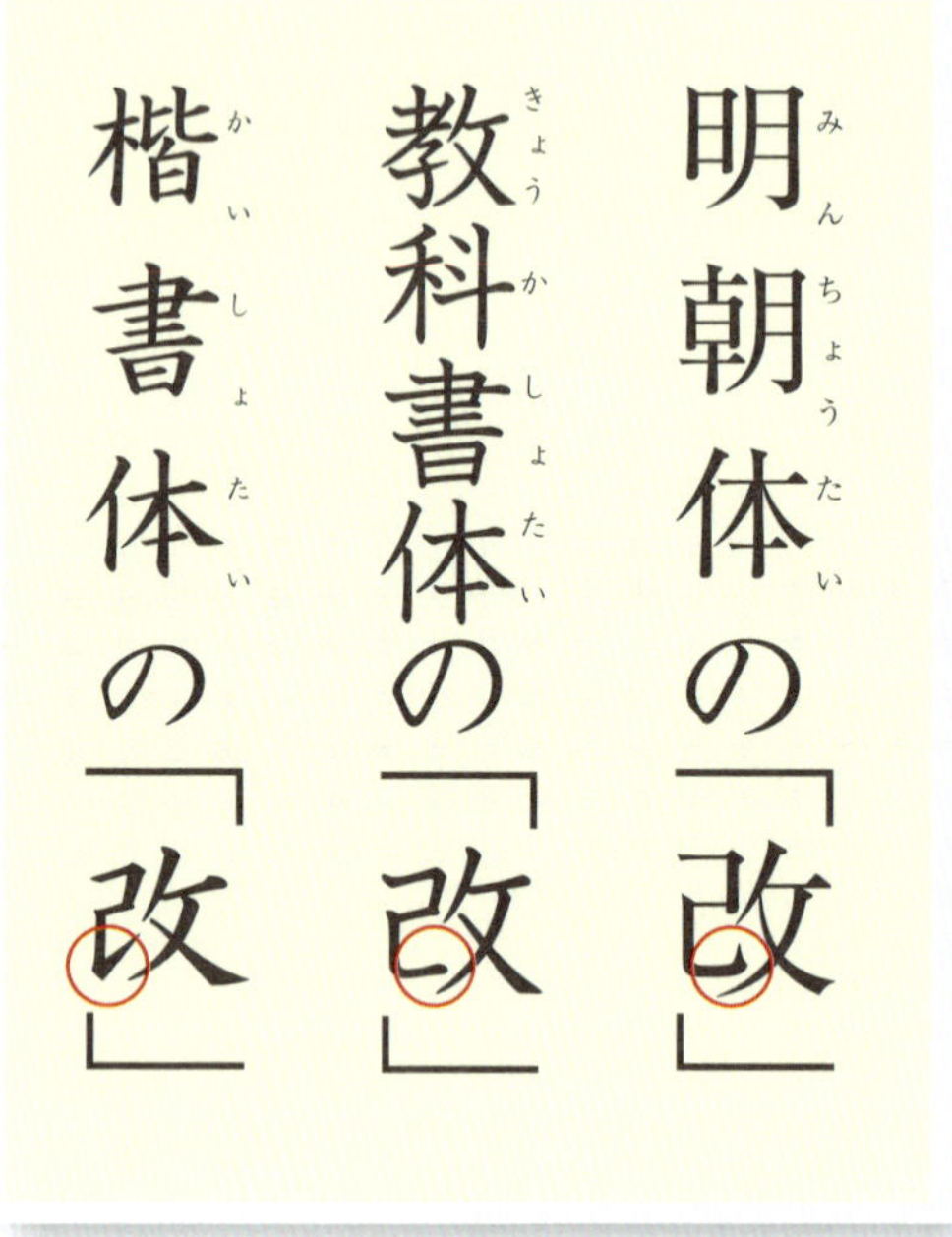

明朝体、教科書体、楷書体の「改」。

本書では横書きの文章はゴシック体の一種を使っています。本文などたて書きは明朝体を使っています。

◉右／明朝体　左／ゴシック体

6月

水無月

－みなづき－

June

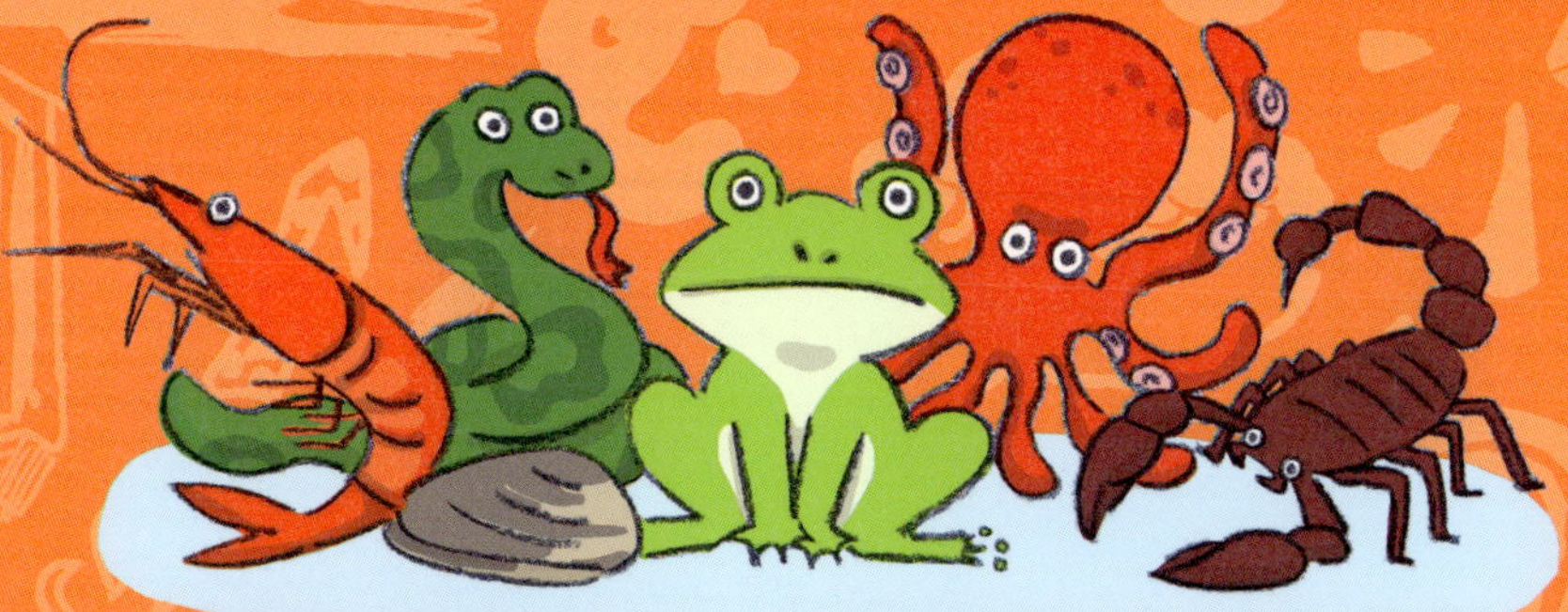

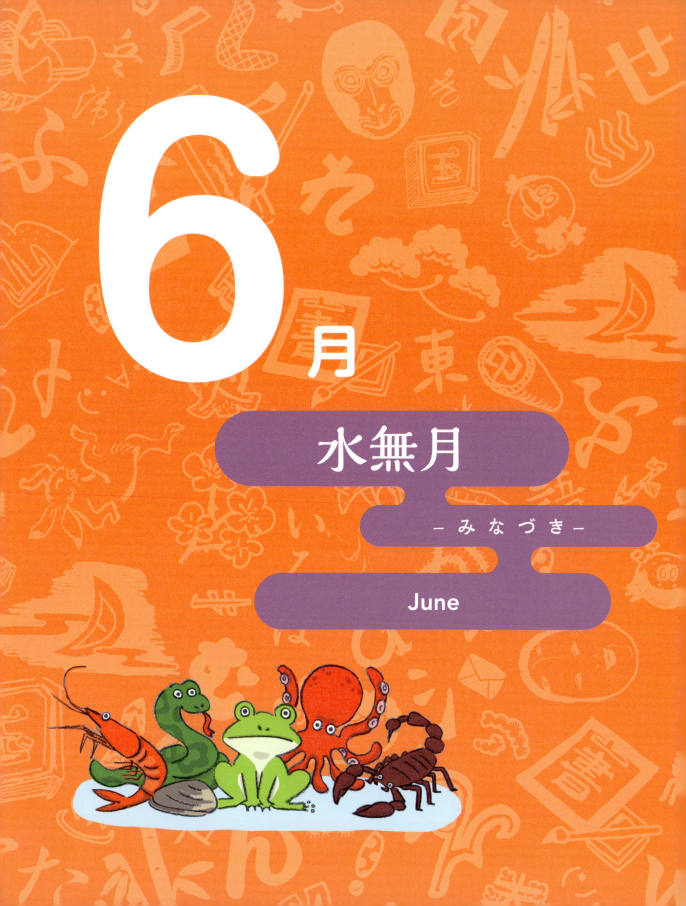

日本語をめぐる言葉のお話 あ

「自由《じゆう》」「平等《びょうどう》」は明治時代《めいじじだい》につくられた！

6月 1日

日本国語教育学会理事《にほんこくごきょういくがっかいりじ》・研究部長《けんきゅうぶちょう》
鳴島《なるしま》 甫《はじめ》先生《せんせい》が書《か》きました

読《よ》んだ日《ひ》　月《がつ》　日《にち》　月《がつ》　日《にち》　月《がつ》　日《にち》

福沢諭吉《ふくざわゆきち》と新漢語《しんかんご》

明治時代《めいじじだい》のはじめに、福沢諭吉《ふくざわゆきち》(397ページ参照《さんしょう》)は『学問《がくもん》のすすめ』という本《ほん》を書《か》きました。この本《ほん》は、「天《てん》は人《ひと》の上《うえ》に人《ひと》を造《つく》らず、人《ひと》の下《した》に人《ひと》を造《つく》らずと言《い》えり」という有名《ゆうめい》な文章《ぶんしょう》で始《はじ》まります。

江戸時代《えどじだい》の日本《にほん》には、士農工商《しのうこうしょう》という身分制度《みぶんせいど》がありました。だから、諭吉《ゆきち》の説《と》いた「人間《にんげん》はだれでも平等《びょうどう》でなければならない」という考《かんが》え方《かた》は、とても新《あたら》しいものだったのです。

もちろん、当時《とうじ》は「平等《びょうどう》」という言葉《ことば》すらありません。そこで、もとになる意味《いみ》を考《かんが》えながら、漢字《かんじ》を組《く》み合《あ》わせて、新《あたら》しい日本語《にほんご》をつくるしかありませんでした。

こうしてつくられた新漢語《しんかんご》(和製漢語《わせいかんご》)には、「自由《じゆう》」「政治《せいじ》」「経済《けいざい》」「文明《ぶんめい》」「文化《ぶんか》」「国会《こっかい》」「国民《こくみん》」などがあります。どれも現在《げんざい》私《わたし》たちがよく使《つか》う言葉《ことば》ですね。

新漢語《しんかんご》は漢語《かんご》より多《おお》い

明治時代《めいじじだい》には、アメリカやヨーロッパから、新《あたら》しい物《もの》や文化《ぶんか》が入《はい》ってきました。電気《でんき》もそのひとつです。そこで「電球《でんきゅう》」「蓄音機《ちくおんき》」「映写機《えいしゃき》」など、いろいろな電気《でんき》製品《せいひん》を表《あらわ》す言葉《ことば》が生《う》まれました。

また、「水素《すいそ》」「酸素《さんそ》」「生物《せいぶつ》」「人類《じんるい》」「動物《どうぶつ》」「植物《しょくぶつ》」のように、自然科学《しぜんかがく》に関《かん》する言葉《ことば》も多《おお》くつくられています。じつは、新漢語《しんかんご》の数《かず》は、昔中国《むかしちゅうごく》から伝《つた》わった漢語《かんご》よりも、はるかに多《おお》いのです。

調《しら》べてみよう

諭吉《ゆきち》は新漢語《しんかんご》の達人《たつじん》!?

幕末《ばくまつ》にアメリカの使節《しせつ》ペリーが乗《の》ってきたのは蒸気船《じょうきせん》、明治《めいじ》5年《ねん》に新橋《しんばし》～横浜間《よこはまかん》を走《はし》ったのは蒸気機関車《じょうききかんしゃ》です。蒸気船《じょうきせん》を「汽船《せん》」、蒸気機関車《じょうききかんしゃ》を「汽車《きしゃ》」と短《みじか》くしたのは、福沢諭吉《ふくざわゆきち》だともいわれています。

ひとくちメモ 新漢語《しんかんご》(和製漢語《わせいかんご》)の多《おお》くは、中国《ちゅうごく》から伝《つた》わった漢語《かんご》を参考《さんこう》にしてつくられました。その後《ご》、新漢語《しんかんご》は日本《にほん》から中国《ちゅうごく》へ逆輸入《ぎゃくゆにゅう》されました。今《いま》では日常的《にちじょうてき》に使《つか》われているものもたくさんあります(334ページ参照《さんしょう》)。

表現力がアップするお話

しとしと雨《あめ》は「おしとやか」な雨《あめ》

6月 2日

学校教育支援《がっこうきょういくしえん》センター練馬《ねりま》
眞瀬敦子《ませあつこ》先生《せんせい》が書《か》きました

読《よ》んだ日《ひ》　月《がつ》　日《にち》｜月《がつ》　日《にち》｜月《がつ》　日《にち》

豊《ゆた》かな雨《あめ》の表現《ひょうげん》

梅雨《つゆ》から台風《たいふう》まで様々《さまざま》な雨《あめ》の降《ふ》り方《かた》がある日本《にほん》では、その表現《ひょうげん》がとても豊《ゆた》かです。

たとえば雨《あめ》の降《ふ》り始《はじ》めは「ぽつり」や「ぽったん」。それが「ぽつぽつ」「ぱらぱら」になってきて、「ざあざあ」「ざんざん」「ごうごう」と激《はげ》しくなっていきます。

雨《あめ》の強《つよ》さだけではありません。「ぽつぽつ」より「ぼつぼつ」、「ぱらぱら」より「ばらばら」の方《ほう》が雨粒《あめつぶ》が大《おお》きいことがわかりますし、「しょぼしょぼ」は弱々《よわよわ》しく、「しとしと」は静《しず》かで、「蕭々《しょうしょう》と」降《ふ》る雨《あめ》には寂《さび》しさを感《かん》じます。

しとしと雨《あめ》

『栄華物語《えいがものがたり》』という平安時代《へいあんじだい》に書《か》かれた歴史物語《れきしものがたり》の中《なか》に「扇《おうぎ》してしとしととうち奉《たてまつ》らせ給《たま》ふ」という文《ぶん》があります。この「しとしと」は〝物静《ものしず》かな様子《ようす》〟を表《あらわ》しています。室町時代《むろまちじだい》の宣教師《せんきょうし》がポルトガル語《ご》で色々《いろいろ》な日本語《にほんご》を説明《せつめい》した『日葡辞書《にっぽじしょ》』という辞書《じしょ》にも、「しとしと」は〝物事《ものごと》をゆっくりきちんとする様《さま》〟と解説《かいせつ》されています。

しめやかに降《ふ》る雨《あめ》を「しとしと雨《あめ》」ともいうように、「しとしと」の「しと」は「淑《しと》やか」の「しと」と同《おな》じ語源《ごげん》なのです。

調《しら》べてみよう

気象庁《きしょうちょう》が決《き》めている

雨《あめ》の強《つよ》さをどう表現《ひょうげん》するか、実《じつ》は気象庁《きしょうちょう》が「雨《あめ》の強《つよ》さと降《ふ》り方《かた》」としてきちんと定《さだ》めています。天気《てんき》予報《よほう》で聞《き》く言葉《ことば》はこのルールに従《したが》って使《つか》われているのです。気象庁《きしょうちょう》のホームページにのっています。調《しら》べてみましょう。

10~20mm（1時間に）	やや強《つよ》い雨《あめ》	ザーザーと降《ふ》る
20 ～ 30mm（1時間に）	強《つよ》い雨《あめ》	どしゃ降《ぶ》り
30 ～ 50mm（1時間に）	激《はげ》しい雨《あめ》	バケツをひっくり返《かえ》したよう
50 ～ 80mm（1時間に）	非常《ひじょう》に激《はげ》しい雨《あめ》	滝《たき》のように／ゴーゴーと降《ふ》り続《つづ》く
80mm～（1時間に）	猛烈《もうれつ》な雨《あめ》	息苦《いきぐる》しくなるような圧迫感《あっぱくかん》／恐怖《きょうふ》を感《かん》ずる

ひとくちメモ　降《ふ》り始《はじ》めるときに感《かん》じる「雨《あめ》の匂《にお》い」は、地面《じめん》や植物《しょくぶつ》などに雨粒《あまつぶ》が当《あ》たった時《とき》に出《で》るもので、科学的《かがくてき》に解明《かいめい》されており、「ペトリコール」というれっきとした名前《なまえ》があります。

漢字にまつわるお話

おっぱいのついている漢字《かんじ》

6月 3日

岩手県《いわてけん》一戸市《いちのへし》立《りつ》鳥海《ちょうかい》小学校《しょうがっこう》校長《こうちょう》
南《みなみ》 隆人《たかと》先生《せんせい》が書《か》きました

読《よ》んだ日《ひ》　月《がつ》　日《にち》　月《がつ》　日《にち》　月《がつ》　日《にち》

年《とし》と共《とも》に変身《へんしん》していく

「女《おんな》」や女偏《おんなへん》のつく漢字《かんじ》はどれぐらいあると思《おも》いますか？　手元《てもと》の辞典《じてん》で調《しら》べてみると186字《じ》もありました。どうして、そんなに「女《おんな》」のつく漢字《かんじ》が多《おお》いのでしょう。

昔《むかし》の人《ひと》は、女《おんな》の人《ひと》を注意深《ちゅういぶか》く観《かん》察《さっ》し、その違《ちが》いを一《ひと》つ一《ひと》つ漢字《かんじ》で表《あらわ》して区別《くべつ》していきました。

幼《おさな》い少女《しょうじょ》だった「娘《むすめ》」は、やがて大人《おとな》になるとお「嫁《よめ》」に行《い》き、ある男性《だんせい》の「妻《つま》」になります。その後《ご》、主《しゅ》「婦《ふ》」となって一家《いっか》を支《ささ》え、年《とし》を重《かさ》ねてお「婆《ばあ》」さんになります。年《とし》を取《と》るにつれて漢字《かんじ》もどんどん変身《へんしん》していくのですね。

このほかにも、先《さき》に生《う》まれた女《おんな》は「姉《あね》」、身分《みぶん》の高《たか》い女《おんな》の人《ひと》は「姫《ひめ》」、お腹《なか》に赤《あか》ちゃんがいる人《ひと》は「妊《にん》」婦《ぷ》というように、立場《たちば》・身分《みぶん》・体《たい》形《けい》などによっても細《こま》かく分《わ》けられます。すごい観察力《かんさつりょく》ですね。

「母」という漢字《かんじ》

「母《はは》」という漢字《かんじ》にも、「女《おんな》」がかくれています。「女《おんな》」と「母《はは》」の元《もと》になった文字《もじ》を比《くら》べてみましょう。「女《おんな》」という字《じ》は、正座《せいざ》して両手《りょうて》を前《まえ》についた姿《すがた》からつくられたそうです。「母《はは》」も同《おな》じ姿《すがた》を表《あらわ》していますが、右《みぎ》と左《ひだり》に点《てん》が2つ加《くわ》えられています。この点《てん》は何《なに》を表《あらわ》しているのでしょう？　そう、おっぱいです。「母《はは》」という漢字《かんじ》は、大《おお》きな乳房《ちぶさ》のある女性《じょせい》の姿《すがた》を表《あらわ》しているのです。

調《しら》べてみよう

女《おんな》がつくのは「女性《じょせい》」だけじゃない

「好」という漢字《かんじ》を見《み》てください。子供《こども》のそばに女《おんな》の人《ひと》がいます。我《わ》が子《こ》を慈《いつく》しむ女《おんな》の人《ひと》の様子《ようす》です。そこから、「好《す》き」「好《この》ましい」「好《よ》い」といった意味《いみ》で使《つか》われるようになりました。

また、「安」という漢字《かんじ》は、家《いえ》の中《なか》に女《おんな》の人《ひと》がいる様《よう》子《す》を表《あらわ》しています。昔《むかし》から女性《じょせい》は、幸福《こうふく》や安心《あんしん》をもたらしてくれる存在《そんざい》だということを意味《いみ》しています。

ひとくちメモ

女偏《おんなへん》があるのに男偏《おとこへん》が無《な》いのは、おかしいと思《おも》いませんか。実《じつ》は、ちゃんとあります。それは、人偏《にんべん》です。昔《むかし》「人《ひと》」と言《い》えば男性《だんせい》を指《さ》しました。昔《むかし》は男女《だんじょ》が平等《びょうどう》でなかったことを漢字《かんじ》が教《おし》えてくれています。

別《べつ》の人《ひと》が得《とく》しちゃった！故事成語《こじせいご》「漁夫《ぎょふ》の利《り》」

6月 4日

日本国語教育学会理事《にほんこくごきょういくがっかいりじ》
功刀道子《くぬぎみちこ》先生《せんせい》が書《か》きました

読《よ》んだ日《ひ》　月《がつ》　日《にち》　月《がつ》　日《にち》　月《がつ》　日《にち》

ケンカしている2人《り》をよそに…

一男《かずお》と二郎《じろう》、そして妹《いもうと》の花子《はなこ》の3人《にん》でお留守番《るすばん》しています。夕方《ゆうがた》になってお母《かあ》さんが、「はい、ごほうび」と、ショートケーキをおみやげに帰《かえ》ってきました。3人《にん》は大喜《おおよろこ》びです。

ショートケーキには、イチゴがのっていますね。一男《かずお》と二郎《じろう》は一《いち》番大《ばんおお》きなイチゴがのったケーキをめぐって取《と》り合《あ》いになりました。

「それは、ぼくが食《た》べるんだ！」
「先《さき》に取《と》ったのはぼくだよ！」

とお互《たが》いにゆずりません。

妹《いもうと》の花《はな》ちゃんは、早《はや》く食《た》べたくてしかたがありません。お兄《にい》ちゃんたちが言《い》い争《あらそ》っている間《あいだ》に、一《いち》番大《ばんおお》きなイチゴがのったケーキを食《た》べ始《はじ》めました。

お兄《にい》ちゃんたちが、自分《じぶん》が一番《いちばん》得《とく》をしようとして言《い》い争《あらそ》っている間《あいだ》に、それに関係《かんけい》のない花《はな》ちゃんが一番得《いちばんとく》をしたのでした。

関係《かんけい》ない人《ひと》が得《とく》をする

このように、2人《り》が得《とく》をしようと言《い》い争《あらそ》っている間《あいだ》に、別《べつ》の人《ひと》が得《とく》をすることを「漁夫《ぎょふ》の利《り》」といいます。

「漁夫《ぎょふ》の利《り》」という言葉《ことば》は中国《ちゅうごく》に昔《むかし》から伝《つた》えられている話《はなし》からきた言葉《ことば》です。もとはどんなお話《はなし》だったのでしょう。

シギという鳥《とり》が、ハマグリを食《た》べようとしました。ハマグリは、食《た》べられまいとシギのくちばしをはさんだまま殻《から》をとじ、はなしません。そこへひとりの漁師《りょうし》（漁《ぎょ》夫《ふ》）が通《とお》りかかり、「これは運《うん》がいい！」とシギとハマグリの両方《りょうほう》をつかまえて帰《かえ》りましたとさ。この漁師《りょうし》が、先《さき》ほどの花《はな》ちゃんというわけですね。

調《しら》べてみよう

どのようにちがうかな？

この本《ほん》には、昔《むかし》から言《い》い伝《つた》えられている言葉《ことば》がたくさんでてきます。なかでも次《つぎ》の３つがおなじみですが、それぞれどうちがうのでしょうか？

①ことわざ
②慣用句《かんようく》
③四字熟語《よじじゅくご》

ひとくちメモ　「調《しら》べてみよう」の答《こた》え　①生活《せいかつ》の知恵《ちえ》や教訓《きょうくん》を表《あらわ》す言葉《ことば》。②「骨《ほね》を折《お》る」「油《あぶら》を売《う》る」などのように、2つ以上《いじょう》の言葉《ことば》をひと続《つづ》きに使《つか》うことで別《べつ》な意味《いみ》になる言葉《ことば》。③漢字四文字《かんじよんもじ》で表《あらわ》す言葉《ことば》。

話《はな》し合《あ》いの成果《せいか》は司会者《しかいしゃ》で決《き》まる!?

6月《がつ》 5日《にち》

北海道旭川市立日章小学校校長《ほっかいどうあさひかわしりつにっしょうしょうがっこうこうちょう》
鎌田優子《かまだゆうこ》先生《せんせい》が書《か》きました

読《よ》んだ日《ひ》　月《がつ》　日《にち》　月《がつ》　日《にち》　月《がつ》　日《にち》

議題《ぎだい》を理解《りかい》しないと仕切《しき》れない!

もしも、あなたが学級活動《がっきゅうかつどう》や討論会《とうろんかい》の司会《しかい》をまかされたら、どうしますか? 司会者《しかいしゃ》がブスッとしていたり、怒《おこ》ったような目《め》つきをしていたら、誰《だれ》も意見《いけん》を言《い》ってくれませんよね。反対《はんたい》に、ニコニコして優《やさ》しそうな雰囲気《ふんいき》なら、安心《あんしん》して話《はなし》をしてくれるでしょう。

司会者《しかいしゃ》は、決《き》められた時間内《じかんない》に、できるだけ多《おお》くの人《ひと》に話《はな》してもらい、お互《たが》いの意見《いけん》をよく理解《りかい》してもらえるようにすることが大切《たいせつ》です。

話《はな》し合《あ》う議題《ぎだい》を提案《ていあん》してもらったあと、何《なに》について話《はな》し合《あ》うのかをはっきりさせてから、みんなの意見《いけん》を受《う》けましょう。それには議題《ぎだい》の重要性《じゅうようせい》や、意見《いけん》が分《わ》かれそうなポイントなどを、きちんと頭《あたま》に入《い》れておく必要《ひつよう》があります。

客観的《きゃっかんてき》な「お助《たす》けマン」を見《み》つけよう!

でも、意見《いけん》が分《わ》かれてなかなか決《き》まらなかったり、会場《かいじょう》が「し〜ん」として反応《はんのう》がない時《とき》は困《こま》ってしまいますよね。そんな時《とき》は、代《か》わりにうまく会《かい》を進《すす》めてくれそうな人《ひと》を探《さが》して、指名《しめい》してみましょう。

たとえば、2つの異《こと》なる意見《いけん》が出《で》た場合《ばあい》、それらを比《くら》べながら、それぞれのよい点《てん》と悪《わる》い点《てん》をきちんと説明《せつめい》してくれるような人《ひと》です。

また、まわりが知《し》らない人《ひと》ばかりで、みんなが遠慮《えんりょ》している時《とき》などは、真《ま》っ先《さき》に手《て》を上《あ》げて発言《はつげん》してくれる人《ひと》がいると助《たす》かります。誰《だれ》かが話《はな》し始《はじ》めれば、みんなも積極的《せっきょくてき》に意見《いけん》を言《い》いやすくなりますよね。

やってみよう

司会者《しかいしゃ》はあくまでも中立《ちゅうりつ》に!

司会者《しかいしゃ》は、どちらかの意見《いけん》に賛成《さんせい》したり、自分《じぶん》の意見《いけん》を押《お》しつけたりしてはいけません。意見《いけん》がまとまらない時《とき》は多数決《たすうけつ》にするなど、最終的《さいしゅうてき》に決《き》める方法《ほうほう》も考《かんが》えておきましょう。ただし、その場合《ばあい》は、少数意見《しょうすういけん》を大切《たいせつ》にする気持《きも》ちも忘《わす》れずに!

ひとくちメモ　昔《むかし》、ベンサムという人《ひと》が「最大多数《さいだいたすう》の最大幸福《さいだいこうふく》」と言《い》いました。最《もっと》も多《おお》くの人《ひと》が幸《しあわ》せになることが、最《もっと》も大《おお》きな幸《しあわ》せであるという意味《いみ》です。何《なに》かを決《き》める時《とき》に、多数決《たすうけつ》がよく使《つか》われる理由《りゆう》がわかりますね。

道案内文《みちあんないぶん》を書《か》いてみよう！

6月 6日

東京経営短期大学《とうきょうけいえいたんきだいがく》こども教育学科《きょういくがっか》
井出一雄《いでかずお》先生《せんせい》が書《か》きました

読《よ》んだ日《ひ》　月《がつ》　日《にち》　月《がつ》　日《にち》　月《がつ》　日《にち》

はじめに地図《ちず》をつくろう

学校《がっこう》からあなたの家《いえ》までの、道《みち》案内文《あんないぶん》を書《か》いてみましょう。

道案内文《みちあんないぶん》を書《か》くには、あらかじめ地図《ちず》を書《か》いておくと便利《べんり》です。まず、実際《じっさい》にスタート地点《ちてん》から目的地《もくてきち》まで歩《ある》いて、大事《だいじ》なことをメモしておきます。広《ひろ》い道《みち》、坂道《さかみち》など、道路《どうろ》の特徴《とくちょう》は必《かなら》ずメモしましょう。

そして、その道路《どうろ》に、目印《めじるし》となる信号《しんごう》や建物《たてもの》などを書《か》き加《くわ》えます。

最後《さいご》に、目的地《もくてきち》まで行《い》く道順《みちじゅん》を矢印《やじるし》で書《か》いておきましょう。

道案内文《みちあんないぶん》の書《か》き方《かた》をマスターしよう

右《みぎ》の地図《ちず》を使《つか》って、道案内《みちあんない》の練習《れんしゅう》をしてみましょう。

家《いえ》を出《で》たら左《ひだり》に行《い》きます。四《よ》つ角《かど》を右《みぎ》に曲《ま》がるとパン屋《や》があります。次《つぎ》の角《かど》を左《ひだり》に曲《ま》がって二《ふた》つ目《め》の曲《ま》がり角《かど》を左《ひだり》に曲《ま》がると、右《みぎ》に学校《がっこう》が見《み》えます。

みなさんの家《いえ》から学校《がっこう》まではこの地図《ちず》とはちがうでしょう。信号《しんごう》やお店《みせ》の名前《なまえ》、特徴《とくちょう》のある建物《たてもの》など、目印《めじるし》となるものを忘《わす》れずに書《か》くことです。目印《めじるし》のないときには、「二《ふた》つ目《め》の角《かど》」などが大事《だいじ》になりますので、道路《どうろ》をしっかり書《か》いておくことです。

最後《さいご》にどのくらい（何分《なんぷん》または何《なん》メートル）歩《ある》くのかを書《か》くとわかりやすくなります。

やってみよう

ちゃんと到着《とうちゃく》できるかな？

駅《えき》からあなたの家《いえ》までの行《い》き方《かた》や、自分《じぶん》の家《いえ》からお店《みせ》までの行《い》き方《かた》など、いろいろな道案内文《みちあんないぶん》を書《か》いてみましょう。それを読《よ》んだ友達《ともだち》や家族《かぞく》が、ちゃんと目的地《もくてきち》にたどりつけたら大成功《だいせいこう》です！

ひとくちメモ 「道案内《みちあんない》」は、全然知《ぜんぜんし》らない人《ひと》を目的地《もくてきち》まで導《みちび》いていくという意味《いみ》です。ガイド、道《みち》しるべ、手引《てび》きなどと同《おな》じ意味《いみ》で広《ひろ》く使《つか》われています。ガイドブックも、道案内《みちあんない》のひとつといえます。

歌《うた》や古典《こてん》・芸能《げいのう》にまつわるお話《はなし》

日本《にほん》一古《いちふる》い歴史《れきし》の本《ほん》には日本《にほん》の始《はじ》まりが書《か》かれている

6月 7日

日本国語教育学会理事《にほんこくごきょういくがっかいりじ》
五十井美知子《いかいみちこ》先生《せんせい》が書《か》きました

読《よ》んだ日《ひ》　月《がつ》　日《にち》｜月《がつ》　日《にち》｜月《がつ》　日《にち》

最初《さいしょ》に書《か》かれた歴史書《れきししょ》

古代《こだい》の日本《にほん》には文字《もじ》がありませんでした。文字《もじ》がない時代《じだい》にも、いろいろな物語《ものがたり》がありました。そのお話《はなし》を書《か》いて記録《きろく》することができないので、人々《ひとびと》は忘《わす》れないように耳《みみ》で聞《き》いて覚《おぼ》え、また人《ひと》へ語《かた》って伝《つた》えていったとされています。

それらを書《か》き表《あらわ》すことができるようになったのは、万葉仮名《まんようがな》が使《つか》われるようになってからです（125ページ参照《さんしょう》）。この万葉仮名《まんようがな》で書《か》かれた日本《にほん》で一番古《いちばんふる》い歴史《れきし》の本《ほん》を「古事記《こじき》」といいます。

「古事記《こじき》」には、日本《にほん》の神々《かみがみ》の物語《ものがたり》が書《か》かれています。「やまたのおろち」「いなばの白《しろ》うさぎ」「海幸彦《うみひこ》と山幸彦《やまひこ》」などは、今《いま》にも伝《つた》わる日本《にほん》の有名《ゆうめい》な神話《しんわ》です。

日本《にほん》の始《はじ》まりの様子《ようす》

古事記《こじき》の中《なか》には、日本《にほん》がどのように生《う》まれたのか、その物語《ものがたり》が書《か》かれてます。万葉仮名《まんようがな》で

「久羅下那州多陀用弊流」

と書《か》かれていて、これは「くらげなすただよえる」と読《よ》みます。日本《にほん》の国《くに》ははじめ、クラゲのように漂《ただよ》っていた、と書《か》いてあるのです。そしてこの後《あと》、神様《かみさま》が、今《いま》の形《かたち》になるようにつくっていったという神話《しんわ》が続《つづ》いています。

歌《うた》ってみよう

「大《だい》こくさま」

「いなばの白《しろ》うさぎ」は、「大《だい》こくさま」という唱歌《しょうか》でも親《した》しまれてきました。お家《うち》の人《ひと》に聞《き》いて一緒《いっしょ》に歌《うた》ってみましょう。

おおきなふくろを、かたにかけ、
だいこくさまが、きかかると、
ここにいなばの、しろうさぎ、
かわをむかれて、あかはだか。

ひとくちメモ 「古事記《こじき》」は稗田阿礼《ひえだのあれ》が暗記《あんき》し、それを聞《き》いた太安麻侶《おおのやすまろ》が書《か》いたといわれています。一時《いちじ》、太安麻侶《おおのやすまろ》ではないのでは？といわれたことがありましたが、証明《しょうめい》する記録《きろく》が出《で》てきたのでその疑《うたが》いは晴《は》れました。

どうちがう？「なおざり」と「おざなり」

6月
8日

日本国語教育学会理事《にほんこくごきょういくがっかいりじ》
功刀道子《くぬぎみちこ》先生《せんせい》が書《か》きました

読《よ》んだ日《ひ》　月《がつ》　日《にち》｜　月《がつ》　日《にち》｜　月《がつ》　日《にち》

さぼってなにもやらない

A子《こ》さんはゲームばかりしていたせいか成績《せいせき》が下《さ》がってしまいました。お母《かあ》さんからは「勉強《べんきょう》をなおざりにしたからよ」と言《い》われ、お父《とう》さんからは「おざなりにやるからだよ」と言《い》われてしまいました。

「なおざり」と「おざなり」は似《に》ている言葉《ことば》ですが、全《まった》くちがいます。「なおざり」とは何《なに》もやらないでほったらかしにしたままのことをいいます。「なおざり」は「そのままである」ということから、なにもよくならずもとのままだという状態《じょうたい》をいいます。

休《やす》み中《ちゅう》の宿題《しゅくだい》をずっとやらないでほっておいて最後《さいご》に焦《あせ》っている人《ひと》はいませんか。ずっと「なおざり」にしていたということになります。

適当《てきとう》な「おざなり」

「おざなり」は一応《いちおう》、何《なに》かをするのですが、適当《てきとう》で、やる気《き》がないことをいいます。夏休《なつやす》みの宿題《しゅくだい》も「やればいいんでしょ」といった感《かん》じで、ざつにすませます。やらないよりはいいかもしれませんが、適当《てきとう》にやるというのはほめられたことではありません。

考《かんが》えてみよう

どっちかな？

A　まったく何《なに》も勉強《べんきょう》しないこと
B　いいかげんに勉強《べんきょう》をすること

おざなりな勉強《べんきょう》（　　　　）
なおざりな勉強《べんきょう》（　　　　）

ひとくちメモ
「なおざり」は漢字《かんじ》で、閑《ひま》に等《ひと》しい、「等閑《なおざり》」と書《か》きます。「おざなり」は漢字《かんじ》で「御座《おざ》なり」と書《か》きます。座《ざ》は座敷《ざしき》の意味《いみ》です。お座敷《ざしき》（宴会《えんかい》）のお客《きゃく》に合《あ》わせて適当《てきとう》に接待《せったい》したことが由来《ゆらい》です。

何問正解《なんもんせいかい》できるかな？ 数《かぞ》え言葉《ことば》をおぼえよう

6月 9日

東京学芸大学教育学部《とうきょうがくげいだいがくきょういくがくぶ》
中村和弘《なかむらかずひろ》先生《せんせい》が書《か》きました

読《よ》んだ日《ひ》　月《がつ》　日《にち》　月《がつ》　日《にち》　月《がつ》　日《にち》

ものによって単位《たんい》はちがう

みなさんの前《まえ》にたくさんの紙《かみ》と鉛筆《えんぴつ》と消《け》しゴムがあるとします。そのときにそれぞれの数《かず》を数《かぞ》えてくださいといわれたら、どのように数《かぞ》えますか？　紙《かみ》なら1枚《まい》、2枚《まい》、3枚《まい》、鉛筆《えんぴつ》なら1本《ぽん》、2本《ほん》、3本《ぼん》、そして消《け》しゴムは1個《こ》、2個《こ》、3個《こ》と数《かぞ》えますね。このようにものによって数《かぞ》えるときにつく単位《たんい》はちがいます。

あまり知《し》られていない単位《たんい》をちょっと紹介《しょうかい》してみましょう。たとえば洋服《ようふく》などをしまう「たんす」。これはどういう単位《たんい》がつくかわかりますか？　たんすは1棹《さお》、2棹《さお》、3棹《さお》と数《かぞ》えます。

この単位《たんい》がつく理由《りゆう》は、江戸時《えどじ》代《だい》までさかのぼります。江戸時代《えどじだい》には、たんすを運《はこ》ぶときに金具《かなぐ》に棹《さお》を通《とお》して2人《り》で運《はこ》んだために、棹《さお》という単位《たんい》で数《かぞ》えられるようになりました。

次《つぎ》に鮮魚店《せんぎょてん》やスーパーマーケットで売《う》っているイカはどうでしょうか？　イカは1杯《ぱい》、2杯《はい》と数《かぞ》えます。1匹《ぴき》、2匹《ひき》ではなく、なぜ杯《はい》なのでしょうか。それは、イカの体《からだ》（胴体《どうたい》）を逆《さか》さまにすると、その形《かたち》が入《い》れ物《もの》（さかずき）のように見《み》えることから1杯《ぱい》、2杯《はい》と数《かぞ》えるようになったそうです。これはおもしろいですね。

ひとくちメモ　平面的《へいめんてき》な（ひらべったい）ものを数《かぞ》えるときの単位《たんい》に「葉《よう》」があります。もともとは木《こ》の葉《は》を数《かぞ》えるときに使《つか》われました。はがきや写真《しゃしん》は1葉《よう》、2葉《よう》と数《かぞ》えることもできるのです。

やってみよう

なんと数《かぞ》えるでしょうクイズ!

いろいろなものを数《かぞ》えてみましょう。
簡単《かんたん》なものから難《むずか》しいものまで20問《もん》を用意《ようい》しました。
いくつ正解《せいかい》できるでしょうか？　さっそくチャレンジです！

❶ 手紙《てがみ》
❷ 牛《うし》
❸ 鳥《とり》
❹ 豆腐《とうふ》
❺ 虫《むし》
❻ くつ
❼ いす
❽ 飛行機《ひこうき》の機体《きたい》
❾ 箸《はし》
❿ うさぎ
⓫ チョウ
⓬ キャベツ
⓭ 俳句《はいく》・川柳《せんりゅう》
⓮ たらこ
⓯ くし団子《だんご》
⓰ 電車《でんしゃ》の車体《しゃたい》
⓱ トランプ
⓲ ざるそば
⓳ ぶどう
⓴ 鏡《かがみ》

答《こた》えは、❶の手紙《てがみ》は通《つう》、❷の牛《うし》は頭《とう》、❸の鳥《とり》は羽《わ》、❹の豆腐《とうふ》は丁《ちょう》です。この丁《ちょう》はこんにゃくを数《かぞ》えるときにも使《つか》います。❺の虫《むし》は匹《ひき》、❻のくつは足《そく》、❼のいすは脚《きゃく》、❽の飛行機《ひこうき》の機体《きたい》は機《き》、❾の箸《はし》は膳《ぜん》です。

❿のうさぎはひっかけ問題《もんだい》でした。うさぎは匹《ひき》だと思《おも》うかもしれませんが、じつは羽《わ》が正解《せいかい》。これには諸説《しょせつ》ありますが、どうやら江《え》戸時代《どじだい》に獣《けもの》を食《た》べることができないお坊《ぼう》さんが、うさぎを鳥《とり》だとウソをついて食《た》べたためという説《せつ》や、うさぎの耳《みみ》が羽《はね》に見《み》えるからという説《せつ》があるようです。

⓫もひっかけ問題《もんだい》です。虫《むし》は匹《ひき》ですがチョウは1頭《とう》、2頭《とう》と数《かぞ》えることもできます。外《がい》国《こく》の学者《がくしゃ》が使《つか》っていた数《かぞ》え方《かた》をそのまま日本《にほん》でも使《つか》うようになった、という説《せつ》が有力《ゆうりょく》です。⓬のキャベツは玉《たま》、⓭の俳句《はいく》や川柳《せんりゅう》は句《く》です。⓮のたらこは腹《はら》と数《かぞ》えます。⓯のくし団子《だんご》は本《ほん》やくし、⓰の電車《でんしゃ》の車体《しゃたい》は両《りょう》ですが、運行《うんこう》本数《ほんすう》は本《ほん》や便《びん》を使《つか》います。⓱のトランプはカードを数《かぞ》えるときには、1枚《まい》、2枚《まい》と数《かぞ》えますが、53枚《まい》のセットの場合《ばあい》は組《くみ》という単位《たんい》になります。⓲のざるそばは枚《まい》、⓳のぶどうは房《ふさ》、⓴の鏡《かがみ》は面《めん》になります。

さて、みなさんはいくつ正解《せいかい》することができましたか？　また、ほかのものの単位《たんい》についても調《しら》べてみましょう。まだまだ知《し》らない単位《たんい》を知《し》ることができると思《おも》います。

漢字にまつわるお話

蛙《かえる》にはなぜ「虫《むし》へん」がつく？

6月 10日

東京都《とうきょうと》葛飾区《かつしかく》立《りつ》清和《せいわ》小学校《しょうがっこう》校長《こうちょう》
朴木一史《ほおのきかずし》先生《せんせい》が書《か》きました

読《よ》んだ日《ひ》　月《がつ》　日《にち》｜月《がつ》　日《にち》｜月《がつ》　日《にち》

「蛙《かえる》」は虫《むし》なの？

「虫《むし》」のつく漢字《かんじ》は、小学校《しょうがっこう》では「虫《むし》」と「蚕《かいこ》」の二文字《にもじ》だけしか習《なら》いません。しかし、みなさんになじみの深《ふか》い身《み》の回《まわ》りの動物《どうぶつ》で、虫《むし》へんがつく字《じ》が実《じつ》はたくさんあるのです。

「蚊《か》」「蝉《せみ》」「蜂《はち》」「蛇《へび》」「蛙《かえる》」「蛸《たこ》」「蛤《はまぐり》」……。おや？「蚊《か》」や「蝉《せみ》」「蜂《はち》」は昆虫《こんちゅう》ですから虫《むし》へんがつくのはよくわかります。でも「蛇《へび》」「蛙《かえる》」「蛸《たこ》」「蛤《はまぐり》」と、両生類《りょうせいるい》やは虫類《ちゅうるい》、海《うみ》にすむ動物《どうぶつ》や貝《かい》まで、昆虫《こんちゅう》ではないのに虫《むし》へんがついています。これはいったいどういうことでしょうか。

「虫《むし》」は昆虫《こんちゅう》だけではない

もともと「虫《むし》」は、へびの形《かたち》からつくられた漢字《かんじ》です。だから昆《こん》虫《ちゅう》だけでなく、へびのようにはって進《すす》む動物《どうぶつ》、たとえばたこや貝《かい》など海《うみ》にすむ動物《どうぶつ》にも使《つか》われています。

実《じつ》は想像上《そうぞうじょう》の動物《どうぶつ》にも虫《むし》へんが使《つか》われていました。その名残《なごり》は雨《あめ》が降《ふ》った後《あと》などにみられる「虹《にじ》」という漢字《かんじ》に表《あらわ》れています。その昔《むかし》、「虹《にじ》は龍《りゅう》がつくった」と言《い》い伝《つた》えられていました。そのため、にじを表《あらわ》す漢字《かんじ》に虫《むし》へんがついたといわれています。

調《しら》べてみよう

「漢《かん》」はなぜさんずいがつくの？

さんずいは、水《みず》や川《かわ》に関係《かんけい》すると習《なら》いましたね。では「漢《かん》」はどうでしょう。実《じつ》は「漢《かん》」には、乾《かわ》いた川《かわ》、災《わざわ》いを生《う》み出《だ》す川《かわ》という意味《いみ》があったのです。やはり水《みず》や川《かわ》に関係《かんけい》していたのですね。ほかのさんずいがつく漢字《かんじ》の由来《ゆらい》も調《しら》べてみましょう。

ひとくちメモ　日本《にほん》で一番古《いちばんふる》く、千年以上前《せんねんいじょうまえ》に和歌《わか》を集《あつ》めてつくられた「万葉集《まんようしゅう》」に「天漢」という言葉《ことば》が出《で》てきますが、これは「あまのがわ」（天《あま》の川《がわ》）と読《よ》みます。

話し方にまつわるお話

謙譲語《けんじょうご》に上《うえ》・下《した》がつくのはなぜ?

6月《がつ》11日《にち》

東京都練馬区立大泉学園桜小学校《とうきょうとねりまくりつおおいずみがくえんさくらしょうがっこう》
井原英昭《いはらひであき》先生《せんせい》が書《か》きました

読《よ》んだ日《ひ》　月《がつ》　日《にち》｜月《がつ》　日《にち》｜月《がつ》　日《にち》

上下関係《じょうげかんけい》を表《あらわ》す謙譲語《けんじょうご》

謙譲語《けんじょうご》は、上下関係《じょうげかんけい》を表《あらわ》す表現《ひょうげん》です。謙譲語《けんじょうご》には、相手《あいて》をたてて敬意《けいい》を表《あらわ》すものや、自分《じぶん》の動作《どうさ》などをていねいに言《い》うものがあります。

「小生《しょうせい》」、「わたくしども」のように、言葉《ことば》の前後《ぜんご》に「小《しょう》」や「ども」をつけたり、「お届《とど》けする」のように「お〜する（いたす）」と言《い》ったりします。

謙譲語《けんじょうご》は、「存《ぞん》じ上《あ》げる」「申《もう》し上《あ》げる」「さし上《あ》げる」「〜くださる」といった、「上《うえ》・下《した》」がつく表現《ひょうげん》をよく使《つか》います。また、「聞《き》く」を「うかがう」というように、特別《とくべつ》な言葉《ことば》に変《か》えるものもあります。

昔《むかし》、目上《めうえ》の人《ひと》は、実際《じっさい》に高《たか》い場所《ばしょ》にいて、目下《めした》の人《ひと》と目線《めせん》を合《あ》わせることはなかったといわれています。そのため、自分《じぶん》より高《たか》い場所《ばしょ》にいる人《ひと》に何《なに》かをする時《とき》には「上《あ》げる」、何《なに》かをしてもらう時《とき》には「下《さ》げる」という動作《どうさ》になりました。

「拝《はい》」は敬意《けいい》を表《あらわ》す漢字《かんじ》

謙譲語《けんじょうご》では、「拝《はい》」という漢字《かんじ》もよく使《つか》います。「拝見《はいけん》する」「拝借《しゃく》する」「拝啓《はいけい》」「拝読《はいどく》」などは、どれも謙譲語《けんじょうご》です。それでは、拝《はい》という漢字《かんじ》には、どのような意味《いみ》があるのでしょうか?

拝《はい》は、体《からだ》をかがめておじぎをする形《かたち》からできた漢字《かんじ》です。つまり、おじぎをして相手《あいて》よりも目線《めせん》を下《さ》げ、敬意《けいい》を表《あらわ》しているのです。卒業式《そつぎょうしき》で証書《しょうしょ》をもらう時《とき》、校長先生《こうちょうせんせい》より目線《めせん》を下《さ》げておじぎをするのも、拝《はい》を意識《いしき》した動作《どうさ》なのですね。

やってみよう

スッキリ言《い》い換《か》えよう!

謙譲語《けんじょうご》の「お〜する（いたす）」を、特別《とくべつ》な言葉《ことば》に言《い》い変《か》えてみましょう。

「お食《た》べになる」→「召《め》し上《あ》がる」
「お借《か》りする」→「拝借《はいしゃく》する」
「お会《あ》いする」→「お目《め》にかかる」
「お聞《き》きする」→「うけたまわる」

ひとくちメモ
「拝《はい》」以外《いがい》にも、謙《けん》そんを表《あらわ》す表現《ひょうげん》として、「小《しょう》」「愚《ぐ》」「粗《そ》」「拙《せつ》」「弊《へい》」「寸《すん》」などの漢字《かんじ》がよく使《つか》われます。どんな言葉《ことば》があるか、辞書《じしょ》などで調《しら》べてみるとおもしろいですよ!

決まり文句・名文句にまつわるお話
おにかなぼう

2つに仲間《なかま》分《わ》けできる!?「雨《あめ》」のことわざ

6月12日

筑波大学附属小学校《つくばだいがくふぞくしょうがっこう》
白坂洋一《しらさかよういち》先生《せんせい》が書《か》きました

読《よ》んだ日《ひ》　月《がつ》　日《にち》｜月《がつ》　日《にち》｜月《がつ》　日《にち》

前《まえ》ぶれをことわざに

日本人《にほんじん》は、昔《むかし》から雨《あめ》に関心《かんしん》を抱《いだ》いていたのでしょうか。実《じつ》に多《おお》くのことわざに雨《あめ》が使《つか》われています。ことわざにでてくる雨《あめ》は「雨《あめ》が降《ふ》る前《まえ》ぶれ」と「雨《あめ》が降《ふ》った後《あと》」の2つに仲間《なかま》分《わ》けすることができそうです。次《つぎ》のことわざを見《み》ながら一緒《いっしょ》に考《かんが》えてみましょう。

①雨降《あめふ》って地固《じかた》まる
②彼岸坊主《ひがんぼうず》の大袈裟流《おおげさなが》し
③月《つき》に雨笠日笠《あめかさひがさ》なし
④雨後《うご》のたけのこ
⑤頼《たの》む木《き》の下《した》に雨漏《あめも》る

雨《あめ》が降《ふ》る前《まえ》ぶれを示《しめ》していることわざは、②と③です。

②は、「彼岸《ひがん》には、お坊《ぼう》さんの袈裟《けさ》（衣服《いふく》）が流《なが》れてしまうような大雨《おおあめ》が降《ふ》ることがよくある」という意味《いみ》のことわざです。③は、月《つき》に「笠《かさ》」がかかると雨《あめ》になるという意味《いみ》で用《もち》いられることわざです。

降《ふ》った後《あと》をことわざに

一方《いっぽう》、雨《あめ》が降《ふ》った後《あと》を示《しめ》してできたことわざは①、④、⑤です。

①は雨《あめ》が降《ふ》った後《あと》は、乾《かわ》いてかえって地面《じめん》が固《かた》くなることから、「悪《わる》い後《あと》には状況《じょうきょう》が好転《こうてん》すること」を意味《いみ》しています。④は、「成長《せいちょう》が速《はや》い」という意味《いみ》で誤《あやま》って使《つか》われることがありますが、本来《ほんらい》の意《い》味《み》は、雨《あめ》が降《ふ》った後《あと》にはたけのこが次々《つぎつぎ》と出《で》てくることから、「同《おな》じようなものが続《つづ》けて現《あらわ》れる」ことを意味《いみ》することわざです。⑤は、木《き》の下《した》で雨宿《あまやど》りをしたが、雨《あめ》が漏《も》れてきたという意味《いみ》で、「頼《たの》みにしていた当《あ》てが外《はず》れる」ことを示《しめ》しています。

調《しら》べてみよう

雨《あめ》にまつわる言葉《ことば》や地名《ちめい》

ほかにも、雨《あめ》にまつわる言葉《ことば》はたくさんあります。たとえば、「時雨《しぐれ》」「通《とお》り雨《あめ》」のように雨《あめ》の種《しゅ》類《るい》を表《あらわ》す言葉《ことば》だけでも数多《かずおお》くあります。また、雨《あめ》がつく地名《ちめい》も全国《ぜんこく》には数多《かずおお》く見《み》られます。辞書《じしょ》や地《ち》図《ず》で調《しら》べてみましょう。

ひとくちメモ
雨《あめ》だけではなく、風《かぜ》や雲《くも》、水《みず》など自然《しぜん》にまつわることわざは数多《かずおお》くあります。ことわざからは、季節《きせつ》や景色《けしき》を深《ふか》く味《あじ》わいのある言葉《ことば》で表現《ひょうげん》できることにも気《き》づかされます。

言葉《ことば》を観察《かんさつ》してみよう〈形容詞《けいようし》編《へん》〉

6月13日

東京都《とうきょうと》杉並《すぎなみ》区立《くりつ》高井戸《たかいど》小学校《しょうがっこう》校長《こうちょう》
鶴巻景子《つるまきけいこ》先生《せんせい》が書《か》きました

読《よ》んだ日《ひ》　月《がつ》　日《にち》　月《がつ》　日《にち》　月《がつ》　日《にち》

くわしくする言葉《ことば》

そのりんごは、どんなりんご？と聞《き》かれたとき、みなさんはどう答《こた》えますか。

赤《あか》いりんご、黄色《きいろ》いりんご
あまいりんご、すっぱいりんご
おいしいりんご、まずいりんご
かたいりんご、丸《まる》いりんご
みずみずしいりんご

りんごの前《まえ》に、言葉《ことば》をつけると様子《ようす》がとてもよく伝《つた》わってきますね。その言葉《ことば》に何《なに》か共通《きょうつう》のことはないでしょうか？　観察《かんさつ》してみましょう。

そうです。どの言葉《ことば》も「〜い」で終《お》わっています。様子《ようす》をくわしく伝《つた》えるためのこうした言葉《ことば》を「形容詞《けいようし》」といいます。

では次《つぎ》に、どんな人《ひと》か伝《つた》えるために、形容詞《けいようし》をつけてみましょう。

やさしい人《ひと》、こわい人《ひと》
楽《たの》しい人《ひと》、たのもしい人《ひと》
すばらしい人《ひと》、きつい人《ひと》
やかましい人《ひと》、よそよそしい人《ひと》
強《つよ》い人《ひと》、えらい人《ひと》、ひどい人《ひと》
なみだもろい人《ひと》、たよりない人《ひと》
こまかい人《ひと》、いさぎよい人《ひと》

まだまだでてきますね。

形容詞《けいようし》は変身《へんしん》する

形容詞《けいようし》は、後《あと》に続《つづ》く言葉《ことば》によって、文《ぶん》の中《なか》で変身《へんしん》をします。たとえばこんな風《ふう》にです。

おもしろい　おもしろくなる
おもしろかった　おもしろいので
おもしろければ

本《ほん》を読《よ》んだり、お話《はなし》するときに、観察《かんさつ》してみましょう。

集《あつ》めてみよう

形容詞《けいようし》を集《あつ》めてみよう

「○○い」という言葉《ことば》で、様子《ようす》を表《あらわ》す言葉《ことば》を集《あつ》めてみましょう。
新《あたら》しい、古《ふる》い、早《はや》い、おそい、広《ひろ》い、せまい、長《なが》い、短《みじか》い、明《あか》るい、くらい、小《ちい》さい、大《おお》きい、正《ただ》しい、うつくしい
ここには書《か》ききれません！　ほかにもたくさんあります。思《おも》いつくまま集《あつ》めてみましょう。

ひとくちメモ　「あの人《ひと》は、おだやかだ」。これは、形容動詞《けいようどうし》という言葉《ことば》です。これも後《あと》につく言葉《ことば》で変身《へんしん》します。

ちょっとむずかしい言葉
辞典

「あうんの呼吸《こきゅう》」ってどんな呼吸《こきゅう》？

6月
14日

日本国語教育学会理事《にほんこくごきょういくがっかいりじ》
功刀道子《くぬぎみちこ》先生《せんせい》が書《か》きました

読《よ》んだ日《ひ》　月《がつ》　日《にち》　月《がつ》　日《にち》　月《がつ》　日《にち》

息《いき》ぴったり

一《ひと》つのことをいっしょにやるときの、お互《たが》いの微妙《びみょう》な調子《ちょうし》や気持《きも》ちのこと、そしてそれがうまく合《あ》うことを「あうんの呼吸《こきゅう》」といいます。相撲《すもう》の立《た》ち会《あ》いで、吐《は》く息《いき》と吸《す》う息《いき》をうまく合《あ》わせることからきています。お相撲《すもう》さんが目《め》と目《め》を合《あ》わせて、相手《あいて》にぶつかっていくとき、気《き》が合《あ》わないとやり直《なお》しをしますね。相撲《すもう》の立《た》ち会《あ》いは二人《ふたり》の呼吸《こきゅう》が合《あ》わないと取《と》り組《く》みができないのです。立《た》ち上《あ》がろうという気持《きも》ちがぴったり合《あ》うことが必要《ひつよう》です。

阿（あ）は口《くち》を開《ひら》く音《おと》で吽（うん）は口《くち》を閉《と》じる音《おと》です。そこから始《はじ》めと終《お》わりを表《あらわ》すようになりました。阿（あ）は出《だ》す息《いき》、吽（うん）は吸《す》う息《いき》ということで「あうんの呼吸《こきゅう》」という言《い》い方《かた》が生《う》まれました。

ダブルスにも漫才《まんざい》コンビにも

他《ほか》にも二人《ふたり》以上《いじょう》でチームを組《く》むスポーツは「あうんの呼吸《こきゅう》」が必要《ひつよう》です。テニスやバドミントン、卓球《たっきゅう》のダブルスは気持《きも》ちを合《あ》わせないと勝《か》てません。

漫才《まんざい》コンビも同《おな》じです。漫才《まんざい》は「ぼけ」と「つっこみ」の二人《ふたり》のかけ合《あ》いで、話《はなし》が進《すす》みます。学校《がっこう》の行事《ぎょうじ》やダンスなど、コンビやチームには気持《きも》ちを合《あ》わせる「あうんの呼吸《こきゅう》」が必要《ひつよう》です。

見《み》にいこう

寺《てら》や神社《じんじゃ》にある「あうん」

寺《てら》や神社《じんじゃ》には、仁王《におう》やこま犬《いぬ》が一対《いっつい》で置《お》かれています。それぞれの口《くち》の形《かたち》を見《み》てみましょう。一方《いっぽう》が開《ひら》き、一方《いっぽう》が閉《と》じています。仁王《におう》やこま犬《いぬ》は「あうんの呼吸《きゅう》」で、寺《てら》や神社《じんじゃ》を守《まも》っているのです。家《いえ》の入《い》り口《ぐち》や屋根《やね》の上《うえ》に置《お》いてある沖縄《おきなわ》のシーサーも同《おな》じです。

ひとくちメモ　「あうんの呼吸《こきゅう》」と同《おな》じような言葉《ことば》があります。「以心伝心《いしんでんしん》」「ツーといえばカー」などです。どれも「息《いき》ぴったり」と思《おも》ったときに使《つか》います。

言葉にまつわる偉人のお話

良寛《りょうかん》さんはみんなの人気者《にんきもの》！

6月15日

東京都《とうきょうと》江東区立《こうとうくりつ》枝川小学校《えだがわしょうがっこう》
迎《むかえ》 有果《ゆか》先生《せんせい》が書《か》きました

読《よ》んだ日《ひ》　月《がつ》　日《にち》　月《がつ》　日《にち》　月《がつ》　日《にち》

お坊《ぼう》さんになったきっかけ

良寛《りょうかん》さんが生《う》まれたのは、越後《えちご》（今《いま》の新潟県《にいがたけん》）の出雲崎《いずもざき》というところです。目《め》の前《まえ》は海《うみ》で、たくさんの魚《さかな》がとれ、港《みなと》はにぎやかでした。

良寛《りょうかん》さんは、小《ちい》さい頃《ころ》からとても素直《すなお》で、本《ほん》が大好《だいす》きでした。18歳《さい》のとき、悪《わる》いことをした人《ひと》がお仕置《しお》きされているのを見《み》て、かわいそうに思《おも》い、お坊《ぼう》さんになろうと決《き》めたのです。

備中《びっちゅう》（今《いま》の岡山県《おかやまけん》）の円通寺《えんつうじ》で修行《しゅぎょう》をした後《あと》、越後《えちご》に戻《もど》り、国上《くがみ》山《やま》に五合庵《ごごうあん》という小《ちい》さな家《いえ》を建《た》てて住《す》みました。良寛《りょうかん》さんは、道《みち》で会《あ》った貧《まず》しい人《ひと》や動物《どうぶつ》に食《た》べ物《もの》を分《わ》けてあげる、やさしいお坊《ぼう》さんだったそうです。

和歌《わか》も書道《しょどう》も超一流《ちょういちりゅう》！

良寛《りょうかん》さんは、子供《こども》たちとかくれんぼをしたり、手《て》まりをついたりして遊《あそ》ぶことが好《す》きでした。やさしい良寛《りょうかん》さんは、みんなから慕《した》われ、愛《あい》されていたのです。

ある日《ひ》、長岡《ながおか》の牧野忠精《まきのただきよ》という殿様《とのさま》が五合庵《ごごうあん》にやってきて、自分《じぶん》の町《まち》に来《き》てくれるよう頼《たの》みました。

しかし、良寛《りょうかん》さんは、自然《しぜん》のままの暮《く》らしがよいと断《ことわ》ります。そして、次《つぎ》の俳句《はいく》をよみました。

たくほどは　風《かぜ》がもてくる　落《お》ち葉《ば》かな

良寛《りょうかん》さんは、和歌《わか》や書道《しょどう》が得意《とくい》だったので、今《いま》でもたくさんの作品《さくひん》が残《のこ》っています。

やってみよう

□の中《なか》に入《はい》る言葉《ことば》は？

「飯《いひ》こうとわがこしかども□の野《の》にすみれつみつみ時《とき》をへにけり」。
意味《いみ》：ご飯《はん》をもらおうと来《き》たのだけども、□の野原《のはら》に出《で》てスミレをつんでいるうちに、長《なが》い時間《じかん》がたってしまった。ヒントは季節《きせつ》です。
（答《こた》え：春《はる》）

ひとくちメモ　ある大工《だいく》さんが、つくった鍋《なべ》のふたにひびが入《はい》ってしまい、落《お》ち込《こ》んでいました。すると良寛《りょうかん》さんはふたに、丸《まる》いおおらかな心《こころ》という意味《いみ》の「心月輪《しんがちりん》」と書《か》きました。このふたは、今《いま》も新潟県《にいがたけん》の大切《たいせつ》な宝《たから》です。

話し方にまつわるお話

見《み》たことあるゾ!? ビーシって、何《なん》だ？ ～中部地方《ちゅうぶちほう》の方言《ほうげん》～

6月16日

東京学芸大学教育学部《とうきょうがくげいだいがくきょういくがくぶ》
中村和弘《なかむらかずひろ》先生《せんせい》が書《か》きました

読《よ》んだ日《ひ》　月《がつ》　日《にち》　月《がつ》　日《にち》　月《がつ》　日《にち》

愛知《あいち》・岐阜《ぎふ》以外《いがい》の人《ひと》はわからない？

「ビーシ」を知《し》っていますか。学《がっ》校《こう》などで使《つか》うものです。たとえば、

「先生《せんせい》、ビーシを一枚《いちまい》ください」

「いいけれど、何《なに》に使《つか》うの？」

「今度《こんど》、新聞係《しんぶんがかり》で学級新聞《がっきゅうしんぶん》を作《つく》ることにしたんです。それに使《つか》いたいなと思《おも》って」

「じゃあ、職員室《しょくいんしつ》から一枚《いちまい》もってきてあげるわね」

なんて会話《かいわ》で登場《とうじょう》します。

さあ、「ビーシ」がどのようなものか、わかりましたか？

「ビーシ」というのは「模造紙《もぞうし》」のことです。学級新聞《がっきゅうしんぶん》づくりや夏《なつ》休《やす》みの自由研究《じゆうけんきゅう》のまとめなどで使《つか》う、あの大《おお》きな紙《かみ》のことなのです。

気《き》づかないけれど実《じつ》は方言《ほうげん》

さて、全国的《ぜんこくてき》には「模造紙《もぞうし》」というこの大《おお》きな紙《かみ》ですが、愛知県《あいちけん》や岐阜県《ぎふけん》ではなぜか「Ｂ紙《し》（ビーシ）」と呼《よ》ばれています。学校《がっこう》では、先《せん》生《せい》も子供《こども》たちも「Ｂ紙《し》」と呼《よ》んでいることが多《おお》いのです。なぜ、「Ｂ紙《し》」という名前《なまえ》なのか、由来《ゆらい》もいろいろな説《せつ》があって謎《なぞ》ですが、さらに不思議《ふしぎ》なのは、Ｂ紙《し》という言《い》い方《かた》が、ほぼ愛知《あいち》・岐阜《ぎふ》だけに限《かぎ》られているということです。

実《じつ》はこの「模造紙《もぞうし》」、地方《ちほう》によっていろいろな呼《よ》び方《かた》があるのです。山形《やまがた》では「オーバンシ」、新《にい》潟《がた》では「タイヨーシ」、富山《とやま》では「ガンピ」、香川《かがわ》や愛媛《えひめ》では「トリノコヨーシ」、長崎《ながさき》・熊本《くまもと》などでは「ヒロヨーシ」と呼《よ》ぶそうですよ。

考《かんが》えてみよう

中部地方《ちゅうぶちほう》の方言《ほうげん》クイズ

中部地域以外《ちゅうぶちいきいがい》に住《す》んでいる人《ひと》にクイズです。どんな言葉《ことば》かわかりますか？
①「グーピーパー」
②「ケッタ」
③「ドベ」
④「エライ」

ひとくちメモ
「考《かんが》えてみよう」の答《こた》え　①じゃんけんの「グーチョキパー」　②「自転車《じてんしゃ》」　③「競争《きょうそう》で最下位《さいかい》になること」　④「疲《つか》れること、しんどいこと」

千年《せんねん》以上《いじょう》も前《まえ》に書《か》かれた『竹取物語《たけとりものがたり》』

元《もと》福岡県《ふくおかけん》春日市立《かすがしりつ》春日東小学校《かすがひがししょうがっこう》校長《こうちょう》
東《ひがし》 和男《かずお》先生《せんせい》が書《か》きました

読《よ》んだ日《ひ》　月《がつ》　日《にち》　月《がつ》　日《にち》　月《がつ》　日《にち》

「かぐやひめ」のお話《はなし》

昔話《むかしばなし》「桃太郎《ももたろう》」は、川《かわ》へせんたくに行《い》ったおばあさんが、流《なが》れてきた桃《もも》を発見《はっけん》することからお話《はなし》が始《はじ》まります。一方《いっぽう》、「かぐやひめ」は、おじいさんが竹林《たけばやし》で小《ちい》さな女《おんな》の子《こ》を見《み》つけることから始《はじ》まります。「かぐやひめ」は、『竹取物語《たけとりものがたり》』をもとにしたお話《はなし》です。

冒頭《ぼうとう》はこうです。昔《むかし》、竹取《たけとり》のおじいさんという人《ひと》がいました。野《の》山《やま》に分《わ》け入《い》って竹《たけ》を取《と》り、いろいろなことに使《つか》っていました。つづきは、カッコ書《が》きで言葉《ことば》を付《つ》け加《くわ》えながら、昔《むかし》の文章《ぶんしょう》のまま書《か》いてみます。「その竹《たけ》の中《なか》に、もと光《ひか》る竹《たけ》なむ一筋《ひとすじ》ありける。（おじいさんが）あやしがりて、寄《よ》りて見《み》るに、つつの中光《なかひか》りたり。それを見《み》れば、三寸《さんずん》（10㎝）ばかりなる人《ひと》、いとうつくしうてゐたり」。何度《なんど》か声《こえ》に出《だ》して読《よ》んでみましょう。読《よ》み方《かた》がスムーズになるにつれて、不思議《ふしぎ》と書《か》かれている様子《ようす》がわかってきますね。

すばらしい想像力《そうぞうりょく》

『竹取物語《たけとりものがたり》』は、この小《ちい》さな人《ひと》が、美《うつく》しい女性《じょせい》として成長《せいちょう》し、最後《さいご》にはなんと月《つき》へ帰《かえ》っていく、というお話《はなし》です。書《か》いた人《ひと》はだれなのかわかっていません。

しかし、わたしたちは、この『竹取物語《たりとりものがたり》』を通《とお》して、日本人《にほんじん》の豊《ゆた》かな想像《そうぞう》（創造《そうぞう》）力《ちから》に驚《おどろ》かされます。千年《せんねん》以上《いじょう》も前《まえ》にこんな物語《ものがたり》をつくり出《だ》しているのです。

読《よ》んでみよう

ファンタジー作品《さくひん》をもとめて

実際《じっさい》には起《お》こらないような不思議《ふしぎ》な出来《でき》事《ごと》にわくわくする物語《ものがたり》を見《み》つけてみましょう。さとうさとるさん、あまんきみこさん、角野栄子《かどのえいこ》さんなどの作品《さくひん》を読《よ》んでみましょう。そして、わくわくしたところを家族《かぞく》や友達《ともだち》と紹介《しょうかい》しあって楽《たの》しみましょう。

ひとくちメモ ファンタジーといえば宮沢賢治《みやざわけんじ》も忘《わす》れてはならない作家《さっか》のひとりです。『注文《ちゅうもん》の多《おお》い料理店《りょうりてん》』『なめとこ山《やま》の熊《くま》』などに触《ふ》れてみましょう。

漢字《かんじ》の親《しん》せき？ 地図記号《ちずきごう》

明星大学教育学部《めいせいだいがくきょういくがくぶ》
邑上裕子《むらかみゆうこ》先生《せんせい》が書《か》きました

読《よ》んだ日《ひ》　月《がつ》　日《にち》　月《がつ》　日《にち》　月《がつ》　日《にち》

ひと目《め》でわかる形《かたち》

地図《ちず》の上《うえ》におかれる地図記号《ちずきごう》は、地図上《ちずじょう》ではわからない、その土地《とち》の使《つか》われ方《かた》をしめすものです。小《しょう》学校《がっこう》3年生《ねんせい》で習《なら》いますね。

地図記号《ちずきごう》は一目見《ひとめみ》てなんの記号《きごう》かわからなければなりません。そのため、そのものの形《かたち》を表《あらわ》しているものがたくさんあります。たとえば「果樹園《かじゅえん》」の記号《きごう》はリンゴの形《かたち》、「博物館《はくぶつかん》・美術館《びじゅつかん》」の記号《きごう》は、東京国立博物館《とうきょうこくりつはくぶつかん》の建物《たてもの》の形《かたち》をしています。「図書館《としょかん》」の記号《きごう》は本《ほん》を開《ひら》いた形《かたち》です。

うつりかわる地図記号《ちずきごう》

時代《じだい》によって、記号《きごう》の形《かたち》がかわったものもあります。昔《むかし》のことを調《しら》べたくなって、古《ふる》い地図《ちず》を使《つか》うときは、記号《きごう》の変更《へんこう》を知《し》っておくと便利《べんり》です。

水田《すいでん》を表《あらわ》す地図記《ちずき》号《ごう》は、現在《げんざい》、稲《いね》が刈《か》り終《お》わったときの状《じょう》態《たい》を記号《きごう》にしています。2本《ほん》の線《せん》が縦《たて》に並《なら》んでいますね。昔《むかし》はさらに分《わ》けて縦《たて》2本《ほん》の下《した》に1本《ぽん》くっつけて、「水田《すいでん》」を表《あらわ》したり、縦線《たてせん》2本《ほん》に横線《よこせん》2本《ほん》にして「湿《しっ》田《でん》」と表《あらわ》したりしたこともあるそうです。

さらにさかのぼり、明治《めいじ》16年《ねん》、地図記号《ちずきごう》が生《う》まれたばかりの頃《ころ》の水田《すいでん》を表《あらわ》す記号《きごう》は左《ひだり》のような形《かたち》です。あと2本線《ほんせん》を足《た》したら、漢字《かんじ》の「田《た》」になりそうですね。

田《た》んぼの「田《た》」は、田《た》んぼの絵《え》から生《う》まれた漢字《かんじ》です。地図記号《ちずきごう》も、そのものの形《かたち》をもとにつくられていることを考《かんが》えると、地図記号《ちずきごう》と漢字《かんじ》は親《しん》せきみたいなものなのかもしれません。

水田の記号（明治16年）

確《たし》かめてみよう

小学生《しょうがくせい》がつくった地図記号《ちずきごう》

2006年《ねん》に国土地理院《こくどちりいん》が一般《いっぱん》の人《ひと》から地図記《ちずき》号《ごう》のアイディアを募集《ぼしゅう》したことがあります。そのときにつくられたのが「老人《ろうじん》ホーム」と「風車《ふうしゃ》」です。なんと「老人《ろうじん》ホーム」は小学《しょうがく》生《せい》の作品《さくひん》が選《えら》ばれました。どんな記号《きごう》でしょうか？　地図帳《ちずちょう》で確《たし》かめてみましょう。

※ちなみに「風車《ふうしゃ》」の記号《きごう》は中学生《ちゅうがくせい》の作品《さくひん》でした。

ひとくちメモ　水車《すいしゃ》、電報《でんぽう》・電話局《でんわきょく》の記号《きごう》はなくなりました。また、軍隊《ぐんたい》が強《つよ》い力《ちから》を持《も》っていた時代《じだい》には、独立樹《どくりつじゅ》、火薬庫《かやくこ》など軍事作戦《ぐんじさくせん》に必要《ひつよう》なものが多《おお》く記号《きごう》に取《と》り入《い》れられていましたが、今《いま》は使《つか》われていません。

空《そら》に月《つき》が見《み》えたら名乗《なの》らなきゃわからない？

東京学芸大学教育学部《とうきょうがくげいだいがくきょういくがくぶ》
中村和弘《なかむらかずひろ》先生《せんせい》が書《か》きました

読《よ》んだ日《ひ》　月《がつ》　日《にち》　月《がつ》　日《にち》　月《がつ》　日《にち》

三日月《みかづき》を表《あらわ》す漢字《かんじ》

友達《ともだち》と遊《あそ》んでいたら暗《くら》くなってきました。もう帰《かえ》らなくちゃ、そんな時間帯《じかんたい》を想像《そうぞう》してください。空《そら》はオレンジ色《いろ》になり、もしかしたらもう月《つき》が見《み》えるかもしれませんね。

そんな様子《ようす》から生《う》まれた漢字《かんじ》が「夕《ゆう》」です。三日月《みかづき》の絵《え》から生《う》まれたといわれています。「月《つき》」という漢字《かんじ》も三日月《みかづき》の絵《え》から生《う》まれましたが、「夕《ゆう》」という字《じ》は少《すこ》しかたむいて見《み》えます。

夕方《ゆうがた》の「夕《ゆう》」は「日暮《ひぐ》れ」を意《い》味《み》する漢字《かんじ》ですが、太陽《たいよう》が沈《しず》むほうではなく、月《つき》が現《あらわ》れることが漢《かん》字《じ》になっているとはおもしろいですね。

「口《くち》」に月《つき》が合《あ》わさると

「夕《ゆう》」がつく漢字《かんじ》には、月《つき》が出《で》る時間帯《じかんたい》が関係《かんけい》しています。「夜《よる》」は人《ひと》の横《よこ》から月《つき》がのぼってきた様《よう》子《す》ですし、「夢《ゆめ》」は「夜《よる》の間《あいだ》のはっきりとは見《み》えないもの」を意味《いみ》するといわれています。

意外《いがい》なことに名前《なまえ》の「名《な》」という字《じ》にも「夕《ゆう》」がついています。これはなぜでしょう？

さまざまな説《せつ》がありますが、その一《ひと》つが「月《つき》が出《で》ている夕暮《ゆうぐ》れ時《どき》は暗《くら》いので、自分《じぶん》の名前《なまえ》を口《くち》で言《い》わなければならないことから」生《う》まれたという説《せつ》です。街灯《がいとう》などなかった時代《じだい》ですから、納得《なっとく》できる説《せつ》です。「夕《ゆう》」という一《ひと》つの漢字《かんじ》から、薄暗《うすぐら》くなる時間帯《じかんたい》におこるさまざまなドラマを想像《そうぞう》してしまいますね。

覚《おぼ》えておこう

「月《つき》」に変身《へんしん》する「肉《にく》」もある

「月《つき》」がつく漢字《かんじ》がすべて夜《よる》に関係《かんけい》するかというと、そうではないのでご注意《ちゅうい》を！　なぜなら「肉《にく》」という漢字《かんじ》は、漢字《かんじ》の左《ひだり》に偏《へん》として置かれると「月《つき》」に変身《へんしん》するからです。これを「にくづき」といいます。「胸《むね》」「腹《はら》」「肺《はい》」など、体《からだ》の一部《いちぶ》を表《あらわ》す時《とき》に使《つか》います。天体《てんたい》の月《つき》に関係《かんけい》する漢字《かんじ》より「にくづき」の月《つき》のほうが多《おお》いぐらいです。

ひとくちメモ　漢字《かんじ》の成《な》り立《た》ちにはさまざまな説《せつ》があります。あまりに昔《むかし》のことなので、はっきりと正解《せいかい》を決《き》めることはむずかしいのです。「夕《ゆう》」の成《な》り立《た》ちにも、さまざまな説《せつ》があります。

並《なら》べて一気《いっき》に覚《おぼ》えよう！ 数字《すうじ》がつく故事成語《こじせいご》

6月20日

筑波大学附属小学校《つくばだいがくふぞくしょうがっこう》
白坂洋一《しらさかよういち》先生《せんせい》が書《か》きました

読《よ》んだ日《ひ》　月《がつ》　日《にち》｜月《がつ》　日《にち》｜月《がつ》　日《にち》

一《いち》から十《じゅう》まで！

故事成語《こじせいご》は、昔中国《むかしちゅうごく》で起《お》こった出来事《できごと》（故事《こじ》）から生《う》まれた教訓《きょうくん》を短《みじか》い言葉《ことば》で表《あらわ》したものです。

故事成語《こじせいご》の中《なか》には、数字《すうじ》がつくものがたくさんあります。数字《すうじ》に目《め》を向《む》けて、一《いち》から十《じゅう》までの故事《こじ》成語《せいご》を順番《じゅんばん》に紹介《しょうかい》していきます。

「一《いち》を聞《き》いて十《じゅう》を知《し》る」
少《すこ》しのことを聞《き》いただけで、すべてわかること

「忠臣《ちゅうしん》は二君《にくん》に仕《つか》えず」
忠実《ちゅうじつ》な臣下《しんか》は、いったん主君《しゅくん》を決《き》めたら、他《ほか》の主君《しゅくん》には仕《つか》えないこと

「三顧《さんこ》の礼《れい》」
地位《ちい》ある人《ひと》や目上《めうえ》の人《ひと》が、賢人《けんじん》に礼《れい》を尽《つ》くして、物事《ものごと》を頼《たの》むこと

「四面楚歌《しめんそか》」
自分《じぶん》の周囲《しゅうい》がみな敵《てき》であること

「五里霧中《ごりむちゅう》」
迷《まよ》って、どうしたらいいかわからなくなること

「六馬《りくば》和《わ》せざれば造父《ぞうほ》も以《もっ》て遠《とお》きを致《いた》す能《あた》わず」
どんなことでも、人々《ひとびと》の気持《きも》ちが一《ひと》つにならなければ、最後《さいご》までやりとげることはできない

「七《なな》たび縦《はな》ち七《なな》たびとらえる」
物《もの》わかりの悪《わる》い人《ひと》にも根気《こんき》よく対応《たいおう》すれば納得《なっとく》させることができることのたとえ

「七嘴八舌《しちしはちぜつ》」
多《おお》くの人《ひと》が方々《ほうぼう》から口《くち》をだすことのたとえ

「九牛《きゅうぎゅう》の一毛《いちもう》」
たくさんある中《なか》のきわめてわずかな部分《ぶぶん》のこと

「一暴十寒《いちばくじっかん》」
少《すこ》しだけ努力《どりょく》して、あとは怠《なま》けることが多《おお》いことのたとえ

探《さが》してみよう

十以上《じゅういじょう》もある

数字《すうじ》がつく故事成語《こじせいご》には、十以上《じゅういじょう》の数《かず》がつくものもあります。たとえば

「百発百中《ひゃっぱつひゃくちゅう》」
予想《よそう》などがすべて当《あ》たること

ほかにもありますよ。辞書《じしょ》などで調《しら》べてみましょう。

ひとくちメモ　故事成語《こじせいご》には、「馬《うま》」にかかわるものも少《すく》なくありません。当時《とうじ》の中国《ちゅうごく》で馬《うま》は役《やく》に立《た》つ、身近《みぢか》な動物《どうぶつ》だったからでしょう。「馬耳東風《ばじとうふう》」「馬《うま》の骨《ほね》」「馬《うま》の耳《みみ》に念仏《ねんぶつ》」「馬《うま》が合《あ》う」などもあります。

表現力がアップするお話

高《たか》くなると低《ひく》くなるものってなあーんだ?

6月 21日

学校教育支援《がっこうきょういくしえん》センター練馬《ねりま》
眞瀬敦子《ませあつこ》先生《せんせい》が書《か》きました

読《よ》んだ日《ひ》　月《がつ》　日《にち》　月《がつ》　日《にち》　月《がつ》　日《にち》

「鼻《はな》が高《たか》い」の意味《いみ》2つ

「高《たか》い」という言葉《ことば》を辞書《じしょ》で調《しら》べると、「空間的《くうかんてき》に基準点《きじゅんてん》よりかなり上《うえ》の位置《いち》にある」と、何《なん》だかむずかしい説明《せつめい》が書《か》いてありますが、具体的《ぐたいてき》に「高《たか》い山《やま》」とか「背《せ》が高《たか》い」といった言葉《ことば》を思《おも》い浮《う》かべると、なるほど、とわかりますね。

たとえば「西洋人《せいようじん》には鼻《はな》が高《たか》い人《ひと》が多《おお》い」という文《ぶん》。これは「西洋人《せいようじん》は鼻《はな》が日本人《にほんじん》の水準《すいじゅん》よりもっと前《まえ》に出《で》っ張《ぱ》っている人《ひと》が多《おお》い」という意味《いみ》です。

ところがこの「鼻《はな》が高《たか》い」には、もう一《ひと》つの意味《いみ》があります。それは「得意気《とくいげ》な様子《ようす》」ということです。頭《あたま》を上《あ》げ、「どうだ!」と自慢《じまん》しているときの様《よう》子《す》が、鼻《はな》を高《たか》く突《つ》き出《だ》しているように見《み》えるので、この意味《いみ》になりました。それがひどくなった『高慢《こうまん》な様子《ようす》』の意味《いみ》にも使《つか》われることがあります。

高《たか》すぎると低《ひく》くなる

「気位《きぐらい》が高《たか》い」「お高《たか》くとまる」という言葉《ことば》もあります。こうなると、もう鼻《はな》にかけて威張《いば》っている、いやーな感《かん》じという意味《いみ》になりますから、その人《ひと》に対《たい》する評価《ひょうか》は「低《ひく》く」なります。

でも「気位《きぐらい》」ではなく「気高《けだか》い」となると、これは「人《ひと》としての品《ひん》格《かく》が高《たか》い」という良《よ》い評価《ひょうか》。また鼻《はな》ではなく、「目《め》が高《たか》い」となると、「良《よ》い物《もの》を見分《みわ》ける目《め》がある」というほめ言葉《ことば》になります。

調《しら》べてみよう

「高《たか》い」を使《つか》った表現《ひょうげん》いろいろ

「敷居《しきい》が高《たか》い」という言葉《ことば》は、「家《いえ》の入《い》り口《ぐち》の下《した》にある敷居《しきい》という横木《よこぎ》の高《たか》さが高《たか》い→その家《いえ》に入《はい》りにくい→相手《あいて》に申《もう》し訳《わけ》のないことをしたので、その人《ひと》の家《いえ》に行《い》きにくい」という意味《いみ》になりました。

そのほか「頭《ず》が高《たか》い」という言葉《ことば》もあります。どんな意味《いみ》か調《しら》べてみましょう。

ひとくちメモ
「誉《ほま》れ高《たか》い」という言葉《ことば》は、「秀才《しゅうさい》の誉《ほま》れ高《たか》い」とか「名匠《めいしょう》の誉《ほま》れ高《たか》い」「武勇《ぶゆう》の誉《ほま》れ高《たか》い」といったように、何《なに》か良《よ》い評価《ひょうか》の言葉《ことば》を前《まえ》につけて使《つか》います。

漢字にまつわるお話

山川

木《き》がつく漢字《かんじ》のひみつ

6月22日

岩手県《いわてけん》一戸市立《いちのへしりつ》鳥海小学校校長《ちょうかいしょうがっこうこうちょう》
南《みなみ》 隆人《たかと》先生《せんせい》が書《か》きました

読《よ》んだ日《ひ》　月《がつ》　日《にち》｜月《がつ》　日《にち》｜月《がつ》　日《にち》

「木《き》」がつく漢字《かんじ》はいくつある？

みなさんは、木《き》のつく漢字《かんじ》をいくつ知《し》っていますか？　手元《てもと》の辞典《じてん》で調《しら》べてみたら、なんと474字《じ》もありました。どうしてそんなに「木《き》」のつく漢字《かんじ》が多《おお》いのでしょう？　私《わたし》たちの周《まわ》りには、様々《さまざま》な木《き》があります。たとえば桜《さくら》は「櫻《さくら》」をかんたんにした漢字《かんじ》です。女《おんな》の人《ひと》がきれいな飾《かざ》り（貝《かい》）を着《つ》けているような木《き》という由来《ゆらい》があります。昔《むかし》の人《ひと》はそうやって、自分《じぶん》たちの身《み》の周《まわ》りにある木《き》の一《ひと》つ一《ひと》つに名前《なまえ》をつけて漢字《かんじ》を考《かんが》え出《だ》しました。すごい観察力《かんさつりょく》ですね。

人《ひと》は木《き》に囲《かこ》まれて暮《く》らしていた

「楽《らく》」という漢字《かんじ》にも「木《き》」がついています。なぜでしょう？

この字《じ》は、昔《むかし》は「樂《らく》」と書《か》いていました。これは、木《き》に幺《よう》（糸《いと》）を張《は》って音《おと》を出《だ》す楽器《がっき》を表《あらわ》しています。「白《しろ》」は、糸《いと》を弾《ひ》く爪《つめ》であると考《かんが》えられています。お琴《こと》やギターを思《おも》い浮《う》かべてみてください。指《ゆび》で弾《ひ》くと美《うつく》しい音《おと》が響《ひび》きます。それが聞《き》く人《ひと》の心《こころ》を楽《たの》しませたことから、「楽《たの》しい」という意味《いみ》で使《つか》われるようになりました。

机《つくえ》・橋《はし》・枕《まくら》などは、昔《むかし》は木《き》でつくられていたということが、漢字《かんじ》からちゃんとわかるのです。

考《かんが》えてみよう

木《き》の向《む》こうからお日様《ひさま》が昇《のぼ》ってくる？

「木《き》」が使《つか》われている漢字《かんじ》を当《あ》ててください。木《き》と日《ひ》（太陽《たいよう》）を組《く》み合《あ》わせて、何《なに》かを表《あら》わそうとしています。もう気《き》づきましたね。木《き》の向《む》こうから太陽《たいよう》が昇《のぼ》る様子《ようす》から、「東《ひがし》」という方角《ほうがく》を表《あらわ》す漢字《かんじ》がつくられました。一《ひと》つ一《ひと》つの漢字《かんじ》は、昔《むかし》の人《ひと》が発明《はつめい》した宝物《たからもの》なのです。

ひとくちメモ　みなさんがみそ汁《しる》を飲《の》むときに使《つか》う「おわん」には、「椀《わん》」・「碗《わん》」・「鋺《えん》」という3つの漢字《かんじ》があります。偏《へん》とつくりの関係《かんけい》から、お椀《わん》をつくる材料《ざいりょう》のちがいに気《き》づくでしょう。昔《むかし》は、石《いし》でできたお碗《わん》もあったのです。

日本語をめぐる言葉のお話 あ

写真《しゃしん》を「うつす」は「写《うつ》す」「映《うつ》す」どっち？

6月23日

東京都江東区立枝川小学校《とうきょうとこうとうくりつえだがわしょうがっこう》
迎《むかえ》 有果《ゆか》先生《せんせい》が書きました

読《よ》んだ日《ひ》　月《がつ》　日《にち》　月《がつ》　日《にち》　月《がつ》　日《にち》

「うつす」の漢字《かんじ》はどれ？

授業中《じゅぎょうちゅう》に、先生《せんせい》が「黒板《こくばん》の文字《もじ》をうつしてください」と言《い》いました。文字《もじ》を「うつす」というときは、どんな漢字《かんじ》を使《つか》えばいいかわかりますか？　答《こた》えは、「写《うつ》す」です。

写《うつ》すには、絵《え》や文字《もじ》などを、もとのとおりにうつし取《と》るという意《い》味《み》があります。だから、「写真《しゃしん》を写《うつ》す」「テストの答《こた》えを写《うつ》す」などというときも、「写」という漢《かん》字《じ》を使《つか》うのです。

おや、次《つぎ》に先生《せんせい》は、教室《きょうしつ》に大《おお》きなスクリーンを準備《じゅんび》しています。そうして、「これからスクリーンに映像《えいぞう》をうつします」と言《い》いました。

このときの「うつす」は、どんな漢字《かんじ》を使《つか》えばいいでしょうか？　答《こた》えは、「映《うつ》す」ですね。

映《うつ》すは、鏡《かがみ》やスクリーンなどに、ものの形《かたち》や姿《すがた》が現《あらわ》れるようにすることです。「子《こ》は親《おや》を映《うつ》す鏡《かがみ》」ということわざにも使《つか》われています。

移動《いどう》するときは「移《うつ》す」

「うつす」と読《よ》む漢字《かんじ》は、ほかにもあります。「移《うつ》す」は、移動《いどう》させる、中《なか》のものを入《い》れ替《か》える、という意味《いみ》です。また、同《おな》じような意味《いみ》で、「遷《うつ》す」と書《か》くこともあります。「海外《かいがい》に拠点《きょてん》を遷《うつ》す」「首《しゅ》都《と》を遷《うつ》す」というように使《つか》われます。

同《おな》じ「うつす」でも、いろいろな使《つか》い方《かた》があるのですね。どの漢《かん》字《じ》を使《つか》えばよいか迷《まよ》ったら、意《い》味《み》を思《おも》い出《だ》してみましょう。

読《よ》んでみよう

うつしたのは何《なに》？

梅《うめ》の花《はな》　にほひをうつす袖《そで》の上《うえ》に
軒《のき》もる月《つき》の影《かげ》ぞあらそふ

この短歌《たんか》は、袖《そで》に梅《うめ》の香《かお》りを「移《うつ》す」と、袖《そで》に月《つき》の光《ひかり》を「映《うつ》す」という2つの意味《いみ》を重《かさ》ねて表現《ひょうげん》されています。意味《いみ》は、下《した》の「ひとくちメモ」を見《み》てください。

ひとくちメモ　「読《よ》んでみよう」の短歌《たんか》の意味《いみ》は、「梅《うめ》の花《はな》の香《かお》りを移《うつ》した私《わたし》の袖《そで》の上《うえ》に、軒《のき》の隙間《すきま》からもれてくる月《つき》の光《ひかり》が映《うつ》って、美《うつく》しさを競《きそ》い合《あ》っている」。作者《さくしゃ》は、藤原定家《ふじわらのていか》という鎌倉時代《かまくらじだい》の歌人《かじん》です。

ものの名前にまつわるお話

へそくりはおへそとは関係《かんけい》ない？

6月24日

東京学芸大学教育学部《とうきょうがくげいだいがくきょういくがくぶ》
中村和弘《なかむらかずひろ》先生《せんせい》が書《か》きました

読《よ》んだ日《ひ》　月《がつ》　日《にち》　月《がつ》　日《にち》　月《がつ》　日《にち》

ちょっと意外《いがい》なへそくりの由来《ゆらい》

他《ほか》の人《ひと》にないしょで、こっそり貯《た》めたお金《かね》のことを「へそくり」といいます。ふだん何気《なにげ》なく使《つか》っていますが、ちょっとおもしろい言葉《ことば》ですね。体《からだ》のおへそと、なにか関係《かんけい》があるのでしょうか？

へそくりという言葉《ことば》が生《う》まれたいきさつには、いろいろな説《せつ》があります。もっとも有力《ゆうりょく》なのは、女《おんな》の人《ひと》が自分《じぶん》の家《いえ》でしていた内職《ないしょく》の「綜麻《へそ》繰《く》り」からきているというものでしょう。

綜麻《へそ》とは、つむいだ麻糸《あさいと》をつないで巻《ま》きつける糸巻《いとま》きのことで、これをつくる作業《さぎょう》のことを「綜麻《へそ》を繰《く》る」といいました。

昔《むかし》の人《ひと》は、この綜麻《へそ》をつくって手《て》に入《い》れたお金《かね》を「綜麻《へそ》繰《く》り金《がね》」と呼《よ》び、そこからこっそり貯《た》めたお金《かね》のことを「へそくり」というようになったといわれています。

やっぱりおへそと関係《かんけい》ある？

また、昔《むかし》の人《ひと》は、お金《かね》を腹巻《はらま》きなどに入《い》れて、おなかに巻《ま》きつけていました。そこで、へその奥《おく》のほうから繰《く》り出《だ》すお金《かね》のことを「臍《へそ》繰《く》り」と呼《よ》んでいたのです。そこから、かくし持《も》っていたお金《かね》を「へそくり」というようになったという説《せつ》もあります。

言葉《ことば》の由来《ゆらい》を調《しら》べてみると、昔《むかし》の人《ひと》の知恵《ちえ》や、生活《せいかつ》のようすがわかっておもしろいですね。

覚《おぼ》えておこう

「へそ」がつく表現《ひょうげん》

おかしくてたまらない、ばかばかしいことを「へそで茶《ちゃ》をわかす」といいます。大笑《おおわら》いしておなかがふるえる様子《ようす》が、お湯《ゆ》がわくのと似《に》ていることから、こんなたとえになったそうです。

ひとくちメモ　カラスビシャクという植物《しょくぶつ》の根《ね》っこは、へそのようなくぼみがあるので「へそ栗《くり》」と呼《よ》ばれていました。昔《むかし》の農家《のうか》の人《ひと》は、これを売《う》って小銭《こぜに》を得《え》ていたので、そこから「へそくり」になったという説《せつ》もあります。

「そそっかしい」とはどういうこと？

6月《がつ》25日《にち》

日本《にほん》国語《こくご》教育《きょういく》学会《がっかい》理事《りじ》
功刀道子《くぬぎみちこ》先生《せんせい》が書《か》きました

読《よ》んだ日《ひ》　月《がつ》　日《にち》｜月《がつ》　日《にち》｜月《がつ》　日《にち》

「そそ」ってなに？

「君《きみ》はそそっかしいところがあるから落《お》ち着《つ》いて行動《こうどう》しなさい」とか「そそっかしいから忘《わす》れ物《もの》が多《おお》い」と言《い》われたことはありませんか。「そそっかしい」とは、態度《たいど》や行動《こうどう》に落《お》ち着《つ》きがないことや、あわて者《もの》の様子《ようす》を表《あらわ》した言葉《ことば》です。「そそかしい」だったのが「そそっかしい」になりました。

もとは「そそく」という言葉《ことば》が変化《へんか》した言葉《ことば》と考《かんが》えられています。「そそく」の「そそ」とは、馬追《うまお》いが「そそ」と言《い》いながら馬《うま》を追《お》い立《た》てた言葉《ことば》です。そこから「そそ」には「ものを急《いそ》ぐ」という意味《いみ》が生《う》まれました。

しかし言葉《ことば》の意味《いみ》は変化《へんか》していきます。「そそく」は次第《しだい》に「ものを急《いそ》ぐ」という意味《いみ》よりも「落《お》ち着《つ》かない」とか「そわそわしている」「軽《かる》はずみだ」という意味《いみ》になっていきました。

「そそっかしい」の仲間《なかま》

似《に》たような意味《いみ》の言葉《ことば》には「おっちょこちょい」や「早《はや》とちり」があります。「うかつ」や「けいそつ」という言葉《ことば》も仲間《なかま》です。深《ふか》く考《かんが》えないで軽々《かるがる》しく行動《こうどう》するという意味《いみ》です。

不注意《ふちゅうい》のまま行動《こうどう》すると、失敗《しっぱい》が多《おお》くなります。だから「落《お》ち着《つ》いて行動《こうどう》しなさい」と言《い》われてしまう、というわけです。

考《かんが》えてみよう

反対《はんたい》の意味《いみ》の言葉《ことば》を集《あつ》めよう

「そそっかしい」性格《せいかく》の人《ひと》と反対《はんたい》になるようなイメージの人《ひと》を考《かんが》えてみよう。（　）の中《なか》には、ヒントに書《か》かれたような意味《いみ》の言葉《ことば》が入《はい》るよ。

①（　　）な人《ひと》
　ヒント：気楽《きらく》でのんびりしている人《ひと》のこと

②（　　）な性格《せいかく》
　ヒント：石橋《いしばし》をたたいて渡《わた》るような人《ひと》のこと

ひとくちメモ　似《に》たような意味《いみ》の言葉《ことば》に「せっかち」があります。気《き》が短《みじか》くてじっくりと待《ま》つことができない人《ひと》を「せっかちな人《ひと》だ」といいます。「考《かんが》えてみよう」の答《こた》え　①のんき　②慎重《しんちょう》

漢字にまつわるお話

音《おと》から？ 意味《いみ》から？ 国名《こくめい》を表《あらわ》す漢字《かんじ》

6月26日

東京学芸大学附属小金井小学校《とうきょうがくげいだいがくふぞくこがねいしょうがっこう》
鈴木秀樹《すずきひでき》先生《せんせい》が書《か》きました

読《よ》んだ日《ひ》　月《がつ》　日《にち》｜月《がつ》　日《にち》｜月《がつ》　日《にち》

つちみみふるい？

「土」という漢字《かんじ》を読《よ》めますか？ そうです。音読《おんよ》みで「ド」、訓読《くんよ》みで「つち」ですよね。では「耳」は？「ジ」「みみ」です。知《し》っていますよね。「古」はどうでしょう。「コ」「ふる」ですよね。このあたりの漢字《かんじ》は、みなさんよくご存《ぞん》じでしょう。

では、今《いま》の3つの漢字《かんじ》を並《なら》べて「土耳古」としてみましょう。読《よ》めますか？ なんとこれで「トルコ」と読《よ》みます。国《くに》の名前《なまえ》の「トルコ」です。「ト」と「コ」はまだ納得《なっとく》がいくかもしれません。でも「ル」は読《よ》めないですよね。

音《おと》からつけたり、意味《いみ》からつけたり

外国《がいこく》の国名《こくめい》を漢字《かんじ》で表《あらわ》す場合《ばあい》、なるべく似《に》た音《おと》の漢字《かんじ》を当《あ》てることが多《おお》いです。「英吉利＝イギリス」「亜米利加＝アメリカ」などは、その典型《てんけい》といってよいでしょう。

しかし、そうしたものの中《なか》にも「土耳古」のように、部分的《ぶぶんてき》には首《くび》をひねってしまうものも少《すく》なくありません。

また、音《おと》ではなく意味《いみ》から漢字《かんじ》を当《あ》てることもあって、この場合《ばあい》は知《し》らなければまず読《よ》めません。たとえば「黒山」。これを見《み》て「くろやま」「こくさん」以外《いがい》の読《よ》み方《かた》を思《おも》いつく人《ひと》はいますか？ 実《じつ》はこれ、「モンテネグロ」なのです。「モンテネグロ」という言葉《ことば》の元々《もともと》の意味《いみ》が「黒《くろ》い山《やま》」だったので、漢字《かんじ》も「黒山」とつけたのだそうです。

つくってみよう

国当《くにあ》てクイズ

国名《こくめい》の漢字《かんじ》読《よ》みクイズをつくってみましょう。「印度＝インド」などはかんたんかな？「加納＝ガーナ」は少《すこ》しむずかしいかもしれません。「象牙海岸＝コートジボワール」は、初《はじ》めてなら絶対《ぜったい》わからないでしょうね。

ひとくちメモ　英吉利＝イギリスだから英国《えいこく》。では亜米利加＝アメリカだから亜国《あこく》、ではなくて米国《べいこく》と表《あらわ》しますね。これは昔《むかし》はアメリカンのことを米利堅（メリケン）と表《あらわ》したこともあるからだといわれています。

話し方にまつわるお話

手《て》から言葉《ことば》が生《う》まれる

6月
27日

日本国語教育学会理事《にほんこくごきょういくがっかいりじ》
岡本博幸《おかもとひろゆき》先生《せんせい》が書《か》きました

読《よ》んだ日《ひ》　月《がつ》　日《にち》　月《がつ》　日《にち》　月《がつ》　日《にち》

手《て》で伝《つた》える言語《げんご》

首相《しゅしょう》や大臣《だいじん》の記者会見《きしゃかいけん》のとき、そのとなりで手《て》を動《うご》かしている人《ひと》を見《み》たことがありませんか？　その人《ひと》は手話通訳士《しゅわつうやくし》です。音《おと》が聞《き》こえない人《ひと》のために、手《て》で言葉《ことば》を表現《ひょうげん》し、聴覚障《ちょうかくしょう》がい者《しゃ》に内容《ないよう》を伝《つた》えているのです。

町中《まちなか》でも、手《て》を使《つか》ってコミュニケーションをとっているところを見《み》たことがあるでしょう。それは耳《みみ》に障《しょう》がいを持《も》つ人同士《ひとどうし》が、手《て》を使《つか》って言葉《ことば》を表現《ひょうげん》し、自分《じぶん》の気持《きも》ちを伝《つた》え合《あ》っているのです。この手《て》の動作《どうさ》を「手話《しゅわ》」といいます。テレビでも「手話《しゅわ》ニュース」という番組《ばんぐみ》がありますね。

日本《にほん》の手話《しゅわ》は日本《にほん》だけ

手話《しゅわ》は世界共通言語《せかいきょうつうげんご》ではありません。日本語《にほんご》がそうであるように、日本《にほん》の手話《しゅわ》は日本《にほん》だけでしか通用《つうよう》しません。世界各国《せかいかっこく》それぞれの特徴《とくちょう》を持《も》った手話言語《しゅわげんご》があります。日本《にほん》で手話《しゅわ》ができたからといっても、世界《せかい》では使《つか》えないのです。

日本《にほん》では1878（明治《めいじ》11）年《ねん》に、古河太四郎《ふるかわたしろう》が京都《きょうと》で初《はじ》めての「ろう」の学校《がっこう》「京都盲唖院《きょうともうあいん》」を設立《せつりつ》したのが最初《さいしょ》です。1969（昭和《しょうわ》44）年《とし》、全日本《ぜんにほん》ろうあ連盟《れんめい》が編集発行《へんしゅうはっこう》した『わたしたちの手話《しゅわ》』（第一巻《だいいっかん》）によって、全国《ぜんこく》の標準手話《ひょうじゅんしゅわ》が制定《せいてい》されました。それが「日本手話《にほんしゅわ》」です。

覚《おぼ》えてみよう

お礼《れい》やお祝《いわ》いを伝《つた》えよう

耳《みみ》に障《しょう》がいがある人《ひと》とコミュニケーションをとるときに知《し》っておくと便利《べんり》な手話《しゅわ》を紹介《しょうかい》します。積極的《せっきょくてき》に使《つか》ってみましょう。手《て》の動《うご》きだけでなく、顔《かお》の表情《ひょうじょう》も大切《たいせつ》です。手話《しゅわ》は、その感情《かんじょう》の強《つよ》さを表情《ひょうじょう》で伝《つた》える言語《げんご》なのです。

ひとくちメモ　聴覚障《ちょうかくしょう》がい者《しゃ》は日本《にほん》に約《やく》600万人《まんにん》います。人口《じんこう》の約5％、つまり20人《にん》に1人《り》は耳《みみ》に障《しょう》がいのある人《ひと》たちがいることになります。

季節やたのしい行事のお話

春《はる》だけど冬《ふゆ》、秋《あき》なのに夏《なつ》

6月28日

東京学芸大学附属竹早小学校《とうきょうがくげいだいがくふぞくたけはやしょうがっこう》
高須《たかす》みどり先生《せんせい》が書《か》きました

読《よ》んだ日《ひ》　月《がつ》　日《にち》｜月《がつ》　日《にち》｜月《がつ》　日《にち》

春《はる》と小春《こはる》はちがう季節《きせつ》

「春日和《はるびより》」という言葉《ことば》があります。これは、よく晴《は》れて穏《おだ》やかな春《はる》の日《ひ》のことです。「日和《ひより》」とは、日《ひ》が和《なご》むことで、静《しず》かで穏《おだ》やかという意味《いみ》です。

この言葉《ことば》に「小《しょう》」という漢字《かんじ》がつくと「小春日和《こはるびより》」という言葉《ことば》になります。これはいつの季節《きせつ》のことだと思《おも》いますか？　漢字《かんじ》を見《み》ると暖《あたた》かい春《はる》のことと思《おも》ってしまいそうですが、実《じつ》は春《はる》ではありません。春《はる》にはまだ遠《とお》い、晩秋《ばんしゅう》から初《しょ》冬《とう》にかけての、暖《あたた》かく穏《おだ》やかに晴《は》れた日《ひ》のことを言《い》います（くわしくは362ページ）。「小春《こはる》」は旧《きゅう》暦《れき》の10月《がつ》（現在《げんざい》の11月頃《がつごろ》）のことで、俳句《はいく》では冬《ふゆ》の季語《きご》です。

麦《むぎ》が実《みの》るのはいつ？

「麦秋《ばくしゅう》」も、季節《きせつ》を間違《まちが》えやすい言葉《ことば》です。秋《あき》という漢字《かんじ》が使《つか》われていますが、実《じつ》は初夏《しょか》を表《あらわ》します。6月《がつ》に手紙《てがみ》を書《か》くときに、最初《さいしょ》のあいさつ文《ぶん》に「麦秋《ばくしゅう》の候《こう》」と使《つか》うこともあります。

ではなぜ、「秋《あき》」という漢字《かんじ》が使《つか》われているのでしょう。それは、麦《むぎ》の収穫《しゅうかく》の時期《じき》と関係《かんけい》があります。麦《むぎ》が豊《ゆた》かに実《みの》り、金色《きんいろ》の穂《ほ》を輝《かがや》かせるのは初夏《しょか》なのです。つまり、初夏《しょか》は麦《むぎ》の収穫時期《しゅうかくじき》であり、麦《むぎ》にとっての「実《みの》りの秋《あき》」といえるのです。

聞《き》いてみよう

どんな「日和《ひより》」があるかな

よく晴《は》れて気持《きも》ちのよい日《ひ》に、テレビやラジオの出演者《しゅつえんしゃ》が「行楽日和《こうらくびより》」と表現《ひょうげん》することがあります。何《なに》かをするのにちょうどよい天気《てんき》の日《ひ》を「〇〇日和《びより》」といいます。ほかにはどんな「日和《ひより》」があるか、お家《うち》の人《ひと》に聞《き》いてみましょう。

ひとくちメモ　麦《むぎ》には、大麦《おおむぎ》やハト麦《むぎ》、小麦《こむぎ》などいろいろな種類《しゅるい》があり、それぞれの収穫時期《しゅうかくじき》には差《さ》があります。本州《ほんしゅう》では5月下旬《がつげじゅん》から6月中旬《がつちゅうじゅん》くらいまでに収穫《しゅうかく》されます。北海道《ほっかいどう》では7月《がつ》から8月《がつ》になるそうです。

「かんむり」で漢字《かんじ》の意味《いみ》を推理《すいり》しよう！

6月29日

元福岡県春日市立春日東小学校校長《もとふくおかけんかすがしりつかすがひがししょうがっこうこうちょう》
東《ひがし》 和男《かずお》先生《せんせい》が書《か》きました

読《よ》んだ日《ひ》　月《がつ》　日《にち》｜月《がつ》　日《にち》｜月《がつ》　日《にち》

どんな意味《いみ》？

部首《ぶしゅ》の「かんむり」には、「艹（くさかんむり）」、「宀（うかんむり）」、「⻗（あめかんむり）」、「冖（わかんむり）」、「⺮（たけかんむり）」、「穴（あなかんむり）」などがあります。それぞれの「かんむり」がつく漢字《かんじ》には、次《つぎ》のようなものがあります。

艹：花《はな》・芽《め》・草《くさ》など
宀：家《いえ》・安《あん》・客《きゃく》など
⻗：雲《くも》・雷《かみなり》・雪《ゆき》など
⺮：節《ふし》・笹《ささ》・笛《ふえ》など
冖：写《しゃ》など
穴：究《きゅう》・空《そら》・窒《しつ》など

「艹」は、草《くさ》を表《あらわ》します。この下《した》に「化」をつけると、別《べつ》の姿《すがた》に変《か》わるという意味《いみ》から、「花《はな》」という漢字《かんじ》になります。

「宀」は、家《いえ》を表《あらわ》します。「安《あん》」という漢字《かんじ》は、家《いえ》の中《なか》で女性《じょせい》が安《あん》心《しん》している様子《ようす》から「やすらか、落《お》ちつける」などの意味《いみ》を表《あらわ》します。

「かんむり」のつく漢字《かんじ》はたくさんある！

では、「⻗」や「⺮」はどうでしょう？「あめかんむり」は、雨《あめ》に関係《かんけい》のある漢字《かんじ》をつくります。雲《くも》・雷《かみなり》・雪《ゆき》は、天気予報《てんきよほう》によく登場《とうじょう》しますね。「⺮」は、竹《たけ》に関係《かんけい》のある漢字《かんじ》をつくっています。節《ふし》という漢字《かんじ》は「ふし」と読《よ》みますが、竹《たけ》の節《ふし》と木《き》の節《ふし》とでは、意味《いみ》が少《すこ》しちがいます。

ほかにも「かんむり」には、たくさんの種類《しゅるい》があります。「かんむり」のつく漢字《かんじ》を、辞書《じしょ》で調《しら》べてみましょう。そして、それぞれの「かんむり」はどんな意味《いみ》を表《あらわ》すのか、推理《すいり》してみましょう。

調《しら》べてみよう

間違《まちが》えやすい部首《ぶしゅ》の画数《かくすう》

辞書《じしょ》の総画索引《そうかくさくいん》で漢字《かんじ》を探《さが》す時《とき》、次《つぎ》の部首《ぶしゅ》の画数《かくすう》は間違《まちが》えやすいので注意《ちゅうい》しましょう。阝（こざとへん）２画《かく》、糸（いとへん）６画《かく》、廴（えんにょう）３画、⻌（しんにゅう）３画《かく》、弓（ゆみへん）３画《かく》、飠（しょくへん）８画《かく》。

ひとくちメモ　「莫」は「かくす・見《み》えなくする・ない」という意味《い》《み》を表《あらわ》します。「へん」や「つくり」などから、「膜《まく》」「幕《まく》」「墓《はか》」「漠《ばく》」「慕《ぼ》」の意味《いみ》を推理《すいり》してみましょう。

言葉にまつわる偉人のお話

6月30日

人間《にんげん》の心《こころ》を描《えが》き出《だ》す 芥川龍之介《あくたがわりゅうのすけ》の小説《しょうせつ》

日本国語教育学会理事《にほんこくごきょういくがっかいりじ》
藤田慶三《ふじたけいぞう》先生《せんせい》が書《か》きました

読《よ》んだ日《ひ》　月《がつ》　日《にち》　月《がつ》　日《にち》　月《がつ》　日《にち》

学生時代《がくせいじだい》から小説《しょうせつ》を書《か》き始《はじ》める

芥川龍之介《あくたがわりゅうのすけ》は、『羅生門《らしょうもん》』『鼻《はな》』『杜子春《とししゅん》』『歯車《はぐるま》』など、たくさんの小説《しょうせつ》を書《か》いた人《ひと》です。龍之介《りゅうのすけ》は1892（明治《めいじ》25）年《ねん》に、東京《とうきょう》で生《う》まれました。子供《こども》のころからとても頭《あたま》がよく、むずかしい大人《おとな》の本《ほん》を夢中《むちゅう》になって読《よ》んだそうです。

東京大学英文科《とうきょうだいがくえいぶんか》に入学《にゅうがく》すると、自分《じぶん》でも小説《しょうせつ》を書《か》き始《はじ》めました。最初《さいしょ》に発表《はっぴょう》したのは『羅生門《らしょうもん》』です。けれども、この作品《さくひん》は誰《だれ》からも認《みと》めてもらえず、龍之介《りゅうのすけ》は自信《じしん》を失《うしな》いかけていました。

そんな時《とき》、友人《ゆうじん》のすすめで、尊敬《そんけい》する夏目漱石《なつめそうせき》の門下生《もんかせい》になります。漱石《そうせき》は、次《つぎ》に発表《はっぴょう》した『鼻《はな》』を読《よ》んで、「大変《たいへん》おもしろい」とほめてくれました。龍之介《りゅうのすけ》はこの言葉《ことば》にはげまされ、小説《しょうせつ》を書《か》き続《つづ》けていこうと決《き》めたのです。

代表作《だいひょうさく》『蜘蛛《くも》の糸《いと》』を読《よ》んで考《かんが》えてみよう!

龍之介《りゅうのすけ》は、小説《しょうせつ》を書《か》くことを通《とお》して、人間《にんげん》の心《こころ》を描《えが》き出《だ》そうとしました。そのひとつに『蜘蛛《くも》の糸《いと》』いう有名《ゆうめい》なお話《はなし》があります。

主人公《しゅじんこう》の犍陀多《かんだた》は、悪《わる》いことをして地獄《じごく》に落《お》ちました。おしゃか様《さま》は蜘蛛《くも》の糸《いと》を下《お》ろして助《たす》けてやろうとしますが、犍陀多《かんだた》の後《あと》からたくさんの罪人《ざいにん》が登《のぼ》ってきます。糸《いと》が切《き》れるのを心配《しんぱい》した犍陀多《かんだた》は「降《お》りろ」と叫《さけ》び、そのとたんに蜘蛛《くも》の糸《いと》は切《き》れてしまいました。

「自分《じぶん》さえよければいい」という考《かんが》え方《かた》より、どんな時《とき》も人《ひと》と助《たす》けあって生《い》きるほうがいいですよね。みなさんは、どう思《おも》いますか？

読《よ》んでみよう

小学生《しょうがくせい》でも読《よ》みやすい作品《さくひん》

芥川龍之介《あくたがわりゅうのすけ》は、子供向《こどもむ》けの児童文学《じどうぶんがく》もたくさん書《か》いています。『鼻《はな》』『芋粥《いもがゆ》』『トロッコ』などは、小学生《しょうがくせい》が読《よ》んでも、細《こま》やかな心《こころ》の動《うご》きや考《かんが》え方《かた》に感銘《かんめい》を受《う》けるでしょう。図書館《としょかん》などで探《さが》して、ぜひ読《よ》んでみてください。

ひとくちメモ
「芥川賞《あくたがわしょう》」は、すぐれた純文学《じゅんぶんがく》の作品《さくひん》を発表《はっぴょう》した新人作家《しんじんさっか》におくられる文学賞《ぶんがくしょう》です。1935（昭和《しょうわ》10）年《ねん》に、芥川龍之介《あくたがわりゅうのすけ》の名《な》を記念《きねん》して、友人《ゆうじん》だった作家《さっか》の菊池寛《きくちかん》らによって創設《そうせつ》されました。

7月

文月

－ふみづき－

July

歌や古典・芸能にまつわるお話

夏《なつ》らしい俳句《はいく》を味《あじ》わおう①　～さまざまな色《いろ》の世界《せかい》～

7月 1日

佐賀県佐賀市立本庄小学校校長《さがけんさがしりつほんじょうしょうがっこうこうちょう》
権藤順子《ごんどうじゅんこ》先生《せんせい》が書《か》きました

読《よ》んだ日《ひ》　月《がつ》　日《にち》　月《がつ》　日《にち》　月《がつ》　日《にち》

色《いろ》の対比《たいひ》で生《い》き生《い》きと

夏《なつ》は、空《そら》や葉《は》、花《はな》など自然界《しぜんかい》のさまざまなものが鮮《あざ》やかに見《み》えます。だから夏《なつ》の俳句《はいく》には、色《いろ》の対比《たいひ》を際立《きわだ》たせたものが多《おお》いのです。

「白牡丹《はくぼたん》といふといへども紅《べに》ほのか」
高浜虚子《たかはまきょし》

紅白《こうはく》の対比《たいひ》が美《うつく》しく花《はな》の王様《おうさま》と呼《よ》ばれる牡丹《ぼたん》にふさわしい句《く》です。ほのかな紅《べに》がにおいたつような気《き》品《ひん》にあふれていますね。

「萬緑《ばんりょく》の中《なか》や吾子《あこ》の歯《は》生《は》え初《そ》むる」
中村草田男《なかむらくさたお》

四方《しほう》すべての緑《みどり》の中《なか》に、赤子《あかご》の真《ま》っ白《しろ》い歯《は》が光《ひか》っている。未来《みらい》への願《ねが》いをこめた命《いのち》の賛歌《さんか》も感《かん》じられます。

さらに色《いろ》が効《き》いている夏《なつ》らしい句《く》を2つ紹介《しょうかい》します。

「プラタナス夜《よ》もみどりなる夏《なつ》は来《き》ぬ」
石田波郷《いしだはきょう》

「滝落《たきお》ちて群青世界《ぐんじょうせかい》とどろけり」
水原秋桜子《みずはらしゅうおうし》

夏《なつ》のみずみずしさ

「青蛙《あおがえる》おのれもペンキぬりたてか」
芥川龍之介《あくたがわりゅうのすけ》

この句《く》の中《なか》に青《あお》と対比《たいひ》となる色《いろ》はありませんが、「おのれも」の「も」に鮮《あざ》やかで新鮮《しんせん》な気持《きも》ちをもってスタート台《だい》に立《た》っている作《さく》者《しゃ》を思《おも》い浮《う》かべます。青蛙《あおがえる》と自分《じぶん》自身《じしん》のみずみずしい決意《けつい》を対比《たいひ》しているのですね。

味《あじ》わってみよう

雨《あめ》にまつわる季語《きご》

夏《なつ》の雨《あめ》には「喜雨《きう》」、「緑雨《りょくう》」、「慈雨《じう》」、「甘雨《かんう》」、「祈雨《きう》」などがあります。どれも日照《ひで》り続《つづ》きで待《ま》ちかねた恵《めぐ》みの雨《あめ》を表《あらわ》しています。

ひとくちメモ　中村草田男《なかむらくさたお》の上《かみ》の句《く》によって、「萬緑《ばんりょく》」（＝万緑《ばんりょく》）という季語《きご》が誕生《たんじょう》したそうです。「たくさんの緑《みどり》」という意味《いみ》で、見渡《みわた》す限《かぎ》り勢《いきお》いよく緑《みどり》が生《お》い茂《しげ》る様子《ようす》を表現《ひょうげん》しています。

決まり文句・名文句にまつわるお話 おにに かなぼう

7月 2日

何度《なんど》もされたらたまらない！

日本国語教育学会理事《にほんこくごきょういくがっかいりじ》
新垣公子《あらかきともこ》先生《せんせい》が書《か》きました

読《よ》んだ日《ひ》　月《がつ》　日《にち》｜　月《がつ》　日《にち》｜　月《がつ》　日《にち》

いくら優《やさ》しくても

仏様《ほとけさま》はやさしいお顔《かお》をしていますね。昔《むかし》の人《ひと》は、なんでも許《ゆる》してくれそうな心《こころ》のやさしい人《ひと》のことを、よく仏様《ほとけさま》にたとえていました。そんな仏様《ほとけさま》でも顔《かお》を三度《さんど》もなでられると怒《おこ》り出《だ》す、という意味《いみ》で「仏《ほとけ》の顔《かお》も三度《さんど》まで」ということわざがあります。

もともとは「仏《ほとけ》の顔《かお》も三度《さんど》なずれば腹《はら》が立《た》つる」という言葉《ことば》だったそうですが、よく使《つか》われるうちに短《みじか》くなりました。いくら優《やさ》しくておとなしい人《ひと》でも、何度《なんど》もひどいことをされたりバカにされたりすると怒《おこ》ってしまうというときに使《つか》われます。

何度《なんど》も何度《なんど》も

何度《なんど》もひどい目《め》にあったら悲《かな》しくなりますね。そんなときに使《つか》いたいことわざは「泣《な》きっ面《つら》に蜂《はち》」です。「泣《な》きっ面《つら》」とは、「泣《な》き顔《がお》」のこと。この文章《ぶんしょう》は、痛《いた》い思《おも》いをして泣《な》いているときに、さらに顔《かお》を蜂《はち》に刺《さ》されてしまう、といっているのです。これは悲《かな》しくてたまりませんね。このことから、悪《わる》いことがあった上《うえ》に、さらに悪《わる》いことが重《かさ》なる、というときのたとえに使《つか》われるようになりました。

使《つか》ってみよう

会話《かいわ》にまぜてみよう

覚《おぼ》えたことわざはさっそくおうちの人《ひと》との会話《かいわ》で使《つか》いましょう。

例文《れいぶん》）
落《お》とし物《もの》をさがしていたらころんでけがをしてしまった。泣《な》きっ面《つら》に蜂《はち》の一日《いちにち》だったよ。

ひとくちメモ　上方《かみがた》いろはがるたには、「仏《ほとけ》の顔《かお》も三度《さんど》」や「地獄《じごく》の沙汰《さた》も金次第《かねしだい》」など、仏教《ぶっきょう》に関《かん》することわざが多《おお》く見《み》られます。「上方《かみがた》」とは京都《きょうと》のこと。いろはがるたがはじめてつくられた地域《ちいき》です。

話し方にまつわるお話

みんなが注目《ちゅうもく》する！ 話《はな》し方《かた》の「5つの魔法《まほう》」

7月 3日

北海道旭川市立日章小学校校長《ほっかいどうあさひかわしりつにっしょうしょうがっこうこうちょう》
鎌田優子《かまだゆうこ》先生《せんせい》が書《か》きました

読《よ》んだ日《ひ》　月《がつ》　日《にち》　月《がつ》　日《にち》　月《がつ》　日《にち》

同《おな》じ内容《ないよう》でも話《はな》し方《かた》で印象《いんしょう》が変《か》わる？

みんなの前《まえ》で同《おな》じ話《はなし》をしても、真剣《しんけん》に聞《き》いてもらえる時《とき》と、そうでない時《とき》があります。なぜだと思《おも》いますか？　みんなに自分《じぶん》の意見《いけん》を聞《き》いてもらえるようになる、5つの魔法《まほう》を紹介《しょうかい》しましょう。

まず、話《はなし》が短《みじか》くて、わかりやすいことが大切《たいせつ》です。ダラダラした長《なが》い話《はなし》は、聞《き》く人《ひと》をうんざりさせてしまいます。話《はな》している途中《とちゅう》で、何度《なんど》も「え～」と言《い》うのもだめですよ。

2つめは、ちょうどよい声《こえ》の大《おお》きさとスピードです。聞《き》き取《と》りにくい単《たん》語《ご》や大事《だいじ》な言葉《ことば》、人《ひと》の名《な》前《まえ》などは、ゆっくりと、1つずつの音《おと》をはっきり発音《はつおん》しましょう。

3つめは、目《め》や手《て》の動《うご》きにも気《き》を配《くば》ることです。クラスのみんなに語《かた》りかける時《とき》は、教室内《きょうしつない》をゆっくり見渡《みわた》しながら、言葉《ことば》に合《あ》わせて手《て》の動《うご》きもつけてみましょう。

4つめは、聞《き》く人《ひと》に問《と》いかけることです。「～を知《し》っていますか？」「～について考《かんが》えたことは？」などと聞《き》いてから話《はな》し始《はじ》めると、もっと話《はなし》に興味《きょうみ》をもってもらえます。

そして最後《さいご》は、聞《き》く人《ひと》の気持《きも》ちになって話《はな》すことです。相手《あいて》の共感《きょうかん》が得《え》られれば、自分《じぶん》の言《い》いたいことがしっかりと伝《つた》わるでしょう。

話《はな》し方《かた》の魔法《まほう》を使《つか》えばみんな「大賛成《だいさんせい》！」

そのほかにも、ていねいな言葉《ことば》づかいで話《はな》すことや、笑顔《えがお》で語《かた》りかけることも大切《たいせつ》です。これらの魔法《まほう》を使《つか》えば、みんなはたちまちあなたの話《はなし》に引《ひ》き込《こ》まれ、「大賛成《だいさんせい》！」と言《い》ってもらえるかもしれませんよ。

やってみよう

鏡《かがみ》の前《まえ》で話《はな》す姿《すがた》をチェック！

話《はな》す姿《すがた》を見《み》ているのは、自分以外《じぶんいがい》の人《ひと》です。たまには鏡《かがみ》の前《まえ》で、自分《じぶん》の話《はな》す姿《すがた》をチェックしてみましょう。「エッ、これが自分《じぶん》!?」と、思《おも》っていたイメージとはちがってビックリ！　動画《どうが》に撮《と》って見《み》ると、意外《いがい》なくせに気《き》づくこともありますよ。

ひとくちメモ

目上《めうえ》の人《ひと》と話《はなし》をする時《とき》は、特《とく》にていねいな言葉《ことば》づかいを心《こころ》がけましょう。何《なに》かお願《ねが》いをする時《とき》は、疑問形《ぎもんけい》で「～してくださいますか？」などと言《い》えば、やわらかい表現《ひょうげん》になり、受《う》け入《い》れられやすいでしょう。

かっこいい人《ひと》をなぜ二枚目《にまいめ》という？

東京学芸大学教育学部《とうきょうがくげいだいがくきょういくがくぶ》
中村和弘《なかむらかずひろ》先生《せんせい》が書《か》きました

読《よ》んだ日《ひ》　月《がつ》　日《にち》｜　月《がつ》　日《にち》｜　月《がつ》　日《にち》

二枚目《にまいめ》はイケメンのこと

テレビを見《み》ていて、俳優《はいゆう》が画面《がめん》に映《うつ》ったときに、お母《かあ》さんが「この人《ひと》、本当《ほんとう》に二枚目《にまいめ》ね！」とつぶやいたとしましょう。さて、お母《かあ》さんはこの俳優《はいゆう》をどのような人《ひと》だと感《かん》じていると思《おも》いますか？

「二枚目《にまいめ》」は、かっこいい男《おとこ》の人《ひと》を表現《ひょうげん》する言葉《ことば》。お母《かあ》さんは「この俳優《はいゆう》は本当《ほんとう》にイケメンだわ‼」と思《おも》っているのです。

では、なぜかっこいい男《おとこ》の人《ひと》のことを「二枚目《にまいめ》」というのでしょう。これは江戸時代《えどじだい》の歌舞伎《かぶき》の世界《せかい》からきている言葉《ことば》なのです。

歌舞伎《かぶき》の看板《かんばん》から生《う》まれた

当時《とうじ》、歌舞伎《かぶき》が演《えん》じられる芝居《しばい》小屋《ごや》の前《まえ》には、8枚《まい》の看板《かんばん》があり、それらの看板《かんばん》には出演《しゅつえん》する役者《やくしゃ》の名前《なまえ》が書《か》かれていました。

1枚目《まいめ》の看板《かんばん》には主役《しゅやく》の名前《なまえ》。2枚目《まいめ》の看板《かんばん》には、美男子《びなんし》の役者《やくしゃ》の名前《なまえ》が書《か》かれました。つまり、かっこいい役者《やくしゃ》＝2枚目《まいめ》の看板《かんばん》に名前《なまえ》がある。ここから美男子《びなんし》を今《いま》でも二枚目《にまいめ》と表現《ひょうげん》するようになったのです。

「二枚目《にまいめ》」と同《おな》じように「三枚目《さんまいめ》」という言葉《ことば》もあります。もちろんこれも歌舞伎《かぶき》の看板《かんばん》から生《う》まれました。当時《とうじ》の3枚目《まいめ》の看板《かんばん》には、おもしろいことをする道化役《どうけやく》の役者《やくしゃ》の名前《なまえ》が書《か》かれました。

そのため、今《いま》でも「三《さん》枚目《まいめ》」は、かっこいい二《に》枚目《まいめ》に対《たい》して、おもしろいことを言《い》ったり、やったりする人《ひと》のことを表《あらわ》しています。

今《いま》では使《つか》われていませんが、4枚目《まいめ》にはまとめ役《やく》、5枚目以降《まいめいこう》には敵役《かたきやく》などの名前《なまえ》が書《か》かれ、最後《さいご》の8枚目《まいめ》には座長《ざちょう》の名前《なまえ》が書《か》かれていたそうです。

調《しら》べてみよう

二枚目《にまいめ》と同《おな》じ意味《いみ》を持《も》つ言葉《ことば》は？

かっこいい男《おとこ》の人《ひと》のことを表《あらわ》す言葉《ことば》は、「二枚目《にまいめ》」だけではありません。最近《さいきん》の言葉《ことば》では「イケメン」、少《すこ》し古《ふる》いものでは、「ハンサム」などとも表現《ひょうげん》されました。では、このほかに「二枚目《にまいめ》」と同《おな》じ意味《いみ》を持《も》つ言葉《ことば》にはどのようなものがあるのでしょうか？　調《しら》べて使《つか》ってみましょう。

ひとくちメモ　態度《たいど》や服装《ふくそう》、ものの言《い》い方《かた》が気《き》どっていて、いやみな人《ひと》のことを「あいつはキザだな〜」と言《い》います。漢字《かんじ》では「気障《きざ》」と書《か》きます。これも江戸時代《えどじだい》に生《う》まれた言葉《ことば》です。

情報《じょうほう》や物語《ものがたり》を広《ひろ》く伝《つた》えたい！グーテンベルクの大発明《だいはつめい》

7月5日

東京学芸大学附属小金井小学校《とうきょうがくげいだいがくふぞくこがねいしょうがっこう》
鈴木秀樹《すずきひでき》先生《せんせい》が書《か》きました

読《よ》んだ日《ひ》　月《がつ》　日《にち》　月《がつ》　日《にち》　月《がつ》　日《にち》

全《すべ》ての書籍《しょせき》は印刷《いんさつ》による

この本《ほん》もそうですが、全《すべ》ての紙《かみ》の書籍《しょせき》は「印刷《いんさつ》」という技術《ぎじゅつ》によってつくられています。現在《げんざい》はコンピュータを使《つか》うＤＴＰ（デスクトップ・パブリッシング）という技術《ぎじゅつ》が使《つか》われていますが、以前《いぜん》は長《なが》く活版印刷《かっぱんいんさつ》という技術《ぎじゅつ》が用《もち》いられていました。この手法《しゅほう》を世界《せかい》に広《ひろ》めたのは約《やく》５７０年前《ねんまえ》、ドイツのグーテンベルクという人《ひと》です。

本《ほん》は手書《てが》きで写《うつ》していた

活版印刷《かっぱんいんさつ》が発明《はつめい》される前《まえ》の時代《じだい》、本《ほん》をつくろうと思《おも》ったらどうしていたと思《おも》いますか？　写本《しゃほん》、つまり手書《てが》きの本《ほん》を見《み》て、また手書《てが》きで写《うつ》す。それしか方法《ほうほう》がなかったのです。考《かんが》えるだけで大変《たいへん》そうで、いかにも面倒《めんどう》ですね。しかし、聖書《せいしょ》やえらい人《ひと》の教《おし》え、もののつくり方《かた》や他《ほか》の国《くに》の事情《じじょう》など、その情報《じょうほう》をほしいと思《おも》ったら、一生懸命《いっしょうけんめい》写《うつ》していました。そして、その手書《てが》きの書籍《しょせき》は貴重《きちょう》なものとして大切《たいせつ》にされました。

グーテンベルクは、金属《きんぞく》でつくった文字《もじ》のハンコ（つまり活字《かつじ》）を並《なら》べ、それにインクをつけてから紙《かみ》を押《お》し付《つ》けて文字《もじ》を紙《かみ》に写《うつ》し取《と》る方法《ほうほう》を考《かんが》え出《だ》しました。このやり方《かた》を活版印刷《かっぱんいんさつ》といいます。グーテンベルクは、活版印刷《かっぱんいんさつ》を行《おこな》う印刷機《いんさつき》も考案《こうあん》しました。

このグーテンベルクの方法《ほうほう》によって、それまでの写本《しゃほん》では考《かんが》えられなかったような大量印刷《たいりょういんさつ》が可能《かのう》になりました。それによって書籍《しょせき》はそれまでとは比較《ひかく》にならないスピードで世《よ》の中《なか》に広《ひろ》まるようになりました。これが人類《じんるい》の文明《ぶんめい》の進歩《しんぽ》に大《おお》きく貢献《こうけん》したのです。

考《かん》えてみよう

未来《みらい》の書籍《しょせき》

書籍《しょせき》の進化《しんか》は今《いま》も進《すす》んでいます。スマホやタブレットで読《よ》める形《かたち》になっているのです。これを「電子書籍《でんししょせき》」といいます。多《おお》くの電子書籍《でんししょせき》は紙《かみ》に印刷《いんさつ》されたものを電子化《でんしか》したものですが、最近《さいきん》では最初《さいしょ》から電子書籍《でんししょせき》しかつくらないものもあります。みなさんが大人《おとな》になる頃《ころ》の書籍《しょせき》はどんな進化《しんか》をしているかな？

ひとくちメモ　グーテンベルクが活版印刷《かっぱんいんさつ》を発明《はつめい》する前《まえ》に、木版《もくはん》での印刷《いんさつ》は今《いま》から1200年以上前《ねんいじょうまえ》に、また朝鮮半島《ちょうせんはんとう》では銅版印刷《どうばんいんさつ》が14世紀《せいき》にはあったといわれています。

水族館《すいぞくかん》の人気者《にんきもの》を漢字《かんじ》で表《あらわ》すと？

7月 6日

東京学芸大学教育学部《とうきょうがくげいだいがくきょういくがくぶ》
中村和弘《なかむらかずひろ》先生《せんせい》が書《か》きました

読《よ》んだ日《ひ》　月《がつ》　日《にち》　月《がつ》　日《にち》　月《がつ》　日《にち》

むずかしくて読《よ》めない？

水族館《すいぞくかん》に出《で》かけると、魚《さかな》のほかに、海《うみ》で暮《く》らすほ乳類《にゅうるい》などの動物《どうぶつ》のかわいい姿《すがた》を見《み》ることができます。みなさんの好《す》きな海《うみ》の生《い》き物《もの》は何《なに》でしょうか？　イルカやアシカなど、芸《げい》が得意《とくい》な生《い》き物《もの》は人気《にんき》がありそうですね。

さて、ここで問題《もんだい》です。イルカやアシカなどの生《い》き物《もの》には、漢字《かんじ》はあるのでしょうか？　水族館《すいぞくかん》に出《で》かけて行《い》っても「アシカショー」や「イルカショー」とは書《か》かれていますが、漢字《かんじ》を見《み》たことはあまりないと思《おも》います。しかし、これらの海《うみ》の生《い》き物《もの》にも、きちんと漢《かん》字《じ》はあるのです。

まずは「海豚」。海《うみ》の豚《ぶた》と書《か》いてイルカと読《よ》みます。丸々《まるまる》とした姿《すがた》からこのような漢字《かんじ》がついたのでしょうか？　次《つぎ》に「海驢」。これでなんとアシカと読《よ》みます。むずかしすぎると思《おも》う人《ひと》がたくさんいるかもしれませんね。

これも海《うみ》の生《い》き物《もの》です！

ほかにもまだまだ、海《うみ》の生《い》き物《もの》の漢字《かんじ》はあります。「膃肭臍」。これは何《なに》でしょう？　ヒントはアシカによく似《に》た動物《どうぶつ》です。答《こた》えは「オットセイ」。このほかにも、海象《せいうち》、海豹《あざらし》などもむずかしい漢字《かんじ》ですね。最後《さいご》にこの人気者《にんきもの》、「海獺」は読《よ》めるでしょうか？　水《みず》の上《うえ》に浮《う》かんで、貝《かい》などを割《わ》って食《た》べる、愛《あい》らしい生《い》き物《もの》です。正解《せいかい》はラッコでした。

水族館《すいぞくかん》には、鯱《しゃち》や鮫《さめ》のように魚《うお》偏《へん》のつく生《い》き物《もの》もたくさんいます。もし水族館《すいぞくかん》の看板《かんばん》すべてが漢字《かんじ》になっていたら、読《よ》めないものばかりで困《こま》ってしまいそうですね。でも漢字《かんじ》ばかりの水族館《すいぞくかん》も、なんだかおもしろそうではないですか？

考《かんが》えてみよう

海《うみ》の字《じ》がつく生《い》き物《もの》

海豚《いるか》、海驢《あしか》、海獺《らっこ》以外《いがい》にも、海《うみ》の字《じ》がつく生《い》き物《もの》がいます。たとえば「海星」。海《うみ》と星《ほし》からイメージできる生《い》き物《もの》が1ついますよね。ほかにも、「海月」なども身近《みぢか》な生《い》き物《もの》です。さて、これらの難読《なんどく》漢字《かんじ》は何《なん》と読《よ》むでしょうか？　答《こた》えは下《した》のひとくちメモにあります。

ひとくちメモ　「海星」はヒトデ、「海月」はクラゲと読《よ》みます。クラゲはほかに「水母《くらげ》」と書《か》くこともあります。

季節やたのしい行事のお話

「七夕《たなばた》」はなぜ「たなばた」というの？

7月7日

東京学芸大学附属竹早小学校《とうきょうがくげいだいがくふぞくたけはやしょうがっこう》
高須《たかす》みどり先生《せんせい》が書《か》きました

読《よ》んだ日《ひ》　月《がつ》　日《にち》｜月《がつ》　日《にち》｜月《がつ》　日《にち》

布《ぬの》を織《お》る女性《じょせい》の呼《よ》び名《な》から

7月7日《がつなのか》の夜《よる》は、七夕《たなばた》です。夜《よ》空《ぞら》で、天《あま》の川《がわ》をはさんで輝《かがや》く織姫《おりひめ》と彦星《ひこぼし》が、年《ねん》に一度《いちど》だけ会《あ》うのを許《ゆる》されている日《ひ》として知《し》られています。この物語《ものがたり》のもとになったのは、中国《ちゅうごく》の織女星《しょくじょせい》と牽牛星《けんぎゅうせい》の伝説《でんせつ》です。実《じつ》は、七夕《たなばた》は、中国《ちゅうごく》と日本《にほん》の文化《ぶんか》が結《むす》びついてできた行事《ぎょうじ》で、いろいろな由来《ゆらい》が混《ま》ざり合《あ》っています。

昔《むかし》、日本《にほん》では「棚機女《たなばたつめ》」と呼《よ》ばれる女《おんな》の人《ひと》が、機《はた》と呼《よ》ばれる機具《きぐ》で布《ぬの》を織《お》っていました。その布《ぬの》を、7月7日《がつなのか》の夜《よる》に神様《かみさま》にお供《そな》えし、病気《びょうき》や悪《わる》いことが起《お》こらないようにお願《ねが》いしたり、秋《あき》の豊作《ほうさく》をお祈《いの》りしたりしていました。このことにちなんで、「七夕《たなばた》」を「たなばた」と読《よ》むようになったといわれています。

裁縫《さいほう》をつかさどる星《ほし》

一方《いっぽう》、中国《ちゅうごく》では織女星《しょくじょせい》は養蚕《ようさん》や針仕事《はりしごと》をつかさどる星《ほし》とされ、女《じょ》性《せい》が裁縫《さいほう》やさまざまな習《なら》い事《ごと》の上《じょう》達《たつ》を願《ねが》う「乞巧奠《きこうでん》」というお祭《まつ》りが行《おこな》われていました。

この「乞巧奠《きこうでん》」が奈良時代《ならじだい》の日《に》本《ほん》に伝《つた》わり、日本《にほん》の「棚機女《たなばたつめ》」の風習《ふうしゅう》と結《むす》びついて、現在《げんざい》のような七夕《たなばた》になったといわれています。

作《つく》ってみよう

七夕飾《たなばたかざ》りとその意味《いみ》

「吹《ふ》き流《なが》し」（右《みぎ》のイラスト）は織姫《おりひめ》の織《お》り糸《いと》で、裁縫《さいほう》の上達祈《じょうたつき》願《がん》の意味《いみ》を表《あらわ》します。そのほか「くずかご」はものを粗末《そまつ》にしないという意味《いみ》で、七夕飾《たなばたかざ》りをつくるときに出《で》た紙《かみ》くずを入《い》れてつるします。

ひとくちメモ

もともと、七夕《たなばた》も「乞巧奠《きこうでん》」も旧暦《きゅうれき》の７月７日《がつなのか》に行《おこな》われていました。旧暦《きゅうれき》の７月《がつ》は現在《げんざい》の８月《がつ》にあたりますから、梅雨《つゆ》も明《あ》けたころで天《あま》の川《がわ》もよく見《み》えたのでしょう。

ものの名前にまつわるお話

葉《は》っぱに文字《もじ》を書《か》いたから「はがき」？

7月《がつ》 8日《にち》

東京学芸大学教育学部《とうきょうがくげいだいがくきょういくがくぶ》
中村和弘《なかむらかずひろ》先生《せんせい》が書《か》きました

読《よ》んだ日《ひ》　月《がつ》　日《にち》　月《がつ》　日《にち》　月《がつ》　日《にち》

はがきのルーツは「はしがき」

年賀状《ねんがじょう》や暑中見舞《しょちゅうみま》いなどを書《か》くときに使《つか》う「はがき」。最近《さいきん》は、電子《でんし》メールやＳＮＳでメッセージを送《おく》ることも多《おお》いですが、友達《ともだち》からはがきで年賀状《ねんがじょう》をもらうとうれしいですよね。

はがきは、漢字《かんじ》で「葉書《はがき》」と書《か》きます。でも、もともとは「端書《はがき》」という文字《もじ》が使《つか》われていました。端書《はがき》（はしがき）というのは、紙《かみ》きれなどに書《か》いたメモという意《い》味《み》です。あまりいいイメージではありませんね。

そこで、明治時代《めいじじだい》のはじめに、今《いま》のような郵便制度《ゆうびんせいど》ができると、端《はし》の代《か》わりに葉《は》という文字《もじ》をあて て、「葉書《はがき》」と書《か》くようになったといわれています。

葉《は》っぱだから1葉《よう》2葉《よう》？

じつは、この葉《は》という字《じ》が使《つか》われたのは、多羅葉《たらよう》という植物《しょくぶつ》が由《ゆ》来《らい》という説《せつ》もあります。

多羅葉《たらよう》の葉《は》は大《おお》きくて分厚《ぶあつ》く、爪《つめ》やくぎをおしつけて文字《もじ》を書《か》くと、くっきりと跡《あと》が残《のこ》ります。そこで昔《むかし》の人《ひと》は、本当《ほんとう》にこの葉《は》っぱを使《つか》って手紙《てがみ》を書《か》いたり、メモ用《よう》紙《し》として使《つか》っていたのです。

また、はがきの枚数《まいすう》は、1枚《まい》2枚《まい》、1通《つう》2通《つう》のほかに、1葉《よう》2葉《よう》と数《かぞ》えることもあります。この「葉《よう》」は、紙《かみ》や写真《しゃしん》など薄《うす》くて小《ちい》さいものを数《かぞ》えるときに使《つか》いますが、はがき（葉書《はがき》）にはぴったりですね。

知《し》っておこう

「飛脚場《ひきゃくば》」と郵便局《ゆうびんきょく》

福沢諭吉《ふくざわゆきち》は、英語《えいご》の「スピーチ」を「演説《えんぜつ》」、「ポストオフィス」を「飛脚場《ひきゃくば》」などと翻訳《ほんやく》し、日本《にほん》に紹介《しょうかい》しました。当時《とうじ》は飛脚屋《ひきゃくや》と呼《よ》ばれる人々《ひとびと》が郵便物《ゆうびんぶつ》を運《はこ》んでいたのです。「演説《えんぜつ》」は今《いま》も使《つか》われますが、「飛脚場《ひきゃくば》」は広《ひろ》まらず、やがて今《いま》も使《つか》われる「郵便局《ゆうびんきょく》」が一般的《いっぱんてき》になりました。

ひとくちメモ　郵便制度《ゆうびんせいど》ができたのは1871年《ねん》（明治《めいじ》4年《ねん》）。郵便《ゆうびん》という言葉《ことば》は、この制度《せいど》をつくった前島密《まえじまひそか》が考案《こうあん》したといわれています。多羅葉《たらよう》は別名《べつめい》「葉書《はがき》の木《き》」とも呼《よ》ばれ、郵便局《ゆうびんきょく》のイメージツリーにもなっています。

本《ほん》にも口《くち》やのどがあるってホント!?

7月《がつ》 9日《にち》

高知県高知市立初月小学校校長《こうちけんこうちしりつみかづきしょうがっこうこうちょう》
吉村美恵子《よしむらみえこ》先生《せんせい》が書《か》きました

読《よ》んだ日《ひ》　月《がつ》　日《にち》　月《がつ》　日《にち》　月《がつ》　日《にち》

各部分《かくぶぶん》に名前《なまえ》がある

私《わたし》たちの体《からだ》には、1つ1つの部《ぶ》分《ぶん》に名前《なまえ》がついています。頭《あたま》、手《て》、足《あし》、目《め》、鼻《はな》、口《くち》などがありますね。それと同《おな》じように、本《ほん》の部分《ぶぶん》にも、人《ひと》の体《からだ》の部分《ぶぶん》とよく似《に》た名前《なまえ》がついていることを知《し》っていますか？

図書館《としょかん》や本屋《ほんや》さんに行《い》くと、本《ほん》が棚《たな》にずらりと並《なら》んでいます。本《ほん》を選《えら》ぶ時《とき》は、題名《だいめい》や書《か》いた人《ひと》の名《な》前《まえ》を見《み》て選《えら》びます。それらが縦《たて》に書《か》かれている部分《ぶぶん》を、「背《せ》」といいます。本《ほん》を立《た》てて置《お》くと、本当《ほんとう》に背中《せなか》みたいですね。そして、背《せ》の反対側《はんたいがわ》の本《ほん》を開《ひら》く部分《ぶぶん》を「小《こ》口《ぐち》」といいます。

おもての表紙《ひょうし》にも、題名《だいめい》などが書《か》かれています。その広《ひろ》い平《たい》らな面《めん》は、「平《ひら》」と呼《よ》ばれます。人《ひと》の手《て》のひらに、ちょっと似《に》ていますね。

体《からだ》の部分《ぶぶん》とよく似《に》た名前《なまえ》

では、表紙《ひょうし》を開《ひら》いてみましょう。いちばん最初《さいしょ》にある何《なに》も書《か》かれていないページは「見返《みかえ》し」（見返《みかえ》しのない本《ほん》もあります）、その次《つぎ》の題名《だいめい》などが書《か》かれたページは「とびら」といいます。そして、ページを開《ひら》いた時《とき》、真《ま》ん中《なか》になる紙《かみ》をとじている部分《ぶぶん》は「のど」と呼《よ》ばれます。ここに絵《え》や文字《もじ》があると読《よ》みにくいので、ふつうは白《しろ》いままです。

私《わたし》たちの体《からだ》の部分《ぶぶん》とよく似《に》た名《な》前《まえ》が、たくさんありましたね。だから、本《ほん》を読《よ》む時《とき》は、自分《じぶん》の体《からだ》と同《おな》じように大切《たいせつ》にあつかいましょう。

調《しら》べてみよう

まだある！　おもしろい名前《なまえ》

このページの周《まわ》りにも、体《からだ》の部分《ぶぶん》によく似《に》た名前《なまえ》があります。左《ひだり》ページの7月《がつ》と書《か》かれた部分《ぶぶん》は「つめ（つめかけ）」といいます。また、右下《みぎした》のページ番号《ばんごう》は「ノンブル」と呼《よ》ばれます。これは、数《かず》を意味《いみ》するフランス語《ご》なんですよ。

ひとくちメモ
本屋《ほんや》さんでは、人気《にんき》のある本《ほん》を台《だい》の上《うえ》に積《つ》み上《あ》げて陳列《ちんれつ》しています。このように、題名《だいめい》などが書《か》かれた「平《ひら》」の部分《ぶぶん》がよく見《み》えるように陳列《ちんれつ》することを「平積《ひらづ》み」といいます。この本《ほん》も平積《ひらづ》みになっているかな？

所変《ところか》われど教訓《きょうくん》は同《おな》じ?

7月10日

東京学芸大学附属小金井小学校《とうきょうがくげいだいがくふぞくこがねいしょうがっこう》
鈴木秀樹《すずきひでき》先生《せんせい》が書《か》きました

読《よ》んだ日《ひ》　月《がつ》　日《にち》｜月《がつ》　日《にち》｜月《がつ》　日《にち》

各国《かっこく》にあることわざ

ことわざは日本語《にほんご》だけのものではありません。どこの国《くに》でも、どの言語《げんご》でも独自《どくじ》のことわざがあります。

でも、調《しら》べてみると「あれ、このことわざ、ちょっと似《に》てる!」というものもあります。いくつか紹介《しょうかい》しましょう。

「賢者《けんじゃ》には一言《ひとこと》で足《た》りる」(A word to the wise is sufficient.)という英語《えいご》のことわざがあります。長《なが》ったらしい説明《せつめい》をしなくても、頭《あたま》のいい人《ひと》には一言伝《ひとことつた》えればそれだけでわかってもらえる、という意味《いみ》です。これと同《おな》じ意味《いみ》のことわざ、日本語《にほんご》でもありますよね? そう、「一《いち》を聞《き》いて十《じゅう》を知《し》る」です!

この他《ほか》に、「ローマは一日《いちにち》にして成《な》らず」とかイソップ物語《ものがたり》の中《なか》の「猫《ねこ》に鈴《すず》」などは、外国《がいこく》のことわざが日本《にほん》のことわざとして定着《ていちゃく》したものです。

みなさんはこれから外国《がいこく》の言葉《ことば》を勉強《べんきょう》する機会《きかい》も多《おお》くあるでしょう。ことわざを調《しら》べると、外国語《がいこくご》の勉強《べんきょう》が少《すこ》し楽《たの》しくなるかもしれませんね。

考《かんが》えてみよう

世界《せかい》のことわざ、どんな言葉《ことば》が入《はい》るかな?

下《した》は外国《がいこく》のことわざです。ちょっと難《むずか》しいですが、( )に入《はい》る文字《もじ》を想像《そうぞう》してみましょう。

①インド「急《いそ》ぐ者《もの》の( )に溝《みぞ》あり」
②ミャンマー「1粒《つぶ》の( )では油《あぶら》は作《つく》れない」
③ブラジル「勝《か》たんと欲《ほっ》すれば、( )ことを学《まな》べ」
④ドイツ「どうにもならないことは、( )ことが幸福《こうふく》だ」

答《こた》え ①前《まえ》 ②ゴマ ③苦《くる》しむ ④忘《わす》れる

ひとくちメモ 英語《えいご》には「予防《よぼう》は治療《ちりょう》にまさる」ということわざもあります。意味《いみ》は「転《ころ》ばぬ先《さき》の杖《つえ》」と似《に》ています。結局《けっきょく》、どこの国《くに》の人《ひと》も同《おな》じようなことを考《かんが》えるということでしょうか。

言葉で遊ぼう

江戸時代《えどじだい》に大流行《だいりゅうこう》「判《はん》じ絵《え》」で遊《あそ》ぼう

7月《がつ》11日《にち》

明星大学教育学部《めいせいだいがくきょういくがくぶ》
邑上裕子《むらかみゆうこ》先生《せんせい》が書《か》きました

読《よ》んだ日《ひ》　月《がつ》　日《にち》｜月《がつ》　日《にち》｜月《がつ》　日《にち》

ひらめきが大事《だいじ》

今《いま》も昔《むかし》も、なぞなぞや言葉遊《ことばあそ》びを好《この》むのが日本人《にほんじん》です。特《とく》に江戸時代《えどじだい》の人《ひと》は、「判《はん》じ絵《え》」といって、組《く》み合《あ》わさった一枚《いちまい》の絵《え》から、身近《みぢか》な植物《しょくぶつ》や動物《どうぶつ》、道具《どうぐ》や場所《ばしょ》などを表《あらわ》して、楽《たの》しんでいました。

たとえば下《した》の2つの絵《え》は何《なに》を示《しめ》しているかわかりますか？

①「台《だい》の上《うえ》にキツネが座《すわ》っている絵《え》」

キツネの鳴《な》き声《ごえ》を想像《そうぞう》してください。

答《こた》えは「だいこん」です！

①

②

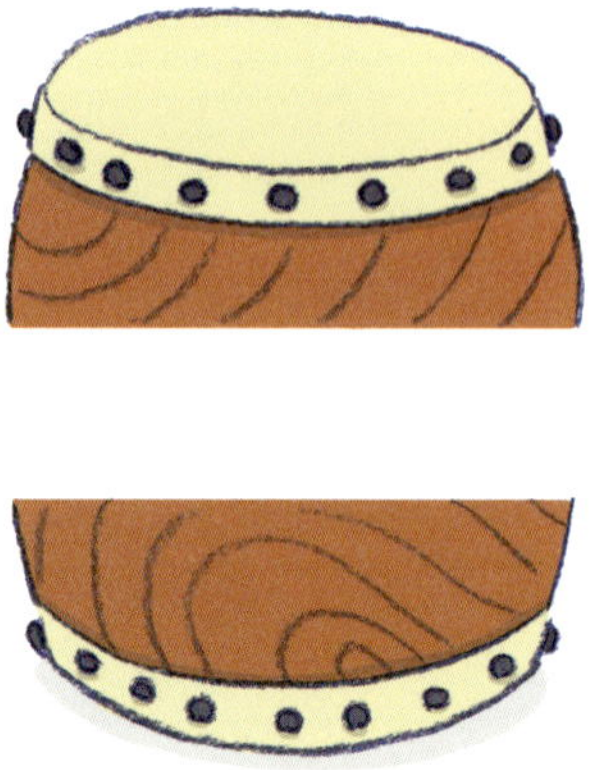

②「太鼓《たいこ》の絵《え》の真《ま》ん中《なか》が切《き》れています」

たいこの3文字《もじ》の中《なか》がないから…？

「たこ」です！

な〜んだ、と思《おも》うようなものばかりですね。なぞなぞのように、ひらめきを使《つか》って、判《はん》じる（判断《はんだん》する）力《ちから》が問《と》われるものなのです。大人向《おとなむ》けばかりでなく、子供向《こどもむ》けのものもたくさんありました（「おもちゃ絵《え》」と呼《よ》ばれていました）。いまのダジャレに通《つう》じるものがあるかもしれません。

やってみよう

判《はん》じ絵《え》のルール

判《はん》じ絵《え》をなぞ解《と》きするための基本的《きほんてき》なルールは以下《いか》のとおりです。

❶逆《さか》さの絵《え》は、下《した》から読《よ》みます。

（つまが逆《さか》さま＝まつ）

❷ばらばら言葉《ことば》になっています。

（は+「ねこ」の逆《さか》さま＝はこね）

❸半分《はんぶん》の絵《え》や真《ま》ん中《なか》など絵《え》の一部分《いちぶぶん》が消《き》えている絵《え》は、言葉《ことば》を上《うえ》だけ読《よ》んだり、真《ま》ん中《なか》の字《じ》を抜《ぬ》いたりと、絵《え》が消《き》えている部分《ぶぶん》にあたる音《おと》を読《よ》まずに答《こた》えます。
（右《みぎ》の「たこ」みたいなものですね）

❹絵《え》に濁点《だくてん》「゛」があれば濁《にご》ります。

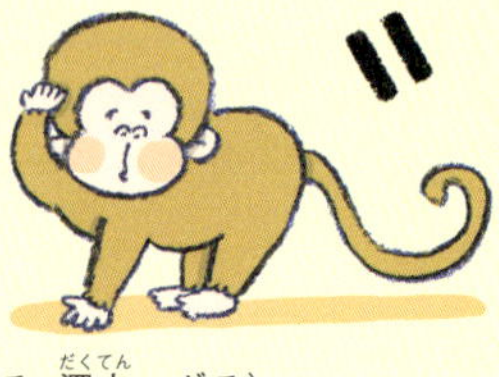

（さる+濁点《だくてん》＝ざる）

ひとくちメモ　日本語《にほんご》には同《おな》じ発音《はつおん》で違《ちが》う意味《いみ》を表《あらわ》す同音異義《どうおんいぎ》の漢字《かんじ》が多《おお》くあります。そのおかげで、とくに江戸時代《えどじだい》、言葉遊《ことばあそ》びのしゃれが発達《はったつ》し、日本人《にほんじん》は豊《ゆた》かな言語表現《げんごひょうげん》を身《み》に付《つ》けたのです。

※十二ヶ月を判じ絵で表現した絵は248ページへ。

そのくだものはなんだ？

300年間《ねんかん》も続《つづ》いた江戸《えど》時代《だい》のなかで、判《はん》じ絵《え》はくり返《かえ》し流行《りゅうこう》したそうです。その度《たび》に表現《ひょうげん》の幅《はば》も広《ひろ》がっていきました。幕末《ばくまつ》のころには、地名《ちめい》、人名《じんめい》、台所用具《だいどころようぐ》から食《た》べ物《もの》まで、もう身《み》の回《まわ》りのありとあらゆるものを判《はん》じ絵《え》にして楽《たの》しんでいました。なかには現《げん》代《だい》の私《わたし》たちでもなぞ解《と》きしたくなるものがあります。

次《つぎ》の4つの絵《え》はすべてくだものを表《あらわ》しています。それぞれ、いまの私《わたし》たちにもおなじみのものばかりです。絵《え》をたよりに、考《かんが》えてみましょう。

くだものを当《あ》てよう

問題1

ヒント：秋《あき》から冬《ふゆ》が旬《しゅん》。日本《にほん》では赤《あか》い実《み》が多い。

問題2

ヒント：これから生《う》まれた男《おとこ》の子《こ》もいる。

問題3

ヒント：絵《え》の中《なか》の駒《こま》は「歩《と》」です。

問題4

ヒント：丸《まる》は「わ」とよむ。

当《あ》ててみよう

何屋《なにや》さんかな？

江戸時代《えどじだい》、判《はん》じ絵《え》はお店《みせ》の看板《かんばん》でもよく使《つか》われていました。
次《つぎ》の2枚《まい》は何屋《なにや》さんを表《あらわ》しているでしょう。
ヒント：全部同《ぜんぶおな》じお店《みせ》です。

Q1「板《いた》」に「わ」、裏返《うらがえ》すと「ぬ」

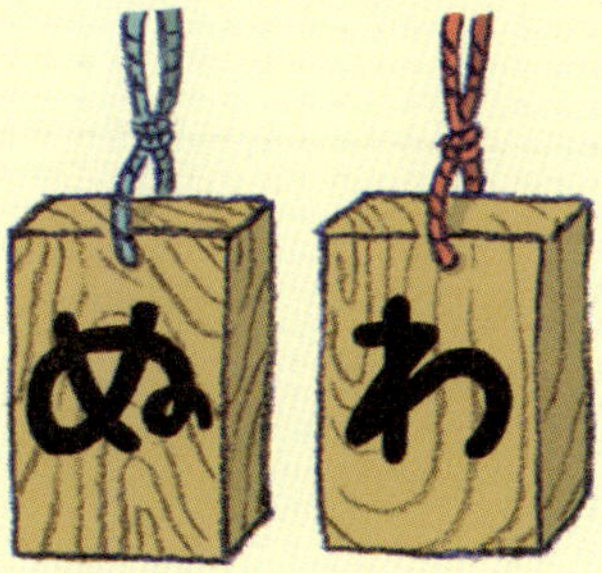

Q2「弓《ゆみ》と矢《や》」というセットは？

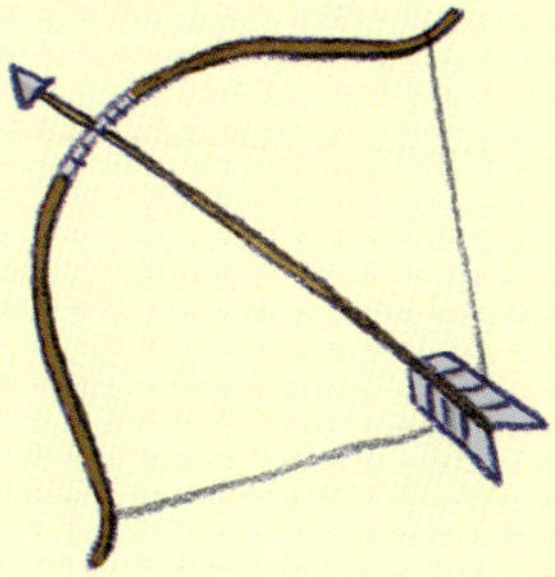

答《こた》え）

Q1

「いたにわ」＝「わいた」で「お風呂屋《ふろや》やってます！」の意味《いみ》。現代《げんだい》の「営業中《えいぎょうちゅう》」の看板《かんばん》と同《おな》じですね。

「いたにぬ」＝「ぬいた」で湯《ゆ》を抜《ぬ》いたので本日《ほんじつ》おしまいの意味《いみ》。現代《げんだい》の「準備中《じゅんびちゅう》」の看板《かんばん》と同《おな》じですね。

Q2

「弓《ゆみ》を射《い》る」＝「ゆいる」＝「湯《ゆ》に入《はい》る」の意味《いみ》でお風呂《ふろ》屋《や》さんのことです。

「くだものを当《あ》てよう」の答《こた》え。①リンゴ　②モモ　③ぶどう　④びわ

歌や古典・芸能にまつわるお話

百人一首《ひゃくにんいっしゅ》
夏《なつ》の短歌《たんか》をよもう

7月12日

秀明大学学校教師学部《しゅうめいだいがくがっこうきょうしがくぶ》
福永睦子《ふくながむつこ》先生《せんせい》が書《か》きました

読《よ》んだ日《ひ》　月《がつ》　日《にち》｜月《がつ》　日《にち》｜月《がつ》　日《にち》

夏《なつ》の夜《よる》は短《みじか》い？

『百人一首《ひゃくにんいっしゅ》』に、夏《なつ》の短歌《たんか》は4首《しゅ》あります。そのうちの2首《しゅ》を紹介《しょうかい》しましょう。

夏《なつ》の夜《よ》は　まだ宵《よい》ながら
明《あ》けぬるを　雲《くも》のいづこに
月《つき》やどるらむ

この歌《うた》をよんだのは、清原深養父《きよはらのふかやぶ》という人《ひと》です。「夏《なつ》の夜《よる》は短《みじか》いですね。まだ宵《よい》の内《うち》と思《おも》っていたら、もう夜明《よあ》けなのですから。月《つき》は雲《くも》のどの辺《あた》りに、宿《やど》っているのでしょうか」という意味《いみ》です。

宵《よい》というのは、日《ひ》が暮《く》れて間《ま》もない時間帯《じかんたい》で、夏《なつ》なら夜《よる》の7時《じ》から8時頃《じごろ》です。もちろん夜明《よあ》けはまだですが、そのくらい夏《なつ》の夜《よる》は短《みじか》く感《かん》じられたのでしょう。日《ひ》が昇《のぼ》って白《しろ》く見《み》える月《つき》は、雲《くも》のどの辺《あた》りに隠《かく》れているのだろうかという、風情《ふぜい》あふれる歌《うた》です。

初夏《しょか》の情景《じょうけい》をよんだ短歌《たんか》

後徳大寺左大臣《ごとくだいじのさだいじん》（藤原実定《ふじわらのさねさだ》）のよんだ、次《つぎ》の短歌《たんか》も有名《ゆうめい》です。

ほととぎす　鳴《な》きつる方《かた》をながむ
れば　ただ有明《ありあけ》の月《つき》ぞ残《のこ》れる

ホトトギスは、夏《なつ》の訪《おとず》れを告《つ》げる渡《わた》り鳥《どり》です。最初《さいしょ》の一声《ひとこえ》を聞《き》くために、ホトトギスがやってくるのを今《いま》か今《いま》かと待《ま》っていたのでしょう。ようやく声《こえ》が聞《き》けたと思《おも》ったら、姿《すがた》は見《み》えず、空《そら》には有明《ありあけ》の月《つき》が白《しろ》く浮《う》かんでいました。聴覚《ちょうかく》と視覚《しかく》の両方《りょうほう》を巧《たく》みに使《つか》った、見事《みごと》な歌《うた》ですね。

調《しら》べてみよう

歴史《れきし》の勉強《べんきょう》にもなるよ！

藤原実定《ふじわらのさねさだ》は、12世紀《せいき》の歌人《かじん》です。当時《とうじ》、栄華《えいが》を誇《ほこ》っていた平家《へいけ》は、やがて源氏《げんじ》に滅《ほろ》ぼされてしまいます。実定《さねさだ》は月《つき》を眺《なが》めながら、時代《じだい》の流《なが》れを感《かん》じていたのでしょう。時代背景《じだいはいけい》を考《かんが》えながらよんでみると、短歌《たんか》をより楽《たの》しむことができます。

ひとくちメモ　「有明《ありあけ》の月《つき》」とは、夜《よる》が明《あ》けても、まだ空《そら》に残《のこ》っている月《つき》のことをいいます。太陽《たいよう》が昇《のぼ》ると、黄色《きいろ》く輝《かがや》いていた月《つき》は白《しろ》く見《み》えます。本文《ほんぶん》で紹介《しょうかい》した2首《しゅ》とも、そんな光景《こうけい》をイメージすることができます。

日本語をめぐる言葉のお話
あ

つなぎ言葉《ことば》で、伝《つた》えたいことが変《か》わる

7月 13日

四国大学生活科学部児童学科《しこくだいがくせいかつかがくぶじどうがっか》
山本哲生《やまもとてつお》先生《せんせい》が書きました

読《よ》んだ日《ひ》　月《がつ》　日《にち》｜　月《がつ》　日《にち》｜　月《がつ》　日《にち》

伝《つた》わり方《かた》がどうなる?

次《つぎ》の文《ぶん》の（　）の中《なか》に、あなたなら、「だから」と「しかし」のどちらを入《い》れますか。

・ぼくは走《はし》る練習《れんしゅう》を続《つづ》けた。（　）、二番《にばん》になった。

実《じつ》はどちらも正解《せいかい》なんです。両方《りょうほう》を入《い》れてみて、気持《きも》ちがどう変《か》わるか、考《かんが》えてみましょう。

「だから」を入《い》れると、走《はし》る練習《れんしゅう》をがんばって続《つづ》けたから二番《にばん》になれて「やったあ」という、うれしい気持《きも》ちが伝《つた》わりますね。

「しかし」を入《い》れると、練習《れんしゅう》を続《つづ》けたのに、一番《いちばん》になれなくて「ざんねん」という、くやしい気持《きも》ちが伝《つた》わってきます。

文《ぶん》と文《ぶん》をつなぐ言葉《ことば》

「だから」も「しかし」も文《ぶん》と文《ぶん》をつなぐ「つなぎ言葉《ことば》」といいます。言葉《ことば》一《ひと》つで、相手《あいて》に伝《つた》わる意味《いみ》が変《か》わるのです。

次《つぎ》のAとBで、気持《きも》ちがどうちがうか、考《かんが》えてみましょう。

A　六時《ろくじ》に家《いえ》を出《で》た。だから、集《しゅう》合時間《ごうじかん》に間《ま》に合《あ》った。

B　六時《ろくじ》に家《いえ》を出《で》た。しかし、集《しゅう》合時間《ごうじかん》に間《ま》に合《あ》った。

伝《つた》えたいことが変《か》わっているのがわかりましたか?

ほかにもつなぎ言葉《ことば》には、「また」「つまり」「それとも」「では」「ところで」などがあります。

つなぎ言葉《ことば》によって、前《まえ》の文《ぶん》と後《うし》ろの文《ぶん》のつながり方《かた》の意味《いみ》がはっきりします。つなぎ言葉《ことば》って、おもしろいですよね。

やってみよう

どっちの仲間《なかま》?

下《した》に並《なら》んだつなぎ言葉《ことば》は「だから」の仲間《なかま》? 「しかし」の仲間《なかま》?

①（　）でも　②（　）ところが
③（　）それで　④（　）けれども
⑤（　）が　⑥（　）そのため

ひとくちメモ

「やってみよう」の答《こた》え　①②④⑤＝「しかし」の仲間《なかま》　③⑥＝「だから」の仲間《なかま》
つなぎ言葉《ことば》のことを、むずかしい言葉《ことば》で「接続語《せつぞくご》」ともいいます。

「うやむや」とは「ある」＋「ない」

7月《がつ》 14日《にち》

日本国語教育学会理事《にほんこくごきょういくがっかいりじ》
功刀道子《くぬぎみちこ》先生《せんせい》が書《か》きました

読《よ》んだ日《ひ》　月《がつ》　日《にち》　月《がつ》　日《にち》　月《がつ》　日《にち》

あいまいではっきりしない

「うやむや」はあるようなないようなという意味《いみ》です。ものごとがはっきりしないときに使《つか》います。「うや」はあるという意味《いみ》で、「むや」はないという意味《いみ》です。中国《ちゅうごく》の古《ふる》い本《ほん》に書《か》かれている「有耶無《うやむ》耶《や》」からきています。日本《にほん》では「ありやなしや」と読《よ》んでいましたが、月日《つきひ》がたつにつれて「うやむや」と読《よ》むようになりました。

「夏休《なつやす》みになったらキャンプに行《い》こうという話《はなし》が、いつのまにかうやむやになってしまった」「犯人《はんにん》が見《み》つからないまま、事件《じけん》がうやむやになった」というようにはっきりしなくなったことをいいます。

「うやむやの関《せき》」のお話《はなし》

山形県《やまがたけん》と秋田県《あきたけん》の県境《けんざかい》の三崎峠《みさきとうげ》、山形県《やまがたけん》と宮城県《みやぎけん》の県境《けんざかい》の笹谷峠《ささやとうげ》は「うやむやの関《せき》」と呼《よ》ばれています。

昔《むかし》むかしその昔《むかし》、山《やま》に妖怪《ようかい》がすんでいました。人《ひと》を食《た》べたり船《ふね》を襲《おそ》ったりと悪《わる》さばかり。そこで、神《かみ》の使《つか》いである三本足《さんぼんあし》のカラスが、妖怪《ようかい》がいるときは「うや」と鳴《な》き、いないときは「むや」と鳴《な》き方《かた》を変《か》えて村人《むらびと》に教《おし》えました。村人《むらびと》はこれを聞《き》き分《わ》けて通《とお》るようになり、妖怪《ようかい》に食《た》べられることがなくなりました。それでこの関所《せきしょ》を「うやむやの関《せき》」と呼《よ》ぶようになったということです。

やってみよう

似《に》ている言葉《ことば》を集《あつ》めよう

「うやむや」と同《おな》じような意味《いみ》の言葉《ことば》を探《さが》して集《あつ》めてみましょう。

例《れい》）
- あいまいにする
- 言葉《ことば》をにごす
- お茶《ちゃ》をにごす
- ごまかす

ひとくちメモ　「うやむや」になると気持《きも》ちが悪《わる》いものですが、何《なん》でもはっきりさせようとすると争《あらそ》いになることもあります。相手《あいて》に対《たい》する本音《ほんね》などのときには「うやむや」にしておくほうがいいこともあるかもしれません。

漢字にまつわるお話

「西瓜《すいか》」をなぜ「スイカ」と読《よ》むの？

7月15日

日本国語教育学会理事《にほんこくごきょういくがっかいりじ》
岡本博幸《おかもとひろゆき》先生《せんせい》が書《か》きました

読《よ》んだ日《ひ》　月《がつ》　日《にち》｜月《がつ》　日《にち》｜月《がつ》　日《にち》

なぜ「西《にし》」とつくの？

スイカを漢字《かんじ》で書《か》くと「西瓜」。普通《ふつう》に読《よ》めば「にしうり」ですから、「スイカ」と読《よ》むのは不思議《ふしぎ》なことです。この名前《なまえ》の由来《ゆらい》には、中国《ちゅうごく》での名前《なまえ》の付《つ》け方《かた》と、日本《にほん》に渡来《とらい》してきたときの呼《よ》び方《かた》の２つが関係《かんけい》しています。

その昔《むかし》、中国《ちゅうごく》には、長安《ちょうあん》というとても繁栄《はんえい》していた都《みやこ》がありました。長安《ちょうあん》の都《みやこ》の中心《ちゅうしん》には、大《おお》きな道《みち》があり、左側《ひだりがわ》を東《ひがし》の京《きょう》、右側《みぎがわ》を西《にし》の京《きょう》と呼《よ》んでいました。長安《ちょうあん》を中心《ちゅうしん》として左側《ひだりがわ》は日本《にほん》・韓国《かんこく》などを含《ふく》めて東洋《とうよう》を指《さ》し、右《みぎ》側《がわ》はヨーロッパを指《さ》して、西洋《せいよう》といっていたそうです。

大《おお》きな道《みち》を中心《ちゅうしん》として西側《にしがわ》には西洋《せいよう》の品物《しなもの》、東《ひがし》側《がわ》には東洋《とうよう》の品物《しなもの》が集《あつ》まりました。人々《ひとびと》はそれらを買《か》っては自分《じぶん》の国《くに》に持《も》って帰《かえ》っていったそうです。果物《くだもの》や野菜《やさい》は遠《とお》くまで持《も》って帰《かえ》れないので、その種子《しゅし》を持《も》ち帰《かえ》りました。

西瓜《すいか》はアフリカ原産《げんさん》、ウリ科《か》の植物《しょくぶつ》です。長安《ちょうあん》から見《み》ると西側《にしがわ》の国《くに》から入《はい》って来《き》たものです。中国《ちゅうごく》でも栽培《さいばい》されていた瓜《うり》に似《に》ていたことから、「西《にし》」をつけて「西瓜《すいか》」と名付《なづ》けられました。

なぜ「スイカ」と読《よ》むの？

日本《にほん》には16～17世紀《せいき》に伝《つた》わりました。中国《ちゅうごく》では「西《にし》」の発音《はつおん》は、唐《とう》の時代《じだい》には「スイ」と発音《はつおん》していました。「瓜《うり》」は「グア」と発《はっ》音《おん》します。西瓜《すいか》が渡来《とらい》してきた当《とう》初《しょ》、中国風《ちゅうごくふう》に「スイグア」と読《よ》んでいましたが、いつしか日本人《にほんじん》が呼《よ》びやすいように「スイカ」と発《はっ》音《おん》されるようになったのです。

調《しら》べてみよう

野菜《やさい》の名前《なまえ》

次《つぎ》の漢字《かんじ》を見《み》て、なんの野菜《やさい》か漢和辞典《かんわじてん》で調《しら》べてみましょう。調《しら》べる前《まえ》にどんな野菜《やさい》か想像《そうぞう》してみて！
(答《こた》えは「ひとくちメモ」へ)

①南瓜　②冬瓜　③糸瓜
④干瓢　⑤甜瓜

ひとくちメモ
①カボチャ　②トウガン　③ヘチマ　④かんぴょう　⑤マクワウリ
どれも聞《き》いたことのある食《た》べ物《もの》でしたね。⑤は知《し》らない？　マクワウリは、メロンの一種《いっしゅ》です。

まめは「おまめさん」!? 〜近畿地方《きんきちほう》の方言《ほうげん》〜

東京学芸大学附属竹早小学校《とうきょうがくげいだいがくふぞくたけはやしょうがっこう》
高須《たかす》みどり先生《せんせい》が書《か》きました

読《よ》んだ日《ひ》　月《がつ》　日《にち》　月《がつ》　日《にち》　月《がつ》　日《にち》

「肉《にく》まん」は「豚《ぶた》まん」のこと

文化《ぶんか》がちがえば、食《た》べ物《もの》や着《き》るもの、言葉《ことば》の使《つか》われ方《かた》にもちがいがあります。たとえば関東《かんとう》では肉《にく》といえば牛《うし》・豚《ぶた》・鶏《にわとり》などの肉類《にくるい》をまとめて呼《よ》ぶ言葉《ことば》です。しかし、近畿地方《きんきちほう》で肉《にく》といえば主《おも》に「牛《ぎゅう》肉《にく》」だけを指《さ》し、そのほかは「豚《ぶた》肉《にく》」、「鶏肉《とりにく》」と呼《よ》び分《わ》けています。そのため、関東《かんとう》で「肉《にく》まん」といわれているものが、近畿地方《きんきちほう》では「豚《ぶた》まん」といわれ、同《おな》じ食《た》べ物《もの》なのに呼《よ》び名《な》がちがうのです。知《し》っていましたか?

食《た》べ物《もの》、神様《かみさま》に「さん」づけ

ほかにも、近畿地方《きんきちほう》では食《た》べ物《もの》に関《かん》して特徴的《とくちょうてき》な言葉《ことば》があります。「おまめさん」「おあげさん（油揚《あぶらあ》げ）」「おいなりさん」「おいもさん」など、食《た》べ物《もの》の名前《なまえ》に「さん」をつけて丁寧《ていねい》にいうのです。また、神仏《しんぶつ》や社寺《しゃじ》への敬意《けいい》をこめて「神《かみ》さん」「大仏《だいぶつ》さん」「住吉《すみよし》さん」「天神《てんじん》さん」（天満宮《てんまんぐう》のこと）といいます。「おはようさん」「おめでとうさん」などは、相手《あいて》への敬意《けいい》をこめて、親《した》しい人《ひと》との間《あいだ》で使《つか》われる言葉《ことば》です。

調《しら》べてみよう

でんでんむしとかたつむり

陸《りく》に住《す》む巻貝《まきがい》のことを、近畿地方《きんきちほう》では「でんでんむし」、関東《かんとう》では「かたつむり」といいます。ほかには、「まいまい」や「つぶらめ」など、地域《ちいき》によって呼《よ》び方《かた》は様々《さまざま》です。田舎《いなか》の親戚《しんせき》やお友達《ともだち》の家族《かぞく》はどう呼《よ》んでいるか、聞《き》いて確《たし》かめてみましょう。

ひとくちメモ
「あじけない」「せわしない」「ほっこり」「まったり」「ややこしい」は、現在《げんざい》では全国《ぜんこく》で使《つか》われています。しかし、もともとは京都《きょうと》の言葉《ことば》。このほか、「おむすび」「おでん」「おまわりさん」なども京都《きょうと》の言葉《ことば》です。

「サボってる」はフランス語《ご》!?

東京学芸大学教育学部《とうきょうがくげいだいがくきょういくがくぶ》
中村和弘《なかむらかずひろ》先生《せんせい》が書《か》きました

読《よ》んだ日《ひ》　月《がつ》　日《にち》｜　月《がつ》　日《にち》｜　月《がつ》　日《にち》

フランス語由来《ごゆらい》の言葉《ことば》はどれ?

5年《ねん》1組《くみ》のホームルームの時間《じかん》に、先生《せんせい》からお話《はなし》がありました。「秋《あき》の合唱《がっしょう》コンクールに、このクラスも出場《しゅつじょう》します。テーマは自由《じゆう》なので、どんな曲《きょく》がいいか、みんなにアンケートをとりますね」。

この文章《ぶんしょう》の中《なか》には、フランスから入《はい》ってきて日本語《にほんご》になった言葉《ことば》が2つあります。どれとどれか、わかりますか? ヒントは、カタカナで書《か》かれた言葉《ことば》ですよ。

正解《せいかい》は「コンクール」と「アンケート」です。どちらも、ふだんから日本語《にほんご》として、ふつうに使《つか》っていますよね。

「サボる」は日本語《にほんご》?

さて、みんなは合唱《がっしょう》コンクールに向《む》けて練習《れんしゅう》を始《はじ》めました。でも、何《なに》かモメているようですよ。

「先生《せんせい》、A君《くん》がサボってます!」

「ええ~、サボってないよ!」

じつは、この「サボる」も、フランス語《ご》で仕事《しごと》などをなまけるという意味《いみ》の「サボタージュ」からきているのです。れっきとした日《に》本語《ほんご》だと思《おも》っていた人《ひと》も多《おお》いでしょう。ちょっと意外《いがい》ですね。

それから5年《ねん》1組《くみ》のみんなは、一生懸命練習《いっしょうけんめいれんしゅう》して、合唱《がっしょう》コンクールでグランプリをとりました。次《つぎ》に目指《めざ》すのは、東京《とうきょう》ドームで行《おこな》われる全国大会《ぜんこくたいかい》です。

そうそう、「グランプリ」と「ドーム」も、もともとはフランス語《ご》だったんですよ。

調《しら》べてみよう

もう一度《いちど》、アンコール!

すばらしい演劇《えんげき》やコンサートが終《お》わると、観客《かんきゃく》がずっと拍手《はくしゅ》をしてアンコールを求《もと》めますね。この「アンコール」も、もとはフランス語由来《ごゆらい》の言葉《ことば》です。フランス語《ご》では、「もう一度《いちど》」といった意味《いみ》です。

ひとくちメモ 「グランプリ」「アンコール」などは、フランス語《ご》から英語《えいご》になり、その後《ご》、日本《にほん》に入《はい》ってきた言葉《ことば》です。こうした言葉《ことば》には、フランス語《ご》としては意味《いみ》が通《つう》じなくなったものもあります。

本にまつわるお話

キミも「〇〇博士《はかせ》」をめざそう！

7月《がつ》18日《にち》

高知県高知市立初月小学校校長《こうちけんこうちしりつみかづきしょうがっこうこうちょう》
吉村美恵子《よしむらみえこ》先生《せんせい》が書《か》きました

読《よ》んだ日《ひ》　月《がつ》　日《にち》｜月《がつ》　日《にち》｜月《がつ》　日《にち》

図鑑《ずかん》や事典《じてん》で調《しら》べてみよう！

興味《きょうみ》のあることや、不思議《ふしぎ》に思《おも》うことがある時《とき》、どうしますか？ 先生《せんせい》や友達《ともだち》に聞《き》けば、すぐに教《おし》えてもらえるかもしれません。でも、もっとくわしく知《し》りたいと思《おも》ったら、自分《じぶん》で調《しら》べてみましょう。そんな時《とき》に役立《やくだ》つのが、図鑑《ずかん》や事典《じてん》です。

図書館《としょかん》には、たくさんの図鑑《ずかん》があります。みなさんが大好《だいす》きな、昆虫《こんちゅう》や動物《どうぶつ》、恐竜《きょうりゅう》、植物《しょくぶつ》、宇宙《うちゅう》、人体《じんたい》、乗《の》り物《もの》など、いろいろなジャンルのものが並《なら》んでいます。ページを開《ひら》くと、たくさんの絵《え》や図《ず》、写真《しゃしん》がのっていて、とてもわかりやすいですね。

一方《いっぽう》、事典《じてん》は、いろいろな物事《ものごと》について、おもに文章《ぶんしょう》でくわしく説明《せつめい》しています。百科事典《ひゃっかじてん》は、「百《ひゃく》」という漢字《かんじ》がついているように、あらゆることを調《しら》べることができます。

きれいな絵《え》や写真《しゃしん》にワクワク！

図鑑《ずかん》や事典《じてん》は、何《なに》かを調《しら》べる時《とき》に使《つか》うだけではありません。図鑑《ずかん》にのっている絵《え》や図《ず》は、とてもくわしく、きれいに描《えが》かれています。ながめているだけで、ワクワクしますね。

また、目《め》で直接《ちょくせつ》見《み》ることのできないごくごく小《ちい》さな世界《せかい》や、遠《とお》く離《はな》れた外国《がいこく》や宇宙《うちゅう》のようすなども、写真《しゃしん》で見《み》ることができます。

図鑑《ずかん》や事典《じてん》を使《つか》って、自分《じぶん》の知《し》りたいことを、どんどん調《しら》べてみましょう。そして、調《しら》べたことをまわりの人《ひと》に教《おし》えてあげましょう。そうすると、みんなから「〇〇博《はか》士《せ》」と呼《よ》ばれるようになりますよ！

やってみよう

図鑑《ずかん》を持《も》って出《で》かけよう！

植物《しょくぶつ》図鑑《ずかん》や生《い》き物《もの》図鑑《ずかん》を持《も》って、野山《のやま》や公園《こうえん》に出《で》かけてみませんか？ きっと、知《し》らない生《い》き物《もの》がたくさん見《み》つかりますよ。図鑑《ずかん》で調《しら》べて名前《なまえ》を知《し》ると、もっと興味《きょうみ》がわいてきて、楽《たの》しみがどんどん広《ひろ》がります。

ひとくちメモ

事典《じてん》と辞典《じてん》のちがいがわかりますか？ 事典《じてん》は、物《もの》や事柄《ことがら》などについて解説《かいせつ》したもの。辞典《じてん》は、文字《もじ》や言葉《ことば》の意味《いみ》、使《つか》い方《かた》などについて解説《かいせつ》したものです。「辞《じ》」という文字《もじ》には、言葉《ことば》や文章《ぶんしょう》という意味《いみ》があります。

たとえがつくるおもしろ世界《せかい》

日本女子大学児童学科《にほんじょしだいがくじどうがっか》
笹平真之介《ささひらしんのすけ》先生《せんせい》が書《か》きました

読《よ》んだ日《ひ》　月《がつ》　日《にち》　月《がつ》　日《にち》　月《がつ》　日《にち》

身近《みぢか》な物事《ものごと》から生《う》まれる

もしあなたがイラストのような宇宙人《うちゅうじん》に会《あ》ったことを誰《だれ》かに教《おし》えるとしたら、何《なん》と説明《せつめい》しますか。多《おお》くの人《ひと》はきっと「タコみたいな宇宙人《うちゅうじん》」と言《い》うでしょう。宇宙人《うちゅうじん》を見《み》ていなくてもタコならみんな知《し》っているので、すぐに想像《そうぞう》できますね。このようにわたしたちは、いろいろな物事《ものごと》を、よく似《に》た身近《みぢか》な物事《ものごと》にたとえることで説明《せつめい》しているのです。

「みたい」や「ような」とあれば、たとえだとすぐわかりますが、よく考《かんが》えないと気付《きづ》かないものもあります。ある日《ひ》の朝食《ちょうしょく》が「耳《みみ》の付《つ》いたままのパンに目玉焼《めだまや》きをはさんだサンドウィッチ」だったとしましょう。気《き》が付《つ》きましたか。パンの周《まわ》りの部分《ぶぶん》を顔《かお》の横《よこ》に付《つ》いている「耳《みみ》」に、落《お》として焼《や》いた卵《たまご》の二重《にじゅう》の丸《まる》い形《かたち》を「目玉《めだま》」に、それぞれたとえていることがわかりますね。パンと焼《や》いた卵《たまご》が、身近《みぢか》な耳《みみ》や目《め》に似《に》ていることから、このたとえができています。

たとえじゃなかったら大変《たいへん》だ

でも、もしこれがたとえではなかったとしたら……「耳《みみ》の付《つ》いたパン」なんて妖怪《ようかい》にちがいありません。「Sさんは頭《あたま》の回転《かいてん》がはやいね」なんて、現実《げんじつ》に起《お》こったら大変《たいへん》です。みなさんの周《まわ》りにもおもしろいたとえがたくさんひそんでいますよ。

覚《おぼ》えておこう

たとえの種類《しゅるい》

ある言葉《ことば》を、言葉通《ことばどお》りの意味《いみ》ではなく別《べつ》の意味《いみ》で使《つか》うたとえを、むずかしい言葉《ことば》で「比喩《ひゆ》」といいます。「ような」など、たとえだとすぐわかる比喩《ひゆ》を直喩《ちょくゆ》といいます。「ような」という言葉《ことば》を使《つか》わずに「時《とき》は金《かね》なり」などという比喩《ひゆ》を隠喩《いんゆ》といいます。

ひとくちメモ　パンだけではなく、昔《むかし》の貨幣《かへい》である大判《おおばん》や小判《こばん》の縁《ふち》の部分《ぶぶん》も「耳《みみ》」といいました。そのたとえから「耳《みみ》を揃《そろ》える」（お金《かね》をぴったり用意《ようい》する）という言《い》い方《かた》が生《う》まれています。

プール開《びら》きにも歌《うた》われた「われは海《うみ》の子《こ》」

7月20日

静岡県富士宮市立稲子小学校校長《しずおかけんふじのみやしりついなこしょうがっこうこうちょう》
芦川幹弘《あしかわみきひろ》先生《せんせい》が書《か》きました

読《よ》んだ日《ひ》　月《がつ》　日《にち》｜　月《がつ》　日《にち》｜　月《がつ》　日《にち》

海《うみ》に囲《かこ》まれた国《くに》、日本《にほん》

日本《にほん》は海《うみ》に囲《かこ》まれた国《くに》です。いろいろなところで海水浴《かいすいよく》ができます。ほとんどの人《ひと》が海《うみ》に入《はい》ったことがあるでしょう。海《うみ》に親《した》しんでいた日本《にほん》では、明治《めいじ》9年《ねん》に、明治《めいじ》天皇《てんのう》が明治丸《めいじまる》に乗《の》って北海道《ほっかいどう》から横浜《よこはま》に帰《かえ》られたことを記念《きねん》して、昭和《しょうわ》16年《ねん》から7月《がつ》20日《はつか》を「海《うみ》の記《き》念日《ねんび》」としていました。「海《うみ》の日《ひ》」は、平成《へいせい》7年《ねん》に7月《がつ》20日《はつか》が国民《こくみん》の祝日《しゅくじつ》になりましたが、平成《へいせい》15年《ねん》からは連休《れんきゅう》になるように、7月第《がつだい》3月曜日《げつようび》と決《き》まりました。

泳《およ》ぐといえば「海《うみ》」だった

「われは海《うみ》の子《こ》」という歌《うた》を聞《き》いたことがあるでしょうか。1910（明治《めいじ》43）年《ねん》に「尋常小学読本唱《じんじょうしょうがくどくほんしょう》歌《か》」に載《の》せられました。平成《へいせい》19年《ねん》には日本《にほん》の歌百選《うたひゃくせん》に選《えら》ばれました。

昭和《しょうわ》40年頃《ねんごろ》はプール開《びら》きにもよく歌《うた》われました。プールが各《かく》地《ち》の小学校《しょうがっこう》にでき始《はじ》めましたが、海《うみ》に近《ちか》い学校《がっこう》では、泳《およ》ぐのは海《うみ》というイメージが強《つよ》かったのでしょう。われは海《うみ》の子《こ》の1番《ばん》の歌詞《かし》に「とまや」とありますが、とまやとは苫《とま》（茅《かや》や菅《すげ》）でふいた粗末《そまつ》な小屋《こや》のことです。新古今和歌集《しんこきんわかしゅう》にも「見渡《みわた》せば花《はな》も紅葉《もみじ》もなかりけり浦《うら》の苫屋《とまや》の秋《あき》の夕暮《ゆうぐ》れ」（藤原定家《ふじわらのていか》）とあります。海《うみ》と苫屋《とまや》がマッチするのでしょう。

歌《うた》ってみよう

われは海《うみ》の子《こ》

歌詞《かし》の言《い》い回《まわ》しはちょっとむずかしく聞《き》こえますが、おうちの人《ひと》に聞《き》きながら歌《うた》ってみましょう。ダイナミックな海《うみ》の情景《じょうけい》を思《おも》い浮《う》かべるとぴったりです。

ひとくちメモ　海《うみ》の情景《じょうけい》を歌《うた》った歌《うた》といえば、「海《うみ》は広《ひろ》いな」で始《はじ》まる「うみ」も有名《ゆうめい》ですね。おうちの人《ひと》と歌《うた》ってみましょう。

書いたりつくったりしたくなるお話

毎日暑《まいにちあつ》いですが、体調《たいちょう》をくずしていませんか？

7月 21日

東京経営短期大学《とうきょうけいえいたんきだいがく》こども教育学科《きょういくがっか》
井出一雄《いでかずお》先生《せんせい》が書《か》きました

読《よ》んだ日《ひ》　月《がつ》　日《にち》｜　月《がつ》　日《にち》｜　月《がつ》　日《にち》

暑中見舞《しょちゅうみま》いの意味《いみ》

梅雨《つゆ》が明《あ》けると猛烈《もうれつ》に暑《あつ》くなりますね。そんな頃《ころ》に出《だ》すのが「暑《しょ》中見舞《ちゅうみま》い」です。まさに「暑《あつ》さを見舞《みま》う」という意味《いみ》で、もともと「毎日暑《まいにちあつ》いですが、体調《たいちょう》をくずしていませんか？」と相手《あいて》の体調《たいちょう》を気《き》づかうために送《おく》る手紙《てがみ》でした。

みなさんにとって、暑中見舞《しょちゅうみま》いや残暑見舞《ざんしょみま》いを出《だ》す相手《あいて》は、友達《ともだち》や先生《せんせい》、遠《とお》くにいる親《しん》せきなどになるでしょう。時期《じき》も夏休《なつやす》みなので、休《やす》み中《ちゅう》に起《お》こった出来事《できごと》や日《にち》常的《じょうてき》な生活《せいかつ》の様子《ようす》を知《し》らせることが手紙《てがみ》の中心《ちゅうしん》になるかもしれません。でも、「見舞《みま》い」というもともとの意味《いみ》も思《おも》い出《だ》してください。相手《あいて》がどうしているかを気《き》づかう言葉《ことば》かけも忘《わす》れないようにしましょう。

上手《じょうず》な書《か》き方《かた》

書《か》く内容《ないよう》や順番《じゅんばん》は次《つぎ》のようにしてはどうでしょう。まず最初《さいしょ》の文《ぶん》は「暑中《しょちゅう》（残暑《ざんしょ》）お見舞《みま》い申《もう》し上《あ》げます」。次《つぎ》に相手《あいて》がどうしているか気《き》づかう言葉《ことば》をかけます。たとえば「お元気《げんき》ですか」「暑《あつ》さに負《ま》けずに頑張《がんば》っていますか」などです。

そして、自分《じぶん》の生活《せいかつ》や出来事《できごと》の内容《ないよう》を伝《つた》えます。最後《さいご》も「暑《あつ》い日《ひ》が続《つづ》きますのでお身体《からだ》に気《き》を付《つ》けてください」など付《つ》け加《くわ》え、日付《ひづけ》を入《い》れて締《し》めくくりましょう。

やってみよう

暑中見舞《しょちゅうみま》い、残暑見舞《ざんしょみま》いを書《か》こう

夏休《なつやす》み中《ちゅう》の生活《せいかつ》や出来事《できごと》を暑中見舞《しょちゅうみま》いや残暑見舞《ざんしょみま》いとして書《か》いてみましょう。相手《あいて》を気《き》づかう言葉《ことば》かけを忘《わす》れないように！

ひとくちメモ　暑中見舞《しょちゅうみま》いや残暑見舞《ざんしょみま》いを出《だ》す時期《じき》はいろいろな説《せつ》があります。一般的《いっぱんてき》なのは、暑中見舞《しょちゅうみま》いが梅雨明《つゆあ》けから立秋《りっしゅう》（8月《がつ》7日《か》ごろ）前《まえ》まで。残暑見舞《ざんしょみま》いは8月中《がつちゅう》です。立秋《りっしゅう》とは夏《なつ》から秋《あき》への節目《ふしめ》なので、「残暑《ざんしょ》」になります。

漢字にまつわるお話

どうちがう？「伯父《おじ》さん」と「叔父《おじ》さん」

7月22日

東京学芸大学教育学部《とうきょうがくげいだいがくきょういくがくぶ》
中村和弘《なかむらかずひろ》先生《せんせい》が書《か》きました

読《よ》んだ日《ひ》　月《がつ》　日《にち》｜月《がつ》　日《にち》｜月《がつ》　日《にち》

自分《じぶん》の親《おや》より年上《としうえ》か年下《としした》か

みなさんには、おじさんやおばさんがいますか？　おじさんやおばさんというのは、みんなのお父《とう》さんやお母《かあ》さんのきょうだいのこと。ご両親《りょうしん》にきょうだいが多《おお》ければ、それだけおじさんやおばさんもたくさんいますよね。

さて、このおじさんやおばさん、漢字《かんじ》に直《なお》すと書《か》き方《かた》が2通《とお》りあります。ひとつが伯父《おじ》さん・伯母《おば》さん。そしてもうひとつが叔父《おじ》さん・叔母《おば》さんです。もちろん読《よ》み方《かた》は同《おな》じです。どのようにして使《つか》い分《わ》けられているのでしょう？

答《こた》えは、兄弟《きょうだい》でどちらが年上《としうえ》か、年下《としした》かで決《き》まってきます。たとえば、お父《とう》さんがお兄《にい》さんでおじさんが弟《おとうと》（年下《としした》）の場合《ばあい》は、叔父《おじ》さんと書《か》きます。一方《いっぽう》、お父《とう》さんが年下《としした》でおじさんが兄《あに》（年上《としうえ》）の場合《ばあい》は、伯父《おじ》さんになります。

これはおばさんでも同《おな》じで、自《じ》分《ぶん》の親《おや》から見《み》て、相手《あいて》が年上《としうえ》か年《とし》下《した》かで伯母《おば》と叔母《おば》を使《つか》い分《わ》けます。

いとこも使《つか》い分《わ》ける

使《つか》い分《わ》けといえば、いとこも漢《かん》字《じ》に直《なお》すと従兄《いとこ》、従弟《いとこ》、従姉《いとこ》、従妹《いとこ》の4つになります。これも自《じ》分《ぶん》と相手《あいて》でどちらが年上《としうえ》か年下《としした》かで漢字《かんじ》がかわります。男性《だんせい》で年上《としうえ》の場合《ばあい》は、従兄《いとこ》、男性《だんせい》で年下《としした》は従弟《いとこ》、女性《じょせい》で年上《としうえ》は従姉《いとこ》、女性《じょせい》で年下《としした》は従妹《いとこ》となります。

調《しら》べてみよう

おじいさんのお父《とう》さんはなんと呼《よ》ぶ？

自分《じぶん》の親戚《しんせき》、親族《しんぞく》の呼《よ》び方《かた》はわかりますか？　おじいさんやおばあさんは祖父《そふ》、祖母《ぼ》となりますね。では、おじいさんのお父《とう》さんは、なんというでしょうか？　高祖父《こうそふ》や大伯父《おおおじ》とは自分《じぶん》から見《み》たときに、どのような関係《かんけい》の人《ひと》でしょうか？　知《し》らない呼《よ》び名《な》をひとつずつ調《しら》べてみてください。

ひとくちメモ　親戚《しんせき》のおじさんやおばさん以外《いがい》の知《し》り合《あ》いや近所《きんじょ》のおじさん、おばさんを漢字《かんじ》にするときは「伯《はく》」も「叔《しゅく》」も使《つか》わずに小父《おじ》さんや小母《おば》さんと書《か》くのが正《ただ》しいようです。

落《お》ち込《こ》む？　カッとなる？ 叱《しか》られたときの気《き》持《も》ち

日本国語教育学会理事《にほんこくごきょういくがっかいりじ》
吉永幸司《よしながこうし》先生《せんせい》が書《か》きました

読《よ》んだ日《ひ》　月《がつ》　日《にち》　月《がつ》　日《にち》　月《がつ》　日《にち》

落《お》ち込《こ》んだり、言《い》い返《かえ》したり

お家《うち》の人《ひと》に叱《しか》られる……よくあることでしょう。それでも慣《な》れることはありませんね。しょんぼりとした気持《きも》ちになり、元気《げんき》がなくなり、「気《き》が滅入《めい》る」「気落《きお》ちする」といった感《かん》じでしょうか。そんな様子《ようす》は周《まわ》りから見《み》れば「シュンとする」「しおれている」という言葉《ことば》がぴったりです。

時《とき》には、わかってもらえず、悔《くや》しい気持《きも》ち、もしかすると反抗的《はんこうてき》な気持《きも》ちになることもあるかもしれません。思《おも》わず言《い》い返《かえ》すことを「食《く》ってかかる」「噛《か》みつく」なんていいますが、言《い》い分《ぶん》がある場合《ばあい》は、落《お》ち着《つ》いてゆっくり意見《いけん》を言《い》いましょう。お家《うち》の人《ひと》が「聞《き》く耳《みみ》を持《も》たない」場合《ばあい》は、ちょっと時間《じかん》を置《お》くのがよさそうです。「カチンとくる」からといってイライラしたままだとケンカになってしまいます。

気《き》持《も》ちを切《き》り替《か》えよう

叱《しか》られた日《ひ》は、いつまでも落《お》ち込《こ》んでいないで、気持《きも》ちを切《き》り替《か》えましょう。次《つぎ》は叱《しか》られないようにすればいいのです。少《すこ》し反省《はんせい》したら「気《き》を取《と》り直《なお》し」てください。「ごめんなさい」と謝《あやま》ったら、また「心機一転《しんきいってん》」、気持《きも》ちを前向《まえむ》きに頑張《がんば》っていきましょう。

調《しら》べてみよう

「叱《しか》る」と「怒《おこ》る」

「お母《かあ》さんに叱《しか》られた」「お父《とう》さんが怒《おこ》るよ」…この「叱《しか》る」と「怒《おこ》る」はよく似《に》ているようでちがいます。自分《じぶん》の不満《ふまん》や不快《ふかい》を抑《おさ》えられずに表《あらわ》すのは「怒《おこ》る」です。相手《あいて》の良《よ》くない点《てん》を責《せ》めとがめるのは「叱《しか》る」。自分《じぶん》のためか相手《あいて》のためかというちがいがあります。

ひとくちメモ　叱《しか》られたり、怒《おこ》られたりした時《とき》、反対《はんたい》に、ほめられたり、励《はげ》まされたりした時《とき》の気持《きも》ちを思《おも》い出《だ》してみましょう。あまり落《お》ちこまず「気《き》は長《なが》く、心《こころ》は丸《まる》く、すこやかに」の心《こころ》が大切《たいせつ》です。

声《こえ》に出《だ》して読《よ》むと気持《きも》ちいい『平家物語《へいけものがたり》』

元福岡県春日野市立春日東小学校校長《もとふくおかけんかすがのしりつかすがひがししょうがっこうこうちょう》
東《ひがし》 和男《かずお》先生《せんせい》が書《か》きました

読《よ》んだ日《ひ》　月《がつ》　日《にち》｜月《がつ》　日《にち》｜月《がつ》　日《にち》

『平家物語《へいけものがたり》』は、語《かた》りにぴったり！

『平家物語《へいけものがたり》』は、実際《じっさい》にあった戦《たたか》いなどの出来事《できごと》をもとにして、今《いま》から八百年《はっぴゃくねん》ほど前《まえ》につくられた軍《ぐん》記物語《きものがたり》です。七五調《しちごちょう》の連続《れんぞく》した文《ぶん》章《しょう》は、リズミカルで、心地《ここち》よい響《ひび》きです。琵琶法師《びわほうし》による語《かた》りが人々《ひとびと》に親《した》しまれたことも、合点《がてん》がいきます。

平清盛《たいらのきよもり》を中心《ちゅうしん》に、源氏《げんじ》と平家《へいけ》の戦《たたか》いを描《えが》いています。「石橋山《いしばしやま》の戦《たたか》い」「富士川《ふじかわ》の戦《たたか》い」「倶利伽羅《くりから》峠《とうげ》の戦《たたか》い」「宇治川《うじがわ》の戦《たたか》い」「一《いち》ノ谷《たに》の戦《たたか》い」「屋島《やしま》の戦《たたか》い」「壇《だん》ノ浦《うら》の戦《たたか》い」などです。

声《こえ》に出《だ》してみよう

「祇園精舎《ぎおんしょうじゃ》の鐘《かね》の声《こえ》、諸行無常《しょぎょうむじょう》の響《ひび》きあり。娑羅双樹《しゃらそうじゅ》の花《はな》の色《いろ》、盛《じょう》者必衰《しゃひっすい》のことわりを表《あらわ》す。おごれる人《ひと》も久《ひさ》しからず、ただ春《はる》の夜《よ》の夢《ゆめ》のごとし。」（祇園精舎《ぎおんしょうじゃ》）。

七音五音《しちおんごおん》、七音五音《しちおんごおん》と続《つづ》く文章《ぶんしょう》。あなたはどんな感《かん》じを受《う》けましたか。

もう一《ひと》つ声《ごえ》に出《だ》して読《よ》みたい一《いっ》節《せつ》をご紹介《しょうかい》しましょう。「屋島《やしま》の戦《たたか》い」で、弓《ゆみ》の名人《めいじん》である若者《わかもの》の、那須与一《なすのよいち》が、義経《よしつね》の指名《しめい》を受《う》け、神々《かみがみ》に祈《いの》り、弓《ゆみ》の成功《せいこう》を願《ねが》い上《あ》げる場面《ばめん》です。

「与一《よいち》、目《め》をふさいで、『南無八《なむはち》幡大菩薩《まんだいぼさつ》、我《わ》が国《くに》の神明《しんめい》、日光《にっこう》の権現《ごんげん》、宇都宮《うつのみや》、那須《なす》の湯泉大明神《ゆぜんだいみょうじん》、願《ねが》はくはあの扇《おうぎ》の真《ま》ん中射《なかい》させてたばせたまへ。これを射損《いそん》ずるものならば、弓切《ゆみき》り折《お》り自害《じがい》して、人《ひと》に二度面《ふたたびおもて》を向《む》かふべからず。……』」（那須与一《なすのよいち》）。

味《あじ》わってみよう

語《かた》りの文体《ぶんたい》のテクニック

『平家物語《へいけものがたり》』は、語《かた》りの文学《ぶんがく》の代表作《だいひょうさく》。リズムや躍動感《やくどうかん》、臨場感《りんじょうかん》を生《う》み出《だ》すため、文章《ぶんしょう》にいろいろな工夫《くふう》がなされています。「南無八幡大菩薩《なむはちまんだいぼさつ》…湯泉大明神《ゆぜんだいみょうじん》」と同類《どうるい》の言葉《ことば》を並《なら》べたり、「沖《おき》には平家《へいけ》…陸《くが》には源氏《げんじ》…」と対《つい》になる表現《ひょうげん》をしたりするなどがそうです。

ひとくちメモ　源平合戦《げんぺいかっせん》の場《ば》は、名所旧跡《めいしょきゅうせき》として有名《ゆうめい》です。倶利伽羅峠《くりからとうげ》（富山県小矢部市《とやまけんおやべし》・石川県津幡町《いしかわけんつばたまち》）、壇《だん》ノ浦《うら》（山口《やまぐち》県下関市《けんしものせきし》）などです。また、「敦盛《あつもり》の最期《さいご》」は人々《ひとびと》の心《こころ》を引《ひ》きつけ、能《のう》や浄瑠璃《じょうるり》でも演《えん》じられています。

だまされるな 犯人《はんにん》はうそをついている!?

日本《にほん》国語《こくご》教育《きょういく》学会《がっかい》理事《りじ》・小学校《しょうがっこう》部会長《ぶかいちょう》
今村久二《いまむらひさじ》先生《せんせい》が書《か》きました

読《よ》んだ日《ひ》　月《がつ》　日《にち》｜　月《がつ》　日《にち》｜　月《がつ》　日《にち》

その時《とき》、あなたはどこに？

病院《びょういん》の待合室《まちあいしつ》で、目《め》をはなしたすきに大事《だいじ》なバッグがぬすまれました。若《わか》い刑事《けいじ》とその先輩《せんぱい》の刑事《けいじ》が、あやしい三人《さんにん》をしぼりこんで、一人《ひとり》ずつ聞《き》き取《と》りをしています。

「その時《とき》、あなたはどこにいましたか」。

青年《せいねん》「トイレにいたよ」。

次《つぎ》は、老人《ろうじん》です。

老人《ろうじん》「わしはせっちんにいたな」。

最後《さいご》は、中年《ちゅうねん》の男性《だんせい》です。

「その時《とき》は、ちょっとはばかりにいってまして」。

若《わか》い刑事《けいじ》は、首《くび》をひねって、「みんなちがう所《ところ》にいた。なぞが深《ふか》くなった」と言《い》います。先輩刑事《せんぱいけいじ》は、「何《なに》を言《い》っているのだ。みんな同《おな》じ所《ところ》にいたと言《い》っている。だれといっしょだったか、聞《き》くんだ」。

二人《ふたり》は、さらに取《と》り調《しら》べを進《すす》め、犯人《はんにん》をつかまえました。先輩《せんぱい》が言《い》います。

「女《おんな》がまざってなくてよかったよ。もっとちがう言葉《ことば》が出《で》てくるぞ」。

ちがう言葉《ことば》でもすべて同《おな》じ意味《いみ》

実《じっ》は「せっちん」も「はばかり」もトイレのこと。お手洗《てあら》い、化粧室《けしょうしつ》、WC、便所《べんじょ》、かわやなども同《おな》じです。使《つか》う人《ひと》の立場《たちば》や気持《きも》ちによって、いろいろな言《い》い方《かた》が生《う》まれたのですね。

調《しら》べてみよう

もとは同《おな》じ意味《いみ》だけれど…

もともとは同《おな》じものなのに、別《べつ》の意味《いみ》で使《つか》われるようになった言葉《ことば》もあります。小《ちい》さな四角《しかく》い紙《かみ》は、英語《えいご》で日本《にほん》に入《はい》ってきた時《とき》は「カード」とよばれましたが、医学《いがく》とともにドイツ語《ご》で入《はい》って来《き》たものは、「カルテ」とよばれました。

ひとくちメモ　悪《わる》いものをさす名前《なまえ》をわざと言《い》い換《か》えることがあります。「アシ」という草《くさ》は、まさに昔《むかし》は<悪《あ》し>という言葉《ことば》だったので「ヨシ」になりました。今《いま》では、「ヨシ」が正式《せいしき》な名前《なまえ》です。

歌や古典・芸能にまつわるお話

野口雨情《のぐちうじょう》と童謡《どうよう》「赤《あか》い靴《くつ》」

7月26日

東京《とうきょう》家政《かせい》大学《だいがく》大学院《だいがくいん》人間《にんげん》生活学《せいかつがく》専攻《せんこう》
大越和孝《おおごしかずたか》先生《せんせい》が書《か》きました

読《よ》んだ日《ひ》　月《がつ》　日《にち》　月《がつ》　日《にち》　月《がつ》　日《にち》

子供《こども》たちに愛《あい》される童謡《どうよう》

野口雨情《のぐちうじょう》（1882年《ねん》～1945年《ねん》）は、大正《たいしょう》、昭和《しょうわ》の時代《じだい》に活躍《かつやく》した童謡詩人《どうようしじん》です。

生《う》まれたのは、茨城県《いばらきけん》の豊《ゆた》かな家《いえ》です。けれども、大火《たいか》で家《いえ》を失《うしな》い、その後《ご》、さまざまな苦労《くろう》を重《かさ》ねました。北海道《ほっかいどう》で新聞社《しんぶんしゃ》に勤《つと》めたり、東京《とうきょう》で編集《へんしゅう》の仕事《しごと》をしたりしました。

大正時代《たいしょうじだい》には、童謡《どうよう》や童話《どうわ》の雑誌《ざっし》がたくさんありました。雨情《うじょう》は、『金《きん》の船《ふね》』という雑誌《ざっし》に童謡《どうよう》を発表《はっぴょう》したりして、だんだん世間《せけん》に認《みと》められるようになりました。

雨情《うじょう》の童謡《どうよう》は、子供《こども》らしい心《こころ》を大事《だいじ》にし、子供《こども》の言葉《ことば》で作詩《さくし》されています。「しゃぼん玉《だま》」「七《なな》つの子《こ》」「雨降《あめふ》りお月《つき》さん」「青《あお》い眼《め》の人形《にんぎょう》」など、すばらしい童謡《どうよう》をたくさん残《のこ》しています。

異人《いじん》さんにつれられて

「赤《あか》い靴《くつ》」はこんな歌詞《かし》です

赤《あか》い靴《くつ》　はいてた
女《おんな》の子《こ》
異人《いじん》さんに　つれられて
行《い》っちゃった

横浜《よこはま》の　波止場《はとば》から
船《ふね》に乗《の》って
異人《いじん》さんに　つれられて
行《い》っちゃった

この童謡《どうよう》は、雨情《うじょう》が北海道《ほっかいどう》にいたときに聞《き》いた話《はなし》をもとにつくられています。子供《こども》にわかりやすい言葉《ことば》で、リズムを大切《たいせつ》にしてつくられています。詩《し》を読《よ》んで、何《なん》となく不安《ふあん》な感《かん》じがするのは、何《なん》で連《つ》れていかれるのかを書《か》いていないからでしょう。

歌《うた》の中《なか》の女《おんな》の子《こ》は、父親《ちちおや》をなくし、母親《ははおや》と北海道《ほっかいどう》に移《うつ》り住《す》みます。けれども生活《せいかつ》は、とても苦《くる》しいものでした。この様子《ようす》を見《み》た、アメリカ人《じん》の宣教師《せんきょうし》が、女《おんな》の子《こ》を養女《ようじょ》にしたのです。その後《ご》、アメリカに帰《かえ》るときに、いっしょに連《つ》れていったというお話《はなし》が歌《うた》のもとになったといわれています。

調《しら》べてみよう

歌詞《かし》を書《か》き写《うつ》してみよう

雨情《うじょう》のほかの童謡《どうよう》を調《しら》べて、ノートに書《か》き写《うつ》し、どのような意味《いみ》が込《こ》められているかを考《かんが》えてみましょう。

ひとくちメモ
「異人《いじん》さん」とは外国人《がいこくじん》（おもに西洋人《せいようじん》）のこと。今《いま》では、ほとんど使《つか》われなくなった言葉《ことば》です。そのために、歌《うた》を聞《き》いただけでは、「いいじいさん」のことだと勘《かん》ちがいする人《ひと》もいるようです。

歌や古典・芸能にまつわるお話

東京《とうきょう》オリンピックと歌舞伎《かぶき》の深《ふか》い関係《かんけい》

7月27日

筑波大学附属小学校《つくばだいがくふぞくしょうがっこう》
白坂洋一《しらさかよういち》先生《せんせい》が書《か》きました

読《よ》んだ日《ひ》　月《がつ》　日《にち》｜月《がつ》　日《にち》｜月《がつ》　日《にち》

エンブレムに隠《かく》された秘密《ひみつ》

２０２０年《ねん》東京《とうきょう》オリンピック・パラリンピックのエンブレムはどんな形《かたち》でしょう。

そうです。形《かたち》のちがう３種類《しゅるい》の四角形《しかくけい》が組《く》み合《あ》わされて描《えが》かれています。紺色《こんいろ》でまとめられていて、江戸《えど》の染《そ》め物《もの》のような雰囲気《ふんいき》が感《かん》じられます。

エンブレムで話題《わだい》になったこの模様《もよう》は「市松模様《いちまつもよう》」といいます。

江戸時代《えどじだい》の歌舞伎役者《かぶきやくしゃ》、初代佐野《しょだいさの》川市松《がわいちまつ》がこの模様《もよう》を最初《さいしょ》に着《き》たことから、当時《とうじ》の女性《じょせい》の間《あいだ》で大流行《だいりゅうこう》したようです。この役者《やくしゃ》の名前《なまえ》の「市松《いちまつ》」を取《と》り上《あ》げ、「市松模様《いちまつもよう》」という言葉《ことば》が生《う》まれたそうです。

歌舞伎《かぶき》から生《う》まれた言葉《ことば》

歌舞伎《かぶき》から生《う》まれた言葉《ことば》は、他《ほか》にもいろいろとあります。

たとえば「幕《まく》の内弁当《うちべんとう》」もそうです。俵《たわら》の形《かたち》をしたご飯《はん》に、いろいろなおかずが入《はい》っていて、食《た》べるのが楽《たの》しみなお弁当《べんとう》の一《ひと》つです。歌舞伎《かぶき》では芝居《しばい》を「幕《まく》」といいます。これは歌舞伎《かぶき》の芝居《しばい》と芝居《しばい》との間《あいだ》、つまり、幕《まく》と幕《まく》の間《あいだ》に食《た》べることから生《う》まれた言葉《ことば》といわれています。

考《かんが》えてみよう

ノリがいいね!の「ノリ」

音楽《おんがく》やリズムにのって踊《おど》る様子《ようす》を「ノリがいい」と表現《ひょうげん》します。この「ノリ」という言葉《ことば》は歌舞伎《かぶき》だけでなく、能《のう》や狂言《きょうげん》の世界《せかい》でも使《つか》われているようです。「ノル」とは、「音楽《おんがく》に乗《の》って演技《えんぎ》する」「リズム感《かん》やテンポを速《はや》める」という意味《いみ》が込《こ》められているそうです。外来語《がいらいご》ではなかったのですね。

ひとくちメモ　歌舞伎《かぶき》や芸能《げいのう》などに関係《かんけい》する人々《ひとびと》の間《あいだ》では、お昼《ひる》でも深夜《しんや》でもあいさつするときには「おはようございます」とします。これは江戸時代《えどじだい》の歌舞伎《かぶき》の習慣《しゅうかん》からきているそうです。

ものの名前にまつわるお話

お米《こめ》を「しゃり」と呼《よ》ぶ まさかの理由《りゆう》

7月28日

東京学芸大学教育学部《とうきょうがくげいだいがくきょういくがくぶ》
中村和弘《なかむらかずひろ》先生《せんせい》が書《か》きました

読《よ》んだ日《ひ》　月《がつ》　日《にち》　月《がつ》　日《にち》　月《がつ》　日《にち》

お寿司屋《すしや》さんで使《つか》われる「しゃり」

みなさんが家族《かぞく》でお寿司屋《すしや》さんへ行《い》ったときに、お寿司《すし》を握《にぎ》る職人《しょくにん》さんが、お寿司《すし》の酢飯《すめし》のことを「しゃり」や「銀《ぎん》しゃり」とカッコよく言《い》っているのを聞《き》いたことがあるかもしれません。

ふだん家《いえ》ではあまり使《つか》うことはありませんが、なぜごはんを「しゃり」というのでしょうか？　この言葉《ことば》のもとをたどってみると、とても遠《とお》くからやってきた言葉《ことば》だということがわかりました。

「しゃり」は遺骨《いこつ》のこと

「しゃり」を漢字《かんじ》にすると「舎利《しゃり》」と書《か》きます。この言葉《ことば》のはじまりはサンスクリット語《ご》（古《ふる》いインドの言語《げんご》）の「シャリーラ」という言葉《ことば》で、遺骨《いこつ》や死《し》がい、身体《しんたい》を意味《いみ》するものです。

一般的《いっぱんてき》には、お釈迦《しゃか》さまの遺骨《いこつ》のことをいいます。お釈迦《しゃか》さまが亡《な》くなったあとに、火葬《かそう》をすると骨《ほね》が細《こま》かくくだけたといわれており、その小《ちい》さくくだけた骨《ほね》の形《かたち》が米粒《こめつぶ》の形《かたち》に似《に》ていたことからこのように呼《よ》ばれるようになったそうです。まさか、骨《ほね》からきているとは！　これからお寿司屋《すしや》さんで酢《す》飯《めし》を見《み》る目《め》がかわってしまいそうですね。

このように食《た》べ物《もの》のなかには、遠《とお》くからやってきた言葉《ことば》がたくさんあります。たとえば、プチプチとした食感《しょっかん》がおいしいイクラは、ロシア語《ご》などで「魚《さかな》の卵《たまご》」「腹子《はらこ》」を意味《いみ》する言葉《ことば》です。みんなが大好《だいす》きなカレーもインドのタミル語《ご》で「ソース」や「風味《ふうみ》」を意味《いみ》する「カリ」という言葉《ことば》が英語《えいご》の「カレー」となり、その後《ご》、明治時代《めいじじだい》に日本《にほん》へ伝《つた》えられたそうです。

言葉《ことば》のはじまりを知《し》ることはおもしろいですね。

調《しら》べてみよう

遠《とお》くからきた食《た》べ物《もの》の言葉《ことば》は？

食《た》べ物《もの》を表《あらわ》す言葉《ことば》のもとを探《さぐ》ってみましょう。身近《みぢか》なものでは、ラーメンやコロッケ、サンドイッチなどの由来《ゆらい》は調《しら》べやすいかもしれません。そのほかにも、まだまだあります！　みなさんの好《す》きな食《た》べ物《もの》もじつは外国《がいこく》からきた言葉《ことば》がもとになっているかもしれません。調《しら》べてみましょう。

ひとくちメモ　おいしいものを食《た》べて楽《たの》しむ人《ひと》のことを「グルメ」といいます。これは古《ふる》いフランス語《ご》がはじまりの言葉《ことば》で、「ワイン商人《しょうにん》の召使《めしつか》い」「ワインに精通《せいつう》した人《ひと》」という意味《いみ》がありました。

漢字にまつわるお話

つくりが「青《あお》」だと、読《よ》み方《かた》はみんな「せい」！

7月29日

元福岡県春日市立春日東小学校校長《もとふくおかけんかすがしりつかすがひがししょうがっこうこうちょう》
東《ひがし》 和男《かずお》先生《せんせい》が書《か》きました

読《よ》んだ日《ひ》　月《がつ》　日《にち》｜月《がつ》　日《にち》｜月《がつ》　日《にち》

漢字《かんじ》の「つくり」に注目《ちゅうもく》！

「清」「晴」「精」。この3つの漢字《かんじ》の、同《おな》じところはどこでしょう？

漢字《かんじ》の「つくり」に目《め》を向《む》けると、どれも「青《あお》」が入《はい》っていますね。

青《あお》に「氵（さんずい）」をつけると、一番目《いちばんめ》の「清」という漢字《かんじ》になります。清は、「せい」「きよ（い）」と読《よ》み、すみきっている様子《ようす》を表《あらわ》します。清のつく言葉《ことば》には、清潔《せいけつ》、清書《せいしょ》などがあります。

実《じつ》は、青《あお》という漢字《かんじ》には、もともと「すみきっている」「じっとすきとおって動《うご》かない」といった意味《いみ》があるのです。

「へん」を変《か》えても読《よ》み方《かた》はおんなじ？

青《あお》に「日（ひへん）」をつけると、二番目《にばんめ》の「晴」になります。晴は、「せい」「はれ（る）」と読《よ》み、すんだ空《そら》などを表《あらわ》します。天気予報《てんきよほう》でも、晴天《せいてん》、快晴《かいせい》という言葉《ことば》をよく聞《き》きますね。

今度《こんど》は、青《あお》に「米（こめへん）」をつけてみましょう。「精」は、「せい・しょう」と読《よ》み、まじりけがない、本当《ほんとう》のもの、という意味《いみ》です。精米《せいまい》、精読《せいどく》のように使《つか》います。

あれ？「清」「晴」「精」には、もう1つ同《おな》じところがありますね。そう、つくりが青《あお》の漢字《かんじ》を音読《おんよ》みにすると、どれも「せい」なんですよ！

調《しら》べてみよう

「主」は動《うご》かない!?

「柱《はしら》」のように、つくりが「主」の漢字《かんじ》には、どんなものがあるかな？　主には、「じっとして動《うご》かない」という意味《いみ》があります。「駐」「注」「註」「住」「往」など……、それぞれの音読《おんよ》みをくらべてみましょう。

ひとくちメモ　上《うえ》のコラムと同《おな》じように、つくりが「寺」の漢字《かんじ》を調《しら》べてみましょう。「時」「詩」「侍」「待」「持」「特」など、たくさんありますね。漢和辞典《かんわじてん》で、それぞれの音読《おんよ》みと意味《いみ》を比《くら》べると、どんなことがわかりますか？

杉田玄白《すぎたげんぱく》の『解体新書《かいたいしんしょ》』はこうして生《う》まれた！

7月30日

東京学芸大学教育学部《とうきょうがくげいだいがくきょういくがくぶ》
中村和弘《なかむらかずひろ》先生《せんせい》が書《か》きました

読《よ》んだ日《ひ》　月《がつ》　日《にち》｜　月《がつ》　日《にち》｜　月《がつ》　日《にち》

医学書《いがくしょ》の翻訳《ほんやく》に挑《いど》んだ3人《にん》

「いやはや、これは驚《おどろ》いた！」。

江戸《えど》で医者《いしゃ》をしていた杉田玄白《すぎたげんぱく》は、その日《ひ》、はじめて人体《じんたい》の解剖《かいぼう》に立《た》ち会《あ》いました。目《め》の前《まえ》にある人体《じんたい》のつくりと、オランダの医学《いがく》書《しょ》『ターヘル・アナトミア』の解《かい》剖図《ぼうず》は、何《なに》から何《なに》までそっくり同《おな》じ。それまで学《まな》んできた中国《ちゅうごく》の古《ふる》い医学《いがく》は、間違《まちが》いだということに気《き》づいたのです。

「私《わたし》は医者《いしゃ》の身《み》でありながら、これまで人体《じんたい》のしくみすら知《し》らずにいたとは……」。そのことを恥《は》ずかしく思《おも》った玄白《げんぱく》は、同《おな》じ医者《いしゃ》の前野良沢《まえのりょうたく》、中川淳庵《なかがわじゅんあん》らとともに、『ターヘル・アナトミア』を日本《にほん》語《ご》に訳《やく》そうと決意《けつい》したのです。

文字《もじ》が読《よ》めない！ 辞書《じしょ》もない！

ところが、すぐに翻訳《ほんやく》にとりかかったものの、玄白《げんぱく》はアルファベットが読《よ》めず、オランダ語《ご》の辞書《じしょ》もありません。はじめは3人《にん》そろっても、丸一日《まるいちにち》かけて1行《ぎょう》を訳《やく》すのが精《せい》いっぱい。それでもパズルのように単語《たんご》の意味《いみ》を推理《すいり》しながら、しんぼう強《づよ》く作業《さぎょう》を進《すす》めていきました。

それまで日本語《にほんご》にはなかった、「神経《しんけい》」「軟骨《なんこつ》」「盲腸《もうちょう》」などの新《あたら》しい言葉《ことば》がつくられたのもこのときです。

こうして玄白《げんぱく》たちは、1年半《ねんはん》かけてようやく翻訳《ほんやく》を終《お》え、『解体《かいたい》新書《しんしょ》』という本《ほん》が世《よ》に送《おく》り出《だ》されました。彼《かれ》らの勇気《ゆうき》と情熱《じょうねつ》が、のちの医学《いがく》の発展《はってん》に大《おお》きく貢献《こうけん》したことは言《い》うまでもありません。

知《し》っておこう

良沢《りょうたく》さんの名前《なまえ》がない!?

『ターヘル・アナトミア』の翻訳《ほんやく》は、オランダ語《ご》を少《すこ》し勉強《べんきょう》したことのある前野良沢《まえのりょうたく》がリーダーでした。しかし、生真面目《きまじめ》な良沢《りょうたく》は、この仕事《しごと》は完璧《かんぺき》ではないからといって、『解体新書《かいたいしんしょ》』に自分《じぶん》の名前《なまえ》が出《で》るのを断《ことわ》ったそうです。

ひとくちメモ

杉田玄白《すぎたげんぱく》は83歳《さい》のとき、『解体新書《かいたいしんしょ》』にまつわる回想録《かいそうろく》を書《か》きました。その原稿《げんこう》を読《よ》んだ福沢諭吉《ふくざわゆきち》は、先輩《せんぱい》たちの苦心《くしん》と情熱《じょうねつ》に涙《なみだ》を流《なが》して感動《かんどう》し、『蘭学事始《らんがくことはじめ》』とタイトルをつけて出版《しゅっぱん》しました。

はじめから読《よ》んでも終《お》わりから読《よ》んでも①

7月《がつ》31日《にち》

東京学芸大学附属小金井小学校《とうきょうがくげいだいがくふぞくこがねいしょうがっこう》
鈴木秀樹《すずきひでき》先生《せんせい》が書《か》きました

読《よ》んだ日《ひ》　月《がつ》　日《にち》　月《がつ》　日《にち》　月《がつ》　日《にち》

回文《かいぶん》ってなんだ？

回文《かいぶん》とは、はじめから読《よ》んでも終《お》わりから読《よ》んでも文字《もじ》の出《で》てくる順番《じゅんばん》が変《か》わらず、ある程度《ていど》、意味《み》の通《つう》じる文《ぶん》のことをいいます。有名《ゆうめい》なところでは、

竹藪焼《たけやぶや》けた
（たけやぶやけた）

私負《わたしま》けましたわ
（わたしまけましたわ）

などがあります。たしかに、どちらもはじめから読《よ》んでも終《お》わりから読《よ》んでも文字《もじ》の出《で》てくる順番《じゅんばん》は変《か》わりませんね。

回文《かいぶん》に使《つか》えそうな言葉《ことば》

さて、ではこの回文《かいぶん》、どうやってつくればいいのでしょうか。いきなり、さきほどのような見事《みごと》な回文《かいぶん》をつくろうと思《おも》ってもなかなかむずかしいので、まずは回文《かいぶん》に使《つか》えそうな言葉《ことば》を探《さが》してみましょう。

まず「はじめから読《よ》んでも終《お》わりから読《よ》んでも同《おな》じ言葉《ことば》」を探《さが》してみましょう。たとえば「トマト」「紳士《しんし》（しんし）」「痛《いた》い（いたい）」「新聞紙《しんぶんし》（しんぶんし）」などがそうです。

つぎに「はじめから読《よ》んでも終《お》わりから読《よ》んでも意味《いみ》が通《つう》じる言葉《ことば》」を探《さが》してみましょう。たとえば「悪《わる》い（わるい）⇕いるわ」「天狗《てんぐ》（てんぐ）⇕軍手《ぐんて》（ぐんて）」「定期《ていき》（ていき）⇕聞《き》いて（きいて）」などです。

さて、ここまでに考《かんが》えた言葉《ことば》で、もう回文《かいぶん》をつくれるのに気《き》がつきましたか？

悪《わる》い紳士《しんし》いるわ
（わるいしんしいるわ）

やってみよう
回文手帳《かいぶんてちょう》をつくろう

その言葉《ことば》が「はじめから読《よ》んでも終《お》わりから読《よ》んでも同《おな》じ言葉《ことば》」になっているかどうか。頭《あたま》の中《なか》で考《かんが》えているだけでは、わからないものです。回文手帳《かいぶんてちょう》をつくって、回文《かいぶん》に使《つか》えそうな言葉《ことば》を書《か》き出《だ》してみましょう。

ひとくちメモ 回文《かいぶん》をつくるのっておもしろい、と思《おも》ったら294ページを見《み》てみよう！ 上手《じょうず》に回文《かいぶん》をつくることができるワザを紹介《しょうかい》していますよ！

感じてみよう

子供の科学 写真館 vol. 5

国語《こくご》が好《す》きになる
ユニークな写真《しゃしん》やイラストを紹介《しょうかい》します。

「十二ヶ月見立て」(芳艶 作/1858年)。
所蔵：公文教育研究会

この判《はん》じ絵《え》がわかるかな?

この絵《え》は何月《なんがつ》なんだ!?

226ページで判《はん》じ絵《え》を紹介《しょうかい》したので、ここで江戸時代《えどじだい》の作品《さくひん》を1枚見《まいみ》てみましょう。写《しゃ》真《しん》は判《はん》じ絵《え》「十二《じゅうに》ヶ月見立《げつみた》て」。江戸時代《えどじだい》の子供《こども》たちが、寺子屋《てらこや》で実際《じっさい》に使《つか》っていたものです。どの絵《え》が何月《なんがつ》のことを表《あらわ》しているのかわかりますか？

たとえば、右《みぎ》はじの一番上《いちばんうえ》に書《か》いてある絵《え》は「正《しょう》」の力士《りきし》が勝《か》っているので「しょうがつ」で1月《がつ》、というように読《よ》み取《と》ります。十二《じゅうに》ヶ月《げつ》を表《あらわ》しているので、「勝《か》つ」やかつおの半《はん》身《しん》に濁点《だくてん》をつけた「がつ」など、いろいろな形《かたち》で「がつ」を表《あらわ》しています。

今《いま》の時代《じだい》にない道具《どうぐ》も出《で》ていますので、すべてはわからないかもしれません。まずはわかるものから答《こた》えを当《あ》てはめてみましょう。

答えは右のとおり。いくつわかったかな？

8月

葉月

－はづき－

August

歌や古典・芸能にまつわるお話

夏《なつ》らしい俳句《はいく》を味《あじ》わおう②
～音《おと》を感《かん》じさせる句《く》～

8月 1日

佐賀県佐賀市立本庄小学校校長《さがけんさがしりつほんじょうしょうがっこうこうちょう》
権藤順子《ごんどうじゅんこ》先生《せんせい》が書《か》きました

読《よ》んだ日《ひ》　月《がつ》　日《にち》｜　月《がつ》　日《にち》｜　月《がつ》　日《にち》

その場《ば》にいる気持《きも》ちに

「百合《ゆり》の蘂《しべ》みなりんりんとふるひけり」　川端茅舎《かわばたぼうしゃ》

百合《ゆり》の花《はな》からは実際《じっさい》に音《おと》がするわけではありません。この句《く》は、鈴《すず》のように軽《かろ》やかに振《ふ》るわれている、百合《ゆり》のおしべとめしべを想像《そうぞう》しているのですね。

このように音言葉《おとことば》を句《く》の中《なか》に入《い》れると、生《い》き生《い》きと弾《はず》むようにリズムがよくなります。そこに自分《じぶん》がいるような感覚《かんかく》も味《あじ》わえます。

音《おと》のしないものからの音《おと》

実際《じっさい》には音《おと》がしないものに音《おと》を与《あた》えることで句《く》に命《いのち》が吹《ふ》き込《こ》まれ、動《うご》き出《だ》すように感《かん》じることもあります。

「河骨《こうほね》の金鈴《きんれい》ふるふ流《なが》れかな」　川端茅舎《かわばたぼうしゃ》

「しんしんと肺碧《はいあお》きまで海《うみ》の旅《たび》」　篠原鳳作《しのはらほうさく》

味《あじ》わってみよう

昆虫《こんちゅう》への思《おも》い

夏《なつ》は、蛍《ほたる》、カブトムシ、セミなど多《おお》くの昆虫《こんちゅう》が活動《かつどう》する季節《きせつ》です。俳句《はいく》もたくさんあります。

「黄亀虫擲《こがねむしなげう》つ闇《やみ》の深《ふか》さかな」　高浜虚子《たかはまきょし》
「空蝉《うつせみ》の登《のぼ》りし草《くさ》をしかと抱《だ》き」　宍戸梅軒《ししどばいけん》

どの句《く》にも作者《さくしゃ》の昆虫《こんちゅう》の命《いのち》への温《あたた》かいまなざしが感《かん》じられます。昆虫《こんちゅう》を捕《つか》まえたり観察《かんさつ》したりするとき、昆虫《こんちゅう》の一生《いっしょう》も考《かんが》えることができると、俳句《はいく》も深《ふか》く味《あじ》わえます。

ひとくちメモ　「祭《まつり》」も夏《なつ》の季語《きご》ですが、祭《まつり》には２種類《しゅるい》あります。伝染病《でんせんびょう》や災難《さいなん》の退治《たいじ》をお願《ねが》いする夏祭《なつまつり》。農作物《のうさくぶつ》の実《みの》りを祈《いの》ったり感謝《かんしゃ》したりするのは春祭《はるまつり》・秋祭《あきまつり》です。

日本語をめぐる言葉のお話
あ

日本語《にほんご》だけではない 街《まち》の案内《あんない》いろいろ

8月
2日

東京学芸大学附属竹早小学校《とうきょうがくげいだいがくふぞくたけはやしょうがっこう》
荻野《おぎの》 聡《さとし》先生《せんせい》が書《か》きました

読《よ》んだ日《ひ》　月《がつ》　日《にち》｜月《がつ》　日《にち》｜月《がつ》　日《にち》

海外《かいがい》からの旅行客《りょこうきゃく》のために

大《おお》きな駅《えき》や観光地《かんこうち》に行《い》くと、日《に》本語《ほんご》だけでなく、たくさんの国《くに》の言葉《ことば》で案内表示《あんないひょうじ》が書《か》かれているのを目《め》にします。たとえば、日本語《にほんご》の「ようこそ」を英語《えいご》で「Welcome」と書《か》いてあったり、中国語《ちゅうごくご》で「歓迎光臨」と書《か》いてあったりします。大《おお》きな電気屋《でんきや》さんなどでは、レジに「お会計《かいけい》」という文字《もじ》のほか、「CASHER」「収銀台」などと書《か》いてあるはずです。スペイン語《ご》、フランス語《ご》などの表記《ひょうき》もあります。なぜこのようにたくさんの国《くに》の言葉《ことば》で書《か》かれているのでしょうか。

それは、日本《にほん》を訪《おとず》れる外国人《がいこくじん》のためです。みなさんも、海外《かいがい》に旅行《りょこう》に行《い》ったとして、自分《じぶん》がよく読《よ》めない言葉《ことば》ばかりでは困《こま》りますよね。買《か》い物《もの》や食事《しょくじ》をするお店《みせ》、電車《でんしゃ》などの交通機関《こうつうきかん》などでも、自分《じぶん》の知《し》っている言葉《ことば》が書《か》いてあれば安心《あんしん》できます。

日本語《にほんご》がよくわからない外国《がいこく》の人《ひと》にも安心《あんしん》して利用《りよう》してもらえるように、日本語《にほんご》以外《いがい》の案内《あんない》がつくられているのです。

外国《がいこく》にも日本語《にほんご》の案内《あんない》がある

逆《ぎゃく》に、外国《がいこく》に日本語《にほんご》の案内《あんない》がある土地《とち》もあります。そこは日本人《にほんじん》がよく訪《おとず》れる観光地《かんこうち》である証《あかし》です。外国《がいこく》に行《い》けば日本人《にほんじん》も外国人《がいこくじん》ですから、たくさん訪《おとず》れる日本人《にほんじん》が困《こま》らないように、大事《だいじ》な看板《かんばん》には日《に》本語《ほんご》の案内《あんない》をつけてくれているのです。

見《み》てみよう

多言語《たげんご》サービスのあるお店《みせ》

外国人観光客《がいこくじんかんこうきゃく》はよく家電量販店《かでんりょうはんてん》（大《おお》きな電気屋《でんきや》さん）を訪《おとず》れます。そのため、お店《みせ》には英語《えいご》や中国語《ちゅうごくご》、韓国語《かんこくご》が話《はな》せる店員《てんいん》さんがいることも多《おお》いものです。お店《みせ》の入《い》り口《ぐち》にそのサービスの案内《あんない》があることがありますよ。

ひとくちメモ 世界《せかい》には三千以上《さんぜんいじょう》の言語《げんご》がありますが、そのすべてを表記《ひょうき》することはできません。日本《にほん》では英語《えいご》のほか中国《ちゅうごく》語《ご》、韓国語《かんこくご》の案内《あんない》が多《おお》く使《つか》われています。ロシアの人《ひと》が多《おお》く訪《おとず》れる地域《ちいき》ではロシア語《ご》の表記《ひょうき》もあります。

ちょっとむずかしい言葉 辞典

8月 3日

文章《ぶんしょう》をもっとよくしたい！ 熱《あつ》い思《おも》いが生《う》んだ「推敲《すいこう》」

日本国語教育学会理事《にほんこくごきょういくがっかいりじ》
成家亘宏《なりやのぶひろ》先生《せんせい》が書《か》きました

読《よ》んだ日《ひ》　月《がつ》　日《にち》　月《がつ》　日《にち》　月《がつ》　日《にち》

有名《ゆうめい》な詩人《しじん》でも悩《なや》む

作文《さくぶん》が書《か》き上《あ》がったら、見直《みなお》しますよね。字《じ》のまちがいを直《なお》すのはもちろんですが、もっとよくならないかと、ちがう言葉《ことば》に書《か》きかえようとすることもあるでしょう。今《いま》も昔《むかし》も、大人《おとな》でも子供《こども》でも、一回頑張《いっかいがんば》って書《か》いた文章《ぶんしょう》を直《なお》すのは、苦《くる》しいものです。

突然出会《とつぜんであ》った先生《せんせい》に質問《しつもん》

ところが今《いま》から千二百年《せんにひゃくねん》ほど前《まえ》の中国《ちゅうごく》に、文章《ぶんしょう》のことを考《かんが》えるのが大好《だいす》きな、賈島《かとう》という熱心《ねっしん》な詩人《しじん》がおりました。

ある日《ひ》もロバに乗《の》りながら詩作《しさく》に集中《しゅうちゅう》していました。すると有名《ゆうめい》な詩人《しじん》の韓愈先生《かんゆせんせい》の行列《ぎょうれつ》にぶつかります。賈島《かとう》はぶつかった非礼《ひれい》も謝《あやま》らず、その場《ば》で韓愈先生《かんゆせんせい》に詩《し》のアドバイスを求《もと》めるではありませんか！

「『僧《そう》は推《お》す月下《げっか》の門《もん》』という詩《し》の「推《お》す」を「敲《たた》く」にしたほうがよいか、迷《まよ》っています。どうしたらいいでしょう」。

先生《せんせい》は非礼《ひれい》を怒《おこ》らずに教《おし》えてくれました。

「『敲《たた》く』のほうが、月下《げっか》に音《おと》を響《ひび》かせる風情《ふぜい》があってよいのではないでしょうか？」。

このお話《はなし》から、文章《ぶんしょう》をよく考《かんが》えて何回《なんかい》も練《ね》り直《なお》すことを「推敲《すいこう》」というようになったのです。

やってみよう

自信《じしん》を持《も》って推敲《すいこう》しよう

「推敲《すいこう》」という言葉《ことば》は国語《こくご》の学習《がくしゅう》で先生《せんせい》から聞《き》いたことがあるかもしれませんね。有名《ゆうめい》な詩人《しじん》でさえ、言葉《ことば》に迷《まよ》いながら書《か》くのですから、あなたも作文《さくぶん》などを書《か》く時《とき》、まずは自信《じしん》をもってください。推敲《すいこう》しながらいろいろな文章《ぶんしょう》を書《か》いてみましょう。

ひとくちメモ 「推考《すいこう》」という熟語《じゅくご》があります。「推考《すいこう》」は「筋道《すじみち》をたどってよく考《かんが》えること」です。私《わたし》たちは文《ぶん》を考《かんが》える時《とき》、常《つね》に「推考《すいこう》」と「推敲《すいこう》」を繰《く》り返《かえ》しています。「推考《すいこう》」と「推敲《すいこう》」は親戚同士《しんせきどうし》の言葉《ことば》といえます。

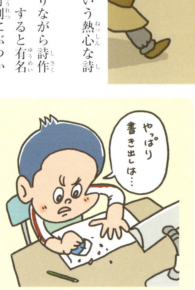

表現力がアップするお話

あつい日《ひ》に情《じょう》のあつい人《ひと》があつやき卵《たまご》を食《た》べたとさ！

8月 4日

学校教育支援《がっこうきょういくしえん》センター練馬《ねりま》
眞瀬敦子《ませあつこ》先生《せんせい》が書《か》きました

読《よ》んだ日《ひ》　月《がつ》　日《にち》｜月《がつ》　日《にち》｜月《がつ》　日《にち》

「熱《あつ》い」と「暑《あつ》い」のちがい

「喉元過《のどもとす》ぎれば熱《あつ》さを忘《わす》れる」ということわざがありますが、「熱《あつ》い」は物《もの》の温度《おんど》が高《たか》いことをいいます。体温《たいおん》が高《たか》いときも「体《からだ》が熱《あつ》い」というように使《つか》います。「熱《あつ》い心《こころ》」など、感情《かんじょう》が高《たか》まった状態《じょうたい》にもこの「熱《あつ》い」を使《つか》い、反対語《はんたいご》は「冷《つめ》たい」です。

「暑《あつ》い」は、その中《なか》でも気温《きおん》に関《かん》するときにだけ使《つか》います。「暑《あつ》さ寒《さむ》さも彼岸《ひがん》まで」というように、反対語《はんたいご》は「寒《さむ》い」です。

「あつい」にはもう一《ひと》つ、「ものの一面《いちめん》から反対《はんたい》の面《めん》までの距離《きょり》が大《おお》きいこと」という意味《いみ》の「厚《あつ》い」という意味《いみ》があります。反対語《はんたいご》は「薄《うす》い」になります。

言葉遊《ことばあそ》びをつくろう

では問題《もんだい》。「あつい日《ひ》に情《じょう》のあつい人《ひと》があつあつのあつやき卵《たまご》を食《た》べたとさ！」を正《ただ》しく漢字《かんじ》に直《なお》せますか？　漢字《かんじ》に直《なお》すと「暑《あつ》い日《ひ》に情《じょう》の厚《あつ》い（篤《あつ》い）人《ひと》が熱々《あつあつ》の厚焼《あつや》き卵《たまご》を食《た》べたとさ」となります。反対語《はんたいご》でつくると、「寒《さむ》い日《ひ》に薄情《はくじょう》な人《ひと》が冷《ひ》えた薄焼《うすや》き卵《たまご》を食《た》べたとさ」とでもなるのでしょうか？

日本語《にほんご》は同音異義語《どうおんいぎご》が多《おお》いので、こんな言葉遊《ことばあそ》びもできるのです。

調《しら》べてみよう

暑《あつ》さ寒《さむ》さを表《あらわ》す言葉《ことば》

日本語《にほんご》は暑《あつ》さ、寒《さむ》さを表《あらわ》す言葉《ことば》がたくさんあります。暑《あつ》い順《じゅん》から思《おも》いつくままに挙《あ》げてみても「灼熱《しゃくねつ》の」「うだるような」「蒸《む》し暑《あつ》い」「生暖《なまあたた》かい」「涼《すず》しい」「肌寒《はだざむ》い」「寒《さむ》い」「身《み》を切《き》るような」「刺《さ》すような」「凍《こお》りつくような」……。そのほか、どんな表現《ひょうげん》があるでしょうか？

ひとくちメモ　北海道《ほっかいどう》で寒《さむ》さを表《あらわ》す言葉《ことば》、「しばれる」は有名《ゆうめい》です。日本《にほん》には、その地域《ちいき》の気候《きこう》や農業《のうぎょう》・漁業《ぎょぎょう》などにたずさわる人《ひと》によって、「雪《ゆき》を表《あらわ》す言葉《ことば》」や「風《かぜ》を表《あらわ》す言葉《ことば》」「雨《あめ》を表《あらわ》す言葉《ことば》」などもとても豊富《ほうふ》にあります。

「おおげさ」はお坊《ぼう》さんから生《う》まれた言葉《ことば》

8月5日

東京学芸大学教育学部《とうきょうがくげいだいがくきょういくがくぶ》
中村和弘《なかむらかずひろ》先生《せんせい》が書《か》きました

読《よ》んだ日《ひ》　月《がつ》　日《にち》　月《がつ》　日《にち》　月《がつ》　日《にち》

おおげさなことしていませんか?

みなさんは経験《けいけん》したことを、実際《じっさい》よりもオーバーに表現《ひょうげん》してしまったことはありませんか?

たとえば、雨《あめ》に少《すこ》しぬれただけで「びしょぬれになったよ!」と言《い》ったり、おいしいものを食《た》べたときに「これまで食《た》べた中《なか》でいちばんおいしかったわ!」などと表現《ひょうげん》したり……。だれでも一度《いちど》はあるのではないでしょうか。

このように実際《じっさい》の様子《ようす》とは、かけ離《はな》れた状態《じょうたい》や話《はなし》をすることを「おおげさ」といいます。漢字《かんじ》にすると「大袈裟《おおげさ》」と書《か》きます。なんだかとてもむずかしい漢字《かんじ》ですが、じつはこの言葉《ことば》、仏教《ぶっきょう》のお坊《ぼう》さんから生《う》まれたものなのです。

もとはサンスクリット語《ご》

「大袈裟《おおげさ》」の「袈裟《けさ》」とは、お坊《ぼう》さんが左肩《ひだりかた》から右脇《みぎわき》の下《した》にかけて覆《おお》うようにまとっている衣装《いしょう》のこと。お寺《てら》の行事《ぎょうじ》などでお坊《ぼう》さんを見《み》ると、金色《きんいろ》の糸《いと》で刺《し》しゅうが入《はい》った袈裟《けさ》や、立派《りっぱ》な図柄《ずがら》が施《ほどこ》されたものを身《み》につけているところを見《み》たことがあると思《おも》います。袈裟《けさ》はとても豪華《ごうか》な印象《いんしょう》をもっています。

しかし、もともとの袈裟《けさ》は、サンスクリット語《ご》(古《ふる》いインドの言語《げんご》)で「カシャーヤ」というもので、傷《いた》んでしまった布《ぬの》を四角《しかく》く切《き》り、それを縫《ぬ》い合《あ》わせてつくった質素《しっそ》なものだったのです。

つまり、本来《ほんらい》は決《けっ》して豪華《ごうか》なものではなかった袈裟《けさ》は、ときを経《へ》るにつれて、度《ど》が過《す》ぎた「大袈裟《おおげさ》」なものになっていったそうです。このようなことから、実際《じっさい》のものとはかけ離《はな》れたことを「大袈裟《おおげさ》」と表現《ひょうげん》するようになったといわれています。

調《しら》べてみよう

大袈裟《おおげさ》と同《おな》じ意味《いみ》の言葉《ことば》は?

大袈裟《おおげさ》の意味《いみ》はわかりましたね。では、大袈裟《おおげさ》と同《おな》じ意味《いみ》を持《も》つ言葉《ことば》を調《しら》べてみましょう。オーバーという言葉《ことば》のほかにも、同《おな》じ意味《いみ》を持《も》つ言葉《ことば》はまだまだあります。ひとつ紹介《しょうかい》すると「誇大《こだい》」という言葉《ことば》がそうです。誇大広告《こだいこうこく》や誇大妄想《こだいもうそう》というように使《つか》われます。

ひとくちメモ　「大風呂敷《おおぶろしき》を広《ひろ》げる」も、大袈裟《おおげさ》によく似《に》た表現《ひょうげん》です。これは、実際《じっさい》にできそうにもない話《はなし》をしたり、計画《けいかく》を立《た》てたりすることをいいます。みなさんの周《まわ》りにいませんか?

「ぞうさん」の歌《うた》を味《あじ》わってみよう

明星大学教育学部《めいせいだいがくきょういくがくぶ》
邑上裕子《むらかみゆうこ》先生《せんせい》が書《か》きました

読《よ》んだ日《ひ》　月《がつ》　日《にち》　月《がつ》　日《にち》　月《がつ》　日《にち》

生《い》きている幸《しあわ》せをうたった童謡作家《どうようさっか》

「ぞうさん」の童謡《どうよう》で有名《ゆうめい》な作家《さっか》まどみちおは、1951年《ねん》42歳《さい》のとき、童謡《どうよう》「ぞうさん」をつくりました。その翌年《よくとし》、團伊玖磨《だんいくま》作曲《さっきょく》で「ぞうさん」が放送《ほうそう》され、親《した》しみやすい歌詞《かし》とメロディで一躍《いちやく》有《ゆう》名《めい》になりました。今《いま》でもよく知《し》られている、こころがあたたかくなる歌《うた》ですね。みなさんもその歌詞《かし》を思《おも》い出《だ》してみましょう。

この歌詞《かし》についてまどみちおは、「ぞうの子《こ》は、鼻《はな》が長《なが》いねとからかわれた時《とき》にしょげたり腹《はら》を立《た》てたりしない。その代《か》わりに、一番《いちばん》好《す》きな母《かあ》さんも長《なが》いのよ、と誇《ほこ》りを持《も》って応《こた》えた。それはぞうがぞうとして生《い》かされていることを素《す》晴《ば》らしいと思《おも》っているからです」と説明《せつめい》しています。

ひらがなばかりの詩《し》

まどみちおは、そのほかにも、誰《だれ》にでもわかるやさしい言葉《ことば》でたくさんの詩《し》を残《のこ》しています。小《ちい》さな子供《こども》のために、どれもひらがなばかりで書《か》かれています。

冬眠《とうみん》から覚《さ》めた熊《くま》が、川面《かわも》に映《うつ》る顔《かお》を見《み》て「自分《じぶん》はくまでよかった」と思《おも》う「くまさん」という作《さく》品《ひん》もすばらしいです。図書館《としょかん》や本《ほん》屋《や》さんで探《さが》して、ぜひ読《よ》んでみてください。あたたかい気持《きも》ちになりますよ。

歌《うた》ってみよう

家族《かぞく》みんなが知《し》っている

「童謡《どうよう》」とは大正中期《たいしょうちゅうき》から昭和初《しょうわしょ》期《き》にかけて、北原白秋《きたはらはくしゅう》らが作成《さくせい》し、普及《ふきゅう》させた子供《こども》のための歌《うた》のことです。昔《むかし》につくられたものですが、今《いま》でもよく歌《うた》われているものがたくさんあります。お気《き》に入《い》りの童《どう》謡《よう》を探《さが》して歌《うた》ってみましょう。

ひとくちメモ　まどみちおは1993年《ねん》に、「THE ANIMALS」で国際《こくさい》アンデルセン賞作家賞《しょうさっかしょう》に輝《かがや》きました。この作品《さくひん》を英訳《えいやく》されたのは皇后美智子様《こうごうみちこさま》です。美智子様《みちこさま》が、まどみちおの名前《なまえ》と詩《し》を世界中《せかいじゅう》に広《ひろ》めてくださったのですね。

決まり文句・名文句にまつわるお話

おにかなぼう

指《ゆび》・爪《つめ》にまつわることわざ

8月7日

日本国語教育学会理事《にほんこくごきょういくがっかいりじ》
吉永幸司《よしながこうし》先生《せんせい》が書《か》きました

読《よ》んだ日《ひ》　月《がつ》　日《にち》　月《がつ》　日《にち》　月《がつ》　日《にち》

指《さ》されたりくわえたり

「後《うし》ろ指《ゆび》を指《さ》される」は、見《み》えない後《うし》ろから指《ゆび》を指《さ》されるということで、よくないことをして、人《ひと》から悪口《わるぐち》を言《い》われる、という意味《いみ》です。「後《うし》ろ指《ゆび》を指《さ》されるようなことはしてはいけません」と父母《ふぼ》から教《おし》えられていますというように使《つか》います。

「指《ゆび》をくわえる」は、ごちそうを食《た》べているのを見《み》て、指《ゆび》を口《くち》に入《い》れているということから、うらやましく思《おも》いながら手《て》を出《だ》せずに見《み》ているという意味《いみ》です。

「月《つき》を指《さ》せば指《ゆび》を認《みと》む」は、月《つき》を示《しめ》そうと指《ゆび》をさしても、教《おし》えられた人《ひと》が、月《つき》を見《み》ないで指《ゆび》を見《み》てしまうということです。大事《だいじ》なことを教《おし》えられても、そのことを理解《りかい》しようとしないで、関係《かんけい》のないことにこだわって、理屈《りくつ》を言《い》う時《とき》に使《つか》います。

火《ひ》をつけたりかくしたり

「爪《つめ》に火《ひ》をともす」は苦労《くろう》をして倹約《けんやく》するという意味《いみ》です。「爪《つめ》の垢《あか》を油《あぶら》がわりにして火《ひ》をともすほど」というたとえから生《う》まれました。

「爪《つめ》の垢《あか》を煎《せん》じて飲《の》む」は、すぐれた人《ひと》を手本《てほん》にして、その人《ひと》のようになりたい、その人《ひと》のものであれば、爪《つめ》の垢《あか》でも薬《くすり》にして飲《の》んで見習《みなら》いたいという意味《いみ》です。「煎《せん》じる」とは、薬草《やくそう》や茶《ちゃ》をお湯《ゆ》で煮《に》ることです。

「能《のう》ある鷹《たか》は爪《つめ》をかくす」は、かしこい鷹《たか》が、いつもはするどい爪《つめ》をかくしておき、獲物《えもの》が近《ちか》づいたとき、爪《つめ》を出《だ》してしとめるというたとえから生《う》まれたことわざです。このことから、才能《さいのう》や実力《じつりょく》があるすぐれた人《ひと》は、それを見《み》せつけるようなことをしない、という意味《いみ》になりました。

やってみよう

ことわざを実演《じつえん》!

ここで紹介《しょうかい》した「指《ゆび》を使《つか》ったことわざ」はなに指《ゆび》のことでしょうか？　実際《じっさい》に人《ひと》を指《さ》したりくわえたりしてみてください。正解《せいかい》は「人差《ひとさ》し指《ゆび》」です。「食指《しょくし》が動《うご》く」という言葉《ことば》がありますがこれも人差《ひとさ》し指《ゆび》のこと。何《なに》かをほしい、何《なに》かをしたいという気《き》になることです。

ひとくちメモ

「爪《つめ》」と「瓜《うり》」の漢字《かんじ》はとてもよく似《に》ています。大人《おとな》でもよくまちがえるので、昔《むかし》の人《ひと》は「ム」の部分《ぶぶん》を「つめ」に見立《みた》てて「爪《つめ》に爪《つめ》なく瓜《うり》に爪《つめ》あり」と言《い》って覚《おぼ》えていました。

8月8日《がつようか》は記念日《きねんび》がいっぱい！

東京学芸大学教育学部《とうきょうがくげいだいがくきょういくがくぶ》
中村和弘《なかむらかずひろ》先生《せんせい》が書《か》きました

読《よ》んだ日《ひ》　月《がつ》　日《にち》　月《がつ》　日《にち》　月《がつ》　日《にち》

記念日《きねんび》の宝庫《ほうこ》！

8月8日《がつようか》は、数字《すうじ》の8が2つ並《なら》んでいます。こんなふうに、同《おな》じ数字《すうじ》が並《なら》んだ日《ひ》は、おもしろい記念日《きねんび》がたくさんあります。

たとえば、8月8日《がつようか》は「タコの日《ひ》」です。そう、タコの足《あし》は8本《ぽん》あるからですね。

「ひょうたんの日《ひ》」や「チョウチョウの日《ひ》」は、数字《すうじ》の8からイメージしたものです。8という数字《すうじ》をよく見《み》ると、ひょうたんの形《かたち》に似《に》ています。それを横《よこ》にすると、羽《はね》を広《ひろ》げたチョウにそっくりですね。

また、漢字《かんじ》の八《はち》は、ヒゲの形《かたち》に似《に》ているから「ひげの日《ひ》」でもある、というわけです。

「語呂合《ごろあ》わせ」がおもしろい！

8（はち）の音《おと》にかけた記念日《きねんび》もたくさんあります。

たとえば、8月8日《がつようか》は「葉《は》っ（8）ぱ（8）」とも読《よ》めるから「葉《は》っぱの日《ひ》」、笑《わら》い声《ごえ》は「ハ（8）ハ（8）ハ」だから「笑《わら》いの日《ひ》」、そろばんの玉《たま》をはじく音《おと》は「パチ（8）パチ（8）」だから「そろばんの日《ひ》」です。

どれも楽《たの》しい「語呂合《ごろあ》わせ」になっていますね。8月8日《がつようか》の記念日《きねんび》は、ほかにもたくさんあります。それぞれの由来《ゆらい》を調《しら》べてみるとおもしろいですよ。

やってみよう

オリジナル記念日《きねんび》をつくろう！

○月《がつ》○日《にち》を語呂合《ごろあ》わせにしたり、数字《すうじ》の形《かたち》などをヒントに、自分《じぶん》だけの記念日《きねんび》をつくってみましょう。たとえば、8月《がつ》2日《か》なら「パン（8）ツ（2）の日《ひ》」のように、カレンダーに書《か》き込《こ》んでおくと、毎日楽《まいにちたの》しめますよ！

ひとくちメモ　8月8日《がつようか》は「鍵盤《けんばん》の日《ひ》」にもなっています。なぜかわかりますか？　ピアノの鍵盤《けんばん》を数《かぞ》えてみると、すぐにわかりますよ。答《こた》えは、ピアノの鍵盤《けんばん》の数《かず》は、全部《ぜんぶ》で88だからです。

知《し》らなかった!? 色《いろ》を表《あらわ》す言葉《ことば》いろいろ

8月9日

筑波大学附属小学校《つくばだいがくふぞくしょうがっこう》
白坂洋一《しらさかよういち》先生《せんせい》が書《か》きました

読《よ》んだ日《ひ》　月《がつ》　日《にち》｜月《がつ》　日《にち》｜月《がつ》　日《にち》

色《いろ》を言葉《ことば》にするのはむずかしい

絵《え》の具《ぐ》ケースを開《ひら》いてみると、実《じっ》にいろいろな色《いろ》があることに気《き》づきます。「赤《あか》」「青《あお》」「黄《き》」……など。でもたとえば日記《にっき》を書《か》くとき、こんなふうに思《おも》ったことはありませんか？　外《そと》で目《め》にした空《そら》、海《うみ》、花《はな》などを表現《ひょうげん》したいのに、赤《あか》といえば赤《あか》だけど…ちょっとちがう気《き》がする。黄色《きいろ》っていっても、絵《え》の具《ぐ》の黄《き》よりもう少《すこ》し濃《こ》いというか……。色《いろ》を表現《ひょうげん》するのは、実《じっ》は結構《けっこう》むずかしいのです。

和食《わしょく》じゃなくて「和色《わしょく》」？

日本語《にほんご》に目《め》を向《む》けると、同《おな》じ黒《くろ》でも「烏羽色《からすばいろ》」「黒檀《こくたん》」のように色《いろ》を表《あらわ》す言葉《ことば》が想像以上《そうぞういじょう》に多《おお》くあることに気《き》づかされます。これらを「和色《わしょく》」といいます。絵《え》の具《ぐ》でも「山吹色《やまぶきいろ》」「朱色《しゅいろ》」「群青色《ぐんじょういろ》」という、日常生活《にちじょうせいかつ》ではあまりなじみのない色《いろ》が入《はい》っていることがありますね。

昔《むかし》から、日本《にほん》のくらしの中《なか》には実《じっ》にさまざまな色合《いろあ》いを取《と》り入《い》れてきました。そして、その多彩《たさい》な色《いろ》を「和色《わしょく》」として豊《ゆた》かな言葉《ことば》で表現《ひょうげん》してきました。

これら「和色《わしょく》」は絵画《かいが》や着物《きもの》などの染織物《そめおりもの》、陶芸《とうげい》、短歌《たんか》や俳句《はいく》などの文学《ぶんがく》を見《み》わたしても、生活《せいかつ》や文化《ぶんか》の中《なか》に現代《げんだい》でも深《ふか》く息《いき》づいています。日本人《にほんじん》のその豊《ゆた》かな言語感覚《げんごかんかく》に趣《おもむき》を感《かん》じずにはいられません。

調《しら》べてみよう

日本《にほん》の伝統色《でんとうしょく》「和色《わしょく》」

どのような「和色《わしょく》」があるのか、具体的《ぐたいてき》に挙《あ》げてみます。どんな色《いろ》なのか調《しら》べてみましょう。

1「赤《あか》」　・真紅《しんく》　・茜色《あかねいろ》
2「青《あお》」　・瑠璃色《るりいろ》　・杜若《かきつばた》　・露草《つゆくさ》
3「橙《だいだい》」　・蜜柑色《みかんいろ》　・人参色《にんじんいろ》　・黄丹《おうに》

※380ページも見《み》てみよう。

ひとくちメモ　日本人《にほんじん》の色《いろ》へのこだわりは着物《きもの》の襟《えり》もとにも表《あらわ》れています。この部分《ぶぶん》の配色《はいしょく》を「かさね色目《いろめ》」と呼《よ》び、さまざまな色《いろ》の組《く》み合《あ》わせを楽《たの》しみます。季節《きせつ》によって変《か》えたりもしますよ。

生《い》き物《もの》みたい？風《かぜ》が死《し》んでしまうなんて……

8月10日

東京学芸大学附属竹早小学校《とうきょうがくげいだいがくふぞくたけはやしょうがっこう》
高須《たかす》みどり先生《せんせい》が書《か》きました

読《よ》んだ日　月《がつ》　日《にち》｜月《がつ》　日《にち》｜月《がつ》　日《にち》

暑《あつ》さが体《からだ》にまとわりつく

夏《なつ》の暑《あつ》い日《ひ》、屋内《おくない》でクーラーや扇風機《せんぷうき》の風《かぜ》に当《あ》たっていると、涼《すず》しくて、とても気持《きも》ちがいいですね。電化製品《でんかせいひん》は必要《ひつよう》な時《とき》に電源《でんげん》を入《い》れられるし、風《かぜ》の強弱《きょうじゃく》も変《か》えられるので、便利《べんり》です。しかし、自然《しぜん》の風《かぜ》は、そうはいきません。

夏《なつ》の盛《さか》りに、風《かぜ》が全《まった》く吹《ふ》かないでぴたりと止《と》まってしまうことがよくあります。この状態《じょうたい》を「風死《かぜし》す」といいます。俳句《はいく》で使《つか》われる夏《なつ》の季語《きご》です。熱《あつ》い空気《くうき》が体《からだ》にまとわりついて、暑《あつ》さと息苦《いきぐる》しさで耐《た》えがたい様子《ようす》を、まるで風《かぜ》が死《し》んでしまったような暑《あつ》さだと表現《ひょうげん》したのです。

無風《むふう》は夏《なつ》の季語《きご》

風《かぜ》が止《と》まっていて、穏《おだ》やかな様《よう》子《す》を表《あらわ》す言葉《ことば》に、「凪《なぎ》」という言《こと》葉《ば》があります。「凪《なぎ》」とは、風《かぜ》も波《なみ》も止《や》んで海面《かいめん》が穏《おだ》やかな状態《じょうたい》になったときのことをいい、「朝凪《あさなぎ》」と「夕凪《ゆうなぎ》」があります。「朝凪《あさなぎ》」は、一日《いちにち》の始《はじ》まりの静《しず》かで落《お》ち着《つ》いた時間《じかん》を連想《れんそう》させます。「夕凪《ゆうなぎ》」は、夕方《ゆうがた》の波《なみ》の静《しず》かな様子《ようす》を表《あらわ》しています。「凪《なぎ》」と聞《き》くと、大《おお》きくて静《しず》かな海《うみ》のようで、なんだかゆったりした感《かん》じがしますが、「風死《かぜし》す」と同《おな》じく、無風状態《むふうじょうたい》を表《あらわ》す夏《なつ》の季語《きご》なのです。

調《しら》べてみよう

たくさんある風《かぜ》の名前《なまえ》

日本《にほん》は、美《うつく》しい山《やま》や海《うみ》など豊《ゆた》かな自然《しぜん》に囲《かこ》まれた国《くに》です。昔《むかし》の人《ひと》は、自然現象《しぜんげんしょう》に細《こま》かく名前《なまえ》をつけました。風《かぜ》も、季節《きせつ》や地域《ちいき》、吹《ふ》き方《かた》によって呼《よ》び方《かた》がたくさんあります。海《うみ》から吹《ふ》く風《かぜ》と山《やま》から吹《ふ》く風《かぜ》も名前《なまえ》が違《ちが》いますし、季節《きせつ》ごとにも違《ちが》う名前《なまえ》がついています（272ページ参照《さんしょう》）。

ひとくちメモ　暑《あつ》い日《ひ》、体《からだ》のまわりには暖《あたた》かい空気《くうき》の層《そう》ができています。風《かぜ》が吹《ふ》くと、この体《からだ》の周《まわ》りの空気《くうき》を吹《ふ》き飛《と》ばしてくれ、体《からだ》で感《かん》じる温度《おんど》が下《さ》がります。風速《ふうそく》１ｍで体感温度《たいかんおんど》が約《やく》１℃下《さ》がるといわれています。

もの名前にまつわるお話

山《やま》の名前《なまえ》はミステリー

8月 11日

東京学芸大学教育学部《とうきょうがくげいだいがくきょういくがくぶ》
中村和弘《なかむらかずひろ》先生《せんせい》が書《か》きました

読《よ》んだ日《ひ》 月《がつ》 日《にち》 月《がつ》 日《にち》 月《がつ》 日《にち》

火山大国《かざんたいこく》ニッポン

日本列島《にほんれっとう》には、活火山《かつかざん》が111あります（2017年現在《ねんげんざい》）。活《かつ》火山《かざん》とは過去《かこ》1万年前《まんねんまえ》より後《あと》に噴《ふん》火《か》したことのある火山《かざん》のことで、近《ちか》い将来噴火《しょうらいふんか》する可能性《かのうせい》がある火《か》山《ざん》のことです。

日本一《にほんいち》の富士山《ふじさん》も活火山《かつかざん》です。10万年《まんねん》という長《なが》い時間《じかん》のなかで何《なん》度《ど》か噴火《ふんか》を繰《く》り返《かえ》し、今《いま》の形《かたち》になりました。もっとも最近《さいきん》の噴火《ふんか》は1707年《ねん》、江戸時代《えどじだい》に起《お》きた「宝永噴火《ほうえいふんか》」です。その様子《ようす》は当《とう》時《じ》の人《ひと》びとの日記《にっき》や手紙《てがみ》などから今《いま》に伝《つた》えられています。朱子学者《しゅしがくしゃ》の新井白石《あらいはくせき》は、江戸《えど》の町《まち》の様子《ようす》を「雪《ゆき》のように降《ふ》りしきる火山灰《かざんばい》のため、薄暗《うすぐら》くなってしまい、昼間《ひるま》からあかりをつけて講義《こうぎ》をしていた」と書《か》き残《のこ》しています。

阿蘇《あそ》、浅間《あさま》、有珠山《うすざん》

いくつかの火山《かざん》の名前《なまえ》が、もとをたどると同《おな》じ意味《いみ》だったのではないか？　という説《せつ》があります。

南方系《なんぽうけい》の言葉《ことば》で「燃《も》える」とか「煙《けむ》る」という意味《いみ》の言葉《ことば》が、転《てん》じて阿蘇山《あそさん》、浅間山《あさまやま》、有珠山《うすざん》となったのではないか？　という説《せつ》です。たしかに、この3つの火山《かざん》の名前《なまえ》はなんだか似《に》ていますね。偶《ぐう》然《ぜん》なのか別《べつ》の理由《りゆう》なのかまだよくわかっていません。

富士山《ふじさん》の名前《なまえ》にもたくさんの説《せつ》があります。「不死《ふし》」「不二《ふじ》」からきている説《せつ》、火《ひ》を噴《ふ》くという意味《いみ》の昔《むかし》の言葉《ことば》からきている説《せつ》などなど、結着《けっちゃく》はついていません。

山《やま》の歴史《れきし》は人間《にんげん》の歴史《れきし》よりはるかに長《なが》いので、名前《なまえ》をひもとくだけでも大変《たいへん》なのですね。

覚《おぼ》えておこう

休火山《きゅうかざん》とはいわない

昔《むかし》の教科書《きょうかしょ》では活火山《かつかざん》のほか、「休《きゅう》火山《かざん》」「死火山《しかざん》」と分類《ぶんるい》していたこともあります。しかし研究《けんきゅう》が進《すす》んで、将来噴火《しょうらいふんか》しない証拠《しょうこ》をあげることが不可能《ふかのう》に近《ちか》い、ということがわかってきました。そのため最近《さいきん》では使《つか》われなくなっています。

ひとくちメモ

江戸時代《えどじだい》の宝永噴火《ほうえいふんか》はいまの火山研究《かざんけんきゅう》にとっても重要《じゅうよう》な出来事《できごと》です。そのため、特《とく》に有名《ゆうめい》ではない人《ひと》の日記《にっき》でも、現代《げんだい》の研究《けんきゅう》に役立《やくだ》つ貴重《きちょう》な資料《しりょう》となっています。

日本語をめぐる言葉のお話

様子《ようす》を伝《つた》えるお助《たす》け言葉《ことば》「副詞《ふくし》」のお話《はなし》

8月12日

東京都杉並区立高井戸小学校校長《とうきょうと すぎなみくりつたかいど しょうがっこうこうちょう》
鶴巻景子《つるまきけいこ》先生《せんせい》が書《か》きました

読《よ》んだ日《ひ》　月《がつ》　日《にち》　月《がつ》　日《にち》　月《がつ》　日《にち》

どんなふうに？がよくわかる

作文《さくぶん》などを書《か》くとき、先生《せんせい》から「様子《ようす》が伝《つた》わるようにくわしく書《か》きましょう」と言《い》われたことはありませんか。

たとえば、ただ「歩《ある》く」だけではなく「ゆっくり歩《ある》く」。「泳《およ》ぐ」だけではなくて「すいすい泳《およ》ぐ」。「みがく」だけではなく「ピカピカにみがく」。「雨《あめ》がふる」ではなく、「雨《あめ》がざあざあふる」のようにです。「すいすい」や「ピカピカ」「ざあざあ」といった言葉《ことば》をつけることで、様子《ようす》をくわしく伝《つた》えることができます。

これらの音《おと》や様子《ようす》を表《あらわ》す言葉《ことば》を副詞《ふくし》といいます。

どれくらい？もよくわかる

様子《ようす》を伝《つた》える副詞《ふくし》には次《つぎ》のようなものもあります。


「風《かぜ》が『たいへん』強《つよ》い」

「私《わたし》は『とても』うれしい」


などのように「どれくらい」かを表《あらわ》している言葉《ことば》です。

副詞《ふくし》は、だいじなお助《たす》け言葉《ことば》といえますね。

考《かん》えてみよう

セットになるともっと伝《つた》わる

本《ほん》を読《よ》んでいると、こんな言葉《ことば》に出会《であ》いませんか。


「決《けっ》して～ない」

例《れい》）決《けっ》して、休《やす》まない。

「もし、～だったら」

例《れい》）もし、雨《あめ》がふったら～。

「まるで～ようだ」

例《れい》）まるで、太陽《たいよう》のようだ。

「たぶん～だろう」

例《れい》）たぶん、合格《ごうかく》するだろう。

「ぜひ、～したい」

例《れい》）ぜひ、サッカー選手《せんしゅ》になりたい。


じつは、これらも副詞《ふくし》なのです。これらの副詞《ふくし》は、後《あと》にくる言葉《ことば》と組《く》み合《あ》わせて使《つか》います。こうした言葉《ことば》が使《つか》えるようになると、さらに様子《ようす》がよく伝《つた》わる文《ぶん》が書《か》けるようになりますよ！

ひとくちメモ 「すぐ」「およそ」のほかに、「もっと」も副詞《ふくし》です。副詞《ふくし》をいっぱい使《つか》ってみましょう。

言葉で遊ぼう

ことわざ＆故事成語《こじせいご》クロスワードパズル1

8月13日

読《よ》んだ日《ひ》　月《がつ》　日《にち》｜　月《がつ》　日《にち》｜　月《がつ》　日《にち》

ここで国語《こくご》の力《ちから》を試《ため》すクロスワードパズルを紹介《しょうかい》します。決《き》まり文句《もんく》としてよく使《つか》われることわざや故事成語《こじせいご》を知《し》っているとうまく解《と》けますよ！

（問題制作《もんだいせいさく》：日高大介《ひだかだいすけ》）

※小《ちい》さい「っ」などは、大《おお》きい「つ」などと同《おな》じ文字《もじ》としてあつかいます。

1	2	A	3	■	4	5
6		■	7	8 C		
■	9	10			■	
11	■		■	12	13	
14			15			B
	■	16	D	■	17	
18			■	19		

ひとくちメモ　A～Dを順番《じゅんばん》にならべると言葉《ことば》になるよ。全部《ぜんぶ》解《と》けたら両手《りょうて》を挙《あ》げていい？
（答《こた》えは348ページへ）

タテのカギ

1　少《すこ》しの情報《じょうほう》だけで全体《ぜんたい》を理解《りかい》すること「○○を聞《き》いて十《じゅう》を知《し》る」

2　他人《たにん》のものは何《なん》でもよく見《み》えること「隣《となり》の○○○は青《あお》い」

3　12月《がつ》の日本《にほん》ならではの呼《よ》び方《かた》

4　どんな名人《めいじん》でも失敗《しっぱい》するたとえ「かっぱの○○流《なが》れ」

5　偉大《いだい》な人《ひと》は、普通《ふつう》の人《ひと》よりも遅《おそ》く成功《せいこう》する、という意味《いみ》の四字熟語《よじじゅくご》

8　ことわざ「子《こ》はかすがい」の「かすがい」とは、2本《ほん》のこれをつなぎとめる道具《どうぐ》

10　最近《さいきん》では、エアコンのことを日本語《にほんご》でこう呼《よ》ぶことがあります

11　ことわざ「歳月人《さいげつひと》を待《ま》たず」の「歳《さい》月《げつ》」を、別《べつ》の言《い》い方《かた》でいうと？

13　丸《まる》くてかわいい目《め》や、つるつるにそった頭《あたま》を表現《ひょうげん》する、繰《く》り返《かえ》し言葉《ことば》

15　銀《ぎん》メダルが与《あた》えられる順位《じゅんい》

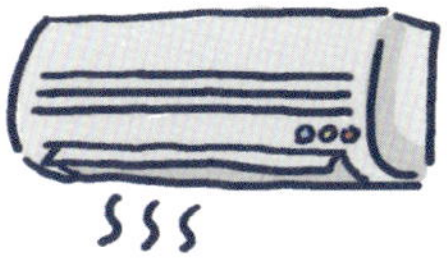

ヨコのカギ

1　用心《ようじん》の上《うえ》に用心《ようじん》を重《かさ》ねること「○○○○をたたいて渡《わた》る」

4　体《からだ》の一部《いちぶ》。「○○を並《なら》べる」「○○を落《お》とす」「○○で風《かぜ》を切《き》る」など

6　関東地方《かんとうちほう》の県《けん》。大部分《だいぶぶん》を房総半島《ぼうそうはんとう》が占《し》めています

7　不用意《ふようい》にものを言《い》ってはいけないこと「口《くち》は○○○○のもと」

9　一度《いちど》してしまったことは取《と》り返《かえ》しがつかないこと「○○○○盆《ぼん》に返《かえ》らず」

12　西洋《せいよう》でうまれた慣用句《かんようく》。相手《あいて》をおとしいれるワナ「トロイの○○○」

14　ぜいたくを極《きわ》めた、お酒《さけ》とお肉《にく》のうたげ。中国《ちゅうごく》の故事《こじ》に由来《ゆらい》する四字熟語《よじじゅくご》

16　夜《よる》のこと。「○○越《ご》しの金《かね》は持《も》たぬ」という言葉《ことば》もあります

17　ことわざ「無《な》くて七《なな》○○、あって四十八《しじゅうはっ》○○」

18　無用《むよう》な心配《しんぱい》をすること。空《そら》が落《お》ちてこないか心配《しんぱい》した昔《むかし》の中国《ちゅうごく》の国名《こくめい》に由来《ゆらい》

19　神社《じんじゃ》を表《あらわ》す地図記号《ちずきごう》は、この形《かたち》をしています

漢字にまつわるお話

むか〜しむかし 貝殻《かいがら》はお金《かね》の代《か》わりだった

8月14日

岩手県一戸市立鳥海小学校校長《いわてけんいちのへしりつちょうかいしょうがっこうこうちょう》
南《みなみ》 隆人《たかと》先生《せんせい》が書《か》きました

読《よ》んだ日《ひ》　月《がつ》　日《にち》｜　月《がつ》　日《にち》｜　月《がつ》　日《にち》

漢字《かんじ》を集《あつ》めると見《み》えてくる

みなさんは、「貝《かい》」のつく漢字《かんじ》をいくつ知《し》っていますか？ 手元《てもと》の辞典《じてん》で調《しら》べてみると77字《じ》ありました。どうしてそんなに、「貝《かい》」のつく漢字《かんじ》が多《おお》いのでしょう。「貝《かい》」のつく漢字《かんじ》を集《あつ》めてみると、そこには共通点《きょうつうてん》があることに気《き》がつきます。

「買《か》う」「自動販売機《じどうはんばいき》」「貯金《ちょきん》」「財産《ざいさん》」「貧《まず》しい」「百円硬貨《ひゃくえんこうか》」「貴《き》重品《ちょうひん》」「貸《か》す」「給食費《きゅうしょくひ》」「電車賃《でんしゃちん》」

こうして「貝《かい》」のつく漢字《かんじ》が使《つか》われている言葉《ことば》を集《あつ》めていくと、みんなお金《かね》に関係《かんけい》していることがわかりますね。

「貴《き》」とは物《もの》の値段《ねだん》が高《たか》いこと、「費《ひ》」とはお金《かね》を使《つか》ってしまうこと、「賃《ちん》」とは仕事《しごと》に対《たい》して支払《しはら》われる代金《だいきん》を表《あらわ》しています。

お金《かね》の代《か》わりに

では、なぜ「金《かね》」ではなく「貝《かい》」が、お金《かね》を表《あらわ》す漢字《かんじ》に多《おお》く用《もち》いられているのでしょう。

実《じつ》は、漢字《かんじ》が発明《はつめい》された古代中国《こだいちゅうごく》では、「貝《かい》」がお金《かね》の代《か》わりに使《つか》われていました。これを、貝貨《ばいか》といいます。古《ふる》い遺跡《いせき》からも、貝《ばい》貨《か》がたくさん発見《はっけん》されています。

調《しら》べてみよう

お金《かね》の代《か》わりになった貝《かい》

貝《かい》であれば、何《なん》でもお金《かね》の代《か》わりに使《つか》えたというわけではありません。「貝《かい》」という漢字《かんじ》の古《ふる》い字体《じたい》を見《み》てください（右《みぎ》）。これからどのような貝《かい》がお金《かね》の代《か》わりになったか調《しら》べてみましょう。

ひとくちメモ 「調《しら》べてみよう」の答《こた》えは「タカラガイ」という巻《ま》き貝《がい》。この貝《かい》は、南《みなみ》の海《うみ》の一部《いちぶ》の地域《ちいき》でしかとれない貴重《きちょう》品《ひん》でした。その表面《ひょうめん》は光沢《こうたく》があり美《うつく》しく、当時《とうじ》の宝物《たからもの》の一《ひと》つです。実《じつ》は「宝《たから》」も古《ふる》くは「寶《たから》」と書《か》きました。

話し方にまつわるお話

少年《しょうねん》の日《ひ》の思《おも》い出《で》 唱歌《しょうか》「ふるさと」

8月15日

青森県《あおもりけん》新郷村《しんごうそん》立《りつ》戸来《へらい》小学校《しょうがっこう》校長《こうちょう》
畑山敏則《はたやまとしのり》先生《せんせい》が書《か》きました

読《よ》んだ日《ひ》　月《がつ》　日《にち》　月《がつ》　日《にち》　月《がつ》　日《にち》

なつかしい故郷《こきょう》の風景《ふうけい》

うさぎ追《お》いし　かの山《やま》
小《こ》ぶな釣《つ》りし　かの川《かわ》
夢《ゆめ》は今《いま》もめぐりて
忘《わす》れがたきふるさと

この歌《うた》は、みなさんがよく知《し》っている「ふるさと」です。小学校《しょうがっこう》で習《なら》うので、歌《うた》ったことがある人《ひと》もいるでしょう。

歌詞《かし》を書《か》いたのは、高野辰之《たかのたつゆき》という人《ひと》です。辰之《たつゆき》は、1876年《ねん》（明治《めいじ》9年《ねん》）に、長野県《ながのけん》豊田村《とよたむら》（現在《げんざい》の中野市《なかのし》）で生《う》まれました。

「ふるさと」は、辰之《たつゆき》が子供《こども》のころ、友達《ともだち》といっしょに遊《あそ》んだ野山《のやま》の風景《ふうけい》を、なつかしく思《おも》い出《だ》してつくった歌《うた》です。

昔《むかし》の子供《こども》たちは、山《やま》でウサギを追《お》いかけたり、川《かわ》で魚《さかな》をとったりして遊《あそ》びました。まわりを緑《みどり》の山々《やまやま》に囲《かこ》まれた山里《やまざと》は、自然《しぜん》の恵《めぐ》みがいっぱいです。

また、当時《とうじ》は、ウサギは村《むら》の大切《たいせつ》な食料《しょくりょう》でした。冬《ふゆ》になると、大人《おとな》も子供《こども》も、いっしょに狩《か》りをしたそうですよ。

みんなで歌《うた》えるいちばん好《す》きな歌《うた》

「ふるさと」は、大人《おとな》が選《えら》ぶ「好《す》きな唱歌《しょうか》」で、何回《なんかい》も一位《いちい》に選《えら》ばれています。誰《だれ》もが知《し》っている歌《うた》なので、みんなが集《あつ》まったときなどにも、よく歌《うた》われます。

この歌《うた》を聞《き》くと、美《うつく》しい自然《しぜん》の風景《ふうけい》が目《め》にうかぶようですね。

行《い》ってみよう

高野辰之記念館《たかのたつゆききねんかん》

高野辰之《たかのたつゆき》の生《う》まれた長野県中野《ながのけんなかの》市《し》には、高野辰之記念館《たかのたつゆききねんかん》があります。「ふるさと」の歌詞《かし》にある「かの川《かわ》」こと班川《はんがわ》には「ふるさと橋《ばし》」がかけられ、らんかんのパネルをたたくとメロディが奏《かな》でられます。

ひとくちメモ　「ふるさと」は、昭和《しょうわ》22年《ねん》から現在《げんざい》まで約《やく》70年間《ねんかん》、小学校《しょうがっこう》6年生《ねんせい》の教科書《きょうかしょ》にのっています。高野辰之《たかのたつゆき》は、「おぼろ月夜《づきよ》」「もみじ」「春《はる》の小川《おがわ》」などの唱歌《しょうか》や校歌《こうか》、数多《かずおお》くの作詞《さくし》を手《て》がけました。

2つがよく似《に》ていると「まぎらわしい」のだ

8月《がつ》16日《にち》

静岡県富士宮市立稲子小学校校長《しずおかけんふじのみやしりついなこしょうがっこうこうちょう》
芦川幹弘《あしかわみきひろ》先生《せんせい》が書《か》きました

読《よ》んだ日《ひ》　月《がつ》　日《にち》　月《がつ》　日《にち》　月《がつ》　日《にち》

より糸《いと》が2つに分《わ》かれて

糸《いと》がこんがらがってほどけなくなる、そんな経験《けいけん》はありませんか？　ほどけないとイライラしてしまいますね。「まぎらわしい」は、漢字《かんじ》で「紛《まぎ》らわしい」と書《か》きます。「紛《ふん》」の字《じ》は「糸《いと》が分《わ》かれる」と書《か》きます。「入《い》りまじってわからなくなる」という意味《いみ》の漢字《かんじ》です。

「紛《まぎ》らわしい」は、「2つの事物《じぶつ》がよく似《に》ていて、区別《くべつ》の付《つ》きにくい状態《じょうたい》」をいいます。

「見《み》ただけでは塩《しお》と砂糖《さとう》はまぎらわしい」というように物《もの》に対《たい》して使《つか》いますが、「まぎらわす」という動詞《どうし》（動《うご》いている状態《じょうたい》をあらわす言葉《ことば》）の時《とき》は、「悲《かな》しみをまぎらわす」というように気持《きも》ちについても使《つか》います。

似《に》ている感《かん》じでまぎらわしい？

2つの事物《じぶつ》がよく似《に》ていて、区《く》別《べつ》の付《つ》きにくい、といえば、「紛」と「粉」。まぎらわしいと思《おも》いませんか？　「紛」と「粉」は、どちらも「ふん」と読《よ》みます。「粉」は「小麦粉《こむぎこ》」など、細《こま》かく砕《くだ》けたものを指《さ》すときに使《つか》われます。

また、「紛失《ふんしつ》（物《もの》がまぎれてなくなる）」「粉飾《ふんしょく》（りっぱに見《み》せようとしてうわべを飾《かざ》る）」などの言葉《ことば》を耳《みみ》にしたことがあるでしょう。粉飾《ふんしょく》は、お化粧《けしょう》をするのに紅《べに》や白粉《おしろい》などの粉《こな》を使《つか》っていたことからきているそうです。

覚《おぼ》えておこう

いやな気分《きぶん》をまぎらわす

ちょっといやな気分《きぶん》をまぎらわせることを「気晴《きば》らし」といいます。「気晴《きば》らしにゲームをする」とか「気晴《きば》らしに公園《こうえん》でブランコに乗《の》る」のように使《つか》います。大人《おとな》はよく気晴《きば》らしをしています。みなさんは、どんなことをするといやな気分《きぶん》が晴《は》れますか？　それがいい「気晴《きば》らし」になるでしょう。

ひとくちメモ　気晴《きば》らしと同《おな》じような意味《いみ》で「気散《きさん》じ」という言葉《ことば》もあります。芥川龍之介《あくたがわりゅうのすけ》など、明治《めいじ》～大正時代《たいしょうじだい》の小説《しょうせつ》などにはよく出《で》てくる言葉《ことば》です。

話し方にまつわるお話

「何《なに》しちょる？」「何《なに》しとるんじゃ？」

～中国地方《ちゅうごくちほう》の方言《ほうげん》～

8月17日

東京都大田区立矢口西小学校《とうきょうとおおたくりつやぐちにししょうがっこう》
福田勇輔《ふくだゆうすけ》先生《せんせい》が書《か》きました

読《よ》んだ日《ひ》　月《がつ》　日《にち》　月《がつ》　日《にち》　月《がつ》　日《にち》

語尾《ごび》がちがうけえ

プロ野球《やきゅう》チーム・広島《ひろしま》カープが優勝《ゆうしょう》すると、優勝《ゆうしょう》に沸《わ》く地元《じもと》の様子《ようす》が連日《れんじつ》テレビで放送《ほうそう》されます。盛《も》り上《あ》がる街《まち》の人々《ひとびと》を見《み》ていると、「来年《らいねん》も優勝《ゆうしょう》するけえ！」と息巻《いきま》いているファンの声《こえ》が聞《き》こえてきそうです。

方言《ほうげん》の特色《とくしょく》のひとつに、語尾《ごび》のちがいが挙《あ》げられます。「今日《きょう》のお昼《ひる》はお好《この》み焼《や》きだから」。これを、広島弁《ひろしまべん》にすると、「今日《きょう》のお昼《ひる》はお好《この》み焼《や》きじゃけえ」と、なります。

同《おな》じ中国地方《ちゅうごくちほう》でも、語尾《ごび》の言《い》い方《かた》は様々《さまざま》です。また、同《おな》じ県《けん》の中《なか》でも、ちがいがあります。方言《ほうげん》の世界《せかい》はとても奥《おく》が深《ふか》そうですね。

語尾《ごび》のちがいを知《ち》っちょる？

先《さき》ほどの例《れい》を今度《こんど》は、出雲地方《いずもちほう》の方言《ほうげん》にしてみます。「今日《きょう》のお昼《ひる》はお好《この》み焼《や》きだけん」。

広島《ひろしま》では「じゃけえ」、出雲《いずも》では「だけん」と語尾《ごび》が変《か》わります。

同《おな》じ中国地方《ちゅうごくちほう》の他《ほか》の地域《ちいき》ではどうでしょうか。「何《なに》をしているの」。という文《ぶん》を使《つか》って考《かんが》えてみましょう。

山口県《やまぐちけん》の方言《ほうげん》で言《い》うと、「何《なに》しちょる」となります。広島《ひろしま》だと、「何《なに》しとるんじゃ」、岡山《おかやま》なら、「何《なに》しょん」、山陰《さんいん》では、「何《なに》しとー」となります。

語尾《ごび》のちがいを見《み》ていくだけでも、それぞれの地域《ちいき》の特色《とくしょく》があっておもしろいですね。

ふれてみよう

作品《さくひん》の中《なか》の方言《ほうげん》

漫画《まんが》『はだしのゲン』は広島《ひろしま》を舞台《ぶたい》に描《えが》かれています。岡山県《おかやまけん》を舞台《ぶたい》にした映画『ひるね姫《ひめ》』は、2017年《ねん》に公開《こうかい》されました。様々《さまざま》な作品《さくひん》で、いろいろな地域《ちいき》の方言《ほうげん》に触《ふ》れてみましょう。

ひとくちメモ

相手《あいて》の話《はなし》に「そうそう」と打《う》つ相《あい》づちも、地域《ちいき》によってさまざまです。出雲《いずも》では「そげそげ」、岡山《おかやま》では「じゃーじゃー」と言《い》います。あなたの住《す》む地域《ちいき》ではどうですか？

平賀源内《ひらがげんない》は天才《てんさい》コピーライターだった!?

8月 18日

東京学芸大学教育学部《とうきょうがくげいだいがくきょういくがくぶ》
中村和弘《なかむらかずひろ》先生《せんせい》が書《か》きました

読《よ》んだ日《ひ》　月《がつ》　日《にち》　月《がつ》　日《にち》　月《がつ》　日《にち》

土用《どよう》の丑《うし》の日《ひ》にうなぎを食《た》べるわけ

夏《なつ》の土用《どよう》の丑《うし》の日《ひ》には、よくうなぎを食《た》べますね。この風習《ふうしゅう》は、いつごろ、どのようにして始《はじ》まったとされるのでしょうか？

もともと、うなぎがいちばんおいしいのは冬《ふゆ》で、夏《なつ》にはなかなか売《う》れませんでした。そこで、困《こま》ったうなぎ屋《や》さんは、知恵者《ちえしゃ》と評判《ひょうばん》の平賀源内《ひらがげんない》に相談《そうだん》しました。すると源内《げんない》は、店《みせ》の前《まえ》に「本日土用丑《ほんじつどようウし》の日《ひ》」と書《か》いた大《おお》きな看板《かんばん》を出《だ》すように言《い》いました。丑《うし》の日《ひ》に、「う」のつくものを食《た》べると、夏《なつ》バテしないというわけです。

この「土用丑《どようウし》の日《ひ》」というのは、今《いま》でいう広告《こうこく》のキャッチコピーで、源内《げんない》は元祖《がんそ》コピーライターともいわれています。

発明《はつめい》だけじゃない！多才《たさい》な超有名人《ちょうゆうめいじん》

源内《げんない》は、子供《こども》のころから好奇心《こうきしん》が強《つよ》く、ものづくりが大好《だいす》きでした。大人《おとな》になると、不思議《ふしぎ》な道具《どうぐ》をあれこれ発明《はつめい》したり、小説《しょうせつ》や油絵《あぶらえ》を手《て》がけたり、さまざまな分野《ぶんや》で才能《さいのう》を発揮《はっき》します。

なかでも有名《ゆうめい》なのは、エレキテルという静電気《せいでんき》を起《お》こす装置《そうち》でしょう。源内《げんない》は、オランダ人《じん》から壊《こわ》れたエレキテルを手《て》に入《い》れ、電気《でんき》の知識《ちしき》もないまま、これをもと通《とお》りに直《なお》したというから驚《おどろ》きです。

そんなマルチな才能《さいのう》を見《み》せた源《げん》内《ない》は、イタリアの発明家《はつめいか》レオナルド・ダ・ヴィンチにたとえて、「日本《にほん》のダ・ヴィンチ」などと呼《よ》ばれています。

知《し》っておこう

源内《げんない》は発明少年《はつめいしょうねん》だった!

平賀源内《ひらがげんない》の最初《さいしょ》の発明《はつめい》は、12歳《さい》のときにつくった「お神酒天神《みきてんじん》」という、からくり仕掛《じか》けの掛《か》け軸《じく》。お酒《さけ》をお供《そな》えすると、描《えが》かれた天神様《てんじんさま》の顔《かお》が赤《あか》くなる仕掛《しか》けで、みんなをびっくりさせたそうですよ。

ひとくちメモ 平賀源内《ひらがげんない》の本業《ほんぎょう》は、本草学者《ほんぞうがくしゃ》（薬物《やくぶつ》の研究者《けんきゅうしゃ》）です。薬《くすり》になるめずらしい動植物《どうしょくぶつ》や鉱物《こうぶつ》を全国《ぜんこく》から集《あつ》め、日《に》本《ほん》で初《はじ》めての物産展《ぶっさんてん》「東都薬品会《とうとやくひんかい》」を開催《かいさい》したことでも知《し》られています。

どの筆記用具《ひっきようぐ》を使《つか》おうかな？

東京都《とうきょうと》江東区《こうとうく》立《りつ》枝川《えだがわ》小学校《しょうがっこう》
迎《むかえ》 有果《ゆか》先生《せんせい》が書《か》きました

読《よ》んだ日《ひ》　月《がつ》　日《にち》｜　月《がつ》　日《にち》｜　月《がつ》　日《にち》

新聞係《しんぶんがかり》になったなら

学校《がっこう》の係《かかり》の仕事《しごと》で、新聞《しんぶん》を書《か》くことになりました。さて、どの筆記用具《ひっきようぐ》を使《つか》いますか？

太《ふと》いマジックペンで新聞《しんぶん》の本文《ほんぶん》を書《か》く人《ひと》はいませんよね。見出《みだ》しは遠《とお》くから見《み》えるように少《すこ》し太《ふと》いペンを使《つか》うかもしれません。文房具屋《ぶんぼうぐや》さんには、細《ほそ》く書《か》けるものから太《ふと》く書《か》けるものまで、様々《さまざま》な筆記用具《ひっきようぐ》が売《う》られています。

たとえば、町《まち》に貼《は》るポスターをつくるときに、鉛筆《えんぴつ》では書《か》きません。できるだけ目立《めだ》つように、文字《もじ》を大《おお》きく太《ふと》くする必要《ひつよう》がありますし、白黒《しろくろ》よりカラーにした方《ほう》が多《おお》くの人《ひと》の心《こころ》に残《のこ》るかもしれません。何《なん》のために書《か》くのか、どこに書《か》くのか、だれに伝《つた》えたいのかによって、筆記用具《ひっきようぐ》は使《つか》い分《わ》けるものなのです。

同《おな》じ鉛筆《えんぴつ》だけど

いつも使《つか》っている鉛筆《えんぴつ》はどんな濃《こ》さですか。Bや2Bを使《つか》っている人《ひと》が多《おお》いのではないでしょうか。実《じっ》は鉛筆《えんぴつ》には、10Hから10Bまで、HB、F、Hを入《い》れてなんと22も種類《しゅるい》があります。10Hの芯《しん》は硬《かた》いので濃《こ》くは書《か》けません。反対《はんたい》に、10Bの芯《しん》はやわらかく、濃《こ》く書《か》くことができます。

聞《き》いてみよう

文房具屋《ぶんぼうぐや》さんに行《い》ってみよう

10Bという鉛筆《えんぴつ》は2Bよりもずっとやわらかく濃《こ》く書《か》ける鉛筆《えんぴつ》です。絵《え》を描《か》く仕事《しごと》をしている人《ひと》がよく使《つか》います。最《もっと》も硬《かた》くて薄《うす》い10Hは石《いし》のような硬《かた》いものに文字《もじ》を書《か》く時《とき》に使《つか》われているそうです。文房具屋《ぶんぼうぐや》さんに行《い》くと、いくつか売《う》られているかもしれません。お客《きゃく》さんが何《なに》に使《つか》っているのか、お店《みせ》の人《ひと》に聞《き》いてみましょう。

ひとくちメモ　書《か》いて消《け》せるボールペンが日本《にほん》で発売《はつばい》されたのは2007年《ねん》です。温度変化《おんどへんか》で色《いろ》が変《か》わるメタモインキを使《つか》っています。立体的《りったいてき》に書《か》ける3Dペンもあります。10年後《ねんご》にはどんなペンができているのでしょう。

「天地無用《てんちむよう》」「他言無用《たごんむよう》」「無用《むよう》」にご用心《ようじん》

8月《がつ》20日《にち》

日本国語教育学会理事《にほんこくごきょういくがっかいりじ》
泉《いずみ》 宜宏《たかひろ》先生《せんせい》が書《か》きました

読《よ》んだ日《ひ》　月《がつ》　日《にち》　月《がつ》　日《にち》　月《がつ》　日《にち》

逆《さか》さまにしちゃダメ

宅配便《たくはいびん》などで送《おく》られてきた荷物《にもつ》に書《か》かれた「天地無用《てんちむよう》」という言《こと》葉《ば》を見《み》たことはありませんか。

「天地《てんち》」は、「上下《じょうげ》」という意味《いみ》です。「無用《むよう》」には「用《よう》がない」、「必要《ひつよう》がない」という意味《いみ》もあります。そこから、「上下《じょうげ》が逆《さか》さまでもよい」と勘《かん》ちがいをする人《ひと》がいますが、この場合《ばあい》はちがいます。「天地無用《てんちむよう》」は「この荷物《にもつ》は壊《こわ》れることがあるので、逆《さか》さまにしてはいけません」という意味《いみ》なのです。逆《ぎゃく》の意味《いみ》ですね。

「無用《むよう》」には、先《さき》ほど述《の》べた意味《いみ》だけではなく、「〜してはいけない」という禁止《きんし》の意味《いみ》もあるのです。

他《ほか》の人《ひと》に言《い》っちゃダメ

「他言無用《たごんむよう》」も同《どう》じようなまちがいをされる恐《おそ》れがあります。「他《た》言無用《ごんむよう》」は、「このことはほかで話《はな》してはいけない」という「禁《きん》止《し》」の意味《いみ》で「無用《むよう》」が使《つか》われています。使《つか》い方《かた》は、「天地無用《てんちむよう》」と同《おな》じです。

ですから、もし「無用《むよう》」を「不《ふ》要《よう》（無《な》くてもかまわない）」ととらえて「他言不要《たごんふよう》」と考《かんが》えると、「他《ほか》のところで話《はな》さなくてもいいし、話《はな》してもいい」と、とらえられてしまいます。まったく逆《ぎゃく》の意《い》味《み》なので気《き》をつけたいものです。

探《さが》してみよう

「無用《むよう》」いろいろ

「無用《むよう》の者立入禁止《ものたちいりきんし》」という断《ことわ》り書《が》きがある場合《ばあい》の「無用《むよう》」は、「用《よう》の無《な》い」という意味《いみ》です。ことわざの「無用《むよう》の長物《ちょうぶつ》」の「無用《むよう》」は「役立《やくだ》たない、かえってじゃまになる」という意味《いみ》を持《も》っています。住《す》んでいる町《まち》や遠《とお》くに出《で》かけたときに「無用《むよう》」がどう使《つか》われているか探《さが》してみましょう。

ひとくちメモ 「心配無用《しんぱいむよう》」は、「心配《しんぱい》しなくていい」という意味《いみ》です。この場合《ばあい》の「無用《むよう》」を「禁止《きんし》」の「〜してはいけない」という意味《いみ》でとらえる人《ひと》がいるかもしれません。「無用《むよう》」はなかなかむずかしいですね。

漢字にまつわるお話

なんて読《よ》むの？ 珍《めずら》しい名字《みょうじ》

8月 21日

東京都大田区立矢口西小学校《とうきょうとおおたくりつやぐちにししょうがっこう》
福田勇輔《ふくだゆうすけ》先生《せんせい》が書《か》きました

読《よ》んだ日《ひ》　月《がつ》　日《にち》　月《がつ》　日《にち》　月《がつ》　日《にち》

数《かず》がついているけれど

「一口」。普通《ふつう》に読《よ》めば「ひとくち」と読《よ》みますね。でも、実《じつ》はこれ、「いもあらい」とも読《よ》むのです。

日本《にほん》には10万《まん》とも20万《まん》ともいわれるほど、たくさんの種類《しゅるい》の名字《みょうじ》があります。「佐藤《さとう》」さん「鈴木《すずき》」さんといった、よく目《め》にする名字《みょうじ》もあれば、「一口《いもあらい》」さんのような珍《めずら》しい名字《みょうじ》も数多《かずおお》く存在《そんざい》しています。

「一口《いもあらい》」の由来《ゆらい》は諸説《しょせつ》あります。そのひとつに、出入口《でいりぐち》が一《ひと》つしかなく混雑《こんざつ》する場所《ばしょ》の様子《ようす》を「芋《いも》を洗《あら》うようだ」と表現《ひょうげん》することから「一口《ひとくち》」と書《か》いて「いもあらい」と読《よ》む説《せつ》があります。

「一口《いもあらい》」さんの他《ほか》にも数字《すうじ》が関係《かんけい》している珍《めずら》しい名字《みょうじ》があります。

四月一日はなんと読《よ》む？

「四月一日」さんというのもあります。日付《ひづけ》ではありません。四月一日と書《か》いて、「わたぬき」さんと読《よ》むそうです。かつて、冬《ふゆ》の間《あいだ》に防寒《ぼうかん》として着物《きもの》に詰《つ》めた綿《わた》を春《はる》（旧暦《きゅうれき》4月1日《がつついたち》）にぬいていたことから「わたぬき」と読《よ》むようになったといわれています。

他《ほか》にも日付《ひづけ》のような名字《みょうじ》があります。「六月一日」。これは「うりわり」さん。名字《みょうじ》の由来《ゆらい》を調《しら》べると、昔《むかし》の暮《く》らしや生活《せいかつ》とのつながりが見《み》えてきます。

調《しら》べてみよう

読《よ》めるかな？

数字《すうじ》に関《かん》する名字《みょうじ》は、まだまだたくさんあります。「七寸五分」=「くろわた」、「七五三」=「しめ」、「十五夜」=「もちづき」など、それぞれの由来《ゆらい》を知《し》ると、名字《みょうじ》の奥深《おくぶか》さがわかりますね。（※同《おな》じ漢字《かんじ》でも別《べつ》の読《よ》み方《かた》の名字《みょうじ》もあります）

ひとくちメモ

「九」と書《か》いて「いちじく」さんと読《よ》みます。一字《いちじ》で九《く》と読《よ》むから「いちじく」。なんだか、なぞなぞみたいですね。では、「一」さんは、なんと読《よ》むのでしょうか。正解《せいかい》は「にのまえ」さんと読《よ》みます。そうです。一《いち》は二《に》の前《まえ》ですね。

表現力がアップするお話

色《いろ》や土地《とち》に関係《かんけい》がある風《かぜ》の名前《なまえ》いろいろ

8月22日

学校教育支援《がっこうきょういくしえん》センター練馬《ねりま》
眞瀬敦子《ませあつこ》先生《せんせい》が書《か》きました

読《よ》んだ日《ひ》　月《がつ》　日《にち》　月《がつ》　日《にち》　月《がつ》　日《にち》

風《かぜ》には色《いろ》がある

昔《むかし》の日本人《にほんじん》は、風《かぜ》のイメージを色《いろ》で表《あらわ》すことが得意《とくい》でした。たとえば、夏《なつ》の風《かぜ》を「南風《はえ》」、梅雨《つゆ》の初《はじ》め頃《ごろ》を「黒南風《くろはえ》」、梅雨《つゆ》が明《あ》けて空《そら》の黒雲《こくうん》が白《しろ》い巻雲《けんうん》に変《か》わる頃《ころ》の風《かぜ》を「白南風《しらはえ》」と名《な》づけています。

初夏《しょか》の「薫風《くんぷう》」「緑風《りょくふう》」は、青葉《あおば》の上《うえ》を吹《ふ》き渡《わた》るいかにも涼《すず》やかな風《かぜ》の名《な》ですが、これが激《はげ》しくなると「青嵐《せいらん》」といいます。やはり色《いろ》がつくのですね。

黄金色《こがねいろ》の稲穂《いなほ》を揺《ゆ》らす秋風《あきかぜ》は「金風《きんぷう》」。豊《ゆた》かな実《みの》りを感《かん》じさせますね。同《おな》じ秋《あき》の風《かぜ》でも、吹《ふ》いている様子《ようす》がないのに秋《あき》を感《かん》じさせる風《かぜ》には、「色《いろ》なき風《かぜ》」という名《な》がついています。

土地《とち》の名前《なまえ》がつく

山《やま》を越《こ》えて吹《ふ》き降《お》りる冷《つめ》たい強風《きょうふう》のことを「おろし」といいます。

この風《かぜ》は、冬《ふゆ》に多《おお》く、また狭《せま》い地域《ちいき》に局地的《きょくちてき》に吹《ふ》く風《かぜ》です。そのため、「六甲《ろっこう》おろし」「富士《ふじ》おろし」「赤城《あかぎ》おろし」「筑波《つくば》おろし」のように、その土地《とち》の山《やま》の名前《なまえ》をつけて呼《よ》ばれることがよくあります。

みなさんの住《す》んでいる地域《ちいき》にもそんな局地風《きょくちふう》が吹《ふ》いているかもしれません。おうちの人《ひと》や先生《せんせい》に聞《き》いてみましょう。

調《しら》べてみよう

夏《なつ》に吹《ふ》く冷《つめ》たい風《かぜ》の名前《なまえ》は?

夏《なつ》にオホーツク海《かい》の高気圧《こうきあつ》から東北地方《とうほくちほう》の太平洋岸《たいへいようがん》に吹《ふ》き出《だ》す冷《つめ》たい北東《ほくとう》の風《かぜ》のことを「やませ」といいます。どんな漢字《かんじ》を書《か》くのか調《しら》べてみましょう。

ひとくちメモ 昔《むかし》の日本人《にほんじん》が使《つか》っていた「東風《こち》」というのも春《はる》の風《かぜ》を表《あらわ》す言葉《ことば》です。平安時代《へいあんじだい》、菅原道真《すがわらのみちざね》の次《つぎ》の歌《うた》がよく知《し》られています。「東風《こち》吹《ふ》かば　にほいおこせよ梅《うめ》の花《はな》　主《あるじ》なしとて　春《はる》な忘《わす》れそ」。

「漢字《かんじ》たし算《ざん》」に挑戦《ちょうせん》！

8月23日

東京学芸大学教育学部《とうきょうがくげいだいがくきょういくがくぶ》
中村和弘《なかむらかずひろ》先生《せんせい》が書《か》きました

読《よ》んだ日《ひ》　月《がつ》　日《にち》｜月《がつ》　日《にち》｜月《がつ》　日《にち》

漢字《かんじ》＋漢字《かんじ》でたし算《ざん》！

漢字《かんじ》をいくつか組《く》み合《あ》わせて、別《べつ》の漢字《かんじ》をつくってみましょう。

まずは、初級編《しょきゅうへん》です。□の中《なか》には、どんな漢字《かんじ》が入《はい》りますか？ 答《こた》えは、1つだけとはかぎりませんよ。

①月《つき》＋日《ひ》＝□　②刀《かたな》＋八《はち》＝□
③合《ごう》＋竹《たけ》＝□　④口《くち》＋夕《ゆう》＝□
⑤目《め》＋木《き》＝□　⑥十《じゅう》＋口《くち》＝□

答《こた》えは、①明《めい》、②分《ふん》、③答《こたえ》、④名《な》、⑤相《そう》、⑥古《こ》、田《た》です。どれもかんたんですね。

組《く》み合《あ》わせる位置《いち》を考《かんが》えよう

次《つぎ》は中級編《ちゅうきゅうへん》です。ここからは、ちょっとむずかしくなりますよ。小学校《しょうがっこう》では習《なら》わない漢字《かんじ》もあるので、辞典《じてん》などで調《しら》べてみましょう。

①口《くち》＋口《くち》＝□
②口《くち》＋口《くち》＋口《くち》＋木《き》＋糸《いと》＝□
③口《くち》＋口《くち》＋口《くち》＋口《くち》＋大《だい》＝□
④人《ひと》＋内《うち》＝□
⑤日《ひ》＋門《もん》＝□
⑥行《ぎょう》＋土《つち》＋土《つち》＝□

では、いよいよ上級編《じょうきゅうへん》です。たし算《ざん》とひき算《ざん》がまじった問題《もんだい》もあるので、考《かんが》えてみましょう。

①牛《うし》＋刀《かたな》＋角《かど》＝□
②白《しろ》＋糸《いと》＋水《みず》＝□
③合《ごう》＋八《はち》－一《いち》＝□

全部《ぜんぶ》わかりましたか？ いろいろな漢字《かんじ》を分解《ぶんかい》して、友達《ともだち》と問題《もんだい》を出《だ》し合《あ》うのもおもしろいですね。

※中級編《ちゅうきゅうへん》と上級編《じょうきゅうへん》の答《こた》えは、「ひとくちメモ」にあります。

やってみよう

「漢字《かんじ》かけ算《ざん》」もできるよ！

同《おな》じ漢字《かんじ》をいくつか合《あ》わせて、別《べつ》の漢《かん》字《じ》をつくってみましょう。たとえば、木《き》×２＝林《はやし》、木《き》×３＝森《もり》、口《くち》×３＝品《しな》、火《ひ》×２＝炎《ほのお》、などです。他《ほか》にどんなものがあるかな？ 漢和辞典《かんわじてん》で調《しら》べてみましょう。（答《こた》えは「ひとくちメモ」）

ひとくちメモ
中級編《ちゅうきゅうへん》の答《こた》え ①回《かい》、②繰《そう》、③器《うつわ》、④肉《にく》、⑤間《かん》、⑥街《まち》　上級編《じょうきゅうへん》の答《こた》え ①解《かい》、②線《せん》、③谷《たに》
「やってみよう」の答《こた》え 夕《ゆう》×２＝多《た》、土《つち》×２＝圭《けい》、月《つき》×２＝朋《ほう》、一《いち》×３＝三《さん》、日《ひ》×３＝晶《しょう》、など。

「もしもし」の語源《ごげん》

8月 24日

明星大学教育学部《めいせいだいがくきょういくがくぶ》
邑上裕子《むらかみゆうこ》先生《せんせい》が書《か》きました

読《よ》んだ日《ひ》　月《がつ》　日《にち》　月《がつ》　日《にち》　月《がつ》　日《にち》

声《こえ》が届《とど》いていますか?

今《いま》は電話《でんわ》ですぐ相手《あいて》とやり取《と》りできますね。でも、電話《でんわ》が開通《かいつう》したばかりの時代《じだい》は、相手《あいて》がすぐに出《で》てはくれません。電話《でんわ》をかける人《ひと》と、受《う》ける人《ひと》の間《あいだ》に「電話交換《でんわこうかん》手《しゅ》」という人《ひと》が必要《ひつよう》でした。交換《こうかん》手《しゅ》に線《せん》をつないでくれるようにお願《ねが》いするのです。そうしてようやく相手《あいて》と話《はなし》ができたのです。

「もしもし」は「申《もう》します、申《もう》します」という言葉《ことば》が短《みじか》くなったものといわれています。もともとは電話交換手《でんわこうかんしゅ》が使《つか》い始《はじ》めたようです。2回繰《かいく》り返《かえ》しているのは、「これから話《はな》します」「声《こえ》が届《とど》いていますか」の確認《かくにん》のためでしょう。

世界《せかい》の「もしもし」

電話《でんわ》を発明《はつめい》したアメリカでは「もしもし」のかわりに「ハロー」と言《い》います。アメリカだけでなく「こんにちは」「いかがですか」という呼《よ》びかけが電話《でんわ》の出《で》だしになっている国《くに》が多《おお》いようです。

中国《ちゅうごく》では「もしもし」にあたる言葉《ことば》は「ウエイ/ウエイウエイ?」。「どなた?」という意味《いみ》だそうです。まずは相手《あいて》を確《たし》かめるのですね。韓国《かんこく》でも「ヨボセヨ」と言《い》って、人《ひと》を呼《よ》び止《と》める言葉《ことば》が「もしもし」にあたるそうです。

調《しら》べてみよう

電話《でんわ》の歴史《れきし》

スマートフォンが当《あ》たり前《まえ》になってきましたが、電話《でんわ》の形《かたち》はこの100年《ねん》で大《おお》きく変《か》わりました。日本《にほん》における電話《でんわ》の歴史《れきし》を調《しら》べてみましょう。スマートフォンが大発明《だいはつめい》だったことがよくわかりますよ。

ひとくちメモ　電話開通《でんわかいつう》は明治《めいじ》23年《ねん》。最初《さいしょ》は東京《とうきょう》―横浜《よこはま》で電話《でんわ》サービスが開始《かいし》されました。その後《ご》、東京《とうきょう》―大阪間《おおさかかん》で長距《ちょうきょ》離通話《りつうわ》が始《はじ》まりました。

日本語をめぐる言葉のお話

言葉《ことば》のしっぽにつく「～んぼ」ってなんだ？

8月 25日

日本国語教育学会理事《にほんこくごきょういくがっかいりじ》・小学校部会長《しょうがっこうぶかいちょう》
今村久二《いまむらひさじ》先生《せんせい》が書《か》きました

読《よ》んだ日《ひ》　月《がつ》　日《にち》｜月《がつ》　日《にち》｜月《がつ》　日《にち》

「～んぼ」は「坊主《ぼうず》」からきている

あかんぼ、あまえんぼ、くいしんぼ……、身《み》の回《まわ》りに「～んぼ」のつく言葉《ことば》がたくさんあります。「～んぼ」は「赤《あか》」、「あまえ」などの言葉《ことば》のしっぽについて、ちがうものを指《さ》すはたらきをします。

「ぼ」はもともと「ぼう」で、「坊《ぼう》」の漢字《かんじ》を書《か》きます。「お坊《ぼう》さん」の「坊《ぼう》」です。「食《く》いしん坊《ぼう》」「けちん坊《ぼう》」「忘《わす》れん坊《ぼう》」など、まだたくさんありますね。

お坊《ぼう》さんは「坊主《ぼうず》」ともいい、頭《あたま》をそってまん丸頭《まるあたま》です。むかしは、髪《かみ》を洗《あら》いやすいように短《みじか》く刈《か》り込《こ》んだ「坊主頭《ぼうずあたま》」の男《おとこ》の子《こ》がたくさんいました。だから、小《ちい》さな子供《こども》を「坊《ぼう》や」「坊主《ぼうず》」などといってかわいがったのです。そこから、親《した》しい人《ひと》や子供《こども》に「んぼ」「んぼう」をつけて呼《よ》んだり、話《はな》しかけたりするようになったといわれています。

似《に》た言葉《ことば》、ほかにもあるのかな？

このように言葉《ことば》のしっぽについてちがう言葉《ことば》にするものを「接尾語《せつびご》」といいます。

「～んぼ」と同《おな》じようによく使《つか》われるのは「～っこ」という接尾語《せつびご》です。にらめっこ、かけっこ、ふざけっこ、とりかえっこなど、こちらもたくさん見《み》つかりますね。

聞《き》いてみよう

魚《さかな》つりの「つぬけ」

ものを数《かぞ》えるとき、しっぽに「つ」がつくと、「ひとつ、ふたつ、みっつ……」となります。「ここのつ」までは、全部《ぜんぶ》「つ」がつきますが、10の「とお」から後《あと》はつきません。つり人《びと》は、10匹目《ひきめ》がつれると、「やった！つぬけだ（「つ」がつく数《かず》を抜《ぬ》けた）！」と安心《あんしん》するそうです。

ひとくちメモ　「んぼ」「んぼう」には、丸《まる》い頭《あたま》にそのまま当《あ》てはめて親《した》しんだものもあります。「さくらんぼ」がそうです。また、ネギの花《はな》も丸《まる》い形《かたち》で咲くので「ネギ坊主《ぼうず》」と呼《よ》ばれています。

8月

決まり文句・名文句にまつわるお話

おにかなぼう

うおか？ さかなか？「水《みず》を得《え》た魚」はどっち？

8月26日

静岡県富士宮市立稲子小学校校長《しずおかけんふじのみやしりついなこしょうがっこうこうちょう》
芦川幹弘《あしかわみきひろ》先生《せんせい》が書《か》きました

読《よ》んだ日《ひ》　月《がつ》　日《にち》　月《がつ》　日《にち》　月《がつ》　日《にち》

水《みず》との深《ふか》い関《かか》わり

「魚《うお》と水《みず》」という言葉《ことば》は、「とても親《した》しい間柄《あいだがら》である」と言《い》いたい時《とき》に使《つか》います。「水清《みずきよ》ければ魚棲《うおす》まず」というと、「性格《せいかく》があまりに清廉潔白《せいれんけっぱく》すぎると仲間《なかま》ができない」という意味《いみ》です。

魚《さかな》にとって水《みず》は、人《ひと》にとっての空気《くうき》のように、なくてはならないもの。水《みず》と一緒《いっしょ》にことわざに登場《とうじょう》するのも納得《なっとく》ですね。

漢字《かんじ》の読《よ》み方《かた》が増《ふ》えた

「水《みず》を得《え》た魚《うお》のよう」という言《い》い回《まわ》しを知《し》っていますか？ 得意《とくい》なところでイキイキしている様子《ようす》のことです。以前《いぜん》テレビでアナウンサーが「水《みず》を得《え》たさかなのようですね」と話《はな》したら、「読《よ》み方《かた》がまちがっている」という苦情《くじょう》の電話《でんわ》がたくさんあったそうです。実《じつ》は、魚はもともと「うお」と読《よ》んでいました。

魚が「さかな」と読《よ》まれるようになったいきさつは諸説《しょせつ》ありますが、酒《さけ》を飲《の》みながら食《た》べる酒菜《さかな》（肴《さかな》）から来《き》たという説《せつ》が有力《ゆうりょく》です。だから魚《さかな》が生《い》きている場合《ばあい》、「うお」と読《よ》んでいました。昭和《しょうわ》48年《ねん》までは「魚」の正式《せいしき》な読《よ》みは、「うお」と「ぎょ」だけ。テストで「さかな」と書《か》くと×になっていた、というわけです。

しかし、当用漢字音訓表《とうようかんじおんくんひょう》が改訂《かいてい》されて「さかな」の読《よ》みも認《みと》められるようになりました。

調《しら》べてみよう

魚《さかな》の名前《なまえ》が入《はい》ったことわざ、慣用句《かんようく》

魚《さかな》が大好《だいす》きな日本人《にほんじん》は、さまざまな魚《さかな》でことわざや格言《かくげん》をつくってきました。たとえば「エビでタイを釣《つ》る」といえば、「わずかな元手《もとで》で大《おお》きな利益《りえき》を得《え》ること」です。タイだけじゃなく、イワシやドジョウを使《つか》った言《い》い回《まわ》しもありますよ。辞書《じしょ》で調《しら》べてみましょう。

ひとくちメモ　「魚釣《つ》り」を「さかなつり」という人《ひと》は関東《かんとう》に多《おお》く、「うおつり」という人《ひと》は関西《かんさい》に多《おお》いようです。もともとの「うお」の言《い》い方《かた》が関西《かんさい》には色濃《いろこ》く残《のこ》っているのでしょうか。

宮沢賢治《みやざわけんじ》
作品《さくひん》を読《よ》むことから始《はじ》めよう

8月《がつ》27日《にち》

日本女子大学児童学科《にほんじょしだいがくじどうがっか》
笹平真之介《ささひらしんのすけ》先生《せんせい》が書《か》きました

読《よ》んだ日《ひ》　月《がつ》　日《にち》｜月《がつ》　日《にち》｜月《がつ》　日《にち》

賢治《けんじ》の魅力《みりょく》

宮沢賢治《みやざわけんじ》（1896〜1933）は多《おお》くの童話《どうわ》や詩《し》を残《のこ》しました。今《いま》も世界中《せかいじゅう》で読《よ》まれ、日本《にほん》では教科書《きょうかしょ》に載《の》せられている、人気《にんき》の高《たか》い作家《さっか》です。

人気《にんき》の理由《りゆう》は、賢治《けんじ》も書《か》いているとおり「わけのわからないところ」にあるでしょう。謎《なぞ》や不思議《ふしぎ》を知《し》りたい気持《きも》ちを、私《わたし》たちに起《お》こすのです。

では賢治《けんじ》はどういうつもりで作品《さくひん》を書《か》いたのでしょうか。作品《さくひん》にいくつかのキーワードがあります。童話集《どうわしゅう》『注文《ちゅうもん》の多《おお》い料理店《りょうりてん》』の序文《じょぶん》の「すきとほつ《おっ》たほんたう《と》のたべもの」や、『銀河鉄道《ぎんがてつどう》の夜《よる》』の「ほんたう《と》の幸福《こうふく》」を考《かんが》え、求《もと》めていたのでしょう。

賢治《けんじ》の向《む》こう側《がわ》へ

賢治《けんじ》とは何者《なにもの》なのか。「ほんたう《と》の幸福《こうふく》」とは何《なん》なのか。そんな問《と》いをもって私《わたし》たちは作品《さくひん》を読《よ》みますが、賢治《けんじ》が作品《さくひん》の中《なか》にその答《こた》えを示《しめ》してくれたとは思《おも》わない方《ほう》がいいかもしれません。

賢治《けんじ》はこう書《か》いています。

「これらのなかには、あなたのためになるところもあるでせう《しょう》し、ただそれつ《っ》きりのところもあるでせう《しょう》が、わたくしには、そのみわけがよくつきません。」

賢治《けんじ》にもわからないのだから、作品中《さくひんちゅう》に答《こた》えやゴールは見《み》つからないでしょう。そうではなくスタート、つまり問《と》うこと自体《じたい》を与《あた》えてくれたのではないでしょうか。だから私《わたし》たちは賢治《けんじ》から始《はじ》めて、賢治《けんじ》の向《む》こう側《がわ》へと出《で》かけていくのです。

読《よ》んでみよう

石《いし》も話《はな》しだす賢治作品《けんじさくひん》

電信柱《でんしんばしら》やねずみ捕《と》りなども話《はな》すのが賢治《けんじ》のお話《はなし》です。たとえば『気《き》のいい火山弾《かざんだん》』は、野原《のはら》の大《おお》きな黒《くろ》い「ベゴ石《いし》」がでてきます。小《ちい》さい頃《ころ》から「石《いし》コ賢《けん》さん」と呼《よ》ばれ、地質《ちしつ》の専門家《せんもんか》でもあった賢治《けんじ》ならではのお話《はなし》です。

ひとくちメモ　故郷《こきょう》・岩手県《いわてけん》も賢治《けんじ》にとっては「イーハトーヴ」という世界《せかい》でした。「林《はやし》や野《の》はらや鉄道線路《てつどうせんろ》やらで、虹《にじ》や月《つき》あかりからもらってきた」お話《はなし》には、賢治《けんじ》に見《み》えた独特《どくとく》の世界《せかい》が広《ひろ》がっています。

季節《きせつ》の言葉《ことば》にくわしくなる「歳時記《さいじき》」

8月28日

熊本県熊本市立日吉東小学校校長《くまもとけんくまもとしりつひよしひがししょうがっこうこうちょう》
佐藤俊幸《さとうとしゆき》先生《せんせい》が書《か》きました

読《よ》んだ日《ひ》　月《がつ》　日《にち》　月《がつ》　日《にち》　月《がつ》　日《にち》

季節《きせつ》の変化《へんか》を味《あじ》わうために

日本《にほん》には、春夏秋冬《しゅんかしゅうとう》の四季《しき》があります。それぞれの季節《きせつ》に、美《うつく》しい自然《しぜん》や楽《たの》しい行事《ぎょうじ》があります。

たとえば春《はる》になると、だんだん暖《あたた》かくなり、心《こころ》がウキウキしてきます。草木《くさき》も新芽《しんめ》を出《だ》し、美《うつく》しい花々《はなばな》を咲《さ》かせます。虫《むし》や鳥《とり》たちも活動《かつどう》を始《はじ》めます。人々《ひとびと》も野遊《のあそ》びをしたり、遠足《えんそく》に出《で》かけたりします。フキやタケノコなどおいしい山菜《さんさい》も楽《たの》しめます。

このような一年《いちねん》の自然《しぜん》や年中行事《ねんちゅうぎょうじ》などを記《しる》した書物《しょもつ》が「歳時記《さいじき》」です。特《とく》に、俳句《はいく》で使《つか》う「季語《きご》」（100ページ参照《さんしょう》）を集《あつ》めて解説《かいせつ》しているものは「俳諧歳時記《はいかいさいじき》」といいます。

身近《みぢか》なところにも季節《きせつ》が表《あらわ》れている

雲《くも》ひとつとっても、季節《きせつ》の変化《へんか》に富《と》んでいるのが日本《にほん》です。春《はる》には、空一面《そらいちめん》をおおう灰色《はいいろ》の「おぼろ雲《ぐも》」が見《み》られます。夏《なつ》には、もくもくと雲《くも》が立《た》ち上《あ》がる「にゅうどう雲《ぐも》」が出《で》ます。秋《あき》になると、魚《さかな》のうろこが空一面《そらいちめん》にならんでいるような「うろこ雲《ぐも》」が見《み》られます。

風《かぜ》にもいろいろな呼《よ》び名《な》があります。立春《りっしゅん》の頃《ころ》、その年《とし》、初《はじ》めて強《つよ》く吹《ふ》く南風《みなみかぜ》が「春一番《はるいちばん》」です。夏《なつ》、青々《あおあお》とした稲田《いなだ》の上《うえ》を吹《ふ》きわたっていく風《かぜ》のことを「青田風《あおたかぜ》」といいます。冬《ふゆ》になると強《つよ》く冷《つめ》たい「木枯《こが》らし」も吹《ふ》いてきます。

歳時記《さいじき》に親《した》しむと、その季節《きせつ》らしい自然現象《しぜんげんしょう》を味《あじ》わえるようになりそうですね。

調《しら》べてみよう

二十四節気《にじゅうしせっき》

春夏秋冬《しゅんかしゅうとう》は1年《ねん》を4つの季節《きせつ》に分《わ》けています。この四季《しき》をさらに6つに分《わ》け、全部《ぜんぶ》で24の期間《きかん》にしたものが二十四節気《にじゅうしせっき》です。現在《げんざい》でも季節《きせつ》の節目《ふしめ》を示《しめ》す言葉《ことば》として使《つか》われています。「立春《りっしゅん》」「春分《しゅんぶん》」などもその一《ひと》つです。

ひとくちメモ　季語《きご》には、雲《くも》・風《かぜ》・雨《あめ》などの天候《てんこう》に関《かん》することだけでなく、植物《しょくぶつ》・動物《どうぶつ》・行事《ぎょうじ》などたくさんの種類《しゅるい》があります。春《はる》に咲《さ》く桜《さくら》、春《はる》に鳴《な》き始《はじ》めるウグイス、入学式《にゅうがくしき》などは春《はる》の季語《きご》です。

決まり文句・名文句にまつわるお話
おにかなぼう

「玉石混交《ぎょくせきこんこう》」の玉《たま》と石《いし》ってなあに？

日本国語教育学会理事《にほんこくごきょういくがっかいりじ》
泉《いずみ》 宜宏《たかひろ》先生《せんせい》が書《か》きました

8月《がつ》 29日

読《よ》んだ日《ひ》　月《がつ》　日《にち》　月《がつ》　日《にち》　月《がつ》　日《にち》

玉《たま》と石《いし》がまじるって？

「玉《たま》」は宝石《ほうせき》を意味《いみ》します。「宝《ほう》石《せき》」（いいもの）とただの「石《いし》」（つまらないもの）がまじっていることと、つまり、すぐれたものと劣《おと》ったものがいっしょにまじり合《あ》って存在《そんざい》していることを意味《いみ》します。「玉石混交《ぎょくせきこんこう》」は故事成語《こじせいご》です。出《しゅっ》典《てん》は、中国《ちゅうごく》の葛洪《かっこう》という人《ひと》が著《あらわ》した『抱朴子《ほうぼくし》』という書物《しょもつ》です。「詩歌《しいか》には玉《たま》も石《いし》もある」と批判《ひはん》したことが由来《ゆらい》しています。

さまざまな場面《ばめん》で使《つか》われます。「今年《ことし》の新入社員《しんにゅうしゃいん》の採用数《さいようすう》は、去《きょ》年《ねん》よりもかなり増《ふ》えたけれど、レベルとしては玉石混交《ぎょくせきこんこう》だね」などのように使《つか》います。

外国語《がいこくご》にもある

人間《にんげん》というのは東洋《とうよう》、西洋《せいよう》を問《と》わず、同《おな》じようなことを考《かんが》えるということがよくわかります。英語《えいご》にも、玉石混交《ぎょくせきこんこう》と同《おな》じような意味《いみ》を表《あらわ》す言葉《ことば》があるのです。「A mixture of wheat and chaff」といいます。意味《いみ》は、「小麦《こむぎ》ともみ殻《がら》がまじり合《あ》っている」ということです。小麦《こむぎ》が宝石《ほうせき》で、もみ殻《がら》が石《いし》ころ、ということですね。「chaff」には「がらくた」という意味《いみ》もあります。

覚《かんが》えておこう

「玉石混淆《ぎょくせきこんこう》」？「玉石混交《ぎょくせきこんこう》」？

どちらもまちがいではありません。「淆《こう》」も「交《こう》」もまじるという意味《いみ》です。学校《がっこう》で習《なら》う漢字《かんじ》の中《なか》に「淆《こう》」の字《じ》がないので、一般的《いっぱんてき》には代《か》わりに「交《こう》」の字《じ》を用《もち》いて使《つか》われています。似《に》たような意味《いみ》で「黒白混交《びゃくこんこう》」（黒《くろ》は悪《わる》いこと、白《しろ》は善《よ》いことの意味《いみ》）などの使《つか》い方《かた》もします。

ひとくちメモ 意味合《いみあ》いがよく似《に》ているので、ときおり「玉石混合《ぎょくせきこんごう》」、「玉石混同《ぎょくせきこんどう》」と表記《ひょうき》している場合《ばあい》があります。これは、まちがった使《つか》い方《かた》です。正《ただ》しい熟語《じゅくご》をしっかりと覚《おぼ》えましょう。

ものの名前にまつわるお話

ワルナスビって、どんだけ悪《わる》いナス!?

8月30日

東京学芸大学教育学部《とうきょうがくげいだいがくきょういくがくぶ》
中村和弘《なかむらかずひろ》先生《せんせい》が書《か》きました

読《よ》んだ日《ひ》　月《がつ》　日《にち》　月《がつ》　日《にち》　月《がつ》　日《にち》

ヘンテコな名前《なまえ》

「ワルナスビ」は、ナス科《か》の植物《しょくぶつ》です。名前《なまえ》に「悪《わる》（い）」という言葉《ことば》がついていますが、味《あじ》が悪《わる》いナスという意味《いみ》ではありません。

ワルナスビは、茎《くき》や葉《は》っぱに鋭《するど》いトゲがたくさんあり、手《て》で引《ひ》き抜《ぬ》こうとするとケガをしてしまいます。そのうえ、放《ほお》っておくとどんどん増《ふ》えて、畑《はたけ》を荒《あ》らすきらわれ者《もの》。だから、名前《なまえ》に「ワル」とついているのです。

「ハキダメギク」という名前《なまえ》も変《か》わっています。はきだめとは、ゴミ捨《す》て場《ば》のことです。最初《さいしょ》に見《み》つけられた場所《ばしょ》が、東京《とうきょう》・世田谷《せたがや》のゴミ捨《す》て場《ば》だったので、こんなかわいそうな名前《なまえ》になりました。

実際《じっさい》は、ルーペで見《み》ると白《しろ》いかわいい花《はな》なんですよ。

ウンチのにおいがする植物《しょくぶつ》!?

もっとかわいそうな名前《なまえ》もあります。「ヘクソカズラ」は、漢字《かんじ》で「屁糞葛《へくそかずら》」と書《か》きます。その名《な》のとおり、茎《くき》や葉《は》っぱをもむと、まるで屁《へ》（おなら）や糞《くそ》（ウンチ）のようなクサイにおいがするそうです。

ヘクソカズラは、日本《にほん》に古《ふる》くからある植物《しょくぶつ》で、万葉集《まんようしゅう》にもうたわれています。昔《むかし》は「クソカズラ」と呼《よ》ばれていたそうですが、クサイことに変《か》わりはありませんね。

知《し》っておこう

残念《ざんねん》な名前《なまえ》をつけたのはだれ?

ワルナスビ、ハキダメギクの名《な》づけ親《おや》は、有名《ゆうめい》な植物学者《しょくぶつがくしゃ》の牧野富太郎《まきのとみたろう》です。牧野博士《まきのはくし》は、40万点以上《まんてんいじょう》の標本《ひょうほん》を集《あつ》め、1500種以上《しゅいじょう》の植物《しょくぶつ》に名前《なまえ》をつけたといわれています。まさに、ネーミングの天才《てんさい》ですね！

ひとくちメモ　ワルナスビの実《み》には毒《どく》があり、食《た》べられません。英語名《えいごめい》は「悪魔《あくま》のトマト」という意味《いみ》です。ハキダメギクは英語《えいご》で「キューガーデンの雑草《ざっそう》」「毛《け》むくじゃらの兵士《へいし》」などと呼《よ》ばれています。

書いたりつくったりしたくなるお話

読書感想文《どくしょかんそうぶん》の書《か》き方《かた》必勝法《ひっしょうほう》

8月31日

東京経営短期大学《とうきょうけいえいたんきだいがく》こども教育学科《きょういくがっか》
井出一雄《いでかずお》先生《せんせい》が書《か》きました

読《よ》んだ日《ひ》　月《がつ》　日《にち》｜　月《がつ》　日《にち》｜　月《がつ》　日《にち》

本《ほん》をちゃんと選《えら》ぼう

なによりまず大切《たいせつ》なのは、今《いま》まで読んだ本《ほん》の中《なか》でおもしろかった本《ほん》、感動《かんどう》した本《ほん》から選《えら》ぶことです。そうすれば、素直《すなお》に書《か》いてもよい感想文《かんそうぶん》に近《ちか》づきます。

けれども、なかなか読書感想文《どくしょかんそうぶん》を書《か》く本《ほん》が思《おも》いつかないときがありますね。そんなときは、友達《ともだち》や家族《かぞく》が読んでおもしろいとすすめた本《ほん》や、映画《えいが》、テレビドラマになった本《ほん》の中《なか》から選《えら》んでみましょう。学校《がっこう》からすすめられた「課題図書《かだいとしょ》」「推薦図書《すいせんとしょ》」から選《えら》んでもいいですね。

今《いま》、自分《じぶん》が興味《きょうみ》をもっていることや自分《じぶん》によく似《に》ている人物《じんぶつ》が出《で》てくる本《ほん》を選《えら》ぶこともコツです。

何《なに》を書《か》いたらいいの？

読書感想文《どくしょかんそうぶん》を書《か》くときに困《こま》るのは、どのようなことを書《か》くかということですね。

読書感想文《どくしょかんそうぶん》に書《か》くべきことは、おおむね次《つぎ》の５つです。１つは、その本《ほん》を選《えら》んだ理由《りゆう》（きっかけ）です。２つ目《め》は、簡単《かんたん》なあらすじ。３つ目《め》は、感動《かんどう》したことやおもしろかったこと。４つ目《め》は、他《ほか》の人《ひと》におすすめしたいところ。５つ目《め》はその本《ほん》を読《よ》んで、自分《じぶん》の生活《せいかつ》や学習《がくしゅう》にどのように生《い》かしたいか、ということです。

この５つの中《なか》からいくつかを組《く》み合《あ》わせ、順番《じゅんばん》を考《かんが》えながら書《か》いてみてください。

やってみよう

書《か》き始《はじ》める前《まえ》に

赤《あか》と黄色《きいろ》のふせんを用意《ようい》します。そして読書《どくしょ》感想文《かんそうぶん》に取《と》り上《あ》げる本《ほん》を読《よ》み返《かえ》します。赤《あか》のふせんは、おもしろかったり感動《かんどう》したりした場面《ばめん》や文章《ぶんしょう》があるページにはります。黄色《きいろ》のふせんに、なぜおもしろかったのか感動《かんどう》したのかの理由《りゆう》を書《か》きます。感想文《かんそうぶん》を書《か》き始《はじ》める前《まえ》にやると、頭《あたま》のなかが整理《せいり》できますよ。

ひとくちメモ 「課題図書《かだいとしょ》」や「推薦図書《すいせんとしょ》」は図書《としょ》に関係《かんけい》する団体《だんたい》や学校関係者《がっこうかんけいしゃ》が子供《こども》たちに読《よ》んでもらいたい本《ほん》を選《えら》んだものです。年《とし》ごとに年齢《ねんれい》に応《おう》じて選《えら》んだ本《ほん》を一覧《いちらん》にまとめてあります。

感じてみよう

子供の科学 写真館 vol. 6

国語《こくご》が好《す》きになる
ユニークな写真《しゃしん》やイラストを紹介《しょうかい》します。

空一面に広がった「さば雲」。この地域ではこのあと雨が降りました。
（2012年10月・東京／撮影：子供の科学編集部）。

秋《あき》が近《ちか》づくと 空《そら》に魚《さかな》があらわれる

サバの背の模様に注目。比べて納得!?

わた雲《くも》、にゅうどう雲《くも》 だけじゃない おもしろい雲《くも》の名前《なまえ》

雨《あめ》にも雪《ゆき》にもさまざまな名前《なまえ》がついていますが、雲《くも》にもおもしろい名前《なまえ》がついています。写真《しゃしん》は「さば雲《ぐも》」とも呼《よ》ばれる、秋《あき》の空《そら》にあらわれる雲《くも》です。このような雲《くも》があらわれるのは上空《じょうくう》の風《かぜ》が強《つよ》い証《しょう》拠《こ》。この雲《くも》が空《そら》に広《ひろ》がっていると雨《あめ》になりやすいといわれています。それにしても、なぜ「さば」なのでしょう？

それは雲《くも》の様子《ようす》が、魚《さかな》のサバの背《せ》の模様《もよう》に似《に》ているからです。下《した》の写真《しゃしん》と比《くら》べてみてください。昔《むかし》の人《ひと》はよく名《な》づけたものだなぁと思《おも》いませんか？ 「いわし雲《ぐも》」とも呼《よ》ぶようです。これは背《せ》の模様《もよう》ではなく、イワシ漁《りょう》の季節《きせつ》にあらわれるからという説《せつ》が有力《ゆうりょく》です。

空《そら》の高《たか》いところで、白《しろ》くて小《ちい》さい雲《くも》が群《む》れをなしてたくさん浮《う》かんでいるのを「うろこ雲《ぐも》」といいます。「さば雲《ぐも》」もうろこ雲《ぐも》の一《いっ》種《しゅ》です。秋《あき》の風物詩《ふうぶつし》のひとつですが、夏《なつ》の終《お》わり頃《ごろ》から見《み》ることができます。

9月

長月

ーながつきー

September

季節やたのしい行事のお話

だれもが心配《しんぱい》した「二百十日《にひゃくとおか》」

9月 1日

明星大学教育学部《めいせいだいがくきょういくがくぶ》
邑上裕子《むらかみゆうこ》先生《せんせい》が書《か》きました

読《よ》んだ日《ひ》　月《がつ》　日《にち》　月《がつ》　日《にち》　月《がつ》　日《にち》

台風《たいふう》が来《き》やすい日《ひ》

「二百十日《にひゃくとおか》」とは、イネが開花《かいか》する時期《じき》を知《し》らせる言葉《ことば》です。立春《りっしゅん》（2月《がつ》4日《か》ごろ）から数《かぞ》えて二百《にひゃく》十日目《とおかめ》をいいます。例年《れいねん》9月《がつ》1日《ついたち》か2日《か》にあたります。ちょうど台《たい》風《ふう》が来《く》る時期《じき》で、農家《のうか》の人々《ひとびと》はやきもきと心配《しんぱい》する日《ひ》でした。だから「厄日《やくび》」といって、大変《たいへん》なことが起《お》こる日《ひ》としていました。

同《おな》じように「二百二十日《にひゃくはつか》」もあります。9月《がつ》11日《にち》ごろをいいます。

ここも台風《たいふう》が多《おお》くやってくる日《ひ》といわれています。大切《たいせつ》なイネが無《ぶ》事《じ》に育《そだ》つように、一年《いちねん》の要所《ようしょ》として気《き》をつけていたことが伝《つた》わりますね。

風《かぜ》が吹《ふ》かないよう祈《いの》りを

風《かぜ》を鎮《しず》めるために、二百十日《にひゃくとおか》の前後《ぜんご》に行《おこな》う祭《まつ》りがあります。「風《かざ》祭《まつり》」といって、イネを風《かぜ》の害《がい》から守《まも》るためのお祈《いの》りの行事《ぎょうじ》です。土《と》地《ち》によってさまざまなお祈《いの》りのしかたがあるようです。獅子《しし》舞《まい》や囃《はや》子《し》を奉納《ほうのう》して無事《ぶじ》を祈《いの》るところ、草刈鎌《くさかりがま》を庭先高《にわさきたか》く掲《かか》げて、吹《ふ》く風《かぜ》を切《き》り払《はら》おうとするお祈《いの》りもあります。

有名《ゆうめい》な富山県《とやまけん》の「おわら風《かぜ》の盆《ぼん》」も風祭《かざまつり》の一《ひと》つです。

調《しら》べてみよう

農家《のうか》の三大厄日《さんだいやくび》

多《おお》くの人《ひと》が厄日《やくび》として心配《しんぱい》していた二百十日《にひゃくとおか》。上《うえ》では二百二十日《にひゃくはつか》も紹介《しょうかい》しましたが、実《じつ》はもう一日《いちにち》、農家《のうか》の人《ひと》が注意《ちゅうい》を払《はら》っていた厄日《やくび》があるのです。いつでしょうか？　事典《じてん》などで調《しら》べてみましょう。

ひとくちメモ　過去《かこ》30年間《ねんかん》の平均《へいきん》では、年間《ねんかん》26個《こ》の台風《たいふう》が発生《はっせい》し、約《やく》3個《こ》が日本《にほん》に上陸《じょうりく》します。7月《がつ》から10月《がつ》にかけてが最《もっと》も多《おお》く、今《いま》でも農家《のうか》の人《ひと》にとっては軽視《けいし》できない問題《もんだい》です。

歌や古典・芸能にまつわるお話

百人一首《ひゃくにんいっしゅ》 秋《あき》の短歌《たんか》をよもう①

9月 2日

秀明大学学校教師学部《しゅうめいだいがくがっこうきょうしがくぶ》
福永睦子《ふくながむつこ》先生《せんせい》が書《か》きました

読《よ》んだ日《ひ》　月《がつ》　日《にち》　月《がつ》　日《にち》　月《がつ》　日《にち》

秋《あき》の夕暮《ゆうぐ》れをよんだ名歌《めいか》

『百人一首《ひゃくにんいっしゅ》』に、秋《あき》の短歌《たんか》は16首《しゅ》あります。その中《なか》から、秋《あき》の夕暮《ゆうぐ》れの光景《こうけい》をよんだ歌《うた》を2首紹介《しゅしょうかい》しましょう。

さびしさに宿《やど》を立《た》ち出《い》でてながむれば　いづくも同《おな》じ　秋《あき》の夕暮《ゆうぐ》れ
良暹法師《りょうぜんほうし》

「なんとなく寂《さび》しい気持《きも》ちで家《いえ》を出《で》て辺《あた》りを眺《なが》めてみると、やはりどこも同《おな》じで、もの悲《がな》しい秋《あき》の夕《ゆう》暮《ぐ》れだなあ」という意味《いみ》です。

秋《あき》の歌《うた》には、紅葉《こうよう》の美《うつく》しさをよんだものがたくさんありますが、夕暮《ゆうぐ》れのもの悲《がな》しさを表現《ひょうげん》した歌《うた》も秋《あき》らしいですね。

壮大《そうだい》な光景《こうけい》が目《め》に浮《う》かぶ

村雨《むらさめ》の　露《つゆ》もまだ干《ひ》ぬ　まきの葉《は》に　霧《きり》立《た》ち昇《のぼ》る　秋《あき》の夕暮《ゆうぐ》れ
寂蓮法師《じゃくれんほうし》

「パラパラとにわか雨《あめ》が通《とお》っていった。降《ふ》った雨《あめ》の露《つゆ》が乾《かわ》かないまきの葉《は》に、霧《きり》が立《た》ち昇《のぼ》っている。なんと美《うつく》しい秋《あき》の夕暮《ゆうぐ》れなのだろう」という意味《いみ》です。

「まき」というのは、スギやヒノキのように、一年中緑《いちねんじゅうみどり》の葉《は》っぱをつけている木《き》のことです。にわか雨《あめ》が降《ふ》った後《あと》、谷《たに》の方向《ほうこう》から霧《きり》が立《た》ち上《のぼ》り、白《しろ》い霧《きり》に包《つつ》まれます。その向《む》こうの山《やま》に太陽《たいよう》が沈《しず》み、夕《ゆう》暮《ぐ》れの光景《こうけい》が広《ひろ》がっています。

目《め》の前《まえ》のまきの葉《は》から、だんだん遠《とお》くに目《め》を向《む》けて、景色《けしき》が変化《へんか》していきます。壮大《そうだい》な光景《こうけい》が目《め》に浮《う》かんでくるようですね。

覚《おぼ》えておこう

百人一首《ひゃくにんいっしゅ》の必勝法《ひっしょうほう》

読《よ》み手《て》が読《よ》む上《かみ》の句《く》を聞《き》いて下《しも》の句《く》を見《み》つける百人一首《ひゃくにんいっしゅ》かるたでは、上《かみ》の句《く》の頭《あたま》の一《いち》字《じ》で札《ふだ》が取《と》れる歌《うた》を知《し》っておくと便利《べんり》です。「むすめふさほせ」と覚《おぼ》えましょう！

上《かみ》の句《く》	下《しも》の句《く》
「む」らさめの～	(霧《きり》) 立《た》ちのぼる～
「す」みの江《え》の～	(夢《ゆめ》) の通《かよ》い路《みち》～
「め」ぐりあいて～	(雲《くも》) がくれにし～
「ふ」くからに～	(む) べ山風《やまかぜ》を～
「さ」びしさに～	(い) づくも同《おな》じ～
「ほ」ととぎす～	(た) だ有明《ありあけ》の月《つき》～
「せ」をはやみ～	(わ) れても末《すえ》に～

ひとくちメモ　競技《きょうぎ》かるたは、『ちはやふる』という漫画《まんが》・映画《えいが》にもなりました。どこにどの札《ふだ》が置《お》いてあるかを覚《おぼ》え、上《かみ》の句《く》だけを聞《き》いてすばやく札《ふだ》を取《と》り合《あ》います。取《と》り札《ふだ》を手《て》ではじき飛《と》ばして取《と》るので、スポーツのようです。

キミは4種類《しゅるい》の日本語《にほんご》を使《つか》っている！

9月3日

日本国語教育学会理事《にほんこくごきょういくがっかいりじ》
岸本修二《きしもとしゅうじ》先生《せんせい》が書《か》きました

読《よ》んだ日《ひ》　月《がつ》　日《にち》　月《がつ》　日《にち》　月《がつ》　日《にち》

日本固有《にほんこゆう》の「和語《わご》」と中国《ちゅうごく》からきた「漢語《かんご》」

日本《にほん》に古《ふる》くからある言葉《ことば》を和語《わご》といいます。たとえば、「手《て》」「足《あし》」「目《め》」「口《くち》」「音《おと》」「形《かたち》」「山《やま》」「美《うつく》しい」「楽《たの》しい」「決《き》める」「調《しら》べる」「話《はな》す」など、ふだんの生活《せいかつ》でよく使《つか》われる言葉《ことば》です。漢字《かんじ》を訓読《くんよ》みするので、耳《みみ》で聞《き》いてわかりやすく、ひらがなで書《か》いても意味《いみ》が通《つう》じます。

一方《いっぽう》、その昔《むかし》、中国《ちゅうごく》から伝《つた》わって日本語《にほんご》になった言葉《ことば》を漢語《かんご》といいます。たとえば、「課題《かだい》」「設定《せってい》」「仮説《かせつ》」「方法《ほうほう》」「結果《けっか》」のように、熟語《じゅくご》がたくさんあります。漢字《かんじ》を音読《おんよ》みするので、耳《みみ》で聞《き》いたり、ひらがなで書《か》いたりすると、意味《いみ》が通《つう》じにくいですね。

「外来語《がいらいご》」と「混種語《こんしゅご》」

外来語《がいらいご》は、ヨーロッパやアメリカなどから入《はい》ってきた言葉《ことば》です。戦国時代《せんごくじだい》には、ポルトガル語《ご》から「カルタ」「カステラ」「ボタン」などが伝《つた》わりました。江戸時代《えどじだい》には、オランダ語《ご》から「オルゴール」「ガラス」「コーヒー」「コップ」「レンズ」などができました。

明治時代《めいじじだい》になると、英語《えいご》から「カード」「テーブル」「ニュース」「スポーツ」、フランス語《ご》から「クレヨン」「バレエ」「グラタン」「レストラン」などが伝《つた》わりました。ドイツ語《ご》からきた言葉《ことば》には、「カルテ」「カプセル」「ホルン」「リュックサック」などがあります。

さらに、和語《わご》と漢語《かんご》のまじった言葉《ことば》（見本《みほん》、団子《だんご》など）や、漢語《かんご》と外来語《がいらいご》がまじった言葉《ことば》（シャンソン歌手《かしゅ》、ニュース番組《ばんぐみ》など）は、混種語《こんしゅご》と呼《よ》ばれています。

じつは、私《わたし》たちはいつも4種類《しゅるい》の日本語《にほんご》を使《つか》って、書《か》いたり話《はな》したりしているのですね。

ひとくちメモ 漢語《かんご》の音読《おんよ》みには、呉音《ごおん》・漢音《かんおん》・唐音《とうおん》があります。京都《きょうと》の「キョウ」は呉音《ごおん》、京浜《けいひん》の「ケイ」は漢音《かんおん》、南京《なんきん》の「キン」は唐音《とうおん》です。

ちんぷんかんぷん？ とんちんかん！

東京学芸大学教育学部《とうきょうがくげいだいがくきょういくがくぶ》
中村和弘《なかむらかずひろ》先生《せんせい》が書《か》きました

読《よ》んだ日《ひ》　月《がつ》　日《にち》　｜　月《がつ》　日《にち》　｜　月《がつ》　日《にち》

本当《ほんとう》はちんぷんかん・ぷん

話《はな》している言葉《ことば》や内容《ないよう》が、さっぱりわからないことを「ちんぷんかんぷん」といいますね。「今日《きょう》の授業《じゅぎょう》は、ちんぷんかんぷんだった」というふうに使《つか》います。

ちんぷんかんぷんは、すでに江戸時代《えどじだい》には使《つか》われていた言葉《ことば》で、もともと「ちんぷんかん」と言《い》っていました。

当時《とうじ》の学者《がくしゃ》は、わざとむずかしい漢語《かんご》を使《つか》って話《はな》していましたが、ふつうの人《ひと》にはさっぱりわかりません。そこで、皮肉《ひにく》をこめて「ちんぷんかん」という言葉《ことば》がつくられたそうです。

では、最後《さいご》の「ぷん」はどこからきたのでしょう？　これは「ちんぷんかん」と調子《ちょうし》を合《あ》わせて、「ぷん」という音《おと》をくっつけただけ。とくに意味《いみ》はないのです。

音《おと》からできた「とんちんかん」

音《おと》からできた言葉《ことば》といえば、「とんちんかん」も有名《ゆうめい》です。

鍛冶場《かじば》で刀《かたな》をきたえるとき、師匠《ししょう》が槌《つち》（ハンマー）で「トン」と打《う》つと、続《つづ》いて弟子《でし》たちが「チン」「カン」と打《う》ちます。

そのタイミングがずれると音《おと》がそろわないことから、物事《ものごと》のつじつまが合《あ》わない、ちぐはぐなことを「とんちんかん」というようになりました。

おもしろい言葉《ことば》ですが、その理由《りゆう》はもっとおもしろいですね。

調《しら》べてみよう

あいづちの由来《ゆらい》

鍛冶《かじ》の師匠《ししょう》が槌《つち》を打《う》つ合間《あいま》に、弟子《でし》が槌《つち》を打《う》つことを相槌《あいづち》といいます。そこから、相手《あいて》の話《はなし》の合間《あいま》にうなずいたり、「うん、うん」と言《い》って聞《き》くことを「あいづち（相槌《あいづち》）を打《う》つ」というようになりました。

ひとくちメモ　ちんぷんかんは、「珍糞漢」「陳紛漢」などの漢字《かんじ》を当《あ》てて書《か》きます。その語源《ごげん》には、外国人《がいこくじん》の話《はな》す言葉《ことば》が「ちんぷんかん」と聞《き》こえたからという説《せつ》もあります。

秋《あき》らしい俳句《はいく》を味《あじ》わおう①
～果物《くだもの》の実《みの》りをよろこぶ～

9月 5日

佐賀県佐賀市立本庄小学校校長《さがけんさがしりつほんじょうしょうがっこうこうちょう》
権藤順子《ごんどうじゅんこ》先生《せんせい》が書《か》きました

読《よ》んだ日《ひ》　月《がつ》　日《にち》　月《がつ》　日《にち》　月《がつ》　日《にち》

果物《くだもの》の実《みの》りを詠《よ》む

秋《あき》は実《みの》りの季節《きせつ》。木《き》の実《み》や果物《くだもの》が豊《ゆた》かに実《みの》るときです。

「白桃《はくとう》の皮引《かわひ》く指《ゆび》にや、ちから」
川崎展宏《かわさきてんこう》

桃《もも》を刃物《はもの》ではなく自分《じぶん》の指《ゆび》でむいたことがありますか？　そのときの発見《はっけん》を詠《よ》んでいます。

「柿《かき》を食《く》ふ君《きみ》の音《おと》またこりこりと」
山口誓子《やまぐちせいし》

柿《かき》を食《た》べる音《おと》がおもしろいですね。どんな音《おと》を使《つか》うかで、伝《つた》わる情景《じょうけい》やおいしさもちがってきます。

りんごを詠《よ》む

多《おお》くの品種《ひんしゅ》がある果物《くだもの》の句《く》を紹介《しょうかい》しましょう。ふじ、つがる、紅玉《こうぎょく》など。そう、りんごです。香《かお》り、味《あじ》、音《おと》を楽《たの》しむことができ、アップルパイなどのお菓子《かし》やジュースなど、形《かたち》を変《か》えて味《あじ》わえる人気《にんき》の果物《くだもの》です。

「母《はは》が割《わ》るかすかながらも林檎《りんご》の音《おと》」
飯田龍太《いいだりゅうた》

りんごの音《おと》がどんな音《おと》なのか、そしてどんな味《あじ》なのか、何人《なんにん》で分《わ》けたのか想像《そうぞう》したくなる句《く》です。

「星空《ほしぞら》へ店《みせ》より林檎《りんご》あふれをり」
橋本多佳子《はしもとたかこ》

この句《く》は、「あふれる」というところに世《よ》の中《なか》の豊《ゆた》かさも表《あらわ》しているようです。つくられた時代背《じだいはい》景《けい》も考《かんが》えることで、俳句《はいく》をより深《ふか》く味《あじ》わうことができそうですね。

考《かんが》えてみよう

「さわやか」

天気《てんき》のいい日《ひ》は一年中《いちねんじゅう》使《つか》いたくなりますが「さわやか」は秋《あき》の季語《きご》です。すがすがしく快《こころよ》い気分《きぶん》を表《あらわ》します。はっきりしている、あざやかという意味《いみ》もあります。さわやかな秋《あき》の気《け》配《はい》を想像《そうぞう》して一句《いっく》考《かんが》えてみましょう。

ひとくちメモ
霧《きり》と霞《かすみ》のちがいを知《し》っていますか？　通常《つうじょう》、霧《きり》は大気中《たいきちゅう》の水蒸気《すいじょうき》が目《め》に見《み》えない小《ちい》さな水滴《すいてき》となってうかび、視界《しかい》が悪《わる》くなることをいい、霞《かすみ》は水滴《すいてき》や細《こま》かい砂《すな》など他《ほか》のものがまじって視界《しかい》が悪《わる》い状態《じょうたい》をいいます。

漢字にまつわるお話

「機械《きかい》」と「器械《きかい》」どっちを使《つか》う？

9月 6日

日本国語教育学会理事《にほんこくごきょういくがっかいりじ》
山田利彦《やまだとしひこ》先生《せんせい》が書《か》きました

読《よ》んだ日《ひ》　月《がつ》　日《にち》　月《がつ》　日《にち》　月《がつ》　日《にち》

その漢字《かんじ》がつく言葉《ことば》を集《あつ》めよう

ここにお家《うち》で大活躍《だいかつやく》している二《ふた》つの家電製品《かでんせいひん》があります。一《ひと》つは「炊飯《すいはん》き」で、もう一《ひと》つは「掃除《そうじ》き」です。どちらも最後《さいご》は「き」ですが字《じ》がちがいます。どの字《じ》を使《つか》えばいいでしょう。

まず「器」の字《じ》を見《み》てみましょう。

口《くち》が四《よっ》つあります。入《い》れ物《もの》か箱《はこ》を意味《いみ》するようです。音楽《おんがく》の時間《じかん》に使《つか》う「楽器《がっき》」、学校《がっこう》の廊下《ろうか》においてある赤《あか》い筒《つつ》の「消火器《しょうかき》」、そしてご飯《はん》をたく「炊飯器《すいはんき》」などです。何《なに》かをするために使《つか》う道具《どうぐ》といえます。

次《つぎ》に「機」の字《じ》を見《み》てみましょう。「器」にくらべるとごちゃごちゃしています。「糸《いと》」の上側《うえがわ》が二《ふた》つならんでいます。もともと布《ぬの》をつくる道具《どうぐ》を意味《いみ》しているそうです。「飛行機《ひこうき》」「扇風機《せんぷうき》」「自動《じどう》販売機《はんばいき》」……そして「掃除機《そうじき》」がそうです。

ちがいを見《み》つけよう

だんだんわかってきましたね。「掃除機《そうじき》」にあって「炊飯器《すいはんき》」にないもの。それは「モーター」です。たしかに「飛行機《ひこうき》」「扇風機《せんぷうき》」にはエンジンやモーターがついています。しかし「楽器《がっき》」や「消火《しょうか》器《き》」にはついていません。

つまり、エンジンやモーターがついていて大《おお》きめの物《もの》が「機械《きかい》」の「機《き》」で、人《ひと》が手《て》を使《つか》って何《なに》かのはたらきをする小《ちい》さめの物《もの》が「器械《きかい》」の「器《き》」ということになるのです。

考《かん》えてみよう

どっちかな？

学校《がっこう》の体育《たいいく》の時間《じかん》で鉄棒《てつぼう》や跳《と》び箱《ばこ》を使《つか》ってする運動《うんどう》を「(　)運動《うんどう》」といいます。みなさんの家《いえ》にあって服《ふく》やタオルを洗《あら》うのが「洗《せん》たく（　）」になります。

ひとくちメモ

「考《かんが》えてみよう」の答《こた》えは（器械《きかい》）運動《うんどう》、洗《せん》たく（機《き》）です。ただし、中《なか》には「電話機《でんわき》」のようにモーターがついてなくても「機」を使《つか》う場合《ばあい》もありますので気《き》をつけましょう。

9月

ちょっとむずかしい言葉　辞典

「てんてこまい」と「きりきりまい」

9月 7日

日本国語教育学会理事《にほんこくごきょういくがっかいりじ》
功刀道子《くぬぎみちこ》先生《せんせい》が書《か》きました

読《よ》んだ日《ひ》　月《がつ》　日《にち》｜　月《がつ》　日《にち》｜　月《がつ》　日《にち》

「てんてこ」はたいこの音《おと》?

「てんてこまい」の「てんてこ」は何《なん》だと思《おも》いますか?　実《じつ》はお祭《まつ》りのおはやしで使《つか》われる小《こ》だいこの音《おと》のことなんです。「テンテンテコ」となる音《おと》に合《あ》わせて忙《いそが》しく手《て》や足《あし》を動《うご》かし、おどりを舞《ま》いました。このことから、「忙《いそが》しく動《うご》き回《まわ》る」という意味《いみ》が生《う》まれたといわれています。また、祭《まつ》りのときに山車《だし》や神輿《みこし》の前《まえ》を歩《ある》きながら舞《ま》ったのを「手古舞《てこまい》」いったことから生《う》まれたという説《せつ》もあります。

「お正月《しょうがつ》の準備《じゅんび》で、お母《かあ》さんは、朝《あさ》からてんてこまいだ」「食堂《しょくどう》のおじさんは、お客《きゃく》さんが殺到《さっとう》して、てんてこまいだ」というように使《つか》います。忙《いそが》しくて休《やす》む暇《ひま》もなく動《うご》き回《まわ》っている様子《ようす》が目《め》に浮《う》かびますね。

「きりきりまい」もある

似《に》ている言葉《ことば》「きりきりまい」も、忙《いそが》しく動《うご》き回《まわ》ることでは同《おな》じです。

「きりきりまい」の由来《ゆらい》は、こまのように片足《かたあし》で立《た》っていきおいよく回転《かいてん》する様子《ようす》からきています。

あまりのいそがしさに、相手《あいて》の動《うご》きに対応《たいおう》できず、あわてたり、うろたえたりする様子《ようす》をいいます。

「てんてこまい」は非常《ひじょう》に忙《いそが》しいけれど、なんとかがんばっている、というところです。「きりきりまい」は忙《いそが》しすぎてよゆうがなく、手《て》いっぱい、パニックになっているという感《かん》じです。

やってみよう

似《に》ている言葉《ことば》を集《あつ》めよう

「てんてこまい」な様子《ようす》がわかる言葉《ことば》を集《あつ》めてみよう。

例《れい》）
- 猫《ねこ》の手《て》も借《か》りたい
- 大《おお》わらわ
- あわただしい
- 手《て》がはなせない
- てんやわんや

ひとくちメモ　たいこの音《おと》がきっかけの言葉《ことば》はほかにもあります。たとえば「ドンデンがえし」もそうです。お話《はなし》や物事《ものごと》が大《おお》きくひっくり返《かえ》ることや、そんなしかけのこと。これは大《だい》だいこの音《おと》から生《う》まれたといわれています。

表現力がアップするお話

強《つよ》さを表《あらわ》すだけじゃない 風《かぜ》を伝《つた》える言葉《ことば》

9月 8日

学校教育支援《がっこうきょういくしえん》センター練馬《ねりま》
眞瀬敦子《まぜあつこ》先生《せんせい》が書《か》きました

読《よ》んだ日《ひ》　月《がつ》　日《にち》　月《がつ》　日《にち》　月《がつ》　日《にち》

どこを吹《ふ》き抜《ぬ》けてくるか

台風《たいふう》のような、風《かぜ》が激《はげ》しく吹《ふ》いている様子《ようす》を表《あらわ》す、「ひゅーひゅー」「ぴゅーぴゅー」「びゅーびゅー」。みなさんはどれを一番強《いちばんつよ》い風《かぜ》と感《かん》じますか？

実《じつ》は風《かぜ》を表《あらわ》す言葉《ことば》は、強《つよ》さだけを表《あらわ》しているわけではありません。電線《でんせん》を鳴《な》らしたり、木々《きぎ》の間《あいだ》を通《とお》り抜《ぬ》けたり、扉《とびら》の隙間《すきま》から吹《ふ》き込《こ》んできたり、といった狭《せま》いところを非常《ひじょう》な速《はや》さで通《とお》り抜《ぬ》ける風《かぜ》の音《おと》をまねてつくられているのです。この言葉《ことば》を聞《き》いているだけで、風《かぜ》の強《つよ》さだけではなく、「恐《おそ》ろしさ」のような心《こころ》の動《うご》きまでも伝《つた》わってきますね。

気持《きも》ちまで感《かん》じさせる

木《こ》の葉《は》が軽《かる》くふれあうような「さわさわ」「さやさや」となると、風《かぜ》の弱《よわ》さが伝《つた》わるだけでなく、さわやかな気持《きも》ちになります。「ざわざわ」となると、心《こころ》もざわつくような不安《ふあん》な気持《きも》ちになります。不思議《ふしぎ》ですね。

「そよそよ」と吹《ふ》く気持《きも》ちの良《よ》い風《かぜ》は「そよ風《かぜ》」と名付《なづ》けられ、春《はる》を表《あらわ》す言葉《ことば》となりました。

読《よ》んでみよう

オノマトペの名手《めいしゅ》、宮沢賢治《みやざわけんじ》

「どっどど　どどうど　どどうど　どどう」という風《かぜ》の音《おと》で始《はじ》まる宮沢賢治《みやざわけんじ》の『風《かぜ》の又三郎《またさぶろう》』には、「その時風《ときかぜ》がざあっと吹《ふ》いてきて土手《どて》の草《くさ》はざわざわ波《なみ》になり、運動場《うんどうじょう》のまん中《なか》でさあっとちりがあがり、それが玄関《げんかん》の前《まえ》まで行《い》くと、きりきりとまわって小《ちい》さなつむじ風《かぜ》になって、黄《き》いろなちりはびんをさかさまにしたような形《かたち》になって屋根《やね》より高《たか》くのぼりました。」といった、賢治特有《けんじとくゆう》のオノマトペ（擬音語《ぎおんご》や擬態語《ぎたいご》）を使《つか》った素晴《すば》らしい風《かぜ》の描写《びょうしゃ》が出《で》てきます。

ひとくちメモ　NHK「みんなのうた」で知《し》られている「北風小僧《きたかぜこぞう》の寒太郎《かんたろう》」。軽妙《けいみょう》な内容《ないよう》に合《あ》わせて、作詞家《さくしか》の井出隆夫《いでたかお》は北風《きたかぜ》の吹《ふ》く様子《ようす》を「ヒュルルン　ルンルンルン」「ヒュルルルルルルン」と表現《ひょうげん》しています。

話し方にまつわるお話

9月 9日

言《い》い始《はじ》めに工夫《くふう》して 上手《じょうず》に断《ことわ》る言葉《ことば》

北海道旭川市立日章小学校校長《ほっかいどうあさひかわしりつにっしょうしょうがっこうこうちょう》
鎌田優子《かまだゆうこ》先生《せんせい》が書《か》きました

読《よ》んだ日《ひ》　月《がつ》　日《にち》｜　月《がつ》　日《にち》｜　月《がつ》　日《にち》

断《ことわ》るってむずかしい

「帰《かえ》ったら公園《こうえん》で遊《あそ》ぶけど一緒《いっしょ》にどう?」と誘《さそ》われたら、すぐに「行《い》く!」と言《い》いたいところだけれど、「今日《きょう》は習《なら》い事《ごと》がある」「お母《かあ》さんと約束《やくそく》があったんだ」などと断《ことわ》らなければいけないときもありますよね。断《ことわ》りたくても、断《ことわ》りたくなくても、断《ことわ》る場面《ばめん》は憂鬱《ゆううつ》です。大人《おとな》でもそうです。断《ことわ》ったら悪《わる》いな。怒《おこ》るだろうな。自分勝手《じぶんかって》と思《おも》われて嫌《きら》われるかもしれない。もう誘《さそ》ってくれないかも……などいろいろ考《かんが》えてしまったすえに、「なんて言《い》おう」と悩《なや》むこともよくあります。

言《い》い始《はじ》めの言葉《ことば》が大事《だいじ》

同《おな》じ断《ことわ》るにしても言葉《ことば》でかなり印象《いんしょう》がちがいます。謝《あやま》るときと同《おな》じように、相手《あいて》への気持《きも》ちや態度《たいど》が大切《たいせつ》です。それがよく伝《つた》わるように、言《い》い始《はじ》めの言葉《ことば》を相手《あいて》や状況《じょうきょう》に合《あ》わせて工夫《くふう》してみましょう。たとえば「ごめんね、実《じつ》は」「せっかくなんだけど」「声《こえ》かけてくれてありがとう。でもね」「考《かんが》えてみたけど、やっぱり」「怒《おこ》らないで聞《き》いてね、本当《ほんとう》は」「悪《わる》いけど」「それもいいんだけど」などなど。他《ほか》の言《い》い方《かた》もありそうです。周《まわ》りの人《ひと》の会話《かいわ》を聞《き》いてみると、見《み》つかるかもしれませんよ。

やってみよう

まずは正直《しょうじき》に

断《ことわ》るときはまず正直《しょうじき》になりましょう。これには小《ちい》さな勇気《ゆうき》が必要《ひつよう》です。その時《とき》に「悪《わる》いなぁ。ごめんね」と相手《あいて》を思《おも》いやる気持《きも》ちや感謝《かんしゃ》を忘《わす》れないでください。それが自然《しぜん》な態度《たいど》・表情《ひょうじょう》・言葉《ことば》になります。そして、誘《さそ》われたり頼《たの》まれたりして嬉《うれ》しかったことも相手《あいて》に伝《つた》えましょう。

ひとくちメモ

自分《じぶん》が悩《なや》むほど、人《ひと》は気《き》にしていないもの。「本当《ほんとう》は嫌《きら》いだけど今《いま》さら言《い》えない」なんて時《とき》も「辛《から》いもの本当《ほんとう》はあまり好《す》きじゃないの」などと正直《しょうじき》にいえば「あらそう?」とあっさり終《お》わることもよくありますよ。

ものの名前にまつわるお話

聞《き》くとそっくり？ 台風《たいふう》とタイフーン

9月10日

東京学芸大学教育学部《とうきょうがくげいだいがくきょういくがくぶ》
中村和弘《なかむらかずひろ》先生《せんせい》が書《か》きました

読《よ》んだ日《ひ》　月《がつ》　日《にち》　月《がつ》　日《にち》　月《がつ》　日《にち》

どっちが先《さき》？

9月《がつ》は、台風《たいふう》のシーズンです。台風《たいふう》は、英語《えいご》で「タイフーン(typhoon)」といいます。タイフーン、どちらも音《おと》がよく似《に》ていますね。スシやカラオケのように、日本語《にほんご》がそのまま英語《えいご》になったのでしょうか？

明治《めいじ》のはじめごろ、風速《ふうそく》30メートルを超《こ》えるような激《はげ》しい風《かぜ》は、「颶風《ぐふう》」と呼《よ》ばれていました。それがあとで「颱風《たいふう》」になり、「台《だい》」の字《じ》が使《つか》われるようになったと考《かんが》えられています。

タイフーンにはいろんな説《せつ》がある

一方《いっぽう》、タイフーンという言葉《ことば》の由来《ゆらい》には、いろいろな説《せつ》があります。よく知《し》られているのは、アラビア語《ご》で「ぐるぐる回《まわ》る」という意味《いみ》の「トゥファン（tufan）」や、ギリシャ神話《しんわ》に登場《とうじょう》する風《かぜ》の神《かみ》「テュフォン（typhon）」が変化《へんか》したという説《せつ》です。そして、それらが中国《ちゅうごく》に伝《つた》わり、「颱風《たいふう》」になったといわれています。

また、もともと中国《ちゅうごく》の南部《なんぶ》で使《つか》われていた「大風（タイフン）」という言葉《ことば》が、ヨーロッパに伝《つた》わってタイフーンになり、それがまた中国《ちゅうごく》にきて「颱風《たいふう》」になったともいわれています。

どの説《せつ》も、はっきりしたことはわかっていませんが、残念《ざんねん》ながら、日本語《にほんご》の台風《たいふう》がタイフーンになったわけではないようです。

知《し》っておこう

台風《たいふう》の名前《なまえ》は「クジラ」？

2000年《ねん》から、東《ひがし》アジアの太平洋《たいへいよう》上《じょう》で発生《はっせい》した台風《たいふう》には、アジア14カ国《こく》が順番《じゅんばん》に「アジア名《めい》」をつけています。日本《にほん》は、テンビン、ヤギ、ウサギ、クジラ、コップなど、星座《せいざ》からとった14の名前《なまえ》を登録《とうろく》しています。

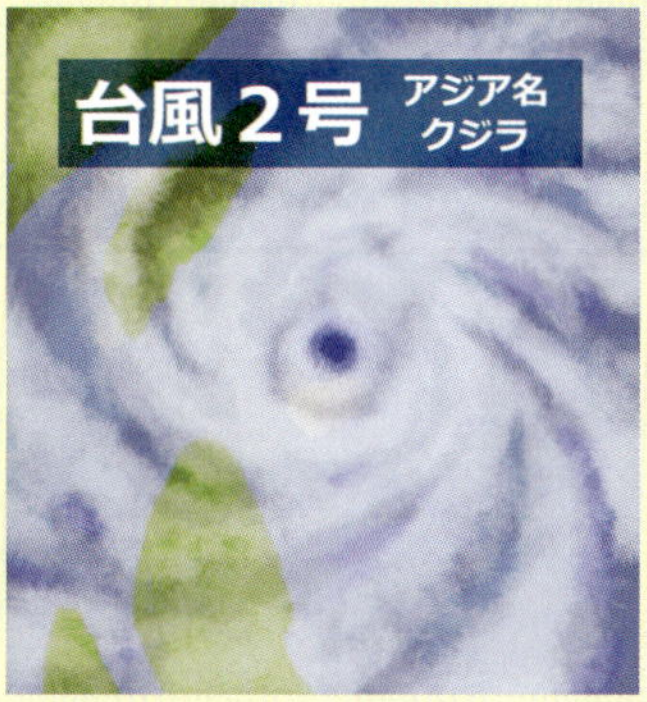

ひとくちメモ

台風《たいふう》は、野《の》の草《くさ》を吹《ふ》き分《わ》けることから、古《ふる》くは「野分《のわき》」と呼《よ》ばれました。平安時代《へいあんじだい》に書《か》かれた『枕草子《まくらのそうし》』や『源氏物語《げんじものがたり》』にも、そうした表現《ひょうげん》が出《で》てきます。

言葉で遊ぼう

はじめから読《よ》んでも終《お》わりから読《よ》んでも②

9月11日

東京学芸大学附属小金井小学校《とうきょうがくげいだいがくふぞくこがねいしょうがっこう》
鈴木秀樹《すずきひでき》先生《せんせい》が書《か》きました

読《よ》んだ日《ひ》　月《がつ》　日《にち》　月《がつ》　日《にち》　月《がつ》　日《にち》

回文《かいぶん》をつくるのはむずかしい…

247ページを読《よ》んで、「回文《かいぶん》っておもしろい！」と感《かん》じてくれた人《ひと》もいるのではないかと思《おも》います。でも、いざつくろうとしてみると「回文《かいぶん》をつくるのって、思《おも》っていたよりむずかしいな」と感《かん》じる人《ひと》も多《おお》いのではないでしょうか。

そこで回文《かいぶん》をかんたんにつくれるワザを紹介《しょうかい》しましょう。回文専《かいぶんせん》用《よう》キャラクターのさるを使《つか》います。

このさる、名前《なまえ》を「さるどん」といいます。このさるどんにいろいろなことをさせてみると回文《かいぶん》ができます。

まずは本《ほん》を読《よ》ませてみましょう。昔話風《むかしばなしふう》の言《い》い回《まわ》しだとこうなるでしょう。

「さるどん**読《よ》**んどるさ」

ではつぎに編《あ》み物《もの》をさせてみましょう。

「さるどん**編《あ》**んどるさ」

わかりましたか？　そう、「さるどん」のあとに一文字《ひともじ》つけ加《くわ》えるだけで「さるどん◯んどるさ」という回文《かいぶん》になるのです。

「さるどん**住《す》**んどるさ」
「さるどん**飲《の》**んどるさ」

ひとくちメモ　数字《すうじ》にも回文《かいぶん》があります。たとえば121は上《うえ》の位《くらい》から見《み》ても下《した》の位《くらい》から見《み》ても同《おな》じ数字《すうじ》が並《なら》んでいますね。このような数字《すうじ》を回文数《かいぶんすう》といいます。

読《よ》んでみよう

回文傑作選《かいぶんけっさくせん》

右《みぎ》ページで紹介《しょうかい》したさるどんを使《つか》わなくても、もちろんいろんな回文《かいぶん》ができます。
回文《かいぶん》は長《なが》くなればなるほどむずかしいものです。

私《わたし》、傘《かさ》かしたわ

リモコンてんこもり

世《よ》の中《なか》ね、顔《かお》かお金《かね》かなのよ

ママがわたしにしたわがまま

イカのダンスは済《す》んだのかい?

うかつにダム引《ひ》く国費《こくひ》ムダに使《つか》う

※回文制作《かいぶんせいさく》：荻野《おぎの》 聡《さとし》（東京学芸大学《とうきょうがくげいだいがく》附属《ふぞく》竹早《たけはや》小学校《しょうがっこう》教諭《きょうゆ》）

なかきよの
とをのねふりの
みなめさめ
なみのりふねの
をとのよきかな
寳

長《なが》き夜《よ》の遠《とお》の眠《ねむ》りの皆目覚《みなめざ》め浪《なみ》
乗《の》り船《ふね》の音《おと》のよき哉《かな》

上《うえ》の歌《うた》は室町時代《むろまちじだい》の短歌《たんか》です。上《うえ》から読《よ》んでも下《した》から読《よ》んでも同《おな》じ音《おと》になる「回文歌《かいぶんか》」として有名《ゆうめい》です。江戸時代《えどじだい》には、イラストのような七《しち》福神《ふくじん》の絵《え》と回文歌《かいぶんか》が描《えが》かれた紙《かみ》を枕《まくら》の下《した》において寝《ね》ると、良《よ》い初夢《はつゆめ》が見《み》られると言《い》われ、有名《ゆうめい》になりました。

※回文《かいぶん》をつくる時《とき》は濁点《だくてん》、半濁点《はんだくてん》は無視《むし》して考《かんが》えることが多《おお》いようです。

9月

やってみよう

長文《ちょうぶん》に挑戦《ちょうせん》

今《いま》までにつくった「さるどん」の回文《かいぶん》で一番長《いちばんなが》いのは「さるどん、小人《こびと》が飛《と》び込《こ》んどるさ」です。「さるどん」と「んどるさ」の間《あいだ》に七文字《しちもじ》入《い》れました。これを超《こ》えるものに挑戦《ちょうせん》しましょう。

さるどん、小人が
飛び込んどるさ

いろいろできますね。慣《な》れてきたら、「さるどん」の後《あと》に入《い》れる文字《もじ》を増《ふ》やしてみましょう。

「さるどん**進《すす》**んどるさ」

「さるどん**がひが**んどるさ」

さるどんを使《つか》って面白《おもしろ》い回文《かいぶん》をたくさんつくってみてください。

「虫《むし》の声《こえ》」を楽《たの》しもう

9月 12日

静岡県《しずおかけん》富士宮市立《ふじのみやしりつ》稲子《いなこ》小学校《しょうがっこう》
芦川幹弘《あしかわみきひろ》先生《せんせい》が書《か》きました

読《よ》んだ日《ひ》　月《がつ》　日《にち》　月《がつ》　日《にち》　月《がつ》　日《にち》

虫《むし》の声《こえ》がおもしろい？

「あれ松虫《まつむし》が鳴《な》いている」で始《はじ》まる「虫《むし》の声《こえ》」という歌《うた》を知《し》っていますか？　歌《うた》の最後《さいご》は「秋《あき》の夜長《よなが》を鳴《な》き通《とお》す　あぁおもしろい虫《むし》の声《こえ》」でした。虫《むし》の声《こえ》を聞《き》いて「おもしろい」と感《かん》じるのはちょっと変《へん》だなと思《おも》いませんか？

実《じつ》は「おもしろい」の意味《いみ》を調《しら》べてみると①興味深《きょうみぶか》い　②つい笑《わら》いたくなる、の他《ほか》に、③趣《おもむき》がある、風流《ふうりゅう》だという意味《いみ》があります。昔《むかし》は、「おもしろい」は、③の意味《いみ》でもよく使《つか》われていたのです。

いい雰囲気《ふんいき》だなぁ

「趣《おもむき》がある」というのは「いい雰《ふん》囲気《いき》だなあ」と感《かん》じることです。虫《むし》の声《こえ》を聞《き》いたことで目《め》の前《まえ》が明《あか》るくなり、心《こころ》が晴《は》れやかになる様《よう》子《す》を想像《そうぞう》してください。

虫《むし》の声《こえ》は昔《むかし》から句《く》・短歌《たんか》などでもよく取《と》り上《あ》げられています。

「松虫《まつむし》や素湯《さゆ》もちんちんちろりんと」（小林一茶《こばやしいっさ》）

「がちゃがちゃや月光《げっこう》掬《すく》ふ芝《しば》の上《うえ》」（渡辺水巴《わたなべすいは》）

秋《あき》の季節《きせつ》を感《かん》じて「いい雰囲気《ふんいき》だな」と思《おも》っていたのが伝《つた》わってきます。

聞《き》いてみよう

さまざまな虫《むし》の声《こえ》

夜《よる》に虫《むし》の声《こえ》が聞《き》こえてくるようになったら耳《みみ》を澄《す》ませてみましょう。虫《むし》の声《こえ》を楽《たの》しむ文化《ぶんか》があるのは、日本《にほん》とほんの少《すこ》しの国《くに》しかありません。日本《にほん》では「おもしろい」虫《むし》の声《こえ》も、外国《がいこく》の人《ひと》にとっては雑音《ざつおん》に聞《き》こえるといわれています。虫《むし》の声《こえ》の感《かん》じ方《かた》にも、その国《くに》の文化《ぶんか》が関係《かんけい》しているのですね。

ひとくちメモ　唱歌《しょうか》「虫《むし》の声《こえ》」では、５つの虫《むし》が登場《とうじょう》します。マツムシ、スズムシ、コオロギ、クツワムシ、ウマオイです。あなたの家《いえ》のまわりでは、どの虫《むし》の声《こえ》がよく聞《き》こえるでしょうか？

「心《こころ》」が3つも入《はい》った漢字《かんじ》があるよ!

9月 13日

元《もと》福岡県《ふくおかけん》春日市立《かすがしりつ》春日東小学校《かすがひがししょうがっこう》校長《こうちょう》
東《ひがし》 和男《かずお》先生《せんせい》が書《か》きました

読《よ》んだ日《ひ》　月《がつ》　日《にち》　月《がつ》　日《にち》　月《がつ》　日《にち》

漢字《かんじ》の中《なか》には「心《こころ》」がいっぱい!

「心《こころ》」という漢字《かんじ》は、心臓《しんぞう》の形《かたち》からできました。「心《こころ》」を表《あらわ》す部首《ぶしゅ》には、そのままの形《かたち》のものと、ほかの字《じ》と組《く》み合《あ》わせた時《とき》、形《かたち》を変《か》えるものとがあります。

そのままの形《かたち》のものは、部首《ぶしゅ》の「心（こころ）」です。形《かたち》を変《か》えるものには、部首《ぶしゅ》の偏《へん》の「忄（りっしんべん）」と、脚《あし》の「⺗（したごころ）」があります。

［そのままの形《かたち》のもの］
心（こころ）　心《こころ》・志《こころざし》・感《かん》・忘《ぼう》・想《そう》・悪《あく》など

［形《かたち》を変《か》えるもの］
忄（りっしんべん）　快《かい》・情《じょう》・憎《ぞう》・性《せい》・愉《ゆ》など
⺗（したごころ）　慕《ぼ》・恭《きょう》・忝《てん》など

「心《こころ》」がつく漢字《かんじ》には、心《こころ》がいくつも入《はい》ったものがあります。たとえば、心《こころ》が2つ入《はい》っている漢字《かんじ》には、「憶《おく》」や「憾《かん》」などがあります。3つ入《はい》っている漢字《かんじ》は、「惢《ずい》」などがあります。画数《かくすう》が多《おお》く、ちょっとむずかしい字《じ》ですね。

「火《ひ》」が2つ入《はい》った漢字《かんじ》もある!

「魚《さかな》」は、「灬（れっか）」という部首《ぶしゅ》です。「灬」のつく漢字《かんじ》には、点《てん》・烈《れつ》・然《ぜん》・照《しょう》などがあります。

よく見《み》ると、燃《ねん》という漢字《かんじ》には「火《ひ》（ひへん）」と「灬」の2つ入《はい》っていますね。「火（ひへん）」と「灬」です。

「兄《あに》」は、「儿（にんにょう）」という部首《ぶしゅ》で、元《もと》・允《まこと》・光《ひかり》・先《さき》・兆《ちょう》などがあります。盛《さかり》は、「皿（さら）」という部首《ぶしゅ》です。この部首《ぶしゅ》のつく漢字《かんじ》には、どんなものがあるか調《しら》べてみましょう。

調《しら》べてみよう

どの「こ」が「子《こ》」かな?

詩人《しじん》・谷川俊太郎《たにかわしゅんたろう》さんの作品《さくひん》に、「ことこ」という詩《し》があります（『ことばあそびうた』）。この詩《し》は、「このこのこのこ」という書《か》き出《だ》しで始《はじ》まり、たくさんの「こ」がでてくる楽《たの》しい詩《し》です。どの「こ」が「子《こ》」なのか考《かんが》えたくなります。

ひとくちメモ　部首《ぶしゅ》には、形《かたち》がよく似《に》ていて、まぎらわしいものもあります。たとえば、「期《き》」のつくりの「月」は「つき」ですが、「肺《はい》」のへんの「月」は「にくづき」です。形《かたち》は同《おな》じですが、まったくちがう部首《ぶしゅ》です。

9月

表現力がアップするお話

ややこしやー　ややこしやー　～いろいろな「おさめる」～

9月　14日

筑波大学附属小学校《つくばだいがくふぞくしょうがっこう》
白坂洋一《しらさかよういち》先生《せんせい》が書《か》きました

読《よ》んだ日《ひ》　月《がつ》　日《にち》　月《がつ》　日《にち》　月《がつ》　日《にち》

使《つか》い分《わ》けできる？・「おさめる」編《へん》

日本語《にほんご》は、世界《せかい》のほかの言葉《ことば》と比《くら》べると、発音《はつおん》の種類《しゅるい》に限《かぎ》りがあります。そのため、同《おな》じ音《おん》の言葉《ことば》がたくさんあります。

たとえば「おさめる」もそうです。それぞれの「おさめる」をくわしく見《み》ていくことにしましょう。

「収《おさ》める」には、「きちんと中《なか》に入《い》れる」「自分《じぶん》のものにする」という意味《いみ》が含《ふく》まれています。

「治《おさ》める」は「政治《せいじ》を行《おこな》う」という意味《いみ》に加《くわ》え、「みだれをしずめる。落《お》ち着《つ》かせる」という意味《いみ》があります。

「納《おさ》める」は「（お金《かね》や品物《しなもの》を）他《ほか》の人《ひと》に差《さ》し出《だ》したり、渡《わた》したりする」という意味《いみ》です。

「修《おさ》める」は「勉強《べんきょう》して、自分《じぶん》のものにする」「心《こころ》や行《おこな》いを正《ただ》しくする」という意味《いみ》があります。

だじゃれのもと

同《おな》じ訓読《くんよ》みですが、漢字《かんじ》によってずいぶん意味《いみ》が異《こと》なることがわかりますね。このように、発音《はつおん》の種類《しゅるい》が少《すく》なく、同《おな》じ音《おん》の言葉《ことば》がたくさんあるという日本語《にほんご》の特徴《とくちょう》がある文化《ぶんか》を生《う》んでいます。それはだじゃれです。同《おな》じ読《よ》み方《かた》で漢字《かんじ》がちがうなんて、ややこしいなぁと思《おも》うかもしれませんが、「これでだじゃれができる！」と思《おも》って、ちがいを楽《たの》しんでいきましょう。

考《かんが》えてみよう

どの「おさめる」？

次《つぎ》の□にはそれぞれどの「おさめる」が入《はい》るでしょう？　記号《きごう》で答《こた》えましょう。

①りんごを箱《はこ》に□
②薬《くすり》で痛《いた》みを□
③注文《ちゅうもん》の品《しな》を□
④留学《りゅうがく》して学問《がくもん》を□
⑤もめごとを□

ア	治める
イ	納める
ウ	収める
エ	修める

ひとくちメモ

「考《かんが》えてみよう」の答《こた》え　①ウ　②ア　③イ　④エ　⑤アまたはウ　⑤には２つ解答《かいとう》があります。一般的《いっぱんてき》には「治《おさ》める」がよく使《つか》われますが、「しずめる」という意味《いみ》で「収《おさ》める」も使《つか》われます。

日本語《にほんご》オリジナルの「はなし」という漢字《かんじ》

9月15日

お茶《ちゃ》の水女子大学附属小学校《みずじょしだいがくふぞくしょうがっこう》
廣瀬修也《ひろせしゅうや》先生《せんせい》が書きました

読《よ》んだ日《ひ》　月《がつ》　日《にち》　月《がつ》　日《にち》　月《がつ》　日《にち》

日本《にほん》でつくり出《だ》した漢字《かんじ》

漢字《かんじ》は中国《ちゅうごく》で生《う》まれ、千年以上《せんねんいじょう》前《まえ》に日本《にほん》に伝《つた》わってきたものです。現在使《げんざいつか》われている漢字《かんじ》は、中国《ちゅうごく》から伝《つた》わってきたものもあれば、日本《にほん》で考《かんが》えられたものもあります。日本独自《にほんどくじ》の漢字《かんじ》を「国字《こくじ》」といいます（87ページ参照《さんしょう》）。

「噺《はなし》」も国字《こくじ》の一《ひと》つで、「はなし」と読《よ》みます。意味《いみ》は「はなし・ものがたり」です。「噺《はなし》」は、会意《かいい》文字《もじ》といい、漢字《かんじ》の意味《いみ》を組《く》み合《あ》わせた文字《もじ》です。「噺《はなし》」という字《じ》を見《み》てみましょう。「口《くち》」と「新《しん》」で出来《でき》ていますね。つまり、新《あたら》しいことを話《はな》すという意味《いみ》があるのです。また、「噺《はなし》」は、落語《らくご》の意味《いみ》もあります。「噺家《はなしか》」とは、「落語家《らくごか》」のことです。このように、漢字《かんじ》の中《なか》には、日本《にほん》の文化《ぶんか》に合《あ》わせてつくられた国字《こくじ》もあるのです。

いろいろな「はなし」

「話」「咄」「譚」「噺」はどれも「はなし」という意味《いみ》で使《つか》われる漢字《かんじ》です。小学校《しょうがっこう》でも学習《がくしゅう》する「話」は、ある内容《ないよう》について筋《すじ》を追《お》って語《かた》られたものという意味《いみ》があります。「噺」や「咄」は、人《ひと》に聞《き》かせるための物語《ものがたり》、落語《らくご》で演《えん》じる物語《ものがたり》という意味《いみ》があります。「譚」には、一定《いってい》の筋《すじ》のある物語《ものがたり》という意味《いみ》があります。これら4つの漢字《かんじ》は、必《かなら》ずしも厳密《げんみつ》な区別《くべつ》がなされているわけではありません。その中《なか》で「噺」は、日本《にほん》でつくられた国字《こくじ》なので、訓読《くんよ》みだけで音読《おんよ》みはありません。

調《しら》べてみよう

センチメートルを表《あらわ》す漢字《かんじ》？

ふだんの生活《せいかつ》では見《み》かけない珍《めずら》しい国字《こくじ》もあります。たとえばセンチメートルやミリメートルという単位《たんい》を表《あらわ》す漢字《かんじ》もあるのです！漢和辞典《かんわじてん》で探《さが》して成《な》り立《た》ちを読《よ》んでみましょう。意外《いがい》な発見《はっけん》がありますよ。

ひとくちメモ　中国《ちゅうごく》の漢字《かんじ》に、日本《にほん》で意味《いみ》を当《あ》てた読《よ》み方《かた》を「国訓《こっくん》」といいます。たとえば「鮭《さけ》」は、中国《ちゅうごく》では「ふぐ」のことを意味《いみ》しますが、日本《にほん》では魚偏《うおへん》に、三角形《さんかくけい》にとがった形《かたち》が良《よ》いという意味《いみ》の「圭《けい》」をつけて「さけ」です。

「つるべ落《お》とし」のつるべってナニ？

9月16日

明星大学教育学部《めいせいだいがくきょういくがくぶ》
邑上裕子《むらかみゆうこ》先生《せんせい》が書《か》きました

読《よ》んだ日《ひ》　月《がつ》　日《にち》　月《がつ》　日《にち》　月《がつ》　日《にち》

秋《あき》の日《ひ》に何《なに》を落《お》とした？

日本人《にほんじん》は、昔《むかし》から季節《きせつ》の言葉《ことば》を大切《たいせつ》にしてきました。身近《みぢか》な生活《せいかつ》にかかわる道具《どうぐ》や自然《しぜん》に、季節《きせつ》の移《うつ》り変《か》わりをたとえることが得意《とくい》です。

「秋《あき》の日《ひ》はつるべ落《お》とし」という言葉《ことば》も、そのひとつでしょう。秋《あき》の一日《いちにち》は短《みじか》く、あっという間《ま》に日《ひ》が暮《く》れてしまう、という意味《いみ》です。

だけど、「つるべ」って何《なん》でしょう？　おけに縄《なわ》をつけて井戸《いど》の水《みず》をくむ道具《どうぐ》のことを「釣瓶《つるべ》」というのです。

おけを井戸《いど》に投《な》げ入《い》れると、スルスルっと勢《いきお》いよく底《そこ》まで落《お》ちていきます。その様子《ようす》を、秋《あき》の夕日《ゆうひ》が沈《しず》む速《はや》さにたとえたのですね。

さびしさを感《かん》じる秋《あき》

秋《あき》は、体《からだ》も心《こころ》も満《み》ち足《た》りる季節《きせつ》です。食欲《しょくよく》の秋《あき》、読書《どくしょ》の秋《あき》、スポーツの秋《あき》……。あなたは、どの秋《あき》がいちばん好《す》きですか？

秋《あき》は冬《ふゆ》に向《む》かう季節《きせつ》でもあります。そして日本人《にほんじん》は、その変化《へんか》に「さびしさ」も感《かん》じるようです。

次《つぎ》の「虫《むし》」という詩《し》を読《よ》んでみてください。

「虫《むし》が鳴《な》いている／いま　ないておかなければ／もう駄目《だめ》だというふうに鳴《な》いている／しぜんと涙《なみだ》をさそはれる」（八木重吉《やぎじゅうきち》）

秋《あき》のちょっとさびしい気持《きも》ちが伝《つた》わってきますね。

探《さが》してみよう

秋《あき》の香《かお》り キンモクセイ

秋《あき》を香《かお》りで知《し》らせてくれる植物《しょくぶつ》があります。それはキンモクセイです。１つの木《き》に、小《ち》さいオレンジの花《はな》がたくさんつき、そこから甘《あま》い香《かお》りが強《つよ》く香《かお》ります。花《はな》が見《み》えなくても、近《ちか》くにキンモクセイがあることに気《き》づくほどです。

ひとくちメモ　つるべ落《お》としという言葉《ことば》は、1971年《ねん》に水原秋桜子《みずはらしゅうおうし》が「釣瓶落《つるべおと》しひとたび波《なみ》にふれにけり」と俳句《はいく》に入《い》れたのが最初《さいしょ》といわれています。

高知《こうち》の言葉《ことば》は元気《げんき》いっぱい？～四国地方《しこくちほう》の方言《ほうげん》～

9月17日

高知県高知市立初月小学校校長《こうちけんこうちしりつみかづきしょうがっこうこうちょう》
吉村美恵子《よしむらみえこ》先生《せんせい》が書《か》きました

読《よ》んだ日《ひ》　月《がつ》　日《にち》　月《がつ》　日《にち》　月《がつ》　日《にち》

周囲《しゅうい》の方言《ほうげん》に似《に》ている

四国地方《しこくちほう》には、香川県《かがわけん》・徳島県《とくしまけん》・愛媛県《えひめけん》・高知県《こうちけん》の4つの県《けん》があります。日本地図《にほんちず》を開《ひら》いてみると、四国《しこく》は周《まわ》りを海《うみ》で囲《かこ》まれた島《しま》で、東《ひがし》には関西地方《かんさいちほう》、北《きた》には中国地方《ちゅうごくちほう》、西《にし》には九州地方《きゅうしゅうちほう》があります。そのため、四国地方《しこくちほう》の方言《ほうげん》は関西《かんさい》・中国《ちゅうごく》・九州《きゅうしゅう》の3つの地方《ちほう》の方言《ほうげん》に似《に》ているところがあります。特《とく》に関西地方《かんさいちほう》や中国地方《ちゅうごくちほう》に似《に》ているといわれています。

独特《どくとく》な高知県《こうちけん》の方言《ほうげん》

四国地方《しこくちほう》の方言《ほうげん》の特徴《とくちょう》も中国地方《ちゅうごくちほう》（267ページ参照《さんしょう》）と同様《どうよう》、「語尾《ごび》」にあります。語尾《ごび》とは、言葉《ことば》の最後《さいご》ということです。香川県《かがわけん》・徳島県《とくしまけん》・愛媛県《えひめけん》の3県《けん》と、高知県《こうちけん》の西《にし》の方《ほう》の語尾《ごび》には「けん」という言葉《ことば》がつきます。一方《いっぽう》、高知県《こうちけん》の西《にし》の方《ほう》以外《いがい》では、「き」という言葉《ことば》がつきます。たとえば、「ご飯《はん》を食《た》べるき」のように使《つか》います。一度《いちど》、声《こえ》に出《だ》して言《い》ってみてください。「食《た》べるけん」という言《い》い方《かた》と比《くら》べて「食《た》べるき」のほうが少《すこ》しキツく聞《き》こえませんか？

四国《しこく》の中《なか》でも北《きた》を四国山地《しこくさんち》、南《みなみ》を太平洋《たいへいよう》にはさまれている高知県《こうちけん》は、他《ほか》の3県《けん》と少《すこ》しちがうのです。太平洋《たいへいよう》の波《なみ》はとても元気《げんき》がいいので、その海《うみ》を見《み》て暮《く》らしている高知《こうち》の人《ひと》たち言葉《ことば》にも、その元気《げんき》が表《あらわ》れているのかもしれませんね。

ふれてみよう

坂本龍馬《さかもとりょうま》が登場《とうじょう》する作品《さくひん》

坂本龍馬《さかもとりょうま》は土佐《とさ》（今《いま》の高知《こうち》）出身《しゅっしん》の偉人《いじん》です。幕末《ばくまつ》のスターなので、坂本龍馬《さかもとりょうま》が登場《とうじょう》する物語《ものがたり》はたくさんあります。そのセリフには高知《こうち》の方言《ほうげん》で書《か》かれているものもたくさんあります。方言《ほうげん》に注目《ちゅうもく》して読《よ》んでみましょう。

ひとくちメモ 方言《ほうげん》には古《ふる》い言葉《ことば》が残《のこ》っていますが、四国地方《しこくちほう》の方言《ほうげん》には、特《とく》に古《ふる》い言葉《ことば》が多《おお》く残《のこ》っているといわれています。

書いたりつくったりしたくなるお話

気持《きも》ちが伝《つた》わる一言《ひとこと》を 招待状《しょうたいじょう》とお礼状《れいじょう》

9月18日

東京経営短期大学《とうきょうけいえいたんきだいがく》こども教育学科《きょういくがっか》
井出一雄《いでかずお》先生《せんせい》が書《か》きました

読《よ》んだ日《ひ》　月《がつ》　日《にち》｜月《がつ》　日《にち》｜月《がつ》　日《にち》

参加《さんか》したくなる招待状《しょうたいじょう》

運動会《うんどうかい》や音楽会《おんがくかい》などの学校行事《がっこうぎょうじ》を見《み》に来《き》てもらうために、招待状《しょうたいじょう》を書《か》くことがあります。学校行事《がっこうぎょうじ》の名前《なまえ》や日時《にちじ》を書《か》くのはもちろんですが、「相手《あいて》に特《とく》に見《み》てもらいたいこと」「努力《どりょく》したことや伝《つた》えたいこと」などのメッセージを入《い》れるのも素敵《すてき》です。

たとえば運動会《うんどうかい》で考《かんが》えてみます。「自分《じぶん》が出《で》ている種目《しゅもく》」「特《とく》に苦労《くろう》したこと」「頑張《がんば》って練習《れんしゅう》したこと」などを書《か》くようにしてはいかがですか？　空《あ》いているところに、イラストや絵《え》を入《い》れるとさらによいでしょう。招待状《しょうたいじょう》を受《う》け取《と》った人《ひと》はきっと参加《さんか》したくなります。

感謝《かんしゃ》が伝《つた》わるお礼状《れいじょう》

清掃工場《せいそうこうじょう》や資料館《しりょうかん》などの見学《けんがく》で説明《せつめい》をしてくださった方《かた》、勉強《べんきょう》や食事《しょくじ》の仕方《しかた》を教《おし》えていただいた方《かた》には、必《かなら》ずお礼状《れいじょう》を書《か》きましょう。お礼《れい》の言葉《ことば》には、「教《おし》えてもらったこと」「そこで初《はじ》めて知《し》ったこと」「これからの生活《せいかつ》や学習《がくしゅう》に生《い》かすこと」などを書《か》きましょう。ただの「ありがとう」だけではなく、具体的《ぐたいてき》な感想《かんそう》を書《か》くことで、感謝《かんしゃ》の気持《きも》ちが相手《あいて》に強《つよ》く響《ひび》きます。

お礼状《れいじょう》の終《お》わりの言葉《ことば》で、「お体《からだ》に気《き》をつけて頑張《がんば》ってください」「私《わたし》も○○するように努力《どりょく》します」など、相手《あいて》のことを考《かんが》えた文《ぶん》をつけ加《くわ》えて締《し》めくくるとさらによいですね。

やってみよう

運動会《うんどうかい》の招待状《しょうたいじょう》を書《か》こう

運動会《うんどうかい》の招待状《しょうたいじょう》を書《か》きましょう。相手《あいて》に来《き》ていただけるよう、見《み》てもらいたいこと、練習《れんしゅう》して頑《がん》張《ば》ったことなどを書《か》きましょう。

ひとくちメモ　相手《あいて》への感謝《かんしゃ》を表《あらわ》す言葉《ことば》の代表《だいひょう》が「ありがとうございます」です。ほかに「おかげさまで」「参考《さんこう》になりました」「頑張《がんば》ることができました」などがあります。使《つか》ってみてください。

言葉にまつわる偉人のお話

俳人《はいじん》正岡子規《まさおかしき》は大《だい》の野球《やきゅう》ファン！

9月
19日

静岡県富士宮市立稲子小学校《しずおかけんふじのみやしりついなこしょうがっこう》
芦川幹弘《あしかわみきひろ》先生《せんせい》が書《か》きました

読《よ》んだ日《ひ》　月《がつ》　日《にち》　月《がつ》　日《にち》　月《がつ》　日《にち》

九つの人
それぞれに
場をしめて
ベースボールの
始まらんとす

俳句《はいく》という言葉《ことば》を世《よ》に広《ひろ》める

「柿《かき》くへば鐘《かね》が鳴《な》るなり法隆寺《ほうりゅうじ》」。これは、正岡子規《まさおかしき》のよんだ有名《ゆうめい》な俳句《はいく》です。国語《こくご》の教科書《きょうかしょ》にものっているので、知《し》っている人《ひと》も多《おお》いでしょう。

ほかにも、「鶏頭《けいとう》の十四五本《じゅうしごほん》もありぬべし」「いくたびも雪《ゆき》の深《ふか》さを尋《たず》ねけり」など、数万《すうまん》もの俳《はい》句《く》を残《のこ》しました。俳句《はいく》という言葉《ことば》を世《よ》に広《ひろ》めたのも、子規《しき》だといわれています。

俳句《はいく》だけではありません。子規《しき》は短歌《たんか》や小説《しょうせつ》、随筆《ずいひつ》なども手《て》がける文学者《ぶんがくしゃ》でした。また、日清戦争《にっしんせんそう》のときは中国《ちゅうごく》へ行《い》き、新聞記者《しんぶんきしゃ》として仕事《しごと》をしたこともあります。

俳号《はいごう》は「野球（のぼーる）」

じつは、子規《しき》には文学者《ぶんがくしゃ》とは別《べつ》に、もうひとつの顔《かお》があります。それは大《だい》の野球《やきゅう》好《ず》きだったということです。野球《やきゅう》は明治《めいじ》の初《はじ》めごろ日本《にほん》に入《はい》ってきたスポーツで、子《し》規《き》は選手《せんしゅ》としても活躍《かつやく》しました。ポジションはキャッチャーです。

俳号《はいごう》（俳句《はいく》をつくるときの名《な》前《まえ》）も、自分《じぶん》の幼名《ようめい》の升（のぼる）にちなみ、「野球《やきゅう》」と書《か》いて「のぼーる」と読《よ》ませました。中馬庚《ちゅうまんかなえ》という人《ひと》が、英語《えいご》のベースボールを野球《やきゅう》と訳《やく》す4年《ねん》も前《まえ》のことです。

「まり投《な》げて見《み》たき広場《ひろば》や春《はる》の草《くさ》」「九《ここの》つの人《ひと》それぞれに場《ば》をしめてベースボールの始《はじ》まらんとす」のように、野球《やきゅう》にまつわる俳句《はいく》や短《たん》歌《か》もたくさん残《のこ》しています。この短歌《たんか》がつくられたのは、明治《めいじ》31年《ねん》というからびっくりですね。

知《し》っておこう

百年後《ひゃくねんご》に野球殿堂入《やきゅうでんどうい》り

正岡子規《まさおかしき》は、文学《ぶんがく》を通《とお》して野球《やきゅう》の普《ふ》及《きゅう》に貢《こう》献《けん》したとして、2002（平成《へいせい》14）年《ねん》に野球殿堂入《やきゅうでんどうい》りを果《は》たしました。バッターを打者《だしゃ》、ランナーを走者《そうしゃ》、フォアボールを四《し》球《きゅう》などと訳《やく》したのも、子規《しき》が最初《さいしょ》だといわれています。

四球

ひとくちメモ　正岡子規《まさおかしき》は1867（慶応《けいおう》3）年《ねん》、伊予国温泉郡《いよのくにおんせんぐん》（今《いま》の愛媛県松山市《えひめけんまつやまし》）生《う》まれ。若《わか》くして結核《けっかく》にかかり、34歳《さい》で亡《な》くなりました。命日《めいにち》の9月《がつ》19日《にち》は、獺祭忌《だっさいき》・子規忌《しきき》と呼《よ》ばれ、俳句《はいく》の秋《あき》の季語《きご》になっています。

「仮《かり》」は仮《かり》の姿《すがた》!? 形《かたち》を変《か》えられた漢字《かんじ》

日本女子大学児童学科《にほんじょしだいがくじどうがっか》
笹平真之介《ささひらしんのすけ》先生《せんせい》が書《か》きました

読《よ》んだ日《ひ》　月《がつ》　日《にち》　月《がつ》　日《にち》　月《がつ》　日《にち》

同《おな》じ部分《ぶぶん》は同《おな》じ仲間《なかま》?

文字《もじ》の由来《ゆらい》を考《かんが》えるときには、形《かたち》を見《み》ることがとても大切《たいせつ》です。しかし、もともとの形《かたち》を変《か》えられて由来《ゆらい》がわからなくなった漢字《かんじ》もあります。たとえば、次《つぎ》の漢字《かんじ》を見《み》てください。この中《なか》に一《ひと》つだけ、仲間《なかま》はずれが交《ま》じっています。あなたはどれかわかりますか?

坂・板・返・阪・飯・仮・版

どれも同《おな》じ部分《ぶぶん》をもつので、見《み》た目《め》ではわかりませんね。では音《おん》読《よ》みを考《かんが》えてみましょう。すると「仮」だけが「カ」で、他《ほか》は「ハン」や「ヘン」という音《おん》を持《も》っていることがわかります。

「ハン」や「ヘン」は「反」からきていますが、「カ」の音《おん》はありません。「仮」のどこを探《さが》しても、そのままでは「カ」の音《おん》は見《み》つからないのです。

省略《しょうりゃく》した形《かたち》

じつは「仮」の「反」は、この字《じ》の元々《もともと》の形《かたち》ではありません。これは「叚」を省略《しょうりゃく》した形《かたち》なのです。つまり元々《もともと》は「假」という字《じ》で、今使《いまつか》われている「仮」は仮《かり》の姿《すがた》だったのです。

「叚」は、たとえば休暇《きゅうか》の「暇」や朝霞《あさか》(地名《ちめい》)の「霞」で、そのままの形《かたち》を残《のこ》しています。これらはもともとの「カ」の音《おん》をもっていますし、「一時的《いちじてき》な」「覆《おお》う」「本物《ほんもの》ではない」の意味《いみ》も「假」につながっています。

探《さが》してみよう

読《よ》めない!? くずし字《じ》の世界《せかい》

字《じ》を正確《せいかく》に書《か》くことも大切《たいせつ》ですが、手《て》で速《はや》く書《か》くには省略《しょうりゃく》が必要《ひつよう》なこともあります。草書体《そうしょたい》は字画《じかく》を省略《しょうりゃく》した字体《じたい》で、字《じ》ごとにくずし方《かた》があります。江戸《えど》以前《いぜん》の書物《しょもつ》では一般的《いっぱんてき》でした。近年《きんねん》くずし字《じ》を解読《かいどく》するアプリも開発《かいはつ》されています。

ひとくちメモ 元《もと》の形《かたち》を知《し》ることが字《じ》を覚《おぼ》えるとき役《やく》に立《た》つこともあります。「あれ?」と思《おも》うことがあれば、漢和辞典《かんわじてん》をひいてみましょう。

ちょっとむずかしい言葉 辞典

「空々《そらぞら》しい」ってどんな意味《いみ》？

9月21日

日本国語教育学会理事《にほんこくごきょういくがっかいりじ》
功刀道子《くぬぎみちこ》先生《せんせい》が書《か》きました

読《よ》んだ日《ひ》　月《がつ》　日《にち》　月《がつ》　日《にち》　月《がつ》　日《にち》

「そら」は何《なに》もない

「空《そら》」というと青《あお》い空《そら》や雲《くも》の浮《う》かんだ空《そら》をイメージしますね。「空《そら》」は「そら」のほかに空中《くうちゅう》の「くう」や空振《からぶ》りの「から」とも読《よ》みます。「から」とはからっぽという意味《いみ》で何《なに》もないということです。「そらごと」というのは、「なにもないこと」ということですから「そら」は「うそ」という意味《いみ》でも使《つか》われます。「そらごと」は「うそごと」という意味《いみ》です。

「空々《そらぞら》しい」という言葉《ことば》は、言葉《ことば》がうそだったり心《こころ》がこもっていなかったりすることがわかるような様子《ようす》を表《あらわ》します。本当《ほんとう》はそう思《おも》っていないのにほめることを、お世辞《せじ》といいますね。「お母《かあ》さんはすばらしいですねと空々《そらぞら》しいお世辞《せじ》を言《い》っていた」というように使《つか》います。

空《そら》の字《じ》がつく言葉《ことば》はいくつもある

心《こころ》がここにない状態《じょうたい》を「うわの空《そら》」といいます。わざとそのふりをすることを「空《そら》とぼける」といいます。本当《ほんとう》は聞《き》こえないけれど聞《き》こえたようなことを「空耳《そらみみ》」といいます。また、うそ泣《な》きをすることを「空泣《そらな》き」ともいいます。暗記《あんき》して何《なに》も見《み》ないで言《い》うことを「空《そら》で言《い》う」といいますね。また、本当《ほんとう》は元気《げんき》ではないけれど元気《げんき》よく見《み》せることを「空元気《からげんき》」といいます。

読《よ》んでみよう

そら？　くう？　から？

次《つぎ》の「空」の字《じ》がつく言葉《ことば》を読《よ》んでみましょう。

① 空回り
② 空いばり
③ 空気
④ 空色
⑤ 他人の空似

ひとくちメモ　「読《よ》んでみよう」の答《こた》え　①からまわり　②からいばり　③くうき　④そらいろ　⑤たにんのそらに

手紙《てがみ》で自分《じぶん》のことを知《し》らせよう

9月22日

東京経営短期大学《とうきょうけいえいたんきだいがく》こども教育学科《きょういくがっか》
井出一雄《いでかずお》先生《せんせい》が書《か》きました

読《よ》んだ日《ひ》　月《がつ》　日《にち》　月《がつ》　日《にち》　月《がつ》　日《にち》

4つのまとまりで考《かんが》えよう

自分《じぶん》がすばらしい体験《たいけん》や感動《かんどう》をしたときに、だれかに伝《つた》えたくなります。そんなとき、手紙《てがみ》を書《か》いて知《し》らせるとよいでしょう。手紙《てがみ》に書《か》く内容《ないよう》は、①初《はじ》めのあいさつ　②本文《ほんぶん》　③終《お》わりのあいさつ　④後《あと》づけ　と4つに分《わ》けて書《か》きます。

①は「○○さん、お元気《げんき》ですか。私《わたし》は元気《げんき》に学校《がっこう》に行《い》っています」という書《か》き出《だ》しや「寒《さむ》さが厳《きび》しい頃《ころ》となりました」という時候《じこう》のあいさつを書《か》きます。

②は手紙《てがみ》の中心《ちゅうしん》で相手《あいて》に伝《つた》えたい内容《ないよう》や自分《じぶん》が感《かん》じたこと思《おも》ったことを具体的《ぐたいてき》に書《か》きます。

③は「これからもお体《からだ》に気《き》をつけてください」のように、相手《あいて》を気《き》づかう言葉《ことば》や自分《じぶん》の相手《あいて》への思《おも》いを書《か》きます。

④の後《あと》づけは、日付《ひづけ》などを書《か》くところです。左《ひだり》のイラストを参考《さんこう》にしてください。

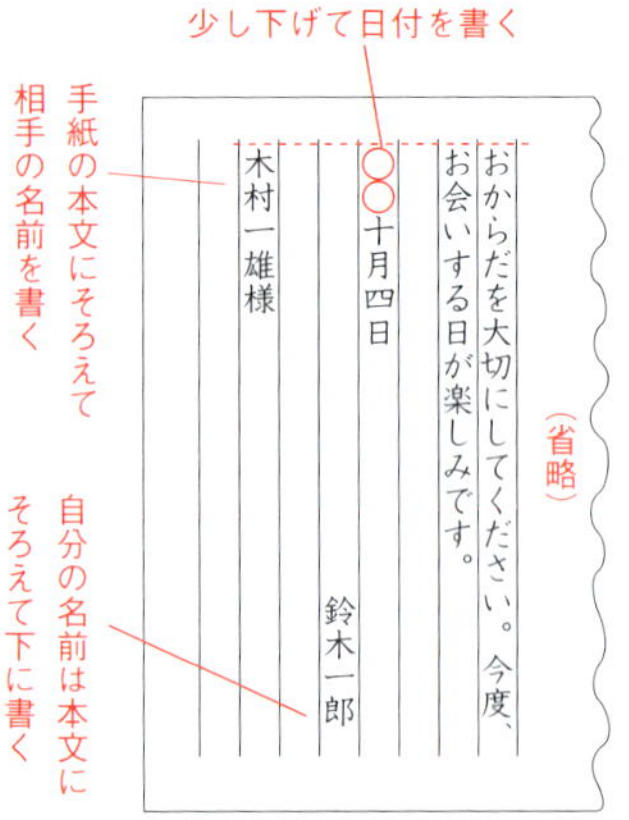
少し下げて日付を書く
（省略）
おからだを大切にしてください。今度、お会いする日が楽しみです。
○○十月四日
鈴木一郎
木村一雄様
手紙の本文にそろえて相手の名前を書く
自分の名前は本文にそろえて下に書く

ふうとうの正《ただ》しい書《か》き方《かた》

手紙《てがみ》を書《か》いたらふうとうに入《い》れます。そのときに、ふうとうの表《おもて》は宛先《あてさき》や相手《あいて》の名前《なまえ》を書《か》きます。表《おもて》の住所《じゅうしょ》は郵便番号《ゆうびんばんごう》の右《みぎ》はしのラインにそろえて書《か》きます。住所《じゅうしょ》の番地《ばんち》は漢数字《かんすうじ》がよいでしょう。相手《あいて》の名前《なまえ》は郵便番号《ゆうびんばんごう》のわくから一文字下《ひともじさ》げ、中央《ちゅうおう》に住所《じゅうしょ》の文字《もじ》より大《おお》きく書《か》きます。

裏《うら》には、自分《じぶん》の住所《じゅうしょ》や名前《なまえ》を書《か》きましょう。

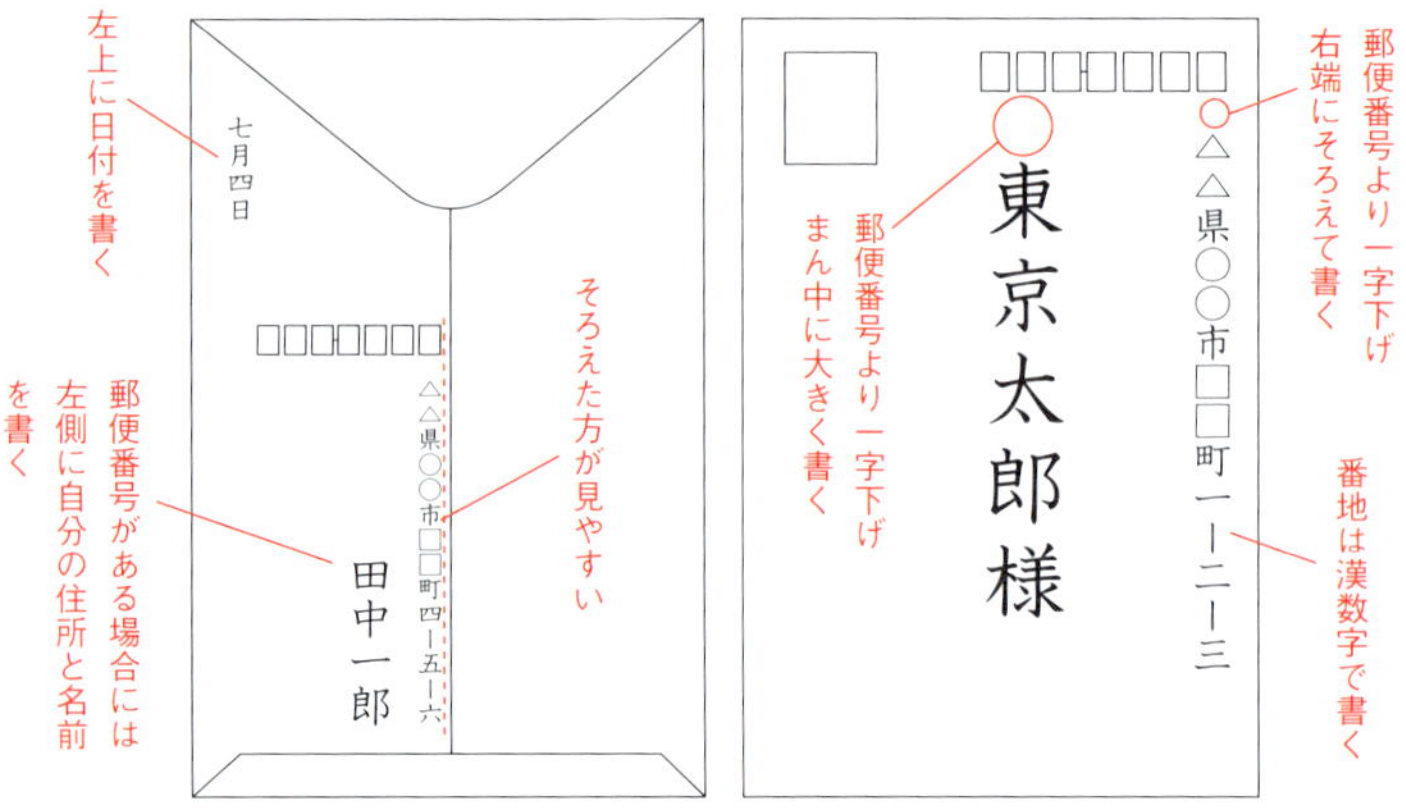
郵便番号より一字下げ右端にそろえて書く
○△△県○○市□□町一ー二ー三
郵便番号より一字下げまん中に大きく書く
東京太郎様
番地は漢数字で書く
左上に日付を書く
七月四日
そろえた方が見やすい
△△県○○市□□町四ー五ー六
田中一郎
郵便番号がある場合には左側に自分の住所と名前を書く

やってみよう
もっと手紙《てがみ》を書《か》こう

遠《とお》くに住《す》んでいるおじいさんやおばあさん、または、親《しん》せきや知《し》り合《あ》いの方《かた》に、学校《がっこう》での様子《ようす》や感動《かんどう》したことなどを書《か》いて手紙《てがみ》を送《おく》りましょう。

ひとくちメモ　時候《じこう》の言葉《ことば》は天候《てんこう》・自然《しぜん》の変化《へんか》や季節《きせつ》に応《おう》じたものです。春《はる》は「桜《さくら》の花《はな》も美《うつく》しく咲《さ》き」、夏《なつ》は「暑《あつ》さが厳《きび》しい日《ひ》が続《つづ》いています」、秋《あき》は「紅葉《こうよう》が美《うつく》しい頃《ころ》となり」、冬《ふゆ》は「池《いけ》に氷《こおり》がはる寒《さむ》さになりました」などです。

言葉で遊ぼう

語呂合《ごろあ》わせは暗記《あんき》のお助《たす》けマン

9月 23日

東京学芸大学教育学部《とうきょうがくげいだいがくきょういくがくぶ》
中村和弘《なかむらかずひろ》先生《せんせい》が書《か》きました

読《よ》んだ日《ひ》　月《がつ》　日《にち》｜　月《がつ》　日《にち》｜　月《がつ》　日《にち》

鳴《な》くよ、うぐいす平安京《へいあんきょう》

社会《しゃかい》の授業《じゅぎょう》で歴史《れきし》を学《まな》ぶとき、重要《じゅうよう》な出来事《できごと》がいつ起《お》こったか、その年号《ねんごう》を覚《おぼ》えなければなりません。たとえば、

７１０年《ねん》　都《みやこ》が平城京《へいじょうきょう》になった
７９４年《ねん》　都《みやこ》が平安京《へいあんきょう》になった

などです。

実《じっ》は人間《にんげん》はただ並《なら》んでいる数字《すうじ》を覚《おぼ》えるのがとても苦手《にがて》です。自分《じぶん》の電話番号《でんわばんごう》や誕生日《たんじょうび》などは別《べつ》ですが、数字《すうじ》が並《なら》んでいてもひらがなやカタカナのように意味《いみ》が表《あらわ》れてこないので、とても覚《おぼ》えにくいのです。そこで昔《むかし》からいろいろな工夫《くふう》を試《こころ》みてきました。

そのひとつが語呂合《ごろあ》わせです。「なんと大《おお》きな平城京《へいじょうきょう》」「鳴《な》くよううぐいす平安京《へいあんきょう》」と、意味《いみ》のある文章《ぶんしょう》に変《か》えて暗記《あんき》しやすくします。なんと＝７１０、鳴《な》くよ＝７９４というわけです。

数字《すうじ》を音《おと》に変《か》える

日本語《にほんご》の場合《ばあい》、１なら「いち」「ひとつ」、２なら「に」「じ」「ふたつ」、０なら「れい」「わ」「まる」などの音《おと》にかえることができます。これを利用《りよう》して、リズムのいい、意味《いみ》のある文章《ぶんしょう》にするのです。「にんがし」など、九九《くく》もそうやって覚《おぼ》えたのではないでしょうか？

３ケタの数字《すうじ》を暗記《あんき》するなんて楽勝《らくしょう》！　と思《おも》っている人《ひと》もいるかもしれません。でも高校生《こうこうせい》になるとこんな数字《すうじ》を暗記《あんき》しなくてはならなくなるんですよ。

「２・２３６０６７９」

じっとながめていても覚《おぼ》えられませんね。これを「富士山麓《ふじさんろく》にオウム鳴《な》く」と読《よ》むと、暗記《あんき》がしやすくなります。

やってみよう

数字《すうじ》の形《かたち》からお話《はなし》をつくる

語呂合《ごろあ》わせと同《おな》じくらい覚《おぼ》えやすいのが物語《ものがたり》にすること。日本語《にほんご》は語呂合《ごろあ》わせに向《む》いている言葉《ことば》なのですが、向《む》いていない言語《げんご》の国《くに》もあります。そういう国《くに》では２＝白鳥《はくちょう》、４＝ヨット、と似《に》ている形《かたち》を想像《そうぞう》してお話《はなし》をつくるそうです。あなたも数字《すうじ》を絵《え》に置《お》き換《か》えてお話《はなし》をつくってみましょう。

ひとくちメモ　実験《じっけん》では、無意味《むいみ》な数字《すうじ》でも7～9個《こ》まで、3ケタか4ケタに分《わ》けてなら覚《おぼ》えられるそうです。脳科学《のうかがく》の世界《せかい》では「マジカルナンバー7±2」として知《し》られています。ちょうど電話番号《でんわばんごう》と同《おな》じくらいですね。

歌や古典・芸能にまつわるお話

「ちいさい秋《あき》みつけた」の中《なか》の秋《あき》

9月24日

東京学芸大学附属竹早小学校《とうきょうがくげいだいがくふぞくたけはやしょうがっこう》
高須《たかす》みどり先生《せんせい》が書《か》きました

読《よ》んだ日《ひ》　月《がつ》　日《にち》　月《がつ》　日《にち》　月《がつ》　日《にち》

歌詞《かし》の中《なか》の秋《あき》

「ちいさい秋《あき》みつけた」という童謡《どうよう》の中《なか》には、大々的《だいだいてき》な秋《あき》の風景《ふうけい》ではなく、題名通《だいめいどお》り小《ちい》さな秋《あき》がいくつも登場《とうじょう》します。

1番《ばん》の歌詞《かし》に出《で》てくる「もず」は、鳥《とり》の名前《なまえ》です。漢字《かんじ》で「百舌《もず》」と書《か》きます。「百《ひゃく》の舌《した》」と書《か》く名前《なまえ》の由来《ゆらい》は、けたたましい声《こえ》でしょっちゅう鳴《な》くからとか、ほかの鳥《とり》の鳴《な》きまねが上手《じょうず》だからといわれています。モズは安全《あんぜん》に冬《ふゆ》を越《こ》すために、秋《あき》になると「ここは自分《じぶん》の縄張《なわば》りだ」と宣言《せんげん》します。鋭《するど》く高《たか》い声《こえ》で激《はげ》しく鳴《な》きたてるこの縄張《なわば》り宣言《せんげん》が、小《ちい》さな秋《あき》の風物詩《ふうぶつし》、というわけです。

2番《ばん》の歌詞《かし》を読《よ》むと、部屋《へや》が北向《きたむ》きであることがわかります。北向《きたむ》きの部屋《へや》に、すきまからひんやりした風《かぜ》が入《はい》ってくるのですね。秋《あき》を肌《はだ》で感《かん》じていることがよくわかる歌詞《かし》です。

3番《ばん》では、ハゼの葉《は》が色《いろ》づく様子《ようす》が歌《うた》われています。ハゼの木《き》は、カエデやツタと同《おな》じように、秋《あき》に葉《は》が赤《あか》くかわります。

庭《にわ》の中《なか》の秋《あき》から

この童謡《どうよう》を作詞《さくし》したサトウハチローは、当時《とうじ》、東京都文京区《とうきょうとぶんきょうく》に住《す》んでいました。自宅《じたく》の庭《にわ》にはハゼの木《き》が生《は》えていて、仕事部屋《しごとべや》の窓《まど》から見《み》えました。赤《あか》く色《いろ》づいたハゼの木《き》を見《み》て、ふと秋《あき》を感《かん》じ、「ちいさい秋《あき》みつけた」を作詞《さくし》したそうです。

また、自宅《じたく》の近《ちか》くには東京大学《とうきょうだいがく》農学部《のうがくぶ》の林《はやし》があり、モズなどの鳥《とり》の声《こえ》もよく聞《き》こえたそうですよ。

歌《うた》ってみよう

サトウハチロー作詞《さくし》の童謡《どうよう》

「うれしいひなまつり」や、「かわいいかくれんぼ」という童謡《どうよう》を聴《き》いたことはありますか？おうちの人《ひと》と一緒《いっしょ》に歌《うた》ってみましょう。

ひとくちメモ　サトウハチローの自宅《じたく》は岩手県北上市《いわてけんきたかみし》に移築《いちく》され、記念館《きねんかん》として公開《こうかい》されています。また、庭《にわ》のハゼの木《き》は東京都文京区《とうきょうとぶんきょうく》の後楽園駅《こうらくえんえき》近《ちか》くにある礫川公園《れきせんこうえん》に移植《いしょく》され、現在《げんざい》もその姿《すがた》を見《み》ることができます。

歌や古典・芸能にまつわるお話

徳川家康《とくがわいえやす》も愛読《あいどく》していた！『論語《ろんご》』という本《ほん》

9月 25日

元《もと》福岡県《ふくおかけん》春日市立《かすがしりつ》春日東小学校《かすがひがししょうがっこう》校長《こうちょう》
東《ひがし》 和男《かずお》先生《せんせい》が書《か》きました

読《よ》んだ日《ひ》　月《がつ》　日《にち》｜月《がつ》　日《にち》｜月《がつ》　日《にち》

徳川家康《とくがわいえやす》と『論語《ろんご》』

織田信長《おだのぶなが》、豊臣秀吉《とよとみひでよし》、徳川家康《とくがわいえやす》という武将《ぶしょう》の名前《なまえ》を知《し》っていますか。信長《のぶなが》は、戦《たたか》いの天才《てんさい》でした。秀吉《ひでよし》は農民《のうみん》から武士《ぶし》になり、天下《てんか》を取《と》りました。知恵《ちえ》があり、人《ひと》を引《ひ》きつける技《わざ》をもっていた人《ひと》です。

家康《いえやす》は二人《ふたり》に比《くら》べて、「これ」といったものがありませんでした。そこで、頼《たよ》りにしたのが本《ほん》で、特《とく》に『論語《ろんご》』を愛読《あいどく》していたといわれています。『論語《ろんご》』から学《まな》んだことを、いくさや国《くに》を治《おさ》める際《さい》に生《い》かしました。

たとえば、家康《いえやす》は新《あたら》しく自分《じぶん》の土地《とち》（領地《りょうち》）となった農民《のうみん》の年貢《ねんぐ》（税金《ぜいきん》）は、他《ほか》にくらべて安《やす》くしました。農民《のうみん》が安心《あんしん》して暮《く》らせるようにしたのです。これは『論《ろん》語《ご》』の中《なか》にある「政事《せいじ》を行《おこな》うのに徳《とく》をもってせよ」という教《おし》えに従《したが》ったものです。

『論語《ろんご》』は孔子《こうし》と弟子《でし》との合作《がっさく》？

孔子《こうし》は、今《いま》から二千五百年《にせんごひゃくねん》ほど前《まえ》、中国《ちゅうごく》で生《う》まれた大思想家《だいしそうか》です。孔子《こうし》の弟子《でし》たちは孔子《こうし》と語《かた》り合《あ》ったことを記憶《きおく》していて、これを思《おも》い出《だ》して自分《じぶん》の弟子《でし》たちに伝《つた》えました。口《くち》から口《くち》へと伝《つた》えていったわけです。それを孔子《こうし》の孫弟子《まごでし》たちの時代《じだい》にまとめたものが『論《ろん》語《ご》』です。語《かた》り伝《つた》えるなかで、自《し》然《ぜん》に短《みじか》くなって、コンパクトになった『論語《ろんご》』。以後《いご》、『論語《ろんご》』は、覚《おぼ》えやすい、魅力的《みりょくてき》な短《みじか》い言葉《ことば》として、いろいろな立場《たちば》の人々《ひとびと》に活《かつ》用《よう》されていきます。

調《しら》べてみよう

「論語《ろんご》読《よ》みの論語《ろんご》知《し》らず」

江戸時代《えどじだい》、『論語《ろんご》』がたくさんの人々《ひとびと》に読《よ》まれるようになります。そうすると、「論語《ろんご》読《よ》みの論語《ろんご》知《し》らず」のような皮肉《ひにく》も出《で》てきました。「知《ち》識《しき》」「実行《じっこう》」の二語《にご》を使《つか》って意味《いみ》を考《かんが》えてみましょう。

ひとくちメモ 『論語《ろんご》』は官吏《かんり》（役所《やくしょ》に勤《つと》める人《ひと》）の採用試験《さいようしけん》にも使《つか》われました。『論語《ろんご》』をよく理解《りかい》していないものは、試《し》験《けん》には通《とお》りません。『論語《ろんご》』『大学《だいがく》』『中庸《ちゅうよう》』『孟子《もうし》』は四書《ししょ》と呼《よ》ばれ、当時《とうじ》の官吏《かんり》たちの教養書《きょうようしょ》でした。

ものの名前にまつわるお話

昔話《むかしばなし》のヒーローは、梨太郎《なしたろう》じゃダメ？

9月

26日

東京学芸大学教育学部《とうきょうがくげいだいがくきょういくがくぶ》
中村和弘《なかむらかずひろ》先生《せんせい》が書《か》きました

読《よ》んだ日《ひ》　月《がつ》　日《にち》　月《がつ》　日《にち》　月《がつ》　日《にち》

「桃《もも》」の字《じ》に隠《かく》された秘密《ひみつ》

昔話《むかしばなし》に出《で》てくる人気者《にんきもの》といえば、すぐに桃太郎《ももたろう》を思《おも》い浮《う》かべる人《ひと》も多《おお》いでしょう。

モモは、大昔《おおむかし》に中国《ちゅうごく》から日本《にほん》へ伝《つた》わったといわれています。同《おな》じように、ナシやカキも古《ふる》くから日本《にほん》にある果物《くだもの》です。

でも、それらの果物《くだもの》の中《なか》で「モモから生《う》まれた桃太郎《ももたろう》」が最《もっと》も有名《ゆうめい》なのはなぜでしょう？

「桃《もも》」という漢字《かんじ》は、「トウ」とも読《よ》みます。「刀《とう》」や「逃《とう》」と同《おな》じ読《よ》み方《かた》ですね。「刀《とう》」には、悪《わる》いことを断《た》ち切《き》る、という意味《いみ》があります。また、「逃《とう》」という字《じ》は、災《わざわ》いから逃《のが》れることなどを表《あらわ》します。

桃太郎《ももたろう》と桃《もも》の節句《せっく》

古《ふる》くから、モモには、病気《びょうき》や災《わざわ》いを追《お》いはらう、魔《ま》よけの力《ちから》があると信《しん》じられてきました。そこから、桃太郎《ももたろう》のお話《はなし》が生《う》まれたともいわれています。

また、3月《がつ》3日《か》の桃《もも》の節句《せっく》（ひな祭《まつ》り）には、モモの花《はな》を飾《かざ》ってお祝《いわ》いをします。モモの木《き》には、悪《わる》いものを取《と》りのぞく不思議《ふしぎ》な力《ちから》があるとされます。それが、子供《こども》のすこやかな成長《せいちょう》を願《ねが》う行事《ぎょうじ》と結《むす》びついたのかもしれませんね。

知《し》っておこう

イチジクには花《はな》がない？

イチジクは、漢字《かんじ》で「無花果《いちじく》」と書《か》きます。たしかに、花《はな》が咲《さ》かないように見《み》えますが、じつは果実《かじつ》の内側《うちがわ》にたくさんの小花《こばな》をつけるのです。1つの実《み》で2500個《こ》もの小花《こばな》をつけるそうですから、本当《ほんとう》は「多花果」ですね。

ひとくちメモ　モモは、日本最古《にほんさいこ》の歴史書《れきししょ》『古事記《こじき》』にも登場《とうじょう》します。イザナギノミコトという神様《かみさま》が、死者《ししゃ》の国《くに》から逃《に》げ帰《かえ》るとき、追《お》ってきた軍隊《ぐんたい》に3個《こ》のモモの実《み》を投《な》げつけて追《お》い払《はら》ったと記《しる》されています。

話し方にまつわるお話

上手《じょうず》にスピーチしたい！ 言葉《ことば》づかいと話《はな》し方《かた》のコツ

9月27日

日本国語教育学会理事《にほんこくごきょういくがっかいりじ》
中島栄二《なかしまえいじ》先生《せんせい》が書《か》きました

読《よ》んだ日《ひ》　月《がつ》　日《にち》　月《がつ》　日《にち》　月《がつ》　日《にち》

しっかり聞《き》いてもらうために

朝《あさ》の３分間《ぶんかん》スピーチや、学習発表会《がくしゅうはっぴょうかい》などで、自分《じぶん》が体験《たいけん》したことや調《しら》べたこと、考《かんが》えたことなどを発表《はっぴょう》する機会《きかい》がありますね。スピーチで一番大事《いちばんだいじ》なことは、まず自分《じぶん》の考《かんが》えを相手《あいて》にしっかり伝《つた》えようとする気持《きも》ちをもつこと。そして自分《じぶん》の考《かんが》えや気持《きも》ちの根《ね》っこになる事実《じじつ》や体験《たいけん》をわかりやすく伝《つた》えることです。

そのためには、まず丁寧《ていねい》な言葉《ことば》づかいが大切《たいせつ》です。言葉《ことば》づかいを丁寧《ていねい》にすることによって話《はな》す内容《ないよう》が直接相手《ちょくせつあいて》の心《こころ》に届《とど》きやすくなります。相手《あいて》も「しっかり聞《き》こう」という気持《きも》ちになります。

問《と》いかけや誘《さそ》いかけが効果的《こうかてき》

聞《き》いている人《ひと》が思《おも》わず引《ひ》き込《こ》まれるようなスピーチにはコツがあります。それは、聞《き》いている人《ひと》に問《と》いかけたり、話《はなし》のまとめを上手《じょうず》に入《い》れた話《はな》し方《かた》をしたりすることです。

たとえば、自分《じぶん》がサッカーの試合《しあい》で思《おも》い出《で》に残《のこ》ったことを話《はな》しているとします。そんなときは、「みなさんは、サッカーは好《す》きですか」などと、問《と》いかけてから話《はな》すのです。そして、話《はなし》の終《お》わりに「みなさんもこのようなサッカーの体験《たいけん》をしてみませんか」と誘《さそ》いかけることで、自分《じぶん》の話《はなし》を印象的《いんしょうてき》にすることができますよ。

やってみよう

ちゃんと聞《き》くのも上達《じょうたつ》のひけつ

友達《ともだち》のスピーチを聞《き》いてよかったと思《おも》ったときに、どのような言葉《ことば》づかいや話《はな》し方《かた》をしていたかを、ノートにメモしてみましょう。

ひとくちメモ 自分《じぶん》の家族《かぞく》をさすのに「さん」や「様《さま》」「お○○…」は、つけません。「うちのお母《かあ》さんから『サッカーよく頑張《がんば》ったね』と言《い》われました」ではなく、「うちの母《はは》から〜と言《い》われました」と言《い》いましょう。

決まり文句・名文句にまつわるお話
おににかなぼう

「一心不乱《いっしんふらん》」はお経《きょう》から生《う》まれた

9月 28日

東京都大田区立矢口西小学校《とうきょうとおおたくりつやぐちにししょうがっこう》
福田勇輔《ふくだゆうすけ》先生《せんせい》が書《か》きました

読《よ》んだ日《ひ》　月《がつ》　日《にち》　月《がつ》　日《にち》　月《がつ》　日《にち》

もとは仏教《ぶっきょう》に由来《ゆらい》する言葉《ことば》

何《なに》かに打《う》ち込《こ》んで、一生懸命《いっしょうけんめい》に取《と》り組《く》むことを表《あらわ》す「一心不乱《いっしんふらん》」という言葉《ことば》があります。「一心不《いっしんふ》乱《らん》に練習《れんしゅう》した」というように使《つか》います。ひとつのことに集中《しゅうちゅう》して（一心《いっしん》）、他《ほか》のことに心《こころ》が乱《みだ》れない（不乱《ふらん》）姿《すがた》を、表《あらわ》したものです。あなたには一心不乱《いっしんふらん》になれることがありますか？

この言葉《ことば》、もともとは、仏教《ぶっきょう》に由来《ゆらい》する言葉《ことば》です。「一心不乱《いっしんふらん》に仏《ほとけ》を念《ねん》ずれば、必《かなら》ず阿弥陀《あみだ》さまがお迎《むか》えに来《き》てくださる」と、お経《きょう》のひとつ「阿弥陀経《あみだきょう》」にあります。仏教《ぶっきょう》というと、何《なに》かむずかしい感《かん》じもしますが、実《じつ》は身近《みぢか》なものなのですね。

節分《せつぶん》に豆《まめ》まきをしたり、食事《しょくじ》の時《とき》に手《て》を合《あ》わせたりと、季節《きせつ》の行《ぎょう》事《じ》や、普段《ふだん》の生活習慣《せいかつしゅうかん》などを表《あらわ》す言葉《ことば》の由来《ゆらい》を調《しら》べたら仏教《ぶっきょう》からだった、ということも少《すく》なくありません。

たくさんかくれています

「道《みち》でころんだけれど、大丈夫《だいじょうぶ》」「今日《きょう》の練習《れんしゅう》は、地獄《じごく》のノックだ」「昨日《きのう》のテレビ、超《ちょう》おもしろかったね」「廊下《ろうか》で先生《せんせい》にちゃんと会釈《えしゃく》したよ」

どれも、日常会話《にちじょうかいわ》で出《で》てくるものばかりですね。この中《なか》のどれかに仏教《ぶっきょう》に由来《ゆらい》する言葉《ことば》が隠《かく》れています。さて、どれでしょう。

答《こた》えは……、全部《ぜんぶ》です！「大丈《だいじょう》夫《ぶ》」「地獄《じごく》」「超《ちょう》」「会釈《えしゃく》」、どれも仏教《ぶっきょう》の言葉《ことば》なのです。「超《ちょう》」びっくりですね。

生活《せいかつ》の中《なか》にかくれている仏教《ぶっきょう》の言葉《ことば》を「一心不乱《いっしんふらん》」に探《さが》してみるのも、おもしろそうですね。

調《しら》べてみよう

季節《きせつ》の行事《ぎょうじ》

お彼岸《ひがん》、お盆《ぼん》、大晦日《おおみそか》の除夜《じょや》の鐘《かね》など、仏教《ぶっきょう》に関《かん》する行事《ぎょうじ》だけでなく、「初詣《はつもうで》」「七夕《たなばた》」「クリスマス」など、他《ほか》の宗教《しゅうきょう》に関係《かんけい》する行事《ぎょうじ》も日本文化《にほんぶんか》には根《ね》づいています。それぞれの由《ゆ》来《らい》を調《しら》べてみましょう。

ひとくちメモ　「一心不乱《いっしんふらん》」と似《に》た言葉《ことば》には、「一意専心《いちいせんしん》」や「無我夢中《むがむちゅう》」という言葉《ことば》もあります。

世界最古《せかいさいこ》の象形文字《しょうけいもじ》
ヒエログリフ

東京都練馬区立大泉学園桜小学校《とうきょうとねりまくりつおおいずみがくえんさくらしょうがっこう》
井原英昭《いはらひであき》先生《せんせい》が書《か》きました

読《よ》んだ日《ひ》　月《がつ》　日《にち》　月《がつ》　日《にち》　月《がつ》　日《にち》

6000文字《もじ》もあった

最《もっと》も古《ふる》い象形文字《しょうけいもじ》は、エジプトのヒエログリフといわれています。今《いま》から5000年以上《ねんいじょう》も前《まえ》につくられました。当時《とうじ》のエジプトの人《ひと》たちは、建物《たてもの》や天体《てんたい》、動物《どうぶつ》、植物《しょくぶつ》、人物《じんぶつ》など目《め》にしたものをくまなく文字《もじ》にしました。ヒエログリフを見《み》ていると、当時《とうじ》の生活《せいかつ》や文化《ぶんか》を感《かん》じることができます。

エジプト文字《もじ》の数《かず》は時代《じだい》によって異《こと》なり、ピラミッドが建造《けんぞう》されていた時代《じだい》では750文字《もじ》でしたが、その後《ご》6000文字《もじ》まで増《ふ》えたといわれています。

文字《もじ》の数《かず》が増《ふ》えたことで、人類《じんるい》史上初《しじょうはじ》めて書記《しょき》という文字《もじ》を書《か》く職業《しょくぎょう》が誕生《たんじょう》しました。書記《しょき》になるための学校《がっこう》もあり、数年間《すうねんかん》かけて一心不乱《いっしんふらん》に学《まな》ぶ必要《ひつよう》がありました。昔《むかし》も今《いま》も文字《もじ》を学《まな》ぶには根気《こんき》が必要《ひつよう》なのですね。

やがてアルファベットへ

絵文字《えもじ》のようなヒエログリフ。実《じつ》は、表音文字《ひょうおんもじ》（発音《はつおん》を表《あらわ》す文字《もじ》）としての使《つか》い方《かた》がほとんどなのです。

石碑《せきひ》に彫《ほ》られて残《のこ》された文章《ぶんしょう》には、アレクサンドロス大王《だいおう》やローマ皇帝《こうてい》カエサルなど、エジプト人《じん》にとっては外国人《がいこくじん》の名前《なまえ》も、ヒエログリフで記《しる》されています。表音《ひょうおん》文字《もじ》を兼《か》ね備《そな》えた文字《もじ》だからこそ、書《か》き表《あらわ》すことができたといえますね。

エジプトの文字《もじ》はその後《ご》ヨーロッパに伝《つた》わり、現在私《げんざいわたし》たちが使《つか》っているアルファベットになったといわれています。

調《しら》べてみよう

表音文字《ひょうおんもじ》と表意文字《ひょういもじ》

表音文字《ひょうおんもじ》はその文字《もじ》1つ1つに意味《いみ》はありません。音《おと》だけを表《あらわ》しています。ひらがな、カタカナがそうです。その逆《ぎゃく》が表意文字《ひょういもじ》で、1文字《もじ》に意味《いみ》があります。漢字《かんじ》がそうです。日本語《にほんご》はどちらも使《つか》われている珍《めずら》しい言葉《ことば》です。他《ほか》の国《くに》の言葉《ことば》も調《しら》べてみましょう。

ひとくちメモ 象形文字《しょうけいもじ》とは絵《え》と文字《もじ》の中間《ちゅうかん》のようなものです。119ページにも絵文字《えもじ》やヒエログリフのお話《はなし》がのっていますよ。

季節やたのしい行事のお話

「月《つき》見《み》る月《つき》はこの月《つき》の月《つき》」中秋《ちゅうしゅう》の名月《めいげつ》

9月 30日

静岡《しずおか》県《けん》富士宮《ふじのみや》市立《しりつ》稲子《いなこ》小学校《しょうがっこう》
芦川幹弘《あしかわみきひろ》先生《せんせい》が書《か》きました

読《よ》んだ日《ひ》　月《がつ》　日《にち》　月《がつ》　日《にち》　月《がつ》　日《にち》

月《つき》との深《ふか》い関《かか》わり

昔《むかし》の暦《こよみ》では、秋《あき》は8・9月《がつ》でしたので、中秋《ちゅうしゅう》の名月《めいげつ》といえば、8月《がつ》15日《にち》の月《つき》を指《さ》していました。十《じゅう》五夜《ごや》ともいいます。今《いま》の暦《こよみ》では、9月《がつ》から10月《がつ》の始《はじ》めになり、必《かなら》ずしも満月《まんげつ》ではないものの、ほぼ近《ちか》い形《かたち》になります。

俳句《はいく》で「月《つき》」が秋《あき》の季語《きご》なのも、中秋《ちゅうしゅう》の名月《めいげつ》があるからでしょう。千年《せんねん》以上《いじょう》前《まえ》にも、「月々《つきづき》に月見《つきみ》る月《つき》は多《おお》けれど月見《つきみ》る月《つき》はこの月《つき》の月《つき》」と中秋《ちゅうしゅう》の名月《めいげつ》のすばらしさを歌《うた》っています。

子供《こども》たちの楽《たの》しみ

中秋《ちゅうしゅう》の名月《めいげつ》には、「すすき」「おだんご」「その地域《ちいき》の収穫物《しゅうかくぶつ》」などを供《そな》えました。さといもを供《そな》えることもあるので、「いも名月《めいげつ》」ともいわれます。地方《ちほう》によっては、子供《こども》が家《いえ》の庭《にわ》に忍《しの》び込《こ》み、おまんじゅうを食《た》べることもありました。このときだけは、おまんじゅうを盗《ぬす》んで食《た》べても叱《しか》られませんでした。食《た》べ物《もの》が貴重《きちょう》で、今《いま》よりも娯《ご》楽《らく》の少《すく》ない時代《じだい》には、子供《こども》たちにとって楽《たの》しい遊《あそ》びだったのでしょう。昭和《しょうわ》40年代頃《ねんだいごろ》までは、あちこちにお供《そな》えをしている家《いえ》がありました。

見《み》てみよう

さまざまな月《つき》のかたち

月《つき》は地球《ちきゅう》をまわる衛星《えいせい》。地球《ちきゅう》に暮《く》らす人間《にんげん》にとっては身近《みぢか》な天体《てんたい》です。日本語《にほんご》も三日《みか》月《づき》、十六夜《いざよい》など月《つき》の形《かたち》を表《あらわ》す言葉《ことば》は豊富《ほうふ》です。現在《げんざい》でも、月食《げっしょく》や、月《つき》と地球《ちきゅう》の距離《きょり》が近《ちか》い時《とき》に満月《まんげつ》となるスーパームーンなどの現象《げんしょう》は話題《わだい》になります。月《つき》のきれいな夜《よる》は、月《つき》を眺《なが》めてみましょう。

ひとくちメモ 夏目漱石《なつめそうせき》が「I love you.」を「月《つき》がきれいだねと訳《やく》しなさい」と学生《がくせい》に言《い》ったという話《はなし》があります。日本人《にほんじん》の奥《おく》ゆかしさと月《つき》への愛着《あいちゃく》を感《かん》じる日本語訳《にほんごやく》ですね。

10月

神無月

－かんなづき－

October

日本語をめぐる言葉のお話

あ

はんこは大切《たいせつ》なものにつける印《しるし》

10月 1日

東京《とうきょう》学芸《がくげい》大学《だいがく》附属《ふぞく》竹早《たけはや》小学校《しょうがっこう》
荻野《おぎの》 聡《さとし》先生《せんせい》が書《か》きました

読《よ》んだ日《ひ》　月《がつ》　日《にち》｜月《がつ》　日《にち》｜月《がつ》　日《にち》

正式《せいしき》な書類《しょるい》、本人《ほんにん》であることの印《しるし》

はんこは、その書類《しょるい》や文章《ぶんしょう》が正《せい》式《しき》な物《もの》だと証明《しょうめい》する印《しるし》をつけるために使《つか》われます。日本《にほん》では、公式《こうしき》な届《とど》け出《で》や、正式《せいしき》な契約書《けいやくしょ》などには、名前《なまえ》を書《か》いた後《あと》にはんこを押《お》します。

日本《にほん》で一番古《いちばんふる》いはんことといわれているのが、1784年《ねん》に福《ふく》岡県《おかけん》の志賀島《しかのしま》で発見《はっけん》された金《きん》印《いん》です。この金印《きんいん》は、中国《ちゅうごく》の昔《むかし》の王様《おうさま》である光武帝《こうぶてい》という人物《じんぶつ》から西暦《せいれき》57年《ねん》に贈《おく》られた『漢委奴国王《かんのわのなのこくおう》』と彫《ほ》られたものであることがわかっています。昔《むかし》の中国《ちゅうごく》では、伝国璽《でんこくじ》といって、国《くに》を治《おさ》める皇帝《こうてい》の権力《けんりょく》のシンボルとしてはんこが使《つか》われていたこともありました。

現在《げんざい》のように、日本《にほん》ではんこが使《つか》われるようになったのは、明治《めいじ》6（1873）年《ねん》10月1日《がつついたち》のことです。書類《しょるい》に名《な》前《まえ》を記《しる》したはんこを押《お》すことで、本人《ほんにん》であることを証明《しょうめい》します。お家《うち》の人《ひと》が学校《がっこう》に提出《ていしゅつ》する書類《しょるい》に、はんこを押《お》すのを見《み》たことがありますよね？

書体《しょたい》でイメージがちがう

はんこに使《つか》われる書体《しょたい》にはいくつか種類《しゅるい》があります。ふだん目《め》にする文字《もじ》に近《ちか》い「楷書体《かいしょたい》」や、字《じ》をくずして風格《ふうかく》が感《かん》じられる「篆《てん》書体《しょたい》」などがあります。同《おな》じ文字《もじ》のはんこでも、書体《しょたい》によってイメージが大《おお》きく変《か》わります。

つくってみよう

消《け》しゴムはんこ

消《け》しゴムを使《つか》って、オリジナルはんこをつくることもできます。まずはトレーシングペーパーに好《す》きな絵柄《えがら》や文字《もじ》を書《か》き、それを消《け》しゴムに押《お》し当《あ》てて転写《てんしゃ》。その後《ご》、彫刻刀《ちょうこくとう》でインクをつけたい部分以外《ぶぶんいがい》を彫《ほ》っていきます。彫《ほ》り終《お》わったらインクをつけて試《ため》し押《お》ししてみましょう。彫《ほ》り残《のこ》しがあればさらに彫刻刀《ちょうこくとう》で調整《ちょうせい》します。

ひとくちメモ　年賀状《ねんがじょう》や暑中見舞《しょちゅうみま》いなどで使《つか》うスタンプもはんこの仲間《なかま》です。はんこを使《つか》うと、同《おな》じ図柄《ずがら》を何度《なんど》もくり返《かえ》し押《お》すことができます。

可憐《かれん》な野《の》の花《はな》 秋《あき》の七草《ななくさ》

東京学芸大学附属竹早小学校《とうきょうがくげいだいがくふぞくたけはやしょうがっこう》
高須《たかす》みどり先生《せんせい》が書《か》きました

読《よ》んだ日《ひ》　月《がつ》　日《にち》　月《がつ》　日《にち》　月《がつ》　日《にち》

野《の》に咲《さ》く秋《あき》の花々《はなばな》

季節《きせつ》が移《うつ》ると、咲《さ》いている花《はな》の種類《しゅるい》がすっかり変《か》わりますね。春《しゅん》夏秋冬《かしゅうとう》の、それぞれの季節《きせつ》を代表《だいひょう》する花《はな》というと、みなさんはなにを思《おも》い浮《う》かべますか。

昔《むかし》から俳句《はいく》で「花《はな》」というと、桜《さくら》のことを指《さ》し、春《はる》の季語《きご》です。では、「花野《はなの》」はどんな花《はな》が咲《さ》いている風景《ふうけい》のことでしょう。「花野《はなの》」は、秋《あき》の花《はな》が咲《さ》きみちる野原《のはら》のことをいい、秋《あき》の季語《きご》です。春《はる》に咲《さ》く代表的《だいひょうてき》な花《はな》は、梅《うめ》や桃《もも》、桜《さくら》など、木《き》に咲《さ》く花《はな》です。これに対《たい》して秋《あき》は、萩《はぎ》や野菊《のぎく》、女郎花《おみなえし》など、野《の》に咲《さ》く草《くさ》の花《はな》が多《おお》いようです。

秋《あき》の七草《ななくさ》は食《た》べない

春《はる》の七草《ななくさ》は有名《ゆうめい》ですが、秋《あき》にも七草《ななくさ》があるのを知《し》っていますか。秋《あき》の七草《ななくさ》は、奈良時代《ならじだい》の山上憶良《やまのうえのおくら》という歌人《かじん》が詠《よ》んだ歌《うた》が始《はじ》まりといわれています。『万葉集《まんようしゅう》』という歌集《かしゅう》に、二首続《にしゅつづ》けて憶良《おくら》の歌《うた》が載《の》っています。「秋《あき》の野《の》に咲《さ》きたる花《はな》を指折《およびお》りかき数《かぞ》ふれば七種《ななくさ》の花《はな》」、「萩《はぎ》の花《はな》尾花葛花瞿麦《おばなくずばななでしこ》の花《はな》女郎花《おみなえし》また藤袴朝貌《ふじばかまあさがお》の花《はな》」です。

「尾花《おばな》」とはススキのことです。「朝貌《あさがお》」は、現在《げんざい》の朝顔《あさがお》の花《はな》ではなく、キキョウのことだといわれています。春《はる》の七草《ななくさ》は、一年《いちねん》の無《む》病息災《びょうそくさい》を願《ねが》い、七草粥《ななくさがゆ》にして食《た》べるものですが、秋《あき》の七草《ななくさ》は、見《み》て楽《たの》しむためのものです。憶良《おくら》は、秋《あき》の野《の》を彩《いろど》る花《はな》の代表選手《だいひょうせんしゅ》として、萩《はぎ》や尾花《おばな》をあげたのでしょう。

探《さが》してみよう

花屋《はなや》でも見《み》つかる秋《あき》の草花《くさばな》

ススキや女郎花《おみなえし》は郊外《こうがい》の空《あ》き地《ち》や河原《かわら》などで見《み》つけることができます。桔梗《ききょう》や撫子《なでしこ》は、秋《あき》になると園芸店《えんげいてん》で売《う》られています。秋《あき》の七草《ななくさ》以外《いがい》にも、春《はる》や夏《なつ》とはちがう秋《あき》の花《はな》を探《さが》してみましょう。

ひとくちメモ　萩《はぎ》は秋《あき》を代表《だいひょう》する花《はな》で、その名《な》も草《くさ》かんむりに秋《あき》と書《か》いて「はぎ」と読《よ》ませます。8月《がつ》から10月《がつ》にかけて、チョウに似《に》た形《かたち》の白《しろ》や赤紫色《あかむらさきいろ》の可愛《かわい》らしい花《はな》を咲《さ》かせます。

言葉で遊ぼう あいう

ことわざ&故事成語《こじせいご》 クロスワードパズル2

10月 3日

読《よ》んだ日《ひ》　月《がつ》　日《にち》｜月《がつ》　日《にち》｜月《がつ》　日《にち》

ここで国語《こくご》の力《ちから》を試《ため》すクロスワードパズルを紹介《しょうかい》します。決《き》まり文句《もんく》としてよく使《つか》われることわざや故事成語《こじせいご》を知《し》っているとうまく解《と》けますよ！　(問題制作《もんだいせいさく》：日髙大介《ひだかだいすけ》)

※小《ちい》さい「っ」などは、大《おお》きい「つ」などと同《おな》じ文字《もじ》としてあつかいます。

ひとくちメモ　A～Eを順番《じゅんばん》にならべると言葉《ことば》になるよ。全部《ぜんぶ》解《と》けたら○○○○○になってもいいよ！
(答《こた》えは348ページへ)

タテのカギ

1 信用《しんよう》していた人《ひと》に裏切《うらぎ》られること「○○○を飲《の》まされる」

2 四字熟語《よじじゅくご》。考《かんが》えていることが、言葉《ことば》を使《つか》わず相手《あいて》に伝《つた》わるという意味《いみ》

4 メリーゴーラウンドのことを日本語《にほんご》ではこういいます

5 人間《にんげん》の口《くち》から出《で》る見《み》えないもの。ため息《いき》のことを「青息《あおいき》○○○」

7 「猫《ねこ》に小判《こばん》」と同《おな》じ意味《いみ》のことわざ「○○に真珠《しんじゅ》」

10 足《あし》を描《えが》き加《くわ》えて失敗《しっぱい》した故事《こじ》に由来《ゆらい》。「余《よ》分《ぶん》なもの」のたとえ

11 「朱《しゅ》に交《まじ》われば赤《あか》くなる」「尻《しり》が青《あお》い」「紺《こう》屋《や》の白袴《しろばかま》」など、○○を使《つか》ったことわざも多数《たすう》

14 家《いえ》の一部《いちぶ》。迷惑《めいわく》をかけた人《ひと》の家《いえ》に行《い》きにくいこと「○○○が高《たか》い」

15 「○○より量《りょう》」など、なにかと「量《りょう》」と比《ひ》較《かく》される言葉《ことば》

18 恥《は》ずかしいときに火《ひ》が出《で》たり、恥《はじ》をかかせたときに泥《どろ》を塗《ぬ》ったり

ヨコのカギ

1 回《まわ》りくどくて、もどかしいこと「○○○から目薬《めぐすり》」

3 後戻《あともど》りすることを表《あらわ》す慣用句《かんようく》「きびすを返《かえ》す」の「きびす」とは、足《あし》のこの部分《ぶぶん》のこと

6 貧乏神《びんぼうがみ》が持《も》っているのは「○○うちわ」、甘《あま》くない柿《かき》は「○○柿《がき》」

8 江戸末期《えどまっき》の有名《ゆうめい》な大老《たいろう》「○○直弼《なおすけ》」

9 四字熟語《よじじゅくご》。「へへん、こんなの簡単《かんたん》だよ」と思《おも》っていたら大失敗《だいしっぱい》！

12 着物《きもの》の一部《いちぶ》。「無《な》い○○は振《ふ》れない」「○○振《ふ》り合《あ》うも多生《たしょう》の縁《えん》」など

13 江戸《えど》いろはがるたにも出《で》てくることわざ「○○より証拠《しょうこ》」

14 植物《しょくぶつ》の蘭《らん》、竹《たけ》、菊《きく》、梅《うめ》の４種《しゅ》を、４人《にん》の徳《とく》のある人達《ひとたち》にたとえてこういいます

16 これと栗《くり》は三年《さんねん》、柿《かき》は八年《はちねん》

17 太宰治《だざいおさむ》の代表作《だいひょうさく》といえば『人間《にんげん》○○○○』

19 考《かんが》えや説教《せっきょう》のこと。ことわざ「親《おや》の○○○と茄子《なす》の花《はな》は千《せん》に一《ひと》つも無駄《むだ》はない」

20 ススキの別名《べつめい》。「幽霊《ゆうれい》の正体《しょうたい》見《み》たり枯《か》れ○○○」などといいます

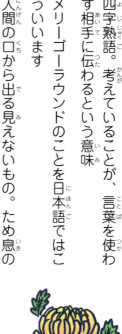

歌《うた》や古典《こてん》・芸能《げいのう》にまつわるお話《はなし》

「あかとんぼ」のふしぎ

10月4日

東京都葛飾区立清和小学校校長《とうきょうとかつしかくりつせいわしょうがっこうこうちょう》
朴木一史《ほおのきかずし》先生《せんせい》が書《か》きました

読《よ》んだ日《ひ》　月《がつ》　日《にち》　月《がつ》　日《にち》　月《がつ》　日《にち》

アクセントと音程《おんてい》は同《おな》じに

「夕焼《ゆうや》け、小焼《こや》けの、あかとんぼ」みなさんがよく知《し》っている童謡《どうよう》ですね。今《いま》から90年以上前《ねんいじょうまえ》の1921（大正《たいしょう》10）年《ねん》に、三木露風《みきろふう》が子供《こども》のころ過《す》ごしたふるさとへのなつかしい思《おも》いからつくりました。その後《ご》、1927（昭和《しょうわ》2）年《ねん》に山田耕筰《やまだこうさく》が曲《きょく》をつけています。

曲《きょく》をつくった山田耕筰《やまだこうさく》にはあるこだわりがありました。それは、歌詞《かし》に使《つか》われる言葉《ことば》のアクセントと音程《おんてい》を、できる限《かぎ》り同《おな》じにすることです。日本語《にほんご》でのアクセントとは、その言葉《ことば》のどこを高《たか》く発音《はつおん》するかの決《き》まりです。同《おな》じ音《おん》でもアクセントがちがうと、ちがうものになりますよね。たとえば「はし」。川《かわ》を渡《わた》る「橋《はし》」なのか、ごはんを食《た》べる時《とき》に使《つか》う「箸《はし》」なのか。地方《ちほう》によってちがう場合《ばあい》もありますが、日本語《にほんご》にとって、アクセントはとても大事《だいじ》なきまりです。

「あ」かとんぼ？　あ「か」とんぼ？

「あかとんぼ」は、共通語《きょうつうご》では、

あ「か」とんぼ

と、「あ」よりも「か」を高《たか》く読《よ》みます。

しかし、アクセント通《どお》りの音程《おんてい》にこだわったとされる童謡《どうよう》「赤《あか》とんぼ」を聞《き》いてみると

「あ」かとんぼ

と、「あ」を高《たか》い音程《おんてい》で歌《うた》っています。どうしてでしょう？

実《じつ》は、曲《きょく》がつくられた頃《ころ》、90年《ねん》前《まえ》の東京地方《とうきょうちほう》では、「あかとんぼ」は「あ」を高《たか》く読《よ》んでいたのです。その後《ご》、東京地方《とうきょうちほう》の「あかとんぼ」のアクセントは、後《うし》ろにずれたのです。

声《こえ》に出《だ》してみよう

アクセント位置《いち》は変化《へんか》する

「ドラマ」「バイク」「ビデオ」は、どこを高《たか》く読《よ》むでしょうか。お家《うち》の人《ひと》と言《い》い合《あ》ってみましょう。

実《じつ》は

ドラマ　バイク　ビデオ

と、もともとは言葉《ことば》の初《はじ》めを高《たか》く読《よ》むのが本来《ほんらい》の読《よ》み方《かた》でしたが、最近《さいきん》では

ドラマ　バイク　ビデオ

と、アクセントが後《うし》ろにずれてきています。特《とく》にカタカナで表《あらわ》される外来語《がいらいご》にこのような現象《げんしょう》が見《み》られます。

ひとくちメモ　読売《よみうり》ジャイアンツの「巨人《きょじん》」は、「きょじん」と語《ご》の初《はじ》めを高《たか》く読《よ》み、とても大《おお》きな人《ひと》という意味《いみ》の「巨人《きょじん》」は、「きょじん」と後《うし》ろを高《たか》く読《よ》みます。チーム名《めい》など語《ご》の初《はじ》めを高《たか》く読《よ》んだ方《ほう》が強《つよ》く感《かん》じますね。

比《くら》べてみよう たて書《が》きと横《よこ》書《が》き

10月 5日

筑波大学附属小学校《つくばだいがくふぞくしょうがっこう》
青木伸生《あおきのぶお》先生《せんせい》が書《か》きました

読《よ》んだ日《ひ》　月《がつ》　日《にち》　月《がつ》　日《にち》　月《がつ》　日《にち》

両方《りょうほう》あるのは珍《めずら》しい

日本語《にほんご》は、たてにも横《よこ》にも書《か》くことができますね。じつはこれはとても珍《めずら》しいことなのです。

英語《えいご》のアルファベットは、基本《きほん》的《てき》に横《よこ》にしか書《か》きません。しかも必《かなら》ず左《ひだり》から右《みぎ》に向《む》かって横《よこ》に書《か》き進《すす》めていきます。

アルファベットと同《おな》じように、左《ひだり》から右《みぎ》に書《か》き進《すす》める言語《げんご》には、ロシア語《ご》、ギリシャ語《ご》などがあります。右手《みぎて》で文字《もじ》を書《か》く手《て》の動《うご》きにも合《あ》っているように感《かん》じますね。

一方《いっぽう》で、同《おな》じ横書《よこが》きでも、世界《せかい》には、右《みぎ》から左《ひだり》に向《む》かって書《か》き進《すす》める言葉《ことば》もあるのです。アラビア語《ご》やヘブライ語《ご》などがそうです。

日本語《にほんご》の文字《もじ》は、もともと漢字《かんじ》から出発《しゅっぱつ》していますから、基本的《きほんてき》にはたて書《が》きされてきました。上《うえ》から下《した》へ、そして右《みぎ》から左《ひだり》へと書《か》き進《すす》められるのが日本語《にほんご》の特徴《とくちょう》です。横《よこ》に長《なが》い額《がく》で、右《みぎ》から左《ひだり》に横《よこ》書《が》きされているように見《み》えるものがありますが、あれは、たてに一《いち》字《じ》ずつ行《ぎょう》をかえて書《か》かれた、と考《かんが》えればわかりやすいですね。

西洋《せいよう》の言葉《ことば》を訳《やく》すのに便利《べんり》

では、日本《にほん》は、いつから横書《よこが》きでも書《か》くようになったのでしょう。

それは江戸時代《えどじだい》の後期《こうき》、西洋《せいよう》からいろいろな書物《しょもつ》が入《はい》ってくるようになったころといわれています。外国語《がいこくご》の言葉《ことば》で書《か》かれた本《ほん》を日本《にほん》語《ご》に訳《やく》すときに、左《ひだり》から右《みぎ》に進《すす》む横書《よこが》きで書《か》くのが都合《つごう》がよかったようです。

日本語《にほんご》と同《おな》じように、たて書《が》きも横書《よこが》きもできる言葉《ことば》に、朝鮮《ちょうせん》のハングル文字《もじ》があります。日本語《にほんご》は、漢字《かんじ》とひらがな、カタカナの交《ま》ぜ書《が》きで書《か》かれますね。韓国《かんこく》では、漢字《かんじ》とハングル文字《もじ》が交《ま》ぜ書《が》きで書《か》き表《あらわ》されます。

比《くら》べてみよう

たて書《が》きの本《ほん》と横書《よこが》きの本《ほん》

たて書《が》きか横書《よこが》きかは本《ほん》のつくりに大《おお》いに関係《かんけい》します。お家《うち》にある本《ほん》から探《さが》してみましょう。たて書《が》きの場合《ばあい》、表紙《ひょうし》を右《みぎ》から左《ひだり》へ開《ひら》くことになります。一方《いっぽう》、横書《よこが》きは逆《ぎゃく》です。左《ひだり》から右《みぎ》へ開《ひら》きます。比《くら》べてみてください。

ひとくちメモ この頃《ごろ》は、日本語《にほんご》もたて書《が》きよりも横書《よこが》きが多《おお》くなってきているように思《おも》います。ハングルも、横書《よこが》きで表《ひょう》記《き》されることが多《おお》くなってきているようです。

ちょっとむずかしい言葉 辞典

鍬《くわ》と計画《けいかく》には深《ふか》い関係《かんけい》があった!?

10月 6日

学校教育支援《がっこうきょういくしえん》センター練馬《ねりま》
眞瀬敦子《ませあつこ》先生《せんせい》が書《か》きました

読《よ》んだ日《ひ》　月《がつ》　日《にち》　月《がつ》　日《にち》　月《がつ》　日《にち》

背伸《せの》びして遠《とお》くを見《み》ること

何《なに》かを計画《けいかく》することを、「企《くわだ》てる」といいます。この言葉《ことば》は古《ふる》く（近世前期頃《きんせいぜんきごろ》まで）は、「くわたつ」といいました。

この「くわたつ」の「くわ」とは、足首《あしくび》のことです。ですから、「くわたつ」は〝足首《あしくび》を立《た》てる〟つまり〝足《あし》をつま先立《さきだ》てる、背伸《せの》びをする〟という意味《いみ》でした。それが、〝足《あし》をつま先立《さきだ》て、遠《とお》くを望《のぞ》む〟→〝実現《じつげん》を待《ま》ち望《のぞ》む〟という気持《きも》ちを表《あらわ》す言葉《ことば》となり、〝思《おも》い立《た》つ、計画《けいかく》する〟という今《いま》の意《い》味《み》になったのです。

ちなみに、畑《はたけ》などを耕《たがや》す「鍬《くわ》」は日本《にほん》でつくられた漢字《かんじ》ですが、「くわたつ」の「くわ」と同《おな》じ「足首《あしくび》」が直角《ちょっかく》に曲《ま》がっている形《かたち》から来《き》ている言葉《ことば》です。そういえば鍬《くわ》の鉄《てつ》の板《いた》の部分《ぶぶん》は、足首《あしくび》のような角度《かくど》で木《き》の柄《え》についていますね。

「企画《きかく》」と「計画《けいかく》」

「企《くわだ》てる」の意味《いみ》は〝何《なに》かを計画《けいかく》すること〟。でも同《おな》じような意味《いみ》で、「企」の字《じ》を使《つか》った「企画《きかく》」という言葉《ことば》もありますね。この2つの意味《いみ》はとても似《に》ていて、いろいろな辞書《じしょ》を引《ひ》いてみてもちょっとわかりづらいのです。そんなときは漢字《かんじ》を見《み》てみましょう。

「企」は、〝何《なに》かをしたいなあと考《かんが》え、その実現《じつげん》を待《ま》ち望《のぞ》む気持《きも》ち〟ですから、「企画《きかく》」の意味《いみ》は〝自分《じぶん》がやりたいと思《おも》うことの目《もく》的《てき》や理由《りゆう》を考《かんが》えること〟。

一方《いっぽう》「計画《けいかく》」の「計《けい》」は、「言《げん》」と数字《すうじ》を意味《いみ》する「十《じゅう》」を合《あ》わせた文字《もじ》で、〝口《くち》で呼《よ》び上《あ》げて数字《すうじ》を数《かぞ》えまとめること〟。ですから、「計画《けいかく》」は〝やるべきことの具体《ぐたい》的《てき》な方法《ほうほう》や手順《てじゅん》を考《かんが》えること〟となります。

考《かんが》えてみよう

どっちかな?

企画《きかく》と計画《けいかく》を使《つか》い分《わ》ける練習《れんしゅう》をしてみましょう。
「旅行《りょこう》」はどうでしょう？
企画《きかく》する？　計画《けいかく》する？
どちらも使《つか》えますね。
では「銀行強盗《ぎんこうごうとう》」はどうでしょう？
いい例《れい》ではありませんが、これは「計画《けいかく》」のほうが良《よ》さそうです。

ひとくちメモ　ビジネス用語《ようご》の辞典《じてん》にも、「良《よ》い企画書《きかくしょ》とは、自分《じぶん》の目的《もくてき》やそのことを行《おこな》う理由《りゆう》を上手《うま》く相手《あいて》に伝《つた》えられること。計画書《けいかくしょ》は、具体的《ぐたいてき》な手順《てじゅん》がわかりやすく順《じゅん》を追《お》って整理《せいり》されているもの」と書《か》いてあります。

書いたりつくったりしたくなるお話

オリジナル新聞《しんぶん》をつくってみよう

10月 7日

東京経営短期大学《とうきょうけいえいたんきだいがく》こども教育学科《きょういくがっか》
井出一雄《いでかずお》先生《せんせい》が書《か》きました

読《よ》んだ日《ひ》　月《がつ》　日《にち》｜月《がつ》　日《にち》｜月《がつ》　日《にち》

キミの気《き》になることを記事《きじ》に

秘密基地《ひみつきち》や公園《こうえん》のような、家《いえ》の近所《きんじょ》のお気《き》に入《い》りの場所《ばしょ》、いつも行《い》くお菓子屋《かしや》さんのようなお気《き》に入《い》りのお店《みせ》、自分《じぶん》が大切《たいせつ》にしているお稽古事《けいこごと》など、今関心《いまかんしん》があることを身近《みぢか》な人《ひと》に知《し》らせてみませんか。一般《いっぱん》の新聞《しんぶん》には決《けっ》してのらないけれど、ワクワク、ドキドキ感《かん》のある新聞《しんぶん》になることまちがいありません。

このオリジナル新聞《しんぶん》では、あなたが最近感動《さいきんかんどう》したことを伝《つた》えたり身近《みぢか》な出来事《できごと》をニュースとして伝《つた》えたりすることができます。お店《みせ》の人《ひと》や先生《せんせい》など、気《き》になる人《ひと》を取材《しゅざい》してもいいですね。

新聞記者《しんぶんきしゃ》になって

まずは書《か》く主題《しゅだい》（テーマ）を一《ひと》つ決《き》めましょう。それから、次《つぎ》のような段取《だんど》りで記事《きじ》をつくります。

①テーマに関《かん》して本《ほん》やインターネットなどで調《しら》べる。
②関係《かんけい》する方《かた》を取材《しゅざい》する。
③調《しら》べたりインタビューをしたりしたことをメモにまとめる。
④記事《きじ》の内容《ないよう》に必要《ひつよう》な写真《しゃしん》や資料《しりょう》を集《あつ》める。
⑤取材《しゅざい》が終《お》わったら、何《なに》も書《か》いていない新聞用紙《しんぶんようし》に、見出《みだ》し（本文《ほんぶん》の内容《ないよう》を一言《ひとこと》でまとめた言葉《ことば》）・リード文《ぶん》（本文《ほんぶん》の内容《ないよう》を短《みじか》くまとめた文《ぶん》や文章《ぶんしょう》）・本文《ほんぶん》をどこに書《か》くか決《き》める。

⑥本文《ほんぶん》と関係《かんけい》する写真《しゃしん》・絵《え》、資料《しりょう》をどこに配置《はいち》するかを考《かんが》える（⑤～⑥のことを「わりつけ」といいます）。

わりつけができたら、実際《じっさい》に記事《じ》を書《か》き、完成《かんせい》したら本番《ほんばん》の紙《かみ》に清書《せいしょ》します。記事《きじ》には「いつ、どこで、だれが、何《なに》を、どうした」は必《かなら》ず入《い》れて書《か》きましょう。

ひとくちメモ　新聞《しんぶん》のリード文《ぶん》とは、「前文《ぜんぶん》」といい、本文《ほんぶん》の内容《ないよう》を要約《ようやく》したものです。見出《みだ》しと本文《ほんぶん》の間《あいだ》に置《お》かれ、本文《ほんぶん》の内容《ないよう》の４分の１から５分の１程度《ていど》の分量《ぶんりょう》で書《か》かれています。

話し方にまつわるお話

やっぱり敬語《けいご》ってムズカシイ！

10月 8日

東京都《とうきょうと》練馬区立《ねりまくりつ》大泉学園《おおいずみがくえん》桜小学校《さくらしょうがっこう》
井原英昭《いはらひであき》先生《せんせい》が書《か》きました

読《よ》んだ日《ひ》　月《がつ》　日《にち》｜　月《がつ》　日《にち》｜　月《がつ》　日《にち》

ありがちな敬語《けいご》のまちがい

「お客様《きゃくさま》がお見《み》えになられる」。この敬語《けいご》はまちがっています。どこがおかしいか、わかりますか？

正《ただ》しくは、「お客様《きゃくさま》がお見《み》えになる」です。例文《れいぶん》は、「お見《み》えになる」と、「～れる」という尊敬《そんけい》表現《ひょうげん》が2つ重《かさ》なっていますね。これはまちがいやすい敬語《けいご》で、「二重敬語《にじゅうけいご》」といいます。1つでよい敬語《けいご》を2つ重《かさ》ねてしまうと、くどくなってしまいます。

では、次《つぎ》の二重敬語《にじゅうけいご》を正《ただ》しく直《なお》してみましょう。

「先《さき》ほどお出《で》かけになられました」。「お出《で》かけ」も「られました」も尊敬表現《そんけいひょうげん》です。どちらか1つにしぼって、「お出《で》かけになりました」とするか、「お」を取《と》って「出《で》かけられました」とするのが正解《せいかい》です。

自分《じぶん》がへりくだる謙譲語《けんじょうご》

次《つぎ》は、役所《やくしょ》でのやりとりです。役所《やくしょ》を訪《おとず》れた人《ひと》が「この書類《しょるい》は、どこに出《だ》せばいいですか？」と職員《しょくいん》にたずねました。すると、職員《しょくいん》は「受付《うけつけ》で伺《うかが》ってください」と答《こた》えました。この敬語《けいご》は、どこがまちがっているのでしょうか？

「伺《うかが》う」は謙譲語《けんじょうご》です。自分《じぶん》や身内《みうち》がへりくだって使《つか》う敬語《けいご》なので、相手《あいて》に使《つか》ってはいけません。正《ただ》しくは、「受付《うけつけ》でおたずねください」です。敬語《けいご》ってむずかしいですね！

やってみよう

まちがいやすい敬語《けいご》クイズ

次《つぎ》の文章《ぶんしょう》を、正《ただ》しい敬語《けいご》に直《なお》してみましょう。答《こた》えは「ひとくちメモ」にあります。

①明日《あす》は休《やす》まさせてください。
②宿題《しゅくだい》の提出《ていしゅつ》は、明日《あす》で大丈夫《だいじょうぶ》でしょうか。
③お母《かあ》さんはお出《で》かけしていて、今《いま》いません。

ひとくちメモ　「やってみよう」の答《こた》え　①明日《あす》は休《やす》ませてください。②宿題《しゅくだい》の提出《ていしゅつ》は、明日《あす》でよろしいでしょうか。③母《はは》は出《で》かけていて、今《いま》いません。　さて、全部《ぜんぶ》わかりましたか？

秋《あき》らしい俳句《はいく》を味《あじ》わおう②
～月《つき》といえば秋《あき》～

佐賀県佐賀市立本庄小学校校長《さがけんさがしりつほんじょうしょうがっこうこうちょう》
権藤順子《ごんどうじゅんこ》先生《せんせい》が書《か》きました

読《よ》んだ日《ひ》　月《がつ》　日《にち》｜月《がつ》　日《にち》｜月《がつ》　日《にち》

月《つき》の美《うつく》しさを詠《よ》む

「名月《めいげつ》をとってくれろと泣《な》く子《こ》かな」　小林一茶《こばやしいっさ》

月《つき》は季節《きせつ》に関係《かんけい》なく見《み》られますが、昔《むかし》から空気《くうき》の澄《す》み切《き》った秋《あき》（旧暦八月十五日《きゅうれきはちがつじゅうごにち》）の満月《まんげつ》が一番《いちばん》美《うつく》しいとされています。だから月《つき》（名月《めいげつ》）というと秋《あき》を指《さ》すのです（314ページ参照《さんしょう》）。三日月《みかづき》、半月《はんげつ》などもありますが、ここでは満月《まんげつ》のこと。名月《めいげつ》、明月《めいげつ》、望月《もちづき》、十五夜《じゅうごや》、望《もち》の夜《よ》などといいます。

次《つぎ》の日《ひ》の満月《まんげつ》を待《ま》つ、という意味《いみ》で、十四日《じゅうよっか》は待宵《まつよい》（小望月《こもちづき》）、満月《まんげつ》の次《つぎ》の日《ひ》は十六夜《いざよい》、その次《つぎ》の日《ひ》は、立待月《たちまちづき》（十七夜《じゅうしちや》）、次《つぎ》は、居待月《いまちづき》（十八夜《じゅうはちや》）、そして寝待月《ねまちづき》と呼《よ》び名《な》は続《つづ》きます。月《つき》を詠《よ》んだ句《く》はとてもたくさんあります。

「名月《めいげつ》や池《いけ》をめぐりて夜《よ》もすがら」　松尾芭蕉《まつおばしょう》

「今日《きょう》の月馬《つきうま》も夜道《よみち》を好《この》みけり」　村岡鬼城《むらおかきじょう》

「月天心貧《つきてんしんまず》しき町《まち》を通《とお》りけり」　与謝蕪村《よさぶそん》

月《つき》がない夜《よる》は

雲《くも》が深《ふか》くて月《つき》が見《み》られないときは、無月《むげつ》、雨月《うげつ》といいます。では、「星月夜《ほしづきよ》」といったら、どんな夜《よる》でしょう。

それは新月《しんげつ》で月《つき》の見《み》えない秋《あき》の夜《よる》のこと。空気《くうき》が澄《す》んでいて、星《ほし》の輝《かがや》きがまるで月夜《つきよ》のように明《あか》るく見《み》えることをいいます。

「戸口迄送《とぐちまでおく》って出《で》れば星月夜《ほしづきよ》」　正岡子規《まさおかしき》

味《あじ》わってみよう

「小鳥来《ことりく》る」

秋《あき》は様々《さまざま》な種類《しゅるい》の小鳥《ことり》が身近《みぢか》に見《み》られることから「小鳥来《ことりく》る」は秋《あき》の季語《きご》です。北《きた》の方《ほう》から渡《わた》ってくる鶫《つぐみ》、鶲《ひたき》などもいます。

「小鳥来《ことりく》る音《おと》うれしさよ板《いた》びさし」
与謝蕪村《よさぶそん》

ひとくちメモ
中秋《ちゅうしゅう》の名月《めいげつ》の日《ひ》には、ススキをかざって、団子《だんご》、柿《かき》、芋《いも》などをそなえて家族《かぞく》で月見《つきみ》をするほか、句会《くかい》などをして楽《たの》しみます（314ページ参照《さんしょう》）。地域《ちいき》によっては、子供《こども》たちが近《ちか》くの家《いえ》に団子《だんご》などをもらいにいきます。

決まり文句・名文句にまつわるお話

目《め》がしゃべったり笑《わら》ったり?

10月 10日

日本国語教育学会理事《にほんこくごきょういくがっかいりじ》
新垣公子《あらかきともこ》先生《せんせい》が書《か》きました

読《よ》んだ日《ひ》　月《がつ》　日《にち》　月《がつ》　日《にち》　月《がつ》　日《にち》

目《め》を見《み》ればわかる

「目《め》は口《くち》ほどにものを言《い》う」ということわざがあります。目《め》がしゃべるということでしょうか? いいえ! 実際《じっさい》に目《め》がしゃべるわけではありません。人《ひと》の思《おも》いがこもった目《め》は、口《くち》から出《で》る言葉《ことば》と同《おな》じくらいにその人《ひと》の感情《かんじょう》が表《あらわ》されていて、相手《あいて》に気持《きも》ちが伝《つた》わってしまうものだという意味《いみ》で使《つか》われることわざです。

また、言葉《ことば》でごまかそうとしてもその人《ひと》の目《め》を見《み》れば、真実《しんじつ》かウソかわかるという意味《いみ》でも使《つか》われます。強《つよ》い思《おも》いを込《こ》めて見《み》つめると、目《め》には言葉《ことば》で伝《つた》えるほどの力《ちから》があるということですね。

鼻《はな》くそを笑《わら》う?

「目《め》くそ鼻《はな》くそを笑《わら》う」ということわざがあります。「目《め》くそ」は目《め》やにのことです。こちらも本当《ほんとう》に目《め》くそが笑《わら》う、ということではありません。目《め》くそや鼻《はな》くそを人《ひと》にたとえて、目《め》くそが自分《じぶん》も汚《きたな》いというのを忘《わす》れ、鼻《はな》くそのことを汚《きたな》いとばかにする、という意味《いみ》です。ここでの「笑《わら》う」というのは、楽《たの》しく笑《わら》うわけではなく、人《ひと》をばかにした笑《わら》いのことです。つまり、自分《じぶん》の欠点《けってん》に気《き》づかないで、同《おな》じような欠点《けってん》を持《も》つ人《ひと》のことを笑《わら》ったりばかにしたりすることをたとえたことわざなのです。

探《さが》してみよう

目《め》のつくことわざ

「目《め》」のつくことわざや慣用《かんよう》句《く》、故事成語《こじせいご》は体《からだ》の他《ほか》の部位《ぶい》より多《おお》いといわれています。探《さが》してみましょう。いくつ見《み》つけることができるでしょうか?

ひとくちメモ 10月《がつ》10日《か》は目《め》の愛護《あいご》デーです。10・10を横《よこ》にしてならべると人《ひと》の眉《まゆ》と目《め》に見《み》えることから1931年《ねん》に制定《せいてい》されました。人《ひと》の脳《のう》に入《はい》る情報《じょうほう》は目《め》からの情報《じょうほう》がとても多《おお》いそうです。目《め》は大事《だいじ》にしたいですね。

ややこしいけれど、大切《たいせつ》 主語《しゅご》と述語《じゅつご》

10月11日

四国大学生活科学部児童学科《しこくだいがくせいかつかがくぶじどうがっか》
山本哲生《やまもとてつお》先生《せんせい》が書《か》きました

読《よ》んだ日《ひ》　月《がつ》　日《にち》｜月《がつ》　日《にち》｜月《がつ》　日《にち》

主語《しゅご》と述語《じゅつご》で正《ただ》しく伝《つた》える

次《つぎ》の文《ぶん》の主語《しゅご》と述語《じゅつご》を見《み》つけましょう。二年生《にねんせい》で習《なら》いましたね。

① イルカは軽々《かるがる》と高《たか》くとぶ。

② 真《ま》っ赤《か》な夕日《ゆうひ》がきれいだ。

①は主語《しゅご》が「イルカは」、述語《じゅつご》が「とぶ」です。②は主語《しゅご》が「夕日《ゆうひ》が」、述語《じゅつご》は「きれいだ」です。

文《ぶん》の中《なか》に主語《しゅご》と述語《じゅつご》は1つずつあり、ほかの言葉《ことば》はそれらをくわしくする言葉《ことば》です。

・何《なに》は（が）／どうする、どうした

・何《なに》は（が）／なんだ、どんなだ

話《はな》すときや文《ぶん》を書《か》くとき、主語《しゅご》と述語《じゅつご》を大切《たいせつ》にすると、話《はな》し手《て》や書《か》き手《て》の伝《つた》えたいことが相手《あいて》に正《ただ》しく伝《つた》わります。

ややこしい文《ぶん》もある？

次《つぎ》の文《ぶん》の主語《しゅご》と述語《じゅつご》はどれでしょう。わかりますか。

「風《かぜ》がビュービュー吹《ふ》き、雨《あめ》がザーザー降《ふ》った」。

これは、「風《かぜ》がビュービュー吹《ふ》いた」と、「雨《あめ》がザーザー降《ふ》った」という2つの文《ぶん》を並《なら》べて、1つの文《ぶん》にしたものです。だから、「主《しゅ》語《ご》／述語《じゅつご》」は「風《かぜ》が／吹《ふ》き」と「雨《あめ》が／降《ふ》った」と2組《くみ》あります。

では、次《つぎ》の文《ぶん》ではどうでしょう。

「山田《やまだ》くんが打《う》ったボールはスタンドに飛《と》びこんだ」

こちらは文《ぶん》を2組並《くみなら》べてはいませんが、主語《しゅご》・述語《じゅつご》は「山田《やまだ》くんが／打《う》った」「ボールが／飛《と》びこんだ」と、やはり2組《くみ》あります。

ややこしい文《ぶん》もありますが、それがまた文章《ぶんしょう》のおもしろいところであり、便利《べんり》なところでもあるのです。

やってみよう　読書《どくしょ》の工夫《くふう》

A　鳥《とり》が一列《いちれつ》になって飛《と》んでいた。

B　ぼくは、一列《いちれつ》になって飛《と》んでいる鳥《とり》を見《み》ていた。

主語《しゅご》・述語《じゅつご》によって、話《はな》し手《て》や書《か》き手《て》が「鳥《とり》」か「ぼく」のどちらに目《め》をつけているかがわかってきます。本《ほん》を読《よ》むときに注意《ちゅうい》してみるとおもしろいですよ。

ひとくちメモ　「…は」「…が」ではない主語《しゅご》もあります。また、「(さいふが)どこをさがしてもない」のように、主語《しゅご》がはぶかれている文《ぶん》も、日本語《にほんご》ではよくあります。

言葉にまつわる偉人のお話

10月12日

旅《たび》をして心《こころ》に響《ひび》く俳句《はいく》をよんだ松尾芭蕉《まつおばしょう》

日本国語教育学会理事《にほんこくごきょういくがっかいりじ》
中島栄二《なかしまえいじ》先生《せんせい》が書《か》きました

読《よ》んだ日《ひ》　月《がつ》　日《にち》｜月《がつ》　日《にち》｜月《がつ》　日《にち》

いちばん有名《ゆうめい》な俳句《はいく》は？

松尾芭蕉《まつおばしょう》は、江戸時代《えどじだい》に活躍《かつやく》した俳人《はいじん》です。みなさんは、芭蕉《ばしょう》のつくった俳句《はいく》をいくつ知《し》っていますか？

「古池《ふるいけ》や蛙《かわず》飛《と》びこむ水《みず》の音《おと》」

この句《く》は、芭蕉《ばしょう》が住《す》まいとしていた東京《とうきょう》・深川《ふかがわ》の庵《いおり》でよんだものです。庵《いおり》のそばには小《ちい》さな池《いけ》があり、あたりは眠《ねむ》ったように静《しず》かでした。そこで突然《とつぜん》「バチャン」という音《おと》を耳《みみ》にして、その様子《ようす》を句《く》にしたものです。

古池や蛙飛びこむ水の音
閑さや岩にしみ入る蝉
五月雨を集めて早し最上川
さらさら

目《め》を閉《と》じて、もう一度《いちど》この句《く》をよんでみましょう。カエルがバチャンと池《いけ》に飛《と》び込《こ》んだあと、シーンとした静《しず》けさに包《つつ》まれる情景《じょうけい》が目《め》に浮《う》かぶようですね。

世界《せかい》でその名《な》が知《し》られる

芭蕉《ばしょう》は生涯《しょうがい》、全国《ぜんこく》を旅《たび》しながら、千《せん》を超《こ》える俳句《はいく》を残《のこ》したことでも知《し》られています。

彼《かれ》は45歳《さい》の時《とき》、弟子《でし》の河合曾良《かわいそら》とともに、東北地方《とうほくちほう》から日本海《にほんかい》をへて、岐阜《ぎふ》の大垣《おおがき》まで旅《たび》をしました。そうして訪《おとず》れた地《ち》で見《み》たこと、感《かん》じたことを心《こころ》のままにつづったのが『奥《おく》の細道《ほそみち》』という紀行文《きこうぶん》です。

「閑《しずけ》さや岩《いわ》にしみ入《い》る蝉《せみ》の声《こえ》」

この句《く》は、芭蕉《ばしょう》が山形《やまがた》の立石寺《りっしゃくじ》に立《た》ち寄《よ》った時《とき》によんだものです。山《やま》の上《うえ》の本堂《ほんどう》に上《のぼ》ると、あたりはとても静《しず》かで、ただセミの声《こえ》が響《ひび》いていました。それが岩《いわ》に染《し》み込《こ》んで静《しず》けさが増《ま》すように感《かん》じたのでしょう。

芭蕉《ばしょう》の俳句《はいく》は、今《いま》では世界中《せかいじゅう》で愛読《あいどく》されています。でも、五七五《ごしちご》の短《みじか》い句《く》をどうやって外国語《がいこくご》に訳《やく》すのか、ちょっと不思議《ふしぎ》ですよね。

調《しら》べてみよう

紀行文《きこうぶん》に登場《とうじょう》する俳句《はいく》は？

『奥《おく》の細道《ほそみち》』は、江戸《えど》を出発《しゅっぱつ》して約《やく》5ヵ月間《げつかん》、2400kmを旅《たび》して書《か》かれました。ほかにも有名《ゆうめい》な紀行文《きこうぶん》には、『更科紀行《さらしなきこう》』『野《の》ざらし紀行《きこう》』『鹿島《かしま》紀行《きこう》』などがあります。それらの中《なか》に出《で》てくる俳句《はいく》には、どんなものがあるか調《しら》べてみましょう。

ひとくちメモ　松尾芭蕉《まつおばしょう》の有名《ゆうめい》な言葉《ことば》に「松《まつ》のことは松《まつ》に習《なら》え、竹《たけ》のことは竹《たけ》に習《なら》え」があります。人《ひと》に教《おし》えられたことをうのみにするのではなく、そのものをよく見《み》て、直接自分《ちょくせつじぶん》で学《まな》ぶことが大切《たいせつ》だという意味《いみ》です。

トークを盛《も》り上《あ》げるのは「聞《き》く力《ちから》」だった!

北海道旭川市立日章小学校校長《ほっかいどうあさひかわしりつにっしょうしょうがっこうこうちょう》
鎌田優子《かまだゆうこ》先生《せんせい》が書《か》きました

読《よ》んだ日《ひ》　月《がつ》　日《にち》｜月《がつ》　日《にち》｜月《がつ》　日《にち》

聞《き》き上手《じょうず》になるための5つのポイント

相手《あいて》に「話《はなし》ができて楽《たの》しかった！」と思《おも》われるような、上手《じょうず》な聞《き》き手《て》になってみませんか。そのための5つのコツをお教《おし》えしましょう。

まず、話《はなし》にうなずいたり、笑《わら》ったり、感心《かんしん》した時《とき》は「へえ～」とつぶやいたりして、ちゃんと聞《き》いていることを相手《あいて》に伝《つた》えましょう。時《とき》には首《くび》をかしげて、もっとくわしく聞きたいとアピールしてもいいですね。

2つめは、身《み》をのり出《だ》したり、相手《あいて》の目《め》を見《み》つめたりして、一生懸命《いっしょうけんめい》聞《き》いている様子《ようす》を示《しめ》します。

3つめは、要点《ようてん》をメモすることです。「いい言葉《ことば》だな」「ここは疑問《ぎもん》」と思《おも》ったら、すかさずメモをとりましょう。

4つめは、質問《しつもん》の準備《じゅんび》をしながら聞《き》くこと。これはかなり真剣《しんけん》に話《はなし》を聞《き》かないとできません。

そして5つめは、内容《ないよう》の下調《したしら》べをしておくことです。少《すこ》しでも知《ち》識《しき》があれば、話《はなし》のおもしろさはふくらみます。反対《はんたい》に何《なに》も知識《ちしき》がないと、せっかく聞《き》いた話《はなし》にもあまり興味《きょうみ》がもてませんよね。

やってはいけない！聞《き》き手《て》のタブー

一方《いっぽう》で、人《ひと》の話《はなし》を聞《き》く時《とき》に、やってはいけないこともあります。いちばんよくないのは、話《はなし》の途中《とちゅう》で口《くち》をはさむことです。特《とく》に大勢《おおぜい》で話《はなし》を聞《き》く時《とき》は、途中《とちゅう》で勝手《かって》に質《しつ》問《もん》をしたり、自分《じぶん》の意見《いけん》を言《い》ったりすると、話《はなし》の流《なが》れが途切《とぎ》れてしまいます。

また、話《はな》す人《ひと》を攻撃《こうげき》するような態度《たいど》をとるのもマナー違反《いはん》です。みんなの迷惑《めいわく》になるので、気《き》をつけましょう。

知《し》っておこう

いつでも壁《かべ》に耳《みみ》あり……!?

電車《でんしゃ》やバスの中《なか》などで、だれも聞《き》いていないだろうと思《おも》って話《はな》したことが広《ひろ》まってしまうことはよくあります。聞《き》いていないそぶりをしていても、人《ひと》の会話《かいわ》は耳《みみ》に入《はい》ってくるものです。「壁《かべ》に耳《みみ》あり」という言葉《ことば》があるように、まわりにいるたくさんの「聞《き》き手《て》」を意識《いしき》することが大切《たいせつ》です。

ひとくちメモ 話《はなし》のメモをとる時《とき》は、大事《だいじ》な言葉《ことば》を書《か》き残《のこ》しておくと、あとで思《おも》い出《だ》して活用《かつよう》することもできます。それぞれに番号《ばんごう》をふってメモをする習慣《しゅうかん》をつけると、内容《ないよう》を整理《せいり》しながら聞《き》く力《ちから》が身《み》につきますよ。

歌や古典・芸能にまつわるお話

百人一首《ひゃくにんいっしゅ》
秋《あき》の短歌《たんか》をよもう②

10月
14日

秀明大学学校教師学部《しゅうめいだいがくがっこうきょうしがくぶ》
福永睦子《ふくながむつこ》先生《せんせい》が書《か》きました

読《よ》んだ日《ひ》　月《がつ》　日《にち》　月《がつ》　日《にち》　月《がつ》　日《にち》

秋《あき》は白露《しらつゆ》、真《ま》っ赤《か》な紅葉《こうよう》

秋《あき》の美《うつく》しい景色《けしき》が思《おも》い浮《う》かぶ、3つの短歌《たんか》を紹介《しょうかい》しましょう。

しらつゆに　風《かぜ》の吹《ふ》きしく
秋《あき》の野《の》は　つらぬきとめぬ
玉《たま》ぞ散《ち》りける
文屋朝康《ふんやのあさやす》

「秋《あき》の野《の》の草《くさ》むら一面《いちめん》に白露《しらつゆ》が見《み》える。風《かぜ》がしきりに吹《ふ》くと、パラパラと白露《しらつゆ》がこぼれて落《お》ちる。糸《いと》を通《とお》していない玉《たま》が散《ち》ってしまったように」という意味《いみ》です。

ちはやぶる　神代《かみよ》もきかず
竜田川《たつたがわ》　からくれなゐに
水《みず》くくるとは
在原業平朝臣《ありわらのなりひらあそん》

「不思議《ふしぎ》なことがたくさんあったという神代《かみよ》にも聞《き》いたことのない、竜田川《たつたがわ》の美《うつく》しい紅葉《こうよう》。まるで紅《べに》の絞《しぼ》り染《ぞ》めのように、真《ま》っ赤《か》なモミジの葉《は》が川一面《かわいちめん》に広《ひろ》がっている」。美《うつく》しい景色《けしき》が目《め》に浮《う》かびますね。

このたびは　幣《ぬさ》もとりあへず
手向山《たむけやま》　もみじの錦《にしき》
神《かみ》のまにまに
菅家《かんけ》

「このたびは急《きゅう》に旅立《たびだ》ちましたので、幣《ぬさ》の用意《ようい》もできません。手向《たむけ》山《やま》の神様《かみさま》、この山《やま》の見事《みごと》な紅葉《こうよう》の錦《にしき》を幣《ぬさ》として、お心《こころ》のままにお受《う》け取《と》りください」。

幣《ぬさ》とは、神主《かんぬし》さんがおはらいの時《とき》、手《て》に持《も》つ白《しろ》い紙《かみ》のことです。昔《むかし》はいろいろな色《いろ》の絹《きぬ》を小《ちい》さく切《き》って袋《ふくろ》に入《い》れ、峠《とうげ》にまいたそうです。「もみじの錦《にしき》」が神様《かみさま》への贈《おく》り物《もの》とはステキですね。

調《しら》べてみよう

菅原道真《すがわらのみちざね》と飛梅伝説《とびうめでんせつ》

菅家《かんけ》とは、学問《がくもん》の神様《かみさま》として知《し》られる菅原道真《すがわらのみちざね》のことです。九州《きゅうしゅう》の太宰府《だざいふ》に左遷《させん》された道真《みちざね》が「東風《こち》吹《ふ》かば匂《にお》いをこせよ梅《うめ》の花《はな》あるじなしとて春《はる》な忘《わす》れそ」と歌《うた》をよむと、その梅《うめ》が道真《みちざね》を追《お》って飛《と》んでいったという伝説《でんせつ》があります。

ひとくちメモ　百人一首《ひゃくにんいっしゅ》は、江戸時代《えどじだい》に今《いま》のようなカルタの形《かたち》になりました。日本《にほん》の伝統文化《でんとうぶんか》として、国語《こくご》の授業《じゅぎょう》でも習《なら》いますね。100首《しゅ》のうち、好《す》きな短歌《たんか》から覚《おぼ》えてみましょう。

実《じつ》はありがたいお言葉《ことば》だった「ほらを吹《ふ》く」

10月15日

東京学芸大学教育学部《とうきょうがくげいだいがくきょういくがくぶ》
中村和弘《なかむらかずひろ》先生《せんせい》が書《か》きました

読《よ》んだ日《ひ》　月《がつ》　日《にち》　月《がつ》　日《にち》　月《がつ》　日《にち》

「ほらを吹《ふ》く」は仏教《ぶっきょう》の言葉《ことば》

大《おお》げさなことをいったり、でまかせのうそをつくことを「ほらを吹《ふ》く」といいます。「あの人《ひと》は、ほら吹《ふ》きだから信用《しんよう》できない」というふうにも使《つか》いますね。

「ほら」とは、ほら貝《がい》（大《おお》きな巻《ま》き貝《がい》）に細工《さいく》をした楽器《がっき》のことで、吹《ふ》くととても大《おお》きな音《おと》が出《で》ます。

大昔《おおむかし》のインドでは、この貝《かい》を吹《ふ》き鳴《な》らし、大勢《おおぜい》の兵《へい》を動《うご》かすための合図《あいず》にしました。

ほら貝《がい》には、それほど大《おお》きな力《ちから》があることから、おしゃかさまの教《おし》えがすみずみまで届《とど》くことをたとえて「ほらを吹《ふ》く」という言葉《ことば》が生《う》まれたとされます。

つまり、「ほらを吹《ふ》く」というのはもともと仏教《ぶっきょう》の言葉《ことば》で、「説法《せっぽう》をして人々《ひとびと》の心《こころ》を動《うご》かす」という、よい意味《いみ》で使《つか》われていたのです。

でたらめ・うそに意味《いみ》が変《か》わった

もともと「ほらを吹《ふ》く」のは、おしゃかさまのなさることだったはずです。ところが、やがておしゃかさまのまねをして、いかにもわかったような口《くち》ぶりで、偉《えら》そうに説法《せっぽう》をする者《もの》が現《あらわ》れました。

そのことから、「ほらを吹《ふ》く」は、今《いま》のように「でたらめ」や「うそをつく」といった意味《いみ》でも使《つか》われるようになったといわれています。

知《し》っておこう

山伏《やまぶし》の必須《ひっす》アイテム

修行中《しゅぎょうちゅう》の山伏《やまぶし》は、ほら貝《がい》を吹《ふ》いて連絡《れんらく》をとり合《あ》ったり、獣《けもの》よけに使《つか》ったりしました。ほら貝《がい》は、見《み》た目《め》より大《おお》きな音《おと》が出《で》ることから、大《おお》げさなことをいうことを「ほらを吹《ふ》く」というようになったという説《せつ》もあります。

ひとくちメモ　「ほら」は漢字《かんじ》で「法螺《ほら》」と書《か》きます。サンスクリット語《ご》で、法螺貝《ほらがい》のことを「シャンカ」といい、古代《こだい》インドでは戦《いくさ》の出陣《しゅつじん》の合図《あいず》に使《つか》われていたそうです。

話し方にまつわるお話

まさか!? びっくり! 英語《えいご》と似《に》ている!? ~九州《きゅうしゅう》地方《ちほう》の方言《ほうげん》~

10月16日

筑波大学附属小学校《つくばだいがくふぞくしょうがっこう》
白坂洋一《しらさかよういち》先生《せんせい》が書《か》きました

読《よ》んだ日《ひ》 月《がつ》 日《にち》 月《がつ》 日《にち》 月《がつ》 日《にち》

「なんしよっと?」と「ナイスショット!」

「何《なに》をしているの?」の意味《いみ》を表《あらわ》す九州《きゅうしゅう》の方言《ほうげん》に、「なんしよっと?」(なんばしよっと?)があります。では、早口《はやくち》で3回《かい》言ってみてください。

あれっ!? 英語《えいご》の「nice shot(ナイスショット)」に発音《はつおん》が似《に》ていると思《おも》いませんか?

九州《きゅうしゅう》の方言《ほうげん》の中《なか》には、他《ほか》にも「ばってん」と「but and」のように、英語《えいご》と発音《はつおん》が似《に》ているものがあります。

音《おと》だけじゃない

ちがう視点《してん》から九州《きゅうしゅう》の方言《ほうげん》と英語《えいご》との共通点《きょうつうてん》を探《さぐ》ってみましょう。

たとえば、友達《ともだち》と遊《あそ》ぶ約束《やくそく》をしたとしましょう。自分《じぶん》から友達《ともだち》のところに出《で》かけるときには、共通《きょうつう》語《ご》では、「遊《あそ》びに行《い》くよ」と「行《い》く」という表現《ひょうげん》を使《つか》います。

一方《いっぽう》、九州《きゅうしゅう》などでは、「遊《あそ》びに来《く》るよ」と「来《く》る」という表現《ひょうげん》を使《つか》います。

英語《えいご》では「I'm coming.」のように「come」を使《つか》いますから、九州《きゅうしゅう》の方言《ほうげん》と英語《えいご》とは、相手《あいて》を中心《ちゅうしん》にして表現《ひょうげん》するという共通点《きょうつうてん》があるといえそうです。

考《かん》えてみよう

どんな意味《いみ》かな?

九州《きゅうしゅう》の方言《ほうげん》には、ユニークなものがたくさんあります。それぞれどんな意味《いみ》かわかりますか?

① ぼっけもん
② えすか
③ しろしい
④ よだきい
⑤ はわく

ひとくちメモ 「考《かん》えてみよう」の解答《かいとう》は次《つぎ》のとおりです ①大胆《だいたん》な人《ひと》(鹿児島《かごしま》) ②こわい(佐賀《さが》) ③うっとうしい、つらい(福岡《ふくおか》) ④おっくうである(宮崎《みやざき》・大分《おおいた》) ⑤ほうきなどで掃《は》く(熊本《くまもと》・佐賀《さが》)。

決まり文句・名文句にまつわるお話 おにに かなぼう

移動《いどう》にも関係《かんけい》アリ!? 足《あし》から生《う》まれた言葉《ことば》

10月 17日

静岡県《しずおかけん》富士宮市《ふじのみやし》立稲子《りついなこ》小学校校長《しょうがっこうこうちょう》
芦川幹弘《あしかわみきひろ》先生《せんせい》が書《か》きました

読《よ》んだ日《ひ》　月《がつ》　日《にち》｜月《がつ》　日《にち》｜月《がつ》　日《にち》

からだの下《した》の方《ほう》を表《あらわ》す

足《あし》はからだのなかでも身近《みぢか》な部《ぶ》位《い》なので、足《あし》を使《つか》った言葉《ことば》はたくさんあります。人《ひと》の成功《せいこう》をじゃますることを「足《あし》を引《ひ》っぱる」といったり、相手《あいて》が非常《ひじょう》に優《すぐ》れていて、自分《じぶん》は比《くら》べることができないくらい劣《おと》っていることを「足元《あしもと》にも及《およ》ばない」といったりします。興奮《こうふん》して落《お》ち着《つ》かない様子《ようす》は「足《あし》が地《ち》につかない」ですし、危険《きけん》なことや悪《わる》いことが自分《じぶん》のすぐそばまでせまっていることを「足元《あしもと》に火《ひ》がつく」なんて表現《ひょうげん》したりします。

移動《いどう》を表《あらわ》す

足《あし》といっても、からだの足《あし》そのものや、からだの下《した》の方《ほう》という意《い》味《み》ではないものもたくさんあります。

たとえば、人《ひと》が歩《ある》いた距離《きょり》や道筋《みちすじ》のことを「足《あし》」と表現《ひょうげん》する場合《ばあい》があります。「客足《きゃくあし》が遠《とお》のく」といえば、訪《おとず》れるお客《きゃく》さんの数《かず》が減《へ》ったという意味《いみ》です。「足《あし》がついた」といえば、逃《に》げた人《ひと》の行方《ゆくえ》、足《あし》どりがわかったという意味《いみ》になります。

お金《かね》のことを指《さ》すこともあります。たとえば収入《しゅうにゅう》よりも費《ひ》用《よう》がかかったときは「足《あし》が出《で》る」といいます。

昔《むかし》はお金《かね》のことを「お足《あし》」といったそうです。これはお金《かね》がまるで足《あし》が生《は》えているかのように行《い》ったり来《き》たりすることから生《う》まれたといわれています。

比《くら》べてみよう

足《あし》が早《はや》いとは?

「足《あし》が早《はや》い」というと走《はし》るスピードがあることを指《さ》しますが、もうひとつ「食《た》べ物《もの》が腐《くさ》りやすいこと」もいいます。この2つを区別《くべつ》するために「スピードがある」方《ほう》を「足《あし》が速《はや》い」と書《か》いて区別《くべつ》したりします。

ひとくちメモ スピードが速《はや》いという意味《いみ》で「駿足《しゅんそく》」「俊足《しゅんそく》」という言葉《ことば》があります。駿足《しゅんそく》はもともと「才知《さいち》の優《すぐ》れた人《ひと》」の意味《いみ》でしたが、駿《しゅん》の字《じ》が当用漢字表《とうようかんじひょう》に無《な》かったので「俊《しゅん》」になりました。「韋駄天《いだてん》」も足《あし》の速《はや》い人《ひと》を指《さ》します。

日本語をめぐる言葉のお話　あ

輸出《ゆしゅつ》された日本《にほん》生《う》まれの漢語《かんご》

10月 18日

東京都《とうきょうと》葛飾区《かつしかく》立《りつ》清和《せいわ》小学校《しょうがっこう》校長《こうちょう》
朴木一史《ほおのきかずし》先生《せんせい》が書《か》きました

読《よ》んだ日《ひ》　月《がつ》　日《にち》｜月《がつ》　日《にち》｜月《がつ》　日《にち》

「中華人民共和国《ちゅうかじんみんきょうわこく》」の中《なか》に日本語《にほんご》がある？

中華人民共和国《ちゅうかじんみんきょうわこく》というのは現在《げんざい》の中国《ちゅうごく》の正式名称《せいしきめいしょう》です。この国名《こくめい》の中《なか》に日本人《にほんじん》がつくった漢語《かんご》が入《はい》っている、といったらびっくりしますね。「中華人民共和国《ちゅうかじんみんきょうわこく》」のなかで本来《ほんらい》の中国語《ちゅうごくご》は「中華《ちゅうか》」だけ。「人民《じんみん》」も「共和国《きょうわこく》」も日本人《にほんじん》がつくった和製漢語《わせいかんご》なのです。

今《いま》から150年《ねん》くらい前《まえ》の明治《めいじ》時代《じだい》。長《なが》い間《あいだ》外国《がいこく》との交流《こうりゅう》を絶《た》ってきた日本《にほん》には、一度《いちど》に多《おお》くの外《がい》国文化《こくぶんか》が入《はい》ってきました。なかでも西洋《せいよう》の書物《しょもつ》に書《か》かれた科学《かがく》や社《しゃ》会《かい》にかかわることなどは、当時《とうじ》の日本《にほん》にはない言葉《ことば》でした。

日本《にほん》はこれまでになかった言葉《ことば》を訳《やく》すために、漢語《かんご》をたくさんつくったのです。これらの言葉《ことば》は「和製漢語《わせいかんご》（新漢語《しんかんご》）」といわれています（184ページ参照《さんしょう》）。

たとえば、「自由《じゆう》」「銀行《ぎんこう》」「化《か》石《せき》」「医学《いがく》」「芸術《げいじゅつ》」「環境《かんきょう》」「交《こう》流《りゅう》」「希望《きぼう》」「活動《かつどう》」「知識《ちしき》」などがそうです。

そのほか、現代《げんだい》「化《か》」、日本《にほん》「式《しき》」、想像《そうぞう》「力《りょく》」、歴史《れきし》「的《てき》」、教育《きょういく》「界《かい》」など、1字追加《じついか》して漢語《かんご》になった言葉《ことば》もそうです。これら日《に》本人《ほんじん》がつくり出《だ》した「和製漢語《わせいかんご》」は数多《かずおお》く、中国《ちゅうごく》に渡《わた》って今《いま》も使《つか》われています。

本場《ほんば》が逆輸入《ぎゃくゆにゅう》？

人《ひと》と人《ひと》とのあらゆる関係《かんけい》を意味《いみ》する「社会《しゃかい》」、人類《じんるい》の文化《ぶんか》を表《あらわ》す「人文《じんぶん》」、そして「科学《かがく》」などに関《かん》して、中国《ちゅうごく》で使《つか》われている言葉《ことば》の70％は、日本《にほん》から輸入《ゆにゅう》された言葉《ことば》だそうです。そして、中国語《ちゅうごくご》で書《か》かれた文章《ぶんしょう》では30％くらいが日本《にほん》から輸入《ゆにゅう》された和製漢語《わせいかんご》が使《つか》われているといわれています。

やってみよう

大和言葉《やまとことば》と比《くら》べてみよう

漢語《かんご》は中国《ちゅうごく》から来《き》た言葉《ことば》で、和製漢語《わせいかんご》は漢語風《かんごふう》に表現《ひょうげん》した日本語《にほんご》ということがわかりました。漢語《かんご》の逆《ぎゃく》にあたるのが大和言葉《やまとことば》（和語《わご》）です。漢字《かんじ》が伝《つた》わる前《まえ》から日本《にほん》で話《はな》されていた言葉《ことば》です。漢語《かんご》を見《み》たら、同《おな》じ意味《いみ》の大和言葉《やまとことば》を探《さが》して比《くら》べてみるのもおもしろいですよ。たとえば「希望《きぼう》」なら「のぞみ」、「発芽《はつが》」は「めばえ」と置《お》きかえてみるのです。同《おな》じ意味《いみ》なのに、言葉《ことば》のイメージが少《すこ》しちがいますね。

ひとくちメモ　和製漢語《わせいかんご》が中国《ちゅうごく》に輸出《ゆしゅつ》されて広《ひろ》く使《つか》われていますが、日本《にほん》で生《う》み出《だ》された漢字《かんじ》（国字《こくじ》）にも、中国《ちゅうごく》に伝《つた》わり使《つか》われているものがあります。たとえば「働」はとても有名《ゆうめい》です（87ページ参照《さんしょう》）。

「目《め》からウロコが落《お》ちる」は2千年《せんねん》も前《まえ》の言葉《ことば》！

10月19日

東京学芸大学教育学部《とうきょうがくげいだいがくきょういくがくぶ》
中村和弘《なかむらかずひろ》先生《せんせい》が書《か》きました

読《よ》んだ日《ひ》　月《がつ》　日《にち》｜　月《がつ》　日《にち》｜　月《がつ》　日《にち》

目《め》にウロコはついてないけど？

「目《め》からウロコが落《お》ちる」という言葉《ことば》を聞《き》いたことがありますか？

何《なに》かがきっかけとなって迷《まよ》いから覚《さ》めたり、今《いま》までわからなかったことが急《きゅう》に理解《りかい》できるようになるたとえとして使《つか》われます。

でも、人間《にんげん》の目《め》には、ウロコなんてついていませんよね。どうして、このような表現《ひょうげん》が生《う》まれたのでしょうか？

じつは、この言葉《ことば》のルーツは古《ふる》く、今《いま》から2千年《せんねん》も前《まえ》の『新約聖書《しんやくせいしょ》』までさかのぼります。

ルーツは聖書《せいしょ》の中《なか》のお話《はなし》

聖書《せいしょ》には、キリストを迫害《はくがい》したために、目《め》が見《み》えなくなったサウロ（のちのパウロ）という人《ひと》が、キリストの弟子《でし》によって、もとどおり目《め》が見《み》えるようになる場面《ばめん》があります。

「たちまち目《め》からウロコのようなものが落《お》ち、サウロはもとどおり見《み》えるようになった」（『新約聖書《しんやくせいしょ》』使徒言行録《しとげんこうろく》）。

この一節《いっせつ》が「目《め》からウロコ」という言葉《ことば》のはじまりとされます。

その後《ご》、サウロは心《こころ》を改《あらた》め、聖《せい》人《じん》の一人《ひとり》となりました。そこから「目《め》からウロコが落《お》ちる」は、今《いま》のような意味《いみ》で使《つか》われるようになったのでしょう。

そのことを知《し》って、あなたも目《め》からウロコが落《お》ちましたか？

調《しら》べてみよう

「豚《ぶた》に真珠《しんじゅ》」も聖書《せいしょ》の言葉《ことば》

「豚《ぶた》に真珠《しんじゅ》」「笛吹《ふえふ》けど踊《おど》らず」なども、聖書《せいしょ》にまつわることわざです。「豚《ぶた》に真《しん》珠《じゅ》」は、キリストが「真珠《しんじゅ》を豚《ぶた》に投《な》げてはならない」と説教《せっきょう》をしたことが由来《ゆらい》といわれています。

ひとくちメモ　本当《ほんとう》に目《め》からウロコが落《お》ちる生《い》き物《もの》、それはヘビです。ヘビの目《め》の表面《ひょうめん》は透明《とうめい》のウロコで覆《おお》われていて、脱《だっ》皮《ぴ》をするとき皮《かわ》といっしょに取《と》れてしまいます。まるでコンタクトレンズをはずすみたいですね。

本にまつわるお話

本《ほん》をつくる仕事《しごと》 編集者《へんしゅうしゃ》ってなんだ?

10月 20日

高知県《こうちけん》高知市立《こうちしりつ》初月《みかづき》小学校《しょうがっこう》校長《こうちょう》
吉村美恵子《よしむらみえこ》先生《せんせい》が書《か》きました

読《よ》んだ日《ひ》　月《がつ》　日《にち》　月《がつ》　日《にち》　月《がつ》　日《にち》

たくさんの職業《しょくぎょう》の人《ひと》が必要《ひつよう》

本《ほん》を手《て》にとったとき、本《ほん》はどうやってできるのかなと疑問《ぎもん》に思《おも》ったことはありますか？　本《ほん》を一冊《いっさつ》つくるためには大勢《おおぜい》の人《ひと》たちの力《ちから》が必要《ひつよう》です。本《ほん》の文章《ぶんしょう》を書《か》く人《ひと》はもちろん、絵《え》を書《か》く人《ひと》、写真《しゃしん》を撮《と》る人《ひと》、本《ほん》の形《かたち》をデザインする人《ひと》、印刷《いんさつ》する人《ひと》、製本《せいほん》する人《ひと》などなど。

その中《なか》でも、とても重要《じゅうよう》な仕事《しごと》を担《にな》っているのが編集者《へんしゅうしゃ》です。

人《ひと》と素材《そざい》を集《あつ》める仕事《しごと》

まず、どのような本《ほん》をつくるのか、企画《きかく》を立《た》てることから編集者《へんしゅうしゃ》の仕事《しごと》ははじまります。「これなら売《う》れる！」「多《おお》くの人《ひと》が喜《よろこ》んで読《よ》んでくれる！」というアイディアが必要《ひつよう》です。そしてつくるのにお金《かね》はいくらかかるのかを計算《けいさん》し、出版社《しゅっぱんしゃ》に提案《ていあん》します。

出版《しゅっぱん》できることになったら、誰《だれ》に書《か》いてもらうのか、絵《え》や写真《しゃしん》はどうするのかなどを決《き》めます。そのときに、形《かたち》やデザインなどを決《き》めるのも大事《だいじ》なことです。

次《つぎ》に、原稿《げんこう》を書《か》いてもらいます。出来上《できあ》がった原稿《げんこう》にまちがいがないかチェックします。原稿《げんこう》が完成《かんせい》したら、内容《ないよう》に合《あ》わせた絵《え》や図《ず》、イラスト、写真《しゃしん》などを選《えら》んでいきます。並行《へいこう》して表紙《ひょうし》やカバーなどもデザイナーとつくっていきます。すべての準備《じゅんび》ができたら、印刷会社《いんさつがいしゃ》に印刷《いんさつ》や製本《せいほん》をお願《ねが》いします。

そこまでいくのに半年《はんとし》から1年《ねん》、ものによっては数年《すうねん》かかることもあります。

中《なか》には自分《じぶん》で文章《ぶんしょう》を書《か》く人《ひと》もいますが、編集者《へんしゅうしゃ》にとって一番大事《いちばんだいじ》な仕事《しごと》は、さまざま職業《しょくぎょう》の人《ひと》や素《そ》材《ざい》を集《あつ》めてまとめることです。編《へん》集《しゅう》という文字《もじ》に「集《あつ》める」という漢字《かんじ》が入《はい》っていますね。

調《しら》べてみよう

映画《えいが》やテレビ番組《ばんぐみ》の裏側《うらがわ》

本《ほん》づくりの裏側《うらがわ》だけでなく、映画《えいが》やテレビ番組《ばんぐみ》づくりの裏《うら》側《がわ》も調《しら》べてみましょう。どちらにも、本《ほん》における編集者《へんしゅうしゃ》のような仕事《しごと》をしている人《ひと》がいますよ。

ひとくちメモ　原稿《げんこう》のチェックをする専門家《せんもんか》もいます。校正者《こうせいしゃ》、校閲者《こうえつしゃ》と呼《よ》ばれる人《ひと》たちです。印刷《いんさつ》までの限《かぎ》られた時間《じかん》で、原稿《げんこう》にミスがないかチェックします。特別《とくべつ》な資格《しかく》は必要《ひつよう》ありませんが、さまざまな知識《ちしき》が必要《ひつよう》な仕事《しごと》です。

歌や古典・芸能にまつわるお話

得意《とくい》なことを十八番《じゅうはちばん》というわけ

10月 21日

東京学芸大学教育学部《とうきょうがくげいだいがくきょういくがくぶ》
中村和弘《なかむらかずひろ》先生《せんせい》が書《か》きました

読《よ》んだ日《ひ》　月《がつ》　日《にち》　月《がつ》　日《にち》　月《がつ》　日《にち》

ただの数《かず》ではなかった！

突然《とつぜん》ですが、ここで質問《しつもん》です！　今《いま》「あなたの十八番《じゅうはちばん》は何《なん》ですか？」と聞《き》かれたら、どんな風《ふう》に返事《へんじ》をしますか？　いきなり「十八番《じゅうはちばん》は？」なんて数字《すうじ》を出《だ》されても、答《こた》えに困《こま》ってしまいますよね。

じつは「十八番《じゅうはちばん》」は、自分《じぶん》がいちばん得意《とくい》な芸《げい》や歌《うた》のことを表《あらわ》す言葉《ことば》。お父《とう》さんが「これがおれの十八番《じゅうはちばん》だ」などと言《い》って、自信《じしん》たっぷりに披露《ひろう》する歌《うた》を聞《き》いた人《ひと》もいるかもしれませんね。

さらにこの十八番《じゅうはちばん》は「おはこ」ともいわれます。ではなぜ、もっとも得意《とくい》な芸《げい》や歌《うた》をこのように表《ひょう》現《げん》するようになったのでしょうか？

得意《とくい》な18芸《げい》がはじまり

「十八番《じゅうはちばん》」の由来《ゆらい》には諸説《しょせつ》ありますが、歌舞伎《かぶき》からできた言葉《ことば》だといわれています。

十八番《じゅうはちばん》が生《う》まれたのは江戸時代《えどじだい》。歌舞伎役者《かぶきやくしゃ》の七代目《ななだいめ》・市川団十郎《いちかわだんじゅうろう》が市川家《いちかわけ》に伝《つた》わる得意《とくい》な芸《げい》18種類《しゅるい》を選《えら》んだことにはじまります。

その18種類《しゅるい》は、「不破《ふわ》」「鳴神《なるかみ》」「暫《しばらく》」「不動《ふどう》」「嫐《うわなり》」「象引《ぞうひき》」「勧進帳《かんじんちょう》」「助六《すけろく》」「押戻《おしもどし》」「外郎売《ういろううり》」「矢の根《やね》」「関羽《かんう》」「景清《かげきよ》」「七つ面《ななつめん》」「毛抜《けぬき》」「解脱《げだつ》」「蛇柳《じゃやなぎ》」「鎌髭《かまひげ》」。

そしてこれらをまとめて、「歌《か》舞《ぶ》伎狂言組十八番《ききょうげんくみじゅうはちばん》」、略《りゃく》して「歌《か》舞《ぶ》伎十八番《きじゅうはちばん》」としたことで、世《よ》の中《なか》の人々《ひとびと》に十八番《じゅうはちばん》＝得意芸《とくいげい》という言葉《ことば》が定着《ていちゃく》するようになったとされています。

十八番《じゅうはちばん》を「おはこ」という理由《りゆう》は、この「歌舞伎十八番《かぶきじゅうはちばん》」の台本《だいほん》を箱《はこ》のなかにしまって大切《たいせつ》に保管《ほかん》していたからなのだそうです。「十八番《じゅうはちばん》」は伝統文化《でんとうぶんか》から生《う》まれた、粋《いき》でしゃれた言葉《ことば》なのですね。

調《しら》べてみよう

見得《みえ》を切《き》るって？

いいところを見《み》せようと無理《むり》をする人《ひと》や、大《おお》きなことを言《い》う人《ひと》に対《たい》して、「大見得《おおみえ》を切《き》っている」などと言《い》うことがあります。この「見得《みえ》を切《き》る」という表現《ひょうげん》も、歌舞伎《かぶき》から生《う》まれた言葉《ことば》だとされています。では、歌舞伎《かぶき》の「見得《みえ》」とはいったい、どのような動《うご》き（演技《えんぎ》）をいうのでしょう？

ひとくちメモ　歌舞伎《かぶき》の演技《えんぎ》の途中《とちゅう》で「○○屋《や》！」という声《こえ》が掛《か》かります。これを屋号《やごう》といいます。市川団十郎《いちかわだんじゅうろう》の屋号《やごう》は成《なり》田屋《たや》。ほかにも高麗屋《こうらいや》、音羽屋《おとわや》、中村屋《なかむらや》、成駒屋《なりこまや》などがあります。

「うつ」にはいろんな意《い》味《み》がある

東京都江東区立枝川小学校《とうきょうとこうとうくりつえだがわしょうがっこう》
迎《むかえ》 有《ゆ》果《か》先生《せんせい》が書《か》きました

読《よ》んだ日《ひ》　月《がつ》　日《にち》｜月《がつ》　日《にち》｜月《がつ》　日《にち》

ハエを打《う》ったり、ボールを打《う》ったり？

やれ打《う》つな　蠅《はえ》が手《て》をすり
足《あし》をする

これは、小林一茶《こばやしいっさ》の有名《ゆうめい》な俳句《はいく》です。ハエが手足《てあし》をすり合《あ》わせて、「叩《たた》かないで！」「助《たす》けてくれぇ」と必死《ひっし》にお願《ねが》いしているように見《み》えたのですね。

この句《く》には、「打《う》つ」という言《こと》葉《ば》が出《で》てきます。打《う》つは、「叩《たた》く、強《つよ》く当《あ》てる」などの意味《いみ》があります。

野球《やきゅう》の試合《しあい》を思《おも》い出《だ》してみましょう。「ホームランをうつ」というときは、「打《う》つ」と書《か》きます。サッカーで「シュートをうつ」というときも同《おな》じです。どちらも、ボールを強《つよ》く打《う》ち当《あ》てますね。

「その考《かんが》えで手《て》を打《う》った」という使《つか》い方《かた》もあります。本当《ほんとう》に手《て》を叩《たた》いたわけではなく、「了解《りょうかい》した」という意味《いみ》です。

他《ほか》にも「寝返《ねがえ》りを打《う》つ」「ピリオドを打《う》つ」「打《う》てば響《ひび》く」など、いろいろな使《つか》い方《かた》があります。

鉄砲《てっぽう》で「撃《う》つ」と、かたきを「討《う》つ」

「うつ」と読《よ》む漢字《かんじ》には、「撃《う》つ」や「討《う》つ」もあります。「撃《う》つ」は、鉄砲《てっぽう》でうつという意味《いみ》です。「討《う》つ」は、相手《あいて》を攻《せ》め滅《ほろ》ぼすという意味《いみ》ですが、討論《とうろん》する、検討《けんとう》する、という使《つか》い方《かた》もします。

同《おな》じ「うつ」でも、漢字《かんじ》がちがうとまったくちがう意味《いみ》になるのがおもしろいですね。

調《しら》べてみよう

「打」の成《な》り立《た》ちは？

「打」のつくりの「丁《てい》」は、釘《くぎ》の頭《あたま》の形《かたち》です。「打《う》つ」は、釘《くぎ》の頭《あたま》をうちこむという意味《いみ》があります。「打《う》ち聞《き》く」「打《う》ち興《きょう》ずる」など、動詞《どうし》の意味《いみ》を強《つよ》くしたり、言葉《ことば》の調子《ちょうし》を整《ととの》えたりする役目《やくめ》もあります。

ひとくちメモ 「撃《げき》」は、袋《ふくろ》の中《なか》にものを入《い》れて上《うえ》を縛《しば》り、殳《つえぼこ》（棒状《ぼうじょう》の武器《ぶき》）で撃《う》って砕《くだ》くという意味《いみ》の字《じ》です。漢字《かんじ》の歴《れき》史《し》を調《しら》べると、それぞれのパーツに意味《いみ》があることがわかりますよ。

漢字にまつわるお話

漢字《かんじ》で書《か》いてみよう！ 大《おお》きな数《かず》・小《ちい》さな数《かず》の単位《たんい》

10月 23日

東京学芸大学教育学部《とうきょうがくげいだいがくきょういくがくぶ》
中村和弘《なかむらかずひろ》先生《せんせい》が書《か》きました

読《よ》んだ日《ひ》　月《がつ》　日《にち》　｜　月《がつ》　日《にち》　｜　月《がつ》　日《にち》

大《おお》きな数《かず》の単位《たんい》 0が何個《なんこ》つく？

1、10、100、1000、10000。これらの数字《すうじ》を漢字《かんじ》で書《か》くと、一《いち》、十《じゅう》、百《ひゃく》、千《せん》、万《まん》ですね。では、これより大《おお》きな数《かず》の単《たん》位《い》は、どう書《か》くのでしょうか？ 万《まん》の次《つぎ》は、億《おく》、兆《ちょう》、京《けい》、垓《がい》……と続《つづ》いて、那由他《なゆた》、不可思議《ふかしぎ》、無量《むりょう》大数《たいすう》となります（図《ず》1）。

京《けい》はスーパーコンピュータの名《な》前《まえ》に、那由他《なゆた》は2017年現在《ねんげんざい》、日本《にほん》でいちばん大《おお》きい天体望遠鏡《てんたいぼうえんきょう》である「なゆた望遠鏡《ぼうえんきょう》」の名前《なまえ》のもとにもなっています。文字《もじ》どおり、天文学的《てんもんがくてき》な数《かず》ですね。おしまいの無量大数《むりょうたいすう》は、なんとゼロの数《かず》が68個《こ》もあるんですよ！

図1 大きな数の単位

単位と読み方	ゼロの数
一（いち）	0 個
十（じゅう）	1 個
百（ひゃく）	2 個
千（せん）	3 個
万（まん）	4 個
億（おく）	8 個
兆（ちょう）	12 個
京（けい）	16 個
垓（がい）	20 個
秭（じょ）	24 個
穣（じょう）	28 個
溝（こう）	32 個
澗（かん）	36 個
正（せい）	40 個
載（さい）	44 個
極（ごく）	48 個
恒河沙（こうがしゃ）	52 個
阿僧祇（あそうぎ）	56 個
那由他／那由多（なゆた）	60 個
不可思議（ふかしぎ）	64 個
無量大数（むりょうたいすう）	68 個

「九分九厘大丈夫《くぶくりんだいじょうぶ》」はほぼ大丈夫《だいじょうぶ》の意味《いみ》？

1より小《ちい》さな数《かず》の単位《たんい》はどうでしょうか？ こちらは、分《ぶ》、厘《りん》、毛《もう》、糸《し》、忽《こつ》、微《び》、繊《せん》、沙《しゃ》、塵《じん》、埃《あい》、渺《びょう》、漠《ばく》、模糊《もこ》、逡巡《しゅんじゅん》、須臾《しゅゆ》、瞬息《しゅんそく》、弾指《だんし》、刹那《せつな》、六徳《りくとく》、虚空《きょくう》、清浄《せいじょう》……と書《か》きます。

分《ぶ》は10分《ぶん》の1、厘《りん》は100分《ぶん》の1を表《あらわ》します。ほとんど完全《かんぜん》に近《ちか》いことを「九分九厘《くぶくりん》」といいますが、これは十分《じゅうぶ》に一厘《いちりん》だけ足《た》りない、つまり0・99（99％）ということです。

また、塵《じん》（100億分《おくぶん》の1）はちり、埃《あい》（1兆分《ちょうぶん》の1）はほこりという漢字《かんじ》です。そのくらい、ものすごく小《ちい》さいということですね。

ひとくちメモ
日本《にほん》で大《おお》きな数《かず》を確立《かくりつ》したのは、江戸時代《えどじだい》の数学者《すうがくしゃ》・吉田光由《よしだみつよし》といわれています。彼《かれ》は1627年《ねん》に出版《しゅっぱん》した『塵劫記《じんこうき》』という数学《すうがく》の本《ほん》の中《なか》で、数《かず》の単位《たんい》の分類《ぶんるい》（命数《めいすう》）について紹介《しょうかい》しています。

ちょっとむずかしい言葉 辞典

10月24日

東《ひがし》と西《にし》が組《く》み合《あ》わさると「静《しず》かに」の意味《いみ》になる？

日本国語教育学会理事《にほんこくごきょういくがっかいりじ》
藤田慶三《ふじたけいぞう》先生《せんせい》が書《か》きました

読《よ》んだ日《ひ》 月《がつ》 日《にち》 月《がつ》 日《にち》 月《がつ》 日《にち》

方角《ほうがく》を表《あらわ》すだけじゃない

東《ひがし》と西《にし》は、どちらも方角《ほうがく》を表《あらわ》します。でも「東西《とうざい》」と続《つづ》けて使《つか》うと、まったくちがった意味《いみ》をもつようになります。昔《むかし》の人《ひと》は、からだを自由《じゆう》にあちこちと動《うご》かすことを「東西《とうざい》」と言《い》っていました。そして、それがとても忙《いそが》しいことを表《あらわ》すようになりました。

また、方向《ほうこう》がわからずどうしたらよいか困《こま》ってしまうことから、途方《とほう》に暮《く》れるという意味《いみ》で「東西《とうざい》を失《うしな》う」「東西暮《とうざいく》れる」という言《い》い方《かた》もあります。

他《ほか》にも、「東西知《とうざいし》らず」「東西《とうざい》を弁《べん》ぜず」ということわざがあります。東《ひがし》と西《にし》の区別《くべつ》さえできないということから、物事のわきまえがない、ものごとを判断《はんだん》する能力《のうりょく》がないという意味《いみ》で使《つか》われたのです。

ざわめきを静《しず》めて注目《ちゅうもく》させる

「東西東西《とざいとうざい》」と重《かさ》ねて言《い》うと歌舞伎《かぶき》などが始《はじ》まる前《まえ》に見物人《けんぶつにん》を静《しず》めたり、口上《こうじょう》を述《の》べるに先《さき》だって注意《ちゅうい》を引《ひ》いたりするときに用《もち》いる前口上《まえこうじょう》になります。

「東西東西屋《とざいとうざいや》」というと、街頭《がいとう》や店頭《てんとう》で広告《こうこく》のために口上《こうじょう》を述《の》べて歩《ある》く人《ひと》を指《さ》します。街《まち》で見《み》かけるチンドン屋《や》は、「東西東西屋《とざいとうざいや》」を営業用《えいぎょうよう》にしたもので、人目《ひとめ》につく服装《ふくそう》をして楽器《がっき》を鳴《な》らしながら街《まち》を練《ね》り歩《ある》き、開店《かいてん》や大売出《おおうりだ》しなどを宣伝《せんでん》することを仕事《しごと》にしています。

聞《き》いてみよう

相撲中継《すもうちゅうけい》に耳《みみ》を澄《す》ませて

「とざいとうざい」は大相撲《おおずもう》の結《むす》びの一番《いちばん》で聞《き》くことができます。テレビで相撲《すもう》を見るときに、呼《よ》び出《だ》しの声《こえ》に耳《みみ》を澄《す》ませてみましょう。相撲《すもう》でも「東《ひがし》から西《にし》まで静《しず》まりたまえ」という意味《いみ》で言《い》い始《はじ》めたものとされています。

ひとくちメモ 関西地方《かんさいちほう》では南北《なんぼく》が「筋《すじ》」、東西《とうざい》を「通《とおり》」と呼《よ》びます。道頓堀《どうとんぼり》の芝居小屋《しばいごや》がすべて東西《とうざい》の通《とお》りに面《めん》していたことから「道頓堀《どうとんぼり》のすべてを見渡《みわた》して」の意味《いみ》で東西東西《とざいとうざい》が生《う》まれたといわれています。

ものの名前にまつわるお話

ぜんぜん赤《あか》くないのに、なぜ赤道《せきどう》っていうの？

10月 25日

東京学芸大学教育学部《とうきょうがくげいだいがくきょういくがくぶ》
中村和弘《なかむらかずひろ》先生《せんせい》が書《か》きました

読《よ》んだ日《ひ》　月《がつ》　日《にち》｜月《がつ》　日《にち》｜月《がつ》　日《にち》

赤道《せきどう》という呼《よ》び方《かた》は中国《ちゅうごく》の天文学《てんもんがく》から

世界地図《せかいちず》を広《ひろ》げてみましょう。北《きた》と南《みなみ》の真《ま》ん中《なか》に、1本《ぽん》の線《せん》が引《ひ》かれています。それが赤道《せきどう》です。赤道《せきどう》には「赤《あか》」という字《じ》が入《はい》っていますが、もちろん赤《あか》くはありません。

赤道《せきどう》は、もともと中国《ちゅうごく》の天文学《てんもんがく》で使《つか》われていた言葉《ことば》です。球体《きゅうたい》の上《うえ》に、太陽《たいよう》が真上《まうえ》を通《とお》るところに赤《あか》い線《せん》を引《ひ》いたのがはじまりとされています。

赤道《せきどう》のほかにも、地図《ちず》にはたくさんの線《せん》が引《ひ》かれています。横《よこ》の線《せん》は緯度《いど》、縦《たて》の線《せん》は経度《けいど》を表《あらわ》しています。この「緯《い》」という字《じ》には横糸《よこいと》、「経《けい》」という字《じ》には縦糸《たていと》という意味《いみ》があるのです。まるで、縦糸《たていと》と横糸《よこいと》で布《ぬの》を織《お》っているみたいですね。

ネズミとウマを結《むす》ぶ「子午線《しごせん》」

経度《けいど》を表《あらわ》す南北《なんぼく》の線《せん》は、「子午《しご》線《せん》」ともいいます。古《ふる》くから中国《ちゅうごく》では、方位《ほうい》や時刻《じこく》を十二支《じゅうにし》で表《あらわ》しました。そこで、真北《まきた》を「子《ね》」、真南《まみなみ》を「午《うま》」としました。つまり子午線《しごせん》は、「子《ね》」（真北《まきた》）と「午《うま》」（真南《まみなみ》）を結《むす》んだ線《せん》ということなのです。

地図《ちず》を見《み》ると、おもな子午線《しごせん》しか書《か》かれていませんが、実《じつ》は地球上《ちきゅうじょう》には無数《むすう》にあります。もちろんあなたが住《す》んでいる町《まち》にも、子午線《しごせん》はちゃんと通《とお》っていますよ！

知《し》っておこう

レッド・ロードじゃ通《つう》じない！

赤道《せきどう》は、英語《えいご》でイクオーター（the equater）、スペイン語《ご》ではエクワドールといいます。「昼夜《ちゅうや》を等《ひと》しく分《わ》ける帯《おび》」という意味《いみ》です。赤道上《せきどうじょう》では、一年《いちねん》を通《とお》して昼《ひる》と夜《よる》の長《なが》さがほぼ同《おな》じなのです。

ひとくちメモ 兵庫県明石市《ひょうごけんあかしし》は「子午線《しごせん》の町《まち》」として有名《ゆうめい》です。日本《にほん》の時刻《じこく》は、明石市《あかしし》を通《とお》っている東経《とうけい》135度《ど》子午線《しごせん》を基準《きじゅん》に定《さだ》められており、これを「標準時《ひょうじゅんじ》」といいます。

10月

武田信玄《たけだしんげん》の風林火山《ふうりんかざん》は『孫氏《そんし》』から生《う》まれた

10月26日

東京学芸大学教育学部《とうきょうがくげいだいがくきょういくがくぶ》
中村和弘《なかむらかずひろ》先生《せんせい》が書《か》きました

読《よ》んだ日《ひ》　月《がつ》　日《にち》　月《がつ》　日《にち》　月《がつ》　日《にち》

武田軍《たけだぐん》の旗《はた》に書《か》き写《うつ》した言葉《ことば》

戦国最強《せんごくさいきょう》とよばれた武将《ぶしょう》、武田《たけだ》信玄《しんげん》の旗《はた》には次《つぎ》のような句《く》が書《か》かれていたといわれています。

「疾如風、徐如林、侵掠如火、不動如山」。この句《く》は中国《ちゅうごく》の『孫氏《そんし》』という本《ほん》から引用《いんよう》したもので、意味《いみ》はこうです。

「軍《ぐん》が移動《いどう》するときは風《かぜ》のようにすばやく、その静《しず》けさは林《はやし》のように、侵略《しんりゃく》するときは火《ひ》のように、陣《じん》を崩《くず》さない（動《うご》かさない）のは山《やま》のように」。後世《こうせい》の人《ひと》がこの句《く》を「風林火山《ふうりんかざん》」と呼《よ》び、有名《ゆうめい》になりました。

軍旗《ぐんき》に句《く》を書《か》き写《うつ》すほど、武田《たけだ》信玄《しんげん》はこの句《く》にほれ込《こ》んでいたのでしょう。信玄《しんげん》が『孫氏《そんし》』を特《とく》に愛読《あいどく》していたことは有名《ゆうめい》です。

戦《たたか》い方《かた》が書《か》いてある本《ほん》

『孫氏《そんし》』は今《いま》から2500年《ねん》ほど前《まえ》、中国《ちゅうごく》の軍師《ぐんし》、孫武《そんぶ》という人《ひと》が書《か》いたとされる書物《しょもつ》のことです。戦《たたか》いに勝《か》つための考《かんが》え方《かた》やその方法《ほう》が書《か》かれています。運《うん》に左右《さゆう》されることなく、そして目先《めさき》の勝利《しょうり》に惑《まど》わされないような戦《たたか》いの方法《ほうほう》を教《おし》えてくれる一冊《いっさつ》です。

現代《げんだい》でもビジネスの世界《せかい》の競争《きょうそう》を勝《か》ち抜《ぬ》くヒントが書《か》いてあるとされ、世界中《せかいじゅう》で愛読《あいどく》されています。

知《し》っておこう

伝説《でんせつ》の創業者《そうぎょうしゃ》たちも『孫氏《そんし》』がお好《す》き？

特《とく》に会社《かいしゃ》を経営《けいえい》する人《ひと》の間《あいだ》では『孫《そん》氏《し》』が人気《にんき》のようです。有名《ゆうめい》な人《ひと》では、マイクロソフトの創業者《そうぎょうしゃ》であるビル・ゲイツ氏《し》、ソフトバンクの孫《そん》正義《まさよし》氏《し》が知《し》られています。英語《えいご》では『The Art of war』という題名《だいめい》です。

ひとくちメモ　『論語《ろんご》』や『孫氏《そんし》』など、昔《むかし》の中国《ちゅうごく》の書物《しょもつ》について、子供向《こどもむ》けにわかりやすく書《か》かれた本《ほん》が出版《しゅっぱん》されています。興味《きょうみ》がわいたら、手《て》にとってみてください。いまの生活《せいかつ》に役立《やくだ》つヒントが見《み》つかりますよ。

「助長《じょちょう》」はいいこと？ 悪《わる》いこと？

日本国語教育学会理事《にほんこくごきょういくがっかいりじ》・小学校部会長《しょうがっこうぶかいちょう》
今村久二《いまむらひさじ》先生《せんせい》が書《か》きました

読《よ》んだ日《ひ》　月《がつ》　日《にち》　月《がつ》　日《にち》　月《がつ》　日《にち》

中国《ちゅうごく》の昔話《むかしばなし》からできた言葉《ことば》

「助長《じょちょう》する」という言葉《ことば》を知《し》っていますか。二千年以上前《にせんねんいじょうまえ》に孟子《もうし》という人《ひと》の言動《げんどう》をまとめた『孟子《もうし》』という本《ほん》の中《なか》に、昔話《むかしばなし》として紹介《しょうかい》されている「助長《じょちょう》」という話《はなし》からきています。

宋《そう》というところにお百姓《ひゃくしょう》がいました。種《たね》をまいて芽《め》が出《で》て、苗《なえ》にはなったけれど、なかなか育《そだ》ちません。どうしたらよく育《そだ》ってくれるだろう、とお百姓《ひゃくしょう》は悩《なや》んでいました。

あるとき「いいことを思《おも》いついた！」と、お百姓《ひゃくしょう》は畑《はたけ》に行《い》き、苗《なえ》を一本一本《いっぽんいっぽん》引《ひ》っ張《ぱ》ります。苗《なえ》は長《なが》くなりました。がんばってすっかりくたびれた百姓《ひゃくしょう》は家《いえ》に帰《かえ》って言《い》いました。

「いやあ、疲《つか》れた。何《なに》しろ、苗《なえ》を全部《ぜんぶ》助《たす》けて伸《の》ばしてやったんだから」。

お百姓《ひゃくしょう》の息子《むすこ》がびっくりして畑《はたけ》に行《い》ってみると、苗《なえ》は、みんな枯《か》れていました。

長所《ちょうしょ》を伸《の》ばす意味《いみ》じゃない

このお話《はなし》からわかるように、「助長《じょちょう》する」というのは、手助《てだす》けをして、かえってだめにすることを表《あらわ》します。

ところが、「あの子《こ》は絵《え》の才能《さいのう》がある。それを助長《じょちょう》したら、すばらしい画家《がか》になるだろう」という使《つか》い方《かた》をする人《ひと》がいます。これはまちがいです。「長所《ちょうしょ》（いいところ）を伸《の》ばす」という意味《いみ》には使《つか》えません。元《もと》のお話《はなし》を知《し》っていれば、よくわかりますね。

気《き》をつけよう

語源《ごげん》を知《し》って正《ただ》しく使《つか》おう

「助長《じょちょう》」は、大人《おとな》でも、意外《いがい》とたくさんの人《ひと》がまちがえてしまう言葉《ことば》の一《ひと》つです。なぜこの言葉《ことば》ができたのか（語源《ごげん》）を知《し》ると、正《ただ》しい使《つか》い方《かた》ができるようになりますよ。

ひとくちメモ

孟子《もうし》は、『論語《ろんご》』に話《はなし》をまとめられた孔子《こうし》とならんで、儒教《じゅきょう》という思想《しそう》の代表《だいひょう》ともいえる人《ひと》です。二人《ふたり》の言葉《ことば》や考《かんが》えを合《あ》わせて「孔孟《こうもう》の教《おし》え」といわれることもあります。

歌や古典・芸能にまつわるお話

「夕焼《ゆうや》け小焼《こや》け」のふしぎな運命《うんめい》

日本国語教育学会常任理事《にほんこくごきょういくがっかいじょうにんりじ》
藤田慶三《ふじたけいぞう》先生《せんせい》が書《か》きました

10月 28日

読《よ》んだ日《ひ》　月《がつ》　日《にち》　月《がつ》　日《にち》　月《がつ》　日《にち》

夕方《ゆうがた》になると聞《き》こえてくる

多《おお》くの町《まち》で、夕方《ゆうがた》になると、防《ぼう》災無線《さいむせん》のスピーカーから「夕焼《ゆうや》け小焼《こや》け」のメロディが流《なが》れてくることでしょう。地域《ちいき》によって、別《べつ》の童謡《どうよう》のこともありますが、「夕《ゆう》焼《や》け小焼《こや》け」が最《もっと》もよく使《つか》われているそうです。

なぜこの曲《きょく》は全国《ぜんこく》に広《ひろ》がっているのでしょうか。

学校《がっこう》の先生《せんせい》の歌《うた》が口《くち》コミで広《ひろ》がった

作詞者《さくししゃ》は、中村雨紅《なかむらうこう》です。大正《たいしょう》8年《ねん》、東京《とうきょう》の荒川区《あらかわく》で教員《きょういん》をしているときに、貧《まず》しい子《こ》供《ども》たちの心《こころ》を豊《ゆた》かにしたいと考《かんが》えて、童謡《どうよう》を書《か》き始《はじ》めました。その中《なか》の一《ひと》つが「夕焼《ゆうや》け小《こ》焼《や》け」です。それを神《かん》田《だ》のピアノ店《てん》の社長《しゃちょう》から、ピアノを買《か》ってくれた人《ひと》におまけとして歌《うた》の本《ほん》をつけてあげたい、と言《い》われて渡《わた》したといわれています。

それに、大正《たいしょう》12年《ねん》、草川信《くさかわしん》の曲《きょく》がつけられ「文化楽譜《ぶんかがくふ》」として初《はじ》めて印刷《いんさつ》されました。ところがこの本《ほん》は、できて間《ま》もなく関東大震《かんとうだいしん》災《さい》にあい、13冊《さつ》を残《のこ》して全部焼《ぜんぶや》けてしまいました。

この本《ほん》を見《み》つけて最初《さいしょ》にオルガンで弾《ひ》いたのは、雨紅《うこう》の奥《おく》さんの妹《いもうと》の下田梅子《しもだうめこ》でした。教師《きょうし》の梅子《うめこ》が亀戸《かめいど》の小学校《しょうがっこう》の子供《こども》たちに教《おし》えたのです。それを、学校参観《がっこうさんかん》などに来《き》た先生《せんせい》や父兄《ふけい》など、歌《うた》を気《き》に入《い》った人《ひと》たちが持《も》ち帰《かえ》ることで、この歌《うた》はどんどん全国《ぜんこく》に広《ひろ》がっていきました。今《いま》では、各地《かくち》で歌《うた》われたり、また夕方《ゆうがた》のメロディとしておなじみとなっています。

歌《うた》ってみよう

歌詞《かし》のイメージを思《おも》い浮《う》かべて

多《おお》くの人《ひと》に気《き》に入《い》られた理由《りゆう》の一《ひと》つに、当時《とうじ》はこのような風景《ふうけい》が、全国《ぜんこく》どこでも見《み》られたからでしょう。日暮《ひぐ》れ前《まえ》の夕焼《ゆうや》けの美《うつく》しさ、その中《なか》を飛《と》ぶカラスの黒《くろ》、鐘《かね》の音《ね》、仲良《なかよ》く手《て》をつないで帰《かえ》る子供《こども》たちの姿《すがた》などを思《おも》い浮《う》かべながら歌《うた》ってみましょう。

ひとくちメモ 「夕焼《ゆうや》け小焼《こや》け」の歌碑《かひ》などが、雨紅《うこう》の故郷《こきょう》の高尾山《たかおさん》をはじめ、荒川区立第二《あらかわくりつだいに》・第三小学校《だいさんしょうがっこう》、長野《ながの》の草川信《くさかわしん》の故郷《こきょう》や、雨紅《うこう》の後《のち》の住《す》まいの厚木市《あつぎし》などにあります。

漢字にまつわるお話

「わたなべ」さんはご注目《ちゅうもく》！「邊」と「辺」と「邉」

10月 29日

東京都葛飾区立清和小学校校長《とうきょうとかつしかくりつせいわしょうがっこうこうちょう》
朴木一史《ほおのきかずし》先生《せんせい》が書《か》きました

読《よ》んだ日《ひ》　月《がつ》　日《にち》　月《がつ》　日《にち》　月《がつ》　日《にち》

たくさんの「わたなべ」

しゅうじくんのクラスには、「わたなべ」さんが3人《にん》もいます。でも、3人《にん》のわたなべさんは、「渡辺《わたなべ》」「渡邊《わたなべ》」「渡邉《わたなべ》」と二文字目《にもじめ》の字《じ》がちがっています。実《じつ》は、この二文字目《にもじめ》、もとは同《おな》じ漢字《かんじ》なのです。

今《いま》から70年《ねん》ほど前《まえ》（1949年《ねん》）、画数《かくすう》が多《おお》いなど、書《か》くことに向《む》いていない漢字《かんじ》を、画数《かくすう》の少《すく》ない形《かたち》に変《か》えた「当用漢字字体表《とうようかんじじたいひょう》」ができました。

この時《とき》、字体《じたい》が変《か》わった漢字《かんじ》を「新字体《しんじたい》」、これまで使《つか》われたものを「旧字体《きゅうじたい》」と呼《よ》んでいます。

たとえば、次《つぎ》のような漢字《かんじ》です。

（旧字体《きゅうじたい》）→（新字体《しんじたい》）

學→学

鐵→鉄

鹽→塩

濱→浜

わたなべの「辺」も、邊（旧字体《きゅうじたい》）→辺（新字体《しんじたい》）なのです。

「邉」はなんだ？

なお「邉」は、邊の別《べつ》の書《か》き方《かた》として昔《むかし》からあったので、異体字《いたいじ》といわれます。

「邊」の異体字《いたいじ》は、とてもたくさんあり、わかっているだけでも30種類以上《しゅるいいじょう》もあるそうです。これは、渡邊《わたなべ》さんが本家《ほんけ》から分《わ》かれて分家《ぶんけ》となる時《とき》に、本家《ほんけ》と区別《くべつ》をするため、「なべ」に当《あ》たる字《じ》を変《か》えていったことによるものといわれています。

探《さが》してみよう

旧字体《きゅうじたい》の看板《かんばん》

新字体《しんじたい》ができたのは約《やく》70年前《ねんまえ》ですから、老舗《しにせ》のお店《みせ》の看板《かんばん》などにはまだまだ旧字体《きゅうじたい》が残《のこ》っています。旅先《たびさき》などで探《さが》してみましょう。

ひとくちメモ　「糸《いと》」は細《ほそ》い糸《いと》、糸《いと》が２つ並《なら》んだ「絲《いと》」の字《じ》は糸全般《いとぜんぱん》を表《あらわ》していたのですが、新字体《しんじたい》で「絲」も「糸」としてしまいました。しかしチンジャオロースは中国《ちゅうごく》では「青椒肉絲」と表《あらわ》すため日本《にほん》でも「絲」の字《じ》を使《つか》います。

国語《こくご》と日本語《にほんご》は同《おな》じ？

10月
30日

日本女子大学児童学科《にほんじょしだいがくじどうがっか》
笹平真之介《ささひらしんのすけ》先生《せんせい》が書《か》きました

読《よ》んだ日《ひ》　月《がつ》　日《にち》｜月《がつ》　日《にち》｜月《がつ》　日《にち》

国《くに》とともにつくられた「国語《こくご》」

生《う》まれてから初《はじ》めて自然《しぜん》に身《み》につけた言葉《ことば》を母語《ぼご》といいます。一方《いっぽう》、学校《がっこう》などでは英語《えいご》、中国語《ちゅうごくご》などのように○○語《ご》という名前《なまえ》がつけられた言葉《ことば》を習《なら》います。

日本《にほん》には、国語《こくご》と日本語《にほんご》という言葉《ことば》がありますが、それぞれのちがいを考《かんが》えたことはありますか。

今《いま》みなさんが考《かんが》えるような国語《こくご》や日本語《にほんご》は、江戸時代《えどじだい》までありませんでした。人々《ひとびと》はそれぞれの生活《せいかつ》の範囲《はんい》で通《つう》じる言葉《ことば》で暮《く》らしていたのです。「くに」といえば、自分《じぶん》の母語《ぼご》が通《つう》じる場所《ばしょ》、つまり故郷《こきょう》のことを示《しめ》していました。ですから、九州《きゅうしゅう》の人《ひと》と江戸《えど》の人《ひと》とでは言葉《ことば》が通《つう》じないということもあったのです。

ところが江戸末期《えどまっき》から明治《めいじ》にかけて、日本《にほん》という広《ひろ》い範囲《はんい》をひとつの国《くに》とする意識《いしき》が芽生《めば》えました。そこでひとつの国《くに》に住《す》む人々《ひとびと》は、みな同《おな》じひとつの言葉《ことば》を話《はな》すべきだと考《かんが》えられたのです。つまり国《こく》語《ご》とは文字通《もじどお》り、国《くに》の中《なか》にいる人《ひと》にとっての国《くに》の言葉《ことば》のことです。だから学校《がっこう》の教科《きょうか》も国語《こくご》になっています。

日本語《にほんご》は外国《がいこく》の人《ひと》のため

日本語《にほんご》も日本《にほん》という国《くに》をもとにしています。しかし国語《こくご》とちがい、国《くに》の外《そと》を意識《いしき》した名前《なまえ》です。日本《にほん》語《ご》を知《し》らない国《くに》の人《ひと》たちが外国語《がいこくご》として学《まな》ぶための名前《なまえ》、あるいは学問上《がくもんじょう》の名前《なまえ》といっていいかもしれません。

このように国語《こくご》と日本語《にほんご》は同《おな》じではありません。それぞれ異《こと》なる人《ひと》を想定《そうてい》しているからです。あなたには、どんな人々《ひとびと》が思《おも》い浮《う》かんできますか。

調《しら》べてみよう

「国語《こくご》」のはじまり

小学校《しょうがっこう》の教科名《きょうかめい》に「国語《こくご》」が生《う》まれたのは、今《いま》から100年《ねん》以上前《いじょうまえ》の明治《めいじ》33（1900）年《ねん》のことです（中学校《ちゅうがっこう》は明治《めいじ》19年《ねん》）。その前《まえ》の時代《じだい》、国語《こくご》にあたる教科《きょうか》は「読書《どくしょ》」「作文《さくぶん》」「習字《しゅうじ》」の３つに分《わ》かれていました。どんな教科書《きょうかしょ》だったのか、調《しら》べてみましょう。

ひとくちメモ　昔《むかし》と今《いま》とで言《い》い方《かた》がちがう教科《きょうか》はほかにもあります。たとえば算数《さんすう》は「算術《さんじゅつ》」、道徳《どうとく》は「修身《しゅうしん》」、音楽《おんがく》は「唱歌《しょうか》」などと呼《よ》ばれていました。

「以外《いがい》」と「意外《いがい》」

日本国語教育学会理事《にほんこくごきょういくがっかいりじ》
山田利彦《やまだとしひこ》先生《せんせい》が書《か》きました

読《よ》んだ日《ひ》　月《がつ》　日《にち》｜月《がつ》　日《にち》｜月《がつ》　日《にち》

勉強以外《べんきょういがい》してはいけません

「勉強以外《べんきょういがい》してはいけません」

こんなことを言《い》われたらあなたはどうですか。困《こま》りますね。「外《そと》で遊《あそ》ぶ」「ゲームをする」「おかしを食《た》べる」など勉強以外《べんきょういがい》にやりたいことがたくさんあるでしょう。「勉強以外《べんきょういがい》」ということは「勉強《べんきょう》」のほかのこと全部《ぜんぶ》という意味《いみ》。それができない、ということになります。

では「以《い》」の字《じ》を見《み》てみましょう。「人《ひと》」という字《じ》の左横《ひだりよこ》に「すき」という道具《どうぐ》の形《かたち》をしたものがついています。「すき」とは土《つち》をすくい取《と》る道具《どうぐ》のことです。人《ひと》が「すき」を使《つか》って土《つち》を集《あつ》めるように、勉強《べんきょう》だけをすくってほかのことはできないことになります。

意外《いがい》とがんばっているね

同《おな》じ読《よ》み方《かた》で「意外《いがい》」という漢《かん》字《じ》もあります。

「意外《いがい》だね」と言《い》われると、「そんなことないよ。ちゃんとがんばっているよ」と言《い》いたくなります。

そのほかに「意外《いがい》と安《やす》かった」「意外《いがい》な結果《けっか》だ」などのように使《つか》っています。つまり、その前《まえ》に自《じ》分《ぶん》が思《おも》っていたことよりもかなりちがっていたときに使《つか》います。

「意《い》」の字《じ》は「音《おと》」と「心《こころ》」の字《じ》からできています。その「音《おと》」の字《じ》の「口《くち》」の中《なか》に「一《いち》」があります。これは口《くち》の中《なか》に物《もの》が入《はい》っていることを表《あらわ》しているといわれます。これと「心《こころ》」とあわせると「心《こころ》の中《なか》に思《おも》いがとじこめられている」ということになります。

つまり、「意外《いがい》」は「心《こころ》に思《おも》っているほか」ということになるのです。

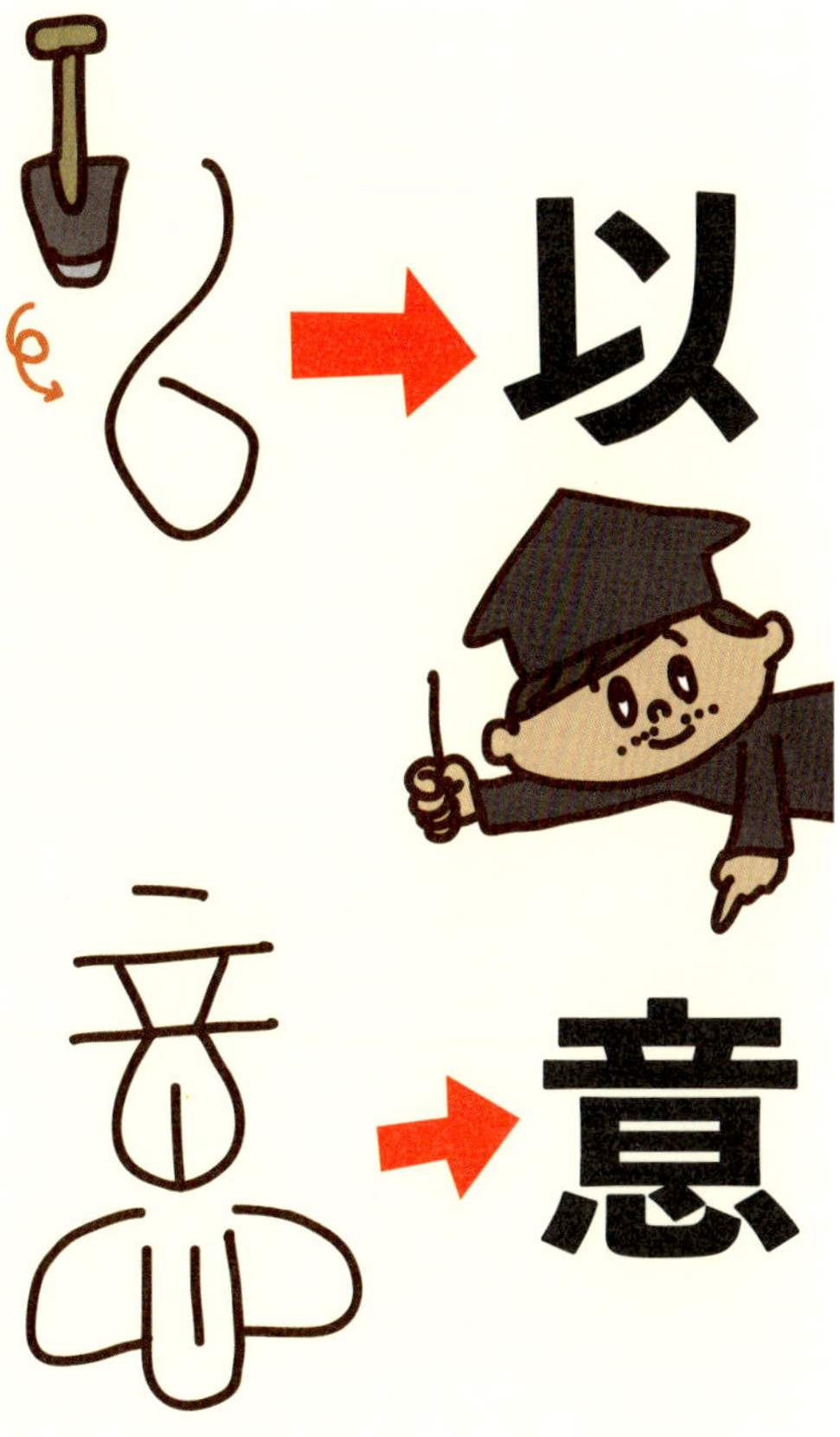

やってみよう

どちらの漢字《かんじ》?

（　）の中《なか》には「意外《いがい》」と「以外《いがい》」のどちらの漢字《かんじ》が入《はい》るでしょう。

①学校《がっこう》には（　）と早《はや》くついた。

②これ（　）に選《えら》ぶものはない。

ひとくちメモ　「考《かんが》えてみよう」の答《こた》え　①は意外《いがい》　②以外《いがい》です。ちなみに「４年生以上集《ねんせいいじょうあつ》まれ」は４年生《ねんせい》がふくまれます。注意《ちゅうい》しましょう。

ことわざ&故事成語《こじせいご》クロスワードパズルの答《こた》え

本書《ほんしょ》で紹介《しょうかい》したクロスワードパズルにチャレンジした人《ひと》はここで答《こた》え合《あ》わせ。
タテヨコのカギを解《と》く中《なか》で、知《し》らなかった言葉《ことば》は辞書《じしょ》をひいて確認《かくにん》してみよう。

1 イ	2 シ	A バ	3 シ		4 カ	5 タ
6 チ	バ		7 ワ	8 C ザ	ワ	イ
	9 フ	10 ク	ス	イ		キ
11 ト		ウ		12 モ	13 ク	バ
14 シ	ユ	チ	15 ニ	ク	リ	B ン
ツ		16 ヨ	D イ		17 ク	セ
18 キ	ユ	ウ		19 ト	リ	イ

8月13日分《がつにちぶん》
（262ページ）

…つないでできる言葉《ことば》

バ	ン	ザ	イ

知《し》らない言葉《ことば》に出会《であ》えたらラッキー。
意味《いみ》を調《しら》べて自分《じぶん》のものにしよう。
今日《きょう》から言葉《ことば》の力《ちから》がアップするよ。

10月3日分《がつかぶん》
（318ページ）

…つないでできる言葉《ことば》

ダ	イ	ト	ク	イ

1 ニ	カ	2 イ		3 カ	4 カ	5 C ト
エ		6 シ	7 ブ		8 イ	E イ
9 ユ	10 A ダ	ン	タ	11 B イ	テ	キ
	12 ソ	デ		13 ロ	ン	
14 シ	ク	ン	15 シ		16 モ	モ
キ		17 シ	ツ	18 カ	D ク	
19 イ	ケ	ン		20 オ	バ	ナ

11月

霜月

－しもつき－

November

日本《にほん》の「点字《てんじ》」はこうしてつくられた！

11月1日

日本国語教育学会理事《にほんこくごきょういくがっかいりじ》
岡本博幸《おかもとひろゆき》先生《せんせい》が書《か》きました

読《よ》んだ日《ひ》　月《がつ》　日《にち》｜月《がつ》　日《にち》｜月《がつ》　日《にち》

目《め》の不自由《ふじゆう》な人《ひと》のための文字《もじ》

駅《えき》の切符売《きっぷう》り場《ば》やお札《さつ》、飲《の》み物《もの》の缶《かん》などには、小《ちい》さな「点字《てんじ》」が記《しる》されています。点字《てんじ》は、目《め》の不自由《ふじゆう》な人《ひと》が、指先《ゆびさき》で触《ふ》れて読《よ》んだり、書《か》いたりするために使《つか》う文字《もじ》です。

点字《てんじ》を発明《はつめい》したのは、フランスのルイ・ブライユという人《ひと》です。ブライユは15歳《さい》のとき、たった6つの点《てん》で、26文字《もじ》のアルファベットを表《あらわ》す方法《ほうほう》を考《かんが》えました。

日本語《にほんご》のために「かな」の点字《てんじ》が必要《ひつよう》だ

のちに、日本語用《にほんごよう》の点字《てんじ》をつくったのは、石川倉次《いしかわくらじ》という人《ひと》です。あるとき、倉次《くらじ》は、小西信八《こにしのぶはち》という盲学校《もうがっこう》の先生《せんせい》から、「目《め》の不自由《ふじゆう》な人《ひと》が、自分《じぶん》で読《よ》み書《か》きすることができる文字《もじ》をつくってほしい」と頼《たの》まれました。そこで、ブライユの点字《てんじ》を研究《けんきゅう》して、「かな」の点字《てんじ》をつくろうとしたのです。

しかし、ブライユの点字《てんじ》はアルファベット用《よう》で、6点《てん》しかありません。五十音《ごじゅうおん》だけでなく、小《ちい》さい「っ」や「ょ」など合わせて約《やく》100文字《もじ》もある「かな」に、そのまま使《つか》うのは無理《むり》だと考《かんが》えた倉次《くらじ》は、6点《てん》の上下《じょうげ》の間《あいだ》に2点《てん》を加《くわ》えて、3点《てん》4方《ほう》（真《ま》ん中《なか》は空白《くうはく》）の8点点字《てんてんじ》をつくりました。

ところが、先生《せんせい》から「世界共通《せかいきょうつう》の6点《てん》にしてほしい」と言《い》われ、研究《けんきゅう》はふりだしに戻《もど》ってしまいます。それから2年後《ねんご》、ついに「かな」の6点点字《てんてんじ》が完成《かんせい》しました。倉次《くらじ》の努力《どりょく》と、多《おお》くの人々《ひとびと》の支《ささ》えによって、点字《てんじ》の道《みち》が開《ひら》かれたのです。

●ルイ・ブライユの点字

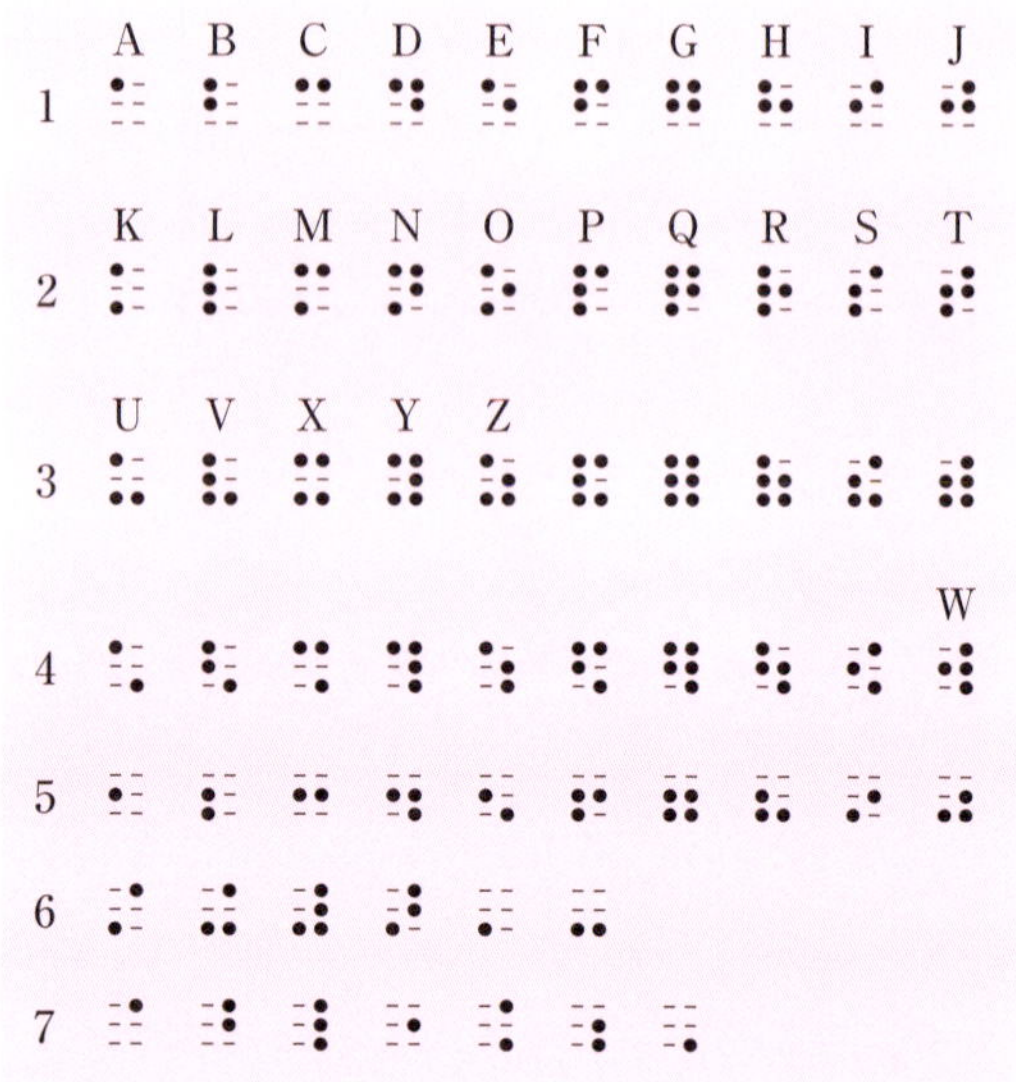

●石川倉次の点字

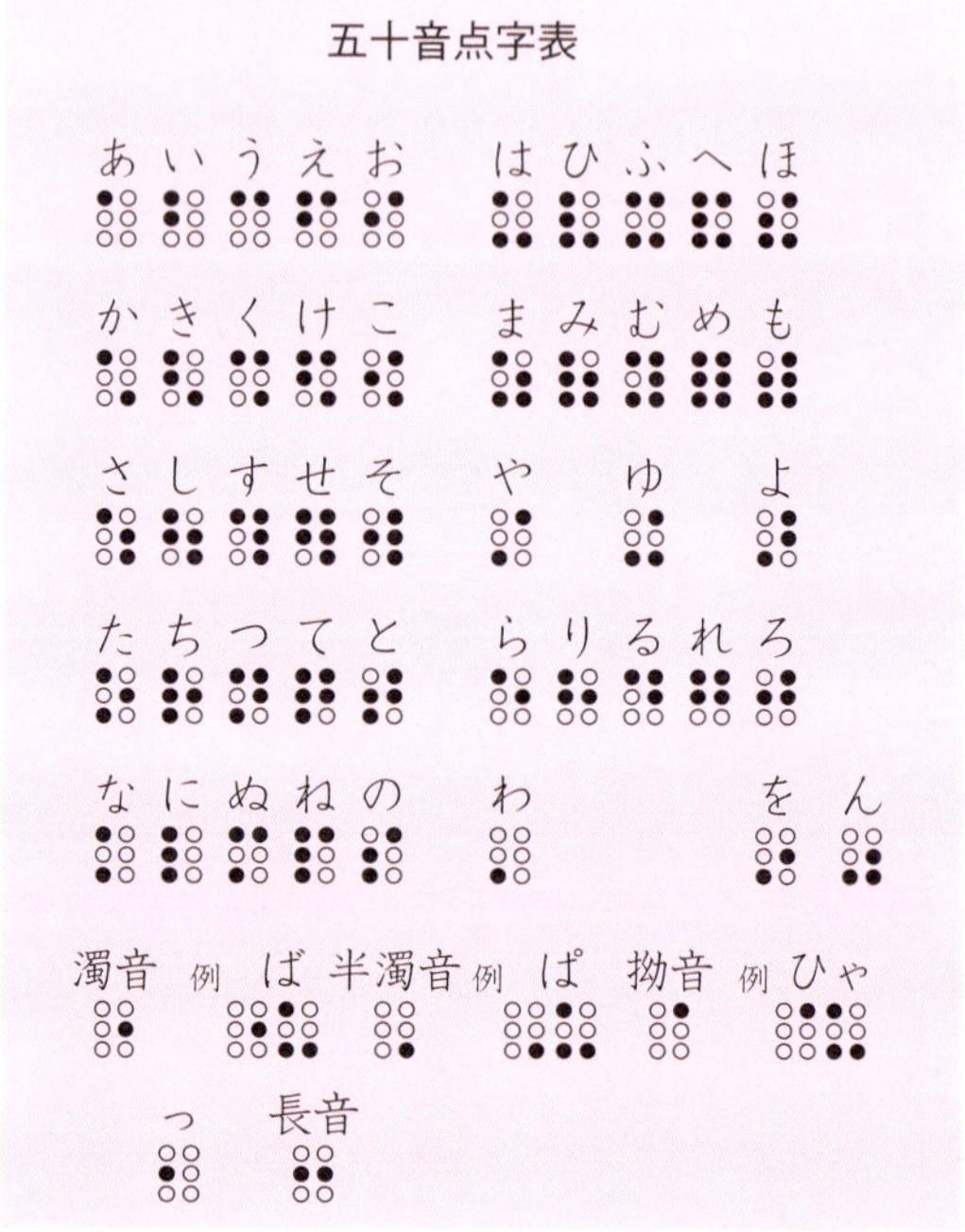

ひとくちメモ
11月1日《がつついたち》は「点字記念日《てんじきねんび》」です。1890（明治《めいじ》23）年《ねん》のこの日《ひ》、石川倉次《いしかわくらじ》の考案《こうあん》した、かなの6点点字《てんてんじ》が、第《だい》4回点字選定会議《かいてんじせんていかいぎ》で採用《さいよう》されました。

漢字にまつわるお話

地名《ちめい》の漢字《かんじ》は奥深《おくぶか》い

11月 2日

東京学芸大学《とうきょうがくげいだいがく》附属《ふぞく》小金井《こがねい》小学校《しょうがっこう》
鈴木秀樹《すずきひでき》先生《せんせい》が書《か》きました

読《よ》んだ日《ひ》　月《がつ》　日《にち》　月《がつ》　日《にち》　月《がつ》　日《にち》

習《なら》う漢字《かんじ》が増《ふ》える

2020年《ねん》から小学校《しょうがっこう》で習《なら》う漢《かん》字《じ》が少《すこ》し増《ふ》えます。何《なに》が増《ふ》えるかというと、都道府県《とどうふけん》の名前《なまえ》で使《つか》われている漢字《かんじ》が増《ふ》えるのです。たとえば熊本《くまもと》の「熊《くま》」、栃木《とちぎ》の「栃《とち》」、茨城《いばらき》の「茨《いばら》」、新潟《にいがた》の「潟《かた》」、愛媛《えひめ》の「媛《ひめ》」などです。岐阜県《ぎふけん》はこれまで「岐《き》」も「阜《ふ》」も小学校《しょうがっこう》で習《なら》う漢字《かんじ》ではなかったのですが、両《りょう》方《ほう》とも習《なら》うことになります。全体《ぜんたい》で20字《じ》ほど追加《ついか》されることになりました。たしかにこれらの字《じ》は、そこに住《す》む人以《ひとい》外《がい》には少《すこ》し馴染《なじ》みが薄《うす》くてむずかしいかもしれませんね。

でも、地名《ちめい》の漢字《かんじ》は奥《おく》が深《ふか》いものです。その土《と》地《ち》ならではの方言《ほうげん》や、古《ふる》くからの言《い》い伝《つた》えに大《おお》きく関係《かんけい》します。そのため、漢字《かんじ》はむずかしくないのだけれど、こんな読《よ》み方《かた》をするとは思《おも》わなかった！という地名《ちめい》が、日本中《にほんじゅう》にはいくつもあります。

「然別湖」をなんと読《よ》む？

北海道《ほっかいどう》の真《ま》ん中《なか》あたりに然別湖という湖《みずうみ》があります。これは「ぜんべつこ」ではありません。「しかりべつこ」と読《よ》みます。

「然《しか》り」は「そのとおりである」とか「そのようである」という意《い》味《み》の言葉《ことば》ですが、地名《ちめい》で使《つか》われるとちょっとびっくりしますよね。

ちなみに然別湖《しかりべつこ》の近《ちか》くには東雲湖《しののめこ》という、これまた読《よ》みにくい名前《なまえ》の湖《みずうみ》があります。

湖《みずうみ》といえば、山梨県《やまなしけん》の四尾連湖も使《つか》われている漢字《かんじ》はむずかしくないのですが読《よ》み方《かた》に悩《なや》みますね。これで「しびれこ」と読《よ》みます。「四《よっ》つの尾《お》を連《つら》ねた龍《りゅう》が住《す》んでいる」という言《い》い伝《つた》えからついた名《な》前《まえ》だそうです。「そう読《よ》むか！」という感《かん》じがしますよね。

探《さが》してみよう

友達同士《ともだちどうし》でクイズ

地図帳《ちずちょう》を開《ひら》いて、友達同士《ともだちどうし》で「これ読《よ》めるかな？」クイズをしてみよう。ふつうの読《よ》み方《かた》ではない地名《ちめい》をいくつ見《み》つけられるかな？

※358ページと388ページの「おもしろ地名検定《ちめいけんてい》」にも挑戦《ちょうせん》してみよう！

ひとくちメモ 東雲湖近《しののめこちか》くにはナキウサギがすんでいます。ナキウサギというくらいでよく鳴《な》きますが、その鳴《な》き声《ごえ》は「ビシッ！」という鞭《むち》で叩《たた》いたような音《おと》で、敵《てき》が近《ちか》づいたことを仲間《なかま》に知《し》らせる警戒音《けいかいおん》なのだそうです。

ちょっとむずかしい言葉 辞典

付和雷同《ふわらいどう》？　優柔不断《ゆうじゅうふだん》？

11月3日

東京都大田区立矢口西小学校《とうきょうとおおたくりつやぐちにししょうがっこう》
福田勇輔《ふくだゆうすけ》先生《せんせい》が書《か》きました

読《よ》んだ日《ひ》　月《がつ》　日《にち》　月《がつ》　日《にち》　月《がつ》　日《にち》

ドッジボールがいい人～
はーい!!
あ゛ じゃあボクも…。

他《ほか》の人《ひと》に合《あ》わせちゃう

学級会《がっきゅうかい》でのひとコマ。「今度《こんど》のお楽《たの》しみ会《かい》で、何《なに》をする？」。「ドッジボール」「鬼《おに》ごっこ」と、それぞれが自分《じぶん》の考《かんが》えを出《だ》し合《あ》い、最後《さいご》に多数決《たすうけつ》で決《き》めることになりました。

「どれに手《て》を挙《あ》げようかな…」と悩《なや》んでいるうちに、周《まわ》りをみるとドッジボールに手《て》を挙《あ》げている人がたくさん。なんとなく、「じゃ、自分《じぶん》も」と手《て》を挙《あ》げてしまった。……そんな経験《けいけん》はありませんか。

自分《じぶん》の考《かんが》えがなく、他《ほか》の人《ひと》の言《こと》葉《ば》にすぐ合《あ》わせてしまうことを「付和雷同《ふわらいどう》」といいます。「付和《ふわ》」とは他人《たにん》の言葉《ことば》に調子《ちょうし》を合《あ》わせること。「雷同《らいどう》」とは雷《かみなり》がなる時《とき》、すべてのものがそれに合《あ》わせて鳴《な》り響《ひび》くことを表《あらわ》しています。

自分《じぶん》の考《かんが》えを持《も》たず、軽々《かるがる》しく周《まわ》りの意見《いけん》に同調《どうちょう》するよりも、何《なに》事《ごと》にも、しっかりと自分《じぶん》の考《かんが》えをもった上《うえ》で判断《はんだん》することが大切《たいせつ》ですね。

どっちにする？

ドッジボールもいいな、いや、鬼《おに》ごっこもいいなぁと、いつまでたっても決《き》められない。そんな人《ひと》のことを「優柔不断《ゆうじゅうふだん》」といいます。なかなか物事《ものごと》を決断《けつだん》できないことを表《あらわ》す言葉《ことば》です。

周《まわ》りの友達《ともだち》に左右《さゆう》されることなく、自分《じぶん》の考《かんが》えたことに自信《じしん》をもって手《て》を挙《あ》げられる、そんな意志《いし》の強《つよ》さ、決断力《けつだんりょく》をもっている人《ひと》は「剛毅果断《ごうきかだん》」な人といえるでしょう。

学級会《がっきゅうかい》でのみなさんは、「付和《ふわ》雷同《らいどう》」ですか。「優柔不断《ゆうじゅうふだん》」ですか。それとも「剛毅果断《ごうきかだん》」でしょうか。

調《しら》べてみよう

「同《どう》」という漢字《かんじ》を使《つか》う四字熟語《よじじゅくご》

異口同音《いくどうおん》、呉越同舟《ごえつどうしゅう》、猫鼠同眠《びょうそどうみん》…など、「同《どう》」という文字《もじ》を使《つか》った四字熟語《よじじゅくご》はほかにもたくさんあります。調《しら》べてみるとおもしろそうですね。

異口同音 呉越同舟
猫鼠同眠
同

ひとくちメモ

雷《かみなり》を「稲妻《いなずま》」ともいいます。これは稲《いね》が実《みの》る時期《じき》によく雷雨《らいう》があり、稲妻《いなずま》の光《ひかり》が穂《ほ》を腹《はら》ませる（＝実《みの》らせる）と考《かんが》えられていたことから、「稲《いね》の妻《つま》＝稲妻《いなずま》」と呼《よ》ばれました。昔《むかし》は、夫《おっと》のことも妻《つま》といっていたのです。

「なんかしゃべってよ」じゃダメ インタビューのコツ

日本国語教育学会理事《にほんこくごきょういくがっかいりじ》・小学校部会長《しょうがっこうぶかいちょう》
今村久二《いまむらひさじ》先生《せんせい》が書《か》きました

読《よ》んだ日《ひ》　月《がつ》　日《にち》　月《がつ》　日《にち》　月《がつ》　日《にち》

聞《き》きたいことはなんだ？

　学校新聞《がっこうしんぶん》の取材《しゅざい》で、飼育委員会《しいくいいんかい》にインタビューです。

「毎日世話《まいにちせわ》をしているんですよね」

「はい」

「大変《たいへん》じゃないですか」

「べつに」

「読者《どくしゃ》へのお知《し》らせは？」

「新《あたら》しくウサギが来《き》たよ」

「ありがとうございました」

　さて、どんな記事《きじ》ができるかな。何《なに》かものたりなくないですか。もっとしゃべってよ、と思《おも》いませんか？

　取材《しゅざい》の前《まえ》には、学校新聞《がっこうしんぶん》に何《なに》をのせたいか、記事《きじ》の中心《ちゅうしん》を決《き》めてからインタビューします。今度《こんど》は新《あたら》しく飼《か》い始《はじ》めたウサギの飼育《しいく》について聞《き》くことにします。

「新《あたら》しくきたウサギ、元気《げんき》ですか」

「元気《げんき》で、かわいいですよ」

「お世話《せわ》で大変《たいへん》なことは何《なん》ですか」

「小屋《こや》のそうじが大変《たいへん》です」

「そんなによごれるんですか」

「そうでもないけど、一年生《いちねんせい》が生活科《せいかつか》で観察《かんさつ》したり、さわったりするから清潔《せいけつ》にしないと」

「なるほど。ばいきんがふえると、いやですよね」

インタビューにはコツがある

　インタビューでは、相手《あいて》にたくさん話《はな》してもらって、こちらの聞《き》きたいことを引《ひ》き出《だ》していくことが大切《たいせつ》です。そのためには、こちらが聞《き》きたいことをしっかりもって、相手《あいて》と仲良《なかよ》くなるようにします。そこで、次《つぎ》のことに気《き》をつけましょう。

- 相手《あいて》の話《はな》したいことを多《おお》く聞《き》く。
- 笑顔《えがお》で、目《め》を合《あ》わせて話《はなし》を聞《き》く。
- 大《おお》きくうなずきながら、「なるほど」「よくわかりました」といった相《あい》づちをうつ。

　また、「お話《はなし》を聞《き》けて楽《たの》しい！」という気持《きも》ちがインタビューの間《あいだ》中《じゅう》、相手《あいて》に伝《つた》わるようにすることも心《こころ》がけましょう。

調《しら》べてみよう

面接《めんせつ》もインタビューだった

「インタビュー」は英語《えいご》から来《き》た言葉《ことば》です。「インター」は「お互《たが》いに」という意味《いみ》、「ビュ―」は「見《み》る」で、もともとは「面接《めんせつ》」という意味《いみ》。「面接《めんせつ》」とは、入学試験《にゅうがくしけん》などで、直接会《ちょくせつあ》って話《はなし》を聞《き》いてその人《ひと》がらを見《み》ることです。そこから意味《いみ》が広《ひろ》がって、電話《でんわ》など直接会《ちょくせつあ》わない場合《ばあい》でも「インタビュー」という言葉《ことば》が使《つか》われるようになりました。

ひとくちメモ　スポーツ選手《せんしゅ》のヒーローインタビューで「今《いま》の気持《きも》ちは？」など、お決《き》まりのパターンだとつまらない時《とき》もあります。「このことをお聞《き》きします」と伝《つた》えてからインタビューすると、評判《ひょうばん》がよかったそうです。

11月

刑事《けいじ》ドラマのせりふは暗号《あんごう》だらけ!?

東京学芸大学教育学部《とうきょうがくげいだいがくきょういくがくぶ》
中村和弘《なかむらかずひろ》先生《せんせい》が書《か》きました

読《よ》んだ日《ひ》　月　日　月　日　月　日

刑事《けいじ》ドラマに登場《とうじょう》する「隠語《いんご》」

「デカ長《ちょう》！　例《れい》のホシがわかりました！」

「よし、ガサ入《い》れだ。このヤマは必《かなら》ずあげるぞ！」。

刑事《けいじ》ドラマでよく見《み》るシーンですね。ここに出《で》てくるデカ、ホシ、ガサ、ヤマは、おもに警察《けいさつ》で使《つか》われる特別《とくべつ》な言葉《ことば》（隠語《いんご》→ひとくちメモ参照《さんしょう》）です。

デカとは、刑事《けいじ》のことです。明《めい》治時代《じじだい》の刑事《けいじ》さんは、角袖《かくそで》と呼《よ》ばれる和服《わふく》で捜査《そうさ》をしていました。そこで「カクソデ」をひっくり返《かえ》して「デソクカ」になり、それが縮《ちぢ》まって「デカ」になったといわれています。

ホシは「犯人《はんにん》」ヤマは「事件《じけん》」

ホシは犯人《はんにん》（容疑者《ようぎしゃ》）のことです。「犯人《はんにん》の目星《めぼし》がつく」というときの目星《めぼし》を略《りゃく》した言葉《ことば》とされます。ガサとは家宅捜索《かたくそうさく》のことで、証拠《しょうこ》などを「探《さが》す」がひっくり返《かえ》って「ガサ」になりました。

また、ヤマは事件《じけん》のことを指《さ》します。登《のぼ》って乗《の》り越《こ》えなければならない大事《だいじ》なことだからです。

このように、警察《けいさつ》で使《つか》われる言《こと》葉《ば》には、外部《がいぶ》に秘密《ひみつ》がもれないように、言葉《ことば》をひっくり返《かえ》したり、略《りゃく》したものがたくさんあります。刑事《けいじ》もののドラマや映画《えいが》を見《み》るときはチェックしてみましょう。

調《しら》べてみよう

刑務所《けいむしょ》=ムショじゃない!?

ムショは刑務所《けいむしょ》の略《りゃく》ではないという説《せつ》もあります。昔《むかし》は監獄《かんごく》を「六四寄せ場《むしよせば》」と呼《よ》んだことから「むしょ」になったというものです。六四《むし》というのは、監獄《かんごく》の食事《しょくじ》が麦《むぎ》6：米《こめ》4の麦飯《むぎめし》だったからといわれています。

ひとくちメモ
隠語《いんご》とは、同《おな》じ仕事《しごと》をする人同士《ひとどうし》や仲間内《なかまうち》だけで通《つう》じる言葉《ことば》で、外部《がいぶ》に秘密《ひみつ》がもれないようにするために使《つか》われます。なかには、あまりよい意味《いみ》ではないものもあるので、使《つか》い方《かた》には気《き》をつけましょう。

季節やたのしい行事のお話

熊手《くまで》が目印《めじるし》！「酉《とり》の市《いち》」

11月6日

お茶《ちゃ》の水《みず》女子《じょし》大学《だいがく》附属《ふぞく》小学校《しょうがっこう》
廣《ひろ》瀬《せ》修《しゅう》也《や》先生《せんせい》が書《か》きました

読《よ》んだ日《ひ》　月《がつ》　日《にち》　月《がつ》　日《にち》　月《がつ》　日《にち》

開運招福《かいうんしょうふく》・商売繁盛《しょうばいはんじょう》を願《ねが》う

関東《かんとう》や東海地方《とうかいちほう》では11月《がつ》に「酉《とり》の市《いち》」というお祭《まつ》りがあります。11月《がつ》の「酉《とり》の日《ひ》」に行《おこな》われるお祭《まつ》りで、東京《とうきょう》・浅草《あさくさ》の「酉《とり》の市《いち》」が有名《ゆうめい》です。福《ふく》をよび、運《うん》がひらけること、商売《しょうばい》が上手《うま》くいくことを願《ねが》います。

年《とし》ごとに干支《えと》があるように、実《じつ》は1日《にち》ごとにも干支《えと》があります。カレンダーによって、毎日《まいにち》の干支《えと》が書《か》かれているものもあるので見《み》てみましょう。11月《がつ》の「酉《とり》の日《ひ》」に行《おこな》われるお祭《まつ》りなので「酉《とり》の市《いち》」という名前《なまえ》になったといわれています。

酉《とり》の日《ひ》は12日《にち》に1回《かい》まわってきますので、酉《とり》の市《いち》は11月《がつ》に2〜3回行《かいおこな》われます（年《とし》によって、3回行《かいおこな》われる年《とし》と2回《かい》しかない年《とし》とがあります）。1回目《かいめ》を「一《いち》の酉《とり》」、2回《かい》めを「二《に》の酉《とり》」、3回目《かいめ》を「三《さん》の酉《とり》」と呼《よ》ぶのが普《ふ》通《つう》です。

「酉《とり》の市《いち》」ではたくさんの熊手《くまで》がお店《みせ》に並《なら》んでいます。この熊手《くまで》は「運《うん》をかき集《あつ》める」という縁起《えんぎ》をかついで売《う》られているものです。

「酉《とり》」という漢字《かんじ》の意味《いみ》は？

十二支《じゅうにし》や酉《とり》の市《いち》のことをいう時《とき》は、「鳥《とり》」や「鶏《にわとり》」ではなく、「酉《とり》」という漢字《かんじ》を使《つか》います。「酉《とり》」はもともと「お酒《さけ》をつくる時《とき》に使《つか》う樽《たる》」の形《かたち》からできた漢字《かんじ》です。「酉《とり》」は、十二支《じゅうにし》の中《なか》で十《じゅう》番目《ばんめ》の動物《どうぶつ》ですね。昔《むかし》は、十二支《じゅうにし》で月《つき》を表《あらわ》していたこともあり、十《じゅう》番目《ばんめ》の月《つき》にお酒《さけ》をつくっていたことから、「酉《とり》」の漢字《かんじ》が当《あ》てられるようになりました。

調《しら》べてみよう

熊手《くまで》の飾《かざ》りには意味《いみ》がある

「酉《とり》の市《いち》」で売《う》っている熊手《くまで》には、たくさんの飾《かざ》りがついています。それぞれに意味《いみ》があり、「鯛《たい》」は「おめでたい」、「小判《こばん》」は「商売繁盛《しょうばいはんじょう》」、「おかめ」は「福《ふく》を招《まね》く」という意味《いみ》がこめられているそうです。他《ほか》の飾《かざ》りの意味《いみ》も調《しら》べてみましょう。

ひとくちメモ　「酉《とり》の市《いち》」で売《う》っている食《た》べ物《もの》にも意味《いみ》がこめられています。里芋《さといも》の一種《いっしゅ》である「八《や》つ頭《がしら》」は、人《ひと》の先頭《せんとう》に立《た》つリーダーとなれるように、「黄金《こがね》もち」は、その名《な》の通《とお》りお金持《かねも》ちになれるように、という意味《いみ》です。

日本語をめぐる言葉のお話 あ

くわしくする言葉《ことば》を使《つか》うと伝《つた》わりやすい

11月 7日

四国《しこく》大学《だいがく》生活《せいかつ》科学部《かがくぶ》児童学科《じどうがっか》
山本哲生《やまもとてつお》先生《せんせい》が書《か》きました

読《よ》んだ日《ひ》　月《がつ》　日《にち》　月《がつ》　日《にち》　月《がつ》　日《にち》

比《くら》べてみよう

Ⓐ 道《みち》ばたに白《しろ》い野《の》の花《はな》がさいていた。

Ⓑ 道《みち》ばたに野《の》の花《はな》がひっそりとさいていた。

あなたがⒶ、Ⓑの様子《ようす》を写真《しゃしん》にとるなら、どんな写《うつ》し方《かた》をしますか。

主語《しゅご》・述語《じゅつご》は、どちらも「花《はな》が／さいていた」ですが、「白《しろ》い」と「ひっそりと」だけがちがいます。両方《りょうほう》とも文《ぶん》をくわしくする言《こと》葉《ば》で、「修飾語《しゅうしょくご》」といいます。

Ⓐは「白《しろ》い」花《はな》の色《いろ》が浮《う》かび、Ⓑは花《はな》が「ひっそりと」さいている様子《ようす》がわかります。

修飾語《しゅうしょくご》一《ひと》つで話《はな》し手《て》や書《か》き手《て》の伝《つた》えたいことが変《か》わってくるので、とても大切《たいせつ》です。

修飾語《しゅうしょくご》は「骨《ほね》」の「肉《にく》」づけ?

Ⓒ 子供《こども》が、しました。

主語《しゅご》と述語《じゅつご》だけの「骨《ほね》」の文《ぶん》に、修飾語《しゅうしょくご》の「肉《にく》」をつけましょう。

Ⓓ 黄色《きいろ》い／ユニフォームの／子《こ》供《ども》が、／朝《あさ》から／グラウンドで／元気《げんき》に／サッカーを／しました。

「どんな」子供《こども》が、「いつ」「どこで」「どのように」「何《なに》を」したか、くわしく伝《つた》わります。

ただし、修飾語《しゅうしょくご》をつけすぎるのも禁物《きんもつ》です。だらだらした文《ぶん》になり、わかりにくくなってしまいますよ。

やってみよう

修飾語《しゅうしょくご》を書《か》き込《こ》もう

あなたならどんな言葉《ことば》を入《い》れますか。おうちの人《ひと》と一緒《いっしょ》にたくさんの例《れい》をつくってみましょう。

①（　　　　　）雲《くも》が出《で》てきたと思《おも》うと、
（　　　　　）雨《あめ》が（　　　　　）降《ふ》ってきた。

②（　　　　　）弟《おとうと》は、（　　　　　）うどんを
（　　　　　）食《た》べてしまった。

ひとくちメモ　修飾語《しゅうしょくご》を考《かんが》えるときは、次《つぎ》のような問《と》いかけを自分《じぶん》の中《なか》に考《かんが》えておきましょう。「どんな？」「どれくらい？」「どのように？」こうしておくと、修飾語《しゅうしょくご》をつくりやすくなり、人《ひと》に説明《せつめい》するのも上手《じょうず》になります。

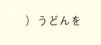

決まり文句・名文句にまつわるお話
おにになぼう

一度《いちど》にたくさん捕《つか》まえる「一網打尽《いちもうだじん》」

日本国語教育学会理事《にほんこくごきょういくがっかいりじ》
泉《いずみ》 宜宏《たかひろ》先生《せんせい》が書《か》きました

11月 8日

読《よ》んだ日《ひ》　月《がつ》　日《にち》｜月《がつ》　日《にち》｜月《がつ》　日《にち》

一度《いちど》にたくさんつかまえる

「一網《いちもう》」は「一度《いちど》投《な》げた網《あみ》」、「打《だ》尽《じん》」は「取《と》り尽《つ》くしてしまう」という意味《いみ》です。合《あ》わせて「一網打《いちもうだ》尽《じん》」は、「一度《いちど》に、悪《わる》い人《ひと》などを一人《ひとり》残《のこ》らず捕《つか》まえてしまう」という意味《いみ》になります。

「一網打尽《いちもうだじん》」は中国《ちゅうごく》から伝《つた》わってきた四字熟語《よじじゅくご》です。中国語《ちゅうごくご》で「打《だ》」は、「尽《じん》」などの動詞《どうし》（読《よ》む、歩《ある》くなど）の頭《あたま》につく言葉《ことば》で、「〜する」という意味《いみ》があります。つまり、「一度《いちど》の網《あみ》で、あたりの魚《さかな》を取《と》り尽《つ》くすこと」です。『宋史《そうし》』という中国《ちゅうごく》の古《ふる》い書物《しょもつ》に書《か》かれたお話《はなし》が元《もと》になっています。

魚《さかな》なのにどうして悪人《あくにん》？

もともとは魚《さかな》をつかまえる網《あみ》なのに、魚《さかな》ではなくてどうして「悪人《あくにん》を捕《つか》まえる」意味《いみ》になったのでしょうか。それは、『宋史《そうし》』に書《か》かれたある故事《こじ》に由来《ゆらい》しています。昔《むかし》、中国《ちゅうごく》で検察官《けんさつかん》（法律《ほうりつ》などに違《い》反《はん》した人《ひと》を裁判《さいばん》にかける仕事《しごと》をする人《ひと》）だった王拱辰《おうきょうしん》という人《ひと》が、政府《せいふ》の公金不正流用事件《こうきんふせいりゅうようじけん》を調査《ちょうさ》したことがありました。

そのときに、王拱辰《おうきょうしん》は犯人《はんにん》たちを見事《みごと》に一斉逮捕《いっせいたいほ》して、「吾《われ》、一《いち》網打尽《もうだじん》せり（私《わたし》は、犯人《はんにん》たちを全《ぜん》員《いん》捕《つか》まえたぞ）」と叫《さけ》んだといいます。このお話《はなし》がよく知《し》られるようになり、悪人《あくにん》を一人《ひとり》残《のこ》らず捕《つか》まえるという意味《いみ》で「一網打尽《いちもうだじん》」が使《つか》われるようになりました。

調《しら》べてみよう

「一気呵成《いっきかせい》」

「一気呵成《いっきかせい》」という熟語《じゅくご》があります。「一《いっ》気《き》」は、「一息《ひといき》で」、「呵成《かせい》」は「息《いき》を吹《ふ》きかけるだけでできること」を意味《いみ》します。つまり、「一気呵成《いっきかせい》」は「物事《ものごと》を休《やす》まないで、一気《いっき》にやり終《お》えてしまうこと」です。「文《ぶん》章《しょう》を一息《ひといき》で書《か》いてしまう」という意味《いみ》もあります。

ひとくちメモ　「お父《とう》さんと海《うみ》に行《い》って、魚《さかな》を一網打尽《いちもうだじん》でつかまえたいなぁ」という使《つか》い方《かた》は、まちがいです。正確《せいかく》には「一網打尽《いちもうだじん》にしたいなぁ」のように「〜にする」と使《つか》います。まちがえて使《つか》わないようにしましょう。

言葉で遊ぼう あいう

読《よ》めそうで読《よ》めない!? おもしろ地名検定《ちめいけんてい》［東日本編《ひがしにほんへん》］

11月 9日

東京学芸大学教育学部《とうきょうがくげいだいがくきょういくがくぶ》
中村和弘《なかむらかずひろ》先生《せんせい》が書《か》きました

読《よ》んだ日《ひ》　月《がつ》　日《にち》　月《がつ》　日《にち》　月《がつ》　日《にち》

なんて読《よ》むの？

めずらしい地名《ちめい》

日本全国《にほんぜんこく》には、漢字《かんじ》は知《し》っているのに、なかなか読《よ》めないめずらしい地名《ちめい》がたくさんあります。次《つぎ》の①～㉕は、なんと読《よ》むかわかりますか？　漢字《かんじ》の音読《おんよ》み・訓読《くんよ》み、言《い》いやすさなどから考《かんが》えてみましょう。そして、読《よ》めなかった地名《ちめい》は、あとで地図帳《ちずちょう》やインターネットなどで調《しら》べてみましょう。
※西日本編《にしにほんへん》は388ページにあります。

北海道地方《ほっかいどうちほう》
①**長万部**（北海道）
②**和寒**（北海道）
③**足寄**（北海道）

東北地方《とうほくちほう》
④**八戸**（青森県）
⑤**大船渡**（岩手県）
⑥**登米**（宮城県）
⑦**男鹿半島**（秋田県）
⑧**寒河江**（山形県）
⑨**伊達**（福島県）

関東地方《かんとうちほう》
⑩**行方**（茨城県）
⑪**真岡**（栃木県）
⑫**神流**（群馬県）
⑬**幸手**（埼玉県）
⑭**八街**（千葉県）
⑮**日暮里**（東京都）
⑯**海老名**（神奈川県）

中部地方《ちゅうぶちほう》
⑰**糸魚川**（新潟県）
⑱**氷見**（富山県）
⑲**能登半島**（石川県）
⑳**九頭竜川**（福井県）
㉑**都留**（山梨県）
㉒**安曇野**（長野県）
㉓**各務原**（岐阜県）
㉔**三ケ日**（静岡県）
㉕**知立**（愛知県）

正解《せいかい》した数《かず》
□□／25問中

調《しら》べてみよう

ひらがな・カタカナの地名《ちめい》もある！

市町村《しちょうそん》の名前《なまえ》には、ひらがなやカタカナで書《か》くものもあります。ひらがなの地名《ちめい》は、つがる市《し》（青森県《あおもりけん》）、いわき市《し》（福島県《ふくしまけん》）、つくばみらい市《し》（茨城県《いばらきけん》）、さいたま市《し》（埼玉県《さいたまけん》）、みよし市《し》（愛知県《あいちけん》）、たつの市《し》（兵庫県《ひょうごけん》）、さぬき市《し》（香川県《かがわけん》）、えびの市《し》（宮崎県《みやざきけん》）など。カタカナが使《つか》われているのは、ニセコ町《ちょう》（北海道《ほっかいどう》）と南《みなみ》アルプス市《し》（山梨県《やまなしけん》）です。ひらがなの地名《ちめい》は他《ほか》にもたくさんあるので、地図帳《ちずちょう》やインターネットで調《しら》べてみましょう。

【答《こた》え】
①おしゃまんべ　②わっさむ　③あしょろ　④はちのへ
⑤おおふなと　⑥とめ　⑦おがはんとう　⑧さがえ
⑨だて　⑩なめがた　⑪もおか　⑫かんな　⑬さって
⑭やちまた　⑮にっぽり　⑯えびな　⑰いといがわ
⑱ひみ　⑲のとはんとう　⑳くずりゅうがわ　㉑つる
㉒あずみの　㉓かかみがはら　㉔みっかび　㉕ちりゅう

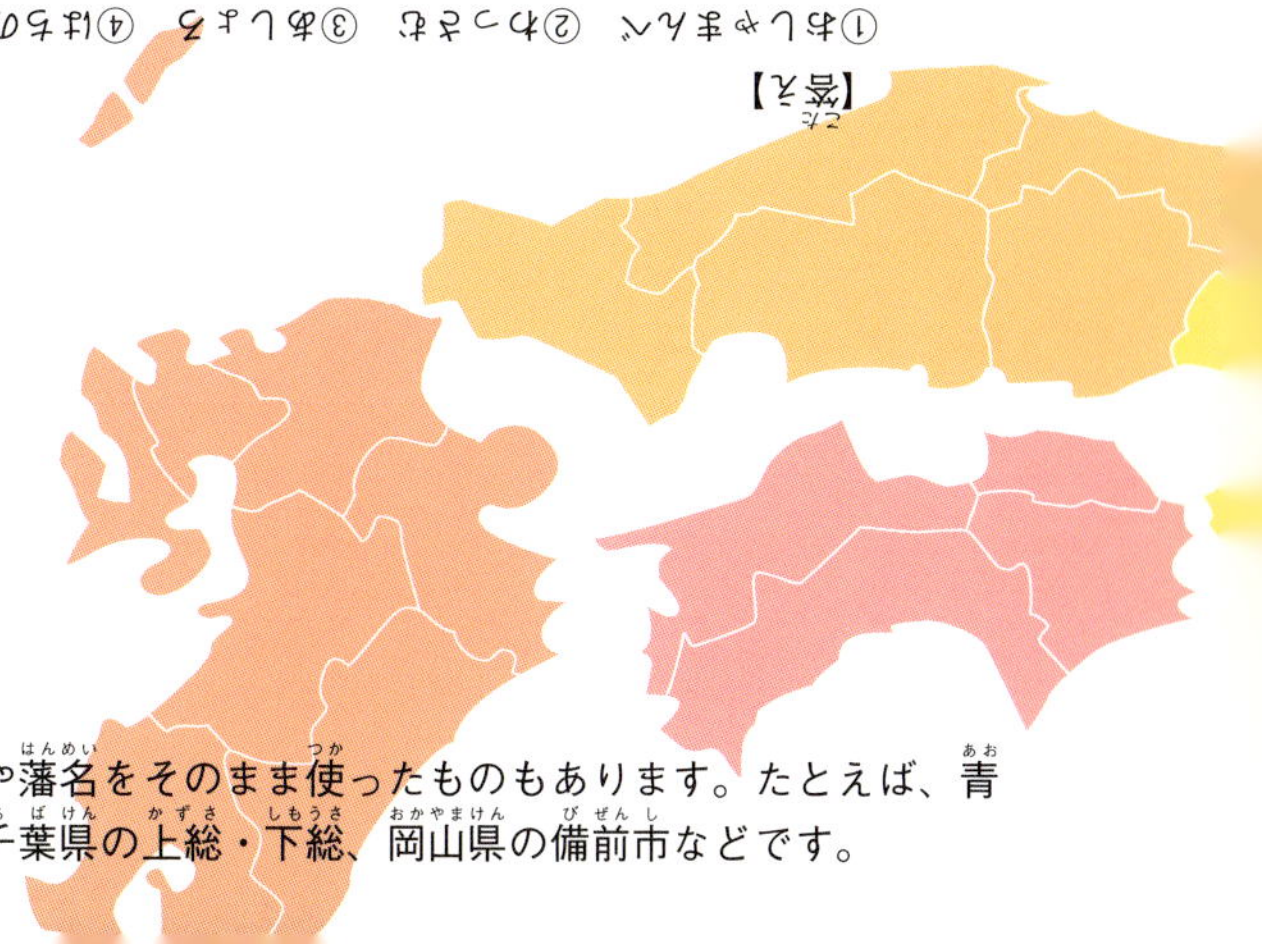

ひとくちメモ　今《いま》の市町村名《しちょうそんめい》や地域《ちいき》の呼《よ》び方《かた》には、江戸時代《えどじだい》の国名《こくめい》や藩名《はんめい》をそのまま使《つか》ったものもあります。たとえば、青森県《あおもりけん》のむつ市、山梨県《やまなしけん》の甲斐市《かいし》、長野県《ながのけん》の信濃町《しなのまち》、千葉県《ちばけん》の上総《かずさ》・下総《しもうさ》、岡山県《おかやまけん》の備前市《びぜんし》などです。

歌や古典・芸能にまつわるお話

江戸時代《えどじだい》の勉強法《べんきょうほう》 素読《そどく》を体験《たいけん》してみよう

11月 10日

元福岡県春日市立春日東小学校校長《もとふくおかけんかすがしりつかすがひがししょうがっこうこうちょう》
東《ひがし》 和男《かずお》先生《せんせい》が書《か》きました

読《よ》んだ日《ひ》　月《がつ》　日《にち》　月《がつ》　日《にち》　月《がつ》　日《にち》

意味《いみ》がわからなくてもいい

江戸時代《えどじだい》、町《まち》の子《こ》どもたちは寺《てら》子屋《こや》が学校《がっこう》がわりでした。お坊《ぼう》さんやおさむらいさんに勉強《べんきょう》を教《おし》えてもらうところです。

寺子屋《てらこや》で行《おこな》われていた勉強《べんきょう》は今《いま》と同《おな》じように、読《よ》み・書《か》き・算術《さんじゅつ》ですが、特《とく》に力《ちから》を入《い》れていたのが「素読《そどく》」です。素読《そどく》は文章《ぶんしょう》を音読《おんどく》することです。意味《いみ》がわからなくても声《こえ》に出《だ》して読《よ》むのです。

先生《せんせい》が声《こえ》を張《は》り上《あ》げ、一行《いちぎょう》か二《に》行《ぎょう》読《よ》みます。それに続《つづ》けて生徒《せいと》が同《おな》じことを合唱《がっしょう》のようにくり返《かえ》します。たとえば、「子曰《しいわ》く、『義《ぎ》を見《み》て為《せ》ざるは、勇無《ゆうな》きなり』」と、先生《せんせい》が文字《もじ》を指《さ》しながら読《よ》み上《あ》げると、生徒《せいと》も同《おな》じように「子曰《しいわ》く…」と声《こえ》に出《だ》すのです。

素読《そどく》は、始《はじ》めから終《お》わりまで暗唱《あんしょう》するように読《よ》ませるだけです。先生《せんせい》が、こういう意味《いみ》だと説明《せつめい》することは、ほとんどありませんでした。

しかし、繰《く》り返《かえ》す中《なか》で文章《ぶんしょう》が体《からだ》に染《し》み込《こ》み、意味《いみ》の理解《りかい》もあとからついてくるといわれています。

やってみよう

おうちの人《ひと》と『論語《ろんご》』を素読《そどく》

おうちの人《ひと》と一緒《いっしょ》に素読《そどく》を体験《たいけん》してみましょう。ここでは『論語《ろんご》』（309ページ参照《さんしょう》）の一節《いっせつ》
子曰《しいわ》く、「巧言令色《こうげんれいしょく》、鮮《すくな》し仁《じん》」
でやってみましょう。
まずは大人《おとな》の人《ひと》を先生役《せんせいやく》に、慣《な》れてきたら交代《こうたい》してみましょう。

先生《せんせい》「し　いわく」
生徒《せいと》「し　いわく」
先生《せんせい》「こうげんれいしょく」
生徒《せいと》「こうげんれいしょく」
先生《せんせい》「すくなし　じん」
生徒《せいと》「すくなし　じん」

〈この一節《いっせつ》の意味《いみ》〉
先生《せんせい》がおっしゃいました。言葉《ことば》がうまくて、にこにこしている人《ひと》には気《き》をつけなさい。そんな人《ひと》は人間《にんげん》らしさに欠《か》けることが多《おお》い。

ひとくちメモ　文《ぶん》をいくつかのフレーズに切《き》って声《こえ》に出《だ》すと、読《よ》みやすくなり、リズミカルになります。中国《ちゅうごく》の本《ほん》である『論語《ろんご》』などをこうして読《よ》み下《くだ》す中《なか》で、日本語独特《にほんごどくとく》のリズムも生《う》まれてきたのです。

11月《がつ》11日《にち》は、「電池《でんち》の日《ひ》」と「鮭《さけ》の日《ひ》」

11月 11日

東京学芸大学教育学部《とうきょうがくげいだいがくきょういくがくぶ》
中村和弘《なかむらかずひろ》先生《せんせい》が書《か》きました

読《よ》んだ日《ひ》　月《がつ》　日《にち》　月《がつ》　日《にち》　月《がつ》　日《にち》

電池《でんち》の形《かたち》？　それとも…？

11月《がつ》11日《にち》は「電池《でんち》の日《ひ》」です。どうして、この日《ひ》が電池《でんち》の記念日《きねんび》になったのか、わかりますか？

1111を横書《よこが》きにすると、数《すう》字《じ》の1が4つ並《なら》んでいますね。その形《かたち》が、お店《みせ》で売《う》られている電池《でんち》にそっくりだから？　いいえ、そうではありません。

11という数字《すうじ》を2つ、漢字《かんじ》で書《か》いてみましょう。「十一十一」となりますね。この文字《もじ》が、電池《でんち》の＋（プラス）と－（マイナス）に似《に》ていることから、「電池《でんち》の日《ひ》」になったそうです。ちょっと意外《いがい》ですね。

謎《なぞ》を解《と》くカギは漢数字《かんすうじ》！

11月《がつ》11日《にち》は、「鮭《さけ》の日《ひ》」でもあります。その理由《りゆう》を考《かんが》えてみましょう。どうやら、こちらも漢字《かんじ》の「十一十一」と関係《かんけい》がありそうですよ。

「鮭《さけ》」という字《じ》をよく見《み》ると、右《みぎ》側《がわ》のつくりは「圭《けい》」です。これを分解《ぶんかい》すると「十一十一」になることから、鮭《さけ》の記念日《きねんび》になったそうです。

ほかにも、11月《がつ》11日《にち》は「げたの日《ひ》」「はしの日《ひ》」「鏡《かがみ》の日《ひ》」「おりがみの日《ひ》」「サッカーの日《ひ》」「もやしの日《ひ》」など、たくさんの記念日《きねんび》になっています。

それぞれの記念日《きねんび》になった理由《りゆう》を調《しら》べてみましょう。

やってみよう

語呂合《ごろあ》わせで覚《おぼ》えよう！

家族《かぞく》や友達《ともだち》の誕生日《たんじょうび》を、語呂合《ごろあ》わせにしてみましょう。たとえば、11月《がつ》29日《にち》なら、いい（11）に（2）く（9）＝「いい肉《にく》の日《ひ》」。おもしろい語呂合《ごろあ》わせができたら、もうみんなの誕生日《たんじょうび》を忘《わす》れることはないかも!?

ひとくちメモ　「電池《でんち》の日《ひ》」は、1986（昭和《しょうわ》61）年《ねん》に日本乾電池工業会《にほんかんでんちこうぎょうかい》（現在《げんざい》の電池工業会《でんちこうぎょうかい》）が制定《せいてい》しました。「電池《でんち》についての正《ただ》しい知識《ちしき》と理解《りかい》を広《ひろ》め、正《ただ》しく使《つか》ってもらおう」というのが目的《もくてき》です。

季節《きせつ》やたのしい行事《ぎょうじ》のお話

11月
12日

小春日和《こはるびより》の季節《きせつ》はいつ？

日本国語教育学会理事《にほんこくごきょういくがっかいりじ》
功刀道子《くぬぎみちこ》先生《せんせい》が書《か》きました

読《よ》んだ日《ひ》　月《がつ》　日《にち》　月《がつ》　日《にち》　月《がつ》　日《にち》

小春日和《こはるびより》は春《はる》ではない

日和《ひより》というのは天気《てんき》がいいことです。「よいお日和《ひより》ですね」といえばあいさつがわりに交《か》わすお天気《てんき》の会話《かいわ》です。

「日」はお日様《ひさま》や昼間《ひるま》の意味《いみ》、「和」はおだやかなこと、なごやかなこと、のどかなことを指《さ》します。両方《りょうほう》あわさった「日和《ひより》」は、お日様《ひさま》に照《て》らされておだやかなよい天気《てんき》の日《ひ》、ということになります。ひなたぼっこが気持《きも》ちよさそうな天気《てんき》ですね。

では、小春日和《こはるびより》はどんな日《ひ》のことでしょう。春《はる》という字《じ》がつきますが春《はる》のおだやかな日《ひ》のことではありません。じつは春《はる》のように暖《あたた》かくおだやかな、冬《ふゆ》のはじめの気候《きこう》のことをいうのです。天候《てんこう》がおだやかで暖《あたた》かく春《はる》に似《に》ているので「小春《こはる》」とつきます。秋《あき》から冬《ふゆ》にかけて、現在《げんざい》の11月頃《がつごろ》のことです。

夏《なつ》じゃない「夏《なつ》」もある

季節《きせつ》の変《か》わり目《め》のお天気《てんき》を表現《ひょうげん》するのに、おもしろい言《い》い方《かた》がいろいろあります。これは日本《にほん》だけではないそうです。

ドイツでは晩秋《ばんしゅう》から冬《ふゆ》にかけてを「おばあちゃんの夏《なつ》」と表《あらわ》します。お年寄《としよ》りがベンチでのんびりくつろいでいる様子《ようす》が目《め》に浮《う》かびますね。

調《しら》べてみよう

「秋日和《あきびより》」

「秋日和《あきびより》」という言葉《ことば》もあります。これはいつの季節《きせつ》のことを指《さ》す言葉《ことば》でしょうか？　調《しら》べてみましょう。

ひとくちメモ

「小春日和《こはるびより》」も「ひなたぼっこ」も俳句《はいく》の世界《せかい》では冬《ふゆ》の季語《きご》です。「小春日《こはるび》や 石《いし》をかみいる 赤《あか》とんぼ」（村上鬼城《むらかみきじょう》）などの句《く》が有名《ゆうめい》です。

漢字《かんじ》にまつわるお話《はなし》

人《ひと》の心《こころ》の数《かず》だけ漢字《かんじ》がある

11月13日

岩手県一戸市立鳥海小学校校長《いわてけんいちのへしりつちょうかいしょうがっこうこうちょう》
南《みなみ》 隆人《たかと》先生《せんせい》が書《か》きました

読《よ》んだ日《ひ》　月《がつ》　日《にち》　月《がつ》　日《にち》　月《がつ》　日《にち》

見《み》えないものも漢字《かんじ》に

「心《こころ》」のつく漢字《かんじ》をいくつ知《し》っていますか？　もちろん「心《こころ》」を元《もと》に偏《へん》になった「忄」（りっしんべん）も含《ふく》みます。手元《てもと》の辞典《じてん》で調《しら》べてみると、なんと332字《じ》もあります。たくさんありますね。

人間《にんげん》は、目《め》に見《み》えない心《こころ》の状態《じょうたい》を注意深《ちゅういぶか》く観察《かんさつ》します。そのちがいを漢字《かんじ》に表《あらわ》しているのです。たとえば、いろいろなことが心《こころ》に浮《う》かんでくる状態《じょうたい》が「思《おも》う」、何《なに》かに心《こころ》を動《うご》かされる瞬間《しゅんかん》が「感《かん》じる」、お化《ば》けが出《で》ないかと心配《しんぱい》するのが「恐《おそ》れる」、どうしたらいいかくよくよと考《かんが》えるが「悩《なや》む」、時間《じかん》がなくて焦《あせ》っている心《こころ》の状態《じょうたい》が「急《いそ》ぐ」です。

この他《ほか》、好《す》きな人《ひと》ができてときめく心《こころ》が「恋《こい》」、誰《だれ》かのことを大切《たいせつ》に思《おも》う心《こころ》が「愛《あい》」です。そして、よくないことをたくらむ心《こころ》は「悪《あく》」です。

今《いま》の自分《じぶん》の心《こころ》の状態《じょうたい》を表《あらわ》す漢字《かんじ》はどれか、辞典《じてん》で探《さが》してみましょう。

「悲《かな》しい」は扉《とびら》の姿《すがた》

「悲《かな》しい」という漢字《かんじ》は、「非《ひ》」と「心《こころ》」からできています。「非《ひ》」は、扉《とびら》を表《あらわ》すこともあります。閉《し》まっている扉《とびら》を押《お》して開《ひら》くと、ぴったりとくっついていた左右《さゆう》の戸《と》に隙間《すきま》ができて離《はな》れていきます。同《おな》じように、「人《ひと》の心《こころ》が離《はな》れていくこと」が「悲《ひ》」という漢字《かんじ》のもともとの意味《いみ》です。漢字《かんじ》一《ひと》つ一《ひと》つが、よく考《かんが》えてつくられていることがわかります。

考《かんが》えてみよう

組《く》み合《あ》わせは同《おな》じなのに

同《おな》じ漢字《かんじ》の組《く》み合《あ》わせなのに、全《まった》く異《こと》なる意味《いみ》を表《あらわ》す漢字《かんじ》があります。「忘《ぼう》」と「忙《ぼう》」です。どちらも「心《こころ》」と「亡《ぼう》」（なくなる）の組《く》み合《あ》わせですが、「忘《ぼう》」は「忘《わす》れる」（記憶《きおく》がなくなった心《こころ》の状態《じょうたい》）を表《あらわ》し、「忙《ぼう》」は「忙《いそが》しい」（やらなければならないことが多《おお》くて手《て》が回《まわ》らない心《こころ》の状態《じょうたい》）を表《あらわ》しています。どちらにしても、心《こころ》はレッドカードの状態《じょうたい》といえそうですね。

ひとくちメモ

「心《こころ》」という漢字《かんじ》の画数《かくすう》は4画《かく》ですが人間《にんげん》の心臓《しんぞう》は、右心房《うしんぼう》、右心室《うしんしつ》、左心房《さしんぼう》、左心室《さしんしつ》という4つの部屋《へや》に分《わ》かれています。はるか昔《むかし》この漢字《かんじ》をつくった人《ひと》はそのことを知《し》っていたのでしょうか？

歌や古典・芸能にまつわるお話

大相撲《おおずもう》は千秋楽《せんしゅうらく》、歌舞伎《かぶき》は千穐楽《せんしゅうらく》

11月14日

東京学芸大学教育学部《とうきょうがくげいだいがくきょういくがくぶ》
中村和弘《なかむらかずひろ》先生《せんせい》が書《か》きました

読《よ》んだ日 月《がつ》 日《にち》 | 月《がつ》 日《にち》 | 月《がつ》 日《にち》

大相撲《おおずもう》は秋《あき》、歌舞伎《かぶき》は亀《かめ》

テレビで大相撲《おおずもう》の中継《ちゅうけい》を見《み》ていると、アナウンサーが「本日《ほんじつ》は○○場所《ばしょ》、千秋楽《せんしゅうらく》です」と言《い》うことがあります。

千秋楽《せんしゅうらく》とは、何日《なんにち》もかけて競《きそ》われた大相撲《おおずもう》の最終日《さいしゅうび》のことです。新聞《しんぶん》やニュースなどで見《み》て、知《し》っている人《ひと》もいるでしょう。

同《おな》じように、歌舞伎《かぶき》の公演《こうえん》の最終日《さいしゅうび》も千秋楽《せんしゅうらく》といいますが、こちらは「千穐楽《せんしゅうらく》」と書《か》くこともあります。

読《よ》み方《かた》は同《おな》じなのに、なぜ「秋《あき》」の字《じ》ではなく、わざわざ古《ふる》い漢字《かんじ》の「穐《しゅう》」を使《つか》うのでしょうか？

江戸時代《えどじだい》には、歌舞伎《かぶき》を上演《じょうえん》していた芝居小屋《しばいごや》は木造《もくぞう》だったため、よく火事《かじ》で焼《や》けていました。そうすると、新《あたら》しい小屋《こや》ができるまで、芝居《しばい》ができなくなります。

そこで、秋《あき》という字《じ》のつくりの「火《ひ》」をさけて、代《か》わりに縁起《えんぎ》のよい「亀《かめ》」を取《と》り入《い》れたのです。

梨《なし》の言《い》い方《かた》をひっくり返《かえ》すと？

縁起《えんぎ》をかついだ言葉《ことば》の言《い》いかえは、他《ほか》にもたくさんあります。

たとえば、果物《くだもの》の梨《なし》は「無《な》し」と同《おな》じ読《よ》み方《かた》ですね。そのため、おめでたい席《せき》などでは縁起《えんぎ》が悪《わる》いとされ、わざと逆《ぎゃく》の言《い》い方《かた》をして「有《あ》りの実《み》（ありのみ）」と呼《よ》ぶこともあります。

でも、もしあなたが果物屋《くだものや》さんで「ありのみください」と言《い》ったら、きっとびっくりされますよ。

知《し》っておこう

幕《まく》の内弁当《うちべんとう》の由来《ゆらい》は？

ごはんと数種類《すうしゅるい》のおかずが入《はい》ったお弁当《べんとう》を、幕《まく》の内弁当《うちべんとう》といいます。これは江戸時代《えどじだい》に、芝居小屋《しばいごや》の幕《まく》の内側《うちがわ》で役者《やくしゃ》が食《た》べたからとか、芝居《しばい》の幕間《まくあい》（幕《まく》の内《うち》）に観客《かんきゃく》が食《た》べたので、こう呼《よ》ばれるようになったなどの説《せつ》があります。（243ページ参照《さんしょう》）

ひとくちメモ 千秋楽《せんしゅうらく》という言葉《ことば》は、雅楽《ががく》の最終曲《さいしゅうきょく》「千秋楽《せんしゅうらく》」が由来《ゆらい》とされます。略《りゃく》して「楽日《らくび》」とも呼《よ》ばれます。現在《げんざい》では大相撲《おおずもう》や歌舞伎《かぶき》だけでなく、演劇《えんげき》やさまざまな興行《こうぎょう》などでも広《ひろ》く使《つか》われています。

季節やたのしい行事のお話

七五三《しちごさん》のお祝《いわ》い、男《おとこ》の子《こ》は1回《かい》だけ!?

11月 15日

静岡県富士宮市立稲子小学校校長《しずおかけんふじのみやしりついなこしょうがっこうこうちょう》
芦川幹弘《あしかわみきひろ》先生《せんせい》が書《か》きました

読《よ》んだ日《ひ》　月《がつ》　日《にち》｜　月《がつ》　日《にち》｜　月《がつ》　日《にち》

奇数《きすう》の年《とし》に祝《いわ》う

七五三《しちごさん》は、健康《けんこう》と長生《ながい》きを願《ねが》って、晴《は》れ着《ぎ》を着《き》て神社《じんじゃ》などにお参《まい》りする儀式《ぎしき》です。

中国《ちゅうごく》の「陰陽《いんよう》」の考《かんが》えから七五《しちご》三《さん》のような奇数《きすう》は縁起《えんぎ》がいいといわれています。そこで女《おんな》の子《こ》は3歳《さい》と7歳《さい》に、男《おとこ》の子《こ》は5歳《さい》に祝《いわ》います。「なんで女《おんな》の子《こ》だけ2回《かい》あるの?」と言《い》いたくなる男《おとこ》の子《こ》もいるでしょう。

七五三《しちごさん》のはじまりは、3歳《さい》の男女《だんじょ》が11月吉日《がっきちじつ》に髪《かみ》を伸《の》ばし始《はじ》める儀式《ぎしき》「髪置《かみおき》」、5歳《さい》の男《おとこ》の子《こ》が11月吉日《がっきちじつ》に初《はじ》めて袴《はかま》をはいて男《おとこ》の仲間《なかま》入《い》りをする儀式《ぎしき》「袴着《はかまぎ》」、7歳《さい》の女《おんな》の子《こ》が11月吉日《がっきちじつ》に初《はじ》めて帯《おび》をしめて着物《きもの》を着《き》る儀式《ぎしき》「帯解《おびとき》」から来《き》ています。

坊主頭《ぼうずあたま》のせい?

ではなぜいまは3歳《さい》の男《おとこ》の子《こ》はやらないのでしょう? いろいろな理由《りゆう》があります。男《おとこ》だけが祝《いわ》う5歳《さい》と近《ちか》いことのほか、明治《めいじ》から昭和中頃《しょうわなかごろ》にかけて男《おとこ》の子《こ》は坊主頭《ぼうずあたま》だったので、髪《かみ》を伸《の》ばす「髪置《かみおき》」が必要《ひつよう》なくなった、などの説《せつ》も有力《ゆうりょく》です。

最初《さいしょ》は男《おとこ》の子《こ》も3歳《さい》は祝《いわ》っていたのでしょうが、次第《しだい》に省略《しょうりゃく》されていったようです。男《おとこ》の子《こ》はちょっと残念《ざんねん》だったかな?

味《あじ》わってみよう

長生《ながい》きの飴《あめ》

今年《ことし》は七五三《しちごさん》は関係《かんけい》ない! という年《とし》でも、この時期《じき》お店《みせ》で売《う》られている千歳飴《ちとせあめ》を味《あじ》わってみてはいかが? 名前《なまえ》の通《とお》り、長生《ながい》きを願《ねが》う紅白《こうはく》の長《なが》い棒《ぼう》の形《かたち》をしたお祝《いわ》いの飴《あめ》です。江戸時代《えどじだい》に浅草《あさくさ》の飴《あめ》売《う》りが「千年飴《せんねんあめ》」「長寿糖《ちょうじゅとう》」といって売《う》り歩《ある》いたことから、千歳飴《ちとせあめ》と呼《よ》ばれています。今《いま》でも七五三《しちごさん》にはなくてはならないものです。

ひとくちメモ 11月《がつ》15日《にち》は「かまぼこの日《ひ》」です。七五三《しちごさん》のお祝《いわ》いに紅白《こうはく》のかまぼこを食《た》べたことによります。

話し方にまつわるお話

男《おとこ》と女《おんな》で言葉《ことば》がちがう？～沖縄地方《おきなわちほう》の方言《ほうげん》～

11月16日

日本国語学会理事《にほんこくごがっかいりじ》
新垣公子《あらかきともこ》先生《せんせい》が書《か》きました

読《よ》んだ日《ひ》　月《がつ》　日《にち》｜月《がつ》　日《にち》｜月《がつ》　日《にち》

「はいさい」と「はいたい」

沖縄《おきなわ》の方言《ほうげん》のことを「しまくとぅば」といいます。男《おとこ》の人《ひと》が顔見《かおみ》知《し》りの人《ひと》に出会《であ》ったとき、しまくとぅばで「はいさい」と声《こえ》をかけます。外国《がいこく》でいう「ハーイ」にあたる言葉《ことば》で、「やあ」とか「おう」のように、気軽《きがる》に声《こえ》かけするときに使《つか》います。

同《おな》じ場面《ばめん》で女《おんな》の人《ひと》が出会《であ》うときは「はいたい」と声《こえ》をかけます。男性《だんせい》と女性《じょせい》では同《おな》じ意味《いみ》でも言葉《ことば》がちがうのです。

男《おとこ》の人《ひと》は言葉《ことば》の最後《さいご》に「さい」をつけることで力強《ちからづよ》く男《おとこ》らしさを表現《ひょうげん》します。女《おんな》の人《ひと》は「たい」をつけることで女《おんな》らしさを表現《ひょうげん》します。特《とく》にお年寄《としよ》りや目《め》上《うえ》の人《ひと》と話《はな》すときには、男《おとこ》は男《おとこ》らしく、女《おんな》は女《おんな》らしく話《はな》すのが丁寧《ていねい》とされ、相手《あいて》に敬意《けいい》を示《しめ》すことになると考《かんが》えられています。

つけるのは会話《かいわ》の時《とき》だけ

このような「さい」や「たい」は全《すべ》ての言葉《ことば》につけるわけではありません。つけるのは会話《かいわ》の時《とき》です。人《ひと》の名前《なまえ》や物《もの》の名称《めいしょう》など単語《たんご》や名詞《めいし》の後《あと》につけることはありません。

たとえば「ちゃーがんじゅうさい？」と言《い》うと、男《おとこ》の人《ひと》の「お元《げん》気《き》ですか？」というあいさつになります。女《おんな》の人《ひと》は同《おな》じ意味《いみ》で「ちゃーがんじゅうたい？」と言《い》っておだやかにゆっくりと話《はな》します。沖縄《おきなわ》では男《おとこ》らしさ、女《おんな》らしさを言葉《ことば》で表現《ひょうげん》しているのですね。

やってみよう

しまくとぅばで数《かぞ》えてみよう！

「1つ、2つ、3つ……10」をしまくとぅばで数《かぞ》えてみると「1てぃーち、2たあーち、3みぃーち、4ゆぅーち、5いちち、6むぅーち、7ななち、8やぁーち、9くくぬぅち、10とぅー」となります。数《かぞ》えてみましょう。

ひとくちメモ
方言《ほうげん》は、本土方言《ほんどほうげん》と琉球方言《りゅうきゅうほうげん》と大《おお》きく2つに分《わ》かれます。琉球方言《りゅうきゅうほうげん》は、昔《むかし》の琉球王国《りゅうきゅうおうこく》の言葉《ことば》が基《もと》になり奄美《あまみ》地方《ちほう》や沖縄県《おきなわけん》で使《つか》われています。沖縄本島《おきなわほんとう》の那覇《なは》を中心《ちゅうしん》とする方言《ほうげん》を「しまくとぅば」と呼《よ》んでいます。

ものの名前にまつわるお話

月《つき》や太陽《たいよう》をむしゃむしゃ？「日食《にっしょく》」と「月食《げっしょく》」

11月17日

東京学芸大学教育学部《とうきょうがくげいだいがくきょういくがくぶ》
中村和弘《なかむらかずひろ》先生《せんせい》が書《か》きました

読《よ》んだ日《ひ》　月《がつ》　日《にち》｜月《がつ》　日《にち》｜月《がつ》　日《にち》

まるで何《なに》かに食《た》べられたよう

日食《にっしょく》とは、太陽《たいよう》が月《つき》にかくされてしまう天文現象《てんもんげんしょう》のことです。昼《ひる》間《ま》なのに太陽《たいよう》が欠《か》けて見《み》えます。月《つき》が太陽《たいよう》の一部《いちぶ》だけを隠《かく》すのを「部分日食《ぶぶんにっしょく》」、全部隠《ぜんぶかく》してしまうのを「皆既日食《かいきにっしょく》」といいます。逆《ぎゃく》に、月《つき》が欠《か》けてみえるのは「月食《げっしょく》」です。月《つき》と太陽《たいよう》と地球《ちきゅう》が一直線《いっちょくせん》に重《かさ》なる瞬間《しゅんかん》にできる現象《げんしょう》ですが、どちらも「食《た》べる」という漢字《かんじ》を使《つか》います。なぜでしょうか？

昔《むかし》の人《ひと》は、太陽《たいよう》や月《つき》が欠《か》けていく様子《ようす》をみて、虫《むし》が葉《は》っぱを丸《まる》く食《た》べていくようだと考《かんが》えました。そこでこの現象《げんしょう》を「日蝕《にっしょく》」「月蝕《げっしょく》」と名《な》づけたのです。現在《げんざい》は、「蝕《しょく》」という漢字《かんじ》が常用漢字《じょうようかんじ》ではないので、「食《しょく》」という字《じ》が使《つか》われています。

日食《にっしょく》で戦《いくさ》に勝《か》つ？

太陽《たいよう》と月《つき》の位置《いち》は計算《けいさん》すればわかるので、2000年《ねん》以上昔《いじょうむかし》の古《こ》代《だい》の人《ひと》の中《なか》にも、日食《にっしょく》を予言《よげん》する人《ひと》がいたといわれています。

日本《にほん》で日食《にっしょく》が予測《よそく》できるようになったといわれている平安時代《へいあんじだい》のある日《ひ》、太陽《たいよう》が9割《わり》も欠《か》ける部分《ぶぶん》日食《にっしょく》がありました。時《とき》は源平合戦《げんぺいがっせん》のさなか、1183年《ねん》11月《がつ》17日《にち》のこと。平家《へいけ》は日食《にっしょく》が起《お》きることを知《し》っていました。しかし源氏《げんじ》は知《し》らなかったため、突然暗《とつぜんくら》くなったことに驚《おどろ》き、兵《へい》が混乱《こんらん》します。そのなかで平家《へいけ》が襲《おそ》いかかり、その戦《たたか》いに勝利《しょうり》した、といわれています。

考《かん》えてみよう

2030年《ねん》と2035年《ねん》、キミは何歳《なんさい》？

日食《にっしょく》は一生《いっしょう》に一度体験《いちどたいけん》できればラッキーといわれるほど珍《めずら》しい天文現象《てんもんげんしょう》。2012年《ねん》5月《がつ》21日《にち》の金環日食以降《きんかんにっしょくいこう》、日本《にほん》にいながらにして日食《にっしょく》を体《たい》験《けん》するには、北海道《ほっかいどう》でなら2030年《ねん》6月1日《がつついたち》の金《きん》環日食《かんにっしょく》、そのほかの地域《ちいき》では2035年《ねん》9月《がつ》2日《か》の皆既日食《かいきにっしょく》（一部《いちぶ》の地域《ちいき》では部分日食《ぶぶんにっしょく》）まで待《ま》たなければなりません。キミはその頃何歳《ころなんさい》かな？

ひとくちメモ　日食《にっしょく》は年《ねん》に2回程度《かいていど》、地球《ちきゅう》のどこかで起《お》こっています。大人《おとな》になって、世界《せかい》の天文現象《てんもんげんしょう》にあわせて海外旅行《かいがいりょこう》に行《い》けるようになれば、日食《にっしょく》を見《み》るチャンスはあるでしょう。日食《にっしょく》ツアーなども人気《にんき》です。

書いたりつくったりしたくなるお話

原稿用紙《げんこうようし》に書《か》いて作家《さっか》をめざそう

11月 18日

東京経営短期大学《とうきょうけいえいたんきだいがく》こども教育学科《きょういくがっか》
井出一雄《いでかずお》先生《せんせい》が書《か》きました

読《よ》んだ日《ひ》　月《がつ》　日《にち》｜月《がつ》　日《にち》｜月《がつ》　日《にち》

作家《さっか》をめざしてみませんか？

出版社《しゅっぱんしゃ》が作家《さっか》に原稿《げんこう》を書《か》いてもらう時《とき》、「10枚《まい》でお願《ねが》いします」「30枚《まい》でお願《ねが》いします」と言《い》うことがあります。これは、原稿用紙《げんこうようし》（主《おも》に、20字《じ》×20行《ぎょう》）で10枚《まい》、30枚《まい》を書《か》いてもらうという意味《いみ》です。ですから、作家《さっか》は、枚数《まいすう》を聞《き》いて何《なに》も書《か》いていない原稿用紙《げんこうようし》を見《み》ながら、「一文《いちぶん》や文章《ぶんしょう》のまとまりは このくらいで書《か》こう」「この話《はなし》は何枚目《なんまいめ》まで書《か》こう」などと思《おも》い描《えが》きます。原稿用紙《げんこうようし》がものさしになっているのですね。みなさんも、原稿用紙《げんこうようし》にしっかりと書《か》くと作家《さっか》気分《きぶん》が味《あじ》わえますよ。

原稿用紙《げんこうようし》を使《つか》って文章《ぶんしょう》を書《か》くときには、いくつかのきまりがあります。下《した》のイラストを見《み》ながら、原稿用紙《げんこうようし》の書《か》き方《かた》を学《まな》びましょう。

予測《よそく》しながら書《か》ける

原稿用紙《げんこうようし》で書《か》くと、文章《ぶんしょう》のまとまり（段落《だんらく》）や分量《ぶんりょう》が一目《ひとめ》でわかります。ですから、書《か》くときに一《ひと》つの段落《だんらく》の行数《ぎょうすう》や字数《じすう》をどのくらいにしたらよいかを予測《よそく》できます。

このように、文章《ぶんしょう》を書《か》く前《まえ》に「どのくらいの分量《ぶんりょう》を書《か》いたらよいか」「何《なに》を何枚《なんまい》書《か》けばいいか」を原稿用紙《げんこうようし》をもとに考《かんが》えておくと便利《べんり》です。

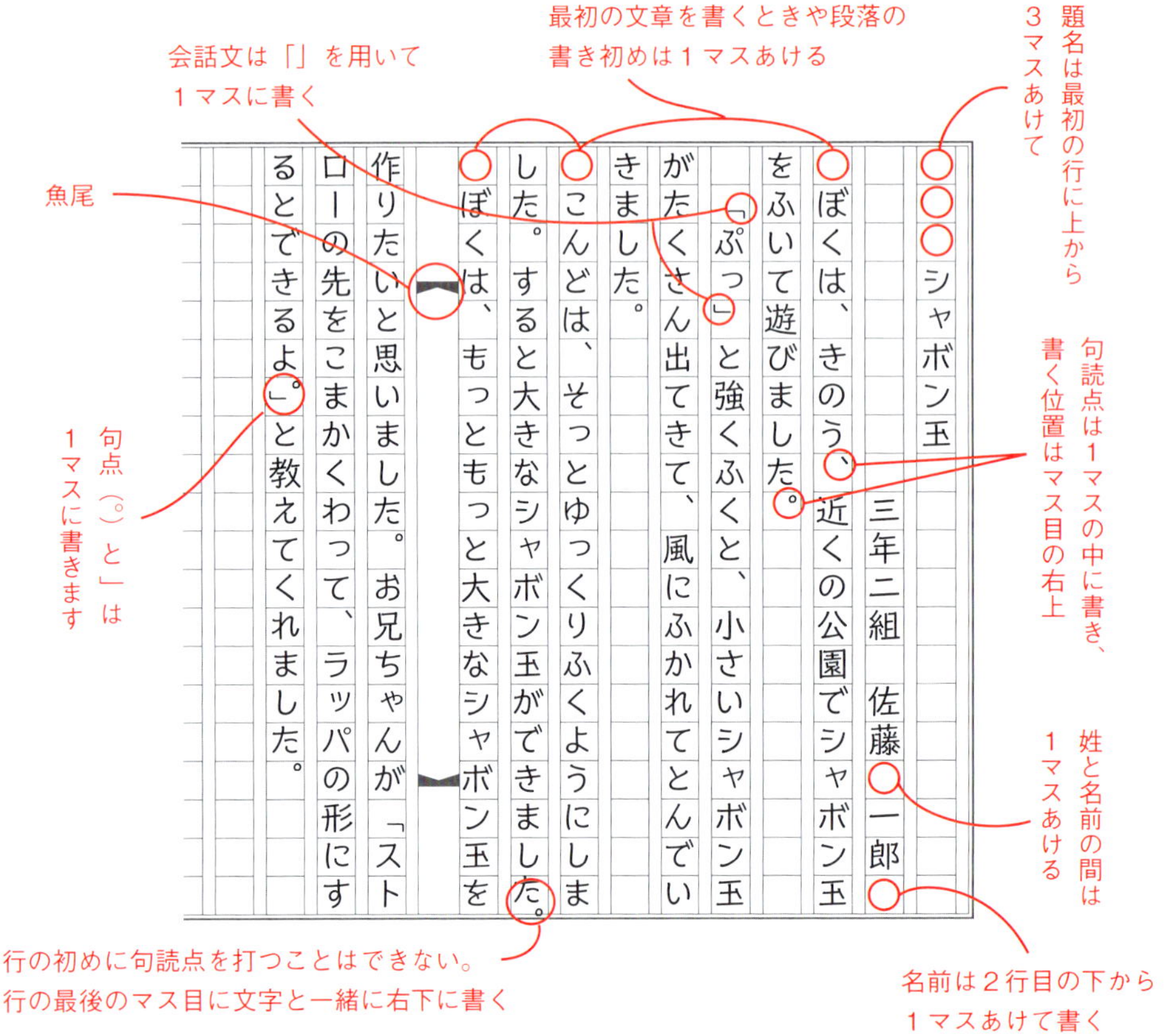
シャボン玉
三年二組　佐藤一郎
ぼくは、きのう、近くの公園でシャボン玉をふいて遊びました。「ぷっ」と強くふくと、小さいシャボン玉がたくさん出てきて、風にふかれてとんでいきました。
こんどは、そっとゆっくりふくようにしました。すると大きなシャボン玉ができました。
ぼくは、もっともっと大きなシャボン玉を作りたいと思いました。お兄ちゃんが「ストローの先をこまかくわって、ラッパの形にするとできるよ。」と教えてくれました。
題名は最初の行に上から3マスあけて
最初の文章を書くときや段落の書き初めは1マスあける
会話文は「」を用いて1マスに書く
魚尾
句読点は1マスの中に書き、書く位置はマス目の右上
句点（。）と」は1マスに書きます
姓と名前の間は1マスあける
行の初めに句読点を打つことはできない。行の最後のマス目に文字と一緒に右下に書く
名前は2行目の下から1マスあけて書く

ひとくちメモ
原稿用紙《げんこうようし》の真《ま》ん中《なか》に【　】のような印《しるし》があります。これは形《かたち》が魚《さかな》のしっぽに似《に》ているので「魚尾《ぎょび》」と呼《よ》ばれています。原稿用紙《げんこうようし》を上手《じょうず》に二《ふた》つ折《お》りにするときの目安《めやす》として便利《べんり》なのです。

「ゆりかごのうた」と北原白秋《きたはらはくしゅう》

東京家政大学大学院人間生活学専攻《とうきょうかせいだいがくだいがくいんにんげんせいかつがくせんこう》
大越和孝《おおこしかずたか》先生《せんせい》が書《か》きました

読《よ》んだ日《ひ》　月《がつ》　日《にち》｜　月《がつ》　日《にち》｜　月《がつ》　日《にち》

新《あたら》しい感覚《かんかく》の子守歌《こもりうた》

「ゆりかご（揺籃《ゆりかご》）のうた」という童謡《どうよう》を知《し》っていますか？

揺籃《ゆりかご》のうたを　カナリヤが歌《うた》うよ
ねんねこ　ねんねこ　ねんねこよ

揺籃《ゆりかご》の上《うえ》に　びわの実《み》が揺《ゆ》れるよ
ねんねこ　ねんねこ　ねんねこよ

揺籃《ゆりかご》の綱《つな》を　木《き》ねずみが揺《ゆ》するよ
ねんねこ　ねんねこ　ねんねこよ

揺籃《ゆりかご》の夢《ゆめ》に　黄色《きいろ》い月《つき》がかかるよ
ねんねこ　ねんねこ　ねんねこよ

これは、赤《あか》ちゃんをやさしく寝《ね》かしつける子守歌《こもりうた》です。北原白秋《きたはらはくしゅう》という詩人《しじん》が歌詞《かし》をつくりました。この詩《し》がつくられたのは、１９２１（大正《たいしょう》10）年《ねん》のこと。当時《とうじ》はめずらしかった「ゆりかご」「カナリヤ」など、西洋《せいよう》を思《おも》わせる言葉《ことば》が出《で》てきます。だから、日本《にほん》に古《ふる》くからあるわらべ歌《うた》とは、少《すこ》し雰囲気《ふんいき》がちがうのかもしれません。

歌詞《かし》にかくされたリズムと色《いろ》の秘密《ひみつ》

歌詞《かし》にある「木《き》ねずみ」とは、リスのことです。なぜ、わざわざ木《き》ねずみとしたのでしょうか？

じつは、「ゆりかご」「カナリヤ」「びわの実《み》」「ねんねこ」のように、4音《おん》の言葉《ことば》が重《かさ》ねてあるのです。

また、色《いろ》に注目《ちゅうもく》すると、「カナリヤ」「びわの実《み》」「月《つき》」と、黄色《きいろ》が中心《ちゅうしん》になっていることがわかりますね。

調《しら》べてみよう

童謡雑誌《どうようざっし》『赤《あか》い鳥《とり》』の選者《せんじゃ》

北原白秋《きたはらはくしゅう》は、大正《たいしょう》から昭和《しょうわ》の時代《じだい》に活躍《かつやく》した詩人《しじん》で、『赤《あか》い鳥《とり》』の選者《せんじゃ》としても有名《ゆうめい》です。白秋《はくしゅう》は「雨降《あめふ》り」「この道《みち》」「ペチカ」「待《ま》ちぼうけ」など、1200以上《いじょう》の詩《し》を書《か》きました。どの詩《し》も童心《どうしん》を大切《たいせつ》にしています。

ひとくちメモ　『赤《あか》い鳥《とり》』は、当時《とうじ》、最《もっと》も有名《ゆうめい》な童話《どうわ》・童謡雑誌《どうようざっし》で、白秋《はくしゅう》は童謡部門《どうようぶもん》の選者《せんじゃ》をまかされていました。大正時代《たいしょうじだい》には、多《おお》くの若者《わかもの》が、自分《じぶん》のつくった童話《どうわ》や童謡《どうよう》を、いろいろな雑誌《ざっし》に投稿《とうこう》していたのです。

ものの名前にまつわるお話

ランドセルって英語《えいご》じゃないの!?

11月20日

東京学芸大学教育学部《とうきょうがくげいだいがくきょういくがくぶ》
中村和弘《なかむらかずひろ》先生《せんせい》が書《か》きました

読《よ》んだ日《ひ》　月《がつ》　日《にち》｜月《がつ》　日《にち》｜月《がつ》　日《にち》

カタカナで書《か》くけれど……

みなさんは学校《がっこう》へ行《い》くとき、どんなカバンを持《も》っていきますか？　小学生《しょうがくせい》は、ランドセルを背負《せお》って通学《つうがく》することが多《おお》いですね。

でも、このカバンは、どうしてランドセルっていうのでしょう？　カタカナで書《か》くから、もともと英語《えいご》なのかな？

じつは、ランドセルは、江戸時《えどじ》代《だい》の終《お》わりごろ、オランダから入《はい》ってきた言葉《ことば》が日本語《にほんご》になったものです。オランダ語《ご》で、背負《せお》いカバンという意味《いみ》の「ランセル（ransel）」がなまって、ランドセルになったといわれています。

学校《がっこう》には外来語《がいらいご》がいっぱい！

こんなふうに、外国《がいこく》から日本《にほん》に入《はい》ってきた言葉《ことば》を外来語《がいらいご》といいます。みなさんの学校《がっこう》にも、外来語《がいらいご》がたくさんありますよ。探《さが》してみましょう。

まず、理科室《りかしつ》です。理科《りか》の実験《じっけん》で使《つか》うフラスコはポルトガル語《ご》、ピンセットやスポイトは、オランダ語《ご》からきています。

音楽室《おんがくしつ》にあるメトロノームや、指揮《しき》をするときに使《つか》うタクトは、もともとドイツ語《ご》です。図工《ずこう》の時間《じかん》に絵《え》をかくクレヨンは、フランス語《ご》からきています。

あっ、そろそろ給食《きゅうしょく》の時間《じかん》です。今日《きょう》のメニューは、みんなの大好《だいす》きなオムレツとコロッケ！　これも、フランスから入《はい》ってきた言葉《ことば》が日本語《にほんご》になったのですよ。

調《しら》べてみよう

イクラとオクラ、どこから来《き》た？

お寿司《すし》などで食《た》べるイクラは、ロシア語《ご》で魚《さかな》の卵《たまご》を意味《いみ》するイクラ（Икра）が由来《ゆらい》です。野菜《やさい》のオクラは、西《にし》アフリカのンクラマ（nkuruma）がイギリスに伝《つた》わってオクラ（okra）になったとされます。

ひとくちメモ　日本《にほん》で通学用《つうがくよう》カバンとしてランドセルが導入《どうにゅう》されたのは、1885（明治《めいじ》18）年《ねん》、学習院初等科《がくしゅういんしょとうか》が最初《さいしょ》とされています。ただし、当時《とうじ》のものは今《いま》とはちがって、布製《ぬのせい》でリュックサックのような形《かたち》でした。

室町時代《むろまちじだい》のお笑《わら》い劇場《げきじょう》？ 会話《かいわ》で笑《わら》わせる「狂言《きょうげん》」

11月 21日

日本国語教育学会理事《にほんこくごきょういくがっかいりじ》
成家亘宏《なりやのぶひろ》先生《せんせい》が書《か》きました

読《よ》んだ日《ひ》　月《がつ》　日《にち》　月《がつ》　日《にち》　月《がつ》　日《にち》

当時《とうじ》の言葉《ことば》が使《つか》われている

狂言《きょうげん》は室町時代頃《むろまちじだいごろ》から発展《はってん》してきた舞台劇《ぶたいげき》の一《ひと》つです。身近《みぢか》で起《お》こりそうな出来事《できごと》を、おもしろおかしく演《えん》じます。今《いま》の私《わたし》たちが劇場《げきじょう》やテレビで芸人《げいにん》さんのコントを見《み》て大笑《おおわら》いするように、室町時代《むろまちじだい》の人々《ひとびと》は狂言《きょうげん》を見《み》て笑《わら》っていました。ただおかしいだけではなく、「たくましい生《い》き方《かた》」や「戒《いまし》めの心《こころ》」なども伝《つた》えてくれるお話《はなし》がたくさんあります。

お話《はなし》は数人《すうにん》の会話《かいわ》で進《すす》んでいきます。室町時代《むろまちじだい》に普通《ふつう》の人《ひと》が使《つか》っていた言葉《ことば》で演《えん》じるので、いま聞《き》いてもすぐには意味《いみ》がわからないかもしれません。先《さき》にあらすじを知《し》っておくと楽《たの》しめますよ。おもしろい話《はなし》ばかりですが、ここではおすすめのお話《はなし》を紹介《しょうかい》しましょう。

トビなら飛《と》んでみよ！

旅《たび》の途中《とちゅう》でのどが渇《かわ》いた山伏《やまぶし》がおりました。のどをうるおすために、近《ちか》くの柿《かき》をいくつも食《た》べてしまいます。そこへ柿《かき》の木《き》の持《も》ち主《ぬし》である主人《しゅじん》が見回《みまわ》りにあらわれました。

主人《しゅじん》はこずえに隠《かく》れている山伏《やまぶし》をすぐに見《み》つけます。しかし捕《つか》まえません。「カラスがいる！」とか「そこにいるのはサルかな？」と、山伏《やまぶし》に鳴《な》きまねをさせてからかいます。

最後《さいご》に主人《しゅじん》はこう言《い》います。「そこにいるのはトビか。ではトビのように空《そら》を飛《と》んでみよ！」

さて、このあと山伏《やまぶし》はどうなるでしょうか？　予想《よそう》してみてください。

これは狂言《きょうげん》「柿山伏《かきやまぶし》」というお話《はなし》です。山伏《やまぶし》はこの後《あと》、トビのように飛《と》ぼうとします。人間《にんげん》なのでもちろん落下《らっか》して足《あし》をくじいてしまうのでした。キミの予想《よそう》は当《あ》たったかな？

行《い》ってみよう

狂言《きょうげん》を観《み》に行《い》こう

「狂言《きょうげん》」は能《のう》と能《のう》の合間《あいま》に演《えん》じられてきたこともあり、上演時間《じょうえんじかん》はとても短《みじか》いです。たとえば「能《のう》」が80分《ぷん》かかるとすれば、「狂言《きょうげん》」は30分《ぷん》にも満《み》たないくらいです。お笑《わら》いなので、途中《とちゅう》で眠《ねむ》くなることもなく、楽《たの》しめますよ。

ひとくちメモ　お話《はなし》によって、人間《にんげん》が神《かみ》さま、仏《ほとけ》さま、鬼《おに》、動物《どうぶつ》、化《ば》け物《もの》などに変身《へんしん》します。その時《とき》に使《つか》うお面《めん》も狂言《きょうげん》の見《み》どころです。20数種類《すうしゅるい》もあるそうですよ。

さっと通《とお》り過《す》ぎる冬《ふゆ》の雨《あめ》「時雨《しぐれ》」

東京学芸大学附属竹早小学校《とうきょうがくげいだいがくふぞくたけはやしょうがっこう》
高須《たかす》みどり先生《せんせい》が書《か》きました

読《よ》んだ日《ひ》　月《がつ》　日《にち》　月《がつ》　日《にち》　月《がつ》　日《にち》

すぐ止《や》む冬《ふゆ》の雨《あめ》

冬《ふゆ》の初《はじ》めから中《なか》ごろにかけて、さっと降《ふ》ってさっと止《や》んでしまう雨《あめ》のことを、時雨《しぐれ》といいます。もともとは、京都《きょうと》や奈良《なら》などの盆地《ぼんち》や山里《やまざと》に多《おお》く見《み》られる現象《げんしょう》のことでしたが、現在《げんざい》はどこの地域《ちいき》でも使《つか》われています。俳句《はいく》で「時雨《しぐれ》」というと、冬《ふゆ》を表《あらわ》す季語《きご》です。

時雨《しぐれ》のように一時的《いちじてき》に降《ふ》ってすぐ止《や》んでしまう雨《あめ》に、「通《とお》り雨《あめ》」や「にわか雨《あめ》」と呼《よ》ばれるものもあります。こちらは、季節《きせつ》に関係《かんけい》なく降《ふ》る雨《あめ》のことを指《さ》します。また、「夕立《ゆうだち》」は、夏《なつ》の午後《ごご》から夕方《ゆうがた》にかけて激《はげ》しく降《ふ》る雨《あめ》のことです。昔《むかし》の人《ひと》は、雨《あめ》が降《ふ》る季節《きせつ》や時間《じかん》、雨《あま》あしの強弱《きょうじゃく》などで、雨《あめ》の名前《なまえ》を細《こま》かく呼《よ》び分《わ》けていたのです。

季節《きせつ》によってイメージいろいろ

俳句《はいく》では、時雨《しぐれ》は様々《さまざま》な言葉《ことば》と結《むす》びついて使《つか》われます。たとえば、「初時雨《はつしぐれ》」はその冬初《ふゆはじ》めて降《ふ》る時雨《しぐれ》のことで、冬《ふゆ》になったというさびしい気持《きも》ちが込《こ》められています。冬以外《ふゆいがい》に降《ふ》る通《とお》り雨《あめ》のことは、「春時雨《はるしぐれ》」や「秋時雨《あきしぐれ》」といって区別《くべつ》されています。「春時雨《はるしぐれ》」は冬《ふゆ》の時雨《しぐれ》とはちがい、明《あか》るさや華《はな》やかさを含《ふく》む言葉《ことば》です。草木《くさき》が芽《め》吹《ぶ》く季節《きせつ》の、生命力《せいめいりょく》を感《かん》じさせるからです。「秋時雨《あきしぐれ》」は晩秋《ばんしゅう》に降《ふ》る時雨《しぐれ》です。これから冬《ふゆ》に向《む》かうわびしさが込《こ》められています。

調《しら》べてみよう

降《ふ》り方《かた》によってちがう雨《あめ》の名前《なまえ》

時雨《しぐれ》は、降《ふ》る時間《じかん》によって名前《なまえ》も様々《さまざま》。朝《あさ》に降《ふ》れば「朝時雨《あさしぐれ》」、夕方《ゆうがた》は「夕時雨《ゆうしぐれ》」、夜中《よなか》に降《ふ》ると「小夜時雨《さよしぐれ》」といいます。辞書《じしょ》で「時雨《しぐれ》」を引《ひ》いてみると、このほかにもいろいろな時雨《しぐれ》が紹介《しょうかい》されています。意味《いみ》や使《つか》い方《かた》のちがいに注目《ちゅうもく》してみましょう。

ひとくちメモ　雨以外《あめいがい》の「時雨《しぐれ》」もあります。「蝉時雨《せみしぐれ》」は、蝉《せみ》が一斉《いっせい》に鳴《な》くようすを、時雨《しぐれ》が降《ふ》る音《おと》にたとえた言葉《ことば》です。涙《なみだ》が出《だ》そうな気持《きも》ちを表《あらわ》す「時雨心地《しぐれごこち》」という言葉《ことば》もあります。

季節やたのしい行事のお話

労働《ろうどう》ではなく 収穫《しゅうかく》に感謝《かんしゃ》する日《ひ》だった

11月23日

お茶《ちゃ》の水女子大学附属小学校《みずじょしだいがくふぞくしょうがっこう》
廣瀬修也《ひろせしゅうや》先生《せんせい》が書《か》きました

読《よ》んだ日《ひ》 月《がつ》 日《にち》 月《がつ》 日《にち》 月《がつ》 日《にち》

古《ふる》くから続《つづ》く行事《ぎょうじ》

11月《がつ》23日《にち》は、「勤労感謝《きんろうかんしゃ》の日《ひ》」という国民《こくみん》の祝日《しゅくじつ》です。「国民《こくみん》の祝日《しゅくじつ》に関《かん》する法律《ほうりつ》」によると、「勤労感謝《きんろうかんしゃ》の日《ひ》」は「勤労《きんろう》を尊《たっと》び、生産《せいさん》を祝《いわ》い、国民《こくみん》がたがいに感謝《かんしゃ》し合《あ》う日《ひ》」と定《さだ》めています。一生《いっしょう》懸命働《けんめいはたら》いてくれていることに対《たい》して感謝《かんしゃ》をする、という意味《いみ》にとれますね。

しかし、この祝日《しゅくじつ》のおおもとは なんと約《やく》1400年前《ねんまえ》の飛鳥時代《あすかじだい》。当時《とうじ》の「新嘗祭《にいなめさい》」といわれています。そもそも、昭和《しょうわ》22年《ねん》までは、11月《がつ》23日《にち》は「新嘗祭《にいなめさい》」という名前《なまえ》の祝日《しゅくじつ》だったのです。

「新《にい》」は新穀《しんこく》、「嘗《なめ》」はご馳走《ちそう》

「新《にい》」は新穀《しんこく》、「嘗《なめ》」はご馳走《ちそう》という意味《いみ》を表《あらわ》しています。その名《な》の通《とお》り、「新嘗祭《にいなめさい》」とは、天皇《てんのう》がその年《とし》に収穫《しゅうかく》された穀物《こくもつ》を天地《てんち》の神々《かみがみ》に奉《たてまつ》り、その恵《めぐ》みに感謝《かんしゃ》し、天皇《てんのう》もその穀物《こくもつ》を食《しょく》す行事《ぎょうじ》です。日本《にほん》では古《ふる》くから大切《たいせつ》にされてきた伝統行事《でんとうぎょうじ》の一《ひと》つです。

現在《げんざい》でも、日本各地《にほんかくち》で「新嘗祭《にいなめさい》」に関連《かんれん》した行事《ぎょうじ》が行《おこな》われています。地元《じもと》の食材《しょくざい》を使《つか》った料理《りょうり》を食《た》べるものや、お酒《さけ》が振《ふ》るまわれる行事《ぎょうじ》などが有名《ゆうめい》です。

調《しら》べてみよう

国民《こくみん》の祝日《しゅくじつ》の由来《ゆらい》は?

「働《はたら》くことに感謝《かんしゃ》する」という意味《いみ》だと思《おも》われがちな「勤労感謝《きんろうかんしゃ》の日《ひ》」ですが、その由来《ゆらい》は古《ふる》くから続《つづ》く伝統行事《でんとうぎょうじ》にありました。2017年現在《ねんげんざい》、国民《こくみん》の祝日《しゅくじつ》は16日《にち》あります。それぞれの祝《しゅく》日《じつ》がいつから、どんな由来《ゆらい》で定《さだ》められたかを調《しら》べてみましょう。

ひとくちメモ ハッピーマンデー制度《せいど》で年《とし》によって日《ひ》が変《か》わる国民《こくみん》の祝日《しゅくじつ》がありますが、「新嘗祭《にいなめさい》」がもとになっている「勤労感謝《きんろうかんしゃ》の日《ひ》」は、11月《がつ》23日《にち》と決《き》まっています。祝日《しゅくじつ》の中《なか》で最《もっと》も長《なが》く固定《こてい》されたままの日《ひ》なのです。

音《おん》読《よ》みと訓《くん》読《よ》み

11月《がつ》 24日《にち》

筑波大学附属小学校《つくばだいがくふぞくしょうがっこう》
青木伸生《あおきのぶお》先生《せんせい》が書《か》きました

読《よ》んだ日《ひ》　月《がつ》　日《にち》　月《がつ》　日《にち》　月《がつ》　日《にち》

地域《ちいき》、時代《じだい》による「音読《おんよ》み」

①明年　②明暗　③明朝体

①は「みょうねん」と読《よ》みます。「来年《らいねん》」のことです。②は「めいあん」③は「みんちょうたい」と読《よ》みます。パソコンなどで使《つか》われる文字《もじ》の形《かたち》（書体《しょたい》）の一《ひと》つです。

さて、①にも②にも③にも同《おな》じ「明」という漢字《かんじ》が使《つか》われていますね。しかし、読《よ》み方《かた》が「みょう」「めい」「みん」といろいろです。同《おな》じ漢字《かんじ》なのになぜいろいろな読《よ》み方《かた》をするのでしょう。

これらの漢字《かんじ》の読《よ》み方《かた》は、すべて「音《おん》読《よ》み」。つまり、どれも中国《ちゅうごく》から伝《つた》わってきた読《よ》み方《かた》なのです。いくつもの読《よ》み方《かた》があるのは、伝《つた》わってきた時代《じだい》がちがうからです。

「ミョウ」という読《よ》み方《かた》は、日《に》本《ほん》に最初《さいしょ》に入《はい》ってきた「呉音《ごおん》」という読《よ》み方《かた》です。5、6世紀《せいき》の中《ちゅう》国南部《ごくなんぶ》の「呉《ご》」という地方《ちほう》の発音《はつおん》をもとにしたものです。

次《つぎ》に8世紀頃《せいきごろ》に伝《つた》わってきたのが「漢音《かんおん》」で、「メイ」という読《よ》み方《かた》がそれにあたります。

そして「ミン」というのは「唐《とう》音《おん》」という読《よ》み方《かた》で、11世紀《せいき》、日《に》本《ほん》の鎌倉時代《かまくらじだい》ごろから伝《つた》わってきた読《よ》み方《かた》です。

つまり、中国《ちゅうごく》でも、地方《ちほう》や時代《じだい》によって漢字《かんじ》の発音《はつおん》のしかたがちがっていたのです。

意味《いみ》が大事《だいじ》な「訓読《くんよ》み」

音読《おんよ》みに対《たい》して、日本《にほん》のもともとある言葉《ことば》を結《むす》びつけた読《よ》み方《かた》を「訓読《くんよ》み」といいます。

「花」は、音読《おんよ》みでは「カ」ですが、訓読《くんよ》みでは「はな」。「花《はな》」が日本《にほん》の「はな」を表《あらわ》していたために、「はな」と読《よ》むことになったのです。

「生」の音読《おんよ》みは「セイ」ですが、訓《くん》読《よ》みはたくさんあります。「生《い》かす」「生《う》まれる」「生《は》やす」「生《き》地《じ》」「生野菜《なまやさい》」など。これらはすべて訓読《くんよ》みです。

いろいろな訓読《くんよ》みをもつ漢字《かんじ》があります。これは、漢字《かんじ》に対《たい》して同《おな》じ意味《いみ》の日本《にほん》の言葉《ことば》をあてはめて読《よ》むようにしたので、日本《にほん》にあった意味《いみ》の数《かず》だけ訓読《くんよ》みができてしまったことが理由《りゆう》です。

ひとくちメモ
音読《おんよ》みには、「呉音《ごおん》」「漢音《かんおん》」「唐音《とうおん》」があることがわかりました。中《なか》でも一番《いちばん》読《よ》み方《かた》の数《かず》の多《おお》いのが「漢音《かんおん》」。漢字《かんじ》の多《おお》くの音読《おんよ》みは、漢音《かんおん》です。3つのうち、読《よ》み方《かた》の一番少《いちばんすく》ない音読《おんよ》みは「唐音《とうおん》」です。

交渉上手《こうしょうじょうず》になろう！

11月
25日

日本《に ほん》国語《こく ご》教育《きょういく》学会《がっかい》理事《り じ》・小学校《しょうがっこう》部会長《ぶ かいちょう》
今村久二《いまむらひさ じ》先生《せんせい》が書《か》きました

読《よ》んだ日《ひ》　月《がつ》　日《にち》｜月《がつ》　日《にち》｜月《がつ》　日《にち》

ほしいものをおねだりする

自転車《じてんしゃ》がほしいのに、お母《かあ》さんがどうしても買《か》ってくれません。

「みんな持《も》ってるんだよ」

「だめ」

「じゅくの行《い》き帰《かえ》りが早《はや》くなるよ」

「バスでいいでしょ」

とりつく島《しま》もありません。

あることについて、相手《あいて》と話《はな》し合《あ》うことを「交渉《こうしょう》」といいます。お母《かあ》さんとの交渉《こうしょう》を成功《せいこう》させるために作戦《さくせん》を立《た》てました。お母《かあ》さんの役《やく》に立《た》つことを取《と》り上《あ》げて交渉《こうしょう》するという案《あん》です。たとえば、

①おつかいが早《はや》くなり、その分《ぶん》、家《いえ》での勉強時間《べんきょうじかん》が増《ふ》える。

②買《か》い物《もの》などのとき重《おも》い荷物《にもつ》を運《はこ》んであげられる。

すると……

「そう。じゃ、お父《とう》さんに話《はな》してみようか」となるかもしれません。

交渉《こうしょう》にはコツがある

「交渉《こうしょう》」の「交《こう》」は意見《いけん》などを交《まじ》えること、「渉《しょう》」は川《かわ》をわたるとき、一歩一歩《いっぽいっぽ》たしかめながら進《すす》むようすを表《あらわ》します。自分《じぶん》の求《もと》めることをおしつけず、相手《あいて》のようすを見《み》ながらやりとりすることが大切《たいせつ》だというのが、漢字《かんじ》にも表《あらわ》れていますね。特《とく》に、相手《あいて》が、「自分《じぶん》も得《とく》するなあ」と思《おも》うような条件《じょうけん》を出《だ》すのが、交渉《こうしょう》のコツといえるでしょう。

人《ひと》と人《ひと》、会社《かいしゃ》と会社《かいしゃ》、国《くに》と国《くに》、あらゆる事《こと》で交渉《こうしょう》は大事《だいじ》です。お互《たが》いが満足《まんぞく》できる話《はな》し合《あ》いで、戦争《せんそう》だって防《ふせ》ぐことができるかもしれません。

調《しら》べてみよう

「ウィンウィン」ってなに？

ニュースなどで、国同士《くにどうし》の話《はな》し合《あ》いのとき「ウィンウィンの関係《かんけい》をめざす」という言葉《ことば》を聞《き》いたことがありませんか？ 「ウィン」は英語《えいご》です。意味《いみ》を調《しら》べてみましょう。「勝《か》つ」という意味《いみ》です。自分《じぶん》も相手《あいて》も「勝《か》った」と思《おも》えるようにしたい、両方《りょうほう》が勝《か》つので「ウィン＋ウィン」なんですね。

ひとくちメモ　人《ひと》は、対立《たいりつ》すると、どうしても勝《か》ちたくなります。「交渉《こうしょう》のコツ」を知《し》らないと、けんかになります。国同《くにどう》士《し》だと戦争《せんそう》になります。平和《へいわ》を守《まも》るためには、交渉《こうしょう》のコツが大切《たいせつ》です。

言葉にまつわる偉人のお話

日本《にほん》の「女医第1号《じょいだいごう》」夢《ゆめ》に挑戦《ちょうせん》し続《つづ》けた荻野吟子《おぎのぎんこ》

11月26日

東京学芸大学教育学部《とうきょうがくげいだいがくきょういくがくぶ》
中村和弘《なかむらかずひろ》先生《せんせい》が書《か》きました

読《よ》んだ日《ひ》　月《がつ》　日《にち》｜月《がつ》　日《にち》｜月《がつ》　日《にち》

郷土《きょうど》のかるたに登場《とうじょう》する偉人《いじん》

埼玉県熊谷市《さいたまけんくまがやし》の「めぬま郷土《きょうど》かるた」には、こんな句《く》があります。「〈お〉荻野吟子《おぎのぎんこ》　俵瀬生《たわらせう》まれの女医一号《じょいいちごう》」。

この句《く》にある荻野吟子《おぎのぎんこ》は、日本《にほん》ではじめて国《くに》が認《みと》めた女性《じょせい》の医師《いし》です。吟子《ぎんこ》が医師《いし》になろうと決《き》めたのは、19歳《さい》のとき、ひどい病気《びょうき》になったことがきっかけでした。当時《とうじ》の医師《いし》は男性《だんせい》ばかりで、診察《しんさつ》でとても恥《は》ずかしい思《おも》いをしました。そして、たくさんの女性《じょせい》が同《おな》じようにつらい思《おも》いをしていることを知《し》り、「まず自分《じぶん》が医者《いしゃ》になって、苦《くる》しんでいる女性《じょせい》たちを助《たす》けたい」と思《おも》ったのです。

難関《なんかん》の医術試験《いじゅつしけん》にイッパツで合格《ごうかく》！

しかし、吟子《ぎんこ》の行《ゆ》く手《て》には、いくつもの高《たか》い壁《かべ》が立《た》ちはだかります。医学校《いがっこう》では、ほかの男子生徒《だんしせいと》と同《おな》じように髪《かみ》を短《みじか》く切《き》り、はかまに高《たか》ゲタで通《かよ》いました。成績《せいせき》はいつも一番《いちばん》でしたが、正式《せいしき》な医師《いし》になるためには、国《くに》の医術開業試験《いじゅつかいぎょうしけん》に合格《ごうかく》しなければなりません。

ところが、はじめは女性《じょせい》というだけで、なかなか受験《じゅけん》を認《みと》めてもらえなかったのです。それでも吟子《ぎんこ》はあきらめず、ようやく受《う》けた試験《しけん》で見事合格《みごとごうかく》します。医師《いし》になると決《き》めてから「女医第1号《じょいだいごう》」になるまで、15年《ねん》もかかりました。

つねに困難《こんなん》に立《た》ち向《む》かい、決《けっ》して夢《ゆめ》をあきらめなかった吟子《ぎんこ》の生《い》き方《かた》は、私《わたし》たちに大《おお》きな勇気《ゆうき》と希望《きぼう》を与《あた》えてくれます。

知《し》っておこう

今《いま》も昔《むかし》も医師試験《いししけん》は超難関《ちょうなんかん》

明治時代《めいじじだい》の医術開業試験《いじゅつかいぎょうしけん》は、全部《ぜんぶ》で11科目《かもく》あり、合格率《ごうかくりつ》わずか数《すう》%という狭《せま》き門《もん》。受験《じゅけん》した4人《にん》の女子《じょし》のうち、荻野吟子《おぎのぎんこ》はただ1人《り》だけ合格《ごうかく》し、東京《とうきょう》に産婦人科《さんふじんか》の医院《いいん》を開業《かいぎょう》しました。

ひとくちメモ　「めぬま郷土《きょうど》かるた」は、吟子《ぎんこ》の生《う》まれた埼玉県妻沼町《さいたまけんめぬままち》（今《いま》の熊谷市《くまがやし》）の教育委員会《きょういくいいんかい》が昭和《しょうわ》62年《ねん》に制作《せいさく》したものです。当時《とうじ》の小《しょう》・中学生約《ちゅうがくせいやく》4300名《めい》が、かるたの制作《せいさく》にかかわりました。

針小棒大《しんしょうぼうだい》なものいいには気《き》をつけよう

11月 27日

東京都大田区立矢口西小学校《とうきょうとおおたくりつやぐちにししょうがっこう》
福田勇輔《ふくだゆうすけ》先生《せんせい》が書《か》きました

読《よ》んだ日《ひ》　月《がつ》　日《にち》｜月《がつ》　日《にち》｜月《がつ》　日《にち》

うそ・大《おお》げさ・まぎらわしい

「うそ・大《おお》げさ・まぎらわしい…そんな広告《こうこく》を見《み》つけたらこちらまで…」なんていうコマーシャルを見《み》たことがある人《ひと》もいるでしょう。これは悪《わる》い広告《こうこく》をなくそうと、JARO（日本広告審査機構《にほんこうこくしんさきこう》）が流《なが》しているものです。

針小棒大《しんしょうぼうだい》とは、ささいなことを大《おお》げさに言《い》うことを表《あらわ》す四字熟語《よじじゅくご》です。針《はり》のように小《ちい》さいものを、棒《ぼう》のように大《おお》きく言《い》うことからきています。

たとえば、本当《ほんとう》は少《すこ》ししか安《やす》くならないものを、あたかも大安売《おおやすう》りするような、そんな針小棒大《しんしょうぼうだい》な宣伝《せんでん》ばかりだと、みんな困《こま》ってしまいますね。

そんなことがないようにという思《おも》いで、先《さき》ほどのコマーシャルはつくられているのでしょう。

小《しょう》と大《だい》

「針小棒大《しんしょうぼうだい》」は「小《しょう》」と「大《だい》」という反対《はんたい》の意味《いみ》の言葉《ことば》を組《く》み合《あ》わせてつくられています。他《ほか》にもこんな言葉《ことば》があります。

「因小失大《いんしょうしつだい》」という言葉《ことば》は、目先《めさき》の小《ちい》さな利益《りえき》を求《もと》めるあまり、結果的《かてき》に大《おお》きなものを失《うしな》ってしまうという意味《いみ》を表《あらわ》しています。同《おな》じような意味《いみ》で「小利大損《しょうりだいそん》」という言葉《ことば》もあります。

友達《ともだち》の人気《にんき》を得《え》ようと、本当《ほんとう》は1回《かい》しかできない逆上《さかあ》がりを、「100回《かい》できるよ」なんて大《おお》げさなことを言《い》ってしまうと、結果的《けっかてき》に、友達《ともだち》からの信用《しんよう》という大《おお》きなものを失《うしな》ってしまう……。そんな、針小棒大《しんしょうぼうだい》なことを言《い》って、因小失大《いんしょうしつだい》なことにならないよう、気《き》をつけたいものですね。

調《しら》べてみよう

他《ほか》にもある「大《だい》」と「小《しょう》」

才能《さいのう》ある人《ひと》に、つまらない役割《やくわり》しか与《あた》えないことを「大器小用《たいきしょうよう》」や「大材小用《たいざいしょうよう》」といいます。このように、「大《だい》」「小《しょう》」を組《く》み合《あ》わせた言葉《ことば》は他《ほか》にもあります。ぜひ、調《しら》べてみてください。

ひとくちメモ　一寸法師《いっすんぼうし》は、針《はり》を刀《かたな》にして旅《たび》にでます。一寸法師《いっすんぼうし》にとっては、「針《はり》」は決《けっ》して小《ちい》さいもののたとえにはならないようですね。

本にまつわるお話

巻物《まきもの》は読《よ》み返《かえ》すのが大変《たいへん》だ！

11月 28日

高知県《こうちけん》高知市立《こうちしりつ》初月《みかづき》小学校《しょうがっこう》校長《こうちょう》
吉村美恵子《よしむらみえこ》先生《せんせい》が書《か》きました

読《よ》んだ日《ひ》　月《がつ》　日《にち》｜月《がつ》　日《にち》｜月《がつ》　日《にち》

巻物《まきもの》は日本《にほん》の本《ほん》のはじまり

「本《ほん》」と聞《き》くと四角形《しかくけい》を思《おも》い浮《う》かべると思《おも》います。でも日本《にほん》における本《ほん》の始《はじ》まりは、紙《かみ》をつぎ足《た》しながら書《か》いていった巻物《まきもの》（巻子本《かんすぼん》）でした。絵本《えほん》などで見《み》たことがあるのではないでしょうか。忍者《にんじゃ》がドロンと消《き》える術《じゅつ》をかけるときに、口《くち》にくわえているものもそうです。文字《もじ》だけでなく、今《いま》の本《ほん》と同《おな》じように、そのお話《はなし》を表《あらわ》す絵《え》を描《か》いた巻物《まきもの》も生《う》まれました。「絵巻物《えまきもの》」といいます。読《よ》む人《ひと》は、床《ゆか》の上《うえ》に巻物《まきもの》をするすると広《ひろ》げて読《よ》み進《すす》めていきます。絵巻物《えまきもの》の場合《ばあい》、1巻《かん》で10メートル前後《ぜんご》。長《なが》いもので、20メートルほどのものもあったそうです。

書《か》くのはいいけれど……

巻物《まきもの》は、文章《ぶんしょう》が長《なが》くなると紙《かみ》をつぎ足《た》していくので、どんどん長《なが》くすることができました。書《か》くときは便利《べんり》そうですね。

でも読《よ》み返《かえ》すときはどうでしょう？　今《いま》の本《ほん》でしたら「そうだ。あのページをもう一度見《いちどみ》たい」と、そのページを開《ひら》くとすぐ読《よ》むことができますね。巻物《まきもの》は途中《とちゅう》に書《か》かれているところを読《よ》むためには、そこまで広《ひろ》げていかなくてはなりません。ちょっと不便《ふべん》ですね。

そこで、文書《ぶんしょ》を書《か》いた紙《かみ》を折《お》りたたんだ折本《おりほん》という形《かたち》が生《う》まれてきました。その後《ご》、和綴《わと》じ本《ぼん》という形《かたち》の本《ほん》ができます。これは、和《わ》紙《し》を二《ふた》つに折《お》って重《かさ》ね、表紙《ひょうし》をつけて糸《いと》で綴《と》じたものです。明治《めいじ》のはじめまでは、この形《かたち》の本《ほん》がたくさんあったんですよ。

やってみよう

旅行《りょこう》の記録《きろく》を巻物《まきもの》に

旅行《りょこう》に出《で》かけたら、その記録《きろく》を残《のこ》したいもの。出発《しゅっぱつ》してから、帰宅《きたく》するまでのことを絵《え》や文《ぶん》で紙《かみ》に書《か》いてみましょう。撮《と》った写真《しゃしん》や参考《さんこう》にしたパンフレットを貼《は》ってもいいですね。巻物式《まきものしき》で紙《かみ》をつぎ足《た》してどんどん書《か》いていきましょう。出来上《できあ》がったら、少《すこ》し大《おお》きめのきれいな紙《かみ》に貼《は》ってくるくると巻《ま》いて、巻物《まきもの》の本《ほん》にしてみましょう

ひとくちメモ　辞典《じてん》の「典《てん》」という漢字《かんじ》は、書物《しょもつ》や本《ほん》という意味《いみ》があります。この漢字《かんじ》は、足《あし》のついた台《だい》の上《うえ》に、昔《むかし》の本《ほん》である巻物《まきもの》が積《つ》まれている様子《ようす》からつくられた漢字《かんじ》です。

「イチ口《くち》ソイチ・イチノ目《め》ハ」って、な～んだ？

11月 29日

日本国語教育学会理事《にほんこくごきょういくがっかいりじ》
岸本修二《きしもとしゅうじ》先生《せんせい》が書《か》きました

読《よ》んだ日《ひ》　月《がつ》　日《にち》　月《がつ》　日《にち》　月《がつ》　日《にち》

文字《もじ》を書《か》く順序《じゅんじょ》を「筆順《ひつじゅん》」という

クイズです。「イチ口《くち》ソイチ・イチノ目《め》ハ」って、何《なん》でしょう？答《こた》えは「頭《あたま》」です。頭《あたま》は、小学《しょうがく》2年生《ねんせい》で習《なら》う16画《かく》の漢字《かんじ》です。この漢字《かんじ》は、「イチ口《くち》ソイチ」とへんを書《か》き、「イチノ目《め》ハ」とつくりを書《か》くと出来上《できあ》がります。このように文字《もじ》を書《か》く順序《じゅんじょ》を、筆順《ひつじゅん》といいます。

筆順《ひつじゅん》には、いろいろな決《き》まりがありますが、「頭《あたま》」のように「上《うえ》から下《した》へ」「左《ひだり》から右《みぎ》へ」と書《か》くのが原則《げんそく》です。

筆順《ひつじゅん》のいろいろなパターン

ほかにも、筆順《ひつじゅん》の決《き》まりには、次《つぎ》のようなパターンがあります。

❶横《よこ》を先《さき》に書《か》く
十《じゅう》、土《つち》、士《し》、七《なな》、大《だい》、木《き》、寸《すん》
▼横《よこ》・たて・たての順《じゅん》
共《とも》、花《はな》、散《さん》、荷《に》、帯《おび》
▼横《よこ》・横《よこ》・たての順《じゅん》
未《み》、耕《こう》、夫《おっと》

❷たてを先《さき》に書《か》く
田《た》（4画目《かくめ》）、由《よし》（4画目《かくめ》）、曲《きょく》（5画目《かくめ》）、王《おう》（3画目《かくめ》）、馬《うま》（たて・横《よこ》・たて・横《よこ》・横《よこ》…の4画《かく》目《め》）

❸中《なか》を先《さき》に書《か》く
小《しょう》、当《とう》、水《みず》、光《ひかり》、少《しょう》、京《きょう》、糸《いと》

❹外側《そとがわ》（1・2画《かく》）を先《さき》に書《か》く
国《くに》、因《いん》、団《だん》、園《えん》、円《えん》、同《どう》、内《ない》、司《つかさ》

❺左払《ひだりばら》いを先《さき》に書《か》く
人《ひと》、入《にゅう》、父《ちち》、故《こ》、欠《けつ》、天《てん》、文《ぶん》

❻つらぬくたて画《かく》は最後《さいご》に書《か》く
中《なか》、平《たいら》、申《しん》、車《くるま》、事《こと》

❼つらぬく横画《よこかく》は最後《さいご》に書《か》く
女《おんな》、子《こ》、母《はは》、安《あん》、字《じ》、毎《まい》、海《うみ》、舟《ふね》

これまでに習《なら》った漢字《かんじ》を思《おも》い出《だ》して、筆順《ひつじゅん》を確《たし》かめてみましょう。

調《しら》べてみよう

筆順《ひつじゅん》は1つじゃない！

２つ以上《いじょう》の筆順《ひつじゅん》のある漢字《かんじ》もあります。「上《うえ》」という漢字《かんじ》は、１画目《かくめ》はたてがふつうですが、横《よこ》を先《さき》に書《か》く筆順《ひつじゅん》もあります。「必《ひつ》」は、ふつうは右《みぎ》のAですが、BやCもあります。

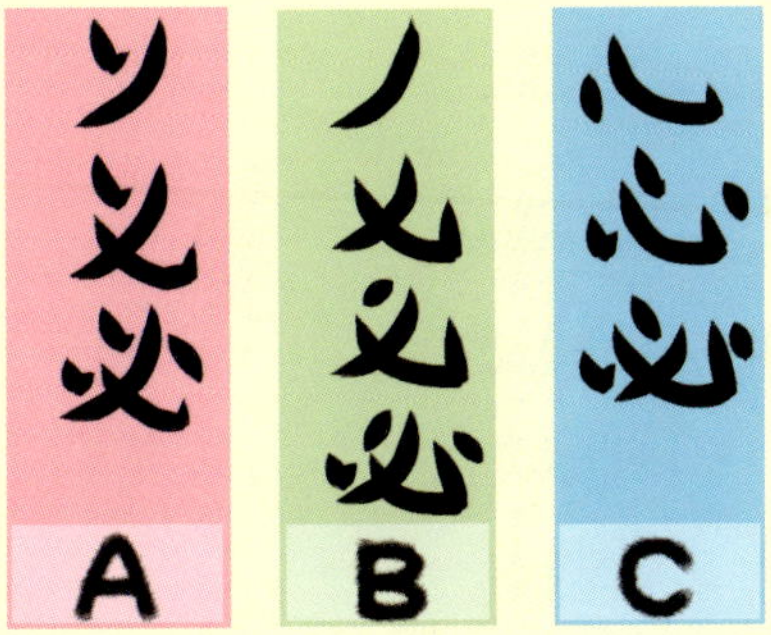

ひとくちメモ　本文《ほんぶん》で紹介《しょうかい》したパターンに当《あ》てはまらない筆順《ひつじゅん》もあります。「九《きゅう》」は左払《ひだりばら》いが先《さき》ですが、「力《ちから》」は左払《ひだりばら》いが後《あと》になります。「起《き》」は「走（そうにょう）」を先《さき》に書《か》きますが、「近《きん》」は「⻌（しんにょう）」を後《あと》に書《か》きます。

ものの名前にまつわるお話

動物《どうぶつ》や植物《しょくぶつ》から生《う》まれた日本《にほん》らしい色《いろ》

11月 30日

静岡県富士宮市立稲子小学校校長《しずおかけんふじのみやしりついなこしょうがっこうこうちょう》
芦川幹弘《あしかわみきひろ》先生《せんせい》が書《か》きました

読《よ》んだ日《ひ》　月《がつ》　日《にち》｜月《がつ》　日《にち》｜月《がつ》　日《にち》

植物《しょくぶつ》から生《う》まれた色《いろ》

昔《むかし》から日本《にほん》で使《つか》われていた色《いろ》には、花《はな》の名前《なまえ》が元《もと》になったものがたくさんあります。ふじいろはフジの花《はな》、さくらいろはサクラの花《はな》、やまぶき色《いろ》はヤマブキの花《はな》の色《いろ》を表《あらわ》しています。

夕日《ゆうひ》を浴《あ》びた赤《あか》い雲《くも》のことを茜《あかね》雲《ぐも》と呼《よ》ぶことがあります。「茜色《あかねいろ》」の雲《くも》のことですが、茜《あかね》とは植物《しょくぶつ》のアカネで染《そ》めた赤色《あかいろ》のことを指《さ》します。しかし、アカネの花《はな》は白《しろ》い色《いろ》で、「茜色《あかねいろ》」ではありません。実《じつ》は「茜色《あかねいろ》」は根《ね》から染《そ》め出《だ》した色《いろ》です。根《ね》は透《す》き通《とお》るような赤《あか》い色《いろ》をしていて、草《くさ》の名前《なまえ》もそこからついたと考《かんが》えられます。

動物《どうぶつ》から生《う》まれた色《いろ》

ねずみ色《いろ》は、ねずみの毛《け》の色《いろ》をあらわした色《いろ》です。地味《じみ》な色《いろ》に思《おも》えますが、江戸時代《えどじだい》に江戸《えど》で大《だい》ブームを起《お》こした色《いろ》でもあります。幕府《ばくふ》が贅沢《ぜいたく》を禁《きん》じたことで、華《はな》やかな色《いろ》の着物《きもの》を着《き》られなくなりました。そこで渋《しぶ》いねずみ色《いろ》が流行《りゅうこう》したのです。ねずみ色《いろ》だけで百種《ひゃくしゅ》類《るい》もあったといわれています。

動物《どうぶつ》から生《う》まれた色《いろ》といえばカラスの羽《はね》の色《いろ》も人気《にんき》の色《いろ》でした。「カラスの濡羽色《ぬればいろ》」などと呼《よ》ばれ、しっとりとつやのある黒色《くろいろ》は、理《り》想的《そうてき》な女性《じょせい》の髪色《かみいろ》とされていたほどです。

調《しら》べてみよう

どんな色《いろ》かな？

「ちはやぶる神代《かみよ》もきかず竜田川《たつたがわ》から紅《くれない》に水《みず》くくるとは」（在原業平《ありわらのなりひら》）という和歌《わか》を聞《き》いたことがありますか？　百人一首《ひゃくにんいっしゅ》に載《の》せられている和歌《わか》です。ここに歌《うた》われている「から紅《くれない》」とはどんな色《いろ》だと思《おも》いますか？　図鑑《ずかん》などで調《しら》べてみましょう。

ひとくちメモ　「調《しら》べてみよう」の答《こた》え。から紅《くれない》は、「唐紅《からくれない》」「韓紅《からくれない》」と書《か》き、濃《こ》い紅色《べにいろ》のことです。紅花《べにばな》は咲《さ》き始《はじ》めは黄色《きいろ》で、この黄色《きいろ》い花《はな》を染料《せんりょう》にすると、濃《こ》い紅色《べにいろ》になります。黄色《きいろ》から濃《こ》い赤色《あかいろ》が現《あらわ》れるなんて不思議《ふしぎ》ですね。

12月

師走

ー し わ す ー

December

百人一首《ひゃくにんいっしゅ》
冬《ふゆ》の短歌《たんか》をよもう

秀明大学学校教師学部《しゅうめいだいがくがっこうきょうしがくぶ》
福永睦子《ふくながむつこ》先生《せんせい》が書《か》きました

読《よ》んだ日《ひ》　月《がつ》　日《にち》｜月《がつ》　日《にち》｜月《がつ》　日《にち》

雪《ゆき》をかぶった真《ま》っ白《しろ》な富士山《ふじさん》

『百人一首《ひゃくにんいっしゅ》』に、冬《ふゆ》の光景《こうけい》をうたった短歌《たんか》は6首《しゅ》あります。そのうちの有名《ゆうめい》な2首《しゅ》を紹介《しょうかい》しましょう。

田子《たご》の浦《うら》に　うち出《い》でて見《み》れば
白妙《しろたえ》の　富士《ふじ》の高嶺《たかね》に　雪《ゆき》は降《ふ》りつつ
山部赤人《やまべのあかひと》

「田子《たご》の浦《うら》にたたずんで見渡《みわた》せば、真《ま》っ白《しろ》い富士山《ふじさん》の高嶺《たかね》に雪《ゆき》が降《ふ》っているなあ」という意味《いみ》です。

目《め》の前《まえ》に、白《しろ》く神々《こうごう》しい富士山《ふじさん》が浮《う》かんでくるようですね。

きらめく星空《ほしぞら》と天《あま》の川《がわ》

かささぎの　渡《わた》せる橋《はし》に　置《お》く霜《しも》の
白《しろ》きを見《み》れば　夜《よ》ぞ更《ふ》けにける
中納言家持《ちゅうなごんやかもち》（大伴家持《おおとものやかもち》）

「白《しろ》いカササギが、翼《つばさ》をうち交《か》わしてかけたといわれる天《あま》の川《がわ》の橋《はし》も、霜《しも》が降《ふ》り積《つ》もったように星《ほし》で真《ま》っ白《しろ》だ。天《あま》の川《がわ》にたとえられる宮中《きゅうちゅう》の橋《はし》にも真《ま》っ白《しろ》な霜《しも》が降《お》りている。その白《しろ》さを見《み》ていると、夜《よる》がふけてきたなぁと思《おも》う」

冬《ふゆ》の夜空《よぞら》は空気《くうき》が澄《す》み、キラキラと冬《ふゆ》の星座《せいざ》がきらめいています。「冬銀河《ふゆぎんが》」という言葉《ことば》があるように、冬《ふゆ》は天《あま》の川《がわ》がきれいに見《み》える季節《きせつ》です。この句《く》から美《うつく》しい天《あま》の川《がわ》と、身《み》を切《き》るような寒《さむ》さを感《かん》じませんか？

空《そら》の景色《けしき》と地上《ちじょう》の景色《けしき》を両方想像《りょうほうそうぞう》しながら、味《あじ》わってみましょう。

調《しら》べてみよう

七夕伝説《たなばたでんせつ》のカササギ

七夕《たなばた》は中国《ちゅうごく》の伝説《でんせつ》です。七夕《たなばた》の夜《よる》には、年《ねん》に一度《いちど》、織《お》り姫《ひめ》（織女《しょくじょ》）と彦星《ひこぼし》（牽牛《けんぎゅう》）が天《あま》の川《がわ》を渡《わた》って会《あ》うことができます。このとき天《あま》の川《がわ》にカササギが羽《はね》を広《ひろ》げ、並《なら》んで橋《はし》をかけるといわれています。

ひとくちメモ
山部赤人《やまべのあかひと》は、柿本人麻呂《かきのもとのひとまろ》と並《なら》ぶ有名《ゆうめい》な歌人《かじん》です。今《いま》から1300年《ねん》ほど前《まえ》の、万葉集《まんようしゅう》の時代《じだい》に活躍《かつやく》しました。二人《ふたり》の頭文字《かしらもじ》をとって、「山柿《やまかき》」と呼《よ》ばれ、歌聖《かせい》としてあがめられていたそうです。

雨《あめ》の言葉《ことば》には人々《ひとびと》の思《おも》いが込《こ》められている

日本国語教育学会理事《にほんこくごきょういくがっかいりじ》
岡本博幸《おかもとひろゆき》先生《せんせい》が書《か》きました

読《よ》んだ日《ひ》　月《がつ》　日《にち》｜月《がつ》　日《にち》｜月《がつ》　日《にち》

稲作文化《いなさくぶんか》と雨《あめ》

日本《にほん》の稲作《いなさく》は弥生時代《やよいじだい》から始《はじ》まりました。その時《とき》から稲作《いなさく》と水《みず》は切《き》っても切《き》れない関係《かんけい》になり、特《とく》に雨《あめ》とは深《ふか》いつながりがあります。降雨《こうう》や日照《ひで》りに人々《ひとびと》は一喜一《いっきいち》憂《ゆう》しながら生活《せいかつ》を送《おく》るようになりました。その時《とき》から「雨《あめ》」に関《かん》する文字《もじ》は生《う》まれてきたのです。

雨《あめ》はものの形《かたち》からできた象形文《しょうけいも》字《じ》です。上《うえ》の一《いち》は天上《てんじょう》を、冂は天《てん》上《じょう》を隠《かく》し地表《ちひょう》を覆《おお》っている様子《ようす》を表《あらわ》し、雨粒《あまつぶ》が落《お》ちてくる様子《ようす》で「雨《あめ》」という文字《もじ》ができたのです。

雨冠《あめかんむり》がつく漢字《かんじ》

天気《てんき》は日々《ひび》変《か》わります。その様《よう》子《す》を表《あらわ》すのに雨冠《あめかんむり》の付《つ》く様々《さまざま》な文《も》字《じ》をつくってきました。そこには昔《むかし》の人《ひと》たちが天気《てんき》の変化《へんか》をくわしく観察《かんさつ》してつくってきた思《おも》いが読《よ》み取《と》れます。たとえば、「雪《ゆき》」は「雨《あめ》」と「彗《すい》」が合《あ》わさった漢字《かんじ》です。「彗《すい》」とは「すすきなどの穂《ほ》でつくったほうき」のこと。あらゆるものを掃《は》き清《きよ》める意味《いみ》があります。人々《ひとびと》は真《ま》っ白《しろ》な雪《ゆき》を見《み》て「地上《ちじょう》のゴミを掃《は》いて掃除《そうじ》してくれているのだ」と考《かんが》え「彗《すい》」の字《じ》を当《あ》てたといわれます。今《いま》は「ヨ」だけになりました。

「雷《かみなり》」は「雨《あめ》」「畾《らい》」の組《く》み合《あ》わせで生《う》まれました。田《た》が3つで「ごろごろと積《つ》み重《かさ》なった様子《ようす》」を表《あらわ》す象形文字《しょうけいもじ》に、雨冠《あめかんむり》を合《あ》わせたのです。今《いま》は「田《た》」だけになりました。

「雹《ひょう》」は「雨《あめ》」と「包《ほう》」の組《く》み合《あ》わせでできました。雹《ひょう》とは凍《こお》った雨粒《あまつぶ》が降《ふ》ってくるものです。雨《あめ》を包《つつ》むことはできませんが、氷《こおり》に変《へん》化《か》させれば包《つつ》むことができます。そこで「包《ほう》」の文字《もじ》を当《あ》てたのです。

調《しら》べてみよう

天気《てんき》を一文字《いちもじ》で表《あらわ》す

雨冠《あめかんむり》を使《つか》った天気《てんき》の様子《ようす》を表《あらわ》した漢字《かんじ》は、約《やく》40文字《もじ》ほどあります。その一《ひと》つ一《ひと》つに天気《てんき》の様子《ようす》を的確《てきかく》に表《あらわ》すつくりが使《つか》われています。また、人々《ひとびと》の気持《きも》ちが込《こ》められていることを読《よ》み取《と》ることができます。辞書《じしょ》でその成《な》り立《た》ちを調《しら》べて、昔《むかし》の人《ひと》の気持《きも》ちを想像《そうぞう》してみましょう。

ひとくちメモ　「木《き》の芽《め》おこしの雨《あめ》」という言葉《ことば》があります。冬眠《ふゆねむ》っていた木々《きぎ》に対《たい》し「日一日《ひいちにち》と春《はる》の兆《きざし》が感《かん》じられる頃《ころ》になりましたよ。目《め》を覚《さ》ましてね」と木々《きぎ》に対《たい》し「トントン」と叩《たた》いているような雨《あめ》のことです。

もし日本語《にほんご》がなくなったら…

東京都練馬区立大泉学園桜小学校《とうきょうとねりまくりつおおいずみがくえんさくらしょうがっこう》
井原英昭《いはらひであき》先生《せんせい》が書《か》きました

読《よ》んだ日《ひ》　月《がつ》　日《にち》｜月《がつ》　日《にち》｜月《がつ》　日《にち》

絶…
俳句、短歌は
どうなるの？
\これからは英語さ/
えっへん

母国語《ぼこくご》が英語《えいご》やフランス語《ご》に

「これからは外国語《がいこくご》が大切《たいせつ》」と言《い》われ、習《なら》い事《ごと》やテスト勉強《べんきょう》に取《と》り組《く》む人《ひと》は多《おお》いはずです。「そんなに大事《だいじ》なら、いっそ外国語《がいこくご》を母国《ぼこく》語《ご》にしてしまえばいいのに」と思《おも》ったことはありませんか。

実《じっ》は1870年《ねん》ごろ、当時《とうじ》の文《もん》部大臣《ぶだいじん》（教育《きょういく》の最高責任者《さいこうせきにんしゃ》）である森有礼《もりありのり》が、西洋《せいよう》に追《お》いつくために、英語《えいご》を日本《にほん》の母国《ぼこく》語《ご》にすべき、と主張《しゅちょう》しました。1946年《ねん》には志賀直哉《しがなおや》（近代文学《きんだいぶんがく》の大作家《だいさっか》）が、日本語《にほんご》ほど不便《ふべん》で不完全《ふかんぜん》なものはないとして、フランス語《ご》を日本《にほん》の母国語《ぼこくご》にしてはどうかと提案《ていあん》したことがありました。どちらも思《おも》いつきではありません。当時《とうじ》の社《しゃ》会情勢《かいじょうせい》から考《かんが》えた、切《せっ》実《じつ》な思《おも》いのあらわれでした。

もし、英語《えいご》が母国語《ぼこくご》になったら

もし、英語《えいご》を母国語《ぼこくご》にしていたらどうなっていたのでしょうか。たとえば、日本《にほん》にはたくさんの色《いろ》があります。しかし英語《えいご》では「薄《うす》緑《みどり》」と「萌黄色《もえぎいろ》」はどちらも「Light green《ライトグリーン》」です。このように、日本固有《にほんこゆう》の多《おお》くの色《いろ》が失《うしな》われてしまうことになります。

また、俳句《はいく》や短歌《たんか》はどうでしょう。英語《えいご》に訳《やく》すだけでは、リズムとともに込《こ》められた情景《じょうけい》は失《うしな》われてしまうでしょう。

日本語《にほんご》がなくなったら、と想像《そうぞう》するだけで、言葉《ことば》は文化《ぶんか》そのものだということがわかりますね。

考《かんが》えてみよう

みんなが持《も》っているものも消《き》える

日本語《にほんご》がなくなって失《うしな》われてしまうものは、他《ほか》にどんなことがあるでしょうか。みんなが持《も》っているものもありますよ。それは自《じ》分《ぶん》の名前《なまえ》を表《あらわ》す字《じ》です。漢字《かんじ》などに込《こ》められた思《おも》いや願《ねが》いをおうちの人《ひと》から聞《き》いたことがあるでしょう。日本語《にほんご》がなくなると、その思《おも》いも消《き》えてしまいますね。

翔は
大空を翔るような
人になってほしくて…

ひとくちメモ　昔《むかし》から使《つか》われていたのにさまざまな理由《りゆう》で消《き》えそうな言葉《ことば》は日本《にほん》にもあります。「アイヌ語《ご》」や「八重山《やえやま》」や「与那国《よなぐに》」の言葉《ことば》も消滅《しょうめつ》の危機《きき》にある言語《げんご》・方言《ほうげん》として認定《にんてい》されています（134ページ参照《さんしょう》）。

ちょっと控《ひか》えめになる「小《しょう》」がつく言葉《ことば》

静岡県富士宮市立稲子小学校校長《しずおかけんふじのみやしりついなこしょうがっこうこうちょう》
芦川幹弘《あしかわみきひろ》先生《せんせい》が書《か》きました

読《よ》んだ日《ひ》　月《がつ》　日《にち》　月《がつ》　日《にち》　月《がつ》　日《にち》

季節《きせつ》を表《あらわ》す「小《しょう》」がつく言葉《ことば》

11月《がつ》から12月頃《がつごろ》の暖《あたた》かく、よく晴《は》れたおだやかな日《ひ》を小春日和《こはるびより》といいます（362ページ参照《さんしょう》）。春日和《はるびより》はよく晴《は》れたおだやかな春《はる》の日《ひ》のことで春《はる》の季語《きご》です。「小《しょう》」の字《じ》がつくだけで季節《きせつ》が変《か》わってしまうなんてふしぎですね。

小春（こはる・しょうしゅん）は昔《むかし》の暦《こよみ》で10月《がつ》のことを指《さ》します。今《いま》の11月頃《がつごろ》です。また二十四節気《にじゅうしせっき》には小雪（しょうせつ）という言《こと》葉《ば》もあります。今《いま》の11月《がつ》22日頃《にちごろ》です。ここでも「小《しょう》」が使《つか》われていますね。

控《ひか》えめさを表《あらわ》す

「小《しょう》」には、「ちいさい」「おとった」「程度《ていど》がわずか」「すくない」などの意味《いみ》がありますが、「謙遜《けんそん》する」「控《ひか》えめ」などの意味《いみ》でもよく使《つか》われます。

たとえば、「瀬戸内《せとうち》の小京都《しょうきょうと》」尾道《おのみち》、「山陰《さんいん》の小京都《しょうきょうと》」津和野《つわの》、「陸奥《むつ》の小京都《しょうきょうと》」弘前《ひろさき》など、京都《きょうと》への憧《あこが》れから日本《にほん》には「小《しょう》」京都《きょうと》がたくさんあります。

「小江戸《こえど》」川越《かわごえ》も有名《ゆうめい》です。川越《かわごえ》は、江戸《えど》の町《まち》と人《ひと》や文化《ぶんか》の交流《こうりゅう》がさかんだったことから、江戸時代《えどじだい》から小江戸《こえど》と呼《よ》ばれています。

考《かんが》えてみよう

十三里《じゅうさんり》ってなんだ?

小江戸川越名物《こえどかわごえめいぶつ》のサツマイモのことを十三里《じゅうさんり》といいます。なぜだと思《おも》いますか？　これは、「九里四里《くりより》うまい十三里《じゅうさんり》」から来《き》ているといわれています。９＋４＝13というわけです。江戸《えど》から川越《かわごえ》は52km離《はな》れていて約《やく》13里《り》あるからだという説《せつ》もあります。

ひとくちメモ　「小《しょう》」は行事《ぎょうじ》についても使《つか》われます。正月《しょうがつ》に対《たい》して、正月《しょうがつ》から15日頃《にちごろ》を小正月《こしょうがつ》といい、小豆粥《あずきがゆ》・どんど焼《や》きなどの行事《ぎょうじ》があります。

初志貫徹《しょしかんてつ》と朝過夕改《ちょうかせきかい》

東京都大田区立矢口西小学校《とうきょうとおおたくりつやぐちにししょうがっこう》
福田勇輔《ふくだゆうすけ》先生《せんせい》が書《か》きました

読《よ》んだ日《ひ》　月《がつ》　日《にち》｜　月《がつ》　日《にち》｜　月《がつ》　日《にち》

心《こころ》に決《き》めたことを貫《つらぬ》き通《とお》す

大《だい》リーグでも活躍《かつやく》したイチロー選手《せんしゅ》は、子供《こども》の頃《ころ》から野球選手《やきゅうせんしゅ》になると心《こころ》に決《き》めていました。小学校時代《しょうがっこうじだい》の作文《さくぶん》に、その夢《ゆめ》と、かなえるための具体的《ぐたいてき》な努力《どりょく》の方法《ほうほう》を書《か》いていたことは有名《ゆうめい》です。

このように、最初《さいしょ》に抱《いだ》いた志《こころざし》を貫《つらぬ》き通《とお》すという意味《いみ》で「初志貫徹《しょしかんてつ》」という言葉《ことば》があります。「貫《かん》」も「徹《てつ》」も貫《つらぬ》き通《とお》すという意味《いみ》の漢字《かんじ》。心《こころ》に決《き》めたことを守《まも》るという強《つよ》い意志《いし》を感《かん》じる四字熟語《よじじゅくご》ですね。

勇気《ゆうき》をもって改《あらた》める

反対《はんたい》の意味《いみ》の言葉《ことば》で、「朝令暮改《ちょうれいぼかい》」という言葉《ことば》もあります。朝《あさ》に出《だ》した命令《めいれい》が、夕方《ゆうがた》には変《か》わっているという意味《いみ》で、方針《ほうしん》が一貫《いっかん》しないことを表《あらわ》し、コロコロと言《い》うことが変《か》わる様《さま》を表《あらわ》す時《とき》に使《つか》います。

一見似《いっけんに》ている「朝過夕改《ちょうかせきかい》」は、これとは全《まった》く意味《いみ》がちがいます。朝《あさ》の過《あやま》ちをその日《ひ》の夕方《ゆうがた》にはきちんと改《あらた》めるという意味《いみ》です。「初志《しょし》貫徹《かんてつ》」とちがい、朝《あさ》と夕《ゆう》では考《かんが》えが一貫《いっかん》しているわけではありません。しかし、自分《じぶん》の過《あやま》ちに気《き》づき、すぐさまそれを改《あらた》める勇気《ゆうき》をもっている人《ひと》といえます。「初志貫徹《しょしかんてつ》」と同《おな》じく、強《つよ》い気持《きも》ちももち合《あ》わせた人《ひと》なのかもしれませんね。

調《しら》べてみよう

似《に》た意味《いみ》の四字熟語《よじじゅくご》

初志貫徹《しょしかんてつ》と似《に》た意味《いみ》の言葉《ことば》は他《ほか》にもあります。「首尾一貫《しゅびいっかん》」もその一《ひと》つです。その反対《はんたい》に、「竜頭蛇尾《りゅうとうだび》」という言葉《ことば》もあります。どちらも、「首《くび》」と「尾《お》」で、初《はじ》めから終《お》わりまでという意味《いみ》を表《あらわ》しているのも興味深《きょうみぶか》いですね。

ひとくちメモ　「志《こころざし》」という文字《もじ》には、「こうしようと心《こころ》に決《き》めたこと」以外《いがい》にも、「感謝《かんしゃ》の気持《きも》ちを表《あらわ》す贈《おく》り物《もの》」という意味《み》もあります。

ケンカの言葉《ことば》は心《こころ》の鏡《かがみ》

12月 6日

日本国語教育学会理事《にほんこくごきょういくがっかいりじ》
吉永幸司《よしながこうし》先生《せんせい》が書《か》きました

読《よ》んだ日《ひ》　月《がつ》　日《にち》｜　月《がつ》　日《にち》｜　月《がつ》　日《にち》

モヤモヤした気持《きも》ちを言葉《ことば》にしよう

ケンカは誰《だれ》でも経験《けいけん》することです。きっかけの多《おお》くは、おたがいが思《おも》っていることがちがったり、誤解《ごかい》したりしたときです。そんなときは「腹《はら》が立《た》つ」「かっとなる」「いい気《き》がしない」でしょう。気《き》に入《い》らないことがあるからです。おたがいが「意固地《いこじ》になったり」、「つむじを曲《ま》げたり」するので、どちらか、または両方《りょうほう》が「ムカムカする」「ムシャクシャする」という気持《きも》ちになります。

ケンカが始《はじ》まるときどんな気持《きも》ち？

そのうち、「いまいましい」と重苦《おもくる》しい気持《きも》ちになるでしょう。「堪忍袋《かんにんぶくろ》の緒《お》が切《き》れる」「腹《はら》にすえかねる」状態《じょうたい》になってしまうと、言《い》い返《かえ》したり、反発《はんぱつ》したりしてしまいます。

本気《ほんき》のケンカになると考《かんが》える余裕《よゆう》がありません。その時《とき》の気持《きも》ちは、「怒《いか》りがこみあげる」「怒《いか》りにふるえる」「頭《あたま》に血《ち》がのぼる」という言葉《ことば》がぴったりかもしれません。

覚《おぼ》えよう

仲良《なかよ》しになる言葉《ことば》

ケンカの原因《げんいん》の多《おお》くは、自分《じぶん》の気持《きも》ちを伝《つた》えていないことと、相手《あいて》の気持《きも》ちを理解《りかい》していないことです。「僕《ぼく》にも悪《わる》いところがあったよ」「私《わたし》もいけなかった」と言《い》えるようになりましょう。気持《きも》ちが伝《つた》わります。「ごめんね」とおわびの言葉《ことば》が言《い》えて、あやまられたら「大丈夫《だいじょうぶ》」と応《こた》えると、気持《きも》ちがわかり合《あ》えます。ケンカの後《あと》は、前《まえ》より仲良《なかよ》しになっているかもしれません。

ひとくちメモ　短《みじか》くておもしろい話《はなし》を小噺《こばなし》といいます。その中《なか》に「手足《てあし》のケンカ」というのがあります。手《て》と足《あし》はケンカを始《はじ》めます。自分《じぶん》のほうが役《やく》に立《た》っている、と言《い》い合《あ》うのです。さて、結果《けっか》はどうなったのでしょう？

言葉で遊ぼう

読《よ》めそうで読《よ》めない!? おもしろ地名検定《ちめいけんてい》【西日本編《にしにほんへん》】

12月 7日

東京学芸大学教育学部《とうきょうがくげいだいがくきょういくがくぶ》
中村和弘《なかむらかずひろ》先生《せんせい》が書《か》きました

読《よ》んだ日《ひ》　月《がつ》　日《にち》｜月《がつ》　日《にち》｜月《がつ》　日《にち》

なんて読《よ》むの？

意外《いがい》な読《よ》み方《かた》にビックリ!?

日本全国《にほんぜんこく》には、漢字《かんじ》は知《し》っているのに、なかなか読《よ》めないめずらしい地名《ちめい》がたくさんあります。次《つぎ》の①〜㉕は、なんと読《よ》むかわかりますか？　聞《き》いたことがある地名《ちめい》もあるはずですよ。読《よ》めなかった地名《ちめい》は、あとで地図《ちず》やインターネットなどで調《しら》べてみましょう。

※東日本編《ひがしにほんへん》は358ページにあります。

関西地方《かんさいちほう》

①**鳥羽**（三重県）
②**東近江**（滋賀県）
③**向日**（京都府）
④**枚方**（大阪府）
⑤**赤穂**（兵庫県）
⑥**御所**（奈良県）
⑦**御坊**（和歌山県）

中国地方《ちゅうごくちほう》

⑧**米子**（鳥取県）
⑨**十六島**（島根県）
⑩**美作**（岡山県）
⑪**三次**（広島県）
⑫**下松**（山口県）

四国地方《しこくちほう》

⑬**鳴門**（徳島県）
⑭**小豆島**（香川県）
⑮**今治**（愛媛県）
⑯**四万十**（高知県）

九州《きゅうしゅう》・沖縄地方《おきなわちほう》

⑰**直方**（福岡県）
⑱**伊万里**（佐賀県）
⑲**千々石**（長崎県）
⑳**三角**（熊本県）
㉑**国東半島**（大分県）
㉒**都城**（宮崎県）
㉓**指宿**（鹿児島県）
㉔**国頭**（沖縄県）
㉕**西表島**（沖縄県）

正解した数

□□ ／25問中

【答《こた》え】
①とば　②ひがしおうみ　③むこう　④ひらかた　⑤あこう
⑥ごせ　⑦ごぼう　⑧よなご　⑨うっぷるい　⑩みまさか
⑪みよし　⑫くだまつ　⑬なると　⑭しょうどしま　⑮いまばり
⑯しまんと　⑰のおがた　⑱いまり　⑲ちぢわ　⑳みすみ
㉑くにさきはんとう　㉒みやこのじょう　㉓いぶすき
㉔くにがみ　㉕いりおもてじま

やってみよう

読《よ》めるかな? おもしろい駅《えき》の名前《なまえ》

次《つぎ》の①～⑩は、ちょっと変《か》わった駅《えき》の名《な》前《まえ》です。なんと読《よ》むか、わかりますか？答《こた》えは「ひとくちメモ」にあります。

①吉里吉里　②九品仏　③洗馬
④下呂　⑤十三　⑥耳成　⑦特牛
⑧大歩危　⑨小歩危　⑩後免

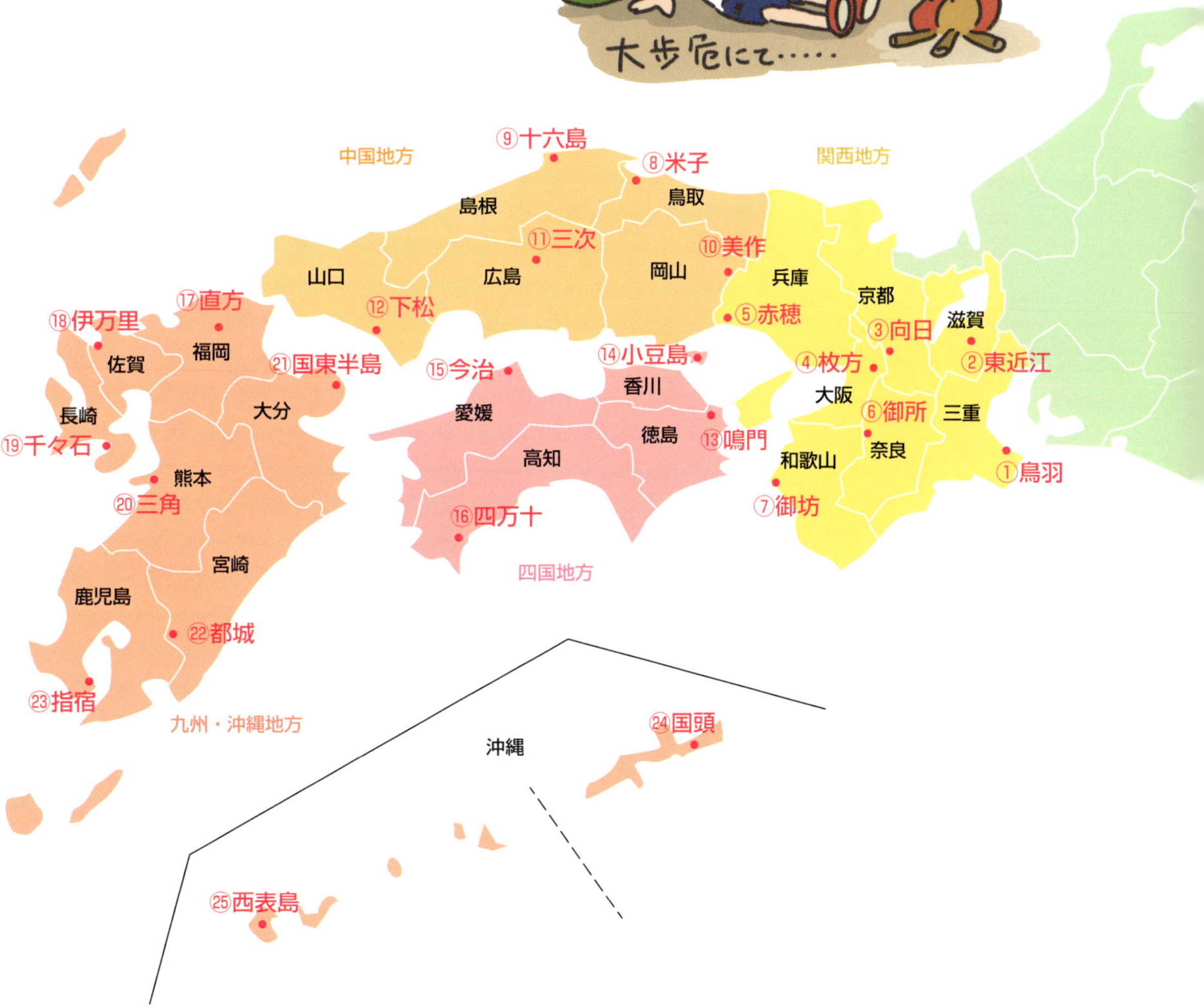

12月

ひとくちメモ
①きりきり（岩手県《いわてけん》）②くほんぶつ（東京都《とうきょうと》）③せば（長野県《ながのけん》）④げろ（岐阜県《ぎふけん》）⑤じゅうそう（大阪府《おおさかふ》）⑥みみなし（奈良県《ならけん》）⑦こっとい（山口県《やまぐちけん》）⑧おおぼけ（徳島県《とくしまけん》）⑨こぼけ（徳島県《とくしまけん》）⑩ごめん（高知県《こうちけん》）

歌や古典・芸能にまつわるお話

冬《ふゆ》らしい俳句《はいく》を味《あじ》わおう①
～冬《ふゆ》ならではの楽《たの》しみ～

12月 8日

佐賀県佐賀市立本庄小学校校長《さがけんさがしりつほんじょうしょうがっこうこうちょう》
権藤順子《ごんどうじゅんこ》先生《せんせい》が書《か》きました

読《よ》んだ日《ひ》　月《がつ》　日《にち》｜月《がつ》　日《にち》｜月《がつ》　日《にち》

冬《ふゆ》にしかできないからこそ

寒《さむ》さを避《さ》けるために室内《しつない》で遊《あそ》ぶことが多《おお》い冬《ふゆ》ですが、冬《ふゆ》ならではの遊《あそ》びやスポーツもたくさんあります。

こたつやストーブの前《まえ》で暖《だん》をとり、動《うご》きも少《すこ》しゆっくりになりがちですが、遊《あそ》びやスポーツだと少《すこ》しでも早《はや》く、また多《おお》く楽《たの》しみたいので心《こころ》がはやり動《うご》きも速《はや》くなります。そんな気持《きも》ちを表《あらわ》した句《く》を紹《しょう》介《かい》しましょう。

「スケートの紐《ひも》むすぶ間《ま》もはやりつつ」　山口誓子《やまぐちせいし》

雪合戦《ゆきがっせん》はしたことがありますか？　雪《ゆき》つぶては雪《ゆき》をまるめた雪《ゆき》玉《だま》のことです。雪玉《ゆきだま》を投《な》げ合《あ》って遊《あそ》びます。そんな情景《じょうけい》が目《め》に浮《う》かぶ句《く》もあります。

「靴紐《くつひも》をむすぶ間《ま》も来《く》る雪《ゆき》つぶて」　中村汀女《なかむらていじょ》

日向《ひなた》ぼことクリスマス

「干柿《ほしがき》の甘《あま》くなりたる日向《ひなた》ぼこ」　池上浩山人《いけがみこうさんじん》

「日向《ひなた》ぼこにかげして一人《ひとり》加《くわ》はれり」　吉岡禅寺洞《よしおかぜんじどう》

日向《ひなた》ぼこも冬《ふゆ》ならではの楽《たの》しみです。同《おな》じ日向《ひなた》ぼこでも、この2つの句《く》は、柿《かき》の甘《あま》みを待《ま》つ熟成《じゅくせい》の時間《じかん》と、人同士《ひとどうし》の語《かた》らいの時間《じかん》のちがいがありますが、期待感《きたいかん》や寄《よ》り添《そ》いあう心《こころ》には、どちらも暖《あたた》かさがあふれています。

もうひとつ、冬《ふゆ》の楽《たの》しみといえばクリスマスがありますね。

「卵《たまご》一《ひと》つポケットの手《て》にクリスマス」　西東三鬼《さいとうさんき》

俳句《はいく》ではクリスマスのことを、降誕祭《こうたんさい》、聖樹《せいじゅ》、聖夜《せいや》などとも表《あらわ》します。

味《あじ》わってみよう

雪《ゆき》の季語《きご》

雨《あめ》と同《おな》じように雪《ゆき》にも大《おお》きさや降《ふ》り方《かた》によって多《おお》くの種類《しゅるい》があります。粉雪《こなゆき》、細雪《ささめゆき》、綿《わた》雪《ゆき》、牡丹雪《ぼたんゆき》、淡雪《あわゆき》、新雪《しんせつ》、根《ね》雪《ゆき》など。また俳句《はいく》の世界《せかい》では、雪《ゆき》の花《はな》、六花《むつのはな》などの美《うつく》しい呼《よ》び方《かた》もあります。

ひとくちメモ　雪《ゆき》がとけかけて雨《あめ》まじりに降《ふ》る霙《みぞれ》は、冬《ふゆ》の季語《きご》ですが、氷《こおり》の塊《かたまり》である雹《ひょう》は、雷雨《らいう》に伴《ともな》って降《ふ》り、夏期《かき》に多《おお》いので夏《なつ》の季語《きご》です。

決まり文句・名文句にまつわるお話
おにに かなぼう

口《くち》は重《おも》たい？ 軽《かる》い？ それとも滑《すべ》りやすい？

12月 9日

東京学芸大学教育学部《とうきょうがくげいだいがくきょういくがくぶ》
中村和弘《なかむらかずひろ》先生《せんせい》が書《か》きました

読《よ》んだ日《ひ》　月《がつ》　日《にち》｜月《がつ》　日《にち》｜月《がつ》　日《にち》

口《くち》が軽《かる》いとはどういうこと？

大人同士《おとなどうし》が「本当《ほんとう》にあの人《ひと》は口《くち》が軽《かる》くて困《こま》る!!」などと話《はなし》をしていることを聞《き》いたことがありますか？ 顔《かお》についている口《くち》が〝軽《かる》い〟といわれてもよく意味《いみ》がわかりませんし、なぜ、口《くち》が軽《かる》いと困《こま》るのでしょう。

「口《くち》が軽《かる》い」とは、余計《よけい》なことまでよくしゃべることを表《あらわ》します。たとえば、秘密《ひみつ》を話《はな》したときに、それをほかの人《ひと》にばらしてしまうような人《ひと》を「口《くち》が軽《かる》い人《ひと》」といいます。一方《いっぽう》で「口《くち》が堅《かた》い」とは、知《し》っていることを気軽《きがる》にほかの人《ひと》に話《はな》さないことで、口《くち》が軽《かる》いと口《くち》が堅《かた》いは反対《はんたい》の関係《かんけい》になります。

「軽《かる》い」の反対《はんたい》は「重《おも》たい」ではないの？ と思《おも》うかもしれませんが、「口《くち》が重《おも》たい」は、あまりしゃべらないことを表《あらわ》します。

口走《くちばし》る、口《くち》が滑《すべ》るって？

余計《よけい》なことを話《はな》す人《ひと》を「口《くち》が軽《かる》い人《ひと》」といいましたが、ついうっかり、言《い》うつもりではなかったことを言《い》ってしまうこともあります。このときは、「軽《かる》い」ではなく「口走《くちばし》る」といいます。また、うっかりではなく、調子《ちょうし》に乗《の》って言《い》ってはいけないことを言《い》う場合《ばあい》は「口《くち》が滑《すべ》る」を使《つか》います。このように、言《い》ってはいけないことを言《こと》葉《ば》にすることだけでも日本語《にほんご》にはいろいろな表現《ひょうげん》があるのです。

ほかにも、みんなが同《おな》じことを言《い》うときには「口《くち》をそろえる」、人《ひと》が話《はな》しているのに、そばからものを言《い》うときには「口《くち》をはさむ」などもよく使《つか》われます。また、言《い》い方《かた》が下品《げひん》なときには「口汚《くちぎたな》い」といいますが、これはほかにも食《た》べ物《もの》に卑《いや》しいという意味《いみ》も持《も》っています。

12月

考《かんが》えてみよう

「犯人《はんにん》が口《くち》を割《わ》った」とは？

口《くち》を使《つか》った様々《さまざま》な表現《ひょうげん》を知《し》って、日本語《にほんご》のむずかしさ、おもしろさを感《かん》じたことでしょう。では、「口《くち》を割《わ》る」という表《ひょう》現《げん》を知《し》っていますか？ “割《わ》る”というのは、どのようなようすを表《あらわ》すものなのか、考《かんが》えてみましょう（答《こた》えは21ページ参照《さんしょう》）。

ひとくちメモ
「口《くち》も八丁《はっちょう》手《て》も八丁《はっちょう》」を知《し》っていますか。これはしゃべることもすることも達者《たっしゃ》なことを表《あらわ》しています。「口《くち》八丁《はっちょう》手《て》八丁《はっちょう》」ともいいます。どちらかというと、あまりよく思《おも》っていない時《とき》に使《つか》います。

日本語をめぐる言葉のお話 あ

主語《しゅご》と述語《じゅつご》を探《さが》して！ 文《ぶん》の組《く》み立《た》てを知《し》ろう

12月 10日

四国《しこく》大学《だいがく》生活《せいかつ》科学部《かがくぶ》児童学科《じどうがっか》
山本哲生《やまもとてつお》先生《せんせい》が書《か》きました

読《よ》んだ日《ひ》　月《がつ》　日《にち》　月《がつ》　日《にち》　月《がつ》　日《にち》

バラバラにしてみよう

文《ぶん》がどんな言葉《ことば》で組《く》み立《た》てられているかを知《し》ると、読《よ》んだり書《か》いたりすることが楽《たの》しくなります。文《ぶん》の組《く》み立《た》てを考《かんが》えるためのコツは、くわしくする言葉《ことば》を消《け》し、主《しゅ》語《ご》と述語《じゅつご》だけを取《と》り出《だ》して観察《かんさつ》してみることです。

例文《れいぶん》1）

急《きゅう》な雨《あめ》のせいで、午後《ごご》からの野《や》球《きゅう》の試合《しあい》はなくなった。

主語《しゅご》が「試合《しあい》は」、述語《じゅつご》は「なくなった」です。

例文《れいぶん》2）

雨《あめ》がふったため午後《ごご》からの野球《やきゅう》の試合《しあい》はなくなった。

これも「雨《あめ》が・ふった」と「試《し》合《あい》は・なくなった」と二組《ふたくみ》の主《しゅ》語《ご》・述語《じゅつご》があります。

伝《つた》えたいことにあわせて

わたしたちは、その文《ぶん》がどのような組《く》み立《た》てに当《あ》たるのか、いちいち考《かんが》えてしゃべったり読《よ》んだりすることはありません。でも、伝《つた》えたいことが一番伝《いちばんつた》わる文《ぶん》の組《く》み立《た》てを自然《しぜん》に選《えら》んでいるのです。

例文《れいぶん》1より例文《れいぶん》2のほうが文《ぶん》の組《く》み立《た》てがちょっと複雑《ふくざつ》です。例《れい》文《ぶん》2は、「雨《あめ》が・ふった（ため）」と「試合《しあい》は・なくなった」というように主語《しゅご》・述語《じゅつご》が二組《ふたくみ》あります。でも「雨《あめ》が・ふった」ことよりも「試合《しあい》は・なくなった」のほうが言《い》いたいことの中心《ちゅうしん》です。

「母《はは》がつくったカレーライスは世《せ》界一《かいいち》おいしい」で考《かんが》えてみましょう。「母《はは》が・つくった」の小《ちい》さな主語《しゅご》・述語《じゅつご》もありますが、「カレーライスは・おいしい」がこの文《ぶん》でもっとも言《い》いたいことですね。

やってみよう

2つの文《ぶん》を1つに

組《く》み立《た》てを考《かんが》える練習《れんしゅう》になるのは自分《じぶん》で文章《ぶんしょう》をつくることです。以下《いか》の２つの文《ぶん》を１つにしてみてください。

西《にし》の山《やま》に夕日《ゆうひ》がしずんだ。
東《ひがし》の空《そら》にオレンジ色《いろ》のまるい月《つき》が出《で》てきた。

ひとくちメモ　「やってみよう」の答《こた》え。西《にし》の山《やま》に夕日《ゆうひ》がしずみ（しずんで）、東《ひがし》の空《そら》にオレンジ色《いろ》のまるい月《つき》が出《で》てきた。
※2つの文《ぶん》をてん（、）でつなぎます。

プレゼンテーションに挑戦《ちょうせん》!

東京家政大学大学院人間生活学専攻《とうきょうかせいだいがくだいがくいんにんげんせいかつがくせんこう》
大越和孝《おおごしかずたか》先生《せんせい》が書《か》きました

読《よ》んだ日《ひ》　月《がつ》　日《にち》｜月《がつ》　日《にち》｜月《がつ》　日《にち》

プレゼンテーションってなに?

「プレゼンテーション」という言《こと》葉《ば》を知《し》っていますか? 略《りゃく》して、プレゼンということもあります。

プレゼンテーションは、自分《じぶん》の調《しら》べたことや考《かんが》えていることを伝《つた》えるための手段《しゅだん》です。相手《あいて》に内容《ないよう》を理解《りかい》してもらったり、納得《なっとく》してもらうために、集《あつ》めた情報《じょうほう》やデータなどを示《しめ》して説明《せつめい》します。

みなさんも、自分《じぶん》の調《しら》べたことや、そこから考《かんが》えたことを、友達《ともだち》や家族《かぞく》の前《まえ》で話《はな》してみましょう。

プレゼンの基本《きほん》テクニック

みんなの前《まえ》でプレゼンをする時《とき》は、まず明《あか》るく、はっきりした声《こえ》で話《はな》すことが大切《たいせつ》です。小《ちい》さい声《こえ》でボソボソ話《はな》すと、誰《だれ》も聞《き》いてくれません。きちんと姿勢《しせい》を正《ただ》して、話《はな》すスピードや声《こえ》の大《おお》きさにも気《き》を配《くば》りましょう。ダラダラ話《はな》したり、何《なん》度《ど》も「あのー」「えーと」と言《い》うのもだめです。

でも、話《はな》し方《かた》に気《き》をつけるだけでは、聞《き》き手《て》の心《こころ》を動《うご》かすことはできません。聞《き》き手《て》を納得《なっとく》させるための、プレゼンのポイントをあげてみましょう。

①時間《じかん》をかけて準備《じゅんび》する。
②聞《き》き手《て》を引《ひ》きつけるタイトル（題名《だいめい》）をつける。
③書《か》いたものを読《よ》むのではなく、聞《き》き手《て》を見《み》て話《はな》すようにする。
④わかりやすい資料《しりょう》を用意《ようい》する。図《ず》や表《ひょう》をうまく使《つか》うのも効果的《こうかてき》。
⑤話《はなし》の組《く》み立《た》てをしっかりと考《かんが》えておく。
⑥強調《きょうちょう》したいことは、ゆっくりと力強《ちからづよ》く、自信《じしん》をもって話《はな》す。
⑦質問《しつもん》を予想《よそう》して、答《こた》えられるようにしておく。

自分《じぶん》でいろいろ工夫《くふう》して、上手《じょうず》なプレゼンをしてみましょう。

やってみよう

プレゼンの順番《じゅんばん》は?

みんなの前《まえ》で話《はなし》をする時《とき》は、次《つぎ》の順番《じゅんばん》で話《はな》すとうまくいきます。

①はじめの言葉《ことば》　②タイトル（題名《だいめい》）
③調《しら》べたわけ、きっかけ
④調《しら》べた方法《ほうほう》　⑤調《しら》べた内容《ないよう》、わかったこと　⑥まとめ　⑦質問《しつもん》、感想《かんそう》
⑧終《お》わりの言葉《ことば》

ひとくちメモ　社会人《しゃかいじん》になると、新製品《しんせいひん》の売《う》り込《こ》みや会議《かいぎ》で、自分《じぶん》の意見《いけん》を受《う》け入《い》れてもらうために、大勢《おおぜい》の前《まえ》でプレゼンをすることが多《おお》くなります。小学生《しょうがくせい》のころから、人前《ひとまえ》で上手《じょうず》に話《はなし》ができるように練習《れんしゅう》しておくといいですね！

もの名前にまつわるお話

えっ!? ゴキブリはまちがいから生《う》まれた言葉《ことば》?

12月 12日

東京学芸大学教育学部《とうきょうがくげいだいがくきょういくがくぶ》
中村和弘《なかむらかずひろ》先生《せんせい》が書《か》きました

読《よ》んだ日《ひ》　月《がつ》　日《にち》｜月《がつ》　日《にち》｜月《がつ》　日《にち》

おわんをかじる「ごきかぶり」

ゴキブリって、よく見《み》るとへんな名前《なまえ》ですよね。どうして、こんなふうに呼《よ》ばれるようになったのでしょうか?

もともとゴキブリは、「ごきかぶり」と呼《よ》ばれていました。漢字《かんじ》では「御器囓《ごきかぶ》り」と書《か》きます。とてもむずかしい字《じ》ですね。

御器《ごき》とは、ごはんを盛《も》るおわんのことで、かぶりは「かぶりつく」という意味《いみ》です。

つまり、食《た》べ物《もの》の残《のこ》りだけでなく、食器《しょっき》までかじってしまうので、「ごきかぶり」という言葉《ことば》ができたといわれています。

ゴキブリは誤記《ごき》ぶり?

ところが、明治《めいじ》のはじめに、日《に》本《ほん》ではじめて生物《せいぶつ》の本《ほん》がつくられたとき、ある学者《がくしゃ》がうっかり、ごきかぶりの「か」の字《じ》を抜《ぬ》かしたまま、ふりがなをつけて本《ほん》を出《だ》してしまいました。

そして、それがまちがった読《よ》み方《かた》のまま広《ひろ》まって、今《いま》のように「ゴキブリ」と呼《よ》ばれるようになったというわけです。

ちょっと信《しん》じられないような話《はなし》ですが、ゴキブリというへんてこな名前《なまえ》は、うっかりミスから生《う》まれた言葉《ことば》だったのかもしれません。

知《し》っておこう

ゴキブリの昔《むかし》の呼《よ》び名《な》

古《ふる》くはゴミを意味《いみ》する「芥《あくた》」から「芥虫《あくたむし》」、または「角虫《つのむし》」と呼《よ》ばれていました。「油虫《あぶらむし》」と呼《よ》ばれるようになったのは江戸時代《えどじだい》とされます。

ひとくちメモ　「ごきかぶり」という言葉《ことば》は、すでに室町時代《むろまちじだい》に使《つか》われていたともいわれます。食器《しょっき》の下《した》にひそんで食器《しょっき》を被《かぶ》るようすから、「御器被《ごきかぶ》り」と書《か》いたという説《せつ》もあります。

「俗説《ぞくせつ》」ってなんだ? 知《し》ったかぶりの馬鹿《ばか》もいる

12月 13日

日本国語教育学会理事《にほんこくごきょういくがっかいりじ》・小学校部会長《しょうがっこうぶかいちょう》
今村久二《いまむらひさじ》先生《せんせい》が書《か》きました

読《よ》んだ日《ひ》　月《がつ》　日《にち》｜月《がつ》　日《にち》｜月《がつ》　日《にち》

「馬鹿《ばか》」、何《なん》で馬《うま》と鹿《しか》?

昔《むかし》、中国《ちゅうごく》の奏《そう》という国《くに》に趙高《ちょうこう》という人《ひと》がいました。趙高《ちょうこう》は位《くらい》が高《たか》く、力《ちから》もあったので、皇帝《こうてい》の家臣《かしん》の中《なか》には、それに反感《はんかん》を持《も》つものもいたのです。そこで、だれが味《み》方《かた》でだれがそうでないかを見分《みわ》けようと計画《けいかく》を立《た》てました。

ある日《ひ》、皇帝《こうてい》に「珍《めずら》しい馬《うま》がおります」と鹿《しか》を献上《けんじょう》しました。皇帝《こうてい》が「これは馬《うま》か?」と聞《き》き返《かえ》すと、趙《ちょう》高《こう》は「これは馬《うま》でございます」と答《こた》えるのです。

そして、家臣《かしん》たちに「これはどう見《み》えるか? 馬《うま》か? 鹿《しか》か?」とたずねました。趙《ちょう》高《こう》にしたがう家臣《かしん》たちは、「馬《うま》でございます」と答《こた》えました。しかし、趙高《ちょうこう》に不満《ふまん》がある家《か》臣《しん》たちは、「鹿《しか》でございます」と答《こた》えました。

趙高《ちょうこう》は怒《おこ》って、したがわない家《か》臣《しん》たちを、その後処刑《ごしょけい》してしまいました。

これが「馬鹿《ばか》」の語源《ごげん》?

この話《はなし》から「『自分《じぶん》の権力《けんりょく》をいいことに矛盾《むじゅん》したことを押《お》し通《とお》す』ことから『馬鹿《ばか》』という人《ひと》がいます」という言葉《ことば》ができたんだ」という人《ひと》がいます。

ところが、これは全《まった》くの俗説《ぞくせつ》。「俗説《ぞくせつ》」とは、証拠《しょうこ》もないのに、まことしやかに本当《ほんとう》であるかのように理屈《りくつ》をつけること。趙高《ちょうこう》の話《はなし》は、確《たし》かに残《のこ》っています。しかし、「これが語源《ごげん》である」というところが実《じつ》はこじつけなのです。

聞《き》いてみよう

俗説《ぞくせつ》にだまされるな

ここで紹介《しょうかい》した趙高《ちょうこう》の話《はなし》は、確《たし》かに「馬鹿」の話《はなし》です。ところが、この「馬鹿《ばか》」は、「ばか」とは読《よ》みません。「ばろく」と読《よ》むのが本当《ほんとう》です。中国《ちゅうごく》では「鹿《しか》」は「ろく」と読《よ》み、これを「しか」「か」と読《よ》むのは、日本《にほん》で当《あ》てはめた読《よ》み方《かた》です。それを知《し》っていれば、この話《はなし》がこじつけだとわかるのです。「馬《うま》」「鹿《しか》」を「ばか」の漢字《かんじ》で表《あらわ》したのは、日本《にほん》で当《あ》てはめた使《つか》い方《かた》でしかないのです。

ひとくちメモ 「ばか」の語源《ごげん》は、実《じつ》はよくわかっていません。「馬鹿《ばか》」以外《いがい》にも「莫迦《ばか》」「馬稼《うまか》」「破家《はか》」「跛家《はか》」など、いろいろな漢字《かんじ》で書《か》かれた文献《ぶんけん》があり、それに応《おう》じて語源《ごげん》についてもいろいろな説《せつ》があります。

書いたりつくったりしたくなるお話

一言《ひとこと》メッセージがあるともらってうれしい年賀状《ねんがじょう》になる

12月 14日

東京《とうきょう》経営《けいえい》短期《たんき》大学《だいがく》こども教育《きょういく》学科《がっか》
井出一雄《いでかずお》先生《せんせい》が書《か》きました

読《よ》んだ日《ひ》　月《がつ》　日《にち》｜月《がつ》　日《にち》｜月《がつ》　日《にち》

いつ書《か》くとよい?

12月《がつ》も半《なか》ばになったら、年賀状《ねんがじょう》の準備《じゅんび》をはじめましょう。新《あたら》しい年《とし》の1月1日《がつついたち》に相手《あいて》に届《とど》けるためには、前《まえ》の年《とし》の12月下旬《がつげじゅん》までにポストに投函《とうかん》するように、と言《い》われていますね。

実《じつ》は昔《むかし》の年賀状《ねんがじょう》は、1月《がつ》2日《か》の書《か》き初《ぞ》めの日《ひ》に書《か》いて、1月《がつ》7日《か》までに相手《あいて》に届《とど》くように出《だ》す習《なら》わしになっていました。そのうちに、たくさんの年賀状《ねんがじょう》を一度《いちど》に1月《がつ》7日《か》までに届《とど》けるのは配達《はいたつ》がとても大変《たいへん》! ということになり、現在《げんざい》のような12月下旬《がつげじゅん》までに書《か》く習慣《しゅうかん》になってきたのです。

もらってうれしい年賀状《ねんがじょう》にしよう

「あけましておめでとうございます」と日付《ひづけ》だけの年賀状《ねんがじょう》が届《とど》くことがあります。ちょっとさびしいですね。1行《ぎょう》か2行《ぎょう》でよいので、なにか自分《じぶん》の言葉《ことば》を付《つ》け加《くわ》えましょう。「相手《あいて》への思《おも》いや感謝《かんしゃ》」、「新《あたら》しい年《とし》の抱負《ほうふ》」、「相手《あいて》とお付《つ》き合《あ》いを願《ねが》うこと」などから選《えら》んで、2つほど書《か》き加《くわ》えたコメントを書《か》くのです。この年賀状《ねんがじょう》を受《う》け取《と》った人《ひと》は、「よい友人《ゆうじん》をもって幸《しあわ》せだな」とか「元気《げんき》をもらったな」など、新《あたら》しい年《とし》の初《はじ》めにうれしい気持《きも》ちになりますよ。

調《しら》べてみよう

お正月《しょうがつ》はいつまで?

おめでたいお正月気分《しょうがつきぶん》は、だいたい1月7日《がつか》までと昔《むかし》から決《き》まっています。この日までを「松《まつ》の内《うち》」と呼《よ》びます。関西《かんさい》など地方《ちほう》によっては15日《にち》までのところもありますから、住《す》んでいる地域《ちいき》について調《しら》べてみましょう。門松《かどまつ》などのお正月《しょうがつ》飾《かざ》りは、この頃《ころ》までに片《かた》づけてしまうのがふつうです。年賀状《ねんがじょう》も「松《まつ》の内《うち》」を過《す》ぎたら、「寒中見舞《かんちゅうみま》い」として出《だ》しましょう。

ひとくちメモ 年賀状《ねんがじょう》に描《えが》かれる干支《えと》。12年《ねん》を1周期《しゅうき》にそれぞれの年《とし》に動物《どうぶつ》が当《あ》てはめられています。ねずみから始《はじ》まり、うし、とら、うさぎ、たつ、へび、うま、ひつじ、さる、とり、いぬ、いのししの順《じゅん》です。

福沢諭吉《ふくざわゆきち》が一万円札《いちまんえんさつ》の顔《かお》になったワケ

12月15日

東京学芸大学教育学部《とうきょうがくげいだいがくきょういくがくぶ》
中村和弘《なかむらかずひろ》先生《せんせい》が書《か》きました

読《よ》んだ日《ひ》　月《がつ》　日《にち》｜月《がつ》　日《にち》｜月《がつ》　日《にち》

アメリカで自由《じゆう》と平等《びょうどう》を学《まな》ぶ

福沢諭吉《ふくざわゆきち》は、明治《めいじ》のはじめに『学問《がくもん》のすすめ』という本《ほん》を書《か》きました。1万円札《まんえんさつ》に描《えが》かれた顔《かお》は、誰《だれ》もが知《し》っているでしょう。

諭吉《ゆきち》は、江戸時代《えどじだい》の終《お》わりに、中津藩《なかつはん》（今《いま》の大分県《おおいたけん》）の下級武士《かきゅうぶし》の家《いえ》に生《う》まれました。本《ほん》が大好《だいす》きで、若《わか》いころからオランダ語《ご》と英語《えいご》を熱心《ねっしん》に勉強《べんきょう》しました。広《ひろ》く世《よ》の中《なか》のことを知《し》るためには、外国語《がいこくご》が必要《ひつよう》だと考《かんが》えたのです。

25歳《さい》のとき、諭吉《ゆきち》ははじめてアメリカへ行《い》き、西洋《せいよう》の進《すす》んだ技術《ぎじゅつ》にびっくりします。しかし、何《なに》よりも驚《おどろ》いたのは、それまでの日本《にほん》にはなかった、自由《じゆう》と平等《びょうどう》を大切《たいせつ》にする考《かんが》え方《かた》でした。

スピーチは「演説《えんぜつ》」ディベートは「討論《とうろん》」

日本《にほん》に帰《かえ》った諭吉《ゆきち》は、だれでも身分《みぶん》に関係《かんけい》なく学《まな》べる慶應義塾《けいおうぎじゅく》（今《いま》の慶應義塾大学《けいおうぎじゅくだいがく》）をつくりました。そして『学問《がくもん》のすすめ』を書《か》いて、みんなに勉学《べんがく》の大切《たいせつ》さを説《と》いたのです。さらに、自分《じぶん》の考《かんが》えを自由《じゆう》に発表《はっぴょう》できるように、たびたび討論会《とうろんかい》を開《ひら》きました。このとき英語《えいご》のスピーチを「演説《えんぜつ》」、ディベートを「討論《とうろん》」、コンペティションを「競争《きょうそう》」などと訳《やく》したといわれています。

「学問《がくもん》をする目的《もくてき》は、自分《じぶん》の頭《あたま》で考《かんが》え、自分《じぶん》の意思《いし》で行動《こうどう》できる、独立《どくりつ》した人間《にんげん》になることにある（独立自尊《どくりつじそん》）」。私《わたし》たちの国《くに》の紙幣《しへい》には、そんな言葉《ことば》を残《のこ》した偉人《いじん》が描《えが》かれているのです。

読《よ》んでみよう

今《いま》も売《う》れてる超《ちょう》ロングセラー

『学問《がくもん》のすすめ』は、明治《めいじ》5～9年《ねん》に、17編《へん》のシリーズで出版《しゅっぱん》されました。「天《てん》は人《ひと》の上《うえ》に人《ひと》を造《つく》らず、人《ひと》の下《した》に人《ひと》を造《つく》らずといへり」という書き出しは有名《ゆうめい》ですね。読《よ》みやすい現代文《げんだいぶん》にした本《ほん》も出《で》ているので読《よ》んでみましょう。

ひとくちメモ 日本《にほん》ではじめて授業料制度《じゅぎょうりょうせいど》を取《と》り入《い》れたのは、諭吉《ゆきち》がひらいた慶應義塾《けいおうぎじゅく》といわれています。先生《せんせい》への礼金《れいきん》ではなく、毎月《まいつき》の授業料《じゅぎょうりょう》を定《さだ》めることで、身分《みぶん》に関係《かんけい》なく誰《だれ》もが平等《びょうどう》に学《まな》べるようにしたのです。

インターネットと本《ほん》のちがい

東京学芸大学《とうきょうがくげいだいがく》附属《ふぞく》小金井《こがねい》小学校《しょうがっこう》
鈴木秀樹《すずきひでき》先生《せんせい》が書《か》きました

読《よ》んだ日《ひ》　月《がつ》　日《にち》｜月《がつ》　日《にち》｜月《がつ》　日《にち》

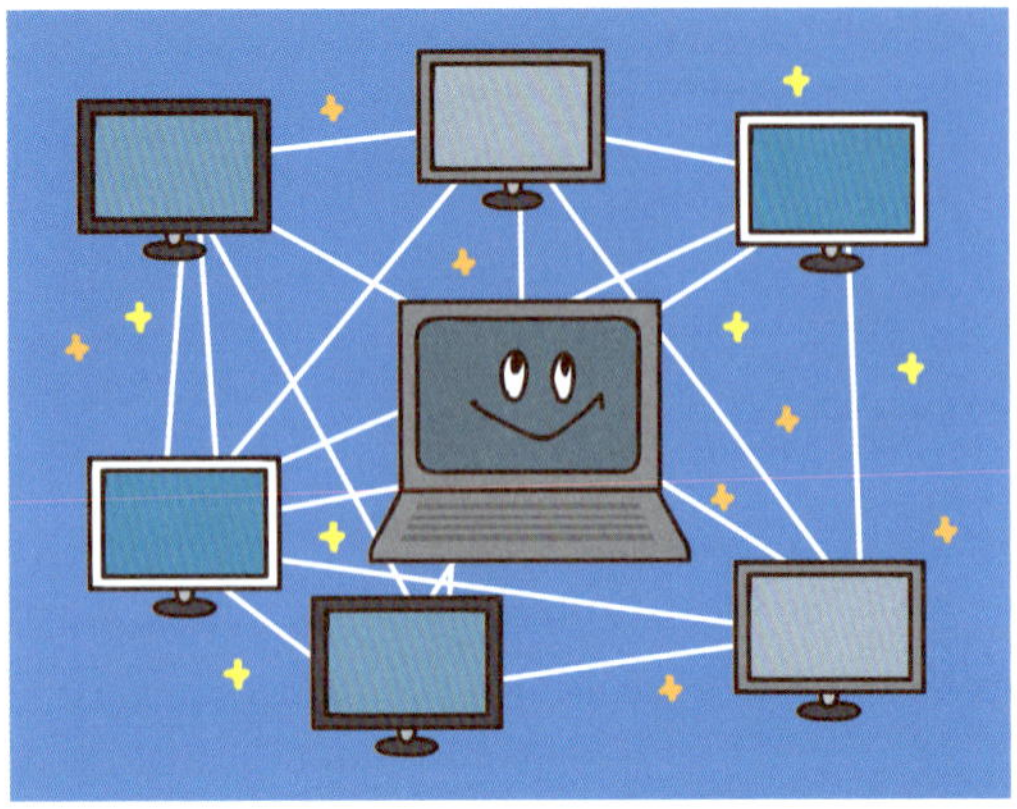

インターネットってなんだ？

インターネットと本《ほん》は何《なに》がちがうのか。これはむずかしい問《と》いですね。なにがむずかしいって、「インターネット」と「本《ほん》」は、直接《ちょくせつ》比《くら》べられるものではないのです。

「本《ほん》」はわかりやすいですね。そう、文字《もじ》や絵《え》、写真《しゃしん》などが印刷《いんさつ》された紙《かみ》を束《たば》ねたものです。かつては人《ひと》が書《か》き写《うつ》していましたが、グーテンベルクが活版印刷《かっぱんいんさつ》技術《ぎじゅつ》を発明《はつめい》してからは、大量《たいりょう》につくられるようになりました（220ページ参照《さんしょう》）。

それに対《たい》して「インターネット」というのは、本《ほん》のように何《なに》か具体的《ぐたいてき》な物《もの》のことをいっているわけではありません。

コンピュータとコンピュータをつないで情報《じょうほう》をやり取《と》りすることがあります。これを情報通信《じょうほうつうしん》といったりしますが、何台《なんだい》ものコンピュータをつないで情報《じょうほう》を通信《つうしん》し合《あ》う仕組《しく》みのことをインターネットといいます。インターネットでは、世界中《せかいじゅう》のコンピュータとつなげて情報《じょうほう》のやりとりをすることができます。

情報《じょうほう》を得《え》るための道具《どうぐ》

どうでしょう？　「書物《しょもつ》」と「インターネット」、比《くら》べてみると、「八百屋《やおや》」と「宅配便《たくはいびん》」を比《くら》べるようなものだと思《おも》いませんか。

それでも、人《ひと》はつい「インターネットと本《ほん》」を比《くら》べたくなります。それは、どちらも「情報《じょうほう》を得《え》る時《とき》に使《つか》うもの」だからでしょう。パソコンにしても携帯電話《けいたいでんわ》にしても、そこで何《なに》かを調《しら》べ、情報《じょうほう》を表示《ひょうじ》させる時《とき》、その情報《じょうほう》はインターネットを通《とお》って表示《ひょうじ》されているものです。情報《じょうほう》の裏側《うらがわ》にあって、情報《じょうほう》を送《おく》ってきているもの。それがインターネットなのです。

聞《き》いてみよう

おうちの人《ひと》に質問《しつもん》してみよう

世界初《せかいはつ》のコンピュータネットワークはアメリカ国防総省《こくぼうそうしょう》の研究機関《けんきゅうきかん》によるARPANET。1969年《ねん》のことだそうです。ちなみに世界《せかい》初《はつ》のインターネットサービスは1989年《ねん》に生《う》まれたといわれています。おうちの人《ひと》はネットがない時代《じだい》を覚《おぼ》えているかもしれません。当時《とうじ》の話《はなし》を聞《き》いてみましょう。

ひとくちメモ　かつてインターネットはコンピュータ同士《どうし》がつながっているだけでした。今《いま》は携帯電話《けいたいでんわ》やテレビはもちろん、自動車《じどうしゃ》や家庭《かてい》の中《なか》のエアコンや冷蔵庫《れいぞうこ》など電化製品《でんかせいひん》もインターネットにつながり始《はじ》めています。

ものの名前にまつわるお話

実《じつ》は日本語《にほんご》じゃない!? かるた、天《てん》ぷら、こんぺいとう

12月 17日

東京学芸大学教育学部《とうきょうがくげいだいがくきょういくがくぶ》
中村和弘《なかむらかずひろ》先生《せんせい》が書《か》きました

読《よ》んだ日《ひ》　月《がつ》　日《にち》　月《がつ》　日《にち》　月《がつ》　日《にち》

正月《しょうがつ》の定番《ていばん》だけれど外国生《がいこくう》まれ

お正月《しょうがつ》に家族《かぞく》や親戚《しんせき》が集《あつ》まると、みんなで一緒《いっしょ》に楽《たの》しむ遊《あそ》びがあります。そう、かるたです。この「かるた」という言葉《ことば》は、じつは日本《にほん》で生《う》まれた言葉《ことば》ではありません。では、どこからやってきたのでしょう？　答《こた》えはポルトガルです。

「カルタ」とは、ポルトガル語《ご》で紙切《かみき》れを表《あらわ》す言葉《ことば》で、16世紀《せいき》（室町時代《むろまちじだい》のおわり）に「西洋《せいよう》カルタ」というものが伝《つた》わり、そこから「いろはガルタ」「歌《うた》ガルタ（百人一首《ひゃくにんいっしゅ》）」「花《はな》カルタ（花札《はなふだ》）」など、日本独自《にほんどくじ》のものへと発展《はってん》しました。

そして、江戸時代《えどじだい》の中頃《なかごろ》から、お正月《しょうがつ》の遊《あそ》びとして広《ひろ》まったといわれています。

和食《わしょく》の代表《だいひょう》だけれど…

かるた以外《いがい》にも、私《わたし》たちの近《ちか》くには、ポルトガルからやってきた言葉《ことば》はたくさんあります。みなさんがよく知《し》っているものでは「てんぷら」がそうです。

これは、ポルトガル語《ご》の「調理《ちょうり》」や「調味料《ちょうみりょう》」を意味《いみ》する「テンペロ」が変化《へんか》してできた言葉《ことば》だといわれています。

ほかには、甘《あま》くておいしい「こんぺいとう」も、ポルトガルからやってきました。この言葉《ことば》のもとは「コンフェイト」で、丸《まる》い形《かたち》をしたお菓子《かし》という意味《いみ》を持《も》っています。室町時代《むろまちじだい》の終《お》わりにキリスト教《きょう》の宣教師《せんきょうし》、フランシスコ・ザビエルと一緒《いっしょ》に日本《にほん》に伝《つた》えられたといわれています。そして、武将《ぶしょう》・織田信長《おだのぶなが》も宣教師《せんきょうし》のルイス・フロイスから「こんぺいとう」をもらい、たいへん喜《よろこ》んだそうです。

日本語《にほんご》だと思《おも》っていた言葉《ことば》が、遠《とお》く離《はな》れたポルトガルからやってきたものだったとは驚《おどろ》きですね！

調《しら》べてみよう

ポルトガルからきた言葉《ことば》を探《さが》せ！

じつは、紹介《しょうかい》した3つ以外《いがい》にも、ポルトガル生《う》まれの言葉《ことば》で、今《いま》でもよく私《わたし》たちが使《つか》っているものがあります。たとえば、カステラやカッパ、オルガン、タバコなどがそうです。では、ほかにはどのような言葉《ことば》があるでしょう？

ひとくちメモ　洋服《ようふく》についている「ボタン」もポルトガル生《う》まれ。「ボタオ」という言葉《ことば》からできたといわれています。ポルトガルは意外《いがい》と身近《みぢか》な国《くに》なのかもしれませんね！

金星《きんせい》は金《きん》でできている? 惑星《わくせい》の名前《なまえ》の由来《ゆらい》

12月 18日

東京学芸大学教育学部《とうきょうがくげいだいがくきょういくがくぶ》
中村和弘《なかむらかずひろ》先生《せんせい》が書《か》きました

読《よ》んだ日《ひ》 月《がつ》 日《にち》 月《がつ》 日《にち》 月《がつ》 日《にち》

肉眼《にくがん》で見《み》える5つの惑星《わくせい》

水金地火木土天海《すいきんちかもくどてんかい》。これは魔法《まほう》の呪文《じゅもん》ではありません。太陽系《たいようけい》の惑星《わくせい》の名前《なまえ》を頭文字《かしらもじ》でつなげた言葉《ことば》です。順番《じゅんばん》に、水星《すいせい》、金星《きんせい》、地《ち》球《きゅう》、火星《かせい》、木星《もくせい》、土星《どせい》、天王星《てんのうせい》、海王星《かいおうせい》のこと。太陽《たいよう》から近《ちか》い順《じゅん》に並《なら》んでいるので、覚《おぼ》えておくと便《べん》利《り》ですね。

このうち水星《すいせい》、金星《きんせい》、火星《かせい》、木《もく》星《せい》、土星《どせい》の5つは、望遠鏡《ぼうえんきょう》が発明《はつめい》されるずっと前《まえ》からその存在《そんざい》を知《し》られていました。肉眼《にくがん》でも見《み》えるからです。この5つの惑星《わくせい》に、昔《むかし》の日本人《にほんじん》が名《な》づけた名前《なまえ》を、今《いま》も私《わたし》たちは使《つか》っています。

科学《かがく》が発達《はったつ》していなかった時代《じだい》のこと、水星《すいせい》は水《みず》で、金星《きんせい》は金《きん》でできている星《ほし》と思《おも》っていたのでしょうか?

すべてのものは5つに分《わ》けられる?

昔《むかし》の中国《ちゅうごく》では、この世《よ》のすべてのものは、木《き》・火《ひ》・土《つち》・金《きん》・水《みず》の5つの元素《げんそ》からできていると考《かんが》えられていました。これを「五行《ごぎょう》説《せつ》」といいます。昔《むかし》の日本人《にほんじん》もその考《かんが》えに沿《そ》って、目《め》で見《み》える惑星《わくせい》を分《わ》けていったのかもしれません。

水星《すいせい》は地球《ちきゅう》からみるとすばしっこい惑星《わくせい》。すばやく動《うご》くことから「水《みず》」。金星《きんせい》はキラキラと明《あか》るく輝《かがや》いているから「金《きん》」。火星《かせい》は赤《あか》いので「火《ひ》」、土星《どせい》は動《うご》かないので「土《つち》」。そして余《あま》った「木《き》」を木星《もくせい》に当《あ》てはめたといわれています。

現代人《げんだいじん》からみれば金星《きんせい》が金《きん》でできていないことはわかっています。しかし最新《さいしん》の惑星探査《わくせいたんさ》の結果《けっか》、水《すい》星《せい》には水《みず》があるかもしれないそうです! 「名《な》は体《たい》を表《あらわ》す」ことになるかもしれませんね。

調《しら》べてみよう

天王星《てんのうせい》と海王星《かいおうせい》の名前《なまえ》の由来《ゆらい》

天王星《てんのうせい》、海王星《かいおうせい》は天体望遠鏡《てんたいぼうえんきょう》が発明《はつめい》されたおかげで発見《はっけん》できた惑星《わくせい》です。この2つはローマ神話《しんわ》の神様《かみさま》にちなんで名《な》づけられ、その言葉《ことば》を中国語《ちゅうごくご》に訳《やく》したものが日本《にほん》に伝《つた》えられました。もとはどんな名前《なまえ》か調《しら》べてみましょう。一緒《いっしょ》にほかの5つの惑星《わくせい》の英語名《えいごめい》も調《しら》べてみましょう。やはりどれも神様《かみさま》の名前《なまえ》です。

ひとくちメモ 現代《げんだい》の科学《かがく》ではこの世《よ》の全《すべ》てを構成《こうせい》する元素《げんそ》の数《かず》は130前後《ぜんご》(発見《はっけん》されたのは118)といわれ、その一覧《いちらん》は「元素周期表《げんそしゅうきひょう》」に整理《せいり》されています。欧米《おうべい》の惑星名《わくせいめい》の元《もと》になった神様《かみさま》の名前《なまえ》に由来《ゆらい》する元素《げんそ》もあります。

歌や古典・芸能にまつわるお話

一人《ひとり》で何役《なんやく》も演《えん》じる「落《お》ち」のあるお話《はなし》・落語《らくご》

12月 19日

筑波大学附属小学校《つくばだいがくふぞくしょうがっこう》
青木伸生《あおきのぶお》先生《せんせい》が書《か》きました

読《よ》んだ日《ひ》　月《がつ》　日《にち》｜月《がつ》　日《にち》｜月《がつ》　日《にち》

江戸時代生《えどじだいう》まれ

落語《らくご》は噺家《はなしか》が座布団《ざぶとん》の上《うえ》に座《すわ》り、一人《ひとり》で何役《なんやく》もの登場人物《とうじょうじんぶつ》を演《えん》じ分《わ》けながら話《はなし》を進《すす》めます。使《つか》われる小道具《こどうぐ》は、扇子《せんす》と手《て》ぬぐいだけ。ところが、話《はなし》の中《なか》で、この扇子《せんす》や手《て》ぬぐいがいろいろなものに変身《へんしん》して見《み》えます。不思議《ふしぎ》なものです。

扇子《せんす》は、そばやごはんを食《た》べる箸《はし》になります。たばこを吸《す》うためのキセルになることもあります。侍《さむらい》の刀《かたな》にも、文字《もじ》を書《か》くための筆《ふで》にもなります。噺家《はなしか》がストーリーに合《あ》わせて、扇子《せんす》を小道具《こどうぐ》として上手《じょうず》に使《つか》ってみせるのです。

手《て》ぬぐいは、そのまま手《て》ぬぐいとして使《つか》われることもありますが、時《とき》に財布《さいふ》になったり、手紙《てがみ》になったり、本《ほん》になったりします。

落語《らくご》から生《う》まれた言葉《ことば》

出《だ》し物《もの》の最後《さいご》に登場《とうじょう》する人《ひと》のことを「トリ」といいますが、この言葉《ことば》は、落語《らくご》から生《う》まれました。落語《らくご》の世界《せかい》では、最後《さいご》に登場《とうじょう》するベテランの噺家《はなしか》が、出演者《しゅつえんしゃ》のお金《かね》の取《と》り分《ぶん》を決《き》めるというシステムになっていました。それで、お金《かね》の「取《と》り」分《ぶん》を決《き》める人《ひと》という意味《いみ》で、寄席《よせ》の最後《さいご》を締《し》めくくる人《ひと》のことを「トリ」と呼《よ》んでいたのです。

また「せこい」も、落語《らくご》で使《つか》われていた言葉《ことば》でした。意味《いみ》は今《いま》とほとんど同《おな》じで、「粗末《そまつ》なこと、些細なこと、値段が安いこと、見所《みどころ》がないこと」といったものでした。若者言葉《わかものことば》のように思《おも》える「せこい」も、実《じつ》は昔《むかし》からある落語《らくご》の世界《せかい》の言葉《ことば》だったのです。

やってみよう

何《なに》かに見立《みた》ててみよう

落語《らくご》をしている噺家《はなしか》さんの動《うご》きを、テレビなどで見《み》たことがありますか？扇子《せんす》や手《て》ぬぐいが箸《はし》や手紙《てがみ》にと大活躍《だいかつやく》しています。このように別《べつ》のものを何《なに》かになぞらえることを「見立《みた》てる」といいます。一度真似《いちどまね》してみるとおもしろいかもしれません。

ひとくちメモ

話《はなし》の終《お》わりに「落《お》ち」「さげ」があることから、もともと「落《お》とし話《ばなし》」といわれていました。しかし、すべての話《はなし》に「落《お》ち」がつくわけではなく、人情噺《にんじょうばなし》、怪談噺《かいだんばなし》、芝居噺《しばいばなし》などには落《お》ちのないものも多《おお》くあります。

漢字にまつわるお話

東西南北《とうざいなんぼく》にも方言《ほうげん》？ 読《よ》むのがむずかしい地名《ちめい》

12月 20日

静岡県富士宮市立稲子小学校校長《しずおかけんふじのみやしりついなこしょうがっこうこうちょう》
芦川幹弘《あしかわみきひろ》先生《せんせい》が書《か》きました

読《よ》んだ日《ひ》　月《がつ》　日《にち》｜月《がつ》　日《にち》｜月《がつ》　日《にち》

「いり」と「あがり」

「西表島」と書《か》いてなんと読《よ》みますか。「西《にし》」をなんと読《よ》むかがむずかしいですね。西《にし》を「いり」と読《よ》み、「いりおもてじま」と読《よ》みます。「西表島《いりおもてじま》」は、沖縄県《おきなわけん》の島《しま》で台湾《たいわん》に近《ちか》い八重山列島《やえやまれっとう》の最大《さいだい》の島《しま》です。「西表島《いりおもてじま》」は、以前《いぜん》は、ほとんどの人《ひと》が読《よ》めませんでしたが、1965年《ねん》にイリオモテヤマネコが発見《はっけん》されて有名《ゆうめい》になりました。石《いし》垣島《がきじま》の於茂登岳《おもとだけ》が表《おもて》でその西側《にしがわ》だからこの名前《なまえ》が付《つ》いたという説《せつ》があります。

ここはニシ浜。
海の向こうに
西表島《いりおもてじま》が見えるよ～。

そうすると石垣島《いしがきじま》から東側《ひがしがわ》に「いり」の反対《はんたい》の言葉《ことば》の地名《ちめい》がありそうです。探《さが》してみると「東江」という沖縄県名護市《おきなわけんなごし》の町《まち》がありました。「東江」は「あがりえ」と読《よ》みます。

この「いり」と「あがり」は太陽《たいよう》の沈《しず》む方角《ほうがく》と昇《のぼ》る方角《ほうがく》から来《き》たようです。つまり太陽《たいよう》が昇《のぼ》る東《ひがし》が「あがり」、沈《しず》む西《にし》の方《ほう》が「いり」というわけです。

北《きた》なのに「にし」？

沖縄《おきなわ》の北《きた》と南《みなみ》の呼《よ》び方《かた》はどうでしょうか？ 調《しら》べてみると北《きた》は「にし」、南《みなみ》は「へー」といいます。八重山諸島《やえやましょとう》や与那国島《よなぐにじま》では、南《みなみ》を「はい」と読《よ》みます。日本一美《にほんいちうつく》しいとも評《ひょう》される、波《は》照間島《てるまじま》のニシ浜《はま》も波照間島《はてるまじま》の北側《きたがわ》の海《うみ》で、漢字《かんじ》では「北浜《にしはま》」。北《きた》を表《あらわ》す「にし」と西《にし》。ちょっとややこしいですね。

読《よ》んでみよう

「東風」「東雲」なんと読《よ》む？

方角《ほうがく》は生活《せいかつ》に欠《か》かせないためか、東西南北《とうざいなんぼく》それぞれにいろいろな読《よ》み方《かた》の字《じ》が生《う》まれています。「東雲」は「しののめ」、東風は「こち」、「南風」は「はえ」。読《よ》み方《かた》を知《し》らないと読《よ》めませんね（272ページ参照《さんしょう》）。「東風《こち》吹《ふ》かば匂《にお》いおこせよ梅《うめ》の花主《はなあるじ》なしとて春《はる》な忘《わす》れそ」（菅原道真《すがわらのみちざね》）の和歌《わか》は有名《ゆうめい》です。（330ページ参照《さんしょう》）。

ひとくちメモ　太陽《たいよう》に関係《かんけい》する方角《ほうがく》がつく地名《ちめい》や姓《せい》はたくさんあります。日向国《ひゅうがのくに》（今《いま》の宮崎県《みやざきけん》）の名《な》は太陽《たいよう》の方《ほう》を向《む》いているからです。日向《ひゅうが》は「東《ひがし》」を表《あらわ》します。沖縄《おきなわ》の「比嘉《ひが》さん」の比嘉《ひが》も東《ひがし》を表《あらわ》すそうです。

冬至《とうじ》にカボチャを食《た》べるわけ

12月21日

東京学芸大学教育学部《とうきょうがくげいだいがくきょういくがくぶ》
中村和弘《なかむらかずひろ》先生《せんせい》が書《か》きました

読《よ》んだ日《ひ》　月《がつ》　日《にち》｜　月《がつ》　日《にち》｜　月《がつ》　日《にち》

お殿様《とのさま》に献上《けんじょう》されたカボチャ

毎年《まいとし》、12月《がつ》21日《にち》、または22日《にち》は冬至《とうじ》です。この日《ひ》にカボチャを食《た》べると、かぜをひかないとか、運《うん》がよくなるなどといわれます。

カボチャがいつごろ日本《にほん》に伝《つた》わったのかは、いろいろな説《せつ》があります。

江戸時代《えどじだい》の終《お》わりごろに書《か》かれた本《ほん》によると、16世紀《せいき》に、豊後国《ぶんごのくに》(今《いま》の大分県《おおいたけん》)に流《なが》れ着《つ》いたポルトガル人《じん》が、カンボジアから持《も》ち込《こ》んだのがはじまりとされます。

このとき、お殿様《とのさま》の大友宗麟《おおともそうりん》に、「シャム(今《いま》のタイ王国《おうこく》)の東《ひがし》の国《くに》カンボチャのものです」と説明《せつめい》したことから、カボチャと呼《よ》ばれるようになったといわれています。カボチャという呼《よ》び名《な》は、東南《とうなん》アジアの国《くに》の名前《なまえ》がもとになったというわけですね。

冬至《とうじ》に「ん」のつくものを食《た》べる

ところで、そもそも冬至《とうじ》にカボチャを食《た》べるのは、なぜだと思《おも》いますか? この日《ひ》は、おしまいに「ん」のつく食《た》べ物《もの》を食《た》べるとよいとされているのです。

あれ? でも、カボチャには「ん」はつきませんよね。そのわけはかんたん。カボチャは、南蛮《なんばん》(東南《とうなん》アジア)のウリという意味《いみ》で、「南瓜《なんきん》」とも書《か》きます。ほら、ナンキンだと、ちゃんとおしまいに「ん」がついていますね!

調《しら》べてみよう

カボチャの生《う》まれはどこ?

カボチャの原産地《げんさんち》はメキシコとグアテマラあたりの中南米地域《ちゅうなんべいちいき》。古代《こだい》アステカや古代《こだい》インカの人々《ひとびと》は、カボチャを食《た》べていたそうです。ただし、昔《むかし》のカボチャは果肉《かにく》が薄《うす》くて苦《にが》かったので、タネだけを食《た》べていたそうですよ。

ひとくちメモ この時期《じき》に美味《おい》しい「ん」のつく食《た》べ物《もの》には、上《うえ》の南瓜《なんきん》のほかに、蓮根《れんこん》、人参《にんじん》、銀杏《ぎんなん》、金柑《きんかん》などがあります。

日本語をめぐる言葉のお話　あ

「○○です」は明治《めいじ》の発明《はつめい》 話《はな》し言葉《ことば》と書《か》き言葉《ことば》

12月22日

日本女子大学児童学科《にほんじょしだいがくじどうがっか》
笹平真之介《ささひらしんのすけ》先生《せんせい》が書《か》きました

読《よ》んだ日《ひ》　月《がつ》　日《にち》　月《がつ》　日《にち》　月《がつ》　日《にち》

文章《ぶんしょう》の「話《はな》し言葉《ことば》」は発明《はつめい》

みなさんは、話《はな》したとおりに文字《もじ》で書《か》くことができますか。そんなのかんたんだと思《おも》うかもしれません。しかし、実《じつ》は明治時代《めいじじだい》からくり返《かえ》し挑戦《ちょうせん》されてきた、とてもむずかしいことなのです。

江戸時代《えどじだい》の文章《ぶんしょう》の言葉《ことば》は、文末《ぶんまつ》が「～候《そうろう》」のようなむずかしいものでした。一般《いっぱん》の人々《ひとびと》が使《つか》う会話《かいわ》の言葉《ことば》と文章《ぶんしょう》の言葉《ことば》は別《べつ》ものだったのです。

明治時代《めいじじだい》になり、一般《いっぱん》の人々《ひとびと》が文字《もじ》を使《つか》ううえで、会話《かいわ》の言葉《ことば》に近《ちか》づけたやさしい文章《ぶんしょう》の言葉《ことば》が必要《ひつよう》でした。そこで、落語《らくご》を書《か》き写《うつ》したり、小説《しょうせつ》の登場人物《とうじょうじんぶつ》に会話《かいわ》をさせたり、いろいろな工夫《くふう》が試《ため》されました。そうして「～です」や「～である」の文末《ぶんまつ》をはじめとする、文章《ぶんしょう》の「話《はな》し言葉《ことば》」が発明《はつめい》されたのです。

一方《いっぽう》、むずかしいままの文章《ぶんしょう》の言葉《ことば》は、明治《めいじ》に入《はい》っても法律《ほうりつ》などに使《つか》われ続《つづ》けました。その後《ご》も話《はな》し言葉《ことば》に近《ちか》づける努力《どりょく》はありましたが、現在《げんざい》でも明治《めいじ》のまま残《のこ》っている法律《ほうりつ》もあります。

話《はな》し言葉《ことば》と書《か》き言葉《ことば》の使《つか》い分《わ》け

たとえば「国語《こくご》が好《す》きです」と「国語《こく ご》好《す》きやわ」という表現《ひょうげん》を比《くら》べてみると、「です」の方《ほう》がきちんとした文章《ぶんしょう》だと感《かん》じると思《おも》います。このように現在《げんざい》では、話《はな》し言《こと》葉《ば》とはくだけた表現《ひょうげん》、書《か》き言葉《ことば》は改《あらた》まった表現《ひょうげん》をいうようになっています。文章《ぶんしょう》の目的《もくてき》によって使《つか》い分《わ》けることが必要《ひつよう》です。

確《たし》かめてみよう

テレビ番組《ばんぐみ》はどっちかな？

テレビのニュースとバラエティ番組《ばんぐみ》の言葉《ことば》を聞《き》き比《くら》べてみましょう。ニュースは決《き》まった原稿《げんこう》を読《よ》むのが基本《きほん》なので書《か》き言葉《ことば》の表現《ひょうげん》が多《おお》く、バラエティは話《はな》し言葉《ことば》の表現《ひょうげん》が多《おお》いと考《かんが》えられます。

ひとくちメモ　明治時代《めいじじだい》、会話《かいわ》の言葉《ことば》に近《ちか》づけた文章《ぶんしょう》の言葉《ことば》をつくろうとしたことを、言文一致運動《げんぶんいっちうんどう》と呼《よ》びます。ですが、会話《かいわ》は音《おと》なので、文章《ぶんしょう》に全《すべ》て表《あらわ》すことはできず、完全《かんぜん》に一致《いっち》することはありません。

漢字にまつわるお話

魚《さかな》の漢字《かんじ》、鳥《とり》の漢字《かんじ》、木《き》の漢字《かんじ》

12月 23日

日本国語教育学会理事《にほんこくごきょういくがっかいりじ》
岸本修二《きしもとしゅうじ》先生《せんせい》が書《か》きました

読《よ》んだ日《ひ》　月《がつ》　日《にち》｜月《がつ》　日《にち》｜月《がつ》　日《にち》

日本人《にほんじん》はいろいろな魚《さかな》を食《た》べる

魚《さかな》を表《あらわ》す中国《ちゅうごく》の漢字《かんじ》には鮑《あわび》、鯉《こい》、鯛《たい》、鯨《くじら》、鮫《さめ》などがあります。中華《ちゅうか》料理《りょうり》によく登場《とうじょう》する漢字《かんじ》です。しかし日本《にほん》の近海《きんかい》は、黒潮《くろしお》や親潮《おやしお》が流《なが》れる豊《ゆた》かな漁場《ぎょじょう》。また、湖《みずうみ》や川《かわ》で魚《さかな》をとって暮《く》らす人々《ひとびと》もいます。日本《にほん》でとれる魚《さかな》の名前《なまえ》を表《あらわ》そうとしたときに、中国《ちゅうごく》の魚《さかな》の漢字《かんじ》では足《た》りませんでした。そこで、日本《にほん》人《じん》はさまざまな魚《さかな》の漢字《かんじ》（国字《こくじ》）をつくり出《だ》しました。

漢和辞典《かんわじてん》の魚《さかな》の部《ぶ》を引《ひ》くと、鰯《いわな》、鯱《しゃち》、鰍《どじょう》、鮖《はや》、鰯《いわし》、鰰《はたはた》・鱩《はたはた》、鱈《たら》、鱚《きす》などがありますが、これらはすべて日本人《にほんじん》がつくった国字《こくじ》です。クジラをも襲《おそ》う海《うみ》の乱暴《らんぼう》なシャチを「魚《さかな》＋虎《とら》」、いつも群《む》れで泳《およ》ぐ細長《ほそなが》く弱々《よわよわ》しい魚《さかな》のイワシを「魚《さかな》＋弱《じゃく》」としました。魚《さかな》の特徴《とくちょう》をよくとらえた漢字《かんじ》ですね。

日本語《にほんご》としての鳥《とり》や木《き》の名前《なまえ》

鳥《とり》にも国字《こくじ》があります。鳰《かいつぶり》、鴫《しぎ》、鵤《いかる》、鶫《つぐみ》などです。木《き》にもあります。たとえば、枠《わく》、枡《ます》、栂《つが》、栃《とち》、榊《さかき》、樫《かし》などです。

昔《むかし》の人《ひと》は、生活《せいかつ》の中《なか》で必要《ひつよう》に応《おう》じて、さまざまな国字《こくじ》をつくってきたのです（113ページ参照《さんしょう》）。

調《しら》べてみよう

木・魚＋春夏秋冬＝？

木《き》へんや魚《うお》へんに春夏秋冬《しゅんかしゅうとう》がつくと何《なに》になる？　漢和辞典《かんわじてん》で調《しら》べてみましょう。
（答《こた》えは下《した》のひとくちメモへ）

木《き》+春《はる》　木《き》+夏《なつ》
木《き》+秋《あき》　木《き》+冬《ふゆ》
魚《さかな》+春《はる》　魚《さかな》+夏《なつ》
魚《さかな》+秋《あき》　魚《さかな》+冬《ふゆ》

ひとくちメモ
木《き》+春《はる》＝椿《つばき》　木《き》+夏《なつ》＝榎《えのき》　木《き》+秋《あき》＝楸《ひさぎ》　木《き》+冬《ふゆ》＝柊《ひいらぎ》　魚《さかな》+春《はる》＝鰆《さわら》　残念《ざんねん》ながら魚《さかな》＋夏《なつ》の漢字《かんじ》はありません。
魚《さかな》+秋《あき》＝鰍《いなだ》　魚《さかな》+冬《ふゆ》＝鮗《このしろ》

季節やたのしい行事のお話

クリスマスイブの「イブ」は「夕方《ゆうがた》」のことだった！

12月 24日

お茶《ちゃ》の水女子大学附属小学校《みずじょしだいがくふぞくしょうがっこう》
廣瀬修也《ひろせしゅうや》先生《せんせい》が書《か》きました

読《よ》んだ日《ひ》　月《がつ》　日《にち》｜月《がつ》　日《にち》｜月《がつ》　日《にち》

「前日《ぜんじつ》」という意味《いみ》ではない？

クリスマスは、イエス・キリストの生誕《せいたん》を祝《いわ》う日《ひ》です。現在《げんざい》では、12月《がつ》25日《にち》がクリスマスとされています。その前日《ぜんじつ》にあたる12月《がつ》24日《か》を「クリスマスイブ」と呼《よ》んでいます。「イブ」とは「前日《ぜんじつ》」という意味《いみ》なのでしょうか？　いいえ、実《じつ》はちがいます。「イブ」というのは「前日《ぜんじつ》」の意味《いみ》ではありません。

その昔《むかし》、西洋《せいよう》では、日没《にちぼつ》から1日《にち》が始《はじ》まることになっていました。

そのため、24日《か》の夕方《ゆうがた》にはもうクリスマスになっていると考《かんが》えられていました。つまり、「イブ」とは「夕方《ゆうがた》」＝イブニングを意味《いみ》しているのです。「クリスマスイブ」はもともと「クリスマスの夕方《ゆうがた》」ということだったんですね。

飾《かざ》りつけは1月《がつ》6日《か》まで

ヨーロッパではクリスマスイブの日《ひ》は、休日《きゅうじつ》であるか早《はや》めに仕事《しごと》を終《お》えて帰宅《きたく》し、家族《かぞく》と一緒《いっしょ》に過《す》ごします。また、12月《がつ》25日《にち》の夜《よる》から1月《がつ》6日《か》の夜《よる》までを「十二夜《じゅうにや》」と呼《よ》び、この期間《きかん》はクリスマスの飾《かざ》りつけをしておくことが多《おお》いそうです。

調《しら》べてみよう

世界《せかい》のクリスマス

クリスマスをお祝《いわ》いする時《とき》に、英語《えいご》で「メリークリスマス」と言《い》うのがおなじみのあいさつですね。国《くに》によってクリスマスをお祝《いわ》いする言葉《ことば》はさまざま。たとえば、フランス語《ご》では「ジョワユーノエル」、イタリア語《ご》では「ブオンナターレ」と言《い》うそうです。他《ほか》の国《くに》では何《なん》と言《い》うでしょうか。

ひとくちメモ　クリスマスを「Xmas」と表《あらわ》すことがあります。これは、英語《えいご》とギリシャ語《ご》をまぜたもの。「Christ」の部分《ぶぶん》をギリシア語《ご》で「ΧΡΙΣΤΟΣ」と書《か》きます。その頭文字《かしらもじ》の「Χ」に祝祭《しゅくさい》という意味《いみ》の「mas」をつけたのです。

日本語をめぐる言葉のお話　あ

「ありがとう」はめったにないことから生《う》まれた

12月 25日

明星大学教育学部《めいせいだいがくきょういくがくぶ》
邑上裕子《むらかみゆうこ》先生《せんせい》が書《か》きました

読《よ》んだ日《ひ》　月《がつ》　日《にち》｜月《がつ》　日《にち》｜月《がつ》　日《にち》

ありがとうの由来《ゆらい》

多《おお》くの人《ひと》が使《つか》う感謝《かんしゃ》の言葉《ことば》に「ありがとう」があります。みなさんも小《ちい》さいときからよく使《つか》っていることでしょう。この言葉《ことば》の元《もと》は「有難《ありがた》い」という言葉《ことば》だといわれています。

「有難《ありがた》い」とは「あるのが難《むずか》しい」「めったにない」という意味《いみ》です。「めったにないことをしていただいてうれしい」という気持《きも》ちが「ありがとう」に変化《へんか》したのかもしれません。

一番好《いちばんす》きな日本語《にほんご》

詩人《しじん》のサトウハチローさんは、詩集《ししゅう》「ありがとう」の中《なか》で、「ボクは、どの国《くに》のサンキューよりも、日本《にほん》のありがとうが好《す》きなのだ」と言《い》っています。

大人《おとな》になると、感謝《かんしゃ》の言葉《ことば》が増《ふ》えていきます。「おかげさまで」とか「お礼《れい》を申《もう》し上《あ》げます」など、改《あらた》まった言葉《ことば》を使《つか》う時《とき》も多《おお》いのです。でも、相手《あいて》に向《む》かって、お辞儀《じぎ》をしながら、「ありがとう」という日本語《にほんご》は、温《あたた》かい響《ひび》きがあります。日本《にほん》に来《く》る多《おお》くの外国《がいこく》の人《ひと》も「ありがとう」を心《こころ》に残《のこ》る言葉《ことば》としてあげています。

みなさんも、「ありがとう」を言葉《ことば》に出《だ》して気持《きも》ちを伝《つた》えましょう。

声《こえ》に出《だ》してみよう

ありがとうはアリが十匹《じっぴき》？

「アリが十《とう》ならイモムシ二十《はたち》　蛇《へび》は二十五《にじゅうご》で嫁《よめ》に行《い》く」という言葉遊《ことばあそ》びがあります。日本人《にほんじん》は、しゃれが好《す》きです。「ありがとう」と言《い》われて、ちょっと照《て》れて「いやあ、アリが十歳《じっさい》なら、少《すこ》し大《おお》きいイモムシは二十歳《はたち》だ。蛇《へび》に至《いた》っては二十五歳《にじゅうごさい》になったらお嫁《よめ》に行《い》くよ」と楽《たの》しく、かわしたのではないでしょうか。

ひとくちメモ　大人《おとな》は「ありがとう」によく似《に》た場面《ばめん》で「すみません」を使《つか》います。「ありがとう」は自分《じぶん》が直接《ちょくせつ》よいことを受《う》けたときに使《つか》われ、「すみません」は相手《あいて》にかけさせた負担《ふたん》を申《もう》し訳《わけ》ないと思《おも》う気持《きも》ちが強《つよ》くなります。

漢字にまつわるお話

回復《かいふく》と快復《かいふく》は何《なに》がちがう?

12月 26日

東京学芸大学教育学部《とうきょうがくげいだいがくきょういくがくぶ》
中村和弘《なかむらかずひろ》先生《せんせい》が書《か》きました

読《よ》んだ日《ひ》　月《がつ》　日《にち》　月《がつ》　日《にち》　月《がつ》　日《にち》

かいふくには2つの漢字《かんじ》がある

「かいふく」という言葉《ことば》を聞《き》いたことがありますか? この言葉《ことば》を漢字《かんじ》にすると、「回復《かいふく》」と「快《かい》復《ふく》」の2種類《しゅるい》があります。

テレビでニュースを見《み》ているときに、アナウンサーが「明日《あす》のお天気《てんき》はかいふくに向《む》かっています」とか、「日本《にほん》の景気《けいき》はかいふくのきざしです」などということがあると思《おも》います。このときの「かいふく」は「回復《かいふく》」と書《か》きます。ほかにも「電車《でんしゃ》のダイヤが回復《かいふく》する」「信頼《しんらい》を回復《かいふく》する」「疲《つか》れが回《かい》復《ふく》する」「名誉《めいよ》を回復《かいふく》する」のように使《つか》います。

つまり、よくない状態《じょうたい》にあったものがもとどおりになるときや、一度《いちど》失《うしな》ったものを取《と》り戻《もど》すときに「回復《かいふく》」という漢字《かんじ》が使《つか》われているのです。

快復《かいふく》はいつ使《つか》う?

こうやって見《み》ていくと、ほとんどが「回復《かいふく》」という漢字《かんじ》を使《つか》えばよいように思《おも》うかもしれません。では、「快復《かいふく》」はどのようなときに使《つか》うのでしょう? 「快復《かいふく》」は人《ひと》の病気《びょうき》やけががすっかり治《なお》ったときだけに使《つか》うことができる漢字《かんじ》です。

すっかり元気《げんき》になったときには、「病気《びょうき》が快復《かいふく》した」と書《か》きます。昔《むかし》は「快復《かいふく》」を「恢復《かいふく》」と書《か》くことがあり、辞書《じしょ》にも「恢《かい》」の字《じ》は載《の》っていますが、今《いま》ではあまり使《つか》われていません。

また、病気《びょうき》やけががよくなっていくことを「快方《かいほう》に向《む》かう」といいます。さらに、病気《びょうき》やけががすっかり治《なお》ったことを「全快《ぜんかい》」ともいいます。このように「快《かい》」という漢字《かんじ》には、病気《びょうき》が治《なお》るという意《い》味《み》があるのです。みなさん、まちがえずに使《つか》えますか?

調《しら》べてみよう

お見舞《みま》いのお返《かえ》しはなんていう?

病気《びょうき》やけがで入院《にゅういん》をしたときに、お見舞《みま》いをもらうことがあります。そのお礼《れい》として元気《げんき》になったときに、お返《かえ》しの贈《おく》り物《もの》をすることがあります。さて、このときのお返《かえ》しをなんというでしょうか? ヒントは「快《かい》」の字《じ》がつきます。

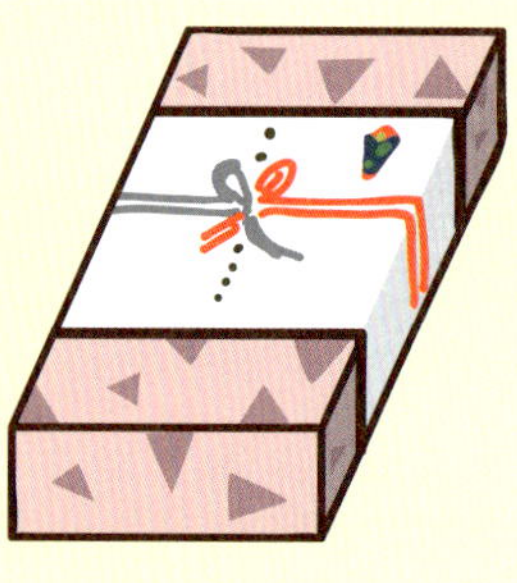

ひとくちメモ 「調《しら》べてみよう」の答《こた》えは、「快気祝《かいきいわ》い」です。お返《かえ》しの品《しな》にはのしをつけ、そこに「快気祝《かいきいわ》い」と書《か》きます。デパートなどで、贈《おく》り物《もの》にどのようなのしがついているかを見《み》てみましょう。

決まり文句・名文句にまつわるお話
おにに かなぼう

体《からだ》のなかでも一番大事《いちばんだいじ》 お腹《なか》をつかう言葉《ことば》のお話《はなし》

12月 27日

日本国語教育学会理事《にほんこくごきょういくがっかいりじ》
新垣公子《あらかきともこ》先生《せんせい》が書《か》きました

読《よ》んだ日《ひ》　月《がつ》　日《にち》｜　月《がつ》　日《にち》｜　月《がつ》　日《にち》

背《せ》を犠牲《ぎせい》にしても

お腹《なか》には、大事《だいじ》な内臓《ないぞう》がたくさんあります。体《からだ》のなかで最《もっと》も大切《たいせつ》なところといっていいでしょう。そのお腹《なか》を守《まも》るためなら、背中《せなか》を犠牲《ぎせい》にしても仕方《しかた》がない、という意味《いみ》で「背《せ》に腹《はら》はかえられぬ」ということわざがあります。大切《たいせつ》なことのためには他《ほか》のことを犠牲《ぎせい》にするのも仕方《しかた》がないというときに使《つか》います。みなさんにも、そんな経験《けいけん》がありますか？

江戸時代《えどじだい》のかるたでは「せ」の札《ふだ》に使《つか》われているほど、よく知《し》られたことわざでした。江戸時代《えどじだい》の人々《ひとびと》も、そんな苦《にが》い思《おも》いが身《み》にしみていたのかもしれません。

腹八分目《はらはちぶんめ》

「お腹《なか》」は健康《けんこう》でいるためにも気《き》をつけたいところ。「腹《はら》」を使《つか》ったことわざで「腹八分目《はらはちぶんめ》に医者《いしゃ》いらず」というのがあります。腹八《はらはち》分目《ぶんめ》というのは、満《まん》腹状態《ぷくじょうたい》を十《じゅう》としたとき八《はち》くらいの割合《わりあい》という意味《いみ》です。

ご飯《はん》をお腹《なか》いっぱい食《た》べないでちょうどよいところで止《や》めておくと、病気《びょうき》になって医者《いしゃ》の所《ところ》に行《い》くことはないという戒《いまし》めのことわざです。元気《げんき》で健康《けんこう》に生《い》きていくための心《こころ》がけでもあります。

また、昔《むかし》の人《ひと》は、人《ひと》の心《こころ》は腹《はら》にある、と考《かんが》えていました。そのため、「腹黒《はらぐろ》い」「腹《はら》に一物《いちもつ》」という表現《ひょうげん》もあります。

また、「腹《はら》が立《た》つ」など、人《ひと》の気持《きも》ちや感情《かんじょう》を表《あらわ》すときに「腹《はら》」という言葉《ことば》を使《つか》った言《い》い回《まわ》しがたくさんあります。

使《つか》ってみよう

会話《かいわ》にまぜてみよう

覚《おぼ》えたことわざはさっそくおうちの人《ひと》との会話《かいわ》で使《つか》いましょう。

例文《れいぶん》）
食《た》べ放題《ほうだい》でもそんなに食《た》べたら体《からだ》に悪《わる》いよ。腹八分目《はらはちぶんめ》に医者《いしゃ》いらずというでしょう。

ひとくちメモ　健康《けんこう》についてのことわざや慣用句《かんようく》はたくさんあります。「良薬《りょうやく》は口《くち》に苦《にが》し」「寝《ね》る子《こ》は育《そだ》つ」「病《やまい》は口《くち》より入《い》り禍《わざわい》は口《くち》より出《い》ず」などなど。他《ほか》にも探《さが》してみましょう。

人工知能《じんこうちのう》は国語《こくご》が苦手《にがて》?

東京学芸大学教育学部《とうきょうがくげいだいがくきょういくがくぶ》
中村和弘《なかむらかずひろ》先生《せんせい》が書《か》きました

読《よ》んだ日《ひ》　月《がつ》　日《にち》　月《がつ》　日《にち》　月《がつ》　日《にち》

ロボットは東大《とうだい》に入《はい》れるか

人工知能《じんこうちのう》はどんどん賢《かしこ》くなっています。1秒間《びょうかん》に1億回以上計算《おくかいいじょうけいさん》できたり、将棋《しょうぎ》のプロに勝《か》ったりとその進歩《しんぽ》はすさまじく、2045年《ねん》にはその能力《のうりょく》は人間《にんげん》を超《こ》える、と予測《よそく》する人《ひと》もいるほどです。

そんな人工知能研究《じんこうちのうけんきゅう》のなかで、ロボットに東京大学《とうきょうだいがく》を受験《じゅけん》させて合格《ごうかく》させよう、というプロジェクトがありました。「東《とう》ロボくん」と名《な》付《づ》けられた人工知能《じんこうちのう》が、2021年《ねん》に東《とう》大《だい》に合格《ごうかく》するのが目《もく》標《ひょう》です。人工知能《じんこうちのう》はコンピュータがついているわけですから、かんたんに合格《ごうかく》できそうですよね。教科《きょうか》書《しょ》なんて、すべての会社《かいしゃ》のものを暗記《あんき》することができるのですから。

しかし、東《とう》ロボくんの学力《がくりょく》では、とても合格《ごうかく》できそうにありませんでした。2016年《ねん》11月《がつ》に、東大《とうだい》合格《ごうかく》をあきらめています。

漢字《かんじ》が満点《まんてん》なのに

特《とく》に苦手《にがて》としている科目《かもく》は国語《こくご》です。丸暗記《まるあんき》が得意《とくい》なだけあって、漢字《かんじ》の問題《もんだい》は全問正解《ぜんもんせいかい》できます。それでも全国平均点《ぜんこくへいきんてん》にいくのがやっと、という成績《せいせき》です。

東《とう》ロボくんは、物語《ものがたり》の登場人物《とうじょうじんぶつ》の気《き》持《も》ちを考《かんが》えることができませんでした。また常識《じょうしき》というものも理解《りかい》できません。常識《じょうしき》は社会生活《しゃかいせいかつ》を経験《けいけん》してはじめて身《み》につくものだからです。これでは国語《こくご》のテストではいい点《てん》をとれないのです。

本《ほん》を読《よ》んでおもしろいと思《おも》ったり、感動《かんどう》したりする能力《のうりょく》というのは、人間《にんげん》ならではの特別《とくべつ》な知性《ちせい》ということがわかりますね。

考《かんが》えてみよう

民主主義《みんしゅしゅぎ》の良《よ》さってなんだ?

クラスで話《はな》し合《あ》って何《なに》かを決《き》めたりしますよね。このように、みんなのことをみんなで話《はな》し合《あ》って決《き》めていく政治《せいじ》の形《かたち》を民主主義《みんしゅしゅぎ》といいます。世界中《せかいじゅう》で多《おお》くの国《くに》は民主主義《みんしゅしゅぎ》を採用《さいよう》しています（日本《にほん》もそうです）。でも東《とう》ロボくんは民主主義《みんしゅしゅぎ》が大切《たいせつ》かどうかがわからないそうです。なぜなのか考《かんが》えてみましょう。

ひとくちメモ
東《とう》ロボくんとは、国立情報学研究所《こくりつじょうほうがくけんきゅうじょ》が中心《ちゅうしん》となって2011年《ねん》に開発《かいはつ》された人工知能《じんこうちのう》です。コンピュータの中《なか》で動《うご》くソフトウェアなので、上《うえ》のイラストのように形《かたち》があるわけではありません。

歌や古典・芸能にまつわるお話

冬《ふゆ》らしい俳句《はいく》を味《あじ》わおう②
～負《ま》けない心《こころ》と家族愛《かぞくあい》～

12月 29日

佐賀県佐賀市立本庄小学校校長《さがけんさがしりつほんじょうしょうがっこうこうちょう》
権藤順子《ごんどうじゅんこ》先生《せんせい》が書《か》きました

読《よ》んだ日《ひ》　月《がつ》　日《にち》　月《がつ》　日《にち》　月《がつ》　日《にち》

負《ま》けない心《こころ》を感《かん》じる句《く》

「あせるまじ冬木《ふゆき》を切《き》れば芯《しん》の紅《べに》」
香西照雄《かさいてるお》

毎日続《まいにちつづ》く寒《さむ》さと闘《たたか》いながらひたすら春《はる》を待《ま》つ冬《ふゆ》。気温《きおん》だけでなく、心《こころ》も負《ま》けそうになる寒《さむ》さの時《とき》はありませんか。葉《は》を落《お》としていても、冬《ふゆ》の木《き》の芯《しん》は紅色《べにいろ》で、「きっと春《はる》が来《く》るよ」「必《かなら》ず大丈夫《だいじょうぶ》」と信《しん》じる力《ちから》やあきらめないエネルギーを表《あらわ》しているのかもしれませんね。励《はげ》まされ、大《おお》きな力《ちから》をもらえる句《く》です。

「冬《ふゆ》の水一枝《みずいっし》の影《かげ》もあざむかず」
中村草田男《なかむらくさたお》

人《ひと》にも自分自身《じぶんじしん》にも正直《しょうじき》である生《い》き方《かた》はむずかしいですが、この句《く》は、周囲《しゅうい》の本当《ほんとう》の姿《すがた》が映《うつ》し出《だ》される清《きよ》らかな冬《ふゆ》の水《みず》のように、自分《じぶん》も誰《だれ》をもあざむかない心《こころ》でいたい、とうたっています。

家族愛《かぞくあい》を感《かん》じる句《く》

「除夜《じょや》の妻白鳥《つまはくちょう》のごと湯浴《ゆあ》みをり」
森澄雄《もりすみお》

十二月三十一日《じゅうにがつさんじゅういちにち》の夜遅《よるおそ》い時間《じかん》でしょう。一年《いちねん》の締《し》めくくりで、掃除《そうじ》や新年《しんねん》の用意《ようい》などさまざまな家事《かじ》から解《と》かれ、ようやく一息《ひといき》ついたところ。疲《つか》れた妻《つま》を思《おも》いやり、優美《ゆうび》な姿《すがた》の白鳥《はくちょう》にたとえているところに深《ふか》い愛情《あいじょう》があふれています。

「咳《せき》の子《こ》のなぞなぞあそびきりもなや」
中村汀女《なかむらていじょ》

みなさんも風邪《かぜ》をひいて家族《かぞく》に看病《かんびょう》してもらったことがあるでしょう。なおりかけでまだ普段《ふだん》のように過《す》ごすことができないとき、何回《なんかい》も何回《なんかい》もせがんで、なぞなぞ遊《あそ》びをしている母子《ははこ》の様子《ようす》が見《み》えるようですね。

味《あじ》わってみよう

「白《しろ》き息《いき》」

「白《しろ》き息《いき》」は冬《ふゆ》の寒《さむ》さを表《あらわ》す季語《きご》です。気温《きおん》が低《ひく》いと吐《は》く息《いき》が白《しろ》く見《み》えますね。
「白息《しろいき》を手《て》にかけて今日《きょう》はじまりぬ」
石田波郷《いしだはきょう》
一日《いちにち》の力強《ちからづよ》いスタートが感《かん》じられる句《く》です。マイナスをプラスにとらえる心《こころ》がもらえそうですね。

ひとくちメモ
返《かえ》り花《ばな》（帰《かえ》り花《ばな》）は、初冬《しょとう》の季語《きご》です。冬《ふゆ》なのに、春先《はるさき》のような暖《あたた》かい日《ひ》が続《つづ》いたときに咲《さ》いた季節外《きせつはず》れの花《はな》のこと。早《はや》く咲《さ》いてニュースになる桜《さくら》のような花《はな》です。「凩《こがらし》に匂《にお》ひやつけし帰《かえ》り花《ばな》」（松尾芭蕉《まつおばしょう》）

日本語をめぐる言葉のお話 あ

どっちがどっち？「きつね」と「たぬき」

12月 30日

東京都葛飾区立清和小学校校長《とうきょうとかつしかくりつせいわしょうがっこうこうちょう》
朴木一史《ほおのきかずし》先生《せんせい》が書《か》きました

読《よ》んだ日《ひ》　月《がつ》　日《にち》｜月《がつ》　日《にち》｜月《がつ》　日《にち》

「たぬき」に入《はい》っているものは？

「なんやこれ？　どこが『たぬき』やねん！」

大阪《おおさか》の友達《ともだち》のけいぞうくんが、すっとんきょうな声《こえ》でさけびました。

「たぬき」が大好《だいす》きなけいぞうくんは、東京《とうきょう》に住《す》むひさじくんの家《いえ》に遊《あそ》びに来《き》て、お昼《ひる》ご飯《はん》にそば屋《や》に連《つ》れて行《い》ってもらい、「たぬき」を注文《ちゅうもん》したのです。

「なんで、天《てん》かす（あげ玉《だま》）しか入《はい》ってへんねん？　あげさん（油《あぶら》あげ）どこいってしもてん？　店《みせ》のおっちゃんまちがえたんとちゃう？」

けいぞうくんは怒《おこ》っているようです。ひさじくんは、けいぞうくんがどうして怒《おこ》っているのかわかりません。

実《じつ》は、東京《とうきょう》と大阪《おおさか》では、そば屋《や》での「きつね」と「たぬき」の姿《すがた》がちがうのです。

「たぬきそば」に注意《ちゅうい》せよ

東京《とうきょう》では、油《あぶら》あげが入《はい》っている、そば・うどんを「きつねそば」「きつねうどん」といいます。

一方《いっぽう》、大阪《おおさか》では、油《あぶら》あげののったうどんを「きつね」、油《あぶら》あげののったそばを「たぬき」といいます。つまり「きつね」といえば、油《あぶら》あげの入《はい》ったうどんのことだけなのです。「たぬき」にも油《あぶら》あげがのっていますが、そばの場合《ばあい》を「たぬき」と呼《よ》ぶのです。ややこしいですね！

ですから、けいぞうくんは、「たぬき（そば）」に油《あぶら》あげが入《はい》っていないことに驚《おどろ》いたのですね。

このように、食《た》べ物《もの》の名前《なまえ》には、地方《ちほう》によって、同《おな》じ名前《なまえ》でも指《さ》しているものがちがうことがあります。

探《さが》してみよう

地域《ちいき》がちがえば……

同《おな》じ名前《なまえ》でもちがう食《た》べ物《もの》を指《さ》すものはほかにもあります。探《さが》してみましょう。たとえば九州《きゅうしゅう》では、「とうがらし」のことを「こしょう」と呼《よ》びます。餃子《ぎょうざ》や鍋《なべ》に入《い》れる「ゆずこしょう」などが有名《ゆうめい》ですが、これは東京《とうきょう》などでいう「コショウ」ではなく、とうがらしが入《はい》っているのです。

ひとくちメモ　京都《きょうと》では、短冊《たんざく》のように油《あぶら》あげをきざんだものを入《い》れた細《ほそ》めんのうどんを「きつねうどん」と呼《よ》び、「きつねうどん」に葛《くず》のあんかけを入《い》れたものを「たぬき」と呼《よ》びます。さらにややこしいですね。

大晦日《おおみそか》はドラマチック

12月 31日

静岡県富士宮市立稲子小学校校長《しずおかけんふじのみやしりついなこしょうがっこうこうちょう》
芦川幹弘《あしかわみきひろ》先生《せんせい》が書《か》きました

読《よ》んだ日《ひ》　月《がつ》　日《にち》｜月《がつ》　日《にち》｜月《がつ》　日《にち》

大晦日《おおみそか》ならでは

大晦日《おおみそか》というと何《なに》を思《おも》い浮《う》かべますか。紅白歌合戦《こうはくうたがっせん》を観《み》る、テレビと一緒《いっしょ》にカウントダウンをする、除夜《じょや》の鐘《かね》を打《う》ったり、年越《としこ》しそばを食《た》べたり、今《いま》でも大晦日《おおみそか》の行事《ぎょうじ》はいろいろありますね。秋田《あきた》の「なまはげ」のような神《かみ》の使《つか》いが現《あらわ》れる地域《ちいき》もあります。

大晦日《おおみそか》は、旧暦《きゅうれき》では12月《がつ》30日《にち》、今《いま》は一年《いちねん》の終《お》わりの12月《がつ》31日《にち》を指《さ》します。「晦日《みそか》」とは月末《げつまつ》のこと。一年最後《いちねんさいご》の月末《げつまつ》なので「大晦日《おおみそか》」と呼《よ》ぶのです。

年《とし》の最後《さいご》だから起《お》こるお話《はなし》

大晦日《おおみそか》は、年《とし》の終《お》わりの日《ひ》。暮《く》らしや気持《きも》ちに区切《くぎ》りをつけようとする人《ひと》が多《おお》い日《ひ》でした。年《とし》が明《あ》ける前《まえ》に正直《しょうじき》に話《はなし》をして新《あら》たな気《き》持《も》ちで新年《しんねん》を迎《むか》えたい。大晦日《おおみそか》を過《す》ぎれば借金《しゃっきん》をしばらく返《かえ》さなくてもよいので逃《に》げ切《き》りたい。そんなドラマもあった一日《いちにち》です。

おかげで大晦日《おおみそか》はよく落語《らくご》の素《そ》材《ざい》になりました。「掛取万歳《かけとりばんざい》」では借金取《しゃっきんと》りを性格《せいかく》に合《あ》わせた方法《ほうほう》で撃退《げきたい》しようとする主人公《しゅじんこう》のやりとりを、「尻《しり》もち」では貧乏《びんぼう》な夫《ふ》婦《ふ》が女房《にょうぼう》の尻《しり》をたたいてもちつきの音《おと》を近所《きんじょ》に響《ひび》かせる様子《ようす》をおもしろおかしく語《かた》るお話《はなし》です。泣《な》けるお話《はなし》もあります。旦那《だんな》が働《はたら》き者《もの》になることを願《ねが》って、拾《ひろ》ったお金《かね》を隠《かく》していたことを大晦日《おおみそか》に話《はな》し、夫婦《ふうふ》手《て》を取《と》り合《あ》う「芝浜《しばはま》」は有名《ゆうめい》な人情話《にんじょうばなし》です。大晦日《おおみそか》はドラマチックな一日《いちにち》でもあったのですね。

行《い》ってみよう

落語《らくご》を聞《き》いてみよう

お正月休《しょうがつやす》みに、テレビや寄席《よせ》（落語《らくご》や講談《こうだん》などを演《えん》じる場所《ばしょ》）で、落語《らくご》を聞《き》いてみてはいかがでしょう？　落語《らくご》は昔《むかし》からある「お笑《わら》い」の一《ひと》つです。小学生《しょうがくせい》が聞《き》いてもおもしろい話《はなし》はたくさんあります。

ひとくちメモ

年越《としこ》しそばは、江戸時代《えどじだい》の商家《しょうか》で、繁盛《はんじょう》を願《ねが》って月《つき》の最後《さいご》にそばを食《た》べた習慣《しゅうかん》が広《ひろ》がったものです。鎌倉時《かまくらじ》代《だい》にそばもちを配《くば》ったら運《うん》が向《む》いてきたから、そばの長《なが》さが長寿《ちょうじゅ》につながるから、などの諸説《しょせつ》もあります。

本書の制作にご協力いただいた皆様へ、
深く感謝し、御礼申し上げます。

【おもな参考文献】

※『書名』(著者・監修者・編者・号数等/出版社等) ※順不同、敬称略。

『世界言語文化図鑑』(バーナード・コムリー スティーブン・マシューズ マリアポリンスキー/東洋書林)
『世界言語百科』(ピーター・K・オースティン/柊風舎)
『世界の言語入門』(黒田龍之助/講談社)
『もっとにぎやかな外国語の世界』(黒田龍之助/白水社)
『危機言語』(ニコラス・エヴァンズ/京都大学学術出版会)
『基礎から学ぶ"森と木と人の暮らし"』(鈴木京子他2名/農山漁村文化協会)
『樹木の伝説』(泰寛博/新紀元社)
『日本の苗字おもしろ百科事典』(丹羽基二/芙蓉書房出版)
『難読珍読 苗字の地図帳』(丹羽基二/講談社)
『日本の苗字おもしろ事典』(丹羽基二/明治書院)
『大辞林』(松村明/三省堂)
『新明解四字熟語辞典』(三省堂)
『Obnsha's COMPREHENSIVE English-Japanese Dictionary』
『雨のことば辞典』(倉嶋厚/講談社)
『世界の文字の図典』(世界の文字研究会/株式会社吉川弘文館)
『世界の文字の歴史文化図鑑』(アンヌ・マリー・クリスタン/柊風舎)
『文字の歴史』(スティーブン・ロジャー・フィッシャー/研究社)
『世界の文字とことば』(町田和彦/河出書房新社)
『ヒエログリフ入門』(吉成薫/弥呂久)
『象形文字入門』(加藤一朗/講談社)
『まんがで学ぶ四字熟語』(山口理 やまねあつし/国土社)
『世界のあいさつことば学』(稲葉茂勝/今人舎)
『新しい特別活動指導論』(高旗正人 倉田侃司/ミネルヴァ書房)
『外国語になった日本語の辞典』(加藤秀俊 熊倉功夫/岩波書店)
『すぐに使える! はじめての敬語』(唐沢明/汐文社)
『日本の古典を読む⑳おくのほそ道 芭蕉・蕪村・一茶名句集』(井本農一他4名/小学館)
『芭蕉百名言』(山下一海/角川学芸出版)
『世界の伝記43 松尾芭蕉』(福田清人/ぎょうせい)
『社会人のための国語百科』(内田保男 石塚秀雄/大修館書店)
『漢字と日本人』(高島俊男/文藝春秋)
『椋鳩十の生涯「風のごとく」』(生駒忠一郎/ KTC中央出版)
『父 椋鳩十物語』(久保田喬彦/理論社)
『スピーチの仕方』(抜山映子/ぎょうせい)
『敬語と言葉づかい』(直井みずほ/学研パブリッシング)
『日本童謡集』(岩波文庫)
『日本の唱歌 上巻・中巻』(金田一春彦 安西愛子/講談社)
『「蛍の光」と稲垣千頴』(中西光雄/ぎょうせい)
『子供の科学★サイエンスブックス まるごと観察 富士山』(鎌田浩毅/誠文堂新光社)
『漱石・明治 日本の青春』(半藤一利/新講社)
『漱石の秘密』(林順治/論創社)
『夏目漱石』(福田清人・網野義紘/清水書院)
『漱石のことば』(姜尚中/集英社)
『敬語表現』(蒲谷宏/大修館書店)
『ほんとうの敬語』(萩野貞樹/ PHP研究所)
『敬語のレッスン』(梅津正樹/創元社)
『ちゃんと話すための敬語の本』(橋本治/筑摩書房)
『果物の新常識』(田中敬一 原田都夫 間苧谷徹/誠文堂新光社)
『雑草キャラクター図鑑』(稲垣栄洋/誠文堂新光社)
『解体新書と新しい医学 杉田玄白』(西本鶏介/ミネルヴァ書房)
『源氏物語をかいた作家 紫式部』(西本鶏介/ミネルヴァ書房)
『福沢諭吉 ペンは剣よりも強し』(高山毅/講談社)
『この人を見よ!歴史をつくった人びと伝 福沢諭吉』(ポプラ社)
『日本語の音声 (現代言語入門2)』(窪薗晴夫/岩波書店)
『死産される日本語・日本人』(酒井直樹/講談社)
『メタファー思考:意味と認識のしくみ』(瀬戸賢一/講談社)
『お言葉ですが…〈3〉明治タレント教授』(高島俊男/文藝春秋)
『宮沢賢治の彼方へ[増補改訂版]』(天沢退二郎/思潮社)
『日本人が大切にしてきた季節の言葉』(復本一郎/青春出版社)
『まっとうな日本語』(朝日新聞校閲部/朝日新聞社)
『語源』(山口理/偕成社)
『図解 日本語語源の暗号』(宝島社)
『漢字なりたち図鑑』(円満字二郎/誠文堂新光社)
『決まり文句語源辞典』(堀井令以知/東京堂出版)
『ロボットは東大に入れるか』(新井紀子/イースト・プレス)

日本国語教育学会

日本国語教育学会とは、昭和29年に設立された、国語教育の実践について学び合う会です。国語教師、国語教育研究者は、子供たちの国語力が向上するよう、学校の内外で工夫を重ねています。そのような工夫の実態や成果を、会員同士が研究し、学び合う活動を続けています。

本書は、日本国語教育学会の研究部会と小学校部会のメンバーを中心に、「国語を好きになってもらいたい」という願いを込めて執筆したものです。

●執筆者（敬称略 50音順）

青木伸生
（筑波大学附属小学校）

芦川幹弘
（静岡県富士宮市立稲子小学校校長）

新垣公子
（日本国語教育学会理事）

五十井美知子
（日本国語教育学会理事）

泉 宜宏
（日本国語教育学会理事）

井出一雄
（東京経営短期大学こども教育学科）

井原英昭
（東京都練馬区立大泉学園桜小学校）

今村久二
（日本国語教育学会理事・小学校部会長）

大久保旬子
（東京都新宿区立花園小学校校長）

大越和孝
（東京家政大学大学院人間生活学専攻）

岡本博幸
（日本国語教育学会理事）

荻野 聡
（東京学芸大学附属竹早小学校）

鎌田優子
（北海道旭川市立日章小学校校長）

岸本修二
（日本国語教育学会理事）

功刀道子
（日本国語教育学会理事）

権藤順子
（佐賀県佐賀市立本庄小学校校長）

笹平真之介
（日本女子大学児童学科）

佐藤俊幸
（熊本県熊本市立日吉東小学校校長）

白坂洋一
（筑波大学附属小学校）

鈴木秀樹
（東京学芸大学附属小金井小学校）

高須みどり
（東京学芸大学附属竹早小学校）

鶴巻景子
（東京都杉並区立高井戸小学校校長）

中島栄二
（日本国語教育学会理事）

中村和弘
（東京学芸大学教育学部）

成家亘宏
（日本国語教育学会理事）

鳴島 甫
（日本国語教育学会理事・研究部長）

畑山敏則
（青森県新郷村立戸来小学校校長）

東 和男
（元福岡県春日市立春日東小学校校長）

廣瀬修也
（お茶の水女子大学附属小学校）

福田勇輔
（東京都大田区立矢口西小学校）

福永睦子
（秀明大学学校教師学部）

藤田慶三
（日本国語教育学会理事）

朴木一史
（東京都葛飾区立清和小学校校長）

眞瀬敦子
（学校教育支援センター練馬）

南 隆人
（岩手県一戸市立鳥海小学校校長）

迎 有果
（東京都江東区立枝川小学校）

邑上裕子
（明星大学教育学部）

山田利彦
（日本国語教育学会理事）

山本哲生
（四国大学生活科学部児童学科）

吉永幸司
（日本国語教育学会理事）

吉村美恵子
（高知県高知市立初月小学校校長）

執筆　日本国語教育学会

編集協力　戸村悦子　井上幸
日髙大介（クロスワードパズル制作）

イラスト　アニキ K.K　イケウチリリー　池田蔵人
宇江喜桜　キノ　ホリナルミ

校正　佑文社

装丁　宇江喜桜（SPAIS）

カバーイラスト　イケウチリリー

デザイン・DTP　SPAIS（宇江喜桜　熊谷昭典）
大木真奈美　高道正行　藤原有沙

子供《こども》の科学《かがく》特別編集《とくべつへんしゅう》
国語《こくご》好《ず》きな子《こ》に育《そだ》つ たのしいお話《はなし》365
遊《あそ》んでみよう、書《か》いてみよう、声《こえ》に出《だ》してみよう 体験型《たいけんがた》読《よ》み聞《き》かせブック
NDC810

2017 年 12 月 18 日　発　行

著　者　日本国語教育学会《にほんこくごきょういくがっかい》
発行者　小川雄一
発行所　株式会社 誠文堂新光社
〒113-0033 東京都文京区本郷 3-3-11
（編集）電話 03-5805-7762
（販売）電話 03-5800-5725
http://www.seibundo-shinkosha.net/

印刷・製本　大日本印刷株式会社

ISBN978-4-416-51798-7